COLLECTION DE TEXTES

POUR SERVIR A L'ÉTUDE ET A L'ENSEIGNEMENT DE L'HISTOIRE

RECUEIL DE TEXTES

RELATIFS A

L'HISTOIRE DE L'ARCHITECTURE

ET A LA CONDITION DES ARCHITECTES

EN FRANCE, AU MOYEN AGE

XIe-XIIe SIÈCLES

*Publié avec une Introduction, des Notes, un Glossaire
et un Répertoire archéologique*

PAR

Victor MORTET

Bibliothécaire à l'Université de Paris (Sorbonne)
Archiviste Paléographe

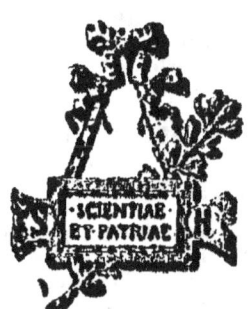

SCIENTIAE
ET PATRIAE

PARIS

LIBRAIRIE ALPHONSE PICARD ET FILS

Libraire des Archives nationales et de la Société de l'École des Chartes

82, RUE BONAPARTE, 82

1911

44

COLLECTION DE TEXTES

POUR SERVIR A L'ÉTUDE ET A L'ENSEIGNEMENT DE L'HISTOIRE

VOLUMES PUBLIÉS:

RECUEIL DE TEXTES

RELATIFS A

L'HISTOIRE DE L'ARCHITECTURE

MACON, PROTAT FRÈRES, IMPRIMEURS

̴UEIL DE TEXTES

RELATIFS A

L'HISTOIRE DE L'ARCHITECTURE

ET A LA CONDITION DES ARCHITECTES

EN FRANCE, AU MOYEN AGE

XIe-XIIe SIÈCLES

Publié avec une Introduction, des Notes, un Glossaire
et un Répertoire archéologique

PAR

Victor MORTET

Bibliothécaire à l'Université de Paris (Sorbonne)
Archiviste Paléographe

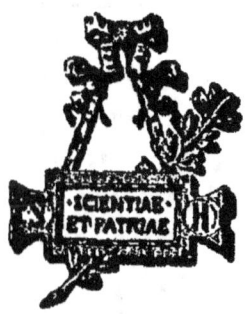

PARIS

ALPHONSE PICARD ET FILS, ÉDITEURS

Libraires des Archives nationales et de la Société de l'École des Chartes
82, RUE BONAPARTE, 82

1911

INTRODUCTION

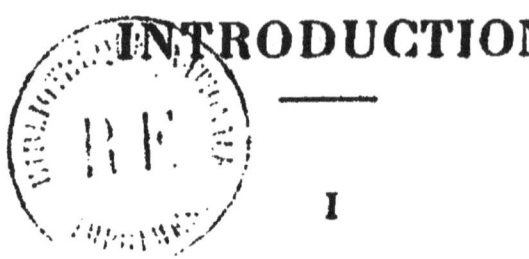

I

OBJET DE CE RECUEIL. — PRÉCÉDENTS PROJETS OU ESSAIS DE PUBLICATION DE TEXTES RELATIFS A L'HISTOIRE DE L'ARCHITECTURE EN FRANCE AU MOYEN AGE.

1. — Nous nous sommes proposé de réunir dans le présent Recueil un grand nombre de textes qui intéressent l'histoire de l'architecture ainsi que la condition des architectes en France u x1ᵉ et au x11ᵉ siècle. On sait que les documents de ce genre sont disséminés dans des collections nombreuses, dans des ouvrages de forme variée et parfois difficilement accessibles, qu'ils sont souvent établis d'une façon défectueuse ou dépourvus d'éclaircissements ; que certains d'entre eux sont restés inédits, et par suite, plus ou moins ignorés et inutilisés. Nous avons pensé qu'il y aurait profit pour l'étude et l'enseignement de l'archéologie du moyen âge à posséder un Recueil, où des textes, s'appliquant au double objet que nous venons d'indiquer, seraient rassemblés avec ordre, et revus d'après les sources originales et les meilleures éditions ; où l'inédit aurait quelque place ; où l'on trouverait pour une période donnée un ensemble considérable de témoignages authentiques, se rapportant soit à des types caractéristiques et importants de l'architecture du moyen âge, soit à des constructions ou édifices plus modestes, dont

les uns subsistent encore aujourd'hui, avec plus ou moins de modifications, tandis que d'autres ont disparu en partie ou en totalité.

Bien que l'histoire de l'art architectural soit le sujet principal de notre Recueil, nous n'avons pas cru devoir en exclure des textes concernant d'autres arts, tels que la sculpture, la peinture, l'art des vitraux, surtout lorsque ces textes font partie de documents relatifs à des constructions religieuses. Il y a trop de rapports qui unissent entre eux ces différents arts, tout particulièrement la sculpture et l'architecture, pour que nous ayons pensé à scinder les passages des chroniques ou ceux d'autres écrits qui nous ont transmis à ce sujet de précieux renseignements. On pourra s'en rendre compte à l'aide du Répertoire archéologique des matières que nous avons placé à la fin de notre Recueil. Il en est de même, bien qu'à un degré moindre, pour ce qui concerne le mobilier artistique, notamment celui des églises. Mais il était en dehors du cadre, forcément limité, que nous avons dû nous tracer, de rechercher en détail dans les sources, telles que chroniques et obituaires, les moindres passages ou fragments de textes qui se réfèrent aux différents arts que nous venons de mentionner. Tous ces textes-là, réunis avec soin, pourraient faire l'objet de recueils spéciaux dont l'intérêt n'est pas discutable. De même, en ce qui concerne l'architecture militaire, si nous avons publié des textes nombreux et importants qui intéressent les fortifications des donjons, des châteaux, des manoirs, des villes et même un peu aussi des églises, nous n'avons pas cru devoir aborder ceux qui traitent, dans les chroniques, de la poliorcétique du moyen âge, sujet qui offre un intérêt trop spécial. En revanche, nous avons recueilli

certains textes relatifs à l'art de l'ingénieur, notamment
à l'hydraulique. Ils proviennent surtout, mais non
exclusivement, d'établissements religieux, tels que
des monastères ou des collégiales.

Ne pouvant songer à entreprendre, vu l'étendue très
considérable de notre tâche et l'espace restreint dont
nous disposions, un inventaire complet ni une publication in-extenso, de tous les documents qui pouvaient
se rapporter, même d'une façon secondaire, à l'objet
de nos recherches, nous avons cru du moins qu'il
était de notre devoir de pousser des investigations très
détaillées, d'après un plan méthodique, dans toutes les
directions où nous avions chance de trouver des renseignements utiles, variés et précis. Nous avons ainsi
réuni un ensemble de textes assez considérable pour
arriver à représenter autant que possible, bien qu'à un
degré forcément très inégal, la plupart des pays de
l'ancienne France, au Nord comme au Midi, de même
que les principales époques de son passé architectural
pendant la période que nous avons choisie. Ce n'est
pas toujours, tant s'en faut, pour les monuments les plus
importants et les plus somptueux que les textes qui
subsistent ont transmis jusqu'à nous des récits très
intéressants sur leur construction ou leur reconstruction. S'il en est parfois ainsi fort heureusement, les
exceptions sont nombreuses, et elles tiennent à des
causes diverses, en partie accidentelles, en partie régio-
nales ou locales, qu'il serait trop long de développer
ici. D'autre part, à côté de ces lacunes regrettables, si
nombreuses et si sensibles dans l'histoire du passé
artistique de nos monuments, de nos cathédrales, par
exemple, on rencontre dans nos textes des indications
variées sur des monastères ou des collégiales, sur
d'humbles prieurés monastiques ou des chapelles
rurales, qui ne sont pas à passer sous silence.

2. — Les nombreux documents que nous avons recueillis sont répartis sous cinquante-trois numéros d'ordre, non compris l'Appendice [1]. Leur ensemble, qui forme une sorte de *Corpus*, comprend plus de deux cents textes, sans compter de courts extraits, trop sommaires pour figurer chacun isolément, et que nous avons dû placer pour cette raison dans les notes. On pourra ainsi se convaincre notamment que la période du xie siècle est représentée dans notre Recueil plus largement qu'on n'aurait pu le croire possible jusqu'ici.

Presque tous les textes que nous publions sont tirés des sources imprimées. Quelques-uns cependant sont inédits : ils appartiennent au xie et au xiie siècle, et ils concernent surtout la région de l'Ouest de la France ; leur nombre ne pouvait qu'être très restreint, étant donnée l'époque assez reculée qui fait l'objet de notre Recueil. Nous avons tenu à collationner nous-même, ou bien, en cas d'empêchement, à faire collationner par nos confrères des Archives départementales, divers documents qui avaient besoin d'être revisés ou complétés. De même, c'est sur place et textes en mains que nous avons étudié un certain nombre de monuments importants, en nous rendant compte des modifications que le cours des temps leur a fait subir : c'est aussi ce que nous avons fait, en Angleterre, pour la cathédrale de Cantorbéry, l'un des édifices les plus considérables dont nous ayons eu à nous occuper, et au sujet duquel il subsiste des renseignements historiques et archéologiques d'un intérêt capital.

En ce qui concerne les notes, nous n'avons pas hésité, vu la nature du Recueil que nous publions, vu la variété des points de vue qu'il présente et la multi-

---

1. Voy. aussi les Additions à la fin du présent volume.

plicité des renseignements qu'il exige, à leur réserver
largement la place qui devait leur revenir. Sans parler
des références bibliographiques ou des commentaires
archéologiques qui, dans certains cas, peuvent paraître
encore insuffisants, nous avions à joindre à nos textes,
pour en faciliter l'éclaircissement, des notes chronologiques ou biographiques, géographiques ou topographiques, lexicographiques ou quelquefois même gram-
maticales. Si, en effet, notre Recueil s'adresse surtout
à des lecteurs qui sont au courant de l'archéologie du
moyen âge, comme nos confrères de l'École des Chartes,
nous ne pouvions oublier qu'étant donné le caractère
de la Collection de Textes à laquelle il appartient, il
devait servir aussi aux élèves de cette École ainsi qu'aux
étudiants en histoire de nos Universités, qui peuvent
se trouver aux prises avec les difficultés de l'archéologie et de la latinité technique du moyen âge. Nous
ferons enfin remarquer que certains extraits de textes,
fort courts, mais très utiles à connaître, ne pouvaient
trouver place, vu leur brièveté, que dans les notes dont
elles ont parfois augmenté l'étendue ; on ne nous en
saura pas mauvais gré, surtout si l'on veut bien réflé-
chir que nos renseignements historiques et archéologiques, nos renvois à d'autres documents que les nôtres,
nos rapprochements d'ordre technique forment autant
d'indications qui se trouvent ensuite fondues et clas-
sées commodément, soit dans la Table alphabétique,
soit dans le Glossaire, soit enfin dans le Répertoire
archéologique des matières.

3. — Après avoir indiqué l'objet du présent Recueil,
il nous paraît très utile de rappeler sommairement les
projets ou essais de publication qui ont été entrepris
au dernier siècle pour former un ensemble de docu-

ments relatifs à l'histoire de l'architecture et à la condition des architectes en France au moyen âge.

Le premier dessein qui, à notre connaissance, fut
conçu dans notre pays en vue de l'objet que nous étudions, eut un caractère officiel. Il devait s'appliquer à
des textes inédits, c'est-à-dire à des sources surtout
diplomatiques, à des chartes ou à des comptes, par
exemple, documents variés qui abondent principalement pendant la période gothique de l'histoire monumentale et artistique de notre pays. C'est sous le règne
de Louis-Philippe qu'on voit le Comité des arts et
monuments auprès du Ministère de l'Instruction
publique, former le projet de réunir sous le titre de
Mélanges une série de documents relatifs à l'histoire des
arts, documents qui, pris isolément, ne pourraient
devenir l'objet d'une publication spéciale. De nombreux
matériaux avaient été réunis à cet effet. Cette collection devait être, pour les monuments figurés, analogue
à celle que le Comité historique publiait sous le même
titre pour les monuments écrits. Elle aurait été accompagnée d'un recueil sur les artistes français du moyen
âge, dont la publication était confiée à M. Didron [1].
On sait que, sous la forme qu'on avait cru devoir lui
donner, cette entreprise n'aboutit pas à un résultat
pratique. Du moins, le Bulletin archéologique
ainsi que le Bulletin historique et philologique
du Comité ont continué depuis lors à publier
des documents pleins d'intérêt pour l'étude du passé

---

1. Xavier Charmes, *Le Comité des travaux historiques et scienti-
fiques* (Hist. et Doc.), t. II (1886), p. 120. — Cf. *Bulletin archéologique*, publ. par le Comité des arts et monuments, t. II (1842-1843),
p. 484, et t. IV (1847-1848), p. 178-179; cf. aussi le *Rapport au roi*,
en date du 15 avril 1847, sur l'état des travaux exécutés de 1835 à
1847 pour le recueil des Documents inédits relatifs à l'histoire de
France.

monumental de notre pays. C'est une mine précieuse
de textes inédits surtout à partir du xiii° siècle, mais
que nous n'avons pu utiliser qu'à titre exceptionnel,
car il n'est pas fréquent qu'elle serve pour le xi° et le
xii° siècle.

Nous avons maintenant à mentionner un essai de
publication étrangère qui se rapporte à l'objet de nos
recherches. Il se trouve contenu dans un ouvrage anonyme qui a paru en Angleterre [1], au milieu du siècle
dernier, sous le titre suivant : *An inquiry into the
chronological succession of the styles of romanesque
and pointed architecture in France, with notices of
some of the principal buildings on which it is
founded*. Dans la première partie de cet ouvrage [2],
l'auteur a réuni un certain nombre d'extraits de textes,
tirés surtout des chroniques, concernant des églises
qu'il a étudiées sur place et dont il donne des notices.
Ces extraits sont exclusivement relatifs à certains monuments religieux de quelques-unes seulement de nos
anciennes provinces, entre autres la Normandie, et la
liste en est tout à fait sommaire ; elle est dressée avec
beaucoup d'arbitraire et d'une façon extrêmement
incomplète. C'est du reste bien plutôt le côté chronologique que le côté descriptif de son sujet que l'auteur
a eu en vue, à savoir les dates de fondation, de reconstruction, d'incendie ou de consécration d'autels des
édifices dont il s'occupe. Enfin ces fragments, beaucoup
trop brefs et trop peu nombreux, sont dépourvus de
notes et ils sont établis sans critique comme sans méthode. Néanmoins, nous avons pensé que cet essai si

1. London, John Murray, 1850. Cet ouvrage ne figure pas dans le
*Dictionary of the anonymous and pseudonymous literature of Great
Britain*, de Halkett et Laing (1882-1888).
2. P. 41 à 122.

restreint, qui s'offre à nous comme à l'état embryonnaire, ne devait pas être passé sous silence dans notre Introduction, vu l'époque où il a paru, vu l'idée intéressante qu'il représente, mais que l'auteur n'a guère fait qu'esquisser d'ailleurs, en tentant de la réaliser d'une manière bien trop superficielle et très imparfaite.

Si le projet de publication officielle, qui avait été conçu en France par le Comité des arts et monuments et que nous avons signalé plus haut, devait s'appliquer surtout à des documents inédits, ce dernier caractère apparaît encore, bien qu'à un moindre degré, dans un ouvrage dû à l'initiative privée, qui fut entrepris un certain nombre d'années plus tard, et publié en 1868, sous le titre de *Documents paléographiques relatifs à l'histoire des beaux-arts et des belles-lettres pendant le moyen âge*[1]. A côté de documents inédits qu'il avait tirés des Archives départementales et des Bibliothèques publiques, l'auteur de cette publication, Aimé Champollion-Figeac, a mentionné, analysé ou commenté un assez grand nombre de textes du moyen âge édités déjà dans divers ouvrages ou recueils. Ces textes n'étaient pas seulement relatifs à l'architecture, mais à différents arts, tels que ceux des vitraux, de la peinture, de la mosaïque, de l'émaillerie, sans compter encore l'art de la miniature. Au point de vue qui nous occupe, A. Champollion-Figeac s'est surtout appliqué à étudier les moyens pécuniaires employés pendant tout le moyen âge pour élever des constructions, les charges que ces travaux imposaient aux populations, les obli-

1. Quelques parties de cet ouvrage ont été imprimées dans la *Revue archéologique*, déjà à partir de 1856 (XIIᵉ année, 2ᵉ part., p. 458 et suiv.), sous ce titre assez différent: *Droits et usages concernant les travaux de construction publics ou privés sous la troisième race des rois de France, d'après les chartes et autres documents originaux.*

gations à remplir pour créer des établissements même d'utilité publique, comme pour améliorer et réparer des édifices déjà existants. Passer en revue, d'une façon d'ailleurs trop sommaire et incomplète, les fondations pieuses en vue des constructions, les modes de ressources que les seigneurs laïques ou ecclésiastiques employaient pour leurs grandes entreprises, les autorisations de bâtir obtenues de plein gré et par le fait de la concession gracieuse des suzerains, ou bien achetées par des corvées, des péages et autres charges, tel est l'objet principal que l'auteur s'est assigné. S'il a signalé quelquefois des textes qui intéressent la technique des constructions au moyen âge et la condition des architectes et des ouvriers, il a eu surtout en vue, pendant la très longue période qu'il a examinée, en étudiant les nombreuses décisions relatives aux matières que nous venons d'indiquer, d'en tirer « sinon la jurisprudence générale, du moins des exemples isolés de tous les moyens mis en usage pour réaliser d'immenses travaux d'art. » C'est donc surtout un objet juridique et administratif qui l'a guidé dans ses recherches comme dans son exposé historique. Nous avons été amenés à utiliser son ouvrage et nous l'avons cité dans différents endroits de notre publication.

Il nous reste à indiquer un autre recueil, d'un caractère très général, qui a paru à l'étranger, il y a une quinzaine d'années. Il fait partie d'une collection d'ensemble sur l'histoire de la technique des arts au Moyen âge et à la Renaissance, publiée à Vienne, dirigée d'abord par R. Eitelberger d'Edelberg, et continuée par les soins d'Albert Ilg[1]. Son titre est *Quellenbuch zur*

1. *Quellenschriften für Kunstgeschichte und Kunsttechnik des Mittelalters und der Neuzeit*, nouv. sér., vol. VII. A cette collection

Kunstgeschichte des abendländischen Mittelalters, ausgewählte Texte des vierten bis fünfzehnten Jahrhunderts, gesammelt v. Julius von Schlosser (1896).

Assurément, ce recueil présente un ensemble considérable de documents concernant les différents arts, notamment celui de l'architecture, documents dont le rapprochement est utile et suggestif; mais il a été conçu sur un plan beaucoup trop vaste, en sorte que son exécution, ainsi qu'on l'a déjà remarqué, laisse bien à désirer. Au point de vue topographique, c'est beaucoup trop que d'essayer de représenter en un seul volume de textes le mouvement architectural et artistique non seulement de l'Allemagne, de l'Angleterre et de la France, mais encore celui de l'Italie et de l'Orient latin; de même, au point de vue chronologique, c'est embrasser dans un même cadre documentaire une trop vaste période que celle qui s'étend du ive siècle au xve, c'est-à-dire durant tout le moyen âge. Enfin, il manque à ce choix de textes, assez arbitraire, et où les renseignements bibliographiques sont insuffisants, des notes critiques indispensables, des indications nécessaires sur la valeur intrinsèque des documents et surtout sur l'époque de leur rédaction, faute de quoi l'on est souvent conduit en le consultant à des erreurs ou à des confusions très regrettables, en dépit des services réels dont on lui est redevable à certains points de vue.

En donnant des proportions beaucoup plus restreintes et un caractère plus précis à notre Recueil, dans lequel le mouvement de l'architecture en France, surtout pendant la période romane, est représenté

appartient aussi (vol. IV) le recueil suivant, qu'il est très utile de mentionner ici : *Schriftquellen zur Geschichte der karolingischen Kunst. ges. u. erl. v.* Julius von Schlosser, Wien, 1892.

avec un certain développement, nous avons fait en
sorte, pour notre part, d'établir avec méthode chacun
de nos textes et de les disposer suivant un ordre raisonné. C'est ce que nous devons montrer maintenant
à nos lecteurs.

II

Ordre suivi dans le présent Recueil ; ses limites
chronologiques et géographiques. — Textes relatifs a l'expansion de l'architecture française a
l'étranger.

4. — Nous avons rangé les documents qui composent
notre Recueil d'après l'ordre chronologique. Ce classement nous a paru de beaucoup préférable à un classement méthodique ou topographique. D'abord, c'est le
seul qui permette de suivre la succession et parfois la
filiation historique des faits complexes qui se rapportent à l'art de la construction et au rôle des constructeurs. Ce n'est pas qu'on puisse espérer « surtout
avant l'année 1140, suivre de façon continue la progression de l'architecture », — notamment sous le rapport des formes et des procédés, — « et il faut se rési-
gner à n'avoir qu'un tableau chronologique criblé de
lacunes dont quelques-unes sont très considérables[1]. »
Mais enfin, grâce à cette méthode on peut essayer de
saisir ou de faire réapparaître dans leur évolution ou
dans leur synchronisme certains aspects du spectacle
très divers d'œuvres architecturales qui naissent, se

1. Voy. J. A. Brutails, *L'Archéologie du moyen âge et ses méthodes,
études critiques* (1900), p. 207 et 208, ouvrage précieux pour l'examen raisonné des textes archéologiques.

succèdent ou s'accompagnent, pour disparaître ensuite d'une façon plutôt lente que brusque, ou se survivre en se transformant : toutes choses qui s'expliquent par l'objet même de la construction, qui est d'avoir avant tout une destination humaine, individuelle et sociale. Soit qu'il s'agisse d'habitations isolées ou groupées, soit qu'il s'agisse de lieux de demeure ou de culte, ou bien encore d'endroits de défense, appropriés à cette fin, les textes et les monuments, rapprochés les uns des autres, nous montrent que la matière ainsi que les formes de l'architecture varient selon le milieu, les conditions sociales, les coutumes et les mœurs, les nécessités temporaires et les ressources dont on dispose, soit autant de facteurs qui les conditionnent. C'est ce que l'ordre chronologique permet de constater à la fois dans les monuments anciens ou leurs vestiges encore existants, et dans ces autres traces du passé, celles-ci d'ordre psychologique [1] et moral, qui sont les monuments écrits.

En second lieu, l'ordre que nous avons adopté permet d'éviter de reproduire en différents endroits de notre Recueil les mêmes documents ou extraits de textes qui concernent dans leur teneur d'ensemble des catégories de matières distinctes les unes des autres, notamment l'architecture religieuse, l'art de construire des châteaux, l'architecture publique ou privée. Il dispense ainsi de scinder d'une façon arbitraire des documents qui se rapportent à des objets multiples. Mais, d'autre part, le classement par ordre chronologique ne suffit pas à répondre aux besoins variés des chercheurs. Aussi avons-nous dû dresser, à la fin de

---

1. Voy. sur ce point Ch. et V. Mortet, *La Science de l'Histoire* (1894), p. 27 et s.

notre volume, outre une Table alphabétique des noms
de personnes et de lieux, un Répertoire également
alphabétique des matières archéologiques [1] dont il est
question dans notre Recueil. Enfin, à ces instruments
de recherche nous avons ajouté un Glossaire, qui
comprend surtout les termes et les expressions techniques, dont nos textes nous ont permis de faire un
relevé détail.é.

5. — C'est avec les premières années du xie siècle
que commence la série des textes dont se compose
notre Recueil. C'est en effet un peu après l'an 1000
que l'on voit apparaître un fait capital dans l'histoire
de l'architecture religieuse, qui est au premier rang
dans le développement de l'art monumental en France,
au moyen âge, à savoir le renouvellement plus ou moins
général des églises d'alors. Cette rénovation d'ensemble est attestée par des témoignages authentiques,
avant tout, comme on sait, par celui du moine Raoul
Glaber [2] ; elle est aussi signalée dans l'Histoire de la
dédicace de Saint-Remi de Reims [3]. Mais une remarque
essentielle s'impose ici. Comme on l'a dit [4] avec beaucoup de raison, « nous avons dans le témoignage de
Glaber la date précise de l'avènement de l'architecture
romane, de l'avènement et non pas de l'invention.
Tant d'hommes, en tant de contrées diverses, n'auraient
point opéré simultanément sur une même donnée,

1. Les renseignements que contient ce Répertoire peuvent être
rapprochés utilement, pour la période que notre Recueil embrasse,
de ceux que présente la publication de H. Sabine, intitulée : *Table
analytique et synthétique du Dictionnaire raisonné de l'architecture
française du XIe au XVIe siècle*, par Viollet-le-Duc, 1889, in-8°.
   2. Voy. le n° I, p. 4.
   3. Voy. le n° VIII, p. 40.
   4. J. Quicherat, *Mélanges d'archéologie et d'histoire*, mém. et
fragm. réunis par A. R. de Lasteyrie (1886), p. 432.

s'ils n'avaient pas été inspirés par des essais antérieurs. »
Si l'emploi des voûtes est le trait le plus frappant de
l'architecture romane, ce serait une erreur de penser
qu'une telle innovation se serait produite sous une
forme partielle au commencement du xr° siècle, sans
avoir été préparée par des tentatives antérieures de
reconstruction, dont l'existence est mentionnée dans
divers documents [1].

Nous avons assigné à nos textes une série continue
de numéros d'ordre, en les faisant se succéder d'après
la date initiale de la période d'années à laquelle ils se
rapportent. Nous leur avons laissé toute la cohésion
nécessaire [2] et nous sommes parvenus ainsi, avec fort
peu d'interruption dans la série chronologique des
années, jusqu'aux documents dont le point de départ
est l'année 1130, c'est-à-dire environ jusqu'au commencement du second tiers du xii° siècle. Vers cette
date, peut-être même un peu plus tôt [3], ont commencé
les opérations préliminaires de la reconstruction de
l'abbatiale de Saint-Denis, qui marque, comme on sait,
une étape des plus importantes dans l'histoire de l'architecture religieuse. Vers cette date aussi, le mouvement de réforme des Cisterciens est en plein développement, et le moment approche où les statuts de cet

---

1. Voy. le récent et savant mémoire de M. R. de Lasteyrie : *L'église
de Saint-Philibert-de-Grandlieu (Loire-Inférieure)*, extr. des *Mém.
de l'Académie des Inscriptions et Belles-lettres*, t. XXXVIII, 2° part.,
p. 67-68 (1909). Cf. Anthyme Saint-Paul, *Hist. monumentale de la
France*, 3° éd., 1888, p. 92-93.

2. C'est par exception qu'il a pu en être quelquefois autrement,
faute, par exemple, d'avoir connu en temps opportun, pendant l'impression de notre Recueil, certains extraits intéressant telle ou telle
construction, que nous voulions faire connaître à nos lecteurs, après
avoir déjà placé à leur rang chronologique les textes plus anciens
qui la concernaient.

3. Voy. l'étude très précise de L. Levillain, *Les plus anciennes
églises abbatiales de Saint-Denis*, dans les *Mém. de la Société de l'hist.
de Paris et de l'Ile-de-France*, t. XXXVI (1909), p. 178.

Ordre vont revêtir une rédaction qui est parvenue jusqu'à nous[1]. Nous regrettons que l'espace nous ait fait défaut dans le présent volume pour dépasser uniformément la limite de l'année 1130, et pour juxtaposer d'une façon continue, comme pendant la période précédente, les textes qui sont postérieurs à cette date et qui vont jusqu'à l'année 1200. Mais, dans bien des cas, c'est-à-dire autant de fois que les documents nous en ont fourni la matière, nous n'avons pas interrompu pendant les deux derniers tiers de ce siècle, la suite chronologique des faits et des événements qui intéressaient l'histoire et la construction de monuments au sujet desquels nous avions déjà recueilli des textes appartenant soit au xie siècle, soit au premier tiers du xiie. Il en est déjà résulté qu'en fait l'année 1130 a été très souvent dépassée dans notre Recueil, et que, si le xie siècle y figure en entier, si les trente premières années du xiie y sont représentées d'une façon à peu près consécutive, les deux autres tiers de ce même siècle le sont encore dans une proportion très considérable et très importante, quoiqu'à vrai dire incomplète.

6. — Après avoir indiqué les limites chronologiques que nous nous sommes proposé de suivre, il nous reste à préciser les limites géographiques que nous avons adoptées en réunissant les documents qui composent le présent Recueil.

Avant tout, nous avons fait en sorte d'éviter un choix arbitraire. Plutôt que de nous en tenir aux limites actuelles de la France, il nous a semblé préférable de prendre pour cadre de nos recherches les

_____

1. Ces statuts datent de 1134; d'autres leur sont postérieurs.

limites extrêmes que notre pays a atteintes pendant la durée et jusqu'à la fin du moyen âge. Cette manière de procéder nous a paru rationnelle, autant pour ne pas accroître la tâche considérable qui nous incombait que pour ne pas empiéter sur des territoires où l'influence régnante se rattache sous certains rapports à des milieux régionaux autres que ceux que nous nous proposions d'étudier principalement. Il était donc hors de notre plan de rechercher des textes relatifs à l'Alsace et à la Lorraine. Toutefois, à l'égard de l'une et de l'autre de ces provinces, nous avons cru devoir faire exception, à deux reprises, à la règle que nous nous étions tracée, afin de juxtaposer des documents particulièrement intéressants, provenant de ces contrées de l'Est, et des textes appartenant à d'autres régions de la France ; les uns et les autres nous ont paru donner lieu à des rapprochements très significatifs [1]. En ce qui concerne la Franche-Comté, province qui n'a été rattachée, comme on sait, à notre pays que depuis les temps modernes, son passé historique et religieux est trop intimement lié à celui de la Bourgogne pour que nous ayons de parti pris écarté un curieux document relatif à l'une des possessions de Saint-Bénigne de Dijon [2]. Quant aux Flandres, tant la contrée actuellement française que celle qui fait aujourd'hui partie de la Belgique, considérable est la part qui devait leur revenir et que nous avons fait en sorte de leur ménager dans notre Recueil, surtout au point de vue de l'architecture religieuse et militaire. A l'autre extrémité de la France, dans la

1. Voy. les nos IX et CLI. Cf. dans la Table alphabétique des noms de lieux les renvois suivants : *Metz, Verdun* et *Strasbourg*.
2. Voy. le nº CXXI.

région du Midi, l'histoire du Roussillon et de la Cerdagne a été mêlée de trop près à celle du Languedoc, il y a eu trop de rapports entre cette vaste contrée et les pays limitrophes de l'Espagne, devenus tardivement français, pour que nous n'appelions pas l'attention sur quelques textes qui se rapportent à ces derniers, par exemple, au point de vue de l'architecture religieuse et de la diffusion des églises fortifiées pendant le xiᵉ siècle. Si la Savoie, conformément au plan que nous avons adopté, est restée en dehors du cadre de nos recherches, il n'en est pas de même du Comtat Venaissin. Nous reproduisons un acte concernant à la fois le Chapitre de la cathédrale et l'abbaye de Saint-Ruf d'Avignon, qui présente un intérêt exceptionnel au point de vue de l'histoire de la condition des artistes, dans cette contrée, à la fin du xiᵉ siècle ou au commencement du xiiᵉ.

Étant donné le cadre à la fois précis et large que nous avons fait en sorte de suivre, malgré d'inévitables lacunes, nous ne pouvions pas ne pas y faire entrer des documents, dont quelques-uns sont de premier ordre, qui attestent la diffusion de l'art monumental de la France sur la terre étrangère, ainsi que l'expansion lointaine des méthodes de bâtir, qui étaient dues à l'admirable activité de nos maîtres d'œuvre. C'est ainsi qu'au point de vue de l'architecture religieuse, tant séculière que monastique, sous le rapport de la construction comme de la décoration monumentale, divers textes nous font assister à la propagation de cette influence, non seulement en Angleterre et dans la partie occidentale de la Belgique, mais encore au Nord comme au Sud de l'Italie, dans la partie française de la Suisse ainsi que dans le Nord de l'Espagne. Les longs extraits de chroniques que nous donnons sur

la cathédrale de Cantorbéry et sur celle de Saint-
Jacques de Compostelle, pour ne citer ici que ces
exemples frappants du xɪᵉ et du xɪɪᵉ siècle, en offrent
des témoignages d'une importance capitale, et dont
l'intérêt est double : car il concerne à la fois les œuvres
grandioses qui ont été réalisées et les maîtres fameux
qui les exécutèrent. Dans la seconde moitié du xɪᵉ
siècle, nous voyons l'abbé d'un grand monastère de la
Flandre, celui de Saint-Hubert-d'Ardenne, qui fait
appel à des tailleurs de pierre liégeois pour la construction d'une crypte et d'un cloître, confier à un artiste
verrier de Reims, très habile en son art, l'exécution
des vitraux dont il veut orner les chapelles de son
église abbatiale. Et ce ne fut pas seulement dans le
domaine de l'architecture religieuse que cette action
féconde s'exerça au dehors de notre pays. Les textes
nous montrent encore qu'en Angleterre, à partir de
la conquête de Guillaume, duc de Normandie, on vit
s'élever des donjons d'abord de bois, puis de pierre,
construits à la façon normande, et que plus tard des
châteaux imités de ceux d'Outre-Manche, inconnus
jusqu'alors sur le sol anglais, furent édifiés dans de
grandes proportions, de même que des abbayes, celle
de Hastings, par exemple, et surtout des cathédrales
somptueuses, par les soins de prélats originaires de la
Normandie et du Maine, qui s'établirent après l'inva-
sion dans des sièges épiscopaux de l'Angleterre [1].

---

1. Pour les principales localités étrangères qui sont mentionnées
en assez grand nombre dans notre Recueil, voy. à la Table alphabétique des noms de lieux, les renvois qui les concernent, et qui sont
groupés sous les rubriques suivantes : *Allemagne, Angleterre, Belgique, Espagne, Italie, Orient, Pays-Bas et Suisse.*

III

7. — L'ensemble des textes qui forment le présent volume peut se répartir, au point de vue intrinsèque, en six groupes ou catégories. A savoir : 1° les sources narratives et descriptives ; 2° les sources diplomatiques ; 3° les sources législatives et administratives ; 4° les sources épistolaires ; 5° les sources d'un caractère liturgique et symbolique ; 6° les sources épigraphiques. Nous allons passer sommairement en revue chacun de ces groupes, en essayant de préciser leur caractère distinctif et leur valeur propre.

1° Sources narratives et descriptives. — Cette catégorie comprend surtout des chroniques, des biographies de personnages ecclésiastiques, des Vies de saints et des narrations de miracles ; il s'y trouve aussi des récits d'invention ou de translation de reliques, ou bien encore des extraits d'obituaires. C'est principalement l'architecture religieuse qui occupe les chroniqueurs et les biographes ecclésiastiques lorsqu'ils nous entretiennent des monuments qui furent élevés de leur temps ; et c'est aux évêques, aux abbés bâtisseurs qu'ils rapportent avant tout, et souvent exclusivement, le mérite et la gloire d'œuvres architecturales entreprises par leurs soins. Pendant le xi° et le xii° siècle, les monastères qui réunissaient la plupart des ressources de l'art monumental de cette époque et en résumaient presque toutes les difficultés, n'étaient pas seulement des constructions éminemment dignes d'attirer et de retenir l'attention des artistes ; mais encore ces mêmes constructions conventuelles rencontraient parmi les moines qui s'y trouvaient plus de chroniqueurs ou de biographes, pour en faire élogieusement l'historique ou parfois même la description, qu'il ne s'en trouvait dans les Chapitres des cathédrales ou des collégiales pour transmettre à la postérité des récits concernant la reconstruction de ces derniers monuments.

Moins nombreux sont les textes de chroniques, les gestes d'évêques, les écrits de biographes ecclésias tiques qui se rapportent à des reconstructions de cathé- drales. Ceux que nous possédons concernent d'abord, et de beaucoup, des églises épiscopales situées dans les con- trées du Nord de la Loire. Ce sont, pour citer ici celles dont nous parlent les sources susdites, dans la région du Nord de la France, les cathédrales de Cambrai, de Thérouanne et de Laon ; dans le Nord-Ouest, celles d'Evreux et surtout de Coutances, en Normandie ; dans l'Ouest, celles du Mans et d'Angers, et sur les bords de la Loire, celle d'Orléans. Mais, à l'inverse de ce que nous venons de constater plus haut pour les églises abbatiales, la région de l'Est ne nous a pas offert, du moins dans les limites chronologiques que nous avons cherché à suivre, de documents comparables, en général, à ceux qui proviennent des contrées que nous venons de mentionner. Il faut toutefois faire une exception très notable pour les textes relatifs à la ca- thédrale, au palais épiscopal et aux châteaux-forts ou manoirs des évêques d'Auxerre. Si maintenant nous nous tournons dans la direction du Sud-Est, la présente catégorie de sources ne nous offre guère de textes à signaler que pour la cathédrale, le palais épiscopal et

certaines églises de Lyon. Le Midi languedocien est
assez bien représenté dans cette même catégorie, grâce
aux documents qui sont arrivés jusqu'à nous touchant
les constructions religieuses, militaires et civiles entreprises par les soins des évêques de Maguelone. Comme
la région du Centre, celle du Sud-Ouest est très pauvre
en textes de ce genre : signalons toutefois de très courts
extraits concernant la cathédrale d'Angoulême et
d'autres constructions dont on est redevable aux évêques
de cette ville.

En ce qui concerne les églises collégiales, elles se
trouvent représentées à plusieurs reprises dans notre
Recueil, notamment par des textes qui appartiennent
à la catégorie de sources dont nous nous occupons
actuellement. Deux d'entre elles surtout sont à signaler
ici pour l'intérêt architectural qu'elles offrent, à savoir,
celles de Saint-Hilaire de Poitiers et de Saint-Front
de Périgueux.

Si l' oire de l'architecture religieuse gagne beaucoup .tilisation des sources narratives et descriptives, on peut dire que, toute proportion gardée, celle
de l'architecture militaire est encore plus redevable à
ce groupe de documents : car c'est presque exclusivement à cette catégorie qu'appartiennent, pour la période
que nous avons étudiée, les textes d'où l'on peut tirer
des indications partielles sur les progrès qui se sont
accomplis dans ce genre d'architecture. Bien inférieures
sous ce rapport sont les sources diplomatiques et les
sources législatives que nous avons mises aussi à contribution. Comme il faut s'y attendre, la partie de la
France qui est située au Nord de la Loire est de beaucoup celle pour laquelle les textes de ce genre offrent
le plus de renseignements, malgré de très grandes et
d'inévitables lacunes.

2º Sources diplomatiques. — Les sources diplomatiques que nous avons utilisées sont des bulles pontificales, des diplômes royaux, des mandements seigneuriaux, des chartes épiscopales, des marchés et devis,
des extraits de registres capitulaires, ou bien encore
des actes transcrits dans des cartulaires. Cette catégorie de documents, dont beaucoup sont assez courts,
est dans son ensemble moins considérable que la précédente. Elle présente toutefois une réelle importance
dans bien des cas, soit au point de vue de l'histoire
monumentale proprement dite, soit au point de vue de
la condition des architectes ou des ouvriers attachés aux
constructions. La plupart de ces documents se répar-
tissent entre les régions de l'Ile-de-France, de l'Ouest,
du Centre et de l'Est de la France. Quant à la région
du Midi, que l'on sait être assez pauvre en cartulaires,
comme elle l'est aussi en chroniques, elle peut reven-
diquer pour elle certains actes[1] très intéressants qui
relèvent de la présente catégorie et dont l'authencité
est indiscutable.

3º Sources législatives et administratives. — Les
sources législatives et administratives que nous avons
mises à contribution émanent principalement de l'autorité ecclésiastique, séculière ou régulière. Ce sont
notamment des canons de conciles ou de synodes, des
statuts d'ordres religieux, des règlements conventuels
ou épiscopaux. Les Coutumes de Cluny sont le plus
important et le plus caractéristique des documents de
ce genre ; elles contiennent des statuts relatifs au plan,
aux dimensions et à la décoration de l'église principale,

1. Voy: entre autres les nos XXIII, LXV et CXII, qui concernent
les cathédrales d'Aix et de Vienne, celle d'Avignon et l'abbaye de
Saint-Ruf de cette dernière ville.

ainsi que des chapelles et des divers bâtiments conventuels dudit Ordre. Ce texte appartient, comme nous le
montrons, au second quart du xɪ° siècle (avant 1049).
Rares sont les dispositions d'ordre féodal et militaire que
nous trouvons édictées dans les documents qui relèvent
de la présente catégorie. Nous voyons cependant que
dans l'un de ceux-ci, on réglementa d'après la Coutume
de Normandie, dans un concile de Lillebonne de l'année 1080, diverses matières d'ordre technique, qui
étaient relatives aux châteaux-forts et aux fortifications en général.

4° *Sources épistolaires.* — Les sources épistolaires
forment un quatrième groupe de documents qui comprend des lettres écrites ou échangées, pendant le xɪ°
et le xɪɪ° siècle, par divers personnages ecclésiastiques,
appartenant au clergé séculier ou régulier. Ces précieux
documents nous instruisent au sujet de l'histoire de
certaines grandes constructions religieuses, comme le
font les lettres de Fulbert, évêque de Chartres, touchant
la reconstruction de sa cathédrale, ou l'épître en vers
latins [1] de Raoul Tortaire sur la cathédrale de Bayeux,
ou bien encore la lettre de Baudri, archevêque de Dol,
au sujet de l'abbaye et du château de Fécamp, où l'é-
loge de la nature pittoresque s'ajoute à l'intérêt si vif
qu'offre ce document épistolaire pour l'historique de
l'abbatiale de la Trinité. A un autre point de vue, signalons la correspondance de Geoffroi, abbé de la Trinité
de Vendôme, avec Hildebert de Lavardin, évêque du
Mans, qui nous montre cet abbé priant à plusieurs
reprises Hildebert de renvoyer à son abbaye un moine

---

1. Voy. ce texte dans les Additions placées à la fin de notre
volume.

nommé Jean, très habile dans l'art de l'architecture,
qu'il avait consenti à mettre pendant un certain temps
au service d'Hildebert, pour l'aider dans les constructions religieuses qu'il faisait élever au Mans. Ce
qui rend encore plus attachante la lecture de ces documents épistolaires, c'est que leurs auteurs, qui sont
presque tous des personnages très considérables,
parlent en témoins oculaires de faits et d'événements
auxquels ils ont été mêlés, et que leurs témoignages
ont pour nous une valeur authentique indiscutable.

5° *Sources ayant un caractère liturgique et symbolique.* — Nous avons rangé dans ce groupe quelques
documents qui ont un caractère particulier, ou bien à
la fois liturgique et symbolique, ou bien simplement
symbolique. Ces sources ne sont représentées que par
un nombre de textes tout à fait restreint, mais qui
sont loin d'être sans intérêt, comme on peut s'en convaincre. C'est ainsi que nous citerons, pour la fin du
premier tiers du xie siècle, l'extrait d'un sermon relatif à la symbolique et à la consécration d'une église
monastique prononcé par Adémar de Chabannes le jour
commémoratif de la dédicace de l'église du Saint
Sauveur, à Saint-Martial de Limoges ; c'est aussi le
seul document de genre oratoire, qui ait trouvé place
dans notre Recueil. Nous citerons encore, pour la
seconde moitié du même siècle, un curieux extrait des
gestes des abbés de Saint-Trond, qui concerne la symbolique générale de l'architecture religieuse.

6° *Sources épigraphiques.* — Nous ne pourrions
pas dire que les inscriptions forment un sixième et
dernier groupe de documents, tant est limitée la part
que nous avons dû leur faire dans notre Recueil. C'est

que ce genre de documents devrait fournir à lui seul la matière d'un recueil spécial, et l'espace nous aurait manqué pour assigner à ces textes la place qui aurait pu leur revenir. Toutefois, il arrive que, pour certains monuments, il existe des inscriptions relatives à leur construction ou à leur décoration, alors que l'on constate à leur sujet dans les autres documents de l'époque que nous étudions une véritable disette de renseignements : c'est le cas de quelques églises cathédrales ou conventuelles du Midi de la France. Il arrive encore que de brèves mentions épigraphiques s'ajoutent à de rares indications tirées d'autres textes n'offrant, pour certains édifices, que des données historiques très fragmentaires : c'est le cas, par exemple, pour l'ancien château de Blois. Lorsqu'il en est ainsi, nous avons cru devoir faire exception à la règle que nous nous étions tracée, et nous avons été amenés à insérer dans notre Recueil quelques textes épigraphiques.

8. — Enfin, si l'on tire d'un certain nombre de nos documents des renseignements qui intéressent à un degré inégal la technique des constructions pendant la période que nous avons étudiée, nous n'avons pas à signaler ici de source technique proprement dite, de formulaire de construction, comme, par exemple, celui que nous avons fait connaître et commenté ailleurs pour l'époque Carolingienne [1]. Quant aux comptes de construction, où l'on peut puiser des indications souvent utiles pour la technique architecturale ou la lexicographie archéologique, ils n'apparaissent guère

---

1. *Un Formulaire du VIIIe siècle pour les fondations d'édifices et de ponts, d'après des sources d'origine antique*, publ. par V. Mortet ; Paris, Picard, 1908, br. in-8° (Extr. du *Bulletin monumental*, t. LXXI, 1907).

avant le dernier tiers du xii⁰ siècle, période que nous
n'abordons qu'accessoirement, comme nous l'avons
dit, et à l'occasion de certains textes seulement. Les
comptes anglo-normands offrent alors des spécimens
remarquables de cette catégorie de documents. Nous
avons eu l'occasion d'en donner un très court fragment (1171-1172), à la suite d'un précieux texte du
xi⁰ siècle, relatif au château de Hastings (Angleterre).
Enfin, l'on sait que les chansons de geste offrent parfois des passages qui intéressent la technique ou la
lexicographie de l'architectecture militaire. Nous en
donnons quelques extraits que, vu leur brièveté, nous
avons dû rapprocher, dans nos notes, de quelques-
uns des textes latins que nous avons publiés ; ces
fragments peuvent servir à les interpréter.

IV

CONCLUSIONS GÉNÉRALES.

Nous n'avons pas à faire ici, même à grands traits,
une esquisse proprement dite des progrès accomplis
en France dans l'art monumental, pendant la période
qui nous occupe. Nous devons seulement indiquer par
les exemples les plus frappants quelle lumière les
textes que nous avons étudiés peuvent jeter sur l'évolution qui modifia pendant cette période l'art de l'architecture, et sur les traits les plus saillants que présentait alors la condition des architectes et des constructeurs en général. Il sera facile à nos lecteurs,
grâce au Répertoire archéologique des matières que
nous avons joint à notre Recueil, d'ajouter des détails

précis à ce que notre court exposé d'un sujet très complexe aura nécessairement d'incomplet.

9. — Le témoignage des textes s'ajoute à celui des monuments et des vestiges matériels du passé pour faire voir que le xi° siècle offrit en France le spectacle d'un très grand mouvement de construction et de reconstruction d'églises et de monastères, de donjons et de châteaux ; ce double témoignage montre aussi que l'architecture civile ainsi que l'architecture publique participent à ces transformations, qui sont la conséquence d'un nouvel état de choses. La période de sécurité relative qui succéda aux terribles invasions des pirates normands, les nombreuses restaurations de sanctuaires [1] détruits par leurs ravages, la multiplication des rapports entre les églises, notamment entre celles qui sont monastiques, la création de nouvelles et importantes abbayes, de paroisses et d'oratoires dépendant de couvents, d'évêchés ou de châteaux, le culte de plus en plus répandu des reliques, les pèlerinages, l'organisation défensive de la puissance féodale, l'accroissement de la population, enfin la fondation, l'agrandissement et la diffusion de centres urbains et ruraux, favorables au groupement et à l'expansion continue des métiers, voilà autant de causes politiques, religieuses, militaires, sociales et économiques, qui favorisèrent les progrès multiples de l'art monumental

1. Voy. sur ce point un certain nombre d'indications tirées des textes par A. Champollion-Figeac, *Documents paléographiques relatifs à l'histoire des beaux-arts*, p. 217-223. — En ce qui concerne la Normandie, en particulier, entre les années 1050 et 1060, le chroniqueur Guillaume de Jumièges signale en ces termes la ferveur religieuse qui poussait les seigneurs à faire bâtir des églises dans leurs domaines : « Unusquisque optimatum certabat in praedio suo ecclesias aedificare » (*Hist. Normann.*, l. VI, c. XXII). Cf. J. Quicherat, *Mélanges d'archéologie, moy. âge*, p. 146.

en France, sous ses différents aspects, à l'époque des premiers rois Capétiens. Ainsi l'on peut dire que, lorsque Louis VI monta sur le trône en 1108, beaucoup d'églises romanes importantes avaient été achevées ou rebâties [1], d'autres se continuaient ou allaient être bientôt l'objet d'une meilleure reconstruction. C'est du XIᵉ siècle que date un règlement général, un devis descriptif de construction, un devis-type, celui de l'église et des bâtiments abbatiaux de Cluny, d'une importance telle que le XIIᵉ siècle ne nous en a pas laissé qui lui soit comparable : nous avons essayé de fixer l'époque de sa rédaction [2] avec plus de précision qu'on ne l'avait fait jusqu'à présent. C'est du dernier quart de ce siècle, de 1088 environ, que date aussi la reconstruction de l'abbatiale de Cluny [3], l'un des édifices les plus grandioses qui aient existé, et qui, dans son œuvre romane, ne fut terminé que vers la fin du premier tiers du XIIᵉ siècle. Sans doute, les progrès dans les constructions ou reconstructions d'édifices religieux ou autres ne sont pas uniformes ; il faut tenir compte des moyens pécuniaires dont disposent les établissements religieux, les églises séculières ou les seigneuries, du zèle variable de ceux qui sont à leur tête, des ressources géologiques de valeur très diverse, du talent inégal des architectes, de l'entraînement des esprits vers les œuvres d'art, qui était plus ou moins accentué suivant les régions. Ce qu'on ne saurait contester, c'est que l'art roman, jusque-là très simple et encore

---

1. Les chroniques attestent qu'un certain nombre de celles-ci furent la proie des flammes « évidemment par le fait de leur couverture en charpente » (J. Quicherat, *Mél. d'archéologie*, p. 435).

2. Voy. le nᵒ XXXVIII (n. 1 de la p. 132). Cf. notre communication au Congrès du Millénaire de Cluny, en 1910 : *Note sur la date de rédaction des Coutumes de Cluny dites de Farfa.*

3. Voy. le nᵒ XCI.

rude dans sa robustesse, s'épanouit à partir de la fin du
x1ᵉ siècle et progresse avec une extrême variété dans
la première moitié du x1Iᵉ siècle. Déjà, vers le commencement du second quart de ce siècle, nous trouvons une preuve indirecte, mais irrécusable de ce
développement si varié dans un document des plus
significatifs l'*Apologia ad Guillelmum*[1] de saint Bernard, où l'abbé de Clairvaux dirige ses observations
et ses critiques les plus vives contre le luxe et la
prodigalité dans la construction et la décoration des
églises et des cloîtres de son temps, tandis qu'en un
autre de ses écrits, qui n'est guère connu, il attaque
le faste et les dimensions exagérées des palais épiscopaux [2].

10. — Un caractère frappant de l'activité architecturale qui va régner au x1ᵉ siècle et qui s'annonce
déjà dans le dernier quart du siècle précédent, c'est
l'emploi de plus en plus répandu de la pierre qui
se substitue progressivement, mais non d'une façon
absolue, il s'en faut de beaucoup, à l'usage du bois
dans la construction des édifices. On peut dire que
c'est là, depuis la fin de l'antiquité et l'époque barbare,
un « nouvel âge de la pierre » qui commence vérita-
blement. Nous voyons souvent dans les textes du
xIᵉ, comme dans ceux du xIIᵉ, que les chroniqueurs ou
les rédacteurs de chartes ont soin de mentionner en
quel genre de matériaux[3], des bâtiments tels qu'é-

1. Voy. le nº CXLIII.
2. *Ibid.* (p. 367, n. 3).
3. Il s'agit surtout ici, soit de la pierre, soit du bois. Sur la persistance de l'emploi de la brique dans certaines contrées, voy. le nº
XLIX, p. 172, n. 3. Pour de petites constructions faites de terre, voy.
notre Répertoire archéologique des matières, vº *Terre.*

glises, chapelles ou oratoires, donjons ou châteaux, maisons privées, ou bien encore des ponts ont été construits[1]. C'est que la région dont ils nous entretiennent est encore dans la période de transition du bois à la pierre, pour des constructions diverses. Si l'emploi de la pierre avait été universel, ils n'auraient pas eu soin de préciser quel genre de matériaux a pu servir à ces constructions. Que l'on veuille bien se reporter au Répertoire archéologique qui est à la fin de notre Recueil (vᵒ *Bois*, vᵒ *Pierre*), et l'on pourra se convaincre à l'aide d'exemples précis que l'emploi du bois, si fréquent[2] au ixᵉ et au xᵉ siècle, s'est partiellement conservé pendant un temps plus long et dans plus de pays de l'ancienne France que beaucoup de personnes ne le supposeraient encore aujourd'hui. Le nombre et l'étendue si considérable des forêts d'alors facilitaient aux seigneurs, comme les documents nous le montrent, de fréquentes concessions de bois de construction à des établissements religieux, à des prieurés, par exemple ; les monastères trouvaient aussi dans leurs domaines de quoi subvenir à des constructions rapides et économiques pour leurs habitations rurales, leurs ateliers et dépendances.

1. Aux exemples que nous donnons dans notre Recueil de la substitution de la pierre au bois dans de petites églises ou chapelles du xiᵉ siècle, il convient d'en joindre ici un autre qui est relatif à l'Ile-de-France et s'applique à Châteaufort (c. du cant. de Palaiseau, arr. de Versailles). Nous voyons qu'en 1069 une église canoniale, construite en pierre (*basilica lapidea*), y remplaça une petite chapelle de bois (*Recueil des actes de Philippe Iᵉʳ, roi de France*, publ. par M. Prou, 1908, nᵒ XLII, p. 118).

2. Pour la région tout à fait septentrionale de la France, pour la Flandre et les anciennes provinces de la Belgique, voy. God. Kurth, *Notger de Liège et la civilisation au Xᵉ siècle*, t. I, ch. XV, p. 302. On trouvera dans cet ouvrage (*loc. cit.* et *p. suiv.*) une liste d'églises de bois de ces contrées, dont beaucoup furent remplacées par des églises de pierre pendant la période qui va du xᵉ au xiiᵉ siècle inclusivement.

Si le renouvellement des églises signalé par Raoul Glaber et par le chroniqueur de Saint-Remi de Reims doit être certainement reporté en ses premiers essais et tâtonnements, dans la seconde moitié du x⁰ siècle, nous observons à l'aide des textes que l'emploi des lambris, des plafonds de bois ou des charpentes intérieures apparentes, autrement dit des *laquearia* [1], persiste non seulement dans de simples édifices religieux, mais dans des églises considérables, cathédrales et abbatiales, au xi⁰ siècle et même encore parfois pendant la première partie du xii⁰. Toutefois, pour la reconstruction de ces églises, on voit se manifester, dans certains cas, une tendance marquée et comme une sensible aspiration vers une hauteur plus grande à donner aux dispositions intérieures des nefs de ces monuments [2], en renforçant la solidité de leurs appuis. D'autre part, l'emploi de la voûte encore assez peu répandu, comme on sait, pendant le xi⁰ siècle, est signalé dans un certain nombre de nos textes. La voûte était utilisée pour la couverture des cryptes ; on se servait aussi de ce procédé pour couvrir le sanctuaire [3], l'abside [4] d'églises importantes, quelquefois les bas-côtés [5] ou même, comme un précieux texte nous le montre, les bras d'un transept [6], près de la tour qui en

---

1. Voy. ce terme au Glossaire. Voy. aussi les textes concernant notamment les cathédrales d'Angers, d'Auxerre, de Cambrai et du Mans, les abbatiales de Saint-Benoît-sur-Loire et de Saint-Remi de Reims, ainsi que la collégiale de Saint-Hilaire de Poitiers.

2. « Interioris templi fastigis *altius* elevatis », dit le chroniqueur de Saint-Remi de Reims (n° VIII, p. 41-42). — « Laquearia... brevesque fenestras *longiores* renovavit », lit-on dans un texte relatif à la cathédrale de Cambrai (n° XVII, p. 68).

3. Voy. le n° XXV, p. 93, et XLVII, p. 158.

4. Voy. le n° II, p. 8, et XLVII, p. 158.

5. Voy. le n° VI, p. 31.

6. Voy. le n° LXVI, § 3, p. 214 (texte relatif à l'ancienne cathédrale romane de Cantorbéry, rebâtie par les soins de l'archevêque Lanfranc, d'origine normande).

surmontait la croisée; on observe encore l'usage de la
voûte dans des rotondes [1] d'oratoires, genre de construction qui n'était pas très fréquemment employé.
A côté d'exemples de voûtes dont nos documents
attestent l'existence, notamment dans la région de la
Loire, dans celles du Nord et de l'Est, nous rencontrons aussi, semble-t-il, dans une contrée septentrionale de notre pays, un très intéressant exemple [2], que
nous offre alors la nef d'une abbatiale, de la combinaison d'arcs de pierre et de combles : système présentant de réels avantages pour protéger cette partie
de l'église contre les atteintes du feu, qui dévastait si
souvent les lambris et les tentures des monuments religieux. Les textes nous montrent que, lorsqu'il s'agit
d'églises de bien moindre importance [3], de chapelles
ou d'oratoires monastiques, ces constructions peuvent
être quelquefois recouvertes d'une voûte sur la nef :
car l'étendue restreinte de ces édifices facilitait l'application de ce procédé de construction. A mesure qu'on
approchait de la fin du XI° siècle et qu'on arrivait aux
premières années du siècle suivant, les constructeurs
durent s'enhardir à construire des voûtes de façon à
couvrir ainsi un espace de plus en plus considérable.
C'est ainsi qu'à Saint-Martial de Limoges [4], nous
voyons l'abbé Adémar, qui gouverna ce monastère de
1063 à 1114, faire jeter une voûte sur la nef de son

1. Voy. au Répertoire archéologique l'article *Rotonde*. — A Saint-
Benoît-sur-Loire, vers la fin du XI° siècle, on s'était ingénié à ériger
à une certaine hauteur, à droite dans l'église, une couverture de
pierre, de forme hémisphérique : « *fornicem mirae altitudinis* in
dextra ipsius ecclesiae erigere... *in modum hemisphaerii* » (n° II, p. 12).
2. Voy. le n° XXXIV. p. 118, relatif à l'abbatiale de Saint-Bertin.
3. Voy. le n° VII, § 30, et surtout aux Additions, à la fin de notre
volume, le texte relatif à l'église de Perrecy-les-Forges, en Charolais,
d'après les *Miracula S. Benedicti*, l. VIII, c. XI., éd. de Certain, p. 345.
4. Voy. le n° XV, p. 59.

église abbatiale. Il en fut de même pendant le premier
tiers du xii° siècle, à la cathédrale de Durham [1] ainsi
qu'à l'église collégiale de Saint-Hilaire de Poitiers[2].

Enfin l'on constate que, si dans les petites églises,
comme dans des chapelles prieurales, — sans parler
ici des premières églises des Cisterciens, — il arrivait
maintes fois que l'ensemble de la construction était en
bois, l'emploi de la pierre s'y substituait progressivement. Nous en avons des preuves pour la contrée de
l'Orléanais pendant le premier tiers du xi° siècle, et
aussi pour d'autres contrées situées au nord de la Loire,
notamment dans la partie tout à fait septentrionale de la
France, comme encore dans l'Ouest, le Maine, la région
Dunoise, l'Anjou. Nos textes confirment nettement ce
fait que, dans ce dernier pays, le renouvellement des
églises ne se ·fit que tardivement, sous l'empire de
vieilles traditions [3]; nous voyons même, chose très
digne de remarque, que dans la contrée angevine des
Mauges, une chapelle de pierre en mauvais état fut
remplacée avant la fin du premier quart du xi° siècle,
par une église de bois, mais de plus grande dimension [4]:
nous ne connaissons pas d'autre exemple de ce
genre de substitution. Ce que nous constatons en outre
avec les textes, c'est que des raisons d'économie
poussaient les moines, dans certains cas, à faire édifier
en bois des chapelles ou oratoires, sauf à les faire
rebâtir plus tard en pierre, moyennant de nouvelles
ressources [5].

1. Voy. le n° XCVIII, § 2, p. 287.
2. Voy. le n° XXXIX, § 2, p. 142.
3. Voy. J. Quicherat, *Mél. d'archéologie*, p. 436. Voy. aussi le
n° XXII relatif à la reconstruction de la cathédrale d'Angers (xi° et
xii° siècles).
4. Voy. le n° IV. Ces faits se rapportent aux années 1013-1022
environ.
5. Voy. le n° CVI. Cet acte date de 1098 environ.

11. — L'une des causes qui agirent efficacement sur le développement de l'architecture religieuse, sur l'emploi progressif de la pierre et de la voûte, dans le courant du xiᵉ siècle, fut à coup sûr le culte des reliques qui revêtit alors une splendeur incontestable. Ce fut, comme nos documents en font foi, pour vénérer et protéger contre la ruine des tombeaux de saints, en l'honneur desquels on avait construit des églises ou des oratoires, que ces lieux de dévotion furent agrandis, transformés, embellis, et que des églises considérables s'élevèrent, en débordant l'ancienne enceinte sacrée qui était devenue trop étroite. Pour que la dévotion aux saints trouvât un aliment fécond et qu'elle s'entretînt activement dans les lieux de pèlerinage, il fallait qu'il y eût des traces visibles de leur présence dans les contrées où ils étaient honorés : de là le zèle attesté par nos textes, que l'on mit à se procurer des reliques; de là aussi, des preuves multiples de la reconstruction de cryptes, d'absides, ou bien d'églises entières.

12. — Pendant le premier quart du xiᵉ siècle, le mouvement de rénovation des édifices religieux s'appliqua surtout aux églises abbatiales ou simplement monastiques, qui employèrent à cet objet la part principale de leurs ressources. Quant aux cathédrales, c'est, sauf exception[1], vers la fin de cette période et particulièrement aux environs de l'année 1030[2] que les textes nous les montrent dans les régions du Nord, de l'Ouest, de l'Est, comme dans celles du Midi, participant activement au courant de reconstruction qui s'af-

1. Voy., par exemple, le nº 1, au sujet de la cathédrale d'Orléans, avant 1004 environ.
2. Voy. nos textes : vers 1023 et 1024, vers 1030 (nº XVII et suiv.).

firme de plus en plus. Un trait nouveau qui caractérise
un grand nombre de chefs d'abbayes du XIIe siècle,
c'est qu'ils sont devenus des abbés bâtisseurs, parfois
même grands bâtisseurs d'églises. La reconstruction
d'une église abbatiale et des bâtiments monastiques
qui l'avoisinent tend à devenir l'œuvre par excellence
d'un abbatiat, *opus aedificiale*, pour employer une
expression tirée du cartulaire de Saint-Bertin [1]. Entraî-
nés par le même courant, animés d'une commune
émulation dans l'intérêt de leurs cathédrales, au
XIe siècle d'abord, puis au XIIe, les évêques les rebâ-
tissent sur un plan agrandi, dans des formes perfectionnées, d'après le témoignage des chroniques, et
plusieurs d'entre eux laissent la réputation de grands
constructeurs, comme Fulbert, à Chartres, Gérard Ier
de Florines et Gérard II, à Cambrai, Geoffroi de Montbray, à Coutances, Hildebert de Lavardin, au Mans,
et plus tard Hugues de Noyers, à Auxerre, et Maurice de Sully, à Paris, pour ne citer ici que des prélats
renommés.

Les textes nous montrent qu'en maintes occasions
abbés. et prélats ne s'occupaient pas seulement de
diriger leurs nouvelles constructions, mais qu'ils entraient eux-mêmes dans la préparation ou les détails
des travaux matériels de leurs entreprises : tel, au
XIe siècle, l'évêque de Cambrai, Gérard Ier de Florines,
qui va à la recherche de carrières, ainsi que le fera
plus tard Suger, abbé de Saint-Denis ; tel encore,
dans le second tiers du XIIe siècle, Pierre, abbé
d'Andres, près de Boulogne-sur-Mer, qui prend
part, lui aussi, avec des instruments de mesure, à
l'œuvre de ses tailleurs de pierre. Ils nous font voir

1. Voy. le n° XXXIV, p. 122.

en outre, des moines, des clercs d'églises, des nobles
entrés dans les ordres par esprit de pénitence, faisant
office de maçons et même d'aides-maçons [1]. Ils nous
montrent enfin le zèle enthousiaste des populations
venant seconder le zèle des abbés rebâtisseurs d'églises.
On n'ignore pas qu'à ce dernier point de vue, certains
documents concernent surtout l'année 1145 [2], et particulièrement les régions Normande, Chartraine et de
l'Ile-de-France [3]. Ce que l'on sait moins, c'est que
déjà au XIᵉ siècle, il y avait eu des exemples de contribution personnelle et de coopération manuelle, faite
avec enthousiasme, aux transports et charrois de matériaux, en vue de constructions monastiques, dans la
région de l'Est, au diocèse de Reims, et dans celle du
Nord-Est, au diocèse de Liége [4]. Les textes qui se rapportent à l'année 1145 nous font assister aussi à l'organisation de confréries de paix, ayant pour but de
participer à l'édification des églises ; et l'on était d'autant plus porté à former des associations pour ces
constructions religieuses, que l'on regardait comme des
actes très méritoires les travaux manuels souvent très
durs, qui étaient entrepris dans cette intention. Mais
nous constatons déjà antérieurement l'existence de ces
confraternités ou associations pieuses de fidèles pour la
construction, la réparation ou la décoration des sanc-

1. Voy. le nº IX relatif à la construction de l'abbaye de Saint-
Vanne, et mentionnant l'exemple donné par Frédéric, comte de
Verdun, frère de Thierry Iᵉʳ, duc de Lorraine.
2. Voy. la Lettre de l'abbé Haimon sur la construction de l'église
de Saint-Pierre-sur-Dive, adressée en 1145 aux religieux de Tvt-
bury (Angleterre), publ. par L. Delisle (1860). Voy. aussi la Chronique
de Robert de Torigni, éd. par le même, p. 238, et Bouquet, Hist. de
Fr., t. XIV, p. 318-319. Cf. la récente étude, très documentée, de
Cl. Verley, Quelques aspects de la dévotion à Notre-Dame au moyen
âge, dans les Etudes de la Compagnie de Jésus, t. CXXV (1910),
p. 161-178.
3. Voy. le nº VIII.
4. Voy. les nºˢ XLVII et CLIII.

tuaires, qu'il s'agisse de cathédrales ou d'églises monastiques, de collégiales ou d'églises paroissiales. Les
exemples que nous en avons recueillis concernent
aussi bien le xi° siècle que le xii°, et ils s'appliquent à
des contrées diverses du Nord comme de l'Ouest, du
Midi comme du Sud-Est de la France.

13. — Si maintenant, en nous plaçant ici notamment au point de vue de l'architecture monastique,
qui l'emporte en général, au xi° siècle, sur l'architecture séculière, nous recherchons les causes qui
firent se répandre et se poursuivre d'une façon active
les constructions d'églises hors des villes et des
chefs-lieux conventuels, nous pouvons discerner, à
l'aide des textes, comme facteur essentiel de ce mouvement d'expansion, l'influence des missions de moines
qui rayonnèrent de centres monastiques importants
sur les diverses contrées de notre pays, et qui fon-
dèrent dans des endroits encore incultes ou dépourvus
de voies de communication, des églises et des chapelles,
en s'inspirant des procédés en usage dans les milieux
d'où elles essaimèrent [1]. Les moines émigrants conser-
vaient des rapports avec les maisons-mères, et parmi
eux des constructeurs, des artistes propageaient leur
façon d'opérer en architecture, en sculpture et en
d'autres arts. Ce n'est pas tout. Les textes du xi° siècle,
en particulier, nous font voir des missions de moines
de l'Ordre de Cluny qui partent pour l'étranger, en
Angleterre, par exemple, où on les appelle au moment
de la Conquête normande ; elles édifient hors de notre
pays des églises qui sont parfois d'une certaine impor-

1. Voy. dans notre Répertoire archéologique des matières les
articles *Missions, Influence architecturale.*

tance, même de véritables monastères, et non pas seulement de modestes oratoires ou des sanctuaires ruraux.

Mais, d'autre part, le luxe et la somptuosité des grandes églises Clunisiennes, l'aisance et la richesse de beaucoup de monastères de cet Ordre amènent à la longue une réaction très marquée, dont nous voyons les preuves dans la fondation de nouveaux Ordres religieux d'une nature rigide et austère : tels sont pendant le cours du dernier quart du xie siècle, celui des Chartreux [1], dont nous donnons les statuts concernant les chapelles et les bâtiments monastiques, celui de Grandmont[2], dont l'influence fut très limitée, et surtout celui des Cisterciens [3], dont les couvents, à la différence de ceux de Cluny, se fondent par colonisation plutôt que par affiliation. Les prescriptions relatives à leurs églises et à leurs habitations monacales reflètent la sévérité de leurs règlements généraux. Nos documents permettent de suivre les premières étapes d'une évolution, qui avec le temps s'écartera parfois du programme initial de leur fondateur, et cela dès le xiie siècle, sans aller plus loin. Les premiers adeptes de la vie Cistercienne se sont groupés, et nous voyons d'assez bonne heure les plus modestes installations en branchages de bois, improvisées pour un petit nombre de religieux, se transformer en couvents, les petites chapelles en églises, et, de même, les matériaux de bois en matériaux de pierre, afin de pouvoir donner un abri plus durable à un plus grand nombre de religieux.

1. Voy. *ibid.*, l'art. *Chartreux.*
2. Voy. le n° CXXXIV.
3. Voy. au Répertoire archéologique l'art. *Cisterciens.*

14. — Si celles des églises du xɪᵉ siècle qui sont construites en bois ne se présentent guère à nous qu'avec des proportions restreintes, comme en avaient des chapelles ou des oratoires, il n'en est pas de même de l'architecture militaire pendant la même période. Les donjons primitifs, construits sur des hauteurs naturelles et souvent sur le roc, ou bien sur des monticules de terres rapportées, autrement dit sur des mottes, carrés ou rectangulaires, avec étages, tout en planches ou en charpentes [1], ont déjà un aspect imposant ; ce sont les types embryonnaires des futurs châteaux féodaux. Dès le commencement du xɪᵛ siècle, les chroniqueurs signalent aussi des constructions défensives, faites en pierre [2], perchées sur des hauteurs abruptes, et protégées par les bords escarpés d'un ravin. Toutefois, les donjons de bois, dont le ɪxᵉ et le xᵉ siècle avaient connu souvent l'emploi, restent encore nombreux au xɪᵉ. Assez aisément détruits, on les rebâtit facilement ; on les surélève, on leur donne plus d'importance ; on en fonde encore dans la seconde partie de ce siècle. A mesure que l'on avance dans cette période, et que le besoin de plus solides défenses se fait sentir, on tend à les remplacer par des donjons de pierre. Les chroniques du xɪᵉ siècle, puis celles du xɪɪᵉ, marquent cette transformation graduelle, d'une progression de plus en plus marquée, lorsqu'ils opposent [3] les *turres, aulae, domus lapideae*, ou bien encore l'*opus lapideum*, aux *turres, domus ligneae*, ainsi qu'aux *lignea castella*, sans parler ici d'importantes résidences seigneuriales ou épiscopales, appelées quelque-

1. Voy. le nᵒ II, § 4 ; cf. le nᵒ LIV. L'étage supérieur du donjon était occupé par le seigneur et sa famille (nᵒ II, § 4 et nᵒ X, § 2).
2. Voy. le nᵒ II, § 1.
3. Voy. le nᵒ XXXI, et *ibid.*, p. 113. n. 2 ; voy. aussi les nᵒˢ XIX, LX, CXXV et CXXVIII.

fois *domicilia* ou *palatia*, ces dernières étant, bien entendu, des édifices de pierre. Dans le dernier quart du xi° siècle, puis dans les premières années du xii°, les textes des chroniqueurs nous font aussi apercevoir la progression considérable des châteaux-forts et des camps retranchés dans la Normandie, le Maine, le Vexin, l'Ile-de-France, le pays Chartrain et la région de la Loire. Ce sont principalement les donjons de bois qui, dans la région tout à fait septentrionale de la France ou dans son voisinage immédiat, sont l'objet des plus précieuses descriptions des chroniqueurs. Il convient ici de mettre en relief celle que nous a laissée Lambert d'Andres [1] au sujet du donjon à motte ou, pour mieux dire, du palais de bois que s'était fait construire Arnoul, seigneur d'Ardres, et dont l'exécution remarquable fut confiée à un maître architecte-charpentier de Bourbourg (près de Dunkerque). Si cette description pittoresque est surtout intéressante au point de vue des aménagements intérieurs de cette construction, qui date du premier quart du xii° siècle, une autre narration contemporaine et fort curieuse aussi, nous montre le donjon à motte de Merckem [2], en Flandre, surtout dans ses dispositions extérieures, qui prêtent à des rapprochements suggestifs avec certaines figurations de la Tapisserie de Bayeux. Pour les châteaux de pierre et les fortifications urbaines, les chroniques de Flandre nous offrent des textes qui sont à rapprocher de ceux qui, en nombre plus considérable, intéressent surtout la Normandie [3] pendant le

---

1. Voy. le n° LIV. Sur la valeur particulière et le caractère si original de cette chronique, voy. J. Quicherat, dans la *Rev. archéologique*, XII° année (1856), 2° part., p. 630, et A. Luchaire, dans l'*Histoire de France* d'E. Lavisse, t. III, p. 331.
2. Voy. le n° CXV.
3. Voy. les n°ˢ XCII et CXXII.

dernier quart du xi° siècle et le premier tiers du siècle
suivant[1]. Quant à la région du Vexin, de l'Ile-de-France
et du pays Chartrain, nous avons recueilli des renseignements relatifs aux fortifications de Gournay-sur-
Marne, de la Roche-Guyon, ainsi que du Puiset[2];
d'autres concernent, dans l'Orléanais, le Blésois et la
Touraine, outre le donjon de bois de la Motte-Montboyau[3], les châteaux de pierre de Blois[4], de Montrichard
et de Chaumont-sur-Loire[5], et, vers le Sud-Ouest,
dans l'Aunis, à l'île d'Aix, celui de Châtel-Aillon[6],
avec sa haute tour maritime.

15. — Mais ce ne sont pas seulement les châteaux
qui sont alors l'objet de fortifications et de défenses.
Nous avons déjà vu que celles-ci s'appliquent maintes
fois à des églises ; nous avons signalé à cet égard des
textes qui concernent des contrées étendues du Midi
de la France au xi° siècle, comme aussi dans le Nord,
la région de la Flandre dans la seconde moitié du
siècle suivant. On sait aussi, et le témoignage des documents le montre en bien des cas, que l'on fortifiait
aussi des églises, des monastères, des cloîtres et des
évêchés, qu'on les entourait d'enceintes ou de défenses
crénelées, qu'il en était parfois ainsi des cimetières
pourvus de murailles, qu'il en était de même encore
des halles environnées de fossés, comme le montrent des

1. Quant aux progrès qui s'accomplirent dans les constructions
d'ordre militaire, dans la dernière partie de ce siècle-ci et jusqu'aux
premières années du xiii°, on en trouvera des témoignages particulièrement précieux dans des textes qui concernent les châteaux-forts
des évêques d'Auxerre, prélats parmi lesquels Hugue de Noyers se
distingua tout particulièrement. (Voy. le n° XXV).
2. Voy. le n° CXXIV.
3. Voy. le n° XIX.
4. Voy. le n° LXX.
5. Voy. le n° CXXVIII.
6. Voy. le n° CLII.

textes appartenant à la région tout à fait septentrionale de la France ; qu'en dehors des villes, des fermes
rurales et d'autres habitations, dites maison fortes [1]
étaient pourvues de défenses, qu'il en était ainsi des
lieux d'asile et souvent aussi des ponts, des moulins,
des granges, et de bien d'autres constructions [2] encore.

16. — L'architecture publique participe dans de
très notables proportions au mouvement de renouvellement architectural qui caractérise le xi^o siècle, et
qui se continue dans le siècle suivant. Nous voyons
les villes se développer, augmenter et perfectionner
leurs moyens de défenses ; de même, nous assistons à
la fondation et à l'organisation de nouveaux centres
urbains ou ruraux. S'agit-il de villes seigneuriales, partagées, par exemple, entre la puissance seigneuriale
laïque et ecclésiastique, comme à Vendôme [3], on y
voit se constituer des bourgs [4], des faubourgs parfois
fortifiés ; dans d'autres *castra*, comme à Amboise [5], on
aperçoit des groupes distincts de maisons nobles, seigneuriales, auprès desquels les artisans viennent se ras-
sembler, et préparent ainsi l'essor des ateliers seigneuriaux. S'agit-il de villes épiscopales ? On constate dans le
Nord, à Cambrai [6], par exemple, l'activité remarquable
d'évêques, dont l'un fait surtout travailler à la cathédrale, et l'autre agit de même, et, en outre, prend éner-
giquement la défense des intérêts temporels de la cité,
en transforme l'enceinte, en agrandit les fossés et en
améliore le système de fortifications. A la même

1. Voy. le n° LXXXIII.
2. Voy. notre Répertoire archéologique des matières, *passim*.
3. Voy. le n° XXXI.
4. Voy. les n°ˢ XCIV, CVI, CXXXV, CXLVIII.
5. Voy. le n° XXXI.
6. Voy. le n° XVII.

époque, d'autres villes de Flandre[1], situées plus à l'Est, nous offrent le spectacle de solides murailles, de défenses crénelées, enceintes redoutables qu'elles doivent à la puissance de leurs seigneurs, tandis qu'à l'intérieur on remarque nombre d'habitations bâties en matériaux de pierre d'une nature moins dure et moins résistante, mais aussi d'aspect moins sombre, au témoignage du chroniqueur qui nous en parle. S'agit-il enfin de villes royales, entourées de fortifications, comme Orléans, Bourges, Châteauneuf de Tours et d'autres encore, on y sent à plusieurs reprises se manifester dans le cours du XII° siècle, une évolution d'une espèce particulière, qu'il est très intéressant de constater, parce qu'elle s'applique à l'utilisation des espaces étroits et à leur transformation en surfaces bâties. La population, les services divers gagnaient en nombre et en importance, mais les enceintes de certaines villes n'étaient guère, ou insuffisamment, augmentées : car, d'une part, l'autorité royale tenait à tirer parti des défenses naturelles ou des fondations d'anciens murs, et d'autre part, des questions de juridiction s'opposaient à l'établissement de diverses constructions ou de voies nouvelles. Dans ces conditions-là, on vit le pouvoir royal révoquer à plusieurs reprises d'anciennes interdictions d'un caractère restrictif ; il permit[2] tantôt à des bourgeois, tantôt à des chanoines d'églises cathédrales, que leurs constructions privées, faites en bois ou en pierre, vinssent parfois s'adosser aux murs

1. Voy. le n° XLIX, concernant Oudenbourg.
2. Voy. le n° CXXV, relatif à Orléans et à Châteauneuf de Tours. Cf. pour Bourges (1181-1182) le texte très significatif publié par A. Giry, dans ses *Documents sur les relations de la royauté avec les villes en France...*, p. 3. Voy. aussi C. Enlart, *Manuel d'archéologie française*, t. II, Architecture civ. et mil., ch. IV, § 2, Législation de l'archit. mil., p. 448 et suiv.

d'enceinte des villes fortifiées, moyennant certaines clauses, garanties et réserves, et il se prêta même à des accommodements lorsque des bâtisses particulières empiétaient jusque sur les fossés ou sur les chemins réservés des fortifications royales. C'est ainsi que pendant la première, comme pendant la seconde moitié du xii⁰ siècle [1], des actes de Louis VI, de Louis VII et de Philippe-Auguste permettent de constater des dispositions de plus en plus libérales dans les règlements royaux, relativement à l'extension des espaces à bâtir à l'intérieur du périmètre de quelques villes fortifiées.

1′. — A côté des textes qui nous fournissent des renseignements utiles sur les diverses agglomérations urbaines dont nous venons de parler il y en a d'autres, très sommaires, il est vrai, mais répétés, qui nous font apercevoir au xi⁰ siècle ces créations artificielles [2] que l'on désigne sous le 'nom de villes neuves, de sauves terres, de sauvetés [3] ou de bourgs ruraux, et qui sont dues à l'initiative des seigneurs, des nobles en général, et surtout à celle des églises, comme par exemple, celles de Saint-Sernin de Toulouse et de Saint-Pierre de Moissac. Maisons et ateliers s'y construisent vite; il

1. Voy. le n° CXXXI, p. 346, et *ibid.*, n. 1. Les actes royaux que nous citons se rapportent aux années 1112, 1127, 1141-1142 et 1181-1182.

2. Voy. les n°ˢ XLVI, p. 155, n. 2, LVI, LXVIII, XCV, XCVI et XCIX.

3. Les limites d'une sauveté étaient rendues apparentes par des croix, d'ordinaire au nombre de quatre, aux quatre points cardinaux: *infra cruces, infra quatuor cruces*, lit-on dans des documents recueillis par J. Flach (*Orig. de l'anc. France*, t. II, 1893, p. 184). En 1100, l'évêque de Toulouse pose lui-même les croix limitant une sauve terre (*op.cit.*, p. 183). — Les procédés de bornage et de partage d'un territoire en lots d'habitations puisent leur origine dans l'arpentage romain et dans les opérations des *Gromatici* de l'antiquité, comme le montre la Géométrie dite de Gerbert.

en est ainsi de l'église qui occupe un terrain marqué
à l'avance par des croix indiquant l'espace à occuper
et l'orientation à suivre, de même que les dimensions générales de ces agglomérations nouvelles sont
arrêtées, d'abord en longueur et en largeur, devant des
témoins compétents. C'est principalement la région
du Midi, le pays de Languedoc, la Gascogne, le
Quercy, et un peu aussi celle du Massif central, qui
nous offrent pendant la durée du xie siècle différents
exemples de ces fondations dignes d'être signalées,
et dont nos textes mentionnent en outre l'existence
dans la région de l'Ouest, au Nord de la Loire.

18. — Considérons maintenant quelques-uns des
édifices ou des constructions ayant un caractère public,
dont il est question dans nos différents textes. Si nous
n'y trouvons aucun renseignement sur certains genres
de monuments tels que des hôtels de ville, par exemple,
ou des prisons [1] communales, il n'en est pas de même
heureusement pour les ponts [2], fondés sur le domaine
monastique ou épiscopal ou sur celui d'une seigneurie
laïque, pour les halles et marchés, parfois entourés
de murailles et de fossés, pour les celliers publics
et les colombiers, objets de protection et de sauvegarde dès le xie siècle, pour les cimetières, avec les
habitations privées qui s'y trouvaient aussi bien dans
le Nord que dans le Midi, et même pour des ports et
des jetées. Quant aux voies de communication, nos
textes mentionnent la création ou l'ouverture de rues
nouvelles, dans les bourgs, par exemple, ou bien encore

1. Dans les châteaux, l'emplacement assigné aux prisonniers
n'était point toujours situé dans un sous-sol, comme on pourrait le
croire. Voy. là-dessus une curieuse mention, datant du premier
quart du xie siècle, que nous offre le texte no X, p. 50, n. 1.
2. Voy. pour le détail, notre Répertoire archéologique, vo *Ponts*.

ils signalent des chaussées, des chemins empierrés
d'origine antique, comme dans la région tout-à-fait
septentrionale de la France. Enfin, il n'est pas sans intérêt non plus de rappeler deux genres de transports [1]
effectués les uns par voie fluviale, les autres par voie
maritime, pour le compte d'administrations abbatiales
ou épiscopales, afin de faire arriver de divers points
de la France ou de pays étrangers, des matériaux de
choix destinés à la construction ou à l'ornementation
de monuments religieux.

19. — En ce qui concerne les édifices privés ayant
une certaine importance, mais non destinés au culte,
dont l'étude relève de l'architecture civile ou domes-
tique, une grande partie de ceux-ci dépendent de
l'autorité ecclésiastique, séculière ou monastique,
comme par exemple, les palais épiscopaux, les logis
abbatiaux, les cloîtres et bâtiments des monastères [2]
ou des évêchés, sans omettre les maisons-Dieu. Notre
Répertoire archéologique contient un assez grand
nombre de détails à leur sujet. Il en est de même pour
les habitations rurales de cette catégorie d'édifices,
pour les granges et celliers monastiques, par exemple,
ainsi que pour les fermes abbatiales. D'autre part, les
résidences épiscopales des villes et des campagnes,
autrement dit les manoirs épiscopaux, sont maintes
fois signalées et quelquefois décrites, très partiellement,
il est vrai, dans nos textes, qui mentionnent les fortifications qui en défendent l'approche, ou bien l'ornementation qui en pare les logis intérieurs. Pareillement; quelques détails donnés par les documents que

1. Voy. notre Répertoire archéologique, v° *Transport de matériaux.*
2. Voy. surtout le n° XXXVIII; cf. le n° CX (2ᵉ moitié du xiᵉ siècle).

nous publions visent les dispositions internes, et en quelque sorte domestiques, des châteaux-forts de bois [1], dont toute décoration, si primitive qu'elle fût, n'était point toujours exclue, comme, par exemple, dans l'intérieur de la chapelle seigneuriale.

Il ne faut pas perdre de vue, surtout si l'on se place à l'époque assez reculée que nous étudions, et même encore après, que les sources historiques dont nous disposons sont presque exclusivement ecclésiastiques, et que la société laïque ainsi que le mouvement de la vie profane n'ont pas de chroniqueurs qui nous en montrent le tableau et nous en fassent voir de près les phases et le cadre d'action. Cet état de choses qui est très regrettable influe forcément sur la représentation que nous essayons de nous faire de l'architecture privée proprement dite, et des conditions variées de la construction dans lesquelles devaient se trouver des habitations particulières. Les vestiges matériels, qui subsistent de celles-ci depuis le XIIe siècle, ne peuvent compenser cette disette de renseignements documentaires. Intéressantes toutefois sont, à vrai dire, les mentions nombreuses que nos textes renferment sur le genre de matériaux, bois, pierre ou même terre, — nous en citons un cas très curieux [2], — qui était employé pour les maisons urbaines ou rurales. C'est notamment la région septentrionale de la France et celle de l'Ouest, au nord de la Loire, que concernent les mentions d'habitations privées, bâties en matériaux de bois, que nous avons recueillies dans nos textes. Ces témoignages divers donnent à penser qu'au XIIe siècle les maisons de bois étaient encore très nombreuses et qu'elles devaient l'être encore davantage

1. Voy. surtout le n° LIV.
2. Voy. le n° III (vers l'an 1000).

au siècle précédent. D'autre part, il faut bien reconnaître l'extrême rareté des moindres indications four-
nies par les textes, au sujet des dimensions ou de la
forme des habitations particulières [1]. Nous avons relevé
quelques curieuses mentions de ce genre, pour le xi^e
et le xiie siècle : elles intéressent les régions du Maine,
du Bas-Limousin et du Bas-Languedoc. A un autre
point de vue, des textes signalent l'existence dans
diverses villes de maisons nobles, vraies maisons
fortes avec défenses de pierre et munies de tours
ou de tourelles. Enfin, comme type d'une maison
rurale fortifiée, nous citerons la ferme de Malicorne,
entourée de fossés et de palissades et appuyée contre
le creux d'un rocher, qui était située à proximité du
château de Noyen-sur-Sarthe, dans le Maine. L'acte [2]
qui concerne cette habitation privée appartient au dernier quart du xie siècle.

20. — Si beaucoup de nos documents présentent
un véritable intérêt pour l'histoire de l'architecture, il
en est de même pour l'étude de la condition des architectes pendant la période que concerne le présent
Recueil. On peut y puiser aussi de précieux renseignements sur un certain nombre de maîtres d'œuvre et
d'artistes appartenant soit à l'Église, soit à la société
laïque, qui ont élevé ou décoré des monuments somptueux ou des édifices plus modestes. Il en est parmi
eux que nous faisons connaître pour la première fois
et dont les noms méritent d'être sauvés de l'oubli [3].

1. Voy. les nᵒˢ XLV, XLVIII, CXLVIII, n. 3 de la page 377.
2. Voy. le nᵒ LXXXIII.
3. On trouvera dans les sommaires de nos textes et surtout à la
Table alphabétique l'indication d'architectes et d'artistes, laïques ou
ecclésiastiques, dont les noms manquent notamment dans le *Dictionnaire des architectes français* de Lance et dans le *Nouveau dictionnaire
biographique et critique des architectes français* de Bauchal.

C'est surtout, comme on sait, dans les monastères, et particulièrement dans ceux de l'Ordre de Cluny que se trouvaient les architectes et les artistes qui s'appliquaient à la construction ou à la décoration des églises et des bâtiments accessoires non destinés au culte. C'est là qu'ils se formaient aux règles de leur art, dont les formes gardaient, tout en évoluant, un caractère traditionnel. Les centres monastiques étaient d'inégale importance ; dans certains d'entre eux, les arts étaient plus cultivés que dans d'autres, les ateliers monastiques plus actifs ou plus peuplés de travailleurs, comme à l'abbaye de Tiron [1], au pays Chartrain, où dans le premier quart du XIIe siècle, artisans et artistes, maçons, charpentiers, forgerons, sculpteurs, orfèvres viennent se fixer et se grouper sous la tutelle abbatiale. Ailleurs, on voit l'habileté de certains serfs [2] dans la pratique des arts les conduire à l'affranchissement, comme à Saint-Aubin d'Angers [3], où, vers la fin du XIe siècle, un artisan de cette condition devient convers, en récompense des peintures murales qu'il avait exécutées dans ce monastère. Outre les moines chargés de veiller à l'entretien, à la réparation des églises et des bâtiments conventuels, autrement dit les « moines ouvriers », qui avaient en fait un rôle bien plus administratif que technique, il y en avait d'autres, auprès des ateliers des frères convers, que l'on voit, d'après les textes, travailler comme archi-

1. Voy. le n° XCII.
2. Cf. au sujet des avantages accordés à des serfs, dépendant d'ateliers épiscopaux et devenus très experts dans la technique des métiers et des différents arts qu'ils exerçaient, à la fin du Xe siècle, G. Fagniez, *Documents relatifs à l'histoire de l'industrie...*, t. I, p. 107, n° 131. Remarquons qu'il ne s'agit pas encore ici d'affranchissement en faveur de ces artisans de condition servile.
3. Voy. le n° LXXXVII (entre 1082 et 1100).

tectes à des constructions ou à des refections d'édifices
religieux, s'occuper de travaux de décoration architecturale, et faire ainsi œuvre de peintres, de sculpteurs, de verriers. Cela n'a rien de surprenant, si l'on
réfléchit qu'au moyen âge l'art était le plus souvent
conçu comme un enseignement [1], et que la peinture,
la sculpture et les figurations des vitraux formaient
comme une sorte de prédication muette [2]. D'autres
religieux connaissaient l'hydraulique, savaient établir
des conduites d'eau, distribuer celle-ci dans les ateliers
des monastères, la retenir ou l'utiliser dans des écluses
ou des viviers ; d'autres même pouvaient élever des
défenses, comme nous en avons un exemple dans le
second tiers du xiᵉ siècle. D'ailleurs, le talent de certains moines en architecture, en sculpture ou bien en
d'autres arts, était quelquefois si réputé qu'on y faisait appel hors de leurs monastères, soit pour édifier
une cathédrale, comme au Mans, où le moine Jean, de
la Trinité de Vendôme, fait preuve de son savoir
architectural, soit pour sculpter le tombeau d'un saint,
comme à la collégiale de Saint-Front de Périgueux,
où le moine Guinamand, de la Chaise-Dieu, exécute
une œuvre artistique remarquable. Ces faits se rapportent, l'un au commencement du dernier quart du
xiᵉ siècle, et l'autre aux dernières années de cette
période ou bien au premier quart du siècle suivant [3].

1. Voy. E. Mâle, à propos de la peinture murale à l'époque romane,
dans l'*Histoire de l'art* d'A. Michel, t. I, 2ᵉ part., p. 757.
2. « Ob tres causas fit *pictura*, lit-on dans Honorius dit d'Autun,
qui écrivait dans la première moitié du xiiᵉ siècle, primo quia est
laïcorum litteratura... » (*De Gemma animae*, dans Migne, *Patr. lat.*,
t. CLXII, col. 586). Cf. le texte suivant, qui est du premier quart du
xiᵉ siècle : « *Simpliciores* quippe in ecclesia et *illiterati* quod per
scripturas non possunt intueri, hoc per quaedam *picturae lineamenta*
contemplantur » (*Synodi Atrebatensis* cap. *XIV*, an. 1025, dans Mansi,
Sacror. concilior. nova collect., t. XIX, col. 454).
3. Voy. les nᵒˢ LXXIV, § 1, et CIII.

21. — Mais ce ne sont pas seulement des moines, ceux de Cluny surtout et plus tard ceux de Cîteaux, qui dans la société ecclésiastique s'occupent alors d'architecture, de décoration monumentale et de constructions en général. Bien plus rares sans doute, mais très utiles à signaler sont les textes qui nous montrent des chanoines séculiers de cathédrales s'occupant, sous l'impulsion de leurs évêques, soit d'administrer avec un soin particulier, comme à Coutances, la Fabrique de leurs églises métropolitaines qu'on rebâtit, soit de faire, comme à Auxerre, des sculptures, des peintures, des vitraux pour les décorer, soit enfin d'enseigner à des clercs l'art de peindre, comme à Avignon. Nous voyons aussi, dans les collégiales, des chanoines réguliers qui encouragent au sein de leurs établissements religieux, dans cette dernière ville, par exemple, l'art de travailler le bois, l'art de sculpter la pierre ou le marbre, ainsi que la pratique d'autres arts, au point que le Chapitre métropolitain d'Avignon a recours, lui aussi, pour les travaux de la cathédrale, à leur habileté technique. Ailleurs, dans d'autres collégiales, ce sont parfois des clercs capables de mener à bien la construction d'une église, comme à la Chaize-le-Vicomte, ou bien de bâtiments prieuraux, comme à Sainte-Barbe-en-Auge, avec leurs dépendances, leurs ateliers et leurs installations de conduites d'eau.

22. — Nous arrivons maintenant aux constructeurs et artistes laïques, qui forment une catégorie très importante, et qui sont mentionnés assez souvent dans les documents de notre Recueil. On les trouve au service des monastères, des cathédrales, des collégiales, des prieurés et des seigneuries. Issus des ateliers sur-

tout monastiques, ou bien encore épiscopaux et seigneuriaux, auprès desquels ils se sont formés primitivement et avec lesquels l'entreprise de nouvelles
constructions religieuses ou militaires peut les mettre
en relation, les maîtres d'œuvre [1] s'engagent par des
contrats de construction envers les administrations
ecclésiastiques ou laïques. C'est ainsi que nous les
voyons édifier des églises, des bâtiments monastiques,
des maisons-Dieu, des donjons, des châteaux ou des
ponts. Pour ce dernier genre de construction, nous possédons un curieux devis [2] du second tiers du xie siècle,
qui intéresse deux abbayes du Languedoc. Mais le
plus important marché de construction que nous connaissons pour le xie siècle, en France, est celui qui
fut conclu durant le dernier tiers de cette période entre
l'abbé de Lérins et des maîtres tailleurs de pierre
chargés de construire la tour de l'île de Saint-Honorat [3].
Nous n'avons pas trouvé, pendant le premier tiers du
siècle suivant, de contrat de construction aussi intéressant que ce marché, avec devis en partie estimatif,
des travaux à exécuter pour le compte de l'abbaye de
Lérins. Si les exemples que nous venons de signaler
proviennent du Midi de la France, nous ne rencontrons
guère dans nos textes pour cette vaste région de noms
d'architectes ou de constructeurs de châteaux. Il convient toutefois de faire ici une double exception pour
le Dauphiné [4], où nous sommes en présence d'un fait

---

1. Observons que les mentions de *magistri operis*, *magisterium*,
ne s'appliquent pas d'une façon exclusive, pendant la durée de
l'époque romane, à des maîtres laïques (Voy. p. 26, p. 35, n. 4). Ce
ne sont pas les seuls exemples que nous en connaissions.
2. Voy. le n° XXX.
3. Voy. le n° LXVII.
4. Voy. les n^{os} C et CXXIX.

intéressant à noter à la fin du xie siècle, à savoir, la continuation des fonctions de maître maçon d'évêché, à Grenoble, dans une même famille d'artisans ; nous n'en connaissons pas d'autre exemple pour ce siècle-là.

Si maintenant nous remontons du Midi vers le Centre, pour nous diriger de là au-dessous du cours inférieur de la Loire, puis au Nord de la France, nous rencontrons dans les documents diverses mentions[1] d'architectes et d'ingénieurs laïques du xie et du xiie siècle. Dans la région du Massif central, en Rouergue et en Limousin, ce sont celles des maîtres d'œuvre des églises de Conques et de Grandmont ; dans l'Ouest, en Bas-Poitou, en Normandie et dans le Maine, celle de constructeurs de donjons et de châteaux-forts, comme Ingelbert et Guillaume de Bellême ; dans le Nord, dans le Calaisis, celle de l'architecte-charpentier Louis de Bourbourg, qui construisit le donjon, le palais de bois d'Ardres, et en Boulonnais, celle d'Aimon, maître d'œuvre de l'église d'Andres et d'autres constructions religieuses et civiles. Dans la région de l'Est, en Sénonais, apparaît le nom célèbre de Guillaume de Sens, que les textes nous montrent exerçant sa maîtrise non pas, il est vrai, dans cette ville, où il dut travailler à la cathédrale, mais en Angleterre, à Cantorbéry, où sa réputation le fit choisir pour en rebâtir l'église métropolitaine[2]. Et ce n'est pas le seul de nos architectes et de nos artistes laïques qui va porter à l'étranger la pratique et l'habileté éprouvée de son art. D'autres, dont les noms nous sont connus, ont fait de même, comme déjà en Espagne, à Compostelle[3], pour ne citer que cet exemple, où l'on

1. Voy. la Table alphabétique des noms de personnes, *passim*.
2. Voy. le n° LXVI, p. 211.
3. Voy. l'Appendice, p. 397 et s.

remarque leur activité sur le chantier de la cathédrale de cette ville, pendant le dernier quart du
XI° siècle et la première partie du siècle suivant.

23. — Ainsi, nous voyons qu'en dehors des monastères où la fonction de constructeur ecclésiastique n'a-
vait plus en général à s'exercer autant que par le passé,
l'état d'architecte, de maître d'œuvre s'était constitué
peu à peu, et, par la force des choses, cet état avait
grandi en importance. L'art était ainsi devenu plus
personnel et il progressait avec plus de rapidité ; les traditions se transformaient, les écoles d'architecture
venaient à se diversifier ; en outre, à l'étude et à l'expérience de plus en plus techniques se joignaient l'é-
mulation et l'intérêt individuel, ainsi qu'un puissant
ressort économique, qui est la concurrence. Le clergé
séculier et régulier, loin de faire obstacle à ce mouvement, l'encourageait en somme, en profitait, y coopé-
rait parfois [1] et lui facilitait un grand essor, en mul-
tipliant, comme le faisait aussi la société féodale et
laïque, les occasions de se développer. Dans les dernières années du XI° siècle, nous saisissons déjà sur le
vif un exemple frappant de concurrence dans le travail industriel et technique appliqué aux constructions
de bois. Lorsqu'un accident très grave survint au campanile de l'église abbatiale d'Oudenbourg [2], en Flandre,
et qu'il fallut user de mesures extraordinaires pour
son rétablissement, on vit se réunir les habitants pour
faire appel aux maîtres charpentiers de la contrée et
fixer à l'avance, comme prime d'encouragement, des
sommes d'argent considérables pour les indemniser.
Les artisans, stimulés par l'émulation et l'intérêt,

1. Voy. le n° LXVI, p. 223.
2. Voy. le n° XLIX, p. 168.

essayèrent divers procédés pour remettre en place le campanile de bois de l'abbatiale, et ils réussirent à la fin dans la tâche ardue qu'ils avaient entreprise. Mais c'est surtout dans les grandes œuvres de pierre, dans les constructions d'édifices religieux considérables, que les Fabriques de cathédrales ou d'églises monastiques recourent pendant le XIIe siècle à l'emploi de maîtres laïques, et, en conséquence, on les voit mettre en jeu le facteur économique que nous venons d'indiquer. On sait déjà tout le parti que l'abbé Suger sut tirer de l'appel qu'il adressa[1], pendant le second quart de cette période, à des artisans, à des artistes qui vinrent de loin pour travailler, sous sa direction, à la construction et à la décoration de sa magnifique église abbatiale. Dans le dernier tiers du même siècle, les textes nous font assister encore à d'autres appels du même genre. Avant tout, c'est celui que le Chapitre de Cantorbéry, forcé de reconstruire sa cathédrale incendiée, fit entendre[2] à des architectes qui accoururent de l'Angleterre et de la France, lui soumirent leurs idées et lui firent leurs propositions, jusqu'à ce que l'un d'eux, Guillaume de Sens, fût choisi définitivement et revêtu de la maîtrise de la grande œuvre qu'il exécuta en partie. C'est encore l'appel[3] que, vers les dernières années de ce siècle, l'abbé d'Andres, dans le Boulonnais, voulant rebâtir somptueusement le cloître et l'infirmerie de son monastère, fit parvenir aux maîtres constructeurs, maçons et tailleurs de pierre de sa con-

---

1.« Artifices peritiores de diversis partibus *convocavimus* » (*De Administratione*, c. XXXII, éd. Lecoy de la Marche, p. 194).

2. Voy. le n° LXVI, p. 210 : « *Convocati* sunt igitur artifices Franci et Angli; sed et ipsi in dando consilio dissenserunt. »

3. Voy. le n° CLIII, p. 393 : « Circumquaque *invitati* sunt artifices et cimentarii, cesores lapidum et alii operarii. »

trée, pour édifier des monuments qui ont disparu depuis longtemps.

24. — Si c'est surtout la seconde moitié du xiie siècle, comme on l'a dit[1] avec raison, qui marque le moment où les groupements professionnels d'artisans commencent à se montrer soucieux de faire fixer leurs obligations envers l'autorité publique, il y a déjà long-temps que leur activité féconde est reconnue avec leurs services, et que leur condition tend à s'adoucir dans une certaine mesure. Sans doute, dans ce siècle, il y a encore beaucoup d'artisans, constructeurs, maçons, tailleurs de pierre, charpentiers, ouvriers en métal et autres encore, qui sont attachés, avec un certain carac-tère de domesticité, au service d'une seigneurie, d'un château, couvent ou évêché. Mais, vers la fin du premier quart de cette période et dans les quelques années qui suivent, l'étude des textes nous permet de discerner, en quelques contrées, des signes notables d'amélioration dans la condition sociale et économique de certaines catégories d'artisans, notamment de ceux qui s'occupent de travaux de construction. C'est dans la région de l'Ouest de la France que nous les remar-quons d'abord. Ainsi, en 1120, Foulque V, comte d'Anjou, concède[2] aux artisans, maçons, charpen-tiers dépendant de l'abbaye de Saint-Jouin-de-Marnes, en Bas-Poitou, soit qu'ils soient nés dans la contrée, soit qu'ils viennent de loin, l'exemption de tous ser-vices, redevances et corvées envers la seigneurie de Moncontour. Ainsi encore, un peu plus tard, entre 1127 et 1137, nous voyons Guillaume VIII, duc

1. Voy. G. Fagniez, *Documents relatifs à l'histoire de l'industrie...*, t. I, Introduction, p. xL.
2. Voy. le n° CXXXVIII.

d'Aquitaine, établir un règlement [1] à l'occasion de l'édification des églises abbatiales de Fontaine-le-Comte, en Poitou, et de Sablonceaux, en Saintonge, par lequel il accorde sa protection aux maçons, charpentiers et autres artisans, dans leurs allées et venues à leurs chantiers de construction, et fait défense à ses *ministeriales* de les molester en quoi que ce soit, eux et leurs familles, ou bien de leur faire quitter ces mêmes chantiers pour les astreindre à d'autres œuvres ou travaux. Au surplus, les avantages de ce règlement, favorable aux intérêts d'artisans attachés à ces constructions, ne restèrent pas limités à l'époque où ils y travaillèrent : car ils furent renouvelés et confiés à d'autres artisans, pour des travaux de ce même genre, une cinquantaine d'années après, en 1184, par Richard Cœur-de-Lion, en sa qualité de comte de Poitou [2].

De même, dans les seigneuries ecclésiastiques, les textes nous permettent de constater en quelques régions, pendant le cours de la seconde moitié du xiie siècle, une réglementation de plus en plus favorable aux gens de métier attachés à l'entretien, aux réparations ou à la reconstruction de bâtiments épiscopaux ou monastiques. C'est ainsi que dans l'Ile-de-France, vers 1179, l'abbé de Saint-Germain-des-Prés, instituant un charpentier de ce monastère, règle [3] en détail les conditions de son office, ses gages, sa nourriture, son costume, et lui alloue un bien de campagne. Quelques années plus tard, vers 1188, on

1. Voy. le n° CXLIX.
2. Voy. le même texte.
3. Voy. M. R. de Lasteyrie, *Cartulaire général de Paris* (1887), n° 567, p. 403. Cet acte peut être rapproché de celui de l'année 1215, par lequel l'évêque de Chartres règle les conditions de fief de son charpentier-tonnelier et fixe les droits et les devoirs de cet artisan.

voit en Champagne l'évêque de Châlons, Gui de Joinville, édicter un règlement[1] qui établissait en détail
les obligations ainsi que les privilèges et exemptions
diverses des gens de métier, spécialement des ouvriers
en métaux, employés soit aux réparations et aux constructions neuves du palais épiscopal, soit aux travaux
des fortifications de ladite ville. Déjà, vers le milieu
de ce siècle, un autre règlement[2] épiscopal que nous
avons déjà mentionné, celui-ci relatif à l'Alsace, avait
fixé quels genres de services et de fournitures devaient
être fournis à l'évêque de Strasbourg par les groupements d'ouvriers en bois et en fer, par les charpentiers, forgerons et serruriers de cette cité, placés sous
la direction et la juridiction de maîtres (*magistri*) ; il
est intéressant de comparer les statuts qui les concernent avec ceux que nous venons de signaler à
Châlons-sur-Marne. Enfin, à côté de ces exemples
frappants que nous offrent les régions de l'Ouest, de
l'Ile-de-France et de l'Est, nous devons en signaler
un autre qui concerne la contrée du Languedoc, presque
à la même date que celle du règlement de Gui de
Joinville. C'est l'acte de Raimond V, comte de Toulouse, réglant, en 1187, les obligations des maîtres de
pierre (*magistri lapidum*) de la ville de Nîmes et leur
accordant des privilèges spéciaux. Les termes de ce
règlement[3] montrent bien que ces ouvriers, qui continuent à travailler pour le compte de cette seigneurie,

1. Voy. le n° CLI.
2. *Ibid.* Ce règlement a été daté à l'aide de la mention chronologique
suivante : après 1129, dans l'*Urkundenbuch der Stadt Strassburg*, de
W. Wiegand, t. I, n° 616, pp. 470-476 ; mais l'époque de sa rédaction a
pu être précisée davantage et concentrée, vers le milieu du xiie siècle,
à la suite de nouvelles recherches rappelées par cet auteur à la p.
476, n. 3, de cette même publication.
3. *Layettes du Trésor des Chartes*, par A. Teulet, t. I, n° 350, p.
148 ; cf. G. Fagniez, *op. cit.*, n° 118, p. 92.

sont traités non d'une façon servile, mais en vassaux de catégorie inférieure, avec lesquels le seigneur conclut une sorte de contrat de fief (*feudum*).

25. — Ainsi, nous avons pu signaler sur divers points de la France, dans la condition des travailleurs industriels dont nous nous occupons, des signes notables d'une transformation qui est fertile en conséquences sociales et économiques, mais qui ne peut s'accomplir partout d'une façon uniforme. Tandis que le « métier libre », de caractère individualiste, existe surtout dans les ateliers (*officinae*) des villages et des bourgs, où il paraît devoir se maintenir, nous voyons que, dans les villes, se répandent et commencent à s'affranchir les groupements d'artisans appartenant à la profession qui a pour objet l'art de bâtir, c'est-à-dire des *corporations* industrielles où chacun se soumet à des règles communes, en sacrifiant quelque chose de sa liberté individuelle, et profite en échange des avantages que donnent à la collectivité certains privilèges, et notamment le monopole du métier. Les faits que nous venons de constater à l'aide des textes appartiennent au xiie siècle ; ce n'est qu'au siècle suivant que le régime corporatif des métiers attachés aux constructions arrivera, comme les autres, à sa maturité, en même temps que l'art gothique atteindra son plein épanouissement.

En terminant cette Introduction à un Recueil que nous aurions voulu encore plus complet et moins imparfait, nous avons à nous acquitter bien volontiers d'une dette de reconnaissance envers tous ceux qui

nous ont aidé à accomplir notre longue et difficile
tâche. Nous devons des remerciements tout particulièrement à M. Maurice Prou, membre de l'Institut,
professeur à l'École des Chartes, qui a bien voulu
s'astreindre à relire nos épreuves, nous a fait profiter
de son érudition si variée, et n'a cessé de suivre la publication de nos textes avec un zèle aussi éclairé que
dévoué. Nous remercions aussi M. R. de Lasteyrie,
membre de l'Institut, professeur honoraire d'archéologie à l'École des Chartes, pour les précieuses indications qu'il nous a données et pour tout l'intérêt qu'il
a porté à notre entreprise. M. A. Longnon, membre
de l'Institut, nous a aidé avec beauconp d'obligeance
de son savoir étendu pour identifier plusieurs noms
de lieux, dont la forme était particulièrement difficile
à établir. Nous gardons envers lui la plus sincère
gratitude. Il en est de même pour nos savants confrères MM. E. Lefèvre-Pontalis, A. Brutails, C. Enlart,
E. Lelong et R. Poupardin, envers qui nous sommes
redevables de très utiles renseignements et de vérifications très précises. Au surplus, les éléments de notre
Recueil étaient trop dispersés, ils intéressaient trop de
régions différentes pour que son exécution pût se passer de l'aide d'un grand nombre d'érudits, archi-
vistes ou bibliothécaires, dont la plupart sont nos
confrères ; nous avons dû maintes fois mettre leur
savoir et leur obligeance à contribution, pour les prier
de collationner, de contrôler ou de vérifier divers
documents, dans bien des cas où nous n'avons pu le
faire nous-même. C'est un devoir pour nous en même
temps qu'une réelle satisfaction que de rendre témoignage de la constante complaisance qu'ils ont mise à
nous faire profiter de documents confiés à leur garde
ainsi que de leurs connaissances spéciales et locales ;

nous nous sommes fait une règle de rappeler, en les
citant au cours de notre travail, de quelles recherches
en particulier nous leur sommes redevables. Puisse
notre Recueil, malgré ses imperfections et les lacunes
qui peuvent s'y trouver, servir aux travailleurs pour
l'étude de la science de l'archéologie, science dont l'un
des fondements essentiels est la recherche et la critique
des textes qui s'y rapportent ; puisse-t-il aussi être un
jour de quelque utilité pour une histoire générale et
détaillée de l'architecture française, au moyen âge,
œuvre qui n'a pas encore été entreprise.

Victor MORTET.

RECUEIL

DE TEXTES RELATIFS A L'HISTOIRE
DE L'ARCHITECTURE
ET A LA CONDITION DES ARCHITECTES
EN FRANCE AU MOYEN AGE

XI° — XII° SIÈCLES

I

Vers l'an 1000, 1002-1005 environ.

Renouvellement des églises après l'an mil : construction de l'église du monastère de Beaulieu, près de Loches, aux frais de Foulque III, comte d'Anjou ; — reconstruction de la cathédrale d'Orléans, par les soins de l'évêque Arnoul, et de l'abbatiale de Saint-Bénigne, à Dijon, sous la direction de l'abbé Guillaume.

1

Rodulfi Glabri Historiarum ... l. II, c. iv, § 5-7 ; c. v, § 9 ; l. III, c. iv, § 13, éd. M. Prou (1886), p. 32-33, 35, 61, 62.
(Cf. autres éditions. *Rec. des Hist. de Fr.*, t. X (1760), p. 15-17 et 29. — Migne, *Patr. lat.*, t. CXLII, col. 632-634, 651, 710).

L. II, c. iv, §5. De MONASTERIO LUCACENSE[1]. —[Fulco[2],Andegavorum comes] ... sepulchrum Salvatoris Hierosolimorum

1. Aujourd'hui Beaulieu-lès-Loches (Indre-et-Loire).
2. Foulque III, comte d'Anjou en 987, mort en 1040.

adiit [1], indeque, ut erat audacissimus admodum, exultanter
rediens, aliquantulum ad tempus a propria feritate est lenior
redditus. Tum ergo mente concepit ut in optimo fundorum
proprii juris loco ecclesiam construeret, ibidemque monachorum coetum coadunaret, qui videlicet die noctuque pro
illius anime redemptione intervenirent ... Cui inter ceteros a
propria etiam uxore, que valde sano pollebat consilio, suggestum est, ut in honore ac memoria illarum celestium virtutum quas Cherubim et Seraphim sublimiores sacra testatur
auctoritas votum quod voverat expleret. Qui libentissime
annuens edificavit ecclesiam admodum pulcherrimam in pago
scilicet Turonico, miliaro interposito a Lucacense castro [2].

§ 6. Expleto denique quantotius basilice opere, protinus
misit ad Hugonem, Turonorum archipresulem, in cujus
scilicet constituta erat diocesi, ut illam sacraturus, quemadmodum decreverat adveniret. Qui venire distulit, dicens se
minime posse illius votum dicando Domino committere ...
Mox denique [Fulco], copiosa argenti et auri assumpta
pecunia, Romam pergens ac Johanni [3] pape causam sue
profectionis exposuit ... Qui protinus misit cum eodem
Fulcone ad predictam basilicam sacrandam unum ex illis,
quos in B. Petri, apostolorum principis, ecclesia cardinales
vocant, nomine Petrum ... [4]

§7. Igitur, die quadam mensis maii, congregata est innu-
merabilis populi multitudo ad dedicationem scilicet predicte
ecclesie .... Repente supervenit a plaga australi vehemen-
tissimus turbo, ipsam impellens ecclesiam ac replens eam

---

1. Cf. *Histor. comit Andegar.* : « Fulco ... Lochis juxta Angerem fluvium
Bello [loco] scilicet, ecclesiam in honore Sancti Sepulchri, monachos cum
abbate imponens ibi, construxit » (*Chroniques d'Anjou*, éd. Marchegay et Salmon, p 330 . Sur les pèlerinages de Foulque Nerra, voir Jules Lair, *Études critiques sur divers textes des X° et XI° siècles*. I. *Bulle du pape Sergius VI*
(1889), etc., p. 73 et suiv. Le pèlerinage dont il est question ici aurait eu
lieu en l'an 1005 (voy. *ibid.*, p. 88 .
2. Cf. *Gesta consulum Andegarorum*, dans le *Rec. des Hist. de France*,
t. X, p. 256 ; *Chronicon Turonense*, ib., p. 283 ; *Chronic. Andegarense*,
ib., p. 272 ; Jaffé, *Regesta pontificum*, t. I, n° 3962.
3. Il s'agit du pape Jean XVIII.
4. Cf. Jaffé, *op. cit.*, t. I, n°° 3986 et 3989, pour les prescriptions émanées
du pape dans cette circonstance.

turbido aere diu multumque concutiens; deinde vero, solutis
laquearibus [1], universe ejusdem ecclesie trabes simulque
tota teges per pignam templi ejusdem occidentalem in
terram corruentes eversum ierunt.

L II, c. v, § 9. [*Avant* 1004.] — Erat igitur tunc temporis
predicte civitatis pontifex venerabilis Arnulfus [2], qui videlicet genere et doctrina sapientie pernobilis ac paternorum
fundorum reditibus locupletissimus. Cernens excidium scilicet proprie sedis... magnum colligens apparatum, cepit
domum majoris ecclesie [3], que olim dicata fuerat in Christi
Crucis honore, jugiter a fundamentis reedificare [4]... Contigit
igitur quadam die, dum cementarii fundamina basilice locaturi
soliditatem perscrutarentur ipsius telluris, ut repperirent
copiosa auri pondera, que scilicet ad totius, quamvis magne,
basilice fabricam reformandam certissime crederentur suffi-

---

1. Il s'agit d'une église lambrissée et non voûtée, couverte à la façon des
anciennes basiliques (voy. Quicherat, *De l'architecture romane*, dans les
Mélanges d'archéologie, p. 127-128). Il résulte de divers témoignages
qu'après l'an 1000, des églises étaient encore lambrissées, sinon totalement,
au moins sur leur grande nef : par exemple, la cathédrale de Cambrai
construite de 1023 à 1030, d'après Baudri, dont le continuateur nous
explique de la manière suivante les réparations survenues à cette église,
après un incendie (vers l'an 1080) : « Venerabilem ecclesiam Beatæ Mariæ, olim
combustam et dirutam, a capite superiori usque ad chorum Sancti Johannis,
pulchre et honeste reformavit [Gerardus episcopus]. Ipsa enim laquearia,
plastrum brevesque fenostras longiores renovavit » (*Gesta Gerardi*, II, ix).
2. Arnoul II occupa le siège d'Orléans de 987 à 1003. Voy. la récente
étude de MM. E. Lefèvre-Pontalis et E. Jarry sur la *Cathédrale romane
d'Orléans*, dans le *Bull. monumental*, t. LXVIII (1904), notamment p. 317-
318 (pl. et fig.).
3. C'est-à-dire l'église cathédrale Sainte-Croix. Cf. notre *Étude histor. et
archéol. sur la cath. et le pal. épiscopal de Paris du VI° au XII° s.* (1888),
p. 6 et 24.
4. L'incendie de 989, que quelques historiens d'Orléans ont rapporté sans
raison à l'année 999, est ainsi mentionné par Raoul Glaber : « Sequenti vero
anno — il vient d'être question d'un événement relatif à l'année 988 — tota
illius civitatis *humana habitatio cum domibus ecclesiarum*, terribiliter
igne cremata est » (*Histor.*, l. II, ch. iv, éd. Prou, p. 35). Un nouvel
incendie dévasta Orléans peu de temps après, « audito quod *Aureliana
civitas sit incendio vastata ...* », d'après une lettre de Fulbert (Migne, *Patr.
lat.*, t. XLI, col. 214), écrite vers 1010, d'après M. Pfister (*De Fulberti
Carnotensis episcopi vita et operibus*, p. 60). L'emploi si fréquent du bois
dans les constructions d'alors, dont les textes que nous publions donnent,
comme on le verra, de nombreux exemples, explique en partie les ravages
étendus de ces incendies. Cf. notre texte sur la cathédrale d'Amiens (voy.
infra les documents relatifs à cette église, sous les années 1101-1115 et
1137).

cere. Suscipientes ergo qui fortuito invenerant aurum ex integro episcopo detulerunt. Ipse vero omnipotenti Deo pro collato sibi muneregratias agens, ac suscipiensillud, custodibus operis [1] tradidit totumque fideliter in opus ejusdem ecclesie expendi jussit. Fertur namque quod etiam illud aurum sollertia beati Evurtii ... hujus restaurationis gratia fuisset reconditum ... Sicque preterea factum est ut domus ecclesie, videlicet sedis pontificalis, priore elegantior reformaretur.

L. III, c. IV, § 13. DE INNOVATIONE [2] BASILICARUM [3] IN TOTO ORBE. [1002-1003]. — Igitur infra supradictum millesimum [4], tertio jam fere imminente anno, contigit in universo pene terrarum orbe, precipue tamen in Italia et in Galliis innovari [5] ecclesiarum basilicas ; licet plereque decenter locate minime indiguissent, emulabatur tamen queque gens christicolarum adversus alteram decentiore frui. Erat enim instar ac si mundus ipse excutiendo semet, rejecta vetustate, passim candidam ecclesiarum vestem indueret. Tunc denique episcopalium sedium ecclesias pene universas, ac cetera queque diversorum sanctorum monasteria [6], seu minora villarum oratoria, in meliora [7] quique permutavere fideles.

1. C'est-à-dire les fabriciens, appelés plus tard *custodes fabricae* dans des textes du moyen âge, ou bien encore *operarii*. Ce dernier terme désigne parfois les maîtres d'œuvre, comme aussi, d'une manière générale, les ouvriers en bâtiment, ainsi que les textes nous l'apprennent.

2. Sur ce texte du moine clunisien Raoul Glaber, voy. J. Quicherat, *De l'architecture romane*, dans ses *Mél. d'archéol.*, p. 114 et s. Il convient de rapprocher de ce texte celui de l'*Hist. de la dédicace de S'-Remi de Reims* (voy. *infra*, nº VIII).

3. Le ms. lat. 6190 porte *ecclesiarum* (voy. sur ce ms. M. Prou, *op. cit.*, Préf., p. XII).

4. Il ne faut pas donner, bien entendu, un caractère de fixité absolue à l'an mil au point de vue qui nous occupe : « La date de l'an 1000 dans l'histoire de l'architecture n'est pas une limite. Elle a été trop souvent un expédient invoqué jusqu'ici pour parer aux difficultés non encore résolues » (Ramé, *Bulletin historique du Comité*, 1882, p. 209).

5. Ce sont surtout les termes *renovare*, *renovatio* que l'on trouve dans ce sens chez les chroniqueurs du moyen âge ; cf. *infra* le mot *renovari* dans le texte de Raoul Glaber (*Vita sancti Guilielmi...*, c. VII). Voy. aussi la rubrique du traité de Suger : *De renovatione ecclesie Beati Dyonisii*.

6. *Monasterium* a ici le sens d'église conventuelle: nous verrons d'autres exemples de ce terme ayant ce sens, ou celui de cathédrale.

7. Les premières églises romanes eurent généralement une durée éphémère. » Les chroniques des cathédrales et des monastères abondent en

2

Vita sancti Guilielmi, abbatis Sancti Benigni Divionensis, c. VII, p. 61, auct. Glabro Radulpho, dans les *Acta Sanctorum*, éd. Palmé, Januar. I. (Cf. autre éd. Migne, *Patr. lat.*, t. CXLII, col. 710-711).

[*Après* l'an 1000.] — Contigit ergo postmodum quatenus pars ecclesiae beati martyris Benigni [1]... ruinam corruens daret. Quam cum reformare cuperent artifices cementarii, graviorem pars eadem dedit ruinam. Quod cernens vir Deo devotus, intellexit divinitus sibi dari indicium quod totum a fundamentis renovari [2] conveniret templum. Illicoque summo mentis ingenio coepit ipsius ecclesiae reformandae mirificum construere apparatum : quam denique cum coepisset reaedificare positione mirabili, valde longiore ac latiore quam fuerat, ignotus tamen erat universis locellus, quo pretiosi martyris membra claudebantur Benigni, quia solerti cura taliter antiquitus fuerat reconditus ... Sepulcrum ... continuo requirens invenit ... in eodem recondidit sarcophago, indeque paullulum ad orientem amovens in pulcherrimo atque incomparabili locavit tumulo. Dehinc namque pater venerandus ... reformandae opus basilicae constanter, quemadmodum decreverat, accelerabat perficere. Quoniam, ut diximus, et praesto est cernere, totius Galliae basilicis mirabiliorem atque propria positione incomparabilem perficere disponebat [3]...

témoignages qui établissent le même fait. Rien de plus fréquent que les mentions d'églises bâties au XIᵉ siècle, qui s'écroulent les unes aussitôt après leur construction, les autres avant la fin du siècle ou dans le siècle suivant. » Quicherat, *Mélanges d'archéol.*, p. 434. Voy. *ibid.*, les exemples cités par M. R. de Lasteyrie, à l'appui de cette assertion, d'après les chroniques du moyen âge.

1. Voy. *infra*, n° VI, *Historique et description de la reconstruction de l'église abbatiale Saint-Bénigne, à Dijon, exécutée par les soins de l'abbé Guillaume*.

2. Cf. *supra* le terme *innovari*, *op. cit.*, l. III, c. IV, § 13.

3. Sur ce texte, voy. Chomton, *Hist. de l'égl. St-Bénigne de Dijon*, 1900, p. 92-93, 95, pour l'état de la basilique, à l'arrivée de l'abbé Guillaume, laquelle comprenait deux églises bâties l'une au bout de l'autre (voy. *ibid.*, p. 95 et pl. III, restitution de St-Bénigne aux IXᵉ et Xᵉ siècles).

II

Vers l'an 1000-1095 environ.

Description du château de Sault, près de Saint-Benoît-du-Sault, en Bas-Berry. — Incendie de l'église de Châtillon-sur-Loire, près de Gien. — Ensevelissement dans l'église abbatiale de Saint-Benoît-sur-Loire des restes de saint Benoît rapportés d'Italie ; ouverture de la crypte ; incendie de l'abbatiale ; destruction de l'abside et de la nef à lambris de bois. — Description du château de La Cour-Marigny, près de Montargis. — Reconstruction de l'église abbatiale de Saint-Benoît-sur-Loire par le moine Gallebert, sous l'abbatiat de Guillaume.

1

Miracula sancti Benedicti[1] l. III, c. v, auct. Aimoino, mon. Floriacensi, éd. de Certain (Soc. de l'hist. de France); — 2. *Op. cit.,* l. V, c. xi. auct. Andrea, mon. Flor.; — 3. *Op. cit.,* l. VII, c. xvi-xvii (même auteur) ; — 4. *Op. cit.,* l. VIII, c. xvi, xxv, xxvi, xxvii, xxx, auct. Radulfo Tortario.

L. III, c. v. [Vers l'an 1000.] — Non[2] sit audientibus onerosum jam dicti Salensis castri[3] memorare situm. Mons est non multae altitudinis, in cujus declivio castrum constitutum

1. Sur les auteurs de ce recueil de Miracles, voy. L. Delisle, *Vie de Gauzlin, abbé de Fleuri et archevêque de Bourges*, p. 270 et suiv. Les liv. II et III ont été composés, en 1005, par Aimoin. La *Vie de Gauzlin* par André, moine de Fleuri, qui fait l'objet du livre IV, a été commencée vers 1043, le liv. V fut rédigé par Raoul Tortaire vers la fin du xie siècle. — Cf. A. Vidier, *L'historiographie à Saint-Benoît-sur-Loire*, 2e part., les Miracles de saint Benoît (*Positions des thèses de l'École des Chartes*, 1898, p. 137). — Voy. aussi *infra* la bibliographie que nous avons jointe à nos extraits concernant les travaux de construction et de décoration de l'abbaye de Saint-Benoît-sur-Loire (1005-1030).
2. *Éd. cit.,* p. 139.
3. Le château de Sault était situé près de Saint-Benoît-du-Sault, qui était une dépendance de l'abbaye de Fleury-sur-Loire (auj. ch.-l. de c., arr. Le Blanc, Indre). — Cf. *Recherches archéolog.* publ. par E. de Beaufort, dans *Mém. soc. antiq. de l'Ouest*, 1860-61, p. 117 et s.

est, quod quidem, ab orientali australive parte, difficilem ad
se venientibus praestat accessum¹. Ab aquilonali sane latere,
devexus montis machinamentorum omnium inhibet evec-
tionem; at occidentem versus, ubi hostium facilis formida-
batur progressus, domus erat lapidibus firmissime constructa, ad austrum in longum porrecta, ad repellendos inimicos satis idonea. Hujusmodi 'enim munitio adversariis
facta est perditionis occasio, dum ob nimiam securitatem
prius hostem adesse senserunt quam praevidissent.

Primus ferratas aquilonali parte intulit acies Gaufredus,
propter vires, non propter pigritiam, Asinus cognomine ;
ignemque... admoveri praecepit. Post eum reliqui auxi-
liares ... adversarios ... e propugnaculis quae tueri para-
bant, jaculis ac lapidibus repellere coeperunt ... Seditiosis
ecclesiam petentibus, nostri a tergo sequuntur attentius :
caesisque in introitu portae aliquantis, eos qui basilicam
petebant insectabantur : in qua non tutam sibi latebram
fore auspicatus Ademarus ², turrim ligneam, de qua signa³
dependebant¹, cum sex factionis suae sociis formidolosus
conscendit. Ibi quoque se latere posse diffidens, tecta more
architecti⁵ perambulabat, donec ab Hugone ... captus est.

2

L. V, c. xi. [Vers 1030.] — Locus⁶ illecelebris⁷ effectus...

1. Sur le soin avec lequel les constructeurs du moyen âge choisissaient
l'emplacement des châteaux, voy. Viollet-le-Duc, *Dict. de l'arch. fr.*, t. III,
p. 58 et s., art. Château.
2. Adémar I, fils de Gui, vicomte de Limoges.
3. Le mot *signum* a eu dans la latinité classique, entre autres sens, celui
de signal: c'est de là qu'est venu le sens de cloche que ce terme a eu, comme
on sait, dans la latinité du moyen âge.
4. Sur les clochers ou campaniles de bois, de moindre dimension que
ceux de pierre, édifiés à côté des églises, voy. Viollet-le-Duc, *op. cit.*, t. III,
p. 286, art. Clocher.
5. Le mot *architectus* est d'un emploi rare dans les chroniques du moyen
âge. Il semble avoir été pris ici dans l'acception de charpentier, travaillant
à un comble, à une toiture, et il serait ainsi à rapprocher de la forme
dérivée *architector* que l'on rencontre parfois avec cette signification dans
la latinité des chroniques du moyen âge
6. *Loc. cit.*, p. 209. — Ce livre V est le premier des livres rédigés par
André, moine de Fleury, qui commençait à écrire en 1043 et travaillait encore
à sa chronique après 1056.
7. Châtillon-sur-Loire, ch. l. de c., arr. Gien (Loiret). — Voy. Tb.

accidit ut, tempore gloriosissimi abbatis Gauzlini effectus et
Bidorcensium archietralis [1], casualibus flammis correptus in
cinerem ejus lignea septa resolverentur ; solummodo ex tantae conflagrationis damno opertura capicialis [2] fornicis a foris
intacta, caeterisque compaginata combustae ecclesiae appendiciis, merito tantorum amicorum Christi, cum sua vitrea
inviolata remansit. Nihilominus memorata sanctae Dei genitricis Mariae crypta eadem eripitur divinae salvationis potentia ; testatique sunt qui adfuerant geminas columbas super
utramque adstitisse absidam [3], quae vim totius camini opposi-
tione sui procul abegerint. Verum [4] trabibus conlapsis,
laquearibus ambustis, cum aediculam reginae virginum a
regione aestuantis incendii ostiolo patenti tota rabies impete-
ret camini, eoque inveheretur spirantibus auris quo iconia
matris Domini cum imagine nostri Redemptoris, ligneo opere
sculpta, veneratur, ab illis divinitus auctus... ardere videbatur nil laedens. Et cum sui irruptione carbonum hac illaeque

Cochard ,abbé , *Châtillon-sur-Loire, son histoire avant 1789* dans *Mém·
soc. arch. et hist. Orl.*, t. XIV (1875). p. 115 et s., p. 127 et s.

1. L'abbé Gozlin fut archevêque de Bourges. Il mourut au mois de mars
1029. — Dans ses *Mélanges d'arch. et d'hist.*(p. 124), Quicherat cite le chœur
(non le sanctuaire) de Saint-Benoît-sur-Loire parmi les exemples de parties
d'églises encore subsistantes, auxquelles leur physionomie (murs épais garnis de contreforts, supports massifs) permet d'appliquer des textes qui les
font contemporaines du roi Robert. «C'est une variété de berceau dont les
supports surmontés de deux étages d'architecture, consistent en colonnes
déprimées, reliées par des arcs étroits d'un cintre surhaussé » (*ibid.*, p. 104 ;
cf. sur la nef, *ibid.*, p. 111). Voy. toutefois la note suivante.

2. *Capicialis*, ms. Vat. *Regina* 592. Nous remercions ici très sincèrement
notre confrère M. Poupardin, ancien membre de l'École française de Rome,
qui a bien voulu vérifier pour nous aux Archives du Vatican, ce passage
ainsi que plusieurs qui suivent, dont nous donnons une transcription
exacte. — « Chœur et narthex reconstruits après 1026, consécr. 1029 », dit
M. Enlart, *Man. d'archéol. fr.*, t. 1, p. 425. Comme on le verra plus loin
(l. VIII, c. xxv), l'on entreprit la reconstruction de l'église vers 1070-1080
et divers archéologues assignent au dernier tiers du xı° siècle l'époque
où le chœur, le transept et le narthex actuels furent bâtis. Dans son étude
intitulée *Une visite à l'abbaye de Fleury, Saint-Benoît-sur-Loire* (*Revue
de l'art chrétien*, 4° sér., 1902), où le texte des *Miracula* est utilisé, M. A.
Marignan, appuyant son opinion surtout sur les sculptures, les chapiteaux
imagés de cette église, rejette aux années 1150-1170 les dates où l'on éleva
les parties susdites de l'édifice actuel (p. 300-302, avec fig.). Il se peut très
bien que cette reconstruction ait eu lieu au xıı° siècle, dès la première
moitié même de ce siècle, sans qu'on puisse la renfermer alors entre des
dates très précises.

3. Ce ms. porte *absidem*, mais l'e a été corrigé en a.

4. Notre confrère, M. Poupardin, a bien voulu vérifier pour nous, ce
passage sur le ms. du Vat. *Regina* 592, f. 52. Il est conforme à l'édition.

immitteret congeriem, altarisque compleret tabulam, sacro-
sanctam quoque reliquiarum reduceret archam, cumque
etiam more ferventis ebulliret fornacis, nec aulaea quidem
eorum ob honorem in gyro dependens, ignis sensit nido-
rem, quae adhuc superest ob tantae rei venerationem.

3

L. VII, c. xvi. [Vers 1056.] — Corpore [1] scilicet reveren-
dissimi patroni nostri Benedicti [2] a partibus Italiae in hoc
sacro Floriacensi delato coenobio ... in abdito terrae loco, uti
condecens erat reverentissime atque dignissime loculo condi-
tus est plumbeo ... Mox aggere multo lapidum concervato, in
amplam molem exuberaverat locus isdem usque ad tempora fortunati viri abbatis Odoni[s], qui ... aperuit ad
pedes ipsius, orandi gratia, cryptam [3], remota lapidum congerie, quae sacrum tegebat tumulum, constructo altare in
honore Deo dilecti et incliti pontificis Martini. Siquidem
sub ipsa ara veraces ferunt tumulatum eumdem pretiosum patrem nostrum ... Processu vero temporis ... Vul-
faldus abbas egregii patris Benedicti sanctissimum corpus
de interioribus cryptae, octavo idus augusti, ad superiora
solemnissime transtulit in eum quo nunc veneratur
locum ...

L. VII, c. xvii. Tempore Gauzlini, hujus loci abbatis,...

---

1. Ed. cit., p. 275.
2. Le c. xv, qui précède celui que nous rapportons ici, est relatif à l'ap-
parition de saint Benoît, qui déclare à l'abbé du Mont-Cassin que ses restes
mortels sont ensevelis à Fleury-sur-Loire.
3. Le susdit ms. porte scriptam au lieu de criptam. « Dans les églises de
fondation ancienne, c'est toujours sous l'abside que se trouvent placées les
cryptes.... Les églises de Saint-Denis en France et de Saint-Benoît-sur-
Loire présentent des exemples complets de cryptes réservées sous les
absides, et construites de manière à relever le pavé des ronds-points de 15
à 20 marches au-dessus du niveau du transept » (Viollet-le-Duc, op. cit.,
t. I, p. 9, v° Abside; cf. ibid., v° Crypte, t. VI, p. 010). — Sur le porche et le
clocher de Saint-Benoît-sur-Loire, voy. Viollet-le-Duc, t. VII, p. 287, et
t. III, p. 827, p. 335. Voy. aussi la Revue de l'art chrétien, 1900, p. 62 et s.

hoc Deo dilectum habitaculum, cum omnibus intra et extra
positis aedificiis, sub unius noctis spatio cuncta conflagrata
sunt incendio [1]... Nondum eo tempore absida Sanctae Mariae
arcuato exaedificata erat opere, sed cuncta tabulatis tegebantur ligneis ; velox ego flamma cito pertransiens in omnia templi aedificia, etiam superiorem cryptae partem occupavit,
superque laquearia templi ardentia magna mole decidentia
inter sudes qui ob arcendam quarumcumque ... (*Caetera
desunt*) [2].

4

L. VIII, c. XVI. Erat [3] autem ipsa domus lignea turris [4] :
quippe vir potens erat, ex nobilioribus indigenis ejusdem castri cujus fuerat et Albericus [unus ex primoribus castri Cas-
tellionis] [5]. Turris ergo illa in superioribus suis solarium
habebat, ubi idem Seguinus cum sua manebat familia, collo-
quebatur, convivabatur et noctibus quiescebat. Porro in ejus
inferioribus habebatur cellarium, diversi generis retinens
apothecas, ad recipienda et conservanda humani victus necessaria idoneas. Solarii [6] vero pavimentum, ut moris est,
compactum erat dolatilibus trabeculis, quae parum quidem
habebant spissitudinis, sed aliquantum latitudinis, pluri-

---

1. Ce qui est relatif à cet incendie peut être complété par la longue narration qu'en a faite l'auteur dans la *Vita Gauslini abb.*, liv. II, c. 1. Nous
en donnons plus loin des extraits intéressant l'histoire de l'architecture en
France.
2. *Ed. cit.*, p. 275-276.
3. *Ed. cit.*, p. 299
4. « Ce passage nous fait connaître quel était l'intérieur de ces tours
habitées par les petits seigneurs du XIᵉ siècle » (*Note de l'éditeur*,
p. 299).
5. Aubry, de Châtillon-sur-Loing (aujourd'hui ch. l. de c., arr. Montargis, Loiret).
6. Cf. le texte suivant que nous extrayons d'Orderic Vital (vers 1018) : « In
Aquilensi castro ad hospitium Rodberti, quod in domo Rogerii Calcegii
susceperat, venerunt, ibique super *solarium* (sicut militibus moris est)
tesseris ludere coeperunt... » (Ord. Vital. *Hist. eccl.*, l. V, éd. Le Prévost,
t. II, p. 295-296). — Cf. aussi l'acte que nous publions plus loin, relatif à
l'église abbatiale Saint-Pierre d'Oudenbourg, et celui de 1104, tiré de l'*Histoire de Tulle*, par Baluze.

mum autem longitudinis ... Inter duas arcas, quae in cellario (quod subesse solario diximus)...

L. VIII, c. xxv. Basilica [1] semper virginis Mariae Dei genitricis, in qua beatus pater Benedictus corpore quiescit, partim vetustate, partim incendio demolita, visum est abbati Guillelmo [2], adnitente Odilone, viro probo, ejusdem basilicae aedituo, vetus demoliri et novum opus pro vetere instaurare ...

L. VIII, c. xxvi. [Vers 1080.] — Unus [3] ex fratribus, cognomento Gallebertus [4], qui cementariis fuerat praefectus praetaxato operi insistentibus, pecuniis minus aliquando abundans, ibat circumiens loca plurima, et ducens secum seminiverbios, quorum admonitione excitata virorum et mulierum corda, saeculi negotiis irretita, aliquo suffragio, etsi modico, penuriam ipsius sublevarent. Dum ergo circumquaque discurreret, Vitriacum [5] advenit ; qui locus regalis palatii honorificentia nostris temporibus decorabatur...

L. VIII, c. xxvii. [1095.] — Anno [6] ab Incarnatione Domini millesimo nonagesimo quinto, flamma voracis ignis maximam Floriacensis burgi consumpsit partem ... Nocte siquidem quae sacratissimum diem Dominicum Paschae subsecuta est, vehemens ignis unam corripuit domorum, quae a parte septentrionali exceptae erant a clausula ejusdem burgi ... Vulgus ... expergefactum terrificam illam vocem cum horribili ululatu concrepabat: «Ad focum! videlicet, ad focum! » Quo strepitu exciti fratres, linquunt stra-

---

1. Ed. cit., p. 317.
2. Hugues de Fleury affirme que l'abbé Guillaume n'a pu terminer cette construction : « ipsam quam regebat ecclesiam multis incendiis devastatam et senio praevagatam novo jecto aedificare cepit fundamento, sed morte praereptus consummare non potuit » (Lib. mod. reg., dans Migne, Patr. lat., t. CLXIII, col. 603). Or Guillaume a été abbé de Fleury de 1070 à 1080. Cf. Prou et Vidier, Recueil de chartes de Saint-Benoît-sur-Loire, t. I, n° 79, 90, 91.
3. Ed. cit., p. 319.
4. Voy. Marignan, op. cit., p. 300.
5. Vitry-aux-Loges, cant. de Châteauneuf (Loiret).
6. Ed. cit., p. 321-322.

tus, basilicam irrumpentes. Erat autem eadem basilica ob paschalem celebritatem honestissime holosericis venustata ornatibus, ad quos deponendos et in gazophylacio reponendos, quoniam ea domus fornice lapideo protegebatur, juniores de f[r]atribus certatim accinguntur...

L. VIII, c. xxx. Nuper[1] properantibus caementariis fornicem mirae altitudinis in dextra ipsius ecclesiae parte erigere, locatae sunt trabes[2] in sublimi parietum stabilimento a fabris lignariis ad sustollenda ligna quae in modum hemisphaerii fabricantur, quibus moles lapidum et caementi inniti habebat. Ergo, dum quodam mane, trabibus tenui imbre madefactis, operarii desuper incederent, praeparantes quae praecipiebantur, unus eorum, Otgerius nomine, minus caute superambulans, pede lapso de illa celsitudine per compaginatos sibi fustes, per multiplicem lignorum struem, inter acervos lapidum pronus ad terram corruit. Erat enim pene totum illud telluris spatium tam lignorum quam saxorum congerie adopertum ... jacebat humi tanquam exanimis ... Accurrimus statim multitudo tam laicorum quam monachorum qui, etsi casum non videramus, clamorem tamen et luctum artificum audieramus ... Levantes igitur juvenem debilitatum, deposuerunt eum ante altare Dei genitricis, quod prope erat ... nec frustra ... Hinc delatus ad propriam domum, non post multos dies integrae redditus est sospitati[3] ...

1. *Ed. cit.*, p. 327. — Les détails techniques qui suivent, si courts qu'ils soient, sont tout particulièrement intéressants. Ils montrent, en les interprétant littéralement, l'indépendance de la charpente en bois, de forme hémisphérique, et de la calotte de pierres de même forme qui la coiffe par dessus, et dont la douelle représente le creux d'une moitié de sphère, sans qu'elle soit, comme d'ordinaire au moyen âge, d'un galbe plus élancé: car la courbe de révolution des coupoles d'alors a une flèche plus développée que celle du demi-cercle de même corde (Voy. A. Brutails, *L'archéologie du moyen âge*, p. 119).

2. Ce sont les poutres horizontales ou entraits que les charpentiers (*fabri lignarii*) avaient disposés sur le haut des murs et sur lesquels devait reposer la charpente de forme courbe (*in modum hemisphaerii*), composée de membrures entrelacées (*per compaginatos sibi fustes*), et dont les planches devaient finir vraisemblablement par remplir les intervalles, pour recevoir, en dernier lieu, la maçonnerie hémisphérique.

3. Les chroniques du xi° siècle attestent le zèle que déploient à l'étran-

III

Vers l'an 1000, 1070 environ et 1103.

Donation faite par Renaud, vicomte d'Aubusson, à l'abbaye bénédictine de Saint-Martin de Tulle, au diocèse de Limoges, en Bas-Limousin, de ses divers biens, notamment d'un domaine qui contenait une chapelle et était limité par des croix de sauvegarde, ledit seigneur se réservant de se faire bâtir, près de l'église, une habitation faite de terre et mesurant douze brassées. — Mention d'un moine constructeur appartenant à l'abbaye de Saint-Martin. — Réédification dudit monastère, avec participation des seigneurs voisins à cette reconstruction, entre autres du vicomte Bernard, qui fait don à l'abbaye de l'un de ses bois pour la nouvelle œuvre.

Cartulaire de l'abbaye de Saint Martin de Tulle, publ. par J. B. Champeval (Brive, 1903), p. 202-204, 105 et 137-138. (Extrait du *Bulletin de la soc. scient., hist. et archéol. de la Corrèze*, t. XIV, p. 344-346, t. XI, p. 142, t. XII, p. 446).

(Cf. autres éditions, Baluze, *Histor. Tutelensis* 1717), *Appendix act. vet.*, col. 399-401, 411-415, 447-448. — *Gall. christ.*, t. II (1720), *Instr.*, col. 209.)

ger les abbés de grands monastères pour la reconstruction et la décoration des églises. Citons surtout pour l'Italie la chronique du Mont-Cassin (*Chronicon monast. Casinensis*, éd. Wattenbach, dans les *Monumenta German. hist.*, Script., t. VII, p. 551-844). Cf. Schlosser, *Die Kunst in Monte Cassino*, dans la *Quellenbuch zur Kunstgeschichte des abendländischen Mittelalters*, Wien, 1896 (avec bibliographie), p. 192 et s.), qui nous donne la description des travaux artistiques entrepris sous la direction des abbés de ce monastère, notamment de l'abbé Didier (1058-1087). On y trouve des détails très précis, par exemple, pour les mesures employées dans l'architecture et la décoration de l'église et du cloître du Mont-Cassin, détails que l'on ne trouve guère dans les chroniques de France au XIᵉ siècle, exception faite pour celle de S⋅-Bénigne de Dijon. La même chronique contient aussi des renseignements utiles à connaître au point de vue de l'archéologie comparée, pour l'histoire ecclésiastique de ce monastère dans le premier quart du siècle (cf. E. Bertaux, *L'Art dans l'Italie méridionale de la fin de l'Empire romain à la conquête de Charles d'Anjou*, 1903). — Pour l'Allemagne, la Suisse, la Flandre, cf. Schlosser, op. cit.; citons notamment, pour l'Allemagne du Sud, la Chronique du monastère de Petershausen à Constance (XIᵉ-XIIᵉ s.), dans Mone, *Quellensammlung der badischen Landesgeschichte*, t. I, p. 112 et s.; Schlosser, op. cit., p. 232 et s., *Kunstleben im Kloster Petershausen bei Constanz*.

1

[Vers 1000.] — Omnibus in Christo pie viventibus dignum est ut, ab amorem Dei et sanctae religionis, loca sanctorum divinis cultibus mancipata de rebus sibi debitis ita dotent ut futuris temporibus inconvulsa, Deo auxiliante, manere valeant, maxime his temporibus condecet, cum jam, senescente mundo, dies Domini instet, et quibus malis ipse urgeat ut nos a suo amore compescat... Idcirco ego Raynaldus, vicecomes Albuciensis, amore coelestis vitae, cedo Deo et Sancto Martino, in monasterio quod vocatur Tutela, in villa mea quae est in parrechia de Ternat [1], quae vocatur Ruissac, mansum meum de Ribeira [2], ubi 'aedilicium ecclesiae est, totum et ab integro cedo Deo et Sancto Martino, tali scilicet ratione, ut nec ego, nec ullus ex heredibus meis, aut ulla immissa persona, intra cruces quae ob defensionem loci positae sunt, aliquid inquietare praesumat aut inquirere [3] ... Mansionem vero quam ad ecclesiam jam dictam habuero erit terrestris [4] et de [5] duodecim brachia ; quam tali conventu tenebo, ut de ipsa non moveam, nec revertar ad ullum male faciendum alicui homini vel feminae. Et dum ego non fecero, monachi et praepositus ejusdem loci eam teneant, et faciant in ea quicquid eis necesse fuerit, eamque de manu abbatis et praepositi ejusdem loci habebo ...

1. Tarnae, comm. du cant. de Bugeat, arr. Ussel. — Nous adressons tous nos remerciements à M. A. Petit, archiviste de la Corrèze, qui a bien voulu reviser les textes que nous publions et identifier quelques noms de lieu et de personne qui y sont mentionnés.
2. Ribeira serait, d'après Champeval, le village de la Chapelle (voy. Bull. cit., t. XIV, p. 341, comm. de Tarnac).
3. conquirere, Baluze.
4. Synonyme de terrena, c'est-à-dire faite de terre.
5. Manque de dans Bal. Ce passage indique le mode de mesure en usage dans cette région du Centre vers l'an mil. Une indication relative aux dimensions d'une demeure privée à construire à cette époque est rarissime, à notre connaissance. — Pour une date ultérieure (1055), cf. infra le texte relatif à Licairac, près de Carcassonne : « ad faciendam mansionem de sex brachiatis longitudinis et latitudinis ex omnibus partibus ».

2

[Vers 1070.] — In parochia [1] ecclesiae Sancti Boniti [2]... Hoc autem ipse Gauzcelmus de Petrabuferia [3] postea devote adimplevit ad ostium cimeterii Sancti Martini quod est ante portam ecclesiae S. martyris Juliani [4], coram domno abbate Fruino [5] et Geraldo de Latofavo, monacho, qui ipsam construxit ecclesiam, et coram Archambaldo vicecomite [6]...

3

... Anno [7] dominicae Incarnationis M C III indictione XI, III idus Junii, papa Paschasio in romana sede praesidente, Philippo rege regnante, domno Willelmo abbate istius Tutelensis monasterii pastoralem curam agente, idem monasterium jam pene vetustate consumptum, coeptum est reaedificari novum. Ad cujus constructionem quique comprovinciales cooperunt adjutorium [8] impendere, prout cuique facultas et bona voluntas attribuit. Inter quos Bernardus vicecomes [9], dedit Deo et Sancto Martino ad aedificationem [10] ipsius monasterii quandam partem nemoris quod habebat super pontem de Cornilio [11] cognominatum, sicut termini ipsius divisionis designant. Factum est autem hoc donum in suprascripto anno, V. Kal [12]. Januarii, in ipso

1. *Cartul.*, *cit.*, p. 105.
2. Saint-Bonnet-l'Enfantier, comm. du cant. de Vigeois, arr. Brive.
3. Pierre-Buffière, ch.-l. de cant., arr. Limoges (Haute-Vienne).
4. Eglise de Saint-Julien, paroisse de Tulle.
5. *Frudino*, Baluze.
6. Archambaud, d'après Champeval, aurait été vicomte de Comborn, (comm. d'Estivaux, cant. de Vigeois).
7. *Cartul. cit.*, p. 137-138.
8. *adjutoria*, Baluze.
9. Bernard, vicomte de Comborn, d'après Champeval. Baluze, en publiant ce qui suit, a joint ce texte au précédent ; Champeval a séparé les deux textes.
10. *edificationem*, Baluze.
11. *Cornelio*, Baluze — Cornil, comm. du cant. et arr. de Tulle. Il existe encore un pont en ruines à environ 100 mètres en aval du pont actuel, dans la comm. de Cornil.
12. *cat.*, *Gall. christ.*

nemore, in manu Stephani secretarii, testibus Rigaldo de
Bolciaco monacho [1]... Ibidem fecit ipse vicecomes omnibus
rusticis ad quorum mansos pertinebat idem nemus, dare
quidquid [2] in eo requirere poterant dimissis annuatim quatuor solidis, et dimidium modium inter annonam et civa-
dam...

IV

Vers l'an 1000 — fin du xii° siècle.

*Travaux de construction et de décoration accomplis dans
l'église et les bâtiments de l'abbaye de Saint-Florent,
près de Saumur ; autres travaux d'architecture et d'hydraulique exécutés dans les bâtiments ou domaines de
cette abbaye ; mention d'églises et de chapelles construites ou rebâties soit en pierre, soit en bois. — Fondation
du monastère de Saint-Nicolas, à Angers, par le comte
Foulque III. — Choix de l'emplacement du monastère de
Saint-Florent-le-Vieil et du château de Mont Glonne ;
ancien cimetière fortifié ; mention de moines constructeurs.*

Historia sancti Florentii Salmurensis, dans les Chroniques des églises
d'Anjou [3], publ. par Marchegay et Mabille (Soc. hist. de France), 1869,
p. 257, 263, 275-279, 281-282, 285, 289, 296, 306-307, 310-312.

1. *monaco*, Gall. christ.
2. *quicquid*, Baluze.
3. Sur la valeur de ces chroniques, voy. notamment G. Monod, *Rev.
hist.*, t. XXVIII, p. 263-267. Il y a lieu de se référer aux pp. 241-243 de la
susdite édition de ces sources importantes pour l'intelligence des extraits
suivants : car on y trouvera le récit des importants travaux de construction et d'ornementation qui eurent lieu sous l'abbatiat d'Amalbert, dans la
deuxième moitié du x° siècle (936-985). Nous en extrayons notamment ce
qui suit, pour la description de l'ancienne église : « Tria tantummodo altaria, hoc est matutinale et membrorum, parva solum maceria arcuata tegebat ; reliquum aedificium *lignorum camera depicta* operiebatur. In porticu basilicae, quatuor unius altitudinis erant maceriae, super quas, in alta
fabrica lignorum signa majora congruentis magnitudinis dependebant ;
mediae vero maceriae et navis ecclesiae columnis arcuatis consistebant.
Campanae horis diurnis in choro trahebantur... » Sur l'usage de revêtir de
peintures, au xi° siècle, l'intérieur d'importantes églises monastiques, voy.

Sub [1] tempore patris hujus, Roberti [de Blesis [2], abbatis], claustralis fabrica mira lapidum sculptura cum versuum indiciis [3] ac picturarum splendoribus est polita. Ipse enim praefatus pater multitudinem copiosam ornatuum inauditorum, diligens exquisitor, adquisivit : videlicet magnorum ex lana dossalium, cortinarum, fasterdium, tapetum, bancalium caeterorumque ornatuum variis imaginibus insculptorum [4]...

Quidam [5] sancti monachi ... hau[d] longe a castro Salmuro oratorium cum mansiunculis composuerunt, Deoque ibidem non segniter adhaerentes, doctrina plurimos ac virtutibus instruxerunt. Quibus defunctis ibique sepultis, locus cum mansiunculis postea funditus est destructus. Postmodum vero ... sub umbra albae spinae extracta corpora sanctorum intra veteris maceriae vestigia, cum sarcofagis et membranis sanctis, abbas Robertus omnisque plebs reposuit, et desuper in honore sancti Vincentii ligneam [6] ecclesiam aedificavit ...

[1013-1022.] — ... In pago Medalgico [7] ... monachi...apud

surtout la chronique du Mont-Cassin (1058-1087), à propos de l'abbé Didier : « parietes quoque omnes pulchra satis colorum omnium varietate depinxit ». — La description ci-dessus montre que la base du clocher, construit sur la façade principale de l'église abbatiale, était formée par une tour rectangulaire en maçonnerie, et que les cloches étaient suspendues dans une haute construction en charpente. C'est ce qui devait avoir lieu souvent alors. Cf. R. Merlet et Clerval, Un ms. chartrain du XIe s. (à propos des anciennes tours de l'église de Chartres), p. 76 et s.

1. Op. cit., p. 257.
2. Robert de Blois, abbé de 985 à 1011.
3. Sur l'emploi des inscriptions en vers latins dans les églises monastiques à l'époque romane, voy. infra la note que nous avons jointe à nos extraits de la Vita Gauslini (n° VII).
4. Sur l'emploi de ces tapis, tentures et ornements divers destinés à l'église et à sa décoration pendant les fêtes et solennités, voy. ibid., pour plus de détails, p. 258; cf. infra, le n° XXI et le texte des Coutumes de Farfa.
5. P. 262. L'église de bois dont il va être question fut bâtie avant 1011.
6. Les petites églises, les chapelles ou les oratoires construits en bois sont encore nombreux à cette époque ; l'Historia Sancti Florentii Salmurensis en offre plusieurs exemples.
7. P. 266. Il s'agit ici de l'abbatiat de Géraud de Thouars. — Les Mauges, pays de l'ancien Anjou, et primitivement du territoire Picton (Poitou), compris en Maine-et-Loire, où il forme la majeure partie de l'arrondissement de Cholet (Maine-et-Loire).

2

Espetven[1], lapidea diruta, majorem ligneam[2] constraxerunt ecclesiam, aevo in nostro senio jam consumptam ...

[1020 environ[3].] — Quodam tempore Fulco[4] comes, secundo ab Jerusalem reversus, per Andegavis aulae fenestras columbam cementum saepe ferre et cavitatem cujusdam petrae implere conspexit. Tunc, quod in ma*s periculo voverat et mente tractabat, monasterium Sancti Nicholai[5] e vestigio lapidis anno MXX° fundavit.....

[Vers 1025.] — Tunc temporis in Montis Buelli[6] vertice, versus urbem Turonicam, Fulco comes castrum firmissimum fecit ... Tunc Fulco, Salmurum vacuum esse et solum recogitans, retrogressum dirigit ... castellum obsidens, vi accepit, et a castro, ruinam incendii funditus perpessuro, reverendam patris Florentii glebam extraxit. Abbas autem Fredericus[7] et monachi..., assumpto corpore sancti patroni et sanctorum reliquiis, exierunt, anno MXXV° ... Tria signorum[8] praecipua tantum igni fuerunt subducta : scilicet,

1. Espevan (*Speranum*), aujourd'hui Saint-Macaire-en-Mauges, cant. de Montfaucon, arr. Cholet (voy. Cél. Port, *Dict. histor... de Maine-et-Loire*, t. III, p. 416). Sur les constructions de Foulque III, voy. L. Halphen, *Le comté d'Anjou au XIe siècle* (1906), p. 153 et s.
2. C'est d'ordinaire le contraire qui eut lieu : aussi ce fait peu fréquent est à remarquer. L'église n'eut pas une longue durée ; celle qui la remplaça fut consacrée à la fin de l'an 1119, en vertu d'une bulle du pape Calixte II, dont un a le texte (*Chron. des églises d'Anjou*, p. 267, n. 1 ; V. Robert, *Bull. de Calixte II*, 63). Il n'y a pas lieu d'en être étonné dans cette région qui, au début de l'époque romane, a un caractère assez exceptionnel. « Dans la vallée de la Loire, au-dessous d'Orléans, dit Quicherat (*Mél. d'archéol.*, p. 436), le renouvellement des églises s'opéra sous l'empire des vieilles traditions, qui y persistèrent un bon tiers de siècle après qu'elles avaient été abandonnées ailleurs. »
3. P, 275.
4. Foulque III, quatrième comte d'Anjou (987-1040).
5. Il s'agit du monastère de Saint-Nicolas, à Angers.
6. P. 276. La Motte-Montboyau, com. de Saint-Cyr-sur-Loire, arr. Tours.
7. Frédéric de Tours, sixième abbé de Saint-Florent (1022-1055). Le *castrum* de Saumur avait deux portes, à l'est et à l'ouest : *porta orientalis, occidentalis* (p. 277).
8. Cf. *ibid.*, p. 271, un curieux passage sur la fonderie des cloches et sur les surnoms qu'elles portaient : « factumque signum ab auctore suo, Gelduinus est dictum ; vocatur tamen ob soni puritatem *Clarellus*. » Sur les cloches au moyen âge, voy. J. Berthelé, *Enquêtes campanaires, notes, études et documents... du VIIIe au XXe siècle*, 1903.

Vox Domini vocatum, et aliud a seniore Gelduino [1] compositum necnon memoratum ab ejus filio Gelduino factum. Campana quoque argento permixta, sonora atque dulcissima, quae longe post in novo facta monasterio, in nocte Assumptionis Sancte Dei genetricis, lecto ab abbate Frederico evangelio super fluvio tractu, super arcuatam turrem cadens minutata, denuo ab aurifice Odolrico minus valens est conflata... [Monachi] ad ecclesiam Sancti Hilarii, ad locum, cui Criptas nomen est impositum, [pervenerunt]... tum Fredericus abbas et Letardus prior cum septeno fratrum numero tam diu manere diffinierunt, facientes pro posse opus divinum... '

[1026 et s. [2].] — Quibus locum perquirentibus, nec mora praelectus a Domino locus est inventus, qui olim Bonali Vadum [3] est dictus, secus Thoerii fluvium, ad campum spinosum, ubi anno MXXVI°, mense augusto, illud magnificum, Deo auctore, coeperunt monasterium. Cujus fabricae eatenus quotidie per diversa operariorum numerus insistebat ; cumque per diem omnes sollicite numerarentur, unus semper inveniebatur in opere qui nusquam apparebat in retributione. Huic structurae sanctitate ac pietate praecipua Hildegardis [4] comitissa praestantissimum

---

1. Gelduin, seigneur de Saumur (voy. *Ibid.*, p. 275. — Voy. *op. cit.*, p. 242, ce qui est dit du clocher et des cloches de Saint-Florent dans la deuxième moitié du x° siècle.

2. P. 279.

3. Il s'agit d'un gué sur le Thouet, affluent de la rive gauche de la Loire. Notre confrère, M. Dupond, archiviste des Deux-Sèvres, a bien voulu nous informer qu'il n'y a pas dans cette région de nom de localité ou de lieudit qui puisse en dériver, vérification faite sur les cartes et les atlas cadastraux. Cette dénomination n'existe pas dans le *Dict. topographique des Deux-Sèvres*, de B. Ledain (1902). Nous ne voyons pas de raison pour identifier cette ancienne localité avec Bonneval-lès-Thouars, dans le Thouarais (Haut-Poitou). Suivant d'Espinay (*Notices archéol.*, deuxième sér., Angers, 1878, p. 50), il s'agirait bien ici du monastère de Saint-Florent, « lieu parfaitement situé à mi-côte dominant le *Thouet*, en face de Saumur, au-dessus du gué qui servait à passer cette rivière ; cet endroit s'appelait alors le « Champ-Épineux » (aujourd'hui com. de Saint-Hilaire-Saint-Florent, arr. Saumur). C'est aussi l'avis d'un érudit compétent, M. J. Berthelé, qui s'est intéressé à notre recherche.

4. Hildegarde, comtesse d'Anjou, bienfaitrice de Saint-Florent, enterrée à Saint-Nicolas d'Angers. La proximité relative de cette nouvelle construction a dû l'engager à s'en faire la protectrice.

contulit adjumentum. Suum insuper carnetum retro Beatae Mariae criptam... aedificaverat.

Denique Fulco comes versus Thoarcenses [1] in jus Sancti Florentii castellum, ex monte et nido falconum [2] nuncupatum, instituit, quod duodecim coacti a monachis, Espevan degentibus, cum aliis operariis peregerunt.

1030 (après) [3]. — Fulco [4] vero cum filio Goffredo [5] et uxore Agnete... Glomnam [6] montem tetenderunt et in occidentali parte montis castellum determinarunt. Quod excidium monachi cum habitatoribus reverentes, multis precibus ne castellum ibi fieret comitibus persuaserunt. Qui comites paululum cedentes, priscam defensionem duarum ecclesiarum cymiterium [7] ambientem, quod ritu veteri crux [8] ad orientem et alia ad occidentem sita propter infractiones praemonstrabat, construxerunt et monachis ad cus-

---

1. Thouars, auj. ch.-l. de cant., arr. Bressuire (Deux-Sèvres). Cf. *castellum Thoarcii Chr. S. Maxent.* Pictav., en 1101, dans les *Chroniq. des égl. d'Anjou*, p. 422). — Voy. sur Thouars, B. Ledain, *op. cit.*, p. 372.

2. Montfaucon, sur les confins de Bas-Poitou et de la Bretagne, auj. ch.-l. de cant., arr. Cholet (Maine-et-Loire).

3. P. 282, cf. *Chron. de Nantes*, éd. Merlet, p. 139-140.

4. Foulque III, dit Nerra, quatrième comte d'Anjou.

5. Geoffroi Martel, cinquième comte d'Anjou (1040-1060).

6. Il s'agit de Mont-Glonne, autrement dit du château de Saint-Florent-le-Vieil (arr. de Cholet, Maine-et-Loire). Plusieurs chartes se rapportent à la construction de ce château. Voy. notamment *Livre Noir*, fol. 66, et *Livre d'argent*, fol. 48. Une motte et de hautes palissades de bois servirent à protéger l'asile du monastère ; cf. l'acte suivant : « Ego Gauffridus, Andegavensium, divina gratia, comes, avus meus et avunculus *castellum terraeque cumulo ac lignis magnae altitudinis asilum circa monasterium Beati Florentii*, quod *vetus* dicitur, construxerunt, annuente...abbate Frederico et...monachis... » (*Cart. noir de Saint-Florent*, fol. 57-58 ; dom Housseau, 11⁹, n° 635). — Cf. l'asile fortifié du ...stère de Saint-Trond, en Flandre, qui existait déjà du temps de l'abbé Adelard II (1055) et fut renforcé vers la fin dudit siècle (Pertz, *Script.*, t. X, *Gesta abb. Trudon.*, p. 242).

7. Un passage des *Miracula sancti Benedicti* (l. VIII, § 1, éd. de Certain, p. 277), par Raoul Tortaire, nous montre qu'au xiᵉ s. le cimetière de l'église de Germigny, dans l'Orléanais, était fortifié, et cet exemple n'était pas isolé : « Siquidem habebat eadem ecclesia *coemeterium valli munimine circumdatum* » (ann. 1031-1060). Viollet-le-Duc, *Dict. de l'archit.*, t. III, p. 247, art. Cimetière, ne parle point de cimetière fortifié. Cet exemple vient à l'appui des remarques de M. Enlart (*Man. d'archéol. fr.*, t. II, arch. mil., p. 545 et s.).

8. Il s'agit ici de croix servant de délimitation et de sauvegarde à un terrain religieux.

todiendum dimiserunt. Aggerem quoque in prospectu monasterii cum curte lignea erexerunt. Quod castrum cum officinis claustri duo monachi Glomnenses, Thetbaudus praepositus[1] et Albaldus cellerarius, lapideo robore concluse-
runt, qui per annos circiter sexaginta mirabili instantia
ipsum locum gubernarunt atque instauraverunt... Altaria[2]
omnia, quae Deo fuerant consecrata, violata sunt atque confracta. Sub qua destructione maceriae veternosae, hedera
repletae, non multae altitudinis, latum claustri spatium
quadrifarie claudebant, portentantes quatuor magnas domos
ibi fuisse diversis ministeriis attributas : quae maceriae a
domo dextro membro contra meridiem adhaerenti ad
orientem extensae infirmorum officinas viridariumque con-
tinebant. Sed quoniam modernis usibus erant discordes,
mediocrem conventum, pluribus eversis mansionibus, constituerunt. Duos propter domorum fundationem puteos[3],
unum in refectorio, alterum in cellario obturantes, alios
foderunt...

[1061.] — Anno igitur Incarnationis dominicae MLXI...
die dominico Paschae, XVII° kal. maii, mense junio, XVIII°

1. Le rôle que le *praepositus* et le *cellerarius* d'un monastère avaient à
remplir au point du temporel, les amenait souvent à s'occuper, le premier surtout, de constructions, soit en aidant, soit en remplaçant même
l'*operarius*, qui maintes fois n'apparaît pas dans les chartes et les chroniques.
Ici, notre texte très précis donne les noms mêmes des constructeurs employés au travail ci-dessus.
2. P. 285. — L'auteur de la chronique revient sur le passé des constructions de Saint-Florent-le-Vieil et leurs dévastations à l'époque carolingienne, sous Charles le Chauve, et sur leur destinée dans les temps qui
suivirent. Voir sur les anciens autels, leur situation et leur dénomination,
Histor. sancti Florentii..., p. 242 et s., au sujet de l'abbé Amalbert (936-985).
3. Ce passage précis corrobore exactement les observations de Viollet-
le-Duc sur l'origine des puits, dont « il existe, dit cet auteur, encore un
grand nombre, du moyen âge, dans nos vieilles villes, dans les châteaux,
les cloîtres, les palais et les maisons... Ces puits avaient primitivement
été creusés pour les besoins de la construction. La plupart des cloîtres des
monastères étaient pourvus d'un puits quand la situation des lieux ne
permettait pas d'avoir une fontaine à fleur de terre... » (*Dict. de l'archit.
fr.*, t. VII, p. 562). Cf. *supra* (Chron., p. 243), à propos de l'administration
de l'abbé Amalbert et de l'œuvre architecturale qui fut entreprise par ses
soins : « Aquae penuriam claustri puteus exterior relevabat : nam, suffos-
sis ecclesiae parietibus, forti caemento et lapidum curvatura, occulto meatu
aqua in lavatorium emergebat, et per caeteras officinas cursu subterraneo
derivabat. Hic autem puteus foris secus cellarium existebat. »

kal. jul., dedicatum est monasterium Sancti Florentii Senioris a domno Eusebio[1], Andegavensi episcopo, in honore Sancti Salvatoris et sa.... Florentii confessoris... Altaria vero ipsa tunc denuo sunt consecrata...

Quodam[2] aestivo tempore, in ecclesia Sanctae Mariae, quae Marielensis[3] vulgo dicitur, res accidit talis. Nam ... domus Rainaldi, cognomento Manzelli, eidem ecclesiae adhaerens, ab igne apprehensa est, nulloque penitus defendente, ecclesia quae tota, praeter vetustissimas macerias, erat lignea[4] ab igne est consumpta...

[1055-1070.] — Domnus[5] abbas Sigo ... in ornamentis quoque pulchris construendis de auro et argento, circa duo altaria quae sunt in presbiterio, ut domnus abbas Fredericus, sagax fuit ...

[1128 ou 1129-1155.] — Matheus[6] nomine, de castro Lausduno[7] [abbas] ... fecit dossalia duo egregia, quae praecipuis solemnitatibus extenduntur in choro; in quorum altero viginti quatuor seniores cum cytharis et phialis depinguntur, in reliquo Apocalipsis Johannis opere descripta est eleganti. Fecit insuper quosdam mirae pulchritudinis parnos, sagittariis et leonibus et caeteris quibusdam animanti is figuratos, qui in navi ecclesiae festis solemnitatibus appenduntur[8]. Ipsa quoque, de qua loquimur, navis ecclesiae arcuato opere ipsius tempore incaepta est et completa ...

1. Eusèbe Brunon, évêque d'Angers, de 1047-48 à 1081.
2. P. 289.
3. Marillais (Le), cant. de Saint-Florent-le-Vieil, arr. Cholet; cf. Célestin Port, op. cit., t. III, p. 597.
4. Curieuse mention d'église de bois, avec des murs de pierre, qui devaient probablement dater de la fin de la période carolingienne et appartenir au petit appareil de construction de cette époque. Pour le mot *maceriae*, cf. *supra* (p. 16, n° 3) l'extrait concernant les constructions faites sous l'abbatiat d'Amalbert, dans la deuxième moitié du x° siècle.
5. P. 296.
6. P. 306.
7. Loudun, aujourd'hui ch. l. d'arr., Vienne.
8. Voy. ci-dessus, p. 17, n. 4; nous verrons encore d'autres textes relatifs à ce genre de décoration des églises.

[1156.] — Stephanus de Rupe Fulcaudi [1] ... dum prioratu hujus coenobii fungeretur , capitulum hujus ecclesiae
sub dormitorio situm, arcuato opere, (sub) tam egregia venu-
state et artificiosa subtilitate construxit, ut per universum
regnum Franciae vix aut nunquam consimile valeat reperiri. Fecit insuper capellam infirmorum [2] domui cohaeren-
tem, in honorem gloriosae Virginis Mariae, sanctique
Nicholai episcopi sanctorumque abbatum Benedicti atque
Columbani, ab Ulgero, Andegavensi episcopo, et Iterio,
Nannetensi, celebriter consecrandam...

[1160-1174.] — Hujus patris [Frogerii de Sancto Loancio
abbatis] tempore, claustrum monachorum novo et eleganti
opere est constructum, et arcus lapideus qui inter capitulum et dormitorium est erectus. Pontem etiam de Salmuro,
tradente venerabili rege Anglorum, Henrico, recepit ...
data tamen non modica quantitate pecuniae, quae pro
eodem ponte Turonis debebatur.

[1176.] — [Radulphum, nation.e Normannum, abbatem]
devotio fratrum in dextro abside monasterii, juxta (h)ostium
sacristarine [3], venerabiliter replevit...

[1176-1203.] — [Mayneus abbas] multa aedificia fecit,
utpote introitum ecclesiae cum galilea, refectorium, domus
infirmorum, locutorium [4]...

---

1. La Rochefoucauld, aujourd'hui ch.-l. de cant., arr. Angoulême,
Charente.
2. Sur les infirmeries dans l'architecture monastique et sur les chapelles
annexées à ces établissements, voy. Enlart, Man. d'archéol., t. II, p. 18.
Cf. Ordo cluniacensis, c. III, de priore claustrali.
3. On lit plus loin, p 238 : « (Guillermi de Culturis, abbatis) corpus sepul-
tum fuit ad (h)ostium ecclesiae, afforis, quo itur ad infirmitorium, prope
capellam Virginis, sub quodam arcuato opere. »
4. Galilaea, à proprement parler l'ancien narthex, près du portail où se
tenaient autrefois les pénitents, et ceux qui ne devaient pas être mêlés aux
fidèles. Toutefois ce terme signifie souvent porche d'église ou galerie, faisant partie de la nef avoisinant la grande porte. On trouve, dans des textes
du XIe et XIIe siècle, mention de « galilées » de différentes églises. Dans
l'ouest, dans la région du Maine, celles de Saint-Facile-de-Lucé, de Saint-
Martin de Sarcé, de Saint-Malo-de-Sablé, de Saint-Pierre-de-Melleray, près
de Montmirail (Cartul. de Saint-Vincent-du-Mans. col. 167, 191, 215, 440).

V

1001-1009.

Fondation et consécration de l'église abbatiale de Saint-Martin-du-Canigou, au diocèse d'Elne, en Roussillon, construite par le moine Selva, sur l'ordre du comte Guifred.

1

Chronicon breve monasterii Canigonensis[1], dans l'*Hist. générale de Languedoc*, nouv. éd., t. V (1875), col. 54-55, n° 11.
(Cf. Baluze, *Miscellanea*, lib. II (1670), p. 309-310.

Anno Domini MI, era MXXXIX, anno VI Rodberti regis, indictione XIV, Guifredus comes coepit edificare monasterium Sancti Martini Canigonensis.

Voy. Ledru (abbé), *La Cathédrale Saint-Julien du Mans* (1900), p. 182. A l'est, en Bourgogne, ce terme se rencontre dans les textes relatifs aux coutumes de l'abbaye de Saint-Bénigne de Dijon (voy. L. Chomton, *Hist. de l'église Saint-Bénigne de Dijon* (1900), *index lexicologique*, v° *Galilaea*, p. 469. Dans les anciens cloîtres des Chartreux, on distinguait autrefois la *galilaea major* et la *galilaea minor* (*Antiq. Statut.*, p. 2, c. 12, et p. 3, c. 38, cit. par Le Couteulx, *Ann. ord. Cart.*, t. I (1888), p. 16.) Cf. Kraus, *Gesch. der christl. Kunst*, t. II, p. 123-121. Voy. enfin les importants statuts cluniens de Farfa que nous publions plus loin, et où ce terme a été employé, avec l'indication de la mesure qui s'y rapporte.
Introitus ecclesiae s'appliquerait ici au portail. La nervure à un seul tore, de style Plantagenet, apparaît dans « le beau porche de l'ancienne église abbatiale de Saint-Florent-lès-Saumur, qui a été élevée dans le dernier quart du XII° siècle (plutôt vers 1180 que vers 1260), à cause de la forme plein cintre des arcs latéraux et de l'ornementation encore en grande partie romane des chapiteaux. » (J. Berthelé, *L'architecture Plantagenet*, dans le *Congrès archéol. de Poitiers* (1903), p. 230.)
Certains exemples de l'emploi du terme *collocutorium* (parloir) méritent d'être relevés ici : « In orientali *collocutoria Casae Dei* », dans Mabillon, *Ann. ord. sancti Bened.*, V, p. 8, au sujet de la Vie de saint Robert, abbé de la Chaise-Dieu, en Auvergne (mort en 1067)... Cf. aussi, avant 1151 : « In *collocutorio* quod situm est inter cellarium et refectorium. » (*Cartul. de N. D. de Josaphat*, t. I, p. 221). L'abbaye de N.-D. de Josaphat était située au pays et diocèse de Chartres.
1. Saint-Martin-du-Canigou ; aujourd'hui com. de Vernet, cant. et arr. Prades (Pyrénées-Orientales).

2

Marca hispanica, col. 971, Append., n° CLX *ex Archivo monasterii Canigonensis* .

In nomine Domini Dei aeterni. Sub anno incarnationis Domini nostri Jesu Christi MVIIII, aera millesima XLVIII, indictione VIIII, IIII idus novembris, veni ego Oliba, sanctae sedis Elenensis episcopus, in suburbio supradictae Elenae, in valle Confluente, in locum quem vocant Canigone, ad consecrandam ecclesiam[1] , illo in loco sitam, in honore sancti Martini episcopi et confessoris sanctaeque Mariae Virginis et sancti archangeli Michaelis, vocantque coenobium Canigonis in monte structum, quod extruxit quidam presbyter, nomine Selva, vel monachus, praecipiente, ordinante et in omnibus perficiente, atque ad plenum effectum perducente domno Guifredo, gratia Dei, comite, ejusque conjuge, nomine Guisla, qui ditaverunt praedictam ecclesiam vasis sacris, scilicet, calice argenteo, cum patena et thuribulo argenteo ...

... Ego autem, praedictus Oliba, concedo, annuo et sacerdotabiliter firmo praedicta omnia dom[u]i sancti Martini, die consecrationis ejus...

Acta est autem consecratio praedictae ecclesiae vigilia sancti Martini. S[ignum] Olibae, gratia Dei, sedis Elenensis episcopi.

1. Nos textes concernent-ils l'église actuelle? « On l'a dit, et il est possible que cela soit, parce qu'on n'a pas signalé dans cette église de combinaisons dont on puisse dire avec certitude qu'elles sont postérieures à 1001-1009. Mais il se peut aussi qu'une grande partie de l'édifice ait été l'objet d'un remaniement. » (J. A. Brutails, *l'archéologie du moyen âge et ses méthodes*, 1901, p. 221). C'est une église romano à trois nefs et sans doubleaux, dans lesquelles les voûtes latérales contrebutent la maîtresse voûte; elle est extrêmement pauvre; avec crypte ; les supports des arcades sont des colonnes monolithes, basses et renflées, à chapiteau évasé (voy. le même auteur, *Notes sur l'art religieux du Roussillon*, dans le *Bull. archéologique du Comité*, 1892, p. 353 et s., fig.). — Avec M. Brutails, et pour les raisons qu'il donne, nous sommes d'avis que l'on peut estimer raisonnablement que l'église a été remaniée, et que les reconstructeurs ont même pu employer les colonnes du XIᵉ siècle.

VI

1001-1031 environ.

Historique et description de la reconstruction de l'église abbatiale Saint-Bénigne, à Dijon, exécutée par les soins de l'abbé Guillaume ; disposition et ornementation de la rotonde, des autels et du tombeau de Saint-Bénigne.

Chronicon Sancti Benigni Divionensis [1], d'après le texte revu par L. Chomton dans *l'Histoire de l'église Saint-Bénigne de Dijon*, p. 96-99 (Dijon, 1900). (Cf. autre édition de cette chronique par Bougaud et Garnier, dans les *Analecta Divionensia*, Dijon, 1875, p. 136 et s.)

Anno sexto sue ordinationis, Willelmus[2] abbas Romam perrexit ad apostolorum limina... Ceperunt denique ex sua patria, hoc est Italia, multi ad eum convenire. Aliqui litteris bene eruditi, alii diversorum operum magisterio ducti ... quorum ars et ingenium huic loco profuit plurimum. Crescebat ergo quotidie multitudo monachorum sub ejus magisterio degentium .... Willelmo, venerabili abbate ... in nova ecclesie fabrica est renovata[3], in cujus basilice miro opere domnus presul

---

1. Sur ce texte, voy. aussi dom Plancher, *Hist. de Bourgogne*, t. I, p. 476, 485, 486, et surtout l'abbé L. Chomton, *Hist. de l'église Saint-Bénigne de Dijon* (pl.).

2. Saint Guillaume de Volpiano, près Novare (961), bénédictin à Locedio, puis disciple de saint Mayeul à Cluny, abbé de Saint-Bénigne de Dijon à partir de 990, amena vers 995 de sa patrie quelques moines savants dans les différents arts qu'ils exercèrent à Saint-Bénigne. Après avoir quitté la Bourgogne pour la Normandie, saint Guillaume se fixa à l'abbaye de Bernay, puis à celle de Falaise, et mourut à Fécamp en 1031. Voy. outre Chomton, *op. cit.*, les *Anal. Divion.*, p. 131, Enlart, *Man. d'arch. fr.*, t. I, p. 208. Sur la continuation de la tradition romaine, dans le monument de Saint-Bénigne, attestée par la coopération de moines artistes venus d'Italie, voy. Courajod, *Orig. de l'art roman et gothique*, 1899, p. 379, et plus particulièrement sur l'influence de l'art lombard ou germanique, voy. encore Enlart, *op. cit.*, t. I, p. 208; cf. Chomton, *op. cit.*, p. 113, notamment pour l'influence de Saint-Ambroise de Milan.

3. Un extrait de la même chronique atteste l'existence de deux églises, l'une inférieure, l'autre supérieure, avec le sanctuaire, avant l'arrivée de l'abbé Guillaume : « Ita ordinavit domnus episcopus ut die Translationis

expensas tribuendo, ac columnas marmoreas ac lapideas
undecumque adducendo[1], et reverendus abbas magistros
conducendo, et ipsum opus dictando, insudantes dignum
divino cultu(i) templum construxerunt. Cujus artificiosi
operis forma et subtilitas non inaniter quibusque minus
edoctis ostenditur per litteras ; quoniam multa in eo videntur
mystico sensu[2] facta, que magis divine inspirationi quam
alicujus debent deputa[r]i peritie magistri.

Fundatum[3] est autem hoc templum anno Dominice
Incarnationis millesimo primo, indictione decima quarta,
decimo sexto cal. Martii. Cujus longitudo ducentorum
ferme cubitorum[4], latitudo autem quinquaginta trium existit; altitudo vero in sequentibus oportune dicetur. Inferior
itaque domus orationis, in qua sacratissimum corpus
sancti Benigni martiris veneratur, eundem pene modum
habens quantitatis [ac superior], fulcitur centum quattuor
columnis. Hec in figuram T littere facta[5] quattuor [ordi-
nibus] columnarum duodeno dispositarum numero equali

sancti Benigni, monachis cum sibi subjectis clericis ante sepulcrum prefati
martiris in cripta nocturnale officium peragentibus, ipsi in superiori choro,
ante principale sancti Maurici altare, matutinalem inciperent sinaxim »
(Voy. supra, p. 180).

1. L'activité de l'abbé Guillaume fait penser dans une certaine mesure
à la part considérable prise personnellement par Suger, abbé de Saint-
Denis, pour la reconstruction de son église.

2. Par ces mots l'auteur entend l'idée symbolique qu'il entrevoit
dans certaines parties du monument. Sur le symbolisme religieux, voy.
infra, p. 180, n. 3.

3. Une main du xv° siècle a ajouté ici sur le ms. original de notre chronique un titre ainsi conçu : « Sequitur forma ecclesie antiquae hujus
monasterii divi Benigni. » Ce titre a passé dans toutes les copies, et de
celles-ci, dans l'éd. d'Achery (Note de Bougaud et Garnier, p. 189).

4. L'église supérieure avait environ 200 coudées, c.-à-d. 92 mètres ;
l'église souterraine à peu près autant (sur la coudée et ses variations ainsi que
son rapport avec le métrage moderne, voy. l'éd. Bougaud et Garnier,
p. 140, n. 1). — « Une des cryptes les plus vastes qui aient été élevées est
certainement celle de l'abbaye de Saint-Bénigne de Dijon », dit Viollet-le-
Duc, Dict. de l'arch. fr., t. IV, art. Crypte, p. 452 ; cf. ibid., Plan, p. 453,
avec les observations du même. Cf. Enlart, Man. d'archéol. fr., t. I, p. 230.

5. Sur cette disposition en forme de T, voy. Chomton, op. cit., p. 109,
Bougaud et Garnier, op. cit., p. 141, n. 1. Le tau étant l'ancienne image
de la croix, les basiliques avaient reçu cette forme (Quicherat, Mél. d'archéol., p. 407). — Cf. au sujet du symbolisme du nombre des colonnes de
son église abbatiale, le passage suivant de Suger (De consecr. eccles. S.
Dionysii, § V) : « Medium quippe duodecim [columpne duodenarium
apostolorum exponentes numerum, secundario vero totidem alarum columnae prophetarum numerum significantes, altum repente subrigebant aedificium. »

extenditur in longitudine et latitudine ; decem vero
cubitis erigitur in altitudine, secreta ex utraque parte habens
vestibula[1]. Quinque sane in ea continentur altaria : primum
in honorem ipsius sancti Benigni est consecratum, secundum in memoriam sancti Nicholai et omnium confessorum.
tertium in venerationem sanctæ Paschasie virginis... et
omnium virginum, quartum in [honorem] sancti Hirenei et
omnium martirum, quintum sub nominibus sanctorum
confessorum et abbatum Joannis et Sequani, atque
sancti Eustadii presbyteri ...

Huic paulo superius descripte inferiori crypte[2] conjungitur oratorium ad solis ortum, rotundo scemate factum
senarum inlustratum splendore fenestrarum, triginta
septem cubitos habens in diametro, decem in alto. Hoc
sane oratorium terno columnarum ordine in semet regirato,
quadraginta videlicet atque octo, geometricali dispositione
ambitur; hujus desuper culmen, celso erectum fastigio,
viginti quatuor columnarum ac triginta duorum arcuum, tri-
pertita comparis numeri machina divisione, eleganti transvolutum est opere. Hoc sane oratorium sancti Joannis
Baptiste sacratum est honore ; cujus altare illustratur trium
fenestrarum lumine.

---

1. Ce seraient, non pas les deux absidioles de droite et gauche renfermant
les autels énumérés, mais bien plutôt les bas-côtés distincts de la nef (cf.
le texte n° VIII, § 5, relatif à Saint-Remi de Reims, où l'on retrouve des
vestibula, auxquels s'appliquerait la même signification).

2. Sur la crypte de Saint-Bénigne, voy. *Bull. mon.*, t. XI, p. 537, t. XXVI,
p. 360, 568, et Viollet-le-Duc, *Dict. de l'arch. fr.*, t. IV, art. Crypte, p. 433.
fig. 5 ; cf. Chomton, *ibid.*

3. Plus que d'autres églises de forme circulaire, par exemple, celle de
Neuvy-Saint-Sépulcre, en Berry, fondée à l'imitation du Saint-Sépulcre
de Jérusalem (*fundata ad formam S. Sepulchri Jerosolimitani*, disent
les chroniques) : la rotonde de Saint-Bénigne présentait des dispositions fort
curieuses. Voy. *Bull. mon.*, t. XXV, p. 87, et t. XXVI (de Caumont, *Rapp...
sur div. monuments de Dijon*, 1860), p. 97 (rotonde), et surtout Viollet-le-
Duc. *op. cit.*, t. II, p. 151, art. Chapelle annexe, t. VIII, art. Sépulcre, Saint.
p. 280 et s., avec fig. 3-5, donnant : 1° la coupe de ce monument d'après
les restes de la partie inférieure et les gravures de dom Plancher, *op. cit.*;
2° le plan du 1ᵉʳ étage; 3° une vue extérieure avec les couronnements res-
taurés des tours d'escaliers. Les explications des auteurs que nous venons
de citer aideront à comprendre la description de l'abbé Guillaume. Cf. le
plan de la rotonde donné par Viollet-le-Duc, à l'art. Crypte, fig. 5.

Ab hac ecclesia [1] sunt per cocleam dextra levaque triginta septem gradus, crebris sufficienter illustrati fenestris, per quos inoffenso ascenditur tramite ad basilicam Sancte Dei genitricis Marie. Ipsa vero ecclesia sexaginta octo subnixa est columnis, eundem fere habens modum et formam in diametro sive in altitudine quem et inferior, undenisque irradiatur vitreis. Ad altare autem ejusdem perpetue Virginis marmoreum perquatuor tripertitos ascenditur gradus; juxta duos hinc et inde sunt altaria : ad dextram quidem Joannis Evangeliste ac Jacobi fratris ejus sanctique Thome apostoli, ad levam vero, sancti Matthei, Jacobi et Philippi, apostolorum.

Hinc iterum concordantes et satis lucidi, utrinque per cocleam [2] ad ecclesiam Sancte et individue Trinitatis triginta gradus continuatim prestant ascensum. Hec in modum corone constructa, triginta quoque et sex innixa columnis, fenestris undique ac desuper patulo celo [3] lumen infundentibus, micat eximia claritate, amplitudine inferiori domui consimilis, sed viginti cubitorum altitudinis. Altare Sancte Trinitatis ita est positum, ut undecumque ingredientibus ac ubicumque per ecclesiam consistentibus sit perspicuum [4]. Inde per quadrageminas scalas, altrinsecus factas, ad sup(p)rema patet ascensus : quarum due, equali modo posite,

1. La rotonde, au premier étage, se joignait de plain-pied au sanctuaire de l'église abbatiale, et formait derrière elle, à l'orient, une vaste chapelle absidiale, que terminait une chapelle barlongue, flanquée de deux tours cylindriques massives, qui contenaient les escaliers tournants (cocleae), montant aux galeries supérieures. — Sur cette rotonde, voy. aussi Quicherat, *Mél. d'archéol.* (égl. rondes), p. 192. Cf. l'église de Charroux, *ibid.*, fig. 81, l'oy. enfin Chomton, p. 105 et pl. V à VII, notamment pour les rapports de cette rotonde avec la coupole du Panthéon.

2. « Les deux énormes cylindres contenant des escaliers, dit Viollet-le-Duc, allégés extérieurement par des niches, étaient évidemment un souvenir de quelque construction romaine. » Cela est d'autant plus probable que l'abbé Guillaume employait des artistes venus d'Italie.

3. La lumière venait donc non-seulement des fenêtres, mais d'un jour central.

4. Le soin de la perspective avait été observé dans cette construction comme dans celle des colonnades de la rotonde « qui, vues à travers les arcades de l'abside, devaient produire un effet peu ordinaire ; et malgré la grossièreté de l'exécution, cet ensemble est une belle conception du moyen âge » (Viollet-le-Duc, *op. cit.*, t. VIII, p. 281).

per quindecim gradus usque ad sancti Michaelis proten-
duntur oratorium, habens in longitudine cubitos triginta tres,
in altitudine decem, vili fact[um] scemate : senestras habet
septem. Alie vero due per quinquaginta gradus sursum dirigunt gressum : ad ima autem harum scala-
rum bina super murum deambulatoria sunt facta, que
equali [ducunt] spatio ab orientali parte usque ad occidentalem, et infra templum, per arcus deambulatorios [1], et
supra tectum domus ; [muri altitudinis trium ferme cubitorum, circumquaque pergentium], a ruina protegunt inces-
sum. Hec tamen ad dexteram sinistramve partem
templi [incipientia], interius et subtus alas ejus gressum per quosdam occultos aditus ad suprema tecti
[dirigentia] plano, ut dictum est, calle deducunt intror-
sus undique, donec superliminare occidentalium por-
tarum [attingentia], per pariles scalas viginti (?) gra-
duum in porticus ecclesie majoris deponunt. Quae ad
instar crucis [2] edificata habet in longitudine cubitos
centum viginti octo [3], in latitudine, sicut prescriptum est,
quinquaginta tres, in altitudine quaquaversum permaxi-
mos triginta et unum cubitos, in medio autem quadraginta.
Inluminatur septuaginta vitreis, fulciturque centum viginti
et una columnis, quarum nonnulle juxta capita fortissi-
marum, que sunt quadraginta, pilarum quadrangulatim
statute, una quasi simul coronari videntur corona, quamvis
non unius sit magnitudinis omnium forma [4].

1. Cf. l'extrait qui suit : « *arcus per girum deambulatorios* super ex
marmoreas columnellas instituens, claustrum omne... porrexit... subtus
item et super *deambulatorios fornices* fecit », dit la chronique du
Mont-Cassin, à propos des grands travaux faits dans cette abbaye par
l'abbé Didier (1058-1087) ; cf. éd. Wattenbach, *Mon. Germ.*, Script., t. VII,
p. 551-881, et J. von Schlosser, *Quellenbuch sur Kunstgeschichte des
abendl. Mittelalters*, p. 210. Voy. aussi les Annales de Farfa : « *arcus
deambulatorii per totum circuitum*.. » Cf. Chomton, *op. cit.*, p. 106, n. 2,
et *Mon. Germ.*, t. XI, p. 533 (*Hist. Farf. Hug.*, *op.*) — Le substantif
deambulatorium a le sens d'allée, de galerie.
2. Encore une expression relative à la symbolique architecturale; cf.
Chomton, p. 101. Voy. supra, p. 27, n. 2.
3. Voy. dom Plancher, *op. cit.*, p. 486, et l'édition Bougaud et Garnier,
p. 145, n. 1.
4. Ce passage montre la variété de disposition que l'architecte avait
introduite dans les colonnades. Sur l'alternance des piliers, voy. Chomton,
p. 107, 110, 111.

Habet hinc et inde geminas porticus dupliciter transvo-
lutas [1], in quibus bina continentur altaria. A parte quidem
aquilonis, unum in honorem sanctorum apostolorum Petri
et Andree, alterum in honorem sancti Bartholomei atque
Simeonis atque Taddei apostolorum. Sancti vero Pauli
altare est in superiori ecclesia ante aram Sancte Trinitatis.
A meridie sunt altaria, unum in honore sanctorum apostolorum Matthie et Barnabe ac Luce evangeliste, aliud in honore
sanctorum martirum Stephani, Laurentii atque Vincentii.
Est aliud altare ad o ·cidentalem plagam ecclesie, in eodem
latere meridiano, in honore sanctorum Mammetis, Desi-
derii, Leodegarii, et ex parte altera, sanctorum martirum
Policarpi, Andochii ... Principale altare est sacratum in
honore sanctorum Mauricii atque Benigni simulque Omnium
sanctorum, altare ad dexteram ejus, in honore sancti Raphaelis
archangeli, ad levam vero, in honore sancti Marci evangeliste, atque in medio ipsius ecclesie, altare Sancte Crucis,
Omniumque sanctorum. Ante hoc altare triplex constat
introitus crypte ; in quindecim gradibus ascenditur ab ipsa
ad superiorem ecclesiam.

Sepulcrum vero sancti et gloriosi martiris ita est constructum. Est tumba [2] ex quadris edificata lapidibus que
octo cubitos in longum, quinque autem tenet in latum,
cujus cacumen lapideum quatuor sustinetur suffragio columnarum. Desuper autem quatuor columne marmoree locate
erant antiquitus. Olim super lapideos arcus, quos contine-
bant, absidam ferebant ligneam sex cubitorum longitudinis et trium latitudinis septemque ac semis altitudinis.

---

1. « Dans les bas-côtés doubles de la grande église, — plus ou moins
remaniée —, les voûtes devaient être d'arêtes pour le collatéral le plus
large, et en berceau pour le plus étroit. Les berceaux étaient probablement
transversaux, c'est-à-dire perpendiculaires à la nef, comme au narthex de
Tournus et à Saint-Remi de Reims. » (Chomton, op. cit., p. 112.) Les bas-
côtés forment une sorte de galerie, d'où l'emploi du mot porticus, dont le
sens est à rapprocher de celui de vestibulum (voy. notamment infra, p. 41,
n. 6).

2. Voy. éd. Bougaud et Garnier, p. 147, n. 5, pour les rapprochements entre
le tombeau de Saint-Bénigne et celui de Saint-Pierre (De glor. martyr.,
c. xxviii), ce dernier surmonté de quatre colonnes blanches soutenant le
ciborium. Voy. au sujet de ce tombeau, Chomton, p. 117 et s. (et pl.).

Que, undique auro et argento vestita, historiam dominice Nativitatis et Passionis premonstrabat anaglifo [1] prominentem opere, pictura satis optima. Verum hoc decentissimum, de quo loquimur, ornamentum, ob recreationem pauperum tempore famis fuit dissipatum a domno abbate Willelmo [2] ac... venu[m] datum est...

Illud in fine notificandum est in templi istius edificio esse columnas trecentas septuaginta et unam, exceptis illis que in turribus et altaribus sunt. Fenestre clause vel claudende [3] vitro centum viginti, turres octo, porte tres, ostia viginti quatuor...

Cum primum abbatis suscepit officium venerabilis Wilelmus, inter monachos in hoc loco degentes fuit quidam juvenculus vocatus Hunaldus, quem predictus pater videns solertis ingenii retinuit sibi, ceteris abeuntibus. Hunc precipue omni studio doctrine inlutum in domo Dei constituit vas electum... Ad omnia quippe que sibi erant necessaria predicti fratris juvabatur solertia. Denique injunxit illi curam hujus sacri periboli [4], quam tanta prosecutus est cura, ut pene totum quicquid fuit ornamentorum in hac basilica, ejus studio sit adgregatum [5].

VII

1005-1030.

Travaux de construction et de décoration de l'église et des bâtiments de l'abbaye de Saint-Benoît-sur-Loire, ainsi

1. Voy. Du Cange, *Gloss.*, v° *Anaglyphus*. — Travail en relief.
2. On a attribué, sans preuves, à Guillaume, abbé de Saint-Bénigne, la direction de la construction du bas de la nef de la Madeleine, à Vézelay, (*Gall. christ.*, t. IV, col. 467; cf. Quicherat, *Mél. d'archéol.*, De l'architecture romane, § III, p. 122). — Sur l'activité de Guillaume qui s'exerça à Dijon, à Fécamp et à Fructuare, en Piémont, voy. Chomton, p. 124.
3. Preuve que la construction des vitraux prenait un temps assez long.
4. C'est-à-dire à proprement parler l'enceinte sacrée.
5. A propos de l'imitation de l'église du Saint-Sépulcre de Jérusalem, dérivant elle-même de la tradition romaine des mausolées circulaires, dont la coupole avait commandé le plan, M. Enlart cite comme exemple (outre celle de Charroux, en Poitou) la rotonde à double collatéral et à tribunes, élevée par l'abbé Guillaume à Saint-Bénigne de Dijon, plus ou moins rebâtie après lui et consacrée en 1106, détruite enfin, sauf la crypte, à la Révolution (*op. cit.*, t. I, p. 217; cf. pl. 64 et 65).

que d'autres églises de l'Orléanais et du Blésois, accom-
plis par les soins de l'abbé Gauzlin et de ses successeurs;
ornementation et embellissements intérieurs; substitution
de la pierre au bois; emploi varié du marbre; inscriptions
en vers. Accidents divers survenus au cours desdits tra-
vaux; curieuse mention d'échafaudages.

Vita [1] *Gauslini, abbatis Floriacensis* [2], auct. Andrea Floriacensi, publ. par
P. Ewald, avec des notes de L. Delisle, dans le *Neues Archiv*, t. III (1877),
p. 365-379.

   Cf. autre édition. L. Delisle, *Vie de Gauzlin, abbé de Fleuri...,* dans
les *Mémoires de la Soc. archéol. de l'Orléanais*, t. II, 1853, p. 257-322.)

§ 35. Porro Gauzlinus [3] abbas, nobilitatem generis probi-
tatis exornans titulis, turrim [4] ex quadris lapidibus construere statuit ad occidentalem plagam ipsius monasterii,
quos navigio devehi fecerat a Nevernensi territorio [5]. Hunc
etiam benignissimum cum princeps interrogasset artificum,
quodnam opus juberet adgrediendum : « Tale, inquit, quod

1. Cette Vie paraît avoir été écrite vers 1040.
2. Voy. M. Prou et A. Vidier, *Recueil des chartes de Saint-Benoît-sur-
Loire*, t. I (1900) et s. Une *Histoire de l'abbaye de Saint-Benoît-sur-Loire* a été
écrite par l'abbé Rocher (Orléans, 1865). — Outre les sources indiquées par
Chevalier, cf. pour l'histoire du monument, Viollet-le-Duc, *Dict. de
l'arch. fr.*, t. I, p. 9, t. III, p. 287, 335 et fig., t. V, p. 10, t. VI, p. 460 et t. VII,
p. 287; Enlart, *Man. d'archéol. fr.*, t. I, p. 72, 76, 159, 233, 237-238, 249,
253-254, 265, 282, 299, 324, 368, 373, 378, 388, 706. Cf. *Revue de l'art chrétien*,
4e série, t. XIII 1902', p. 291-305 : A. Marignan, *Une visite à l'abbaye de
Fleury à Saint-Benoît-sur-Loire*; cf. aussi Courajod, *Orig. de l'art roman
et gothique*, p. 483, sur les « influences antiques et latines » à Saint-
Benoît-sur-Loire.
3. Gauzlin, abbé de Fleury-sur-Loire, de l'an 1005 à 1020. Élevé dans le
monastère de Fleury, il en devint abbé à la mort d'Abbon, et peu après
il fut choisi comme archevêque de Bourges (1013); il continua à s'occuper
activement de son abbaye. Voy. L. Delisle, *Vie de Gauzlin*, p. 260 ; cf.
p. 265. — Fleury (*Floriacum*), aujourd'hui Saint-Benoît-sur-Loire, cant.
d'Ouzouer-sur-Loire, arr. Gien (Loiret).
4. Cf. *Chronici veteris excerptum*, Bouquet, *Hist. de Fr.*, t. X, p. 215. L'auteur de cette chronique ajoute : « Sed eam (*turrim*) morte disturbatus reliquit
imperfectam. » Sur l'appareil de la construction romane, au commencement
du XIe siècle, voy. Quicherat, *Mél. d'archéol.*, p. 414 et s.
5. Cf. *infra* l'extrait de la Vie d'Odilon de Cluny pour le transport par
eau des marbres servant au cloître de Cluny. « Non-seulement les matériaux
ont pu arriver travaillés et fournir des modèles, mais parfois aussi une
région a demandé à une autre des artistes en même temps que des matériaux... L'influence auvergnate, qui s'étend au Nivernais, est nettement
accusée dans l'église de Saint-Benoît-sur-Loire. » (Enlart, *Man. d'archéol.
fr.*, t. I, p. 77-78.)

omni Gallie sit in exemplo. » Chorum psallentium quoque pulcherrimo marmorum compsit emblemata, que asportari jusserat a partibus Romanie [1].

§ 36 ... Oratorium in honore beati Jacobi consecratum, alterum etiam in commemoratione sancti evangeliste Johannis, lapideo velamine contexuit ...

§ 37... [Apud] Novum Vicum [2] etiam lapideo tabulatu fabricavit ecclesiam. Casam quoque Ville abbatis [3], cum oratorio sancti Gregorii et ecclesiam de Belgiaco [4], quam pariete reformavit ligneo ...

§ 39... Inter cetera etiam quibus Floriacensem exornavit basilicam, sancte virginis Scolastice [5] aecclesiam, pene ad heremi redactam speciem, a fundamento eruit et in meliorem statum reformavit. Alteram pariter in honorem sancti Dionisii [6] primo ligno, deinde tabulatu construxit lapideo ...

§ 40... Willelmus, Castellionis prepositus, prelibatam [7] S. Martini aecclesiam, in castro Gordona fundatam, sed igne concrematam, petrino refecit aedificio, qui, aque sentiens penuriam, propter ipsius castri ascensum difficilem, promptuaria aperit, cementariis tradit, indeque cementum [8] imperat confici. Unde paries totius templi vini tempeiamento concrevit.

---

1. Cf. *Chron. vet. excerptum, loc. cit.*
2. Neuvy, cant. de Jargeau, arr. Orléans (Loiret).
3. C'est peut-être Villabé, c. de Guilly, cant. Sully-sur-Loire, arr. Gien.
4. Bougy, cant. de Neuville-aux-Bois, arr. d'Orléans.
5. Sainte Scholastique, sœur de saint Benoît, fonda l'ordre des Bénédictines.
6. Helgaud (Bouquet, *Hist. de Fr.*, t. X, p. 112-113) donne plus de détails sur l'église qu'il avait construite en l'honneur de saint Denis.
7. Il est question de cette église au § 7 : « Sancti Martini aecclesia in castro S. Saturi, et in area nostro portionis locata. » Il s'agit ici de Sancerre, ch.-l. d'arr. du dép. du Cher, sur la Loire, à quelques lieues de Châtillon-sur-Loire. — La reconstruction de cette église eut lieu vers 1023; cf. Cochard, *Châtillon-sur-Loire*, dans les *Mém. Soc. archéol. Orléanais*, t. XIV, p. 126.
8. Très curieux renseignement sur la façon dont on aurait alors composé le mortier. Parmi les ingrédients étrangers au mortier, on a cru devoir noter aussi l'emploi du vinaigre au moyen âge. Voy. Quicherat, *Mél. d'archéol.*, p. 368, avec cette addition de M. R. de Lasteyrie, tiré du *Roman de la Rose* :

§ 52 ... Jam reedificato interioris claustri tecto, tabernaculum deponimus, sacrosanctum mausoleum levamus daviticamque urbem cum hymnis letitiae intramus, superque altare sancte Crucis, in interiori cripta[1], collocamus... Qua omni mundata basilica, necnon in melius aliquantulum reformata, ornantes faciem templi olosericis auleis[2] et multi generis ustensiliis sanctissimas reliquias loco deposuimus priori.

§ 53. Nempe artifices cellam dormitorii agredientes, dum unus, Arnulfus nuncupatus, discurrit incautius, lapso pede, deicitur; confestim a Dei homine elevatus, tanquam nullius incommoditatis jacturam perpessus, ad socios revertitur. Alter quoque, vocabulo Algesius, dum suggereret operis sumptus culinae fratrum artificibus, a summo labens culminis XXX cubitorum altitudinis, merito hujus ter beati illesus evasit[3].

§ 54. Tertius etiam, Archembodus vocitatus, dum, ad dependenda majora signa, recenter beatae memoriae ... constructa industria, quoddam lignum aptaret, a superiori turris[4] lapis immensi decidit ponderis, miserumque inter

« Li murs ne doit pas faire faute
« Pour enging qu'on y puisse gitre,
« Car les destrempa le mortier
« De fort vinaigre et chaus vive. »

a Le mortier employé dans les monuments romans antérieurs au xii° siècle est quelquefois mélangé de débris de tuileaux, surtout pendant le x° siècle et avant ; il est maigre, c'est-à-dire qu'il contient peu de chaux, et celle-ci est mal cuite » (Viollet-le-Duc, Dict. de l'arch. fr., t. VI, p. 402, v° Mortier).

1. On trouvera dans Enlart, Man. d'archéol. fr., t. I, p. 252-253, l'énumération d'un grand nombre de cryptes romanes; cet auteur attribue encore au xi° siècle l'époque de la construction de la crypte de Saint-Benoît.

2. Sur les voûtes et tentures dans les églises aux xi° et xii° siècles notamment, voy. la note que nous y avons consacrée précédemment; au sujet de la décoration de l'église abbatiale de Saint-Florent, près de Saumur, voy. supra, n° IV.

3. Les chroniques relatent souvent des récits de miracles qui se seraient produits à la suite d'accidents survenus pendant la construction d'édifices religieux.

4. Pour l'époque de la construction de l'église de Saint-Benoît, voy. supra nos observations jointes au texte n° II (cf. ibid., les remarques de M. A. Marignan). Il nous semble que l'opinion de l'auteur du Dict. de l'arch. fr. ne doit plus prévaloir à ce sujet, car parfois des formes archaïques se continuent longtemps, notamment dans l'architecture monastique. « Parmi les plus anciens clochers (de façade) couvrant toute la surface occupée

scapulas ictum pene exanimem reddidit. De ejus vita desperatis omnibus, ad domum propriam semivivus defertur ; cujus infortunio, beatus pater, comperto, accessit ad eum per semetipsum, et infirmi casibus, tanquam in se susceptis, compatiebatur ..... Sciensque scriptum esse [1] : « Quanto magnus es, in omnibus humilia te et coram Deo invenies gratiam », nullum pretermittit diem, quin predictum visitet languentem. Victus subministrat alimoniam, et quasi operi presentem cotidiani laboris largiri precipit mercedem. Verumtamen expleto unius septimane spatio, pristine jam redditus medele, gratiarum actiones reddit pro voto, deincepsque aecclesiastico se letabundus mancipat servitio.

§ 56. Interea beati Petri apostoli aecclesia incendio [2], ut diximus, concremata, senioque annorum defessa, icta ventorum flabris, a fundamento corruit. Que in melius constructa, aliptico [3] scemate est eleganter deflorata [4] a quodam sancti martyris Juliani Turonice sedis monacho, nomine

---

par le porche, il faut citer, dit Viollet-le-Duc, III, 335 et s., art. Clocher celui de l'église abbatiale de Saint-Benoît-sur-Loire, qui date du xi° siècle » (cf. fig. 41-42) et les dessins d'ensemble, avec détails, dans Gailhabaud, *Architecture du V° au XVI° siècle*). Sur la partie de cette construction qui devait contenir les cloches, voy. *ibid.*, les explications données par Viollet-le-Duc. — Sur Saint-Benoît, voy. aussi Quicherat, *Mél.*, p. 112 et 113. Cf. *Rev. de l'art chrétien* (1900, p. 62-66. On n'a pas assez remarqué qu'un document du *Cartulaire* de Saint-Benoît (copie du xvii° siècle aux *Archives du Loiret*, p. 131, et aux *Archives du Cher*, f. 46 v°) nous fait connaître le nom d'un autre maître de l'œuvre de cette église au xii° siècle, un religieux de l'abbaye du nom de Giraud « *Hiraudus, magister operis* », qui figure parmi les témoins d'une charte de 1160 (Arch. hist., art. et litt., 1889, p. 32 ; cf. Prou et Vidier, *Rec. des ch. de St-Ben.*, n° CLXXII). La qualification de *magister operis* est déjà appliquée vers 1144-1156 au moine Adam *Rec. cit.*, n° CXXXIX).

1. *Ecclésiast.*, III, 20.

2. L'incendie de l'église Saint-Pierre est de 1026. « Le chœur et le narthex furent reconstruits après cette date. La consécration eut lieu en 1029 », dit Enlart, *Man. d'archéol. fr.*, t. I, p. 125. Pour nous, chœur et porche actuels seraient de date postérieure : v. supr., p. 8, n. 2, ad fin.).

3. « Les voûtes de l'église furent *peintes à fresque* par Odolric, moine de Saint-Julien de Tours. C'est ainsi que nous croyons devoir traduire les mots *alipticum schema* (n° 56) et *alipticum opus* (n° 59). Le mot *alipticum* n'a pas encore été signalé ailleurs que dans la *Vie de Gauzlin*, mais un ms. de Papias, cité dans le *Glossaire* de Du Cange, explique ainsi deux mots se rattachant au même radical : *Aliptes, sculptor vel plagarius, id est plagas curans. Aliptina, sculpta, depicta* ». L. Delisle, *op. cit.*, p. 268).

— Etymologiquement, il s'agirait d'une matière qui forme enduit.

4. On s'attendrait plutôt au mot *reflorata*.

Odolrico..... Hic, dum una dierum [1] operis accelerandi inser-
vit, evocatur ab eodem dilecto Christi. Qui, dum a vimineo
festinat descendere ambulatorio [2], rastrorum fidens scapulis,
quibus ascensus descensusque sat continuabatur difficilis,
uno eorum eliso, inter ipsius manus preceps humi dilabitur;
primoque podiis ipsius accclesie mediestinus [3] inliditur,
ad extremum solo ac si moribundus deturbatur. Sed, paululum resumpto spiritu, a terra prosilit, signo se crucis
munit, et, quis eum subridens deposuisset cum clamatione
interrogat frequenti, quia non solum omni corpore incol[u]-
mis, verum quolibet dolore apparebat extraneus omni-
modis...

§ 57. Ceterum ipsius aecclesie faciem quibusdam miraculorum Apocalipsis Johannis theologi variari fecit hisque
versibus exornari:

Summus ab eterna delapsus nuntius aula
Tempora testatur divino examine claudi ...

§ 59. Prefatus autem Arnaldus, post eum Floriacensis
loci rector constitutus, ... fratrum refectorium aliptico [4]
opere venustatum ex Esopi Greci fabulis, hos reciprocos
subtitulari fecit:

Vera placent odiis, mulcens blandicio donis,
Sic hodie pravis, vera placent odiis [5] ...

§ 61. Deinde prefatus pater Gauzlinus, quodam picto-

1. Peut-être faut-il corriger : *Dum una die curae operis accelerandi
inserrit* (L. Delisle, *op. cit.*, p. 310).
2. Echafaudage mobile, suspendu, fait avec des claies (*vimineum*). Cf.
infra le mot *deambulatorium*, dans le texte relatif à l'abbaye de Cluny,
avant 1049. Voy. la note que nous avons jointe à ce texte, à l'occasion de
ce terme dont l'emploi, dans cette acception, manque au *Glossaire* de Du
Cange et n'a pas encore été signalé, à notre connaissance. Il s'agit ici d'un
échafaudage probablement un peu en pente, avec plancher à claire-voie,
et paraissant avoir des réglettes en saillie (*rastri*, dont la rupture était une
cause d'accident.
3. Peut-être *mediestinis* (*ibid.*). Cette correction paraît très probable.
4. Cf. *supra* : *aliptienm se[h]ema.*
5. Les inscriptions en vers latins dans de grandes églises monastiques
étaient alors en usage. On en peut citer des exemples remarquables au
xi[e] siècle. Voy. ce que rapporte la chronique du Mont-Cassin sur les tra-

rum peritissimo a Langobardorum regione[1] ascito, nomine Nivardo, insignis operis crucifixum componi precepit ...

§ 62. Rursus Rodulfus, in omni arte fusoria peritissimus, velut alter Beseleel[2], tabulis hispanici cupri vario opere inscul[p]tis chorum psallentium circumdedit, sumptus subministrante hoc venerabili pastore. Has et columnarum sejunxerat intercalationibus, quas supradictus Nivardus scalpro celeberrimi compserat edificii... Scabellum pedum, marmor porfireticum. Altaria etiam repperiens lapidea, effecit marmorea. Ipsum quoque ecclesie meridianum [introitum] condolens latericium[3], post ignis incendium reliquit marmoreum, reverendi abbatis Adaelelmi[4] monasterii sancti Karileffi industria compactum. Unde haec singula perlustrans horis in competentibus, serio solitum dixisse fertur : « Urbem latericiam repperi, relinquam marmoream[5]. » Quod ut.que, fateor, fecisset, si in hac luce aliquanto cum manere licuisset

vaux accomplis sous l'abbatiat de Didier (1058-1087), éd. Wattenbach, *Mon. Germ. hist.*, Script., t. VII, p. 551-811. Pour le xiie siècle, voy. la description que Suger nous a laissée de la décoration de son église abbatiale. (Cf. J. von Schlosser, *Quellenbuch zur Kunstgeschichte des abendl, Mittelalters.*)

1. « Les rapports que Gauzlin entretenait avec l'Italie sont un point digne de fixer l'attention du lecteur : c'est de ce pays qu'il fit venir un peintre et un ouvrier en mosaïque : c'est là qu'il acheta ou fit acheter des ivoires et des pièces d'orfèvrerie ; c'est de là enfin qu'il tira ses marbres et ses porphyres. Ce dernier point nous rappelle qu'au siècle suivant, Suger, abbé de Saint-Denis, se disposait à faire venir de Rome les colonnes de son église, quand il découvrit d'excellentes carrières aux environs de Pontoise » (L. Delisle, *Vie de Gauzlin...*, op. cit., p. 270). — Voy. dans Éméric David, *Hist. de la sculpture franç.*, p. 13 et s., des fragments de textes intéressant la décoration des églises au xie siècle (ars *caelatoria opus caelatorum, opus anaglyphum*.

2. Réminiscence de l'Écriture Sainte (Exod. XXXI, 3, et XXXV, 30). Béséléel, habile artisan, est l'inventeur de l'arche d'alliance ; c'est lui « qui accomplit son œuvre, dit la Bible, avec l'esprit de Dieu, et sut également ouvrer l'or, l'argent, l'airain, le marbre, les pierres précieuses et tous les bois différents. » On donna ce surnom dans le Palais Carolingien à Éginhard, surintendant des bâtiments sous Charlemagne. Par suite de cette ancienne tradition, le même surnom fut donné à un laïque, Thietmar, qui aida saint Poppon de Stavelot à la construction de son église (*Vita S. Popponis.*, c. 33) : « magister carpentariorum vel latomorum, Thietmarus nomine. »

3. Sur l'emploi de la brique dans les constructions religieuses au xe et au xie siècle, voy. J. Quicherat, *Mél. d'archéol.*, p. 115 ; cf. ibid., les notes de R. de Lasteyrie.

4. Adélelme, abbé de Saint-Calais; cf. Delisle, op. cit., p. 315, n. 3.

5. Voy. infra, l'extrait de la vie d'Odilon de Cluny que nous publions dans notre recueil.

§ 64. [1027-1030.] — Igitur, anno dominice Incarnationis millesimo vigesimo septimo, indictione decima, infra biennium conflagrationistempli, universa in meliorem statum sunt reformata cum beati Petri, ut prelibatum est, basilica. Sanc ipsum propiciatorium gloriosᵥ Virginis Marie [1] ... lapideo postmodum venustavit fornice, cujus superficiem musivi ornasset scemate, si Deus omnipotens ei contulisset spatia prolixioris vite ; namque pro hujusmodi re ad partes direxerat Romanie, opificemque hujus operis proximo prestolabatur tempore.

VIII

1005-1049.

Historique et description de la reconstruction de l'église abbatiale de Saint-Remi, à Reims, par les soins des abbés Airard et Thierri.

Historia dedicationis basilicae Sancti Remigii apud Remos, ou *Itinerarium papae Leonis IX anno MXLIX in Galliam*, auct. Anselmo, dans Mabillon, *Acta SS. ord. Benedicti*, saec. **[?] pars 1ᵉ, p. 626-637.
   (Cf. autres éditions. Marlot, J·ᵗ·ᵣ⁻ alis Remensis historia, t. II, 1679, p. 68 et s. — Acta Sanctorum, Bollat ·· ., I, 183 et s. — Migne, *Patr. lat.*, t. CXLII, col. 1417 et s.'

2. Basilica [2] igitur gloriosi confessoris Christi Remigii corpore insignita, quae usque ad haec moderna perduravit tempora, Remensium quondam archiepiscoporum studio inchoata, et a venerabilis memorine Hincmaro eorum suc-

1. Ainsi, la chapelle de la Vierge ne devait pas être traitée avec moins d'attention. La voûte en était terminée, et Gauzlin faisait venir d'Italie un artiste chargé de faire un pavage en mosaïque, quand la mort le surprit en 1030 (L. Delisle, *op. cit.*). Dans l'étude sur Saint-Benoît-sur-Loire, de J. Casier (*Rev. de l'art chrétien*, 1900, p. 62-66), voy. ce que l'auteur dit de l'*opus Alexandrinum*, p. 66 (fig.).
2. C'est à tort qu'on a prétendu que les reconstructions exécutées au XIᵉ siècle laissèrent subsister en grande partie un édifice antérieur qui remonterait à l'époque Carolingienne (*Congr. archéol. de Fr.*, t. XLII, 1875, p. 231-242). Anselme dit formellement, plus loin, que l'église d'Hincmar fut détruite de fond en comble (*eversa funditus*).

cessore consummata, anno Inc. Verbi octingentesimo quinquagesimo secundo ab ipso est dedicata ¹. Quae quidem
non adeo operosi aedificii solidata est munitione, quoniam
barbarae nationes per id temporis hanc infestantes provinciam, frequenti incursione praefatos praesules ab hujusmodi praepediebant intentione ; unde, intra centum quinquaginta et duos annos tanta est attrita vetustate, ut jam
ad casum propinquans reparationem sui videretur exigere.

Anno vero dominicae Incarnationis millesimo quinto ...,
Airardus abbas ... cum sagaci intenderet animo plures
dominici gregis pastores sua aetate per Gallias enituisse,
qui ecclesias suas ex vetustate in potiorem statum studuerant reformare ², deliberavit et ipse operam adhibere in ejus
quae sibi commissa erat renovatione. Quapropter viris, qui
architecturae periti ferebantur, ascitis, futuri templi fabricam ex quadris lapidibus erigere coepit a fundamentis,
multo quidem operosiorem illis quam praenotatum est in
Gallico regno renovatas, et ambitiosorem, ideoque sibi et
illius aevi hominibus inconsummabilem. Nam, ubi per
viginti et octo fere annos pastorale officium administravit,
senio confectus, coeptoque operi finem non imponens, vita
decessit.

5. [Vers 1039.] — ... Abbati Airardo ³... successit Theodo-

---

1. Ce document historique a été commenté par un excellent érudit,
M. L. Demaison, sous le titre de *Date de l'église de Saint-Remi-de-Reims*,
dans les *Trav. de l'Ac. de Reims*, t. LXXI (1883), p. 293 et s. (cf. Poussin,
Monogr. de l'église de Saint-Remi, Reims, 1857, p. 101 et s., qui en a
traduit plusieurs passages). Voy. aussi L. Demaison, *L'église Saint-Remi,
histoire abrégée de sa construction*, dans les *Trav. de l'Ac. de Reims*,
t. CXI (1903), p. 279 et s. Le récit détaillé et fidèle d'un témoin oculaire
permet de rectifier les erreurs de Viollet-le-Duc sur la date du transept et
de la nef de Saint-Remi (*Dict. de l'arch. fr.*, t. V, p. 165 et t. IX, p. 217). Voy.
A. Gosset, *Monographie de la basilique de Saint-Remi-de-Reims*, *Trav.
de l'Ac. de Reims*, t. XCIX, p. 201. *Église Saint-Remi à Reims* (album de
23 photogr. d'après Leblanc, 1871, f° sans texte).
2. Ce passage confirme d'une façon éclatante le texte de Glaber que
nous avons rapporté plus haut.
3. Airard, abbé de Saint-Remi de 1005 à 1031. Les parties les plus
anciennes de Saint-Remi, à savoir les fondations et les piliers de la nef,
viennent sans aucun doute de l'édifice commencé par cet abbé. Voy.
sur le caractère de ces piliers comparés à ceux du transept, L. Demaison,
op. cit., p. 306. Le récit d'Anselme est très-précieux pour les archéologues.

ricus[1]. Qui... deliberavit reparationi ecclesiae suae, quam
suus praedecessor incoeperat, manum perfectionis imponere. Verum quia grave nimis et inexplebile sibi illud
erat incoeptum, deliberatio quoque sua, si id intenderet
implere, videbatur non habitura effectum. Quocirca eorum
qui inter sibi commissos prudentiores habebantur, et
seniorum Remensis provinciae consilio usus, difficulter
aggressus est inchoatum diruere opus : quo paene diruto, et fundamentis quibusdam relictis[2], quae architectis[3]
visa sunt necessaria fore futuris aedificiis, divinam
domum coepit faciliori quidem structura, sed non indecen-
tiore construere, ut aspectum adhibentibus facile est
cernere. Qua incoepta feliciter, anno quinto suae ordinationis, accensi sunt plures catholici viri fervore divinae
religionis, ut pro facinorum suorum abolitione paren-
tumque suorum, quorum corpora ibi humata erant, requie,
pro posse ad id opus condigna subsidia studerent suppedi-
tare. Nonnulli etiam de ecclesiastica familia suum auxilium
prom[p]ta impenderunt benevolentia, suisque plaustris et
bobus, tantis incoeptis competentia advexerunt onera[4] ;
sicque, fundamentis in quibus locis non erant locatis, et
columnis ex diruto priori aedificio competenter dispositis,
arcus super eas diligenter voluti[5] consurgere, et basilicae
fabrica inter manus artificum coepit clarescere. Tunc jam
vestibulorum[6] parietibus undique erectis, et interioris

---

1. Thierri, abbé de Saint-Remi de 1031 à 1045 (L. Demaison, op. cit.). Le
reste des constructions romanes lui appartient ainsi qu'à son successeur
Hérimar. Les architectes du xiiᵉ siècle en ont fait disparaître une partie,
puis ont fait subir à la nef et au transept des modifications assez importantes ; mais on peut reconnaître leur caractère primitif.

2. Cette remarque est digne d'intérêt ; le même fait dut se passer bien
d'autres fois, comme les archéologues l'ont observé.

3. L'emploi d'architectus, au lieu de latomus, caementarius ou operarius,
n'est pas du tout fréquent alors.

4. On trouve des exemples de ce même enthousiasme pour les constructions religieuses et de cette coopération manuelle pour des entreprises de ce genre, au xiᵉ siècle, par exemple, à l'abbaye de Saint-Trond,
au diocèse de Liège (voy. infra), puis aux xiiᵉ et xiiiᵉ siècles.

5. Arcus diligenter voluti, arceaux cintrés avec soin. On trouve dans
les textes, volvere, in arcuum modo transvolvere (absidem, cryptam, locum),
rolutio, transrolutio, rolutura lapidea (cf. Du Cange, Gloss. lat., vᵒ Arcus,
Volutio).

6. Par restibula, M. Demaison a entendu les galeries des bas-côtés. Cf.
l'emploi de ce terme dans le texte sur Saint-Bénigne de Dijon (voy. supra,

templi fastigiis altius elevatis, vetusta ecclesia ab Hincmaro archiepiscopo, ut dictum est, antiquitus dedicata, est eversa funditus ; et vilis interim tecti coopertoriolum [1] fabricatum super chorum fratrum, ubi absque inquietudine ventorum et pluviarum divinis possent vacare laudibus. Supra sepulcrum vero beati Remigii crypta constructa est, licet parva, ideoque toto corpori suo incongrua, pulcre tamen columnis [2] et arcubus fulta ... Ejusdem loci praepositum, Herimarum [3] nomine, adhuc vivens, sibi successorem delegit : ipsum quippe quod habuerat in desiderio, credidit adimpleturum strenue, qui sibi adjutor et cooperator exstiterat ante omnes in praefati operis exsecutione, maximaque suppedita[ve]rat subsidia, ex reditu villarum suae commissarum providentiae.

6... Non diu passus est interruptum pendere memorabile coeptum sui antecessoris ; sed primo quidem dexteram basilicae crucem, maxima ex parte jam inchoatam, et sinistram nihil adhuc praeter fundamenta habentem, cum cocleis, quibus ad superiora [4] esset ascensus, fecit edificari.

texte n° VI, § 3). Cette interprétation semble être exacte. On ne peut interpréter ici *vestibulum* par *porche*, signification qui convient à l'emploi de ce terme dans la description des travaux de l'abbaye du Mont-Cassin, sous l'abbé Didier (1058-1087), d'après *Chron. mon. Cas.*, dans J. von Schlosser, *op. cit.*, p. 204, 205, 206. — L'église de Saint-Remi était précédée d'une vaste cour : « Est autem ante fores basilicae quoddam spatiosum atrium... », dit Anselme, *ibid.*, p. 630. « Il semble, nous fait savoir M. Demaison, que ce ne soit pas là un *atrium* proprement dit, mais une vaste cour, comprise dans les dépendances de l'abbaye, et qui forme une place aujourd'hui. »

1. Intéressant détail de construction provisoire.

2. On retrouve aussi à Reims dans cette église des piliers ronds dont la circonférence est décorée de colonnettes engagées, assez nombreuses pour cacher entièrement le noyau circulaire auquel elles s'appliquent (voy. Viollet-le-Duc, *Dict. d'arch.*, t. VII, 153 et s. fig. 3 et 3 bis, v° Pilier, et Enlart. *Man. d'archéol. fr.*, t. I, p. 325); d'après M. Demaison, ces piliers datent du commencement du xi° siècle (dès 1005, car leurs bases sont semblables à celles des piliers de la crypte de Saint-Étienne d'Auxerre, et non de la réfection qui eut lieu vers 1039. — Saint-Remi a-t-il eu des bas-côtés doubles? Voy. Enlart, *l. cit.*, p. 211. C'est une hypothèse de Viollet-le-Duc que M. Demaison ne croit pas fondée.

3. Hérimar, abbé de Saint-Remi de 1015 à 1070, selon M. Demaison.

4. « Nous pensons, dit M. Demaison, que ces derniers mots désignent particulièrement les deux tours du portail; mais il y a aussi, du reste, un escalier à vis dans l'aile méridionale du transept. » (Sur la forme ancienne du transept de Saint-Remi de Reims, voy. Enlart., *Man. d'archéol. fr.*, t. I, p. 235.) On a vu l'emploi des escaliers dans le docu-

Crypta autem quae super beati Remigii sepulcrum constructa fuerat, quia, ut superius relatum est, prae parvitate
sui, alterius operis incongrua videbatur, dirui, et aliam
eminentiorem fecit restitui. Deinde trabibus de saltu juxta
Orbacis [1] monasterium sito advectis fastigia ejusdem
con[teguntur][2] templi [3] sicque decentissima domus tota
apparuit in partibus suis [4].

ment concernant Saint-Bénigne de Dijon. Cf: « pro quadam [co]clea, in
vulgari vocata *vis*, lapidea, existente in ecclesia Carnotensi, a parte reves-
tiarii, perficienda » (Testament de 1311 d'un archidiacre de Chartres,
dans Bulteau, *Mon. de la cath. de Chartres*, deuxième éd., t. 1, p. 136). La
légende du plan de Saint-Gall, qui indique deux tours à l'entrée de l'église,
s'exprime déjà ainsi : « ascensus per cocleam ad universa super inspicien-
da...» c'est-à-dire escalier en escargot).

1. C'est l'abbaye bénédictine d'Orbais, au diocèse de Soissons, aujour-
d'hui dans l'arr. d'Épernay (Marne).

2. Au lieu de *conteguntur* que donnent Marlot et les mss., on lit dans
Mabillon *consequuntur*, leçon évidemment fautive.

3. La dédicace de l'église de Saint-Remi eut lieu au commencement
d'octobre 1049, en présence du pape Léon IX (voy. le récit d'Anselme, p. 628
et s.). Pour les travaux exécutés à Saint-Remi au XIIe siècle, on devra consulter le texte des lettres de Pierre de Celles. Déjà, vers la fin du XIe siècle,
l'église avait été ornée d'un pavé de mosaïque, grâce à la libéralité de
son trésorier Gui. La description en a été conservée par Bergier, *Les
grands chemins de l'Empire romain*, qu'on trouve dans l'éd. de 1728, p. 201 ;
et par Marlot, *Hist. de... Reims*, t. II, p. 542-561. — Cf. *Annal. archéol.*,
t. X, p. 61 ; voy. R. de Lasteyrie, *Études sur la sculpt. fr. au moyen âge*,
p. 18. Signalons toutefois que Longuet (*Congr. arch. de France*, vingt-
huitième session à Reims, p. 17 et s.) rajeunit de près d'un siècle l'âge de
ce pavement (Vacandard, *Vie de saint Bernard*, t. I, p. 117, n. 2).

4. On a d'autres témoignages importants de la reconstruction des églises
de Reims dans la deuxième moitié du XIe siècle (voy. Demaison, *op. cit.*).
L'archevêque Gervais, dans une charte de 1067 (*Orig. — Arch. de la ville*)
parle ainsi de la réédification de l'église Saint-Denis : « Beati Dionisii,
que jam pene annullata fuerat, aecclesiam renovare apposui... Restaurationis opus operosiore structura, Dei presente gratia, adimplere non
distuli, destructa reedificans, que fundata non erant a fundamentis constituens. »

Un diplôme de Philippe Ier (s. d. vers 1067) donne les détails suivants sur
l'état de ruine de cette église et sur les travaux de Gervais (*Arch. de
Reims, f. de Saint-Denis*); cf. Marlot, *Metr. Rem. hist.*, t. II. p. 139-141 :
« Locus... ad tantam redactus est penuriam, ut tecto vetustate consum-
pto, parietibus incuria dissipatis, in quodam ejus angulo altero unum vix a
pluvia protegeretur... Coepit igitur (Gervasius) parietes gelu et ymbri
exesos renovare et exaltare, tecta altiora erigere, et opus priori sump-
tuosius multo atque venustius vigilantia instanti aedificare. » Un autre
diplôme de Philippe Ier, de 1066, nous renseigne sur la reconstruction de l'ancienne basilique de Saint-Nicaise, fondée au IVe siècle par Jovin, sous le
titre de Saint-Agricole : « Ecclesia in suburbio Remensi posita, miro opere
quondam a Jovino praefecto aedificata, ab eo (Gervasio) inventa est vetustate et incuria magna parte consumpta... Studuit quae in ea omnino cor-
ruerant a fundamentis restaurare, quae semirupta pendebant artificio quodam redintegrare, et in speciem novi operis ruinosam ecclesiam decentissime reformare » (Marlot, *op. cit.*, t. I, p. 620).

IX

Vers 1005-1077.

Contribution personnelle apportée par des moines et des abbés aux travaux matériels de construction (maçonnerie transports, de pierres) dans divers monastères, notamment dans les abbayes de Saint-Vanne de Verdun, en Lorraine, et du Bec, en Normandie.

1

Chronicon Hugonis... abb. Flaviniacensis [1], lib. II, dans *Mon. Germ. histor.*, Scr., t. VIII (1848), p. 373.
(Cf. autres éditions. Labbe, *Nova Bibl. mss.*, t. I, 1657, p. 164. — Migne, *Patr. lat.*, t. CLIV, col. 206 et s.)

Clarebat ubique nomen Richardi, [abbatis Virdunensis [2]]... Videns autem ecclesiae suae vetustissima et pene jam diruta sarta tecta [3], delegit eis dejectis ampliora jacere fundamenta, et in meliorem statum et nobiliorem novam compilare basilicam, quod et brevi actum est. Turres enim ecclesiae ipsius domnus Fredericus ex suo fecit, et cellarium et refectorium fratrum. Dormitorium vero cum dejectum restrueretur et necessaria domus pararetur, nec posset nova parari, nisi vetus mundaretur, accersitis quorum esset operis et studii id explere, cum aliqui illorum, ut assolent, erubescerent, et manus apponere in subvehendo quod mundabatur subterfugerent, vir humilitatis et gratiae, Frederi-

1. Sur Hugue de Flavigny, né à Verdun vers 1065, voy. Molinier, *Sources de l'hist. de Fr.*, t. II, p. 307.
2. Richard, abbé de Saint-Vanne pendant les années 1004-1046, d'après la *Gallia christiana*. Voy. aussi les rapprochements faits par Godefroy Kurth au sujet de cette abbaye, d'après la *Vita S. Richardi* (c. 11, p. 287), dans son étude sur *Notger de Liège...*, t. I, 1905, p. 306.
3. Cette expression d'origine romaine désigne les réparations, et par suite l'entretien d'un édifice (voy O. Hirschfeld, *Die kaiserlichen Verwaltungsbeamten bis auf Diocletian*, deuxième éd. (1905), p. 258-259, n. 1). On la rencontre quelquefois dans les chroniques du moyen âge.

cus, vere monachus, terrae fossor accessit, et quod effossum
est onere facto exportavit. Quis jam similia facere erubesceret, cum videret Fredericum [1], comitis filium, fratrem
duorum ducum, imperatoris consanguineum, et fecisse et non
erubuisse? Fecit et huic simile opus in turrium [2] exstructione.
Cum enim jam in altum structura porrigeretur, et strumentum illud, quod *avis* [3] nominatur, subvectione caementi
aptatum perpauci essent qui ferrent, his qui huic officio
erant deputati alias, ut credimus, occupatis, videns vir
beatae memoriae quemdam de nobilioribus astantem, ut
sumeret ligneum illud instrumentum, et caementum collo,
ut moris est, subveheret ammonuit. Qui cum erubesceret,
et suis id natalibus incongruum adstrueret, vir mitissimus
cervice subposita quod rogabat primus implevit. Ac deinde,
porrecto juveni instrumento eodem, suo docuit exemplo [4], ut
disceret facere quod fecerat comes, comitis filius, nec
erubesceret, si ei improbaretur factum, quod constaret ab
ipso quondam comite primitus actitatum [5]...]

2

Willelmi Gemeticensis [6] *Histor. Normann.*, l. VI, c. ix, dans Duchesne,
Histor. Normann. script. antiq. (1619), p. 261 et s.
(Cf. autre édition. Migne, *Patr. lat.*, t. CXLIX, col. 839 et s.)

[*Avant* 1034-1077.] — Protinus in villa quae dicitur Bur-

1. Frédéric, comte de Verdun, frère du duc de Lorraine Thierry Ier,
2. Il s'agit de tours en pierre, par opposition aux tours en bois, fréquentes
à cette époque « : contractis undecquaque multis operariis, sua industria
turres lapideas... construxit » (*Vita S. Richardi*, c. 10, p. 285).
3. On a donné en français le nom d'*oiseau* à l'instrument dont les
manœuvres se servent pour monter le mortier.
4. Cf. le texte relatif au travail matériel des moines bénédictins de Sainte-
Marie de Pomposa (dioc. de Ravenne), sous l'abbé Gui (1016) : « Fratribus
operantibus aliquando crates lapidum ruderibus graves, non sine diaboli-
co instinctu, de superioribus muri ruerunt in terram. In quo casu quidam
ex operariis, quia supererant cratibus, delapsi ad ima... quidam vero dum
corruentes muro lignisque aliquibus inhaerent... » (*Act. SS. O.B.*, t. VIII,
p. 449; cf. Alb. Lenoir, *Architecture monastique*, t. I (1852), p.36-39 (Architectes et ouvriers), et *Ann. archéol.*, t. VI (1847), *L'art et les moines*, par M.
de Montalembert, p. 121 et s., avec des extraits de textes du moyen âge).
5. Le § 8, p. 373, renferme des détails sur l'église : « Edificata igitur nova
accclesia, majori ambitu et elegantiori opere, ad dexteram, ad laevam crucis monasterii. »
6. Moine à l'abbaye dont il a pris le nom, Guillaume dédia son *Historia
Normannorum* à Guillaume le Conquérant († 1087), au plus tôt vers
l'an 1070.

nenvilla [1], [Herluinus] [2] extruendum servitio Dei opus arripuit non parvum, brevi peractum. Ipse non solum operi praesidebat, sed opus ipsum efficiebat, terram fodiens, fossam efferens, lapides, sabulum, calcemque humeris comportans, ac ea in parietem ipsemet componens. Quibus alii horis aberant, ipse congerebat quae ad opus exigebantur, excludens otium ab omni parte diei ... Avulsit ... paternas domos, unde servorum Dei habitacula construxit. Sacrata vero quam construxit ecclesia ab episcopo Lexoviensi Herberto... saecularem habitum deponens, ab eodem pontifice sacrae habitum religionis accepit ... A rivo illic mananti Beccus [3] appellatur, ad milliarium a castro quod vocatur Brionnium.

[1039.] — Est hic locus in ipso saltu Brionnensi, valle ima, montibus saltuosis hinc inde conclusa, omni opportunitate humano usui commodus ... Trium tantum molendinorum tres domus illic erant, et solum habitabile permodicum. Consecrata, paucis extructa annis, non parva ecclesia, columnis ex ligneis claustrum construxit ... Ortus Italia quidam vir erat ... nomine Lanfrancus. Is, patria egressus ... Beccum ... adiit, quo nullum usquam pauperius aestimabatur vel abjectius coenobium. Forte tunc abbas exstruendae fornaci occupatus, ipse operabatur manibus suis. Cujus humilitatem animi, sermonisque dignitatem ille plurimum veneratus et amans, monachus ibi efficitur ... Ditatur... Beccensis locus ornamentis, possessionibus, personis nobilibus et honestis ... Adunatam ... illic fratrum multitudinem, quia domorum spaciositas jam capere non valebat, et quia situs loci degentium incolumitati contrarius existebat, venerabilis Lanfrancus abbatem Herluinum de majoris monasterii et officinarum aedificatione compellare coepit. Nolente illo aliquatenus acquiescere, divino

---

1. Bonneville, cant. de Montfort, arr. Pont-Audemer (Eure), d'après Porée, Hist. du Bec. t. I, p. 35 ; il y a aussi Bournainville, arr. Bernay.
2. Hellouin, né près de Brionne (994), seigneur, puis abbé fondateur de l'abbaye du Bec (avant 1034), mort en 1078.
3. Bec (Le), auj. Bec-Hellouin (Le), cant. de Brionne, arr. Bernay (Eure).

nutu monasterii presbyterium corruit. Tandem victus ...
in salubriori multum situ nova inchoavit; monasterium et
officinas, opus pergrande, dignum, cujus dignitati ditiores
multae non accedunt abbatiae ... Post triennii vero completionem, sola necdum completa basilica, venerabilis Lanfrancus, coepti operis institutor ... ecclesiae Cadomensi
abbas praeficitur ... nova necdum sacrata erat ecclesia ...
Igitur X kal. novembris, anno ab Incarnatione Domini
MLXXVII... pontifex Lanfrancus advenit, consecrando con-
summaturus ecclesiam, quam, inspirante Deo, inchoavit et
in cujus extruendis fundamentis lapidem secundum ipse
manu sua imposuit ... Infra sedecim annos, solis pauperum
expensis, complevit monasterium cum omnibus officinis,
opus pulchrum et maximum[1].

X

1007-1020.

*Observations de Bernard [2], écolâtre d'Angers, sur la repré-
sentation des saints par la statuaire et la peinture
murale dans les églises. — Le château et le donjon
de Castelpers, en Rouergue; ses défenses naturelles;
détails sur sa disposition intérieure.*

Miracula Sancte Fidis, lib. 1, c. [xiii], et [xxxiii], éd. A. Bouillet, d'après
le ms. de la bibliothèque de Schlestadt, p. 46-49 et 79-82.
(Cf. autre édition, Migne, *Patr. lat.*, t. CXLI, col. 118-149.)

1. Cf. le texte suivant relatif à un autre Normand, Hugue, abbé de Sel-
by, dans le Yorkshire, en Angleterre (après 1096) : « Ecclesiae quoque sed
et omnium officinarum regularium fundamenta, in loco ubi nunc abbatia,
devotus architectus, ipse locavit : nam, usque ad suum tempus, omnes
officinae *ligneae* fuerant... *Quotidie siquidem cuculla indutus operario,*
lapides, calcem et quaeque operi necessaria, humeris suis supposita, cum
caeteris operariis ad murum solebat advehere, et omni sabbato mercedem
sibi, sicut unus ex operariis, accipiens, pauperibus erogavit, ut illud scilicet
impleret, quod scriptum : *De tuis justis laboribus da pauperibus* » (*Histor.
Selebiensis monast.*, auct. anon., dans Labbe, *Nov. Bibl.*, t. I, p. 607; cf.
A. Lenoir, *op.* et *t. cit.*, p. 37 et 38.)
2. Sur Bernard, écolâtre d'Angers, voy. la Préface de l'abbé Bouillet.
Il était, selon toute probabilité, originaire d'Angers et élève de Fulbert de Chartres devenu, en 1007, évêque de Chartres. Vers 1010, il fut

1

[XIII.] QUOD SANCTORUM STATUE, PROPTER INVINCIBILEM INGENITAMQUE IDIOTARUM CONSUETUDINEM, FIERI PERMITTANTUR, PRESERTIM CUM NICHIL OB ID DE RELIGIONE DEPEREAT, ET DE CELESTI VINDICTA.

... Est ... vetus mos et antiqua consuetudo, ut in tota Arve[r]nica patria, sive Rotenica vel Tolosana, necnon et reliquis nostris his circumquaque contiguis, de auro sive argento seu quolibet alio metallo, sancto suo quisque pro posse statuam erigat, in qua caput sancti vel potior pars corporis venerabilius condatur. Quod cum sapientibus videatur haud injuria esse supersticiosum, videtur enim quasi prisce culture Deorum vel potius demoniorum servari ritus, michi quoque stulto nichilominus res perversa legique christiane contraria visa nimis fuit, cum primitus sancti Geraldi[1] statuam super altare positam perspexerim, auro purissimo ac lapidibus preciosissimis insignem et ita ad humane figure vultum expresse effigiatam, ut plerisque rusticis videntes se perspicaci intuitu videatur videre, oculisque reverberantibus precantum votis aliquando placidius favere. Moxque Bernerio[2] meo mea culpa subridens latino sermone in hanc sentenciam erumpo : « Quid tibi, frater, de ydolo ? An Juppiter sive Mars tali statua se indignos estimassent ? » Ibi tum Bernerius, jam sentencia ductus, satis ingeniose delusit, satisque sub laude hanc

appelé par Hubert de Vendôme, évêque d'Angers, pour diriger l'école épiscopale. — Sur le voyage de ces deux clercs angevins à Conques et leurs si curieuses réflexions devant les reliquaires anthropomorphes de sainte Foy, vers le moment d'une première expansion de la statuaire française, voy. A. Michel, *Hist. de l'art...*, t. I, 2ᵉ part. (1905), la sculpture romane, p. 592-594.

1. « Bernard d'Angers ne nomme pas la ville d'Aurillac, où il se trouvait en ce moment. Géraud — *Geraldus* — avait été comte d'Aurillac. Il mourut en 909. Il avait fondé à Aurillac une abbaye bénédictine qui prit son nom. Son corps fut enseveli dans l'église, auprès de l'autel de saint Pierre d'Aurillac » (Note de Bouillet, op. cit., p. 47).

2. Cet écolâtre du nom de Bernier avait accompagné Bernard dans son premier voyage à Conques, voyage suivi de deux autres, le dernier en 1020. Voy. Bouillet, *Préface* ; cf. *Histoire littéraire*, t. VII, p. 308-310.

vituperavit. Nec prorsus immerito. Nam, ubi solius summi et veri Dei recte agendus est cultus, nefarium absurdumque videtur gypseam vel ligneam eneamque formari statuam, excepta crucifixi Domini. Cujus imago ut affectuose, ad celebrandam Dominice passionis memoriam, sculptili sive fictili formetur opere, sancta et universalis recipit Ecclesia. Sanctorum autem memoriam humanis visibus vel veridica libri scriptura, vel imagines umbrose coloratis parietibus depicte tantum debent ostendere. Nam sanctorum statuas, nisi ob antiquam abusionem atque invincibilem ingenitamque idiotarum consuetudinem, nulla ratione patimur... Sancte Fidis imago nichil est quod destrui vel vituperari debeat, cum nec quisquam ob id in antiquum errorem relabi, nec sanctorum virtutes inde minui, nec etiam quippiam de religione propterea videtur deperire.

2

[XXXIII]. DE EO QUI, PREMONITUS A SANCTA FIDE, PER FENESTRAM TURRIS EVASIT[1].

..... Miles quidam, qui erat in captione in pago Rotenico, Castro Perso[2], sub dominio Amblardi cujusdam nobilissimi viri, datis pro se obsidibus, ad sanctam Fidem, quasi aliud negotium acturus, quod potuit occultus venit. Deinde statuto placito, sese in captionem recepit. Unde qualiter post aliquantum temporis divina institutione evaserit, dicendum erit. Sed primum terre illius situs et qualitas paucis verbis repetenda. Est patria per omnia mon-

1. Ed. Bouillet, p. 79 et s.
2. « Castelpers, aujourd'hui village de la commune de Saint-Just (canton de Naucelle, arr. Rodez, Aveyron), situé sur un rocher escarpé, au confluent du Céor et du Giffou. Le château de Castelpers, dont il ne reste aujourd'hui que des ruines insignifiantes, donna son nom à une des plus anciennes baronnies du Rouergue, dont il avait été le berceau. Nous savons par l'Histoire de Languedoc que Pierre, sire de Castelpers, fit en 1077 une donation à l'église cathédrale d'Albi (t. II, Pr., col. 296. — Cf. de Gaujal, Études hist. sur le Rouergue, t. IV, p. 361. — De Barrau, Documents hist. et généal. sur le Rouergue, t. I, p. 697). » (Note de Bouillet, op. cit., p. 79.)

4

tuosa, et etiam per loca horridis scopulis adeo edita, ut vix visus altitudinis vastitate queat exaturari ..... Sed quia, ut diximus, montium scopulorumque dissimilitudine a nostro solo discrepat, ideo contigit ut prenominati oppidi structura, super excellentissime rupis soliditatem fundata, per spaciosum aeris inane longe eminentior exsurgat. Porro oppidanorum mansio de parte illa habetur que planior habitabiliorque videtur, habens arcem erectam in editiore loco, ad illam videlicet plagam qua altiore ruitur precipitio. De qua etiam parte in summo turris solario herilis camera erat, ubi ipse heros cum familiaribus sopitus placidum carpebat pectore somnum. Extra quam cameram in eodem solario de parte reliqui municipii, captivus quem dixi ponderosa mole ferri cruribus innexus, trium vernaculorum custodia servabatur [1]. Huic sancta Fides jamdudum ad se querelosis vocibus exclamanti jamque pene desperanti, sopitis custodibus, corporali specie conspicabilis apparuit ... *Quare igitur*, inquit, *longas moras innectis? Perrumpe per medium camere, ac per summas turris fenestras elabere* ..... clauso ostiolo in conclave se recipit ..... Et sic, tandem cum magna difficultate penetrato cubili, ad ipsas fenestras substitit, casus altitudinem vehementer expavescens ... Ad extremum ille in miserabili positus discrimine, assumpta audacia ac posito corde in periculo, pedes primum per fenestram emittens foras, se totum vasto credit precipitio. Sed numquam mollius suaviusque sua pensilis pluma Sardanapalum fovit, quam hunc durissima rupis excepit. Adeo divina subportante virtute, ut, cui natura negaverat alas, hic plane volare, non cadere videretur. Quo miraculo factus securior, etiam multo profundioris precipitii saltum addere non dubitavit. Nam de summis scopulis super quos arcis tota moles innitebatur, super inferiores ruens, ad certissimum terre solum tercio saltu perlabitur .....

1. Ce passage nous montre que les prisonniers retenus dans les châteaux-forts n'étaient point toujours relégués dans des cachots souterrains, mais qu'ils pouvaient être alors enfermés dans une partie des étages supérieurs (*in summo turris solario*).

XI

1008-1026

Changement d'emplacement du château de Thro, non loin de Ploërmel, en Bretagne, par Guéthenoc, vicomte de Porhoët ; consultation des moines de Redon sur le moment et le lieu qu'il doit choisir pour ce transfert ; don d'une table d'autel d'argent doré, avec cens annuel de cinq sous sur son nouveau château, auxdits religieux qui s'engagent à veiller sur la sépulture commune de sa famille ; en cas d'agrandissement de l'emplacement du château, promesse de leur réserver un petit monastère ; préliminaires de la construction ; fixation d'un pieu sur le lieu de la nouvelle construction, et fondation de la chapelle seigneuriale de Saint-Sauveur.

Orig. aux Arch. départ. d'Ille-et-Vilaine, sér. II, abbaye de Redon, prieuré de S¹ᵉ Croix, et nᵒ CCXCII, fol. 140 vᵒ, du *Cartulaire général du Morbihan*, par L. Rosenzweig, t. I (1895), p. 11 et 123 [1].

(Cf. *Cartul. de l'abbaye de Redon en Bretagne*, par A. de Courson, 1836, p. 211).

Florente adhuc mundo et fide vigente, vir quidam multe nobilitatis et sagacitatis, Guethenocus, vice(h)omes de castello Thro [2], cogitans ipsum castellum de suo loco mutare [3], audivit omnem plantacionem quam non plantat pater caelestis esse eradicandam. Divino spiritu instinctus, adiit

---

1. Cet acte est reproduit deux fois dans le Cartulaire de Rosenzweig. A la p. 123, il est mentionné sous la date de 1010 environ. Cf. dom Morice : t. I, *Pr.*, col. 361. Voy. Halgouët (du), *Essai sur le Porhoët* (1906), p. 15.
2. Le château de Thro a été appelé Château-Josselin dans le cours du XIᵉ siècle (voy. *infra* l'acte de 1066-1082). Josselin est aujourd'hui ch.-l. de cant., arr. Ploërmel (Morbihan).
3. Voy. *infra*, pour le XIIᵉ siècle, l'acte de 1114 relatif au changement d'emplacement du château de Gumont et à la cession de l'ancien emplacement à l'abbaye de Saint-Martin de Tulle (Bas-Limousin).

Rothonense[1] Christi cenobium quod regionis hujus obtinet principatum, consulens fratres qua die et qua hora et super quod fundamentum castellum suum edificare deberet. At illi Christum omnium bonorum fundamentum esse dixerunt, et quicquid super hoc fundatum est cadere non posse. Quo audito, venerabilis proconsul honoravit sanctum locum digno honore : nam, apposita altari Salvatoris[2] tabula argentea eleganter deaurata, commendavit semetipsum et omnia sua orationibus fratrum peciitque ab eis corpus suum, dum vita excederet, et heredum suorum, sicut mos erat Britannie nobilium, in eodem loco sepeliri. Castellum etiam aedilicandum Christo Domino et ejus ecclesiae Rothonensi subjugavit, et censum, id est, quinque solidos, unoquoque anno, monachis de eo reddi constituit. Vovit quoque ut, si aliquando castellum ita amplificaretur, quod cella[3] monachorum in eo posset construi, nulli alii aecclesie daretur nisi ecclesie Salvatoris. Quod obstinata maledictionis sentencia contestatus est, ne quis ex progenie sua scienter violare presumeret. Facta sunt autem in aecclesia Salvatoris, teste Deo et omnibus sanctis ; sequenti vero die dominica, hora prima, figens palum[4] in castello edificando, ut mos est, capellam in honore Sancti Salvatoris fundavit, et supradicta omnia, coram hominibus suis qui aderant, confirmavit[5].

<hr/>

1. Aujourd'hui Redon, ch.-l. d'arr. d'Ille-et-Vilaine, à 60 kil. S. O. de Rennes. Cf. la carte de la Bretagne armoricaine (avec ses principales divisions ecclésiastiques et civiles) dans la susdite édition du Cartul. de Redon.

2. Ce vocable était le même que celui de l'église abbatiale de Redon.

3. Petit monastère de religieux (cf. A. de Courson, op. cit., passim). Sur les chapelles de châteaux, voy. Viollet-le-Duc, Dict. de l'arch. fr., t. II, p. 489. Cf. sur les églises castrales en Flandre, l'étude de M. Pirenne sur les Villes Flamandes avant le XII° siècle (Ann. de l'Est et du Nord, t. I, 1905, p. 9 et s.).

4. Ce détail technique, concernant la cérémonie solennelle de la fixation de l'emplacement du château à élever, est rare dans les textes.

5. Le Cartulaire de Redon contient, entre autres mentions d'arts et métiers, celles d'ouvriers en fer, ferrarii, de charpentiers, carpentarii, de maçons, cementarii. De Courson signale le terme minterii, qu'il rapproche de cementarii, sans en expliquer l'origine (Prolegom. Cart. de Redon, CCLXXXIX). En 1101, la mention de Petrus cimentarius semble bien être, si l'on en juge par le contexte, celle du moine de Saint-Sauveur de Redon. Cf. Prolegom., ibid., p. ccxi, une notice chronologique sur les châteaux construits dans quelques cantons de la Bretagne aux xi° et xii° siècles.

XII

Vers 1009.

Donations de divers domaines ruraux faites par Rudalt et Orscand, fils et petit-fils de l'évêque de Vannes, Orscand le Grand [1], à Saint-Cado en Belz, ancien prieuré de Sainte-Croix de Quimperlé, dans la Basse-Bretagne; lesdits actes contenant la mention de monuments mégalithiques et menhirs, debout et renversés, ainsi que de ruines romaines, dans cette partie de la Cornouaille armoricaine.

Cartulaire de l'abbaye de Sᵗᵉ-Croix de Quimperlé, par L. Maître et P. de Berthou, 2ᵉ éd. (1904), nᵒ CII, p. 256-257, et nᵒ CIII, p. 257-258 (Bibliothèque bretonne armoricaine, fasc. IV).

1. [DE SANCTO CATUODO]. — Rudalt, filius Magni Orscandi, Venetensis episcopi, dedit Sancto Catuodo [2] in abbatia sempiterna, cum omnibus redditibus villam in prospectu maris, ubi cadit predictum flumen Ectell in mare, scilicet in degutorio [3] quod cadit in predicto flumine Ectell, inter ipsam villam et villam que Mellionuc [4] nominatur. Marchasii quoque dimidium est Sancti Catuodi....... Et in capite marcasii levat fossa [5] per montem Haelgoret, que recto vadit quasi ad orientem, et antequam por-

---

1. Orscand II, dit le Grand, évêque de Vannes, mort avant 1009.
2. Saint-Cado, village et île sur l'Étel, en breton Enes Caduod, en Belz. Ancien prieuré donné à l'abbaye de Sainte-Croix de Quimperlé, en 1089, par le duc Alain IV (voir le nᵒ CVII du Cartulaire).
3. Il s'agit du déversoir du Sach. Près de là se trouvaient des endroits bas et humides, terres noyées ou noues, *nodae, nodulae*, et des mares, *marcasius, marchasia, marchasiola.*
4. Aujourd'hui Er Vellionec, village en Belz.
5. Ici commence une délimitation de terroir (*dirisio*), avec orientation, qui est curieuse à suivre. (Cf. les textes antiques, *De conditionibus agrorum*, dans les *Gromatici veteres*, éd. Lachmann et Rudorff, t. I (1848), *passim*.)

venit quasi ad acervum petrarum [1], curvat parumper quasi ad horam terciam, et statim iterum curvat quasi ad caudam ipsius ville, ad ipsam petram jacentem [2], in quo calcaneus [3] locus est, et paulo post recurvat in sinistro ad unum marcasiolum, relinquens illum in dextro ad caput duarum nodarum, tunc relinquens nodam que vadit ad puteum, tenens nodam unam cum fossa contra horam terciam, usquedum pervenitur ad ipsum locum ubi tres fossae simul adveniunt, et tunc vadit fossa Sancti Catuodi quasi ad horam nonam per abrupta loca usquedum pervenit ad unam nodulam. Tunc namque fallit fossa et accipitur nodula per ipsam petram [4] que est in ipsa nodula, in directo transversa, et postea recte vadit per marcassium usque ad mare.

2. [ALIA CARTULA DE SANCTO CATUODO]. — Sed et predictus Orscandus [5] post decessum patris sui Rudalt [6], contulit Sancto Catuodo quartam partem Ville Romanorum [7], cum quarta parte ortorum ipsius ville et cum quarta Ville parte Prati.....

Et hee est divisio [8] ipsius terre : ab ipsa petra stantiva [9] in via que ducit de matre ecclesia ad Sanctum Germanum,

---

1. Il s'agit d'un monument mégalithique. « Il y a aux environs de Saint-Cado en Belz, beaucoup de monuments mégalithiques qui peuvent être qualifiés *acervi petrarum* » (note des éditeurs du *Cartulaire*, p. 257).

2. Il s'agit d'un menhir renversé (voy. *loc. cit.*). Le qualificatif *jacens* s'oppose ici à celui de *stantiva*, qui est appliqué plus loin à un menhir debout.

3. C'est-à-dire terrain calcaire.

4. Autre monument à noter au point de vue archéologique. Cf. la savante préface dudit Cartulaire, p. 40.

5. Orscand, dont il est parlé ici, était le troisième fils de Rudalt, fils lui-même de l'évêque Orscand le Grand.

6. Rudalt que ce texte mentionne est le donateur de l'acte précédent.

7. «Aujourd'hui Magourin, village en Belz, près de Kerlouno et à côté de Kerbrévost, *villa praepositorum* de Belz (voy. dans ce Cartul., le n° CXII). Dans les villages au nom dérivé de *mager*, muraille (que l'on rapproche du latin *maceria*), comme Magouer, Maugoer, Magouiro, Magourin, Mogerieu, etc..., on trouve généralement des ruines romaines. Quant aux villages dits Keroman, Keromon, rien ne prouve que leur nom puisse se traduire par *villa Romanorum*, et d'ordinaire leurs environs ne renferment pas de vestiges gallo-romains. » (Note de M. Le Pontois, reproduite par les éditeurs du Cartulaire, p. 258). — *Villa Prati*, auj. Kerprat.

8. Il s'agit encore ici d'une délimitation intéressante à mentionner.

9. C'est-à-dire : menhir, pierre debout : cf. *supra*, par contre : *petra jacens*. Du Cange a donné dans son *Gloss. lat.* tout ce passage, v° *Stantivus*. — Voy. Rosenzweig, *Rép. arch. du Morbihan*, passim.

usque ad pratum, et tunc tenens pratum una cum fossa [1] usque ad matrem villam. De matre autem villa vadit fossa contra meridiem, et antequam perveniat ad puteum Calvi, fossa simul et via que ducit de matre ecclesia, usquedum pervenitur ad petram stantivam [1] longiorem, que est in via ubi cepit divisio, sicut jam scriptum est...

XIII

Vers 1010-1029 [2].

Description de l'église de Saint-Aignan, à Orléans, reconstruite par les soins du roi Robert, avec un chevet semblable à celui de la cathédrale de Clermont; énumération des autels de ladite église.

Helgaldi Epitome vitae Roberti regis, d'après le texte revu par L. Auvray sur les mss. du Vatican et publié par lui sous le titre de : *Une source de la Vita Roberti regis du moine [3] Helgaud,* dans les *Mélanges d'archéologie et d'histoire de l'École française de Rome,* t. VII, 1887, p. 118 et s.

Preterea construxit [rex Rotbertus] a novo in urbe Aureliana monasterium Sancti Aniani, singularis sui apud Deum advocati ... Ardens [4] tanti pontificis honore, hic redolens flos et decus ecclesie sancte et gratia, Dei desiderio eu n in altiori volens constituere loco, domum Domini super

1. Autre menhir plus considérable que le précédent.
2. C'est entre les susdites années que M. Anthyme Saint-Paul (*Dict. géogr. et adm. de la France* de Joanne, art. Orléans) place l'époque de la construction de cette basilique. Sur la longue durée des travaux de ce monument, voy. ci-dessous le texte que nous rapportons à la note 1 de la p. 57.
   Cette description a été citée en partie par A. Champollion-Figeac, dans ses *Documents paléographiques relatifs à l'histoire des beaux-arts pendant le moyen âge,* p. 249.
3. Helgaud, moine à Fleury au temps de l'abbé Gauzlin † 1029, construisit en l'honneur des saints Denis, Rustique et Eleuthère, d'abord une chapelle de bois, puis une église de pierre, que consacra Odolric, évêque d'Orléans (1021-1035). Voy. Molinier, *Sources de l'hist. de Fr.,* t. II, p. 7.
4. Le commencement de cette phrase est ainsi conçu dans le ms Vat. reg. 583 : *Ardens quippe ejus (ho)noris et graciae desiderio et enm n altiori...*

eum in melius construere cepit, et, Deo cooperante et sancto Aniano auxilia prebente, ad finem usque perduxit. Habet namque ipsa domus in longitudine tensas[1] XL[la] II[as], in latitudine XII[cim], in alte decem, fenestras C[tum] XX[ti] III[es] [2]. Fecit et altaria in ipso monasterio, ad laudem sanctorum, numero X[cem] et VIIII[es] [3], quorum memoriam hic adnotare curavimus : principale in honore apostoli Petri, cui supradictus rex adsociavit coapostolum Paulum in benedictione, cum non antea ibi nisi solius sancti Petri esset veneracio ; ad caput saacti Aniani unum, ad pedes aliud, aliud in honore sancti Benedicti. Cetera sunt in honore eorum, quorum nomina sunt adscripta : sancti videlicet Evurcii, s. Laurentii, s. Georgii, Omniumque sanctorum, item s. Martini, s. Mauricii, s. Stephani, s. Antonini, s. Vincentii, S. Marie, Johannis, s. Salvatoris, s. Mamerti, s. Nicholai et s. Michaelis.

Caput autem ipsius monasterii fecit miro opere, in similitudinem monasterii Sancte Marie, matris Domini, et San[c]-torum Agricole et Vitalis in Claromonte[4] constituti. Lecticam ipsius sancti Aniani a fronte auro bono et o[p]timo, et lapidibus preciosis et argento mero preoccupavit. Tabulam ad altare sancti Petri, in cujus honore extat locus, auro bono

1. Toises. — Le texte portait d'abord *pedes* dans le ms. Vat. reg. 585.
2. Cf. la description que Grégoire de Tours nous a laissée de la fameuse basilique de Saint-Martin (*Hist. Franc.*, II, 14) et de l'église bâtie à Clermont par l'évêque Rusticus. « On voit que du ve au xie siècle le nombre des fenêtres dans les églises de première importance a plus que doublé. Quant aux dimensions relatives de ces édifices, il est difficile de les calculer exactement ; on ignore en effet le rapport qui existe entre le pied du temps de Grégoire de Tours et la toise du xie siècle. Si la toise vaut en moyenne de 6 pieds à 7 pieds et demi, comme on l'admet, il en résulte que l'église de Saint-Aizaan était beaucoup plus longue que Saint-Martin de Tours, un peu plus large, et sensiblement plus haute ; ce qui explique dans une certaine mesure la différence dans le nombre des fenêtres » (Auvray, *op. cit.*, p. 468, n. 7).
3. XVIII, dans le ms. Vat. reg. 585 (Auvray, *op. cit.*, p. 468).
4. Il s'agit de la cathédrale N.-D. de Clermont, et non de l'église de N.-D. du Port, comme l'a cru M. Auvray (*ibid.*). Ceci résulte de l'examen comparé des textes où figurent ces vocables, et de l'histoire des reliques desdits saints, d'après *Act. Sanct.*, Boll., nov., t. II, pars 1, p. 212-243 ; cf. Savaron, *De sanctis, ecclesiis et monasteriis Claromont.*, 1608, p. 12. Notre glossaire offre plusieurs exemples de *monasterium* signifiant cathédrale. — La cathédrale actuelle de Clermont appartient au xiiie et au xive s.

totam cooperuit, de qua Constancia, nobilis regina, ejus conjux gloriosa, post mortem viri sui sanctissimi Deo et Sancto attribuit Aniano, summam scilicet librarum VII ipsius metalli in meliorandis a se monasterii facti tectis ; quibus ab imis ad superiora apertis, celum melius cerneretur quam terra. Extitit in ea quantitas... auri XV^cim librarum probati [1] ...

XIV

Vers 1017.

Reconstruction par les soins d'Evrard de Vatan, de l'église de Dèvres [2], près de Vierzon, en Berry ; permission accordée par ledit seigneur aux religieux de ce monastère de prendre dans ses bois tout ce qui leur est nécessaire ir leurs bâtiments claustraux, maisons, granges et mou....s.

Cartul. de Vierzon. Bibl. nat., ms. lat. 9865, f° 11.
(Cf. Toulgoët-Treanna, *Histoire de Vierzon et de l'abbaye de Saint-Pierre* (1884), Pièces justif., n° VII, p. 466.)

Mais des fouilles pratiquées en 1909 ont fait retrouver la crypte et le mur du chevet, avec absidioles, d'une cathédrale antérieure, probablement du XII° s. ; la crypte, toutefois, semblait remonter en partie au XI° s. (cf. celle de Chartres, *infra*, p. 61, 64, n. 1.)

1. Cf. le texte suivant relatif à la basilique de Saint-Aignan : « Conditoris omnium ma.....o vigesimo nono, indict. XII, praestantissimi confessoris Aniani basilica *diutino aedificata spatio* jussa est dedicari... » (*Ex hist. translat. reliquiarum s. Euspicii abbatis*, dans *Hist. de Fr.*, t. X, p. 370 ; cf. *ibid.*, p. 214). Gauzlin, qui fut abbé de Fleury et archevêque de Bourges, et Odilon, abbé de Cluny, furent parmi les personnages qui assistèrent à la cérémonie de la dédicace de cette basilique. Voy. aussi Auvray, *op. cit.*, p. 163, n. 1.

2. Voy. P. Gauchery, *Église du monastère de Dèvres* (commencement du XI° siècle), dans les *Mém. de la Soc. des antiq. du Centre* (1887-88), t. XV, p. 91-107, 2 pl. — L'auteur rend compte (p. 94 et s.) des fouilles faites pour retrouver le plan de cette église aux proportions considérables, dont la partie centrale servait de base à la chapelle actuelle, et d'après le plan généralement adopté dans les églises du Centre, abside principale sans déambulatoire, avec absidioles à l'extrémité des bas côtés et des transepts. On a retrouvé aussi les cryptes effondrées qui s'étendaient sous l'abside principale. Selon P. Gauchery (qui n'en donne pas de raisons décisives), cette vaste construction restée inachevée aurait été commencée dans les dernières années du X° siècle, car dès l'époque Carolingienne, il y avait eu à Dèvres une abbaye importante. — Voy. les sources indiquées par l'abbé U. Chevalier, *Rép. top.-bibl.*, I, v° Dèvres, et II, v° Vierzon.

... Ego Evrardus [1] ... Doverensis monasterii destructioni condolens. ... monasterium reedificare cepi, cujus monasterii cructas [2] (sic) ex mea propria facultate usque ad superiores fenestras perduxi ... Monachis etiam concedo silvas ad omnia que facienda eis necessaria fuerint, videlicet, ad edificationes monasterii [3], ad domos et ad horrea facienda, ad sclusas et ad molendina, tam ipsis quam eis qui pro eis hec facient ... Testes hujus rei sunt ...

XV

1017-1174.

Travaux de construction et de décoration accomplis à l'église et aux bâtiments claustraux de Saint-Martial de Limoges par les abbés de ce monastère, notamment par Pierre du Barri.

Adémar de Chabannes et Hélie de Ruffec, *Commemoratio abbatum basilice*

1. Cf. le texte suivant relatif aux entreprises de construction de ce seigneur, 1017 : « Reddidit iisdem Evvrardus Deo et supradictis monachis dimidium altare ejus celle et medietatem partis ecclesie Sancti Georgii, tali tenore ut si, Deo favente, ecclesia supradicta, quam ipse magno, ut poterat, sumptu reedificabat, ad effectum veniret, et *cripte volsate* tota alia pars quam ipse retinere ad presens videbatur, in usus monachorum Virsionensium deveniret » (Toulgoët-Treanna, *op. cit.*, Pièces justif., n° VIII, p. 468).

2. Le cartulaire manuscrit porte bien *cructas*, ainsi que nous l'avons vérifié. La correction proposée par l'éditeur de l'*Hist. de Vierzon* (p. 50, n. 1), *constructas*, avec un mot sous-entendu, ne nous paraît pas admissible, non plus que le serait celle de *crustas*, par exemple. A notre avis, *cructas* a été mis ici par le scribe pour *cryptas* ; nous trouvons dans l'ouvrage de Gauchery la confirmation de notre opinion : « Après la donation de 1017, dit-il (p. 103), on travailla peu à l'église de Dèvres déjà abandonnée. Ce grand monument n'avait plus de raison d'être en cet endroit ; les moines étaient trop occupés de leurs constructions de Vierzon pour aller terminer avec de grands frais l'église dont Evrard avait poursuivi la construction : *usque ad fenestras superiores* (fenestras *inferiores*, étant celles de la crypte). »

3. Dans une donation du prieuré de Soages à l'abbaye de Chezal-Benoît, en Berry, vers 1100, par Pierre, fils d'Etienne Le Noir, on lit : « Dedit monachis de Casali..., in omnibus nemoribus suis, quantumcumque opus fuerit ad quelibet aedificia facienda, monachis et illis qui apud Casale Benedictum et illis qui apud Soaggias habitaverint. » (Buhot de Kersers, *Hist. et stat. mon. du Cher*, t. IV, 1889, p. 41).

Sancti Marcialis [1]... dans les *Chroniq.de Saint- Martial de Limoges* (Soc. hist. de Fr.), éd. H. Duplès-Agier (1874), p. 6, 8-12.

Duodecimus abbas item Joffredus [2] [† 1019] prefuit annis XII[cim]... Hic a novo basilicam Salvatoris magnifico opere renovavit [1017].

[1025-1040.] — Quartus decimus Odolricus abbas prefuit. Iste... fecit dedicare [3] caput istius ecclesie cum magno honore, et redemit duas ecclesias, muros et castellum...

[1041-1051] — Quintus decimus Petrus abbas prefuit, qui fecit portam a Monmelier] [4]...

[1063-1114.] — Septimus decimus loci istius abbas sancte ac venerabilis memorie domnus extitit Ademarus ... Ipse quippe navem monasterii majoris ab altari Sancte Crucis usque ad portam occidentalem volvi omneque ipsum monasterium honeste deintus depingi ac decorari fecit ..... Signa quoque duo illa o[p]tima, que nova vocantur, cum reliquis ipse fieri precepit. Armarium quoque librorum copia adornavit ; claustrum quoque marmoreum ipse fabricari fecit. Refectorium atque dormitorium, infirmarias etiam, que antea non fuerant, reliquasque omnes officinas ipse diligenter construxit et edificavit.

[1115-1143.] — VIIIIX[us] hujus loci abbas fuit dominus

---

1. La chronique d'Adémar va jusqu'à l'an 1029, celle d'Hélie, chapelain de Henri II, jusqu'à 1174. Le texte est complet dans Duplès-Agier, avec les continuations (cf. Labbe, *Nova bibl. man.*, t. II, 271-275 ; Migne, *Patr. lat.*, CXLI, col. 79-86).

2. Sur l'abbé Geoffroi II et ses autres travaux de décoration dans la crypte de Saint-Martial, voy. Ch. de Lasteyrie, *L'abbaye de Saint-Martial de Limoges...*, p. 70-71 et p. 294 : « MXVII Basilica regalis Salvatoris incoata reedificari *majori amplitudine* a Josfredo abbate. » (*Ann. Lemovic.*, éd. *Mon. Germ. hist.*, *Scr.* t. II. p. 252). Voir aussi Adémar de Chabannes (*Commemoratio*, éd. Duplès-Agier, p. 7).

3. « MXXVIII Dedicatio ecclesie Salvatoris ab episcopis XI » (*Ann. Lemovic.* éd. Pertz, *Scr.* t. II. p. 252). Nous reproduirons en partie le récit de cette cérémonie (19 nov. 1028) qui nous a été laissé par Adémar de Chabannes dans un de ses sermons. — Sur l'abbé Odolric, voy. de Lasteyrie, *op. cit.*, p. 72 et 294.

4. De là peut venir le nom de faubourg Montmailler.

Amblardus[1] [de Cluniaco, prior de Silvini[a]co][2], magne religionis et honestatis vir. In cujus tempore, hoc monasterium cum adjacenti villa incendio concrematum est. Claustrum etiam, et cetere officine que ignis consumere potuit, deletum est. In cujus restitutione predictus pater plurimum laborans, non viliora quam prius consum[m]are studuit. Cellarium tamen, quod vetustate pene dirutum erat, a fundamento edificavit.

[1161-1174.] — XXII[us] hujus loci extitit abbas bone memorie Petrus [*du Barri*][3], magne vir honestatis, pravorumque morum rigidus corrector. [Iste Petrus, dum adviveret, multa bona huic ecclesie contulit...] Edificavit enim a fundamento claustra infirmorum, que nulla ibi erant, et, a dextra parte ejusdem claustri, fecit quamplures domos, que usque hodie fenestrate et picte [4] a transeuntibus cernuntur, necnon et illam per quam ad cameras itur privatas. In curia vero, ante coquinam, fecit illas ligneas, [quarum fenestre apparent]. Magnam autem infirmariam, [cum columpnis illis ligneis, que intus sunt], lambruscavit ; [sed, morte preventus], eam imperfectam reliquit [5].

1. Sur l'abbé Amblard, voy. Ch. de Lasteyrie, *op. cit.*, p. 97 et s.
2. Souvigny, prieuré de Cluny, arr. de Moulins (Allier). Les nouvelles constructions furent ravagées en 1053 par un violent incendie : « Anno gratie MLIII, basilica Sancti Salvatoris Lemovicensis... concrematur » (Bernard Itier, éd. Duplès-Agier. p. 48). Vers 1122, l'édifice reconstruit fut endommagé par un incendie qui détruisit une partie du château de Limoges : « Castrum Lemovicense, Sancti Martialis monasterium, signa clocarii, claustra, officine... igne concremata sunt » (Geoffroi de Vigeois, éd. Labbe, *Nova Bibl. mss.*, t. II, p. 299, Itier, *éd. cit.*, p. 52).
3. Sur l'abbé Pierre III du Barri et son œuvre architecturale, voir Ch. de Lasteyrie, *op. cit.*, p. 101-102. L'activité de cet abbé dans ses constructions abbatiales a été signalée particulièrement par A. Luchaire, *Man. des institutions françaises*, 1892, p. 71, n. 1, où l'on trouvera la traduction du texte ci-dessus qui le concerne.
4. Sur la décoration des cloîtres romans avec peintures, voy. Viollet-le-Duc, *Dict. de l'arch. fr.*, t. III, p. 416 et s., sur la transformation et l'amélioration matérielle des cloîtres au xii° siècle, grâce à la richesse des couvents, voy. *ibid.*, v° Cloître.
5. Les textes à mentionner sur l'abbaye de Saint-Martial sont encore les suivants : « Anno gracie MCLXVII. crematum est castrum Lemovicense et monasterii navis cum clocario, et omnia signa corruerunt » (Bernard Itier, éd. Duplès-Agier, p. 56). « Anno MCLXXXII... parietes ecclesie Sancti Marcialis reedificabantur » (Geoffroi de Vigeois, éd. Labbe, *Nova bibl.*, mss., t. II, p. 308). — La toiture en plomb ne fut commencée qu'en

XVI

1020-1024.

Incendie de la cathédrale de Chartres ; sa reconstruction
par les soins de l'évêque Fulbert. — Zèle de ce prélat
pour cette reconstruction, attesté par sa correspondance ;
travaux des cryptes de cette église, leur état d'avance-
ment.

1

Translationes Sancti Aniani, éd. Clerval, dans les *Analecta Bollandiana*,
t. VII (1888), p. 331.

Tertia [succensio] facta est anno M° vigesimo, episcopatus domni Fulberti [1] anno XIV°, sub ipsa nocte Nativitatis Beatae Mariae [2], in qua non solum ecclesia combusta,
sed etiam tota destructa est ; quam idem episcopus Fulbertus gloriosus, industria sua, labore atque sumptu, a funda-

1199 : « Anno gracie MCXCIX, cepimus... plumbo monasterium cooperire »
(B. Itier, éd. Duplès-Agier, p. 66). Mais l'église dans son ensemble fut
achevée bien avant la fin du règne de Philippe-Auguste. On travaille encore
à la décoration du portail principal en l'année 1213 : « MCCXIII picta est
majestas Domini in porta occidentali » (B. Itier, *ibid.*, p. 97). — Voy.
Ch. de Lasteyrie, *op. cit.*, p. 295.
1. Fulbert, né vers 950-960, évêque de Chartres en 1006, mort le 10 avril
1028. — Sur les lettres de Fulbert, voy. G. A. Hückel, *Fulbert, évêque de*
Chartres... éd. critique du recueil de ses lettres (Positions des mémoires
présentés à la Fac. des lettres de Paris, 1902, p. 39-41). A la mort de Fulbert, l'édifice était à peu près terminé (Guill. de Malmesbury, dans la *Patr.*
de Migne, t. CLXXIX, col. 1166). — *Transl. Sancti Aniani*, dans les *Anal. Boll.*,
t. VII, p. 331. Cf. la savante étude de M. R. de Lasteyrie sur le *Portail royal*
de la cath. de Chartres, dans ses *Études sur la sculpture franç. au moy.*
âge (1902), p. 5 et s.
2. Cet incendie eut lieu dans la nuit du 7 au 8 sept. 1020.

mento reaedificavit [1], et in statu mirae magnitudinis et pulchritudinis sublimatam fere consummavit [2].

2

Sancti Fulberti, *Carnotensis episcopi*, *epistolae*, dans Migne, *Patr. lat*, t. CXLI, Epist. 30, 55, 57, 58-59, 71, col. 215-216, 228-230, 236.
(Cf. *Rec. des Hist. de Fr.*, t. X, nouv. éd., 1874, p. 457 et s., 215-216, 228-230, 236.)

[1020-1024] [3]. — Tacti dolore cordis intrinsecus, jam in tantum moerorem nostrum prodidimus, ut signa nostra, jocunditatem et laetitiam significare solita, ab intonando desinere et tristitiam nostram attestari quodam modo jusserimus...

[1020-1024] [4]. — Si nobis omnes pervagandae facultates simul cum voluntate suppeterent, interesset vestrae pietatis levitatem nostram arguere, et ad nostrae ecclesiae, quae destructa est, restaurationem assiduam revocare. Nunc vero,

---

1. « Ad restaurationem hujus sancti templi, quod ipse post incendium a fundamento reedificare ceperat, bonam partem auri sui et argenti reliquit. » (Lépinois et Merlet, *Cartulaire de N.-D. de Chartres*, t. III, p. 85) ; — cf. Guillaume de Malmesbury : « Fulbertus episcopus, inter caetera industriae suae documenta, ecclesiae dominae nostrae sanctae Mariae, cujus fundamenta jecerat, summam manum mirifico effectu imposuit. » (Migne, *Patr. lat.*, t. CLXXIX, col. 1166).

2. Voy. la *Monogr. de la cath. de Chartres*, par l'abbé Bulteau, 2e éd., 1887. — *Un ms. Chartrain du XIe siècle, Fulbert, évêque de Chartres* (Soc. archéol. d'Eure-et-Loir), par R. Merlet et l'abbé Clerval, Chartres, 1893 ; cf. R. Merlet, *Date de la construction des cryptes de la cathédrale de Chartres* (1020-1024), Chartres, 1892.

3. Ep. XXX (au roi Robert), Migne, col. 215-216. Cf. *Lettres de Fulbert*, éd. C. de Villiers, f° 16 v°. La façon dont Fulbert s'exprime prouve qu'on entendait au loin le son des cloches, dit M. R. Merlet, et par conséquent qu'elles étaient placées dans des tours qui devaient encore appartenir à la cathédrale antérieure à l'incendie de 1020 (voy. *Un ms. Chartrain*, p. 75 et 76-77, fig.). Par contre, M. R. de Lasteyrie trouve « ce passage trop peu précis, pour qu'on en puisse conclure grand'chose » (*Études sur la sculpture française au moy. âge* (1902), p. 5, n. 7). Voy. la curieuse miniature publiée par Merlet et Clerval (*ibid.*), représentant la grande basilique de Chartres et ses clochers, dont la façade principale était ornée d'un clocher, un autre s'élevant dans le voisinage du chœur (cf. R. de Lasteyrie, *loc. cit.*)

4. Ep. LV (au roi Robert), Migne, col. 228. On a déjà vu les libéralités de Robert pour Saint-Aignan d'Orléans (n° XIII). — Une lettre de Fulbert à Hildegaire en sept. 1021 ou 1024, mentionne le souci qu'il a de restaurer sa cathédrale (*templi restauratio*); Bouquet, t. X, p. 468.

cum omnes ejusmodi facultates desint, et nos ad assidui-
tatem necessitudo magna coerceat,.. sustinete potius,
sancte pater, sustinete imbecillitatem nostram, supplete
indulgentiam nostram ... Valete regaliter.

[1020-1025][1]. — Additur his malis incendium ecclesiae
nostrae. Quoniam cum unde restaurem, sicut decet, non
habeo, mihi quoque necessarios sumptus indulgeri detrec-
to ;... multo mecum agito... ut aliquo labore, quamvis arduo,
valeam restaurandae ecclesiae opem ferre...

[1020-1024][2]. — Scripsissem vobis latius, si occupatus
non essem cum aliis multis, tum etiam restauratione civitatis et ecclesiae nostrae, quae tota nuper horrendo incendio
conflagravit...

[1020-1024][3]. — Sed est quod te reconfortare plurimum
potest, hoc videlicet quod tuas gazas in ecclesiae Beatae
Mariae restaurationem expensas, non solum integras,
verum etiam multiplicatas ab ipsa recipies... Vale.

[1024][4]. — Gauderem, dilectissime princeps, ad dedicationem vestram devotus occurrere, nisi me ecclesiae
nostrae nullo modo negligenda necessitas detineret. Gratia

1. Ep. LVII (au même), Migne, col. 229.
2. Ep. LVIII (à Guillaume V le Grand, duc d'Aquitaine, comte de Poitou
993-1030), Migne, col. 229-230.
3. Ep. LIX (au même), Migne, col. 230. La cathédrale de Poitiers fut dédiée
le 17 oct. 102' ou 1045, comme le démontre A. Richard, dans son *Hist. des
comtes de Poit* . t. I, p. 177, n. 1, et non en 1021, date proposée par Auber,
dans son *Hist. de la cath. de Poitiers*, t. I, p. 36, et Ledain, *Hist. somm. de
Poitiers*, t. I, p. 52.
4. Ep. LXXI (au même), Migne, col. 236. — Il n'est pas sûr qu'il
s'agisse ici de la dédicace de la cathédrale de Poitiers; d'autres églises
de cette ville et le palais ducal avaient été incendiés en 1018 : « Tunc
casu civitas Pictavis combusta est, et dux sedem Sancti Petri ceterasque
ecclesias suumque palatium majori decore ampliavit. » Adémar de Chabannes, t. III, c. 56. — Migne, *Patr.*, t. CXLI, col. 69. — Cf. *Chron. Autiss.*,
dans Bouquet, t. X, p. 271). Voy. R. Merlet, *Dates......* p. 5, lequel a établi la
date de cette lettre, qui avait été attribuée tantôt à 1021, tantôt à 1025, tantôt
même à 1028.

namque Dei, cum adjutorio vestro, cryptas [1] nostras persol-
vimus [2], easque, priusquam hiemalis inclementia laedat,
cooperire satagimus [3]...

XVII

1023-1030 et 1076-1092.

*Historique des commencements de la reconstruction de la
cathédrale Notre-Dame de Cambrai, par les soins de
l'évêque Gérard Ier de Florines ; part personnelle
prise par ce prélat à la recherche de carrières ; prompt
achèvement de cette église. — Travaux d'architecture
militaire entrepris par les soins de l'évêque Gérard II ;
substitution d'une muraille de pierre et de tours de
défense à l'ancienne enceinte de bois de la ville, avec
retranchements et fossés très profonds ; agrandissement de la cathédrale ; réfection des lambris à l'inté-*

1. L'expression *inferior crypta* revient dans les textes suivants : « cum
scrinium sepefatum in inferiorem criptam, cujus introitum laudabilis... anti-
quiorum providentia altari Beate Marie proximum fecerat... » (*Mirac. Beate
Marie in Carnot. eccl. facta*, à propos de l'incendie de 1194, dans *Bibl. Éc.
d. Ch.*, 1881, p. 510.) Cf. *Translatio Sancti Aniani* (1136) ..., où l'on oppose
inferior crypta à *superior basilica* (Clerval, Excerpt. ex. *An. Boll.*, 1888,
à t. VII.) Voy. Viollet-le-Duc, *Dict. de l'arch. fr.*, t. IV, art. Crypte, p. 459.
2. Et non *pervolvimus*, var. de Bouquet, t. X, p. 469. L'auteur aurait dit
volvimus ou *transvolvimus*. — Sur la construction de ces vastes cryptes, qui
était terminée en 1024, voy. R. Merlet, *op. cit.* (*Ms. chartr.*, p. 78, et *Dates...*
p. 4 et s.). — Cf. E. Lefèvre-Pontalis, *Le puits des Saints-Forts et les
cryptes de la cathédrale de Chartres*, extr. du *Bull. mon.*, 1903, p. 18-19.
3. Sur la cathédrale de Chartres au XIe siècle, d'après des fouilles
récentes, voir l'étude très approfondie de M. E. Lefèvre-Pontalis : *Les
architectes et la construction des cathédrales de Chartres*, dans les *Mém.
de la Soc. des Antiq. de France* (1903), éd. 1905, p. 69 et s. L'auteur a
retrouvé le plan du chœur de cette cathédrale, plan correspondant à celui
de la crypte, et réfute avec raison une théorie soutenue par M. l'abbé
Hénault et rajeunie par M. Mayeux, consistant à prétendre que la crypte
de Fulbert n'était pas souterraine avant l'incendie de 1194, et qu'elle aurait
formé les bas-côtés et le chevet de la cathédrale du XIe siècle. — Cf. le
même auteur, *ibid.*, pour des extraits de textes concernant la cathédrale
et ses constructeurs aux XIe et XIIe siècles; on y remarque à plusieurs
reprises l'emploi des termes *vestibulum*, à propos du croisillon nord, et
artifex, comme synonyme d'architecte.

rieur ; décoration et peintures de cette église. — Parti-
cipation de ce même prélat à l'entreprise de la construc-
tion de l'abbaye d'Anchin, au diocèse d'Arras.

1

Gesta[1] *pontificum Cameracensium*[2], éd. Bethmann, l. III, c. 49, dans les
Mon. Germ. hist., Script., t. VII, p. 483.
(Cf. autres éditions. *Rec. des Hist. de Fr.*, t. X, 1760, p. 202 (en partie
seulement). — Migne, *Patr. lat.*, t. CXLIX, col. 166-167.)

[1023-1030.] — Domnus episcopus Gerardus[3] urbem primum intravit, videns quidem tam angusta[4] quam vetusta
monasterii Sanctae Mariae aedificia, ac annosorum parietum
fissuram suspectans, mox animum ad meliorandum intendit,
si forto, Deo praestante, tempus ei suppeteret oportunum ;
sed quia, ut supra retulimus, tam intestinis quam extraneis
seditionibus impeditus, usque ad annum dominicae Incarnationis MXXIII, sui vero praesulatus... [5], inchoare non potuit.
Tunc vero divina misericordia fretus, ac multorum fidelium
Dei orationibus quibus fiderat roboratus, tam antiquas
moles parietum demoliri precepit. Quo facto, omni studio
accinctus, utpote sapiens architectus[6], incepto labori sol-

1. Les *Gesta* ont été souvent cités sans raison sous le nom de Baldéric
de Thérouanne, mort évêque de Noyon en 1112. — Sur la date de la composition de cette chronique et de celle de Saint-André, voy. Molinier,
Sources de l'hist. de Fr., t. II, p. 161-162. Le livre III, de 1016 à 1133, est
original dans la chronique de Saint-André ; il a été écrit en 1133.
2. Sur l'histoire de la cathédrale de Cambrai, voy. Le Glay, *Recherches
sur l'église métropolitaine de Cambrai*, 1825 ; Houdoy, *Hist. artistique de
la cathédrale de Cambrai*, 1880 (extr. des *Mém. de la Société des sciences et
arts de Lille*) ; l'abbé A. Pastoors, *Monographie de l'ancienne cathédrale de
Cambrai*, dans la *Revue de l'art chrétien*, de mars 1904. Cf. les sources
citées par U. Chevalier, *Répert. top.-bibl.*, I, col. 551.
3. Gérard Ier de Florines, évêque de Cambrai de 1013 à 1048.
4. On sait que les premiers édifices romans, et à plus forte raison ceux de
l'arrière-époque Carolingienne, étaient étroits et insuffisamment éclairés.
— Renvoyant à ce récit des *Gesta episc. Camerac.*, J. Quicherat estime
suffisamment clair qu'il s'agit ici d'un édifice couvert en bois, pour lequel
la construction dura sept années (*Mél. d'archéol.*, p. 129). Remarquons
encore ici le terme *monasterium* avec le sens d'église cathédrale.
5. L'année de l'épiscopat a été laissée en blanc dans les manuscrits de
cette chronique.
6. Cette expression revient souvent dans les chroniques du moyen
âge.

licitus instat, et necessariis sumptibus prudenter expensis, ad reedificandum tantae difficultatis opus anhelat ; quippe timens ne, aut morte preventus, aut qualibet alia causa coactus, opus imperfectum relinquat. Ad hoc vero difficilius nihil esse, quod suum desiderium remoretur, advertit, quam lenta convectio columnarum [1], quae procul ab urbe, fere in trigesimo miliario, caedebantur[2]. Divinam ergo clementiam deprecatus, ut sibi propius solamen aliquod praestare dignetur, quadam siquidem die, ascenso equo, per nostram viciniam in multis locis abdita terrae scrutatur[3] ; tandemque, Deo opitulante, qui numquam deest sperantibus in se, in vico quem dixit antiquitas Lesden[4], qui quarto miliario ab urbe secedit, aperta terra, juxta votum lapides columnares[5] invenit. Nec solum ibi, sed etiam propius, in villa videlicet Nigella[6] fodiens, aliud genus bonorum lapidum se reperisse laetatur. Unde[7] Deo gratias reddens, totum se studio pii laboris accinxit ; ac, ne amplius demorer, operante divina misericordia, opus immensum septennio, anno videlicet dominicae Incarnationis MXXX°, reddidit consummatum. Exin vero, quod consequens erat,

---

1. D'anciens textes du XI° et du XII° siècle montrent que c'étaient des bœufs qui traînaient d'ordinaire ce genre de charroi, dans le Nord comme dans le Midi, quand ce n'était pas des gens qui s'y attelaient eux-mêmes.

2. On sait que les colonnes étaient taillées et dégrossies par les carriers sur le lieu d'exploitation des carrières : c'était un usage d'origine antique ; l'œuvre y gagnait pour le choix des matériaux, et le transport en était d'autant plus allégé. — La *iscolamnaris*, expression tout à fait rare.

3. Cf. le passage du *De consecr. eccl. S. Dionysii*, § III, exposant les explorations faites par l'abbé *Suger* dans la forêt de Rambouillet à la recherche d'arbres pouvant fournir des poutres de grosseur et de longueur suffisantes à la nouvelle église qu'il faisait construire; il raconte lui-même la joie qu'il eut lorsqu'il apprit la découverte de carrières utiles à cette même entreprise.

4. Lesdain, c. Marcoing, ch.-l. de c., arr. Cambrai (Nord).

5. Cf. ce que *Suger* (op. cit., § III) nous rapporte lui-même, au sujet des pierres servant aux colonnes de l'église de Saint-Denis et de la difficulté de les transporter à pied-d'œuvre. « Moxque fortiter impingentes, quod CXL. aut minus C graviter ab ima valle extrahere consueverant, ipsi non per se..., sed voluntate Dei et sanctorum suffragio, extraxerunt, camque ad ecclesie fabricam destinaverunt. » La rapidité des communications était indispensable pour la transmission des ordres, le choix des pierres, le travail qu'elles exigeaient et leur mise en œuvre.

6. Noyelles, sur la rive gauche de l'Escaut, c. Marcoing, arr. Cambrai.

7. Ce qui suit jusqu'à *opus immensum* manque dans les *Hist. de Fr.* (p. 202).

prout decuit, XV kal. novembris[1], sollemniter, et, ut ita
dicam, plus quam sollemniter dedicavit.

2

Continuatio gest. Gerardi II episcopi, 5, 8, 9, même recueil, t. VII,
p. 499-500.
(Cf. Migne, *Patr. lat.*, t. CXLIX, col. 191-196.)

5. [1076-1092.] — Dum [2] videret [Gerardus II][3] episcopus in futuro providentissimus quod terrae suae de inimico
Hugone pacem concesserat Deus, in tempore pacis laboravit
fieri ut, si aliquando vel ille Hugo vel alii contra se ex[s]urge
rent inimici, saltem in urbe tam ipse quam sui contra hostes
existerent fortes et securi. Ecce bona provisio, ecce paterna
sollicitudo, ecce opus optimum civibus et rusticis valde necessarium, scilicet preparare et fideliter operari, ut domus suae
corpora et substantiae ab impugnatione hostili infra urbem
possint defendi. Unde, eisdem civibus auxiliantibus, totam in
circuitu civitatem, vallo ligneo [4] prius compositam, ipse episcopus munivit muro lapideo [5] fortius, fossatis relevatis et plurimis inter murum coedificatis turribus. Castellum etiam
infra civitatem, in quo erant et aecclesia Beatae genitricis

1. C'est-à-dire le 18 octobre 1030. — La chronique de Saint-André a
attribué à tort cette consécration à la date du 15 des cal. de nov. 1027
(Pertz, *op. et l. cit.*, p. 483, n. 29). Après un incendie survenu dans le cours
du xi° siècle, l'église Notre-Dame fut de nouveau consacrée le 21
décembre 1070 ; un autre incendie la dévasta au siècle suivant, en 1148.
2. *Op. cit.*, p. 499.
3. Gérard II, évêque de Cambrai de 1076 à 1092.
4. Mention très intéressante sur les fortifications en bois dont les villes,
dans le Nord de la France principalement, pouvaient encore être munies
au xi° siècle. Voy. Viollet-le-Duc, *Dict. de l'arch. fr.*, t. V., art. Fossé, p. 549.
Cf. Godefroid Kurth, *Notger de Liége et la civilisation au X° siècle*, t. I
(1905), ch. xv, p. 301 et s.
5. En 1111, la ville d'Arras fut aussi entourée d'une muraille de pierre :
muro lapideo (voy. le texte de la chronique insérée dans les *Histor. de
France*, t. XII, p. 707. « Les donjons d'une multitude de châteaux-forts
étaient en bois encore à la fin du x° siècle. Erluin de Cambrai, ami de Notger, bâtit en bois son Cateau-Cambrésis, et ce fut Gérard Ier qui le rebâtit en pierre » (*Chron. S. Andreœ*, l. II, p. 528, cit. p. G. Kurth).

Dei et cenobium Sancti Autberti, muro excelso firmavit, fossato relevato alto et terribili [1] ...

8. Hospitale pauperum, quod est secus atrium Sanctae Crucis, prostrato veteri, sicut nunc apparet, renovavit, et capellulam quae inheret hospitali ...

9. Adhuc unum opus, ut sapiens architectus [2], fecit idem episcopus, quod laudandum est ab omnibus presentialiter aspicientibus. Venerabilem aecclesiam Beatae Mariae, olim combustam [3] et dirutam a capite superiore usque ad chorum Sancti Johannis, pulchre et honeste reformavit. Ipse enim laquearia [4], plastrum [5], brevesque fenestras [6] longiores renovavit, capita columnarum in utroque latere turpiter fixa et corrupta decenter coronavit [7]. Comparaverat etiam colores optimos ad agendam picturam [8] per totum aecclesiam ;

1. Ce n'est pas sans raison que le chroniqueur insiste sur les solides retranchements et surtout le creusement de fossés très profonds, dont les constructeurs normands avaient donné l'exemple dans ce même siècle.

2. Le chroniqueur revient de nouveau ici sur cette expression presque consacrée en pareil cas.

3. Nous avons vu plus haut, en note, que l'église Notre-Dame de Cambrai, ayant subi un incendie, avait été de nouveau consacrée le 21 décembre 1070 (cf. A. Pastoors, *op. cit.*).

4. Cf. le passage suivant de la charte de liberté accordée, en 1066, par Théoduin, évêque de Liége, à Huy, dont les habitants avaient abandonné le tiers, puis la moitié de leur avoir pour la construction de l'église Notre-Dame de cette ville : « Prefatam siquidem ecclesiam a fundamentis ad laquearia, a *laquearibus* et ultra reaedificavi, quam etiam in auro, argento, gemmis et praediis pro modulo meo ditavi, et de Agar Saram esse feci.... (A. Wauters, *De l'origine... des libertés communales en Belgique, dans le Nord de la France*, Pr., 1869, p. 2).

5. Ce mot signifierait ici enduit de plâtre. « On employait le plâtre tamisé très fin pour faire des enduits sur la pierre et même sur le bois, afin de pouvoir y appliquer des peintures » (Viollet-le-Duc, *Dict. de l'arch.*, t. VII, v° Plâtre).Cf. n° XLVIII cath. du Mans) l'expression « *parietes... dealbare* » (§ 2, 1085-96).

6. Cf. *infra* les gestes des évêques d'Auxerre (Hugue de Noyers, 1183-1206), à propos de la cathédrale de cette ville: « qualiter *fenestras...* ac *vitreas* dilataverit, ut ecclesia... in lucem claresceret ampliorem). »

7. C'est dans l'ancien diocèse de Cambrai que se trouvait l'abbaye de Lobbes, qui, dans les premières années du x° siècle, releva à frais nouveaux son église : « quae, ad id opus columnis undecumque corrasis, cum basibus et epistyliis, seu caeteris latomorum seu caementariorum disciplinis, pro modull sui quantitate, omnibus circum se positis est incomparabilis » (Fulcuinus, *de Gestis abb. Lob.*, c. XVIII, *Spiciley.*, t. II, col. 736). Les noms des évêques de Cambrai et de Metz furent gravés sur les bases des colonnes pour perpétuer le souvenir de la consécration : « In basibus columnarum quis quam partem dedicaverit, in promptu est cernere » (*Ibid.*). Cf. Quicherat, *Mél. d'archéol.*, p. 118.

8. Sur les peintures murales des églises, à l'époque romane, voy. E. Mâle dans A. Michel, *Hist. de l'art...*, t. I, 2me part. (1905).

sed heu ! inter agendum accidit, quod morte preventus reliquit inceptam. Sed, quia voluntas bona apud Deum opus est perfectum, secure cum Psalmista [1] potest dicere : « *Domine, dilexi decorem domus tuae et locum habitationis gloriae tuae* » ...

3

Chronicon Sancti Andreæ castri Cameracensis, l. III, 1, rec. et l. cit., p. 540.
(Cf. Migne, *Patr. lat.*, t. CXLIX, col. 270.)

149

[1079] [2]. — DE AQUICINENSI [3] COENOBIO. — Sub iisdem fere temporibus, duo viri, genere nobiles, Sigerus de Lohes, Walterus, filius Ursionis, cum sociis multis, relicta saeculari militia, Deo militare disposuerunt, et locum quemdam secretum, religione aptum, super Ischarb [4] fluvium aqua cinctum ad habitandum delegerunt. Inde domnum episcopum Gerardum Cameraci, quia locus ille ejus erat parrochiae, expetunt, et habitandi licentiam et construendi ecclesiam ab eo deposcunt. Ille autem non tantum quae petebant annuit, sed etiam adjutor eorum et cooperator aedificationum, quae monachis essent habiles, esse coepit [5].

1. On retrouve dans diverses chroniques ce passage du Psalmiste, appliqué au zèle des évêques et des abbés pour la rénovation et la décoration des églises confiées à leur administration spirituelle et temporelle. Nous avons déjà eu à le relever.

2. *Op. cit.*, p. 540.

3. Anchin, près de Douai (Nord). Voy. pour les sources : U. Chevalier, *Rép. top.-bibl.*, t. I, col. 109.

4. La Scarpe, affluent de l'Escaut.

5. A la même époque, divers évêques, à l'étranger, déploient le plus grand zèle pour la construction et l'ornementation de leurs églises cathédrales. Dans l'Allemagne du Nord, Bernward, évêque de Hildesheim (Hanovre), se signale à cet égard (voy. Thangmar, *Vita Bernhardi episcopi*, dans les *Mon. Germ. hist.*, Script., t. IV, p. 758 ; cf. von Schlosser, *Quellenbuch zur Kunstgeschichte des abendländischen Mittelalters*, 1896, p. 147 (Kunstthätigkeit des h. Bernward, von Hildesheim, † 1022). — Voy. aussi Ekkehard, *Tituli für den Dom zu Mainz* (Schlosser, op. cit., p. 158 et s.).
Les chroniques du moyen âge nous ont conservé diverses preuves du talent que certains évêques ou archevêques possédaient en fait d'architecture et de surveillance des travaux d'art au XIe siècle. Parlant d'Othon, évêque de Bamberg, l'auteur de sa biographie s'exprime ainsi : « Imperator (a. 1092) famosum illud ac laboriosum opus Spirensis monasterii Beatae Mariae habebat in manibus, omnes sapientes et industrios architectos, fa-

XVIII

Vers 1024-1093.

Reconstruction de la cathédrale de Coutances et autres travaux d'architecture religieuse, publique et militaire, accomplis par les soins des évêques de Coutances ; — détails divers de construction et d'ornementation relatifs à ladite cathédrale et au palais épiscopal ; coq du clocher de la cathédrale ; pont de pierre sur la Vire ; parc planté d'arbres d'essences diverses et entouré d'un double fossé et d'une palissade.

1

Instrument. eccl. Constantiensis (ex libro nigro Capituli, dans le Rec. des Hist. de France, t. XIV, nouv. éd. (1877), p. 76-80.
(Cf. Gallia christiana², t. XI, 1759, Instr., col. 218-233.)

bros et cementarios aliosque opifices regni vel etiam de aliis regnis in opere ipso habens, aurum et argentum et pecuniam multam sumptusque infinitos singulis annis expendebat. At magistri operis, partim negligentes, partim etiam sua commoda sectati, rem tarde promovebant. Commonitus ergo princeps... omne opus [Ottoni] commisit, praecipiens ut tam opifices quam magistri eorum illi soli parerent, omnem pecuniam, sumptus et impensas ab eo expeterent illique relaxarent... » (Vita Ottonis, ep. Babenb., Pertz, Script., t. XII, p. 750-751 et 826). Le même auteur ajoute : « Otto, ad indicium ingeniosae diligentiae suae, aequam fenestrarum ecclesiae mensuram prudenter a se dispositam, imperatori considerandam offerebat. » Non moins intéressant est l'exemple suivant qui concerne Bennon, évêque d'Osnabruck (1051-1079), et le montre aussi expert en architecture militaire qu'en constructions religieuses. « Praeterea autem architectus praecipuus, caementarii operis solertissimus erat dispositor... Rex totam Saxoniam castellis novis et firmis coepit munire, cui rei maturandae et diligenter exequendae dominum Bennonem praeesse constituit, sciens se hujus rei non habere fideliorem nec ad hoc munus exequendum magis industrium... — Erat igitur architectoriae artis valde peritus... Regis imperio in Spirensem civitatem adductus, ecclesiam illam amplissime sublimatam et prae magnitudine operis minus caute in Rheni fluminis littus extentam maximo ingenio difficilique paratu egregii operis novitate perfecit, et immensas saxorum moles, ne fluminis illisione subverteretur, obstruxit. » (Vita Bennonis, auct. Norberto, dans Pertz, Script., t. cit., p. 63, 76, c. 11 et 27).
   1. « Le Livre Noir du Chapitre de Coutances a été perdu dans la 1re moitié du xixe siècle. La copie faite en 1601 a aussi disparu. »(Communication de M. Dolbet, archiviste de la Manche).
   2. Le texte de la Gallia christ. a été amélioré dans la susdite édition du Rec. des Hist. de Fr.

[1024-1045 environ.] — [Roberti[1] episcopi] temporibus, incoepta et ex parte constructa est Constantiensis ecclesia, fundante et coadjuvante Gonorra comitissa[2], auxiliantibus etiam canonicis, redditibus medietatis altaris ad tempus operi concessis, cooperantibus quoque baronibus et parochianis fidelibus : quod usque hodie contestantur aliquot ipsorum nomina insculpta lapidibus in ecclesiae arcubus[3]. In his pro certo diebus, eadem rudis erat et inculta et imbecillis ecclesia, quinque tantum canonicorum personis contenta, bibliothecis caeterisque authenticis et canonicalibus libris et ornamentis pene penitus destituta ...

[1049 et s.] — Anno igitur dominicae Incarnationis MXLVIII, duodecim tantum diebus ipsius anni restantibus, id est, IV idus. aprilis, indict. II, venerandus Gaufridus[4], post Robertum[5] Constantiensis episcopus, Rotomagi

---

1. Robert I⁰ʳ, évêque de Coutances (vers 1024-1045).
2. Gonnor, seconde femme de Richard I⁰ʳ, duc de Normandie (935-996).
3. C'est un des plus anciens exemples de ce genre d'inscriptions dans les églises.
4. Geoffroi I⁰ʳ de Montbray, évêque de Coutances de 1049 à 1093, d'après Gams ; Montbray, c⁰ⁿ de Percy, arr. St-Lô, Manche.—Sur ce prélat au caractère à la fois clérical et guerrier, voy. Orderic Vital, *Hist. eccl.*, t. VIII, éd. Le Prévost, t. III, p. 406. La chronique qui rapporte ses actes a été intitulée *Historia fundationis ecclesiae Constantiensis sive Gesta Gaufredi episcopi*.
5. Dès 1824, M. de Gerville publia un mémoire dans lequel il soutint que la cathédrale de Coutances est du milieu du xiᵉ siècle, sauf des restaurations que le temps et les guerres civiles avaient rendues nécessaires. Cette question a été reprise ensuite par M. l'abbé Delamare dans les *Mém. de la Soc. des antiq. de Normandie*, t. XII (1841), dans un *Essai sur la véritable orig. et sur les vicissitudes de la cath. de Coutances*, qui a commenté les textes ci-dessus pour attribuer au xiᵉ siècle ces importantes constructions. Suivant M. Ramé, dans la cathédrale de Coutances, « on reconnaîtrait plus volontiers les constructions de l'évêque Robert, que celles de Geoffroy de Montbray, qui se borna d'ailleurs à terminer l'œuvre de son prédécesseur » (*Rev. d. Soc. sav.*, 7ᵉ sér., t. III, 1881, p. 94 et sq.) : « Les débris de la cathédrale de Coutances, dit ailleurs le même auteur, qu'on peut attribuer à l'évêque Robert, sont bâtis à la romaine, en petit appareil, avec claveaux ou minces dalles de pierre faisant fonctions de briques » (*De l'état de nos connaissances sur l'architecture carolingienne, dans le Bull. du Comité...* 1882, p. 185). *Contra* : Vitet, *Études sur l'histoire de l'art*, t. II. d. 105, qui affirmait qu'aucune pierre de l'édifice actuel n'avait été placée « avant que le xiiiᵉ siècle eût commencé de luire ». Sur cette controverse, voir l'abbé Pigeon, *Hist. de la cath. de Coutances* (Coutances, 1876), qui fait ressortir avec raison le caractère gothique de cet édifice du xiiiᵉ siècle.

consecratur ... ad aedificationem et incrementum ecclesiae suae, omni nisu et voluntate per noctem erat et per diem : qui, ut eamdem ecclesiam celebrem gloriosamque restitueret, in Apuliam et Calabriam adire Robertum [1], cognomine Guiscardum, parochianum suum, aliosque barones consanguineos suos, et alumnos, et notos, peregre profectus, multum in auro, et argento, et gemmis, et palliis variisque divitiarum donariis acquisivit ... aliaque pretiosissima, quibus postea praefatam ecclesiam intus et extus locupletavit majoremque crucifixum largis sumptibus et tempore longo construxit. Cum autem non haberet in civitate, sive in suburbio, tantum possessionis ecclesiae, ubi maneret episcopus, vel proprius equus ejus posset stabulari, sed neque propriam domum, nisi quoddam appendicium humile, quod pendebat de parietibus ecclesiae, ipse, prudentia sua et probitate, valentiorem medietatem civitatis suburbii, et telonei, et vectigalis, cum molendinis, et multa Grimoldi viaca [2] a Guillelmo, invictissimo duce Normannorum, postea quoque glorioso rege Anglorum [3], trecentis libris comparavit et acquietavit. Postea vero, episcopalem aulam et reliquas officinas construxit, virgultum et vineam non modicam plantavit, capitium navis ecclesiae cum area, et hinc inde duo majora capitia nobiliora et ampliora construxit; duas turres [4] posteriores a fundamentis, tertiamque supra chorum opere spectabili sublimavit, in quibus classicum consonans et pretiosum imposuit, et haec omnia [5] plumbo cooperuit. Fecit praeterea Constantiis duo

1. Robert Guiscard, duc de Pouille et de Calabre (1015-1085). Sur les constructions des princes Normands dans le sud de l'Italie, voy. le récent ouvrage de M. E. Bertaux, *L'art dans l'Italie méridionale, de la fin de l'Empire romain à la conquête de Charles d'Anjou* (1903), l. III, l'art provincial et municipal sous la domination normande, p. 309 et s. — Voy. *infra* le texte que nous publions sur la construction de l'église abbatiale de la Trinité de Venouse, dans la Basilicate (vers 1059).

2. Le texte de la *Gallia christiana* donne ici : *multas Grimoldi villas* (col. 870).

3. Guillaume Ier, dit le Conquérant, duc de Normandie, roi d'Angleterre (1027-1087).

4. Voy. *infra*, au sujet des tours de l'église.

5. Sur la couverture en plomb des églises depuis l'époque gallo-romaine, voy. Viollet-le-Duc, *Dict. d'arch. fr.*, t. VII, Plomberie, p. 209 (avec renvoi aux textes). Au XIIe siècle, Maurice de Sully, évêque de Paris, légua

stagna, cum molendinis ; terram parci contra comitem Moritoniensem ex parte expugnavit, ipsumque parcum duplici fossato vallavit et palatio[1] circumsepsit, intusque glandes seminavit, quercus et fagos, caeterumque nemus studiose coluit, cervisque Angligenis replevit ... lapideum pontem[2] supra Viram condidit ... caeterum ornamenta ecclesiastica et ustencilia ... aurea contulit et argentea ... cortinas[3] et tapeta, sed et bibliothecas ... sufficientesque et competentes libros subrogavit ... cantorem quoque, et succentorem, et rectorem scholarum, et custodes ecclesiae, clericos quoque praebendarios, aurifabros, fabrumque ferrarium, carpentarios et magistrum caementarium ad opus ecclesiae constituit[4] ... O virum prudentem et domui suae bene praesidentem, qui de vivis[5] et electis lapidibus domum suam composuit, et mirabilibus columnis eam sustentavit[6].

100 livres, et non 5000, comme dit Viollet-le-Duc. *loc. cit.*, pour couvrir la nef de Notre-Dame. Voy. notre étude sur cet évêque (1890), p. 107. Cf. *infra*, notre texte sur Fécamp.

1. Une note de l'éd. du *Rec. des Hist.*, p. 18, met ici : « Seu *palatio*, voce usurpata pro claustro ex palorum serie confecto. » Cf. le glossaire de Du Cange, qui, sous le mot *Palatium*, cite divers exemples des mots *pallacium* et *palatium* employés dans le sens de palissade, vieux français *palit*. Ces travaux d'utilité et d'embellissement ont précédé ceux de Robert, duc de Normandie, dont Champollion-Figeac dit (*Rev. arch.*, a. XVI, 2ᵉ part., p. 394) dans ses *Dr. et us.*, sous l'année 1093 : « c'est la plus ancienne habitation de plaisance ornée d'un parc que l'on puisse citer pour la France. »

2. Outre cette mention d'un pont de pierre sur la Vire au xiᵉ siècle, voici celle d'un autre pont de pierre construit sur la Mayenne en 1028 environ, par les soins de Foulque, comte d'Anjou, avec l'indication de l'emplacement des constructions le surmontant : « De toto *ponte* Meduanae, quod videlicet *lapideo opere* construximus... *arcas molendinorum intra ipsas archas*... » (concession à l'abbaye du Ronceray ; *Cart. de Ronceray*, fᵒ 126). Sur les ponts de pierre du xiᵉ s., voy. Viollet-le-Duc, t. VII, p. 221, et Enlart, dans Michel, *Hist. de l'art...*, t. I, 2ᵉ part., p. 480.

3. Tapisseries servant notamment à la décoration des murs de l'église, comme on l'a vu déjà.

4. Détails précieux du xiᵉ siècle pour ces *ministeriales* attachés à la construction de l'église, au sujet desquels il y a des exemples variés du xiᵉ siècle.

5. L'expression de *vivo lapide* remonte à l'antiquité romaine (on la trouve employée chez les *Gromatici veteres*, éd. Lachmann, t. I, p. 361), d'où elle passa dans la latinité chrétienne (avec saint Augustin) et aussi hymnologique du moyen âge (voy. l'hymne *Cœlestis urbs Jerusalem*).

6. Le passage placé entre crochets manque dans les *Histor. de Fr.*, t. XIV, p. 78. — Cette église romane comprenait une grande nef, un chœur entouré d'un déambulatoire, deux transepts. Le portail vers l'occident était encadré de deux tours, une troisième se dressait au-dessus du chœur et renfermait les cloches. On a découvert et reconnu dans l'édifice gothique

Celebrem dedicationem ecclesiae magnis multisque sumptibus celebravit, praesente Guillelmo, Normannorum duce, et archiepiscopo, et coepiscopis, et abbatibus, et principibus Normanniae, et aliis quibusdum Britanniae, anno Inc. Dom. M LVI, indict .X. ... Animus ... et amor ad aedificationem ecclesiae desudabat ... Illic ornamenta pretiosa ... parabat. Redditus episcopi necessitatibus et operibus ecclesiae, scilicet sculptoribus [1], vitriariis, caementariis, aurifabris, et caeteris omnibus, quibus opus erat, per manum praefati camerarii[2] [Petri] abundanter expendebat.

Appropinquante autem tempore glorificationis suae, luctus et desolatio Constantiensis ecclesiae evidentibus praenunciata fuit signis. Anno namque Dominicae Incarnationis MXCI, indict. XV, IV nonas novembris, cum esset idem praesul Constantiis, in aula episcopali, quam fecerat et plantaverat, terrae motus factus est, et fulgura extiterunt nimia, ita ut gallum [3] deauratum, qui majori

certains pans de murs qui proviennent, à n'en pas douter, de l'édifice roman. Pour découvrir l'appareil du XIe s., on a dû pénétrer dans des parties de la cathédrale qui sont restées cachées. Cette disparition de l'ancienne église romane est un fait assez rare en Normandie : la cathédrale de Bayeux a conservé les arcades latérales de la nef, celle de Rouen, la façade principale et la tour de Saint-Romain, celle d'Evreux, toute la nef.

1. *Scriptoribus*, d'après la *Gall. christ.*
2. C'était un intendant, un trésorier. Le titre de *dispensator* qu'il avait est aussi un titre que l'on trouve porté sous Philippe Ier par un fonctionnaire royal chargé sans doute des dépenses de l'Hôtel du roi et des constructions royales. Un officier portant le même titre existait à Carcassonne en 1034 (voy. Luchaire, *Hist. des instit. monarch. de la France...*, t. I, p. 124).
3. Sur l'usage de placer des coqs au sommet des clochers d'églises, voy. E. Martin(abbé), *Le coq du clocher, essai d'archéologie et de symbolisme*, Nancy, (1904); Enlart, *Man. d'archéol. française* (avec renvoi aux textes), cf. de Caumont, *Abéc. ou rud. d'archéol.*, 1854, p. 158 et 159 (représentation d'un coq surmontant l'abbaye de Westminster sur la tapisserie de Bayeux), Viollet-le-Duc, *Dict. de l'arch. fr.*, t. IV, p. 305 et s., vo Coq; voy. aussi J. Sauer, *Symbolik des Kirchengebäudes* (1902), p. 143 et s. (avec l'indication des sources). — Nous croyons enfin utile de citer ici les vers latins suivants que nous tirons d'un ms. du XIIIe siècle (Bibl. nat., lat. 4861, fol. 130 vo) : M.Léopold Delisle y renvoie (sans les citer) dans sa Notice de l'éd. d'Orderic Vital (Soc. hist. de Fr.), éd. Le Prévost, t. I, p. CIV) :

Turribus ecclesie gallum solitum superesse.
Temporibus nostris hunc solum cernimus esse.
Flantibus hic ventis, ipsa convertitur hora,
Opponens rapidis ventis non terga, set ora.
Iste refert horas, quasi nocte dieque canendo.

ecclesiae turri [eminebat][1], minutatim conscinderent .....
[majorem[2] nostram ab orientali ... capitium ecclesiae et ...
minori conquassarent ... singulatim quadratos lapides era-
dicarent] ... De arcubus vero fenestrarum turris majoris
lapides magni vi tempestatis eruti, super aulam praedictam
corruerunt, nimioque fragore terrorem et stuporem prae-
suli multisque qui aderant, visa inaestimabili coruscatione
et inoperabili audito simul tonitruo, intulerunt ...

... Cernens autem venerandae memoriae praesul mortem
sibi imminere, et condolens casibus ecclesiae, misit in
Angliam, et vocavit ad se Brismetum plumbarium,
fecitque omnes discessiones ecclesiae plumbari, turres et
capitium reintegrari, et deauratum gallum, quem praedictum
fulgur destruxerat, studiose restaurari, majoremque supe-
rimponi. Ut ergo agnovit quia gallus fulgidus totus esset
et superimpositus loco suo, jussit se manibus ambabus ex
brachiis in sellum suum erigi; sicque sedens in lecto
Deoque gratias agens oravit; et cum postmodum repau-
sasset : « Timebam, inquit, quod si meus obitus praeve-
nisset, nunquam gallus ille vel illi consimilis illuc ulterius ascendisset ... Episcopi et abbates praescripti ... sepe-
lierunt eum honorifice in stillicidio[3] ecclesiae, sicut ipse
praeceperat vivens adhuc in corpore. »

2

Miracula eccl. Constantiensis, publ. sous le titre de : *Notice sur un
traité du XIIe siècle...* par L. Delisle, dans la *Bibliothèque de l'École des*

Dum victum prohibet, monet et facienda docendo.
Virga ferens gallum, bene ferrea virga probatur,
Ne putrefacta ruat vel flatu commute[tur].

Voyez aussi le commentaire détaillé de Hugue de Saint-Victor, dans son
Speculum de mysteriis Ecclesiae, cap. 1, De ecclesia : « Virga ferrea in qua
gallus sedet... tholus super quem crux ponitur...» (Migne, *Patr. lat.*,
t. CLXXVII, col. 337).
1. La *Gallia Christ.* (t. cit., col. 222) donne à tort *tunc*, au lieu de *turri*.
Il y a une lacune dans ce texte après le mot *tunc*.
2. Le passage entre crochets manque dans le texte des *Historiens de
France*.
3. *Stillicidium*, «quod et impluvium, area ante aedem sacram» (Du Cange,
Gloss.), c'est-à-dire l'âtre de l'église.

Charles, 2ᵉ sér., t. IV (1848), p. 351-352.
(Cf. A. du Monstier, *Neustria sancta*, *Instr.* ad. 15 Aug. (1657.)

Viderunt[1] in aere tres candelas super turrim mediam[2] descendentes, et per cooperturam turris interiora penetrantes ... Reversi sunt in ecclesiam, tresque candelas ardentes et sine humano sustamento stantes repererunt, unam scilicet ante majus altare, alteram coram imagine, tertiam quidem super puteum[3] ipsius ecclesiae (cap. III).

... Surgens intempestive ad ecclesiam usque pervenit, sed fores ecclesiae clausas interiusque repagulis et seris firmatas[4] reperiens, in australis introitus medio, in orationem procubuit ... (cap. xxx).

In remotiore et occultiore loco ecclesiae, in introitu videlicet ascensus gradus occidentalis turrium ... sive casu, sive Dei nutu, obdormierat. Cum ergo post somnum evigilasset, surrexit ut egrederetur; sed, ecclesiae custodibus egressis, et vectibus et seris foribus cunctis munitis, ad eundem locum pavida revertitur ... Ecclesia tota inestimabili lumine subito resplenduit; et ecce ab altari Sancti Johannis processio veneranda uxorum fulgentium cereos ferentium progrediens, ac per circuitum interiorem ecclesiae prope mulierem transitum faciens, ante altare Sanctae Dei Genitricis imaginis constitit, moxque post paululum per

1. Sur l'intérêt archéologique que présentent les extraits qui suivent des *Miracula eccl. Constantiensis*, voy. L. Delisle, *op. cit.*, p. 351. L'auteur, un chanoine du nom de Jean, écrivait avant 1135.

2. Pour les clochers des églises normandes au xiᵉ siècle, leur nombre et leur dimension considérable, voy. Viollet-le-Duc, *Dict. de l'arch. fr.*, t. III, p. 303, art. Clocher. Il s'agit ici du clocher central, posé à l'intersection des bras de la croix.

3. « Presque toutes les églises possèdent un puits, soit percé dans une crypte, soit dans un collatéral. Ces puits avaient primitivement été creusés pour les besoins des constructeurs; l'édifice terminé, on posait une margelle à leur orifice, et ils étaient réservés au service du culte... » (Viollet-le-Duc, *op. cit.*, t. VII, p. 562, art. Puits). Cf. les ch. xx-xxi, qui mentionnent le miracle d'une colombe qui voltige sur un calice et disparaît dans le puits de l'église. Voy. enfin *supra*, le texte nº IV, p. 21, n. 3.

4. Sur les anciennes portes d'églises romanes, voy. Viollet-le-Duc, *op. cit.*, t. VII, p., 386 et s., art. Porte; cf. t. IX, p. 316 et s., art. Vantail, et de Caumont, *Abéc. d'archéol.*, 3ᵉ éd. p. 218 et s., § Portes.

chorum transiens, ante majus altare [1] denuo stetit ... Illa
quidem anus, ut liberius intueretur quidnam agerent, de
loco suo surrexit, et quasi de m[ed]itulli[o] [2] de majoribus
ecclesiae portis prospexit. Postea, abscedentibus cunctis
et egredientibus, tanquam per ostium, illa, ut sibi visum
fuit, remansit in tenebris (cap. xxxi).

Surrexit, moxque per chorum canonicorum secundis
cruribus transiens... ad altare superius ascendit ... (cap. iv).

Miles quidam, in ecclesia stans ante supradictam imaginem [3] Virginis gloriosae, et imaginis pulchritudinem admi-
rans ... (cap. xiv).

Luminare quoddam vidit desursum veniens et quasi versus puteum divertens ... confestim se de puteo sustollit,
et in candelabro ante imaginem Sanctae Mariae Virginis
resedit, ibique, donec dies illucesceret, arsit, tuncque,
quasi per fenestram vitream exiens, disparuit (cap. xxxii).

In quo [puteo ecclesiae] et plures ceciderunt ; sed licet
altus sit, nullam tamen laesionem sustinuerunt (cap xxi).

Infirmam introniserunt, ponentes ante crucifixum [4]
(cap. xxiv).

Dum clerus vespertinos psalleret hymnos, et ante crucifixum, in medio ecclesiae, processionem de more facerent ... (cap. xxix).

... Qui custodiebat cereum Sancti Nicholai, et die ac
nocte ferebat ad altare ejusdem, cui sancto superpositus
erat crucifixus, et exinde, custodiae gratia, domum refe-
rebat (cap. xxv).

---

1. Sur les anciens autels romans, voy. Viollet-le-Duc, t. II, p. 16 et s.,
art. Autel; de Caumont, *Abéc. d'archéol.*, 3ᵉ éd., p. 205, § Autels.
2. C.-à-d. la partie médiane. Cf. le texte n° XLIX.
3. Sur la statuaire en Normandie au xiᵉ siècle, cf. Viollet-le-Duc, *op.
cit.*, t. VIII, p. 110-111, art. Sculpture. C'est surtout au xiiᵉ siècle que le
culte voué à la Sainte Vierge prend un caractère spécial en France,
notamment en Normandie : cf. *ib.*, t. IX, p. 363, art. Vierge (8°).
4. On plaçait dans les églises cathédrales, abbatiales ou paroissiales, de
grands crucifix de bois ou de métal suspendus au-dessus des jubés ou des
poutres indiquant l'entrée du chœur.

XIX

1026.

Mention de la construction faite par les soins d'Eude II, comte de Blois, d'une tour de bois surmontant le donjon du château de la Motte-Montboyau, près de Tours.

Annales Vindocinenses, dans le *Recueil d'Annales angerines et rendé-moises*, publ. par L. Halphen (1903), p. 60-61.

... Odo, in Francia regis impedimentis solutus... anno presenti, Montis Budelli [1] castellum, quod circiter annos X retro abhinc contra civitatem Turonicam firmaverat Fulco, obsedit, et turrim ligneam [2] mire altitudinis super dongio-nem ipsius castri erexit. In toto tamen labore, tanto nichil aliud profecit, nisi quod interim Salmurum, optimum cas-tellum; quod adhuc tunc in Andecavensi pago habebat, capiente Fulcone, amisit, et machina illa ad ultimum noctu super eos qui vigilias exercebant repente corruit... et in-cendio, quod confestim a castellanis superjectum est, con-cremavit...

1. Pour l'identification de ce nom, voy. Lex, *Eudes, comte de Blois, de Tours, de Chartres, de Troyes et de Meaux*, dans les *Mém. de la Société aca-démique d'agric., sciences, arts, belles-lettres de l'Aube*, 3e sér., t. XXVIII, p. 217, n. 1, et Carré de Busserolle, *Dict. d'Indre-et-Loire* (Soc. archéol. de Touraine), t. IV, p. 349. Il s'agit du lieu appelé aujourd'hui La Motte, ancien-nement La Motte-Montboyau, sur la Choisille, com. de Saint-Cyr-sur-Loire, arr. Tours (Indre-et-Loire).
2. Les chroniques précisent parfois s'il s'agit de la construction de tours de bois ou de pierre : « in loco, ubi domus... *lignea* erat, *arcem lapideam*... construxit », ou encore « *turris* Ambaziæ *lapidea* », lit-on dans les *Gesta Ambas. dominorum* (vers 1040), au sujet d'Amboise (*Chroniques d'Anjou*, t. I, p. 169).

XX

1028-1029.

Donation faite par Hugue II de Champ-Allemand, évêque de Nevers, au Chapitre de l'église cathédrale de Saint-Cyr, de deux autels érigés dans ladite église à droite et au sud, à condition que le Chapitre ferait construire à ses frais un côté de la cathédrale.

Gallia christiana, t. XII (1770), Instr., col. 331, n° XXXIII (ex chartulario Nivernensi [1]).

Ego Hugo [2], gratia Dei Nevernensis episcopus, notum volo fieri cunctis fidelibus tam presentibus quam futuris, qualiter venerunt canonici Sancti Cyrici ante meam praesentiam deprecantes, ut eis altaria, in dextera parte, contra meridiem monasterii Sancti Cyrici sita, concederem, unum quod dedicatum [est] [3] in honore sanctorum confessorum Gregorii, Nicolai, Hieronymi atque Augustini, ipsique totum membrum basilicae aedificarent [4], et, me auctorizante atque sanciente, sacraretur claustrum, ut esset eis placabilis

---

1. L'original de cette très intéressante charte, tirée de l'ancien Cartulaire de l'église cathédrale, n'existe plus, et le Cartulaire lui-même a disparu à la fin du xviii° siècle. Nous devons ce renseignement à l'obligeance de notre confrère M. de Flamare, archiviste de la Nièvre.
2. Hugue II fut évêque de Nevers de 1013 à 1065.
3. Il faudrait suppléer ici *est*, qui manque dans le texte de la *Gallia christiana*.
4. Voy. Boutillier (l'abbé F.). *Examen de quelques documents relatifs à la cathédrale de Nevers du XI° siècle* (*Bulletin de la Soc. nivernaise des lett., sc. et arts.*, 3° série, t. I (1883), p. 209 et s., lequel s'est exprimé ainsi : « Le côté de la tour et sans doute l'abside étaient donc achevés en 1028; mais le côté qui fut plus tard abandonné à la paroisse Saint-Jean était encore à construire, et il dut être édifié dans les premières années qui suivirent, avec la salle accolée à l'abside. Ainsi, cette annexe est l'ancienne sacristie ou trésor du chapitre... » (*ibid.*, p. 219). Cf. de Soultrait, *Répert. archéol. du dép. de la Nièvre* (1875), col. 152-153, et Mgr Crosnier, *Monogr. de la cath. de Nevers*, Nevers, 1854, p. 90 et s.
L'abside Ouest (vers 1028) a été conservée lors de la reconstruction de la cathédrale au xiii° siècle, après l'incendie de 1211. Dans le *Bull.* ci-dessus mentionné (1899, p. 203), on trouve une reproduction de cette abside dans

locus sepulturae cuicumque esse(t) vellet[1]. Quorum petitione suscepta, consensu ac voluntate Goffridi, clavigerii, ac Rodulfi, decani sive secretarii, de quorum ministerio supradicta altaria esse videbantur... Signum Hugonis, praesulis, qui hoc fieri jussit. S. Widonis archidiaconi atque praepositi[2]. S. Goffridi, archiclavi. S. Rodulfi, decani atque secretarii, caeterorum canonicorum.... — Acta civitate Nevernis publice. Odo, praecemptor[3] atque cancellarius, scripsit, mense decembri, regnante Roberto rege, anno XXXIII.

XXI

1029 ou 1030.

Extrait du sermon relatif à la symbolique de l'architecture religieuse, prononcé par Adémar de Chabannes, le jour commémoratif de la dédicace de la basilique du Saint-Sauveur, à l'abbaye de Saint-Martial de Limoges; mention du baptistère de ladite basilique.

Ms. orig. des sermons d'Adémar[4], Bibl. nat., ms. lat. 2469, fol. 94 r° et s. (ms. provenant de l'ancienne Bibliothèque de Saint-Martial).

(Cf. Ch. de Lasteyrie, L'abbaye de Saint-Martial de Limoges, étude historique et archéologique, 1901, p. 422, pièce justif., n° V.)

l'étude du chanoine Sery, *Les deux absides de la cathédrale Saint-Cyr et Sainte-Julitte de Nevers* (fig.), d'après laquelle l'évêque reconstructeur, Guillaume de Saint-Lazare, aurait inauguré un changement d'orientation. — En sens contraire, voy. l'art. de l'architecte Rouvet (*ib.*, p. 376): *Les absides opposées de la cathédrale*. Après cet incendie de 1211, le susdit évêque ajouta une grande église à la chapelle de Sainte-Julitte et au transept épargnés par les flammes. Sur le plan du sanctuaire à deux absides, dans la région de l'Est, influencée par l'école germanique ou lombarde, voy. Enlart, *Manuel d'archéol. fr.*, t. I, p. 220 et 427. Cf. Viollet-le-Duc, *Dict. de l'arch. fr.*, t. I, p. 209. (Le sol de l'abside du xi° siècle est relevé sur une crypte ou confession.)

1. Il conviendrait de corriger ainsi ce passage : *esse vellet*, au lieu d'*esset vellet* que donne le texte de la *Gall. christ.*

2. De même que le chevecier ou trésorier (*secretarius*), l'archidiacre ou prévôt (*praepositus*) avait une part directe dans l'administration du temporel de l'église cathédrale.

3. La *Gall. christ.* présente cette forme fautive, au lieu de *praecentor*.

4. Sur Adémar de Chabannes, voy. Molinier, *Sources de l'hist.*, t. II, p. 3.

Ad decorem[1] et misticum[2] ecclesiae sacramentum pertinere, dilectissimi, videtur, quod in dedicandis[3] manu factis
templis a pontificibus agitur... Primo namque pontifices
in ecclesiam novam[4] simul convenerunt, tenentesque singuli in manibus pastorales virgas, ejecerunt omnes ab ecclesia praeter necessarios ministros, et sic (h)ostia clauserunt
propriis manibus. Ita nimirum ante adventum Salvatoris,
patriarchae et prophetae, sacerdotes et reges, ac justi sub
lege Moïsi, propter futuram novam Ecclesiam Christi, curis,
figuris et exemplis salutiferis quasi vigilabant... At vero,
ubi jam pontifices hujus templi Lemovicensis portas clauserunt, illis jubentibus, XII accendi visa sunt luminaria, ad
instar XII Apostolorum, itemque alia quat(t)uor in honore
beatorum Pauli et Marcialis et Marci et Lucae. Est enim Pau-
lus magnum lumen Ecclesiae... Deinceps ad locum, ubi pridie
erant collocatae sanctorum reliquiae, episcopi cum ministris
abeuntes... ad portam ecclesiae clausam canendo processerunt. Terque ecclesiam cum psalmo circumeuntes extrinsecus, trium linguarum caracteres in parietibus sculpere cura-
runt ; torque ad portam ecclesiae in misterio clamaverunt,
dicentes : « Tollite portas, principes, vestras et elevamini,
portae aeternales, et introibit Rex gloriae. » Terque interius
illis in misterio interrogando clamatum est : « Quis est iste
Rex gloriae ? » Et semel episcopis dicentibus : « Dominus

---

1. Cf. le texte suivant du Psalmiste (XXV, 8) : « *Domine, dilexi decorem domus tuae et locum habitationis gloriae tuae* ». Au xiiᵉ siècle, on voit
qu'à propos de Roger de Salisbury qui reconstruisit son église cathédrale
avant 1139, le chroniqueur dit : « Ipseque non falso possit dicere Deo :
« *Domine, dilexi decorem domus tuae* » (Will. Malmesher., *De gestis reg.
Angl.*, l. V, § 408, éd. Stubbs, t. II, p. 484). Nos documents offrent d'autres
exemples d'allusion directe ou indirecte à ce texte sacré, ainsi qu'on le
verra par la suite de notre Recueil.
2. Ce document du xiᵉ siècle est intéressant pour l'histoire de la symbolique religieuse : cf. Honoré, dit d'Autun, Durand de Mende, Hugue de Saint-
Victor, *Sper. de myster. ecclesiae*, cap. II, *De dedicatione ecclesiae*, dans
Migne, t. CLXXVII, col. 338 et s.
3. Sur cette dédicace, voy. Ch. de Lasteyrie, *op. cit.*, p. 72 et s.
4. Voy. *supra* les textes réunis sous le nᵒ XV : *Travaux de construction
et de décoration accomplis à l'église et aux bâtiments claustraux de
l'abbaye de Saint-Martial de Limoges.....*

virtutum ipse est gloriae », sic ipsi portas ecclesiae aperuere
sub impetu, atque in ipso introitu domum signo crucis
munientes, ter pronuntiaverunt pacem, dicentes : « Pax huic
domui. » Iterum in ipsa nova ecclesia, coram altaribus con-
secrandis data laetania, processerunt ad fontes benedicen-
dos in baptismi domus[1]... Sane ante consecrationem aquarum non absque sacramento fit, quod episcopi scribunt
pavimentum[2] ecclesiae ab angulo ad angulum ; per quatuor
quippe angulos respersa favilla formatur in modum litterae,
quae prima nomen Christi format. In quo angulato carac-
tere imprimunt episcopi omnes litteras, quia christianitas
in Christo et per Christum dilatata est per quat(t)uor partes
orbis.. Interea parietes templi intrinsecus per circuitum
chrismate signant episcopi, quia per Spiritum Sanctum in
baptismo totus interior homo sanctificatur... Porro autem
quemadmodum jam consecrata altaria sacris ornata sunt
vestimentis, necnon et velis[3] templi parietes vestiti sunt ...
Post consecratum siquidem oraculum... sanctorum reliquiae
introductae et in altaribus reconditae, sicque misteriorum
sol(l)em(p)nia facta sunt....

1. Mention précieuse d'un ancien baptistère (baptismi domus) en France, au xi⁰ siècle, les baptêmes se passant d'ordinaire dans l'intérieur des églises. Sur les baptistères romans, voy. Quicherat, Mél., p. 106, et la note additionnelle de M. R. de Lasteyrie pour le baptistère limousin et roman de Saint-Léonard(Haute-Vienne). Ces baptistères ont souvent la forme de chapelle circulaire. Cf. Enlart, op. cit., t. I, p. 219 (au sujet de Saint-Léonard); voy. infra les textes de 1079-1110 et 1105-1148 concernant le baptistère de la cathédrale de Rouen et les gestes des évêques d'Angoulême.
2. Sur les pavements d'églises à l'époque romane, voy. de Caumont, Abécéd. d'arch. (arch. relig.), p.199-200, et Viollet-le-Duc, Dict. de l'arch. fr., t. V, art. Dallage, p. 10 (cf. Quicherat, Mél., p. 370 et s., avec les notes de M. R. de Lasteyrie).
3. Autre exemple à joindre à ceux que les textes nous offrent sur l'usage de suspendre des tapis et tentures dans les églises : voy. plus loin les statuts de Cluny (Coutumes dites de Farfa). Cf. Guibert de Nogent, sur l'incendie de l'église de Laon : « Quae ecclesia, cum pro praesentia gloria solemnitatis palliis atque tapetibus nobilissimo foret circumornata, urgente igne, pauca ex palliis furto abrepta potius quam focis tacta creduntur; tapetia autem aliqua, quia facile funes a trocleis demitti a paucis non poterant, succubuere caloribus » (De vita sua, éd. Bourgin, l. III, c. ix, p. 170).

XXII

Avant 1030 et 1124-1153.

*Reconstruction de la cathédrale Saint-Maurice d'Angers,
fortement atteinte par la vétusté et par les suites d'un
incendie, rebâtie par les soins de l'évêque Hubert de Vendôme, et dédiée par lui le 16 août 1030. — Substitution
aux plafonds de bois de la cathédrale, par les soins et aux
frais de l'évêque Normand de Doué, de voûtes domicales, à croisées d'ogives, remarquables par leur effet
architectonique. — Remplacement des fenêtres de bois
par des vitraux, dans presque toute l'étendue de la nef,
grâce aux libéralités du préchantre Hugue de Semblançay.*

1

Registres mss. du Chapitre d'Angers par le chanoine Duménil, xviiie s.,
cop. par Davyau, Bibliothèque d'Angers, ms. 732 (n° 658 du catalogue
Lemarchand), p. 5-7.

In [1] nomine Dei summi, Hubertus [2], humilis Andecaven-
sium episcopus, satagente mecum carissimo genitore meo,
Huberto, vicecomite Vindocinensium, sed et religiosa matre
mea [Emma] studiosius allaborare [3] incipiente, hanc domum [4]

1. Nous sommes redevables à l'obligeance de notre savant confrère,
M. E. Lelong, chargé de cours à l'École des Chartes, de la communication des
précieux documents que nous publions ici en grande partie pour la première
fois.
2. Hubert occupa le siège épiscopal de 1010 environ à 1047 ou 1048.
L'original de la charte d'Hubert n'existe plus ; il en est de même du Cartulaire noir du Chapitre qui contenait ladite charte sous le n° 21.
3. Travailler en sus, avec effort (terme classique rare).
4. Sur la cathédrale d'Angers, voy. G. d'Espinay, dans le *Congrès
archéologique de France*, XXXVIIIe session, Angers, 1871, p. 24. — L. de
Farcy : *Construction de la cathédrale d'Angers*, dans le *Congrès archéolo-
logique de France*, XXXVIIIe session, p.254. — G. d'Espinay : *Notices
archéologiques*, 1re série, p. 92. — Célestin Port, *Dictionnaire historique
de Maine-et-Loire*, t. I, p. 52. — *Gallia christiana*, t. XIV, éd. Hauréau, col.

sanctam Dei beatique Mauricii, sedem videlicet episcopalem, indecenti prius ac periculosa infirmitate per vetustatem vel prisco incendi[o] [nu]tabundam ab ipsis fundamentis [1] renovare, atque in antiquum soliditatis sive pulchritudinis statum, juxta vires potentiae meae, reparare adorsus. Ego quidem, quanquam peccator (et) indignus, secundum inestimabilem tamen divinae miserationis bonitatem, effectum partim assecutus, atque ad desideratum dedicationis illius diem incolumis demum perductus sum. Quapropter, divinis erga me beneficiis non ingratus, sed ubique obnoxius die presenti, qui est XVII kal. septembris, anno ab Incarnatione Domini nostri Jesu Christi MXXX, ordinationis autem meae XX[2], hujus sacri templi consecrationem secundum Romanae ecclesiae institutiones solemniter celebrans, istam ipsam casam Dei aliquo largitionis munere, consueto more fidelium, dotare debeo; quod quidem et facio, non tamen decenter sufficiens ad donorum amplitudinem, voluntarie tamen conscientie afferens hilaritatem....

Actum XVII kal. sept., in civitate Andecava, regnante Roberto rege, in Dei nomine feliciter, amen.

2

Obituaire de Saint-Maurice d'Angers, extr. dans les *Chroniques des églises d'Anjou,* éd. Marchegay et Mabille (*Soc. hist. de Fr.*), 1869, p. 192, n. 1. — Cf. Lehoreau, *Cérémonial de l'Eglise d'Angers,* t. Ier (1724), p. 569 (ms. de la Bibliothèque de l'évêché d'Angers).

« MCLIII. iv° nonas maii, obiit bonae memoriae Nor-

543, 569 et 570. — Cf. Farcy (L. de), *Les fouilles de la cathédrale d'Angers,* *Bull. monum.,* t. LXVI (1902), p. 488-498, et *Rev. de l'art chrétien,* 1903, 4e sér., XIV, p. 5 et s., *Monographie de la cathédrale d'Angers,* *Mém. de l'Académie d'Angers,* 5e sér., t. I (1899), p. 28 et s., et 1901 (en cours).

1. L'expression *ab ipsis fundamentis* s'appliquerait à la triple nef, aussi longue que celle d'aujourd'hui (44m environ) dont la façade serait sur le même emplacement, avec conservation de certaines anciennes piles. L'abside principale et une absidiole bâties en petit appareil seraient aussi l'œuvre d'Hubert de Vendôme (Farcy, *ibid.,* p. 6 et fig.). — Le 5 des calendes d'octobre 1032, d'après *Chronic. Sancti Maxentii Pictavensis,* il y eut un terrible incendie à Angers : « nihil... intra muros urbis incombustum remansit nec ipsa mater ecclesia, scilicet episcopalis » (*Chroniq. des égl. d'Anjou,* éd. Marchegay, p. 391).

2. Cf. *Cartul.,* 19 9bre 1478.

mandus de Doë [1], episcopus noster, qui, de navi ecclesie nostre trabibus [2] pre vetustate ruinam minantibus ablatis, voluturas lapideas [3] miro effectu [4] edificare cepit ; in quo opere VIII[c] libras de suo expendit... . »

3

Lehoreau, *op. cit.*, p. 570.

Quinto idus martii, anno.. obiit Hugo de Semblanciaco, praecentor ecclesiae Andegavensis, qui moriens legavit singulis canonicis dictae ecclesiae quadraginta solidos ; dedit etiam dictae Ecclesiae... et calicem aureum, et patenam auream, quae deerat calici Ulgerii [5] episcopi bonae memoriae ; dedit etiam... duos urceolos argenteos duarum marcharum ; universas etiam fenestras [6] navis ecclesiae, cum ligneae essent, fecit vitreas, tribus exceptis [7], etc.

1. Normand de Doué occupa le siège d'Angers du 6 mars 1150 au 27 avril 1153. Il ne put que commencer ce grand travail.

2. Nouvel exemple de la substitution de voûtes de pierre aux plafonds de bois. Il n'y a plus lieu de tenir compte du passage de l'*Architecture byzantine* où Félix de Verneilh a parlé « du silence des chroniques » en ce qui concerne la date de cette partie du monument.

3. « Au milieu du XIIe siècle... le style Plantagenet est définitivement constitué. La croisée d'ogives a imposé à la coupole son mode d'appareil. Les assises horizontales sont remplacées par des assises parallèles à l'axe des berceaux, autrement dit perpendiculaires aux arcs d'encadrement. La forme bombée, *domicale*, rappelle seule l'élément byzantin... » J. Berthelé s'exprime ainsi dans son étude sur l'*Architecture Plantagenet* ; voy. ses *Recherches pour servir à l'histoire des arts en Poitou*, p. 125, et *Congr. archéol. de Fr.*, LXXe session (1903), p. 244 et suiv. Cf. la pl. *ibid.* (cathédrale d'Angers, voûtes de la nef), et Enlart, *Mon. d'archéol. fr.*, t. I, fig., p. 407 .

4. L'expression *miro effectu* n'est donc pas exagérée, d'après ce que nous venons de dire ; ajoutons même que, dans les voûtes de la cathédrale d'Angers, le bandeau entre les tores est décoré d'ornements ; structure et ornementation à la fois justifient les termes de la chronique.

5. Ulger fut évêque de 1124 au 27 octobre 1149.

6. « Toutes les fenestres de ladite nef n'estoient que de bois, comme on peut voir par ce qui est dit dans la calende de cette église d'Angers, où il est parlé de plusieurs autres présens considérables que ledit Hugues de Semblançay fit à cette église. » (*Cérémonial*, p. 570)... « Comme on ne sçait l'année du décès de ce bienfaiteur, on croit, selon le Cartulaire de cette église, qu'il vivoit du temps des évêques Ulger et Normand de Doué. » (*Ibid.*). Ajoutons que ce dignitaire du Chapitre d'Angers figure comme témoin dans des chartes de ces deux évêques.

7. Encore aujourd'hui, dans les églises neuves, en attendant qu'on ait réuni les ressources nécessaires pour avoir des vitraux, on fait souvent des clôtures provisoires en planches.

XXIII

1030-1070.

Reconstruction de la cathédrale de Vienne, par les soins de l'archevêque Léger, aidé des ressources des paroissiens de ladite église; ornementation du sanctuaire; tombeau archiépiscopal en marbre. — Réfection et embellissement de maisons du cloître de la cathédrale de Vienne.

1

Necrologium vetus Ecclesie Viennensis [1], dans la *Gallia christiana* t. XVI (1865), col. 69. — Cf. Lelièvre, *Antiquités de Vienne*, p. 215

Pridie idus julii.— Commemoratio domni Leodegarii [2], archiepiscopi Viennensis, qui sua industria ecclesiam majorem a fundamentis construxit, cum parochianorum suorum adjutorio [3]; cujus presbyterium lapidibus pretiosissimis [4] adornavit . . . . .

2

Liber episcopalis Viennensis Ecclesiae (Le livre épiscopal de Léger), dans les *Fastes épiscopaux de l'ancienne Gaule*, par l'abbé L. Duchesne, t. I (1894), p. 305.

II id. junii. — Commemoratio piae recordationis domni Leudegarii, Viennensis Ecclesiae archipraesulis, consangui-

---

1. Sur les nécrologes de l'Eglise de Vienne, voy. A. Molinier, *Les Obituaires français au moyen âge* (1890), p. 281, n° 640. Le recueil intitulé *Hagiologium Viennense* a été publié d'après une copie de dom Estiennot (Bibl. Nat., lat. 12768, p. 126 et s.), par U. Chevalier, *Doc. inéd. relatifs au Dauphiné*, II, dans l'ordre du calendrier, et dans l'ordre chronologique sous le titre de *Liber episcopalis...* (voir ci-dessus).

2. Sur cet archevêque, voy. B. Hauréau, dans la *Gall. christ.*, tom. XVI, col. 64-69.

3. Cf. *infra* le texte relatif à la cathédrale de Maguelone.

4. Sur la décoration des églises romanes à l'aide d'incrustations ou marqueteries, d'un usage très fréquent dans la Haute-Italie aux xi° et xii° siècles, et dont on trouve des exemples en France à cette époque, voy. A. de Caumont, *Abéc. d'archéol.*, archit. relig., 5° éd., p. 144 et s.; pour les chevets, p. 179 et s.

nitatis linea Henrico, Gallorum regi, conjuncti, qui obiit circa [1] annum Domini MXL, et jacet in ecclesia Sancti Petri, ante fores ecclesiae, in mausolaeo marmoreo. Cujus temporibus Herardus, famosissimus monachus Sancti Petri Viennae, xenodochium urbis Viennensis amplissime locupletavit.

3

Cartul. Delphinorum Viennensium (Bibl. nat., 5211, fol. 217). — Cf.
Gall. christ., t. XVI, *Instr.*, col. 23.

[Vers 1050.] — Sanctae matris Ecclesiae Viennensis archiepiscopus, Leudegarius... notum esse volumus quod quidam vir fidelis, Ato nomine, medicus disciplina, adiit praesentiam nostram, rogans ut sibi in claustro darentur domunculae, in quibus auri textrices [2] habitare fecimus. Cui cum dedissemus quod petierat, multo melius multoque decentius eas venustavit atque construxit..... Data Viennae.

XXIV

Vers 1030 — vers 1163 à 1190.

Constructions religieuses, civiles et militaires, entreprises par les soins des évêques de Maguelone ; contributions et offrandes pour la réédification de la cathédrale de cette ville ; travaux d'art exécutés à l'entrée du port de Maguelone.

1

Arnaud de Verdale, *Catalogus episcoporum Magalonensium* [3], éd. par A. Germain, dans les *Mém. de la Soc. archéologique de Montpellier*, t. VII (1881). p. 502, 508-510, 526, 528 et 538.

1. « Indication fausse. L'épiscopat de Léger doit avoir commencé peu après le 2 octobre 1030 (*Gall. christ.*, t. XVI, *Instr.*, col. 22); il se termina le 12 juin 1070 » (note de M. l'abbé Duchesne, *Fastes...*, t. I, p. 205).
2. Ce passage concernant l'installation d'ateliers de femmes pour les travaux de tissage mérite de ne pas rester inaperçu.
3. Cf. A. Germain, *Maguelone sous ses évêques et ses chanoines*, Montpel-

...Demum Deus de celo hanc miserabilem ruinam dicte ecclesie[1] prospiciens... ut annunciarent in Sion nomen Domini et laudem ejus in Jerusalem, quia placuerunt sibi lapides ejus, dixit illud verbum quod legitur 1° *Regum*, 2° capite : « Suscitabo, inquit, mihi sacerdotem fidelem, qui juxta cor meum et animam meam faciet, et edificabo ei domum fidelem, etc. »

[Vers 1030—vers 1060.] — Sacerdos enim iste fuit dominus Arnaldus[2], bone memorie, primus hujus nominis, de quo nunc agitur, Magalonensis episcopus, qui miserabilem statum et ruinas hujus modi, quasi in desertum positas, respiciens, et se ad sublevandas necessitates ipsas impotentem attendens, cum sibi opes ad sumptus tanti operis non adessent, presertim quod possessiones et jura episcopalia erant per nobiles et alios occupata, ad reparationem hujusmodi manus suas subito apponere non est ausus, sed suum cogitatum jactans in Domino, non absque anxietate et paupertate nimia, ad sanctissimum dominum Johannem papam XX[3] direxit ocius.... et ei statum miserabilem sue ecclesie explicavit....

...Addiderunt[4] etiam ut quicumque homo, cujuscumque provincie, ad solemnitatem dedicationis hujus ecclesie, que per singulos annos celebratur, advenerit, et de justo labore suo aut hereditate oblationem summo Deo fecerit,

---

lier, 1869, p. 357 et s., dans les *Publications de la Soc. archéol.* de cette ville, n° XXXII, et F. Fabrège, *Histoire de Maguelone*, t. 1 (1894), ch. IV, p. 101 et s. Voy. aussi J. Berthelé, *La vieille Chronique de Maguelone*, n. éd.; Montpellier (1908). — Maguelone est aujourd'hui c. de Villeneuve-lès-Maguelone, cant. de Frontignan, arr. de Montpellier.

1. Sur la cathédrale de Maguelone, voy. Revoil, *Architecture romane du Midi de la France*, t. 1, p. 39 et s. (pl. XLIV à XLVII); cf. R. de Lasteyrie, *Études sur la sculpture franç. au moyen âge*, p. 76-78. — Pour les fondations et reconstructions d'églises languedociennes et provençales, avec dates et mentions de consécration, voy. H. Labande, *Études d'histoire et d'archéologie romane*, *Provence et Bas-Languedor*, t. I (1902), p. 18.

2. Sur cet évêque, voy. Fabrège, *Hist. de Maguelone*, t. I (1894), p. 105 et suiv. Cf. le texte critique de J. Berthelé, p. 130 et suiv.

3 La lettre du pape Jean XX, que Renouvier (*Maguelone*, p. 14) date de 1038, est de 1028 au plus tôt et de 1033 au plus tard (Germain, *Maguelone*, p. 8, not. 3).

4. Arnaud de Verdale, *éd. cit.*, p. 508.

et peccata sua, eo die vel infra octo dies, confessus fuerit, si infra terminum illius anni mortuus fuerit, apostolicam absolutionem et episcopalem habeat, et remissionem peccatorum et vitam eternam accipiat. Super hoc firmaverunt hec que ipsa ecclesia habeat legitime, ut, si quis penitens ad ipsam ecclesiam venerit et abstinendi ab ecclesie introitu in primis preceptum habuerit, ipsam ecclesiam licenter introeat, pacis osculum libere accipiat, et si qua sint similia, preterquam sanctam eucharistiam, quam minime accipiat.

Quibus peractis, idem beate memorie Arnaldus episcopus, ponens manus ad fortia, gradum [1] prefatum lapidibus et lignis ante omnia claudere et obstruere festinavit. Deinde, anxietate nimia pressus, ut tam ingredientibus quam egredientibus ad dictam insulam [2], ad quam nullum nisi navale iter esse poterat, liber pateret accessus, juxta verbum propheticum, suum jactans in Domino cogitatum, tam prece quam pretio rates conduxit, et artifices collocavit, ac per stagni latitudinem pontis [3] stravit longitudinem, ad utilitatem hominum perpetuo permansuram, et sui nominis memoriam perenniter duraturam.

Subsequenter parochianos suos convocavit, eosdemque ad elemosynas [4] largiendas, pro reedificatione dicte ecclesie facienda piis monitis inducere non obmisit : adeo quod multi ejus admonitione mansos, terras, prata, vineas, census, alodia, pecunias et alia bona sua, pro redemptione suorum peccaminum, eidem ecclesie contulerunt; ex

---

1. Arnaud fit obstruer avec de gros blocs de pierre et de charpente l'entrée de l'ancien grau qui conduisait de la mer au pont sarrasin, et il en fit creuser un nouveau, plus éloigné vers l'est. Ainsi refait, le port allait devenir le principal de cette région sur la Méditerranée. Cf. E. Thomas, *Dict. topogr. de l'Hérault*, p. 102-103.

2. Petite île dans l'étang de Thau, à 6 kil. Sud de Montpellier. La translation de l'évêché dans l'île eut lieu vers 1037, l'église ancienne ayant été renouvelée. La dédicace se célébra au printemps de 1054.

3. Jetée entrecoupée de petits ponts pour n'intercepter ni le passage des eaux, ni la navigation de l'étang.

4. Nos textes offrent des exemples variés de la participation des fidèles à l'édification d'églises cathédrales ou paroissiales. Cf. *supra* pour le Midi le texte relatif à la cathédrale de Vienne (n° XXIII).

quibus eleemosynis et aliis bonis suis ecclesiam Magalonensem, turres, muros et omnes officinas necessarias, et fortalitia alia que usque nunc patent cuilibet intuenti, edificari solemniter fecit.

[1110-1133.] — Galterius [1] successit Gothofredo, anno MCX°... Obiit anno MCXXXIII°, VIII° idus decembris [2]... Caput ecclesie Magalonensis ruinosum fulcivit. Turrim Sancti Sepulchri, cellarium, refectorium et dormitorium [3] a fundamentis fecit..... ornamenta pretiosa eidem ecclesie contulit....

[1133-1166.] — Raymundus [4] primus successit Galterio, anno MCXXXIII... Obiit anno MCLXVI, II° cal. januarii. Hic, dum vixit... ecclesiam Magalonensem multis modis ampliavit [5]. Capitulum Magalonense a fundamentis construxit ; cisternam [6] etiam fecit, et turrim Sancti Sepulchri a muris superius consummavit, et turrim Sancte Marie similiter a muris superexaltavit, et turrim Coquine a fundamentis edificavit. Altare sancti Petri, et cathedram [7] episcopalem, retro

1. P. 526. — La Gallia christiania (t. VI, col. 744 et 745) conteste la date de la succession de Gautier à Godefrid et lui substitue 1103 ou 1104.

2. Sur cette date contestable aussi, voy. Gall. christ., t. VI, col. 744 et 747 ; cf. pour cet extrait l'ancienne chronique de Maguelone, précédemment éditée par Germain, dans le susdit mémoire de la Société archéologique de Montpellier. Voy. aussi Berthelé, éd. cit., p. 138 et suiv.

3. « Un réfectoire et un dortoir devaient être bâtis dans l'enceinte des cloîtres des églises cathédrales. » (Viollet-le-Duc, Dict. de l'arch. fr., t. III, p. 409, v° Cloître). Dès le ix° siècle, les synodes s'étaient occupés de la clôture des habitations de chanoines des églises cathédrales.

4. P. 528. — Les dates de l'épiscopat de Raymond Ier sont inexactes ici. Dès 1129, il était évêque, et son successeur, Jean de Montlaur, était en fonctions dès 1158, ce qui réduit à vingt-neuf ans les trente-trois ans assignés par Arnaud de Verdale à la durée de l'épiscopat de Raymond Ier, ainsi que M. Germain l'a montré.

5. C'est sous son épiscopat que paraît avoir été élevé le transept de la cathédrale, lequel est voûté d'ogives (Voy. Enlart, Man. d'archéol. fr., t. I, p. 442, not. 1).

6. Les statuts de Maguelone (1331), De preposito, art. XXXIII, mentionnent ceci : « Item tenetur prepositus tenere mundo et pulcre puteum et cisternam, et etiam continue co(h)opertam tenere. »

7. Sur les sièges épiscopaux, derrière l'autel, et tenant ainsi à la disposition architectonique du sanctuaire, voy. Viollet-le-Duc, Dict. de l'arch. fr., t. II, p. 414, et fig., art. Chaire ; cf. pour le Midi, l'exemple d'Avignon.

ipsum, ac lavatorium [1] claustri superioris similiter fecit, et cortinale, ac portalia, et murum [2] quo clauditur cimeterium laïcorum, domum molendini, et in qua reconduntur lecti lignei, domum conversorum, domum in qua recipiuntur equi, juxta pontem ..... diversis pretiosis ornamentis ecclesiam Magalonensem ditavit.....

Anno MCLXIII [3], III idus aprilis, que fuit IIII feria post Pascha, Alexander papa III[us] appulit Magalonam, et stetit ibi tribus diebus, et sexta feria dedicavit majus altare in ecclesia Magalone, in honorem apostolorum Petri et Pauli.....

2

Chronicon Magalonense vetus, dans l'*Histoire gén. de Languedoc*, nouv. éd., t. V (1875), col. 59.

Adhuc, cum dominus Johannes [4] factus esset episcopus, videns ecclesiam ruinam minari, cum parochianis suis super ejus reedif(f)icatione locutus est. Et operi ecclesie triginta milia solidorum sua, diligenti provisione et cura, offerri ad hec usque tempora fecit, et de suo proprio XXVIII modios grani et vini dedit; et ex his ecclesia vetus demolita est et nova ex majori parte constructa.

1. Sur les lavabos de cloîtres, voy. Viollet-le-Duc, *op. cit.*, t. VI, p. 531, v° Lavabo, p. 170 (et fig.); *Annales archéologiques*, t. XIX, p. 162, t. XXV, p. 271.
2. Les mentions de ce genre sont peu fréquentes.
3. P. 538. — A rectifier en 1162, cf. *Gallia christiana*, t. VI, col. 753; Jaffé, *Reg. pont. rom.*, t. II, p. 150.
4. Jean II de Montlaur, évêque de Maguelone de 1159 à 1190. — C'est sous son épiscopat qu'a été construite et décorée la belle porte de cette cathédrale avec son magnifique linteau à rinceaux qui subsiste encore. Une inscription qui suit le bord de ce linteau nous apprend qu'il a été sculpté en 1178. Dans ses *Études sur la sculpture franç. au moy. âge* (p. 76-78), M. R. de Lasteyrie a montré la grande analogie d'ornementation qui existe entre ce linteau et celui de la porte de Saint-Trophime; ce dernier, et le portail avec lequel il fait corps, aurait donc été, selon beaucoup de vraisemblance, exécuté vers la même époque (Voy. *ibid.*, fig. 20 : porte de la cathédrale de Maguelone).

XXV

Vers 1030-1206.

Travaux de construction et de décoration accomplis à la cathédrale et au palais épiscopal d'Auxerre, au château de Noyers, et dans les églises et résidences épiscopales de l'Auxerrois, par les soins des évêques d'Auxerre, et notamment de Hugue de Noyers. — Végèce utilisé par ce prélat pour la construction de ses châteaux-forts.

Gesta pontificum Autissiodorensium, ms. 142 (129) de la Bibliothèque de la ville d'Auxerre [1], fol. 81 et s. Voy. *Catalogue général des mss. des Bibliothèques publiques de France*, t. VI (1887), p. 58.
   (Cf. *Gesta pontificum Autissiodorens.* [2], dans la *Bibliothèque historique de l'Yonne...*, par Duru (1850), t. I, p. 388 et s. — Labbe, *Nova bibliotheca manuscr.*, t. I (1657), p. 450 et s., c. 49, 51, 53, 55 et 58.)

[999-1039.] — Hugonis [3] Cabilonensis in tempore, civitas Autissiodorum exi[t]ialiter igne cremata est [4]... tunc principalis ecclesia prot(h)omartyris Stephani funditus corruit, quam protinus idem presul cepit majore ambitu ac cryptarum [5] curvaturis, quadris lapidibus, certatim reedificare : nam

---

1. Nous avons revu avec soin le texte des *Gesta* sur le ms. de la Bibliothèque d'Auxerre, et nous avons pu introduire dans le texte de cette chronique, publié par Labbe, beaucoup d'utiles et intéressantes rectifications. Nous adressons tous nos remerciements à notre confrère M. Porée, archiviste de l'Yonne, qui a bien voulu nous aider dans nos vérifications.
   La 1re partie du ms. s'arrête au pontificat de l'évêque Alain « de Ripatorio », mort en 1167 (f. 111 v°). Une partie de la suite jusqu'à Héribert II, mort en 1052, est d'un auteur inconnu ; la vie des deux évêques suivants, jusqu'à l'année 1083, serait de l'archiprêtre Fredon ; on ne connaît pas sûrement les auteurs des autres biographies (xii° siècle). C'est sous le titre d'*Historia episcoporum Autissiodorensium* (et non *Gesta*) que Labbe (*éd. et t. cit.*) a publié les actes des évêques d'Auxerre.
   2. Cf. sur les anciens évêques d'Auxerre, l'abbé Lebeuf, *Mém. concernant... Auxerre et... son ancien diocèse*, éd. Challe et Quantin, t. I, 1848.
   3. Fol. 81 du ms. d'Auxerre.
   4. On lit dans l'édition de Labbe (t. I, p. 446) que, sous l'épiscopat de Gui, entre les années 933 et 961, la cathédrale fut détruite de fond en comble par un incendie : « funditus eruta ». Le langage des chroniqueurs a certainement exagéré parfois les effets de ce genre de catastrophe.
   5. Ce passage semble bien s'appliquer à la crypte d'Auxerre, que Viollet-le-Duc « suppose construite du ix° au x° siècle ». Le *martyrium* y est une véritable nef entourée de bas-côtés (*Dict. de l'arch. fr.*, t. IV, art. Crypte, p. 451, et fig. 4). Voy. Lebeuf, *op. cit.*, t. I, p. 255.

prius delicatiore maceria [1] constiterat minimisque lapillis [2] :
jam vero, altius opere ecclesie edito, rursus civitas rein-
censa est; sed novum ecclesie opus mansit incolume....
Apud castrum Varziacum [3], ... Sancte Eugenie ecclesiam .... restauravit ... : nam parietes dealbari faciens,
vitreis et laquearibus [4] honestavit.

[1052-1076.] — Goffri(i)dus... episcopus, filius Hugonis,
Nivernensis vicecomitis, fuit de castello, cui vocabulu᷄   st
Campus Allemanus [5]... ecclesiam... consumptam in suo᷄᷄o
tempore... trabibus et tegulis ipsemet assidua sollicitudine
vel cura carpentarios aut famulos suos, seu ceteros colla-
borantes satagens restauravit ; quinque vero fenestras, que
sunt in supremi cancelli fornice, quinque de domo sua
clientibus, ut quisque suam vitrearet, distribuit ; sextam
quoque majorem cunctarumque precipuam, altare Sancti
Alexandri clarificantem, ut suus capellanus faceret exora-
vit. Neque de corona [6] muri claudentis altare sanctorumque
praesulum pictas habentis effigies, silere justum est.....
Elegit etiam, cum laude et cum gratiarum capituli sui
actione, quosdam, quos gratis canonicos... constituit, auri-
fabrum mirabilem, pictorem doctum, vitrearium sagacem,
alios necnon, qui singuli, prout cuique erat facultas, in
officio suo deservirent [7]...

1. Quicherat, qui s'est servi du texte de Labbe, lequel donne *materia* au
lieu de *maceria*, traduit ainsi (*Mél. d'archéol.*, p. 119) : matériaux moins
résistants, « si tant est que *materia* ne soit pas employé ici dans le sens
de bois de charpente qui est son sens propre. » Nous préférons laisser à
ce mot le sens de matériaux de maçonnerie ou petits moëllons : cf. les passages qui suivent dans l'historique de la cathédrale (voy. Lebeuf, *op. cit.*,
p. 255).
2. Petit appareil ; cf. *lapillus* (*Bibl. de l'École des Chartes*, 1881, p. 518,
Mirae. eccles. Carnotensis).
3. Varzy, ch.-l. de c., arr. Clamecy (Nièvre). Sainte-Eugénie était une
collégiale.
4. Au xi⁰ siècle et plus tard encore, l'emploi des *laquearia* subsiste
dans beaucoup d'églises secondaires. — Sur la *dealbatio*, dont il vient
d'être question, cf. *supra* le texte n° XVII (cath. de Cambrai), § 9, 1023-1092,
n. 5, et *infra* le texte sur la cath. du Mans, § 2, 1085-1096.
5. Fol. 88 v° du ms. d'Auxerre. — Voy. Lebeuf, *op. et l. cit.*, p. 268.
6. Corniche du mur de clôture (voy. Quicherat, *op. cit.*, p. 397).
7. Sur les *ministeriales* de l'évêque et la coopération artistique des

[1087-1114.] — Humbaudus¹... episcopus, natione Alti-siodorensis... ecclesie ²... tecta vetustate consumpta atque dilapsa novis asciculis ³ renovavit, turrem ecclesie super altare Sancti Alexandri positam mirabili et alta lignea coopertura sublimavit. Aliam quoque turrim super chorum positam quadratis lapidibus ⁴ cooperiri fecit, ne ejus signa festina ignis exustione, si forte contingeret, consumeren tur, neve pluviis glacialibus quandoque consumpta frangeretur. Fenestras etiam quatuor, seniori altari lumen prestante, mirabili opere vitreari fecit, atque in anteriori parte ecclesie XXIII juxta chorum quoque duas vitreavit .... Item dedit lineam cortinam ad decorem ecclesie, memor Psalmiste dicentis : « *Domine, dilexi decorem domus tue et locum habitationis glorie tue* ⁵ », alterum parietem ecclesie festivis diebus decorantem, regum et imperatorum imaginibus depictam... Caput quoque ecclesie, super altare Sancti Stephani, mirabili et preciosa pictura ⁶ decoravit ; in crypta similiter, altare Trinitatis superius et inferius picturis adornavit, et in alia cripta altare Sancti Nicholai imagine Salvatoris Sancteque Marie et Sancti Joannis Evangeliste depicta honestavit ... Caput ecclesie Sancte Marie extra muros novis asciculis cooperiri fecit...

Firmitatem oppidi [Apogniaci] ⁷ destructam, forti maceria novisque machinis, circumquaque renovatis fossis, firmiter munivit...

chanoines à la décoration de la cathédrale, cf. *supra* le texte concernant Coutances et l'évêque Geoffroi de Montbray (n° XVIII).

1. Sur Humbaud, évêque d'Auxerre, voy. Lebeuf, *op.cit.*, p. 284.

2. Pour les reconstructions de la cathédrale, voy. Quicherat, *Mél. d'archéol.*, p. 119. Pour la liste des églises incendiées dont les textes du xiiᵉ siècle font mention, voy. Champollion-Figeac., *Rev. archéol.*, t. XVI, 2ᵉ part., p. 684 ; cf. R. de Lasteyrie, note addit., dans Quicherat, *Mél.*, p. 436.

3. Couverture en bois ; on a vu des exemples de couverture de plomb dans le texte sur la cathédrale de Coutances (et note à l'appui). Le chevet de l'église de Notre-Dame-la-Dehors d'Auxerre était couvert d'esseaux, dit notre texte.

4. C'est d'une couverture en pierre de taille qu'il est question dans ce passage de notre texte.

5. Nous avons déjà rencontré à plusieurs reprises et commenté ce passage du Psalmiste.

6. Sur les peintures murales des églises romanes, voy. *supra*, notamment le texte n° XVII. p. 68, n. 6.

7. Appoigny, c. du cant. et arr. Auxerre.

[1116-1136.]—Hugo[1]...in Cluniacensi territorio, de castro Monte acuto ortus... Quodam quoque tempore, ex quadam insolita nimietate ventorum, quedam turris lignea[2] ecclesie Sancti Stephani funditus corruit super domum episcopalem, sub silentio noctis dejecta, episcopo dormiente; trabes et ligna trans tegumenta domus penetrando circa lectum episcopi cecidere hinc inde, etiam ex transverso, omni lesione remota a sancto viro.... Domum episcopalem[3] de novo edificavit lapideam, amplam, et tegulis texit, et in illa parte ejusdem domus que respicit ad orientem, stationem qua[m]dam construxit, que vulgari lingua *logie*[4] appellatur, plurimum in aspectu delectabilem, cum pulcherrimis colum(p)nis exornatam, super murum civitatis, unde et fluvius subtus potest videri, et vineae et agri...

[1152-1167.]—Alanus[5]...natione Flandrensis, rexit episcopatum... in valle Capelle Sancti Andree[6] domum petrinan

1. Sur l'évêque Hugue de Montaigu, voy. Lebeuf, *op. et t. cit.*, p. 287 et s.

2. Curieux exemple de la persistance des tours de bois dans les églises du XIIe siècle.

3. Nous avons très peu de renseignements sur les palais épiscopaux de la première moitié du XIIe siècle.

4. *logie* aussi, dans le texte de Lebeuf (p. 293, note a). — Cette galerie, appelée communément aujourd'hui la galerie des bureaux (de la préfecture), est un curieux monument roman, faisant partie de l'ancien palais des évêques d'Auxerre (réparé au XIIIe siècle). Elle est formée de 18 arcades à plein cintre de 0m80 d'ouverture chacune, soutenues par une série de colonnes alternativement simples et géminées, tantôt lisses et tantôt annelées, à chapiteaux romans très variés. Sa longueur est de 22m et sa largeur de 6m30. Elle avait été élevée sur l'ancien mur romain de la cité; elle était surmontée d'un lambris à planchettes de chêne, et les murs étaient ornés de fresques. Cette galerie servait de promenoir aux évêques d'Auxerre. — Voy. sur cette galerie, Quantin, *Répert. arch. de l'Yonne*, col. 11; Lebeuf, *Mém. concernant l'hist. d'Auxerre*, note des éditeurs, t. I (1848), p. 293 (avec dessin); Verdier et Cattois, *Arch. civ.*, t. II, p. 108; Enlart, *Man. d'archéol. fr.*, t. II, p. 115 et 125; Viollet-le-Duc, *Dict. de l'arch. fr.*, t. VII, p. 18, art. Palais.

A l'abbaye Saint-Victor de Paris, qui s'élevait au centre du bourg de Saint-Victor, sur la rive gauche de la Seine, l'évêque Maurice de Sully (1160-96) avait une maison où étaient sa chapelle et la salle épiscopale, avec une galerie attenante, *lobium aulæ episcopalis*; cf. Jean de Thoulouze, *Annales Sancti Victoris*, t. I, pars I[e], p. 1069, et pars 2e, p. 11, et V. Mortet, *Maurice de Sully, évêque de Paris, étude sur l'administration épiscopale pendant la seconde moitié du XIIe siècle* (1890), p. 76.

5. Sur le vénérable Alain, voy. Lebeuf, *op. cit.*, I, p. 316 et s.

6. La Chapelle de Saint-André, cant. de Varzy, arr. Clamecy (Nièvre).

edificavit, apud Ga(g)iacum [1] grangiam petrinam et tegulis
tectam, et domos ad manendum [2] cum capella edificari....
fecit.

[1167-1181.] — Guillermus Tuciacensis [3].... [episcopus]
ecclesiam equidem Beati Stephani operoso lapideo tabulatu [4] undique sub tegmine circu[m]dedit, anterius pinnaculum et posterius cum vitreis ad ipsa pertinentibus fecit,
turrim meridionalem nova firmatura et decenti laterum tectura decoràvit; totam ecclesiam novis tignis, trabibus,
tegulis et lateribus in parte plumbatis cooperuit [5].

[1183-1206.] — DE HUGONE DE NOERIIS [6]. — [QUIBUS
NATURE DOTIBUS VEL SCIENTIE SIVE ELOQUENTIE.... PREDITUS]. —
Erat autem ... sapientia preditus, in agendis strenuus,
inter consultos consultior .... facundissimi vires expri-
mens oratoris, litteratura et vivacis ingenii adeo ut,
in qualibet facultate liberali seu mechanic(i)a, ei promp-
tum esset verba habere materie[i] · accommoda, ac si
plenam ejus esset scientiam asse[c]utus .... Militum gau-
debat stipari frequentia, et de militaribus studiis libentius
disceptabat cum eis, unde et Vegetium Renatum [7] frequenter

1. Gy-l'Évêque, c. du cant. de Coulanges-la-Vineuse, arr. Auxerre. — Sur
les granges, voy. *infra* notre *texte relatif aux évêques du Mans.* Observons l'insistance avec laquelle notre auteur oppose la pierre au bois dans
les constructions.
2. Manoir épiscopal.
3. Sur Guillaume de Toucy, voy. Lebeuf, *op. cit.*, p. 330 et s.
4. Les éditeurs de l'ouvrage de Lebeuf pensent « qu'il s'agit d'une balustrade à jour » (*op. cit.*, p. 336). Il est peut-être question ici d'un chéneau.
5. Curieux détail sur l'emploi simultané de la brique et du plomb dans
la couverture des églises. Suit l'énumération des autels que Guillaume de
Toucy fit élever dans cette église ainsi que dans la crypte
6. F° 120 v° du ms. d'Auxerre. — Sur Hugue de Noyers, voy. Lebeuf, *t.
cit.*, p. 317 et s. Noyers est auj. ch.-l. de c., arr. Tonnerre, Yonne). Nous
voyons bien ici les traits du caractère de Hugue tel que nous le dépeint
son biographe présumé, le chanoine Eustache, *Bibl. hist. de l'Yonne*,
t. I, p. 433.
7. Hugue de Noyers était donc un prélat grand bâtisseur, instruit dans
les arts libéraux et mécaniques, ardent pour les constructions militaires,
lisant le traité de Végèce et le mettant en pratique selon les goûts de son
époque et les besoins de ses châteaux-forts. Cf. le texte explicite (1149)
qui se trouve dans l'*Histor. com. Andegav.* (*Chron. d'Anjou*, t. I, p. 337-338).
et qui est relatif à l'usage fait par Geoffroi le Bel, comte d'Anjou (1129-
1151), des Stratagèmes de Végèce, pour la prise des places fortes, à l'occa-

relegerat, qui de hujusmodi loquitur disciplinis, de quo
militibus multa docet inalia proponebat .... — [QUALITER
DOMOS EPISCOPALES AUTISSIODORENSES EMENDAVERIT VEL AMPLIA-
VERIT]. — Qui, licet sic in spiritualibus proficeret, in
temporalibus tamen multo proficiebat amplius, quibus pro-
pensius inc[u]mbebat : nam domos episcopales [1] Autissio-
dori, seu lapsa reparando, seu nova construendo, provexit
in melius, antiquis edificiis cellam vinariam, c[on]camera-
tionis lapidee majori palatio contiguam, et coquinam [2]
juxta portam structure mirabilis magnis impe[n]diis sup-
peraddens. — [DE BELLO REDITU [3], QUALITER EXTRUXERIT]. —
Apud Charbuiam, villam episcopalem .... locum istum
idem episcopus, quantum humana potuit industria, ad omni-
modam amenitatem et commoditatem provexit : nam
et silvas, ubi frutetis erant vel arboribus humilioribus aut
rarioribus obsite, et ob hoc minus utilitatis habiture,
penitus extirpavit et in agriculturam redegit; [h]ortos ibi fecit,
plantavit arbores diversi generis ut, preter amenitatem que
proveniebat ex istis, fructus inde perciperet copiosos.
Silvarum quoque partem non modicam sepe continua cir-
concinxit, ab ea porta, que est a parte silvarum anteriori,

---

sion du château de Montreuil-Bellay, dans le Saumurois. Le *de Re Militari*
de Végèce, rédigé sous Valentinien II, entre 375 et 392, fut traduit pour
l'usage des seigneurs, par Jean de Meun (1284) pour Jean de Brienne, par
Jean Priorat (1290), de Besançon, pour Jean de Chalon. Nous ne doutons
pas qu'il ait été fort en usage au moyen âge (cf. Viollet-le-Duc, *Dict.
de l'arch. fr.*, t. III, p. 89, n. 1, et Dieulafoy, *Le Château-Gaillard*, étude qui
a paru dans les *Mémoires de l'Acad. des Inscr.*, t. XXXVI, 1er part., 1898,
p. 344, n. 3.
  1. Voy. ci-dessus la note concernant l'ancien palais, avec galerie des
évêques d'Auxerre, et les renvois bibliographiques qui y sont mentionnés.
  2. Sur ce genre de construction au XIIe siècle, voy. Viollet-le-Duc, *op.
cit.*, t. IV, art. Cuisine.
  3. C'est-à-dire Beauretour (Lebeuf, *op. et t. cit.*, p. 324). — A Régennes
(*Regius amnis*), presqu'île de l'Yonne (*Icauna*), au-dessous d'Auxerre, il y
avait un château épiscopal (*domicilium episcopi*), que Hugue de Noyers fit
agrandir et embellir ; son dessein était même de faire détourner un bras
de la rivière de façon que Régennes devînt une île parfaite... : « fodiens
fossas ... immanes, ut per eas cursum fluminis derivaret, fieretque
ibi, quod natura negaverat, insula videlicet li artificii supplemento... »
Mais Thibaud, comte de Champagne, s'y opposa avec main forte (Labbe,
op. cit., t. I, p. 472 ; Lebeuf, t. I, p. 351). Voy. aussi (*ibid.*) les travaux
encore plus considérables de cet évêque à Charbuy (c. et arr. Auxerre),
dans un pays boisé et marécageux, dans lequel Hugue créa un beau
parc.

videlicet ad aggerem tercii stagni usque perducens, et
grata intrinsecus lustra ferarum concludens, et eorum
multitudinem copiosam, que et oculos intuentium de palatio
jocunda visione [1] pascebant... — [DE DOMIBUS TOCIACI [2] ET
CONADAE [3]. — DE HIS QUE GESSIT APUD VARZIACUM]. — Apud
Tociacum et Conadam, castra videlicet episcopalia, in areis
a suis predecessoribus preparatis, domos condidit episcopales... Castrum suum nobile Varziacum [4], quod, propter loci
immunita, prius frequentibus patebat depredantium incur-
sibus, muros reparando antiquos et fossas turribus ingen-
tibus circumsepsit, domos episcopales juxta ecclesiam
Beate Eugenie [5] muro solido, magnificis edificiis, turribus ac
propugnaculis a primis condidit fundamentis ; presidium
quoque episcopale ulterius, muro solidiori, turribus muni-
tioribus et antemuralibus, in tutam et ad expugnandum
difficile[m] munitionem provexit, et fossis mire amplitudinis
vallavit in girum, in quibus grata aquarum exuberantia ex
fontibus circu[m]fluentibus eas replens, non modicum facit
ad munitionis a[u]gmentum ; et tum ex piscium multitudine,
qui ibi nutriuntur optimi, tum ex molendinis, que edificavit ibidem, tum ex aliis utilitatibus suis, episcopo toti-
que municipio multe commoditates existunt [6]. — [DE HIS
QUE GESSIT APUD NOERIA [7]]. — Opere pretium duximus
presenti inserere lectioni que et quanta operatus sit in
illa nobili patrimonii sui castro, Noeriis videlicet, quod
tante [8] a proavis nobilitate et immunitate prefulget ....

---

1. Le grand parc, les vastes jardins avec des plantations, fruitiers et
garennes, les bâtiments superbes, les étangs superposés, la vue magnifique
qu'on en avait amènent le chroniqueur à des observations sur le pittoresque de la nature, à rapprocher de celles que l'on trouve dans les textes
intéressant les évêques du Mans (voy. infra) : cf. supra, les textes relatifs
aux évêques de Coutances.
2. Toucy, chef-l. de c., arr. Auxerre, voy. supra, p. 96.
3. Côno, voy. Lebeuf, op cit., p. 354.
4. Varzy, voy. supra, p. 93.
5. Voy. supra, p. 93.
6. On remarquera l'intérêt et la précision des détails donnés ici par
l'auteur de cette biographie.
7. Cf. Bibl. hist. de l'Yonne, t. I, p. 436 et s. Voy. U. Chevalier, Répert.
top.-bibl., II, col. 2158, v° Noyers.
8. On s'attendrait ici à tantum au lieu de tante.

circa munitionem ejusdem municipii promovendam tota
studii vivacitate incubuit, totis viribus sumptus fecit: nam
super muros burgi inferioris, quem ad radicem montis
positum amnis qui Se[r]een [1] dicitur undique p[r]eter-
fluit,.ex muro seu ex lignis solidissimis robusta propugnacula collocavit; in ascensu montis [2] a burgo, licet
ab ea parte castrum sit inexpugnabile situ suo, fossas in
excisa montis rupe pergrandes, portasque munitiores
extruxit; in superiori vero parte, ubi se in cacumine suo
montis, in quo situm est presidium [3], major amplitudo
diffundit, situm pandens machinis erigendis accommodum,
preter muros munitionis antiquos, inter quos unus erat
solidior et exterior, —quem frater ejus Clarembaldus, paulo
antequam defungeretur, construxerat, —murum post illum
interiorem, majoris altitudinis, spissitudinis et soliditatis,
erexit in capite ejus turrim solidiore constructa; exteriori
quoque muro, fossas, excisis cautibus, fecit preruptas aliasque
promisit excisiones in monte, que hostes possent a presidio
multiplicatis obstaculis et impedimentis arcere; fecit et
antemuralia muro exteriori connexa, et immensi roboris
trabibus contecta desuper, ut qui subtus existerent telo-
rum jactus quantoslibet aut tormenta jaculatoria seu
quelibet alia hostium molimina non timerent, sed securi
venientibus ex adverso posteriorum fossarum et muri, cui

1. *Seneen*, *Bibl. hist.*, et Labbe; il faut corriger *Se[r]een*, aujourd'hui
le Serain, affluent de l'Yonne.
2. « Sur le sommet de la montagne' qui domine la ville au nord, vestiges d'un puissant château-fort, reconstruit au xıı° siècle... On y trouva
les traces de trois enceintes concentriques de murailles défendues autrefois par des fossés et des tours, et dont les extrémités s'appuient sur des
pentes inaccessibles. L'accès du côté de la ville, au sud, est une rampe
très rapide sur laquelle l'enceinte du château s'ouvrait par une porte
flanquée de deux tours, l'une ronde et l'autre carrée...» (Quantin, *Rép. archéol.
de l'Yonne*, 1868, col. 261.) Porte de ville au sud, d'appareil petit, mais
régulier, en arcade à plein cintre, surmontée par une échauguette avec
mâchicoulis et flanquée de tours à toits aigus et à quatre pans couverts
d'ardoises.
3. L'importance de cette description d'un château-fort de la fin du xıı°
siècle ne peut échapper au lecteur qui se reportera, par comparaison, à
Viollet-le-Duc, t. III, art. Château, p. 80 et s., au sujet de la Roche-Guyon,
près de Mantes, et de Château-Gaillard, près des Andelys (avec fig.), châteaux
fortifiés à la fois par l'art et par leur position naturelle très remarquable.

conjungebantur, prohiberent accessum. Juxta murum illum
fontis venam scaturientem invenit que, licet sit modica,
juges tamen et perspicuas aquas emanat. Extra septa
presidii principalis, magne nobilitatis extruxit palatium,
quod ipsi presidio non modice munitionis existit, gratam
videlicet domini mansionem, quam multo et voluptuoso
decoravit ornatu; fecitque cuniculos subterraneos a cella
vinaria, que turri suberat principali, in palatium inferius,
de quo prediximus, quatinus propter vinum seu victualia
quelibet non oporteret ingredi vel egredi presidium principale ; sed, victualibus per murum presidii demissiorem in
sportis demissis, vinum sive aque per fistulas plumbeas
mirabili quodam artificio[1]... mirabilis sane cautela, ut
scilicet victualia, que ad munitionem castri illata fuerant
vel invecta, ibi sub munitiori custodia fidelius servarentur,
et, obseratis ad omnem excludendam suspicionem repagulis,
usibus postulatum necessariis tali artificio deservirent.
Presidium nichilominus armis, balistis, ceterisque ad ejus
tuitionem necessariis inestimabiliter communivit; mansiones militum seu quorumlibet aliorum, infra septa munitionis superioris contentas, multo precio comparavit, et in
proprietatem nepotis sui redegit: tam in hoc quam in predicti constructione palatii, circu[m]specta usus industria, ut
accessus volentium domini adire presentiam ad ejus palatium, extra septa principalis presidii, minus haberetur sus-
pectus, et, omni extraneo habitatore excluso, domini castri
nullum omnino suspectis temporibus, nisi de cujus fide-

---

1. L'emploi de ces procédés remonte à l'antiquité ; c'est l'un des
exemples de la tradition romaine qu'on pourrait donner pour l'emploi de
canaux servant aux défenses des châteaux et villes fortes. Voy. *Dict. des
antiq.* de Daremberg et Saglio, v° Aquaeductus; cf. *Mon. Germ. hist.*, t. XVIII,
p. 615, acte de 1159, relatif à Crema, au nord de l'Italie : « ...intra ipsum castrum foris per medium ipsum cuniculum intrarent. »
    Voy. *infra* sur ce genre d'artifice employé pour les provisions de vivres
et de boissons par les constructeurs normands, près d'Alençon, avant 1115,
le texte d'Ord. Vital. *Hist. eccl.*, l. XII, c. 8. — Cf. « circumsepti castri repagula », dans Suger, *Vie de Louis le Gros*, éd. Molinier, § VIII,
p. 18. — « Liciae, castrorum aut urbium repagula » (*Epist. anon. de capta
urbe*, 1204, ap. Martène, *Anecd.*, t. I, p. 786, dans Viollet-le-Duc, *Dict.
de l'arch. fr.*, t. I, v° Architecture militaire, p. 317 (avec des textes à l'appui
sur le mot lices).

litate plenissime confideret, infra septa superiora recipere
cogeretur : propter quod etiam baptismalem municipii ecclesiam posuit extra septa, solam domini capellam in superioribus esse permittens : magnifica quidem opera et multa
admiratione digna et commendatione, nisi ibi hominum sue
commissorum custodie substantias in ligna convertisset et
lapides, et bona pro magna parte consumpsisset episcopalia,
que melius fuerant aut ecclesie utilitatibus aut pauperum
necessitatibus applicanda. . . . — [QUALITER FORMAM ET SITUM
ECCLESIE IN MELIUS IMMUTAVERIT.] — Qualiter [1] fenestras
in fronte veteris operis ecclesie Autissiodorensis ac vitreas [2]
dilataverit, ut ecclesia que more veterum usque tunc fuerat
subobscura, in lucem claresceret ampliorem ; qualiter altaria
duo, que in lateribus ecclesie altrinsecus ab anteriori parte,
ubi modo porte collaterales existunt, posita, amplitudinem
ecclesie non modicum coar[c]tabant, removerit, portasque
ex[s]truxerit que nunc usque perdurant ; qualiter ecclesiam,
que valde demissior existebat, terra injecta repleverit [3] et
pavimentari [4] fecerit ad decorem, tectoque ac lateribus [5]
nobilitaverit in immensum, multaque alia hujusmodi, seu
majora que in episcopatu gessit utiliter aut prudenter,
explanare supersedemus ad presens, ne, dum ea vèl minus
plene audierimus, vel audita, labente memoria, non sicut
sunt, retinuerimus, a veritatis tramite declinemus dubia
asserentes pro veris.

---

1. Fol. 127 du ms. d'Auxerre. — *Bibl. hist. de l'Yonne*, t. I, p. 448. — Sur
l'église cathédrale Saint-Étienne d'Auxerre, reconstruite au XIIIᵉ siècle, voy.
le *Répertoire archéol. de l'Yonne* par Quantin, déjà cité, col. 5 ; cf. Viollet-
le-Duc, *Dict. de l'arch. fr.* (Table), X, vᵒ Auxerre, et Enlart, *Man. d'archéol.
fr.*, t. I, avec les renvois indiqués t. II, p. 760. On consultera enfin avec
profit l'étude de M. Ch. Porée sur le *Chœur de la cathédrale d'Auxerre*,
qui a paru dans le *Bull. monum.* de 1906, ainsi que le Guide du Congrès
archéologique d'Avallon (1907).
2. Cf. *supra*, p. 68, le texte concernant la reconstruction de la cathédrale
de Cambrai par les soins de Gérard II, évêque de 1076 à 1092 : « *brevesque
fenestras longiores* renovavit » (nᵒ XVII).
3. Renseignement rare sur l'exhaussement du sol des églises.
4. Sur les pavements d'églises, voy. *infra*, nos notes sur l'acte concernant
la mosaïque de Lescar, près de Pau, en Béarn (*Bull. monum.*, 1903). On cite
aussi le pavement roman de l'église du Saint-Sauveur à l'abbaye de Saint-
Martial de Limoges.
5. Couverture en briques ; voy. nos notes précédentes sur ce même
texte concernant l'église d'Auxerre.

XXVI

Vers 1033-1037.

Mesures prises par Eude, comte de Blois et de Tours, à l'occasion des inondations de la Loire, pour la construction d'un pont sans péage, à établir sur ce fleuve, près de la ville de Tours.

Orig.[1] Archives communales de Tours, sér. AA. 1.
> (Cf. Martène et Durand, *Thesaurus novus anecdotorum*, t. I (1717), col. 175-176. — d'Arbois de Jubainville, *Histoire des comtes de Champagne*, t. I (1859), p. 475-476. — Chantelou (dom), *Cartularium Majoris Monasterii*, fol. 20, ch. II, dans le *Cartulaire Tourangeau de Marmoutier*, éd. Nobilleau et dom Piolin, 1879, p. 17 et 205.)

Ego Odo[2] comes... memorabile aliquid atque ad profectum posteritatis accommodum, ac per 'hoc Deo placitum, qui me gratuitae largitatis benignitate inter primates hujus saeculi connumerare dignatus est, operari disposui. Igitur ...supra flumen Ligeris, juxta civitatem Turonicam, pontem aedificare decrevi, ubi, inundantis aque tempore, multos noveram rapidi amnis impetu periisse. Et, ne post tanti operis consummationem ab eterna mercede, que sola causa fuit incoepti, lucri temporalis appetitu privarer, Dei instinctu, qui me passus non est tanti laboris[3] digna remuneratione frustrari, uxorisque mee hortatu, cujus etiam instantia ac labore plurimo opus hoc videtur esse perfectum, cyrografum hoc ex auctoritate domini mei regis Hainrici placuit facere. Quo nostris posteris innotescat quarumlibet provin[c]iarum homines omnium ordinum atque officiorum, sive extranei sint, sive indigene, sive peregrini, sive mercatores, sive

---

1. Nous adressons nos remerciements à notre confrère M. G. Collon, conservateur de la bibliothèque de la ville de Tours, qui a bien voulu revoir sur l'original le texte que nous publions ici.
2. Voy. la très intéressante étude de L. Lex, *Eudes, comte de Blois, de Tours, de Chartres, de Troyes et de Meaux* (995-1037), Troyes, 1892, p. 115, n° 36.
3. L'édition de Martène donne par erreur *operis*.

pedites, sive equites, sive pauperes, sive divites, sive cum plaustris, sive cum onustis vacuisve jumentis, vel quibuslibet animalibus, sive quocumque modo iter agant, absque ullius penitus telonei exactione[1], liberam per ipsum pontem[2] transeundi, nobis concedentibus, habere facultatem. Quod ut perpetua firmitate inviolatum permaneat[3]....

XXVII

Vers 1035.

Construction du pont d'Albi, sur le Tarn, à la demande et avec le concours d'évêques du Languedoc et du seigneur d'Albi, ainsi que des habitants de cette ville et des environs.

Histoire générale de Languedoc, nouv. éd., t. V (1875), Pr., col. 414, n° 174 (d'après le *Cartulaire de Saint-Salvi d'Albi*)[4].
(Cf. *Gallia christiana*, t. I, 1716, *Instr.*, n° VI, col. 4.)

Quoniam humanorum actuum brevis est recordatio... ideo memoriae litterarum tradimus, quod Anselmus, ecclesiae

---

1. Voy. A. Champollion-Figeac, *Droits et usages...* (Paris, 1860), p. 125. Cf. aussi A. Vidal, *Costumas del pont de Tarn d'Albi*, dans la *Revue des langues romanes*, t. XLIV, 1901, p. 482 et s. Il n'est pas improbable que l'ancien tarif de pontenage remonte au moins au xii° siècle.

2. D'après M. Enlart (*L'architecture romane*, dans A. Michel, *Histoire de l'art...*, t. I, 2° part., p. 480), « ce grand pont avait 27 arches. » — Un exemple de reconstruction de pont, avec chaussée voisine, et permission de bâtir des maisons le long de la chaussée, avec affranchissement de toute coutume, nous est donné en Berry, vers la fin du xi° siècle, dans une charte d'Eude Arpin, vicomte de Bourges, pour les chanoines réguliers de Saint-Ambroix de cette ville. Vers 1095 : «...pontem reaedificent super aquam et calceatam usque ad vineas in terra Sancti Petri Sanctique Ambrosii. Si quis vero juxta ipsam calceatam domum ad manendum (manoir; cf. *supra*, p. 96) construxerit, ita eum liberum ab omnibus consuetudinibus dimittimus, sicut sunt illi qui in burgo (le bourg Brisac) commorantur. » (Raynal, *Hist. du Berry*, t. I, p. 392.)

3. Comme on va le remarquer par d'autres actes, qui concernent le Languedoc, c'est à partir du commencement du second tiers du xi° siècle que les textes nous signalent d'importantes constructions de ponts.

4. Il n'existe plus, à notre connaissance, de cartulaire de l'Église d'Albi. Il n'en reste que les copies de Doat et de la *Gallia christiana*. La série G des Archives du Tarn ne renferme plus cet acte, pas même à l'état de copie. Nous sommes redevable de ces renseignements à l'obligeance de notre confrère, M. Portal, archiviste du Tarn.

Sancti Salvii abbas, et Adalbertus praepositus, Leo Francus, archidiaconus, et R. cabiscolius, et caeteri ejusdem
ecclesiae canonici, ammonitione et ordinatione multiplicique
precatu domni Amelii, sanctae memoriae Albiensis episcopi,
et Froterii, Neumacensis[1] episcopi, et fratris ejus B. Atoni
(*sic*), proconsulis Neumacensis et principis Albiensis, necnon
et aliorum episcoporum, Geraldi videlicet Rutenensis, et B.
Caturcensis, insuper et communi petitione supplicique
rogatu omnium tam civium quam burgensium Albiensium,
multorumque aliorum, quos supradicti episcopi ad postu-
landum secum quod ipsi postulare decreverant, ex vicinis
castellis et vicis advocaverant ; omnium istorum petitione,
hortatu et precibus, supradicti seniores ecclesiae Sancti Salvii dimiserunt, concesserunt et voluerunt pontem[2] fieri super
Tarnum, in alodio beati Salvii, ad communem villae melio-
rationem et totius *Albegeis* utilitatem. Et ut tam grande
opus faciliorem sortiretur effectum, omnium pariter supra-
dictorum petitione, exhortatione, multimodoque precatu,
dimiserunt et donaverunt supradicti operi pontis portum,
qui in alodio Sancti Salvii erat, et omnes redditus qui[2] sibi
inde veniebant ; ita tamen quod, facto ponte, si quispiam
a transeuntibus aliquid exigere vel capere voluerit, illud ad
canonicos Sancti Salvii, sicut ad dominos, sine ulla contradictione redeat, et illorum sine omni inquietudine, sicut
olim fuerat, libere in perpetuum permaneat. — Istius promissionis, concessionis et donationis testes sunt quatuor prae-
taxati episcopi, et supradictus Albiae princeps, Bernardus
Ato, qui totum hoc, ut suprascriptum est, fieri voluit, concessit et firmum habuit. Testis est maxima multitudo tam
incolarum quam eorum, qui ad conferenda suffragia in tam
utilissimo opere convenerant.

1. On s'attendrait à trouver ici la forme *Nemausensis* au lieu de *Neumacensis*.

2. Viollet-le-Duc, *Dict. de l'arch. fr.*, t. VII, p. 220 et s., art. Pont : « Il
ne nous reste pas, dit cet auteur, de ponts de pierre du moyen âge antérieurs au xiiᵉ siècle. » Au xiᵉ siècle, les ponts de bois étaient encore très
répandus ; les chroniques mentionnent parfois intentionnellement des ponts
en pierre. Voy. E. Jolibois, *Le vieux pont d'Albi*, dans la *Rev. hist. du
Tarn* (1877-78), t. I, p. 73-71, t. II, p. 197-201.

XXVIII

1035-1065.

Transport de bases et de chapiteaux de colonnes, tirés de la carrière où ils venaient d'être ouvrés, fait sous la direc- tion de maître Hugue, architecte, pour l'église abbatiale de Conques en Rouergue, alors en reconstruction.

Liber miraculorum Sancte Fidis, publ. par l'abbé Bouillet (1897), d'après le ms. de la Bibliothèque de Schlestadt, IV, p. 210-220.

DE ARTIFICE ECCLESIAE AB INGENTI MOLE LAPIDIS MIRABI- LITER EXEMPTO.

...Hoc...miraculum, licet posteriorem occupet locum, non tamen ceteris inferiori laude est predicandum...Hujus rei testis est adhuc noster monachus, nomine Salustius[1], vir vite et morum honestate conspicuus. Hic namque pre- cepto patris cenobii parens, montem in quo lapidum cesores ad opus edificandi monasterii[2] operi instabant, cum viginti et sex jugis boum expetiit, ut de vehiculo epistilia[3] dedu-

1. Le *Cartulaire de l'abbaye de Conques*, publié par G. Desjardins, fait mention de quelques moines du nom de *Saluster*, qui ont vécu dans la pre- mière moitié du xiᵉ siècle.
2. « D'après le titre de ce chapitre, et d'après quelques indications ulté- rieures (ad *basilicam* saxeum deduxit onus), il s'agit plutôt de la cons- truction de l'église que de celle du monastère. Du reste, le monastère fut reconstruit par le même abbé qui avait rebâti la basilique ; il s'appelait Odolric (1030-1065). La chronique de Conques lui attribue les deux cons- tructions : « *basilicam* ex maxima parte consummavit... ac etiam *monas- terium* fecisse creditur. » (Note de l'éditeur). Elles eurent lieu à l'époque du roi Henri Iᵉʳ : « tempore Henrici, Francorum [regis] », dit cette même chronique (voy. Desjardins, Introd. au *Cartulaire de l'abbaye de Conques*, p. XXXIII).
3. Sur l'usage du mot *epistilium*, employé par opposition à *basis*, pour désigner un chapiteau pendant le moyen âge, et non plus une architrave posée par-dessus les chapiteaux d'une colonne à l'autre, voy. Quicherat, *Mélanges d'archéologie, de l'architecture romane*, p. 119, et notre étude sur *La Mesure et les proportions des colonnes antiques, d'après quelques compi- lations et commentaires antérieurs au XIIᵉ siècle* (tir. à part de la *Bibl. de*

ceret, necnon et ingentes basium moles. Sicque, onusto her-
mis (?) plaustro, dum per devexum montis latus descendunt,
dumeta quedam offendunt, que, nuper precisis ramis, a terra
acutissim[a]s sudes porrigeba[n]t. In hoc periculosum discri-
men lapsi tribulorum prominentes stirpes cursum rotarum
impediunt...Ad quem laborem sublevandum omnes qui aderant humeris lacertisque, axi pro gravi pondere inter modio-
los fumiganti, nituntur, et quibuscumque possunt ingeniis
auxilio ruunt. Quos inter Hugo, qui huic negotio preerat,
cum magno assere medium sese infert, ac, dum vi valida
herentem inter radices fruticum rotam enititur eruere,
ipse lapso pede sub plaustro ruit, cujus supra crura tota
illa machina transiens, post se fere sex passibus per arbus-
ta eum rapuit. Quo viso, omnes laborem abicientes, ad
eum attoniti currunt, sancteque Fidis unanimiter auxilium
invocantes...Ipse debilis magister[1], arcuatum crus ample-
xans, inter utrasque manus ita ad pristinum redegit rigo-
rem, veluti [ac si] tepida cera compactum fuisset... Denique
sancte virginis virtute medicatus, alacri mente ad ceptum
prosilit opus, et usque ad jam dicte gloriose martiris basilicam saxeum deduxit onus...Quod miraculum, tam pro-
digialiter a Domino per sanctam Fidem patratum, ideo
longo incanuit taciturnitatis silentio, quia opus, his ex lapidibus erectum, hiantibus rimis fornicatum, ruinam pendet
minitans sese facturum...

l'École des Chartes, 1898, t. LIX. On sait que les matériaux des constructions du moyen âge étaient le plus souvent ouvrés dans les carrières
mêmes d'où il étaient extraits. Sur les transports très considérables nécessités par les constructions faites à une plus ou moins grande distance des
carrières, et sur les carriers au moyen âge, voy. Viollet-le-Duc, Dict. de
l'arch. fr., t. II, p. 276 et s., v° Carrière.

1. L'emploi du mot magister, pour désigner l'architecte, est digne de
remarque au xi° siècle. Nous le trouvons ici dans un texte d'une région
du Midi adossée au Massif central. Quant à l'expression artifex ecclesiae,
qu'offre la rubrique de ce texte, elle désigne aussi l'architecte. C'est l'une
des significations du terme artifex, ainsi qu'il résulte de nos recherches et
des exemples que nous en avons rencontrés, en les signalant à M. E.
Lefèvre-Pontalis pour sa récente étude sur Les architectes et la construction des cathédrales de Chartres (1903). — la cathédrale du xi° siècle. —
p. 9 et suiv. (Extr. des Mém. de la Soc. des Antiquaires de Fr., t. LXIV.)

XXIX

1036, 24 octobre.

Fondation faite par les soins de noble Hictor, de l'église du Saint-Sépulcre-lez-Jaligny, en Bourbonnais, à son retour d'un pèlerinage à Jérusalem [1], et donation de la dite église à l'église cathédrale de Clermont, en Auvergne.

Archives départ. du Puy-de-Dôme, pièce non classée. — Impr. dans A. Vayssière, *Le prieuré du Saint-Sépulcre du Moutier-lez-Jaligny*, dans les *Archives historiques du Bourbonnais*, t. I (1890), p. 181-182. (Cf. *Gallia christiana*, t. II (1720), *Instr.*, col. 105.)

Recognoscens Hictor, vir honestissimus [2], quia labilis et fugitiva et aspera est haec presens vita omnibus in se fidentibus, et quam cara remuneratio erit data bonis, et perpetualis poena erit data impiis in die ultimo, toto mentis affectu considerans misericordiam superni judicis, postquam reversus fuerit ab itinere Iherosolimitano, in sui juris praedio aecclesiam construxit, quam consecravit in summi regis honore et sui deifici sepulcri [3]. Ad ipsam namque aecclesiam dedit Eldinus, filius Golferii, illam partem quam habet in Boscofollo [4], pro remedio anime suae et parentum suorum. Ipse namque Hictor, qui auctor et constructor [5] fuit hujus aecclesiae, qui vocitatur Sanctum

1. Voy. *infra* (vers 1015), divers extraits de chroniques, concernant la construction de l'église de Neuvy-Saint-Sépulcre, en Berry, sur le modèle de celle du Saint-Sépulcre de Jérusalem, entreprise par les soins de Geoffroi, vicomte de Bourges.

2. Cette qualification indiquerait qu'Hictor était de noble origine et qu'il possédait un domaine héréditaire et franc. M. L. Bâtissier, qui a analysé ce document dans l'*Ancien Bourbonnais* (Voy. *pittoresq.*, p. 263, a joint au nom d'Hictor celui de Jaligny : c'est une hypothèse qui n'a rien d'invraisemblable (Vayssière, *op. cit.*, p.174).

3. La *Gallia christ.* donne en marge, et avec raison : *sui deifici sepulcri*, au lieu de *sua deifico sepulcro*.

4. Probablement au lieu de Balfota, paroisse de Jaligny, où le prieur du Moûtier conserva longtemps des droits de diverse nature. — La dotation du Saint-Sépulcre fut considérable.

5. Nombreux sont les exemples, dans les chartes ou les chroniques, qui nous montrent le qualificatif de constructeur attribué non pas à l'architecte, mais au seigneur laïque ou ecclésiastique qui fait construire ou reconstruire. Un texte du XIII° siècle décerne le titre de *reaedificator* au comte de Nevers qui avait fait reconstruire dans cette ville l'église de Saint-Etienne (*Chartes de l'abbaye de Cluny*, éd. Bruel, t. V, p. 798-800). Sans remonter plus haut que l'antiquité romaine, nous trouvons déjà dans Boèce un passage

Sepulcrum a Belloloco, quae est sita in pago Arve[r]nico, juxta castrum Galiniacum, dedit totam hereditatem suam quam habet in omni loco, et quantum in vita sua adquirere pctuerit, annuente Deo. Quapropter ego Hictor, libens et gaudens, cedo vel dono suprascriptam aecclesiam domino Deo et suae genitricis (sic) Mariae, Arvernic[ae] sedis[1], ubi glorios[is]simi martyres videntur humati mirifice, Vitalis et Agricola : in tali scilicet racione ut, dum ego Hictor vixero, teneam ipsam aecclesiam, et unicuique anno libram incensi, in festivitate almae Mariae, mediante augusto, super altare ipsius matris aecclesiae pro censo reddam. Post mortem videlicet meam, supradicta aecclesia Dei genitricis Mariae in communia fratrum ibidem Deo servient[i]um sine ullo contradicente remaneat. Sane si quis, ego aut rex, aut prepotens nobilis, seu ignobilis persona, contra kartam vel donationem istam aliquid inquietare presumpserit.... Facta carta ista mense octobrio, vIIII kalendas novembris, anno vI regnante Enrico rege.

Signum Hictori, qui cartam istam scribere fecit; S. Renconi, Arvernis aecclesiae episcopo ; S. Stephano, abbati ; S. Unaldo, archidiacono ; S. Teotardo, archidiacono ; S. Eldino ; S. Guigoni, presbitero ; S. Autberto, capudschol[ae][2]. Johannes rogit[at]us scripsit.

---

typique qui est à citer : « Eorum namque nominibus vel aedificia inscribuntur, vel ducuntur triumphi, quorum *imperio ac ratione instituta sunt, non quorum opere servitioque perfecta*... » (*De Musica*, lib. I, c. XXXIV, éd. Migne, col. 1195.)

1. L'église du Saint-Sépulcre appartient ainsi d'abord à l'Église de Clermont ; ce n'est sans doute qu'après sa cession à l'abbaye de la Chaise-Dieu, dont les commencements remontent à l'an 1046 environ et l'érection définitive en monastère à 1052, qu'elle fut qualifiée de prieuré et soumise aux observances monastiques. (Vayssière, *op. et loc. cit.*). Le prieuré du Saint-Sépulcre appartenait à la paroisse de Thionne, à 1500 m. au N.-O. de Jaligny, sur un coteau formant la rive gauche de la vallée de la Besbre. Cette ancienne église n'existe plus ; Jaligny est aujourdui ch.-l. de c., arr. La Palisse (Allier).

2. Ce « capiscol » s'occupa-t-il de la construction ? Les textes ne le disent pas, mais cela n'aurait rien d'invraisemblable : car plus d'un document du moyen âge nous montre des maîtres des écoles d'églises cathédrales s'occupant de constructions religieuses ou civiles. Tel fut, à Saintes, tout au commencement du xIIIe siècle, le clerc Isambert, qui se signala par la construction du pont de cette ville, et de celui de La Rochelle, ainsi que par la réparation et l'entretien de celui de Londres (Acte de 1202, inséré dans le *Bull. de la Soc. des Antiq. de France*, a. 1870, p. 126, 128-130).

XXX
Vers 1036-1048.

Accord conclu entre les abbés d'Aniane et de Saint-Guillem-du-Désert, dans le Bas-Languedoc, au sujet d'un pont à construire sur l'Hérault, au Gouffre-Noir, d'après les conditions suivantes : 1° fourniture par l'abbé d'Aniane des matériaux, et construction, par ses soins, de la moitié du pont, selon le marché d'entreprise fait avec un maître d'œuvre ; 2° interdiction d'édifier aucune église ou fortification sur le pont, et de prélever aucun droit d'usage ou cens pour le passage dudit pont.

Cartulaire de Gellone, fol. 11 v° et 12 r°, aux Arch. départementales de l'Hérault, sér. H (fonds de l'abbaye de Saint-Guillem-le-Désert) [1].
  (Cf. *Histoire gén. de Languedoc*, nouv. éd., Pr., t. V (1875), col. 393, n° CLXV. — *Cartulaire des abbayes d'Aniane et de Gellone*, publ. d'après les mss. originaux : *Cartul. de Gellone*, par P. Alaus, l'abbé Cassan et E. Meynial, 1er fasc (1897), p. 23, n° XX, Soc. archéologique de Montpellier.)

DE CONVENIENTIA ABBATUM VEL MONACHORUM GELLONENSIUM SIVE ANIANENSIUM, ET DE CONSTRUCTIONE PONTI (*sic*) SUPER GURGITE NIGRO [2].

Hic est brevis et testamentum de convenientia, que facta est inter abbatem Poncium Sancti Salvatoris Anianensis monasterii, et monachos ejusdem loci, et abbatem Gauzfredum [3] Sancti Salvatoris Gellonensis monasterii, et mona-

1. Nous adressons tous nos remerciements à notre confrère, M. J. Berthelé, archiviste en chef de l'Hérault, qui a bien voulu revoir ce document sur le manuscrit conservé dans ses Archives, et nous communiquer des renseignements topographiques très précis sur cette ancienne charte Languedocienne.
2. Les cotes marginales du ms. (fol. 12 r°) sont les suivantes, au sujet de cette rubrique : *Acordo de pontem in abbatem Anianensem et abbatem Gellonensem* (écriture du xve-xvie siècle) ; — *Constructio pontis facta a duobus abbatibus Aniane et Sancti Guillelmi* (écriture du xviie-xviiie siècle). — Le pont qui fut construit par les abbayes d'Aniane et de Gellone a été depuis remanié et élargi, mais il n'a pas cessé d'exister, et il sert au passage de la route qui réunit Aniane avec Saint-Jean-de-Fos. Aniane, ch.-l. de c., arr. Montpellier (Hérault) ; — Gellone, auj. Saint-Guilhem-le-Désert, cant. d'Aniane, arr. Montpellier, est situé dans les gorges de l'Hérault.
3. Le texte de l'*Hist. de Lang.* donne après ce mot : *monasterii Sancti Salvatoris, et monachos...*, le texte du Cartul. : *et monachis*.

ch[o]s ejusdem loci, de ponte(m)[1] quem fecerunt super fluvium qui dicitur Eraur [2], in loco nominato Gurgo nigro [3], in presentia monachorum, id est, Elisiarii et Gifredi et Constantii, et in presentia monachorum Gellonensium, id est Deusde [4] et Geraldi et Barnardi et Wilelmi et Hugonis et Hildenonis et Gauzfredi, clericis (sic), et in presentia laicorum hominum, id est, Raimundi de Gignacho [5] et Lautardi de Nibiano [6] et Geraldi Richardi et Barnardi Golfaldi et Poncii Carbonelli [7]. In eorum presentia, talem convenientiam suprascripti abbates et monachi illorum inter se fecerunt [8], ut abbas Poncius et monachi illius pertractum faciant [9] ad pontem, id est, de lign[o] et de petris et de calce et de arena et de ferro et de plumbo et de cordas (sic). Et quando pertractum Poncius abbas et monachi illius habuerint factum, debet facere abbas Gauzfredus[10] et monachi illius medietatem de ponto (sic), et redemptionem dare ad magistrum[11]. Istam convenientiam suprascriptam Poncius abbas et monachi illius *atendrau*[12], si cum[13] episcopo Fredolone *trobar o podun*, sine

1. Le ms. offre bien ici la lecture *pontem* au lieu de *ponte*.
2. L'Hérault, né dans le département du Gard, après avoir coulé à travers une série de gorges pittoresques, entre dans la plaine en aval du pont en question, pour se diriger ensuite vers Gignac, Saint-Thibéry et Agde.
3. Le Gouffre Noir, gouffre dans le lit de l'Hérault, en amont de Saint-Jean-de-Fos, en aval du moulin de Clamouse. Le village de Saint-Jean-de-Fos s'est appelé Saint-Jean-du-Gouffre-Noir : « ecclesiam seu parrochiam... S. Johannis de Gurgite Nigro. » (Voy. le Cartul. de Gellone, éd. Alaus, Cassan et Meynial, p. 18.)
4. Et non *Deusdet* (éd. Hist. de Languedoc).
5. Gignac (ch.-l. de c., arr. Lodève, Hérault) est une commune limitrophe de celle d'Aniane.
6. Nébian, com. du cant. de Clermont-l'Hérault, arr. Lodève.
7. *Carboneldi*, d'après le ms., corrigé par exponctuation en *Carbonelli*.
8. Le même texte reporte fautivement *fecerunt* après *convenientiam*.
9. Et non *facient* (même texte). — *Pertractus*, transport.
10. Ce nom manque dans ledit texte.
11. Voy. *supra*, p. 103, le texte XXVIII, relatif à la construction de l'abbatiale de Conques, pour l'emploi du terme *magister*, que nous trouvons de nouveau ici dans ce texte du Languedoc. *Redemptio* a le sens classique
12. Le ms. donne *atendrau*, corrigé par une exponctuation et une addition supralinéaire en *atendran*.
13. Ce membre de phrase assez obscur paraît signifier que les moines d'Aniane observeront la convention de bonne foi, s'ils peuvent arriver à s'arranger avec Frédelon, évêque de Lodève (diocèse où était situé Gellone, tandis qu'Aniane se trouvait au diocèse de Maguelone). L'évêque Frédelon serait à inscrire sur la liste épiscopale incomplète de Lodève, entre 1033 et 1042 environ.

do[l]o [1]. In ponto (sic) autem, non habeat ecclesiam, neque castellum, neque nulla *forteza*, excepto ponto (sic), et nullum usum nec ullum censum Poncius abbas, nec Gauzfredus abbas, nec monachi illorum, in ponto (sic) non mittant, nec illi, nec nullus homo, nec ulla femina.

XXXI

Après 1040 — après 1060.

Origine du nom de Château-Renault. — Formation et développement de la ville de Vendôme ; fondation de l'abbaye de la Trinité ; l'église canoniale de Saint-Georges ou chapelle comtale. — Les trois groupes de constructions seigneuriales d'Amboise [2] ; reconstruction en pierre d'un donjon de bois audit lieu.

1

Chronica de gestis consulum Andegavorum, dans les *Chroniques d'Anjou*, publ. par P. Marchegay et A. Salmon Soc. hist. de France), t. I (1856), p. 125, p. 131-132.
(Cf. *Historia comit. Andegav.*, éd. cit., p. 333.)

Facta est autem praegnans, [conjux nomine Beatrix], eodem anno quo eam duxerat [Gosfridus, filius domini Castri Gunterii] ; unde hilaris effectus, statim coepit aedificare nobiliter castrum. Cum autem, ut quantocius aedificaretur elaboraret, natus est ei infans masculus. Qui... puerum nomine patris sui vel fratris, Rainaldum videlicet, vocari praecepit : castrum autem novum, ex nomine filii sui, Castrum Rainaldi [3] vocari [4] praecepit.

1. Le texte de l'*Hist. de Languedoc* donne *dolo* ; celui d'Alaus, Cassan et Meynial *dono*, comme le cartulaire ms.
2. Voy. L. Halphen, *Le comté d'Anjou au XIe siècle* (1906), p. 50, n. — Château-Gontier est aujourd'hui ch.-l. d'arr. (Mayenne).
3. Château-Renault, auj. ch.-l. de c., arr. Tours (Indre-et-Loire).
4. Cf. sur les surnoms de châteaux, Champollion-Figeac, *Droits et usages*, dans la *Rev. archéologique*, XVIe an., 2e part., p. 513-514. — Les chroniques ne nous renseignent pas souvent sur l'origine des noms de villes ; pour Laigle, en Normandie, cf. ce texte : « in oppido Richerii (quod pro *nido aquilae*, ibidem in quercu reperto, dum castrum a Fulberto fieret, Aquila dicitur » (Order. Vital, *Hist. eccl.*, t. IV, éd. A. Le Prévost, t. II, p. 295.)

Gosfridus[1] Martellus[2], filius Fulconis... aedificavit coenobium Sancte Trinitatis[3] apud Vindocinum castrum[4], mona-
chosque posuit et abbatem constituit. Causa autem aedifi-
cationis hujuscemodi exstitit. Quodam tempore, dominico die, aurora illucescente, contigit consulem una cum
uxore ad fenestram aulae, qua thalamus ejus illuminatur
versus aquilonem, faciem posuisse. Erat autem aula in
supercilio montis, ubi nunc ecclesia Beati Georgii habetur.
Burgus autem, ubi habitantium multitudo, ex latere montis contra aquilonis flamen erat; extra burgum autem, contra orientem erant pascua latissima, et in medio fons
latissimus ubi et ad quem pene universus populus castri
veniebat haurire...Ecclesia Beati Martini... prope ipsum
fontem erat[5]...Omnes autem...unum dedere consilium,
ut in ipsis pascuis ecclesiam aedificaret in honore Sancte Trinitatis, et altare ipsius ecclesiae super ipsum fontem constitueret, servos inibi congregaret qui die noctuque Deo ibi
servirent. Qui sano consilio adquiescens, coepit juxta ecclesiam aedificare officinas utiles monachis...Uxor vero ejus
aedificavit in supercilio montis ecclesiam Sancti Georgii,
canonicosque posuit, et Capellam Consulis vocari praecepit.

1. *Op. cit.*, p. 131.
2. Sur Geoffroi II Martel, comte d'Anjou, et ses constructions ou restaurations d'abbayes et de châteaux, voy. L. Halphen, *op. cit.*, notamment p 83, 88, 155, n. 3, 263, 279.
3. Sur la fondation de la Trinité de Vendôme, voy. l'abbé C. Métais,
De l'authenticité des chartes de fondation... de l'abbaye de la Trinité...,
dans le *Moyen âge*, 2° sér., t. VIII (1904), p. 1-14. — cf. L. Halphen, *Étude
critique sur les chartes de fondation...*, rec. cit., 2° sér., t. V (1901), p. 69-112;
le même, *Les chartes de fondation de la Trinité...*, rec. cit., 3° sér., t. VIII
(1904), p. 401 et s.
4. Ce texte est particulièrement intéressant pour l'histoire de la formation d'une ville au XI° siècle. Vendôme, l'*indocinum castrum*, nous offre
un exemple typique de la situation du *burgus*, du palais seigneurial avec
l'*aula*, de l'église de la Trinité, des bâtiments monastiques et des
églises voisines. Sur les agglomérations urbaines au XI° siècle, souvent
partagées entre plusieurs exploitations (cité, bourg, château) et dépourvues
ainsi d'unité matérielle (cf. Tours, Périgueux, Toulouse, Albi, Montpellier,
etc.), voy. A. Luchaire, *les premiers Capétiens*, dans l'*Hist. de Fr.* de
E. Lavisse, t. II, p. 36 et s.; voy. aussi J. Flach, *Orig. de l'anc. Fr.*, t. II,
liv. III, 1° part.
5. Suit le récit d'un passage de météores dans le ciel, phénomène qui
fut interprété comme devant amener la construction d'une église, à l'endroit où ce phénomène avait été observé.

2

Gesta Ambaziensium dominorum, op. et t. cit., p. 175.

[Après 1060]. — Erant autem tunc Ambasiae[1] tres opti-
mates, quorum nullus alii credebat fore secundus nec erat,
et quorum nullum servitium alter alteri debebat, habentes
singuli domos defensibiles : Supplicius[2], dominus turris
lapideae, et Fulcoius de Torinneio[3],… qui dominus domus
quae Mota Fulcoii dicebatur erat ; tertius erat Ernul-
fus[4], filius Leonii de Magduno, custos domus consulis, quae
vocatur Domicilium[5], ad cujus jus pars major Ambaziensis
castri pertinebat. Fulco comes, pater Martelli, Leonio de
Magduno in feodo custodiam Domicilii… olim donaverat[6].

XXXII

1041, et vers 1065, Toulouges, près de Perpignan.

*Constitutions de paix et de trêve édictées par le concile
réuni en ce lieu[7], pour la province ecclésiastique de*

1. Amboise, ch.-l. dec., arr. Tours (Indre-et-Loire). — Cf. Chevalier, *Rép.
top.-bibl.*, I, col. 90, v° Amboise ; voy. surtout *Amboise, le château, la ville
et le canton* (Soc. archéol. de Touraine, 1897, p. 10 et s., fig.).
2. « Fecit Sulpitius, dominus Ambasiae, apud Ambasiam, turrem
lapideam, tam altam quod exinde posset videre Turonis villam et ecclesiam confessoris » *Hist. de Fr.*, t. X, p. 283.) Cette tour de pierre, qui
devait être d'une hauteur considérable, avait remplacé un donjon en bois :
« Supplicius Ambaziaco, in loco ubi domus praedicti fratris lignea
erat, arcem lapideam… construxit… Cum turre Ambaziae lapidea… » (*Gesta
Ambas. domin.*, p. 169.) Cf. à propos de la tour d'Amboise, sous le comte
d'Anjou, Foulque Rechin (1067-1109) : « cellarium, quod sub thalamo
turris erat » (*Gest. Ambaz. domin.*, dans les *Chroniques d'Anjou*,
p. 181).
3. Foulque de Torigni. — La Motte-Fulcois.
4. Ernoul, fils de Léon de Meung, gardien du palais comtal.
5. C'est le château du palais du comte, plus avancé que la tour proprement dite : « *porrectius turre* ».
6. Voy. Flach, *Orig. de l'anc. Fr.*, t. II, l. III, ch. X, p. 352-353, pour ces
événements et ces constructions de trois seigneurs qui se partageaient
alors la ville d'Amboise (*castrum Ambaziacense*), sous la suzeraineté du
comte d'Anjou.
7. Toulouges (cf. la forme Tuluges, Tulujes), aujourd'hui c. et arr.
de Perpignan (Pyrénées-Orientales). — Voy. Chevalier, *Rép. top.-bibl.*, II
col. 3187, v° Tuluges, pour les autres sources de ce concile.

*Narbonne (notamment pour les diocèses de Girone
et d'Elne), pour les comtés de Roussillon et de Cerdagne,
de Valespir et de Conflent, d'Ampurias et de Bésalu,
et pour le vicomté de Castelnou, relativement aux zones
de protection établies autour des églises, cimetières et
habitations voisines, aux églises fortifiées ou à fortifier,
ainsi qu'à celles servant de lieux de refuge ou de recel
aux malfaiteurs et aux voleurs ; mesures de protection
accordées aux maisons rurales, à celles des clercs, aux
colombiers, aux granges à pailles, etc.*

1

Recueil des Hist. de France, t. XI, nouv. éd. (1876), p. 510.
(Cf. P. de Marca, *Marca hispanica* (1688), Append., col. 1138 et s. —
Histoire gén. de Languedoc, nouv. éd., t. V (1875), Pr. n° CLXXXVI,
p. 442.)

I. — Haec est pax [1] confirmata ab episcopis, et
abbatibus, et comitibus, nec non vicecomitibus, et caeteris magnatibus Deum timentibus, in episcopatu illo, videlicet ut ab ista die et deinceps nullus homo ecclesiam non
infringat, neque spatium, neque coemeterium, nec mansiones quae in circuitu ecclesiae sunt aut erunt, usque ad
XXX ecclesiasticos passus.

II. — Ecclesias autem illas in hac def(f)ensione non poni-
mus, in quibus castella [2] facta sunt aut erunt [3]: eas vero

1. Sur les dispositions de la paix et de la trève de Dieu, voy. L. Huberti,
Gottesfrieden und Landfrieden, I. Die Friedesordnungen in Frankreich,
1892 ; cf. A. Luchaire, dans l'*Hist. de France*, d'E. Lavisse, t. II (1900),
ch. IV, p. 133 et s. (avec des renvois bibliographiques).
2. Pour les églises fortifiées, à l'époque romane et postérieurement,
notamment dans le Midi de la France, voy. Enlart, *Manuel d'archéol.
franç.*, t. II, Archit. mil., p. 545 et s., avec de nombreux exemples pris
dans diverses régions. — Pour ce qui concerne le Roussillon et les
anciens comtés de cette région, voy. la savante étude de Brutails, *Notes
sur l'architecture religieuse du Roussillon*, dans le *Bull. archéol. du Comité*, 1892, p. 606-609, § Fortification des églises : « La plupart des églises
du bas pays Roussillonnais étaient fortifiées. L'église romane, déjà forte
par l'épaisseur de ses murailles, était tout indiquée pour servir de réduit :
il suffit de quelques adjonctions pour transformer en forteresse cette
construction d'une résistance purement passive. Il importe de remarquer
que ces travaux de défense sont presque toujours de date postérieure à
l'édifice. »
3. *Aut erunt* manque dans le texte de P. de Marca.

ecclesias in quibus raptores vel fures praedam vel furta congregaverunt, vel malefaciendo inde exierunt, aut illuc redierunt, tamen salvas esse jubemus, donec querimonia malefacti ad episcopum illius aut ad sedem et conventum canonicorum ejusdem sedis prius perveniat.....

V. — Mansiones vero pagensium vel clericorum arma [non][1] ferentium, et columbaria et palearia ullus homo non incendat vel destruat.

2

Mansi, *Sacrorum conciliorum collectio*, t. XIX (1774), col. 1041.
(Cf. P. de Marca, *Concordia sacerdotii et imperii*, éd. Baluze, 1669, p. 250.)

[Vers 1065]. — I. — Haec est treuga et pax confirmata ab archiepiscopo Narbonensi, domno Guifredo[2], et a Berengario[3], Gerundensi episcopo, et a domno Raymundo[4], Helenensi episcopo, et a comitibus Russilionensium... et a domno Poncio[5], Impuritanensi comite, et a domno Guillelmo[6], Bisuldunensium comite, et a domno Raymundo[7], Cerritanensium comite, et a domno Gauzberto, vicecomite de Castronovo[8], cum caeteris magnatibus Helenensis episcopatus, in Tulugiensi prato quod est in comitatu Rossilionis...

II. — Constituerunt namque praedicti pontifices, cum consensu caeterorum nobilium, ut in comitatu Russilio-

1. [non] manque dans le texte du *Rec. des Hist. de France*, op. et loc. cit. Nous rétablissons ce mot d'après le texte de la nouv. éd. de l'*Hist.* de *Languedoc*.
2. Guifred de Cerdagne, archevêque de Narbonne, vers 1048-1079.
3. Bérenger Guifred, évêque de Girone, depuis 1050 au moins jusqu'à 1093.
4. Raimond, évêque d'Elne, déjà en fonctions en 1064, mort en 1087.
5. Pons Ier, mort vers 1079, comte d'Ampurias, région bornée par la Méditerranée, les Pyrénées, le Roussillon et le Bésalu.
6. Guilhem II, comte de Bésalu (1052 à 1095 environ), sur la Fluvia, au N.-O. de Girone.
7. Raimond, comte de Cerdagne, de 1023 au moins à 1068.
8. Castelnou ou Castelnau (c. du cant. de Thuir, arr. Perpignan) est une localité où se trouvent encore les ruines d'un vieux château.

nensi, vel Confluentano [1], vel Vallispiriensi [2], ullus homo
ecclesiam non infringat, neque cimeteria vel sacraria,
XXX passuum ecclesiasticorum in circuitu uniuscujusque
ecclesiae, nisi episcopus... propter hominem excommunicatum, aut propter suum censum...

III. — Ecclesias vero illas ubi castra fuerint constructa,
sive ubi fures vel rapaces congregaverint furta vel praedam vel malefacta, tamdiu posuerunt eas jam dicti
episcopi in defensione praedictae pacis, quousque querimonia praedictarum ecclesiarum deferatur Helenersi episcopo, et ejus judicio aut justo emendetur quod in ipsis
ecclesiis commissum fuerit, aut ab eodem episcopo ipsae
ecclesiae a defensione praelibatae pacis separentur...

VIII. — Mansiones [3] villanorum nemo incendat neque
evertat.

XXXIII

1042-1043, 4 septembre, Saint-Gilles [4].

*Constitutions de paix et de trève édictées par le concile
réuni en ce lieu, concernant, pour diverses provinces
ecclésiastiques ou diocèses, en Languedoc, Provence, Vivarais, Viennois et Dauphiné, les zones de protection*

1. Le Conflent, petit comté de cette région, ayant Villefranche pour
chef-lieu. — « L'abside romane de Corneilla-de-Conflent (Pyrénées-Orientales) et l'abside d'Annot (Basses-Alpes) forment une tour d'enceinte. »
(Enlart, op. cit., t. II, p. 552.) « A Elne, dit M. Brutails op. cit., p. 608), on a,
au xii° siècle peut-être, arasé le sommet du pignon de la façade ouest pour
relier les deux clochers par un crénelage horizontal. » Ce genre de fortification s'est continué depuis lors. Encore aujourd'hui, l'abside romane de Corneilla-de-Conflent (Pyr.-Or.) forme une tour d'enceinte (Enlart, Man. d'archéol. fr., t. II, p. 552). C'est surtout la défense des portes qui parait avoir
exigé des soins particuliers.
2. Le Valespir, autre petit comté, avec Prats-de-Mollo pour chef-lieu.
3. Les constructions rurales faites en bois, qui devaient être nombreuses à cette époque, étaient celles qui étaient le plus exposées à l'incendie et à la destruction.
4. Aujourd'hui ch.-l. de c., arr. Nîmes Gard). — Voy. l'énumération des évêques appartenant à ces régions, en tête des statuts de ce
concile. Nous y relevons notamment les prélats d'Albi, Lodève, Viviers,
Saint-Paul-Trois-Châteaux, Riez, Digne, Nice, etc.

fixées autour des églises dans les cités, dans les châteaux-forts ou dans les campagnes ; les églises fortifiées en sont exclues.

Recueil des Hist. de France, t. XI, nouv. éd. (1876), p. 513.
(Cf. P. de Marca, *De concordia sacerdotii et imperii* (1663), p. 282. — Pour les autres sources de ce concile, voy. Chevalier, *Rép. top.-bibl.*, II, col. 2707, v° Saint-Gilles.)

II. — Ecclesias[1] autem, quae intra castellum aut civitatem fundatae fuerint, aut in villis, aut in agris, illae videlicet in quibus aedificium ad debellandum non habetur, vel cum quibus seditio non exercetur, nec malefactorum excursus ad reparanda damna civilia vel communia fieri comprobatur, hanc pari consensu volunt et definiunt habere potestatem, ut nemo infra terminum XXX dextrorum[2] circa ecclesias positum quicquam rapere praesumat, nec ulli personae nocenti aut innocenti malum ingerat, nisi cum[3] ipso termino malefactor damnum intulerit[4].

XXXIV

1043-1187.

Travaux de reconstruction et d'ornementation de l'église abbatiale, du cloître et des bâtiments de Saint-Bertin,

1. Sur ce texte en particulier, cf. A. Champollion-Figeac, *Documents paléographiques relatifs à l'histoire des beaux-arts... pendant le moyen âge...* (1868), p. 245.

2. Pour ce terme, voy. le Glossaire de Du Cange (v° *Dextri*), qui en donne des exemples, tirés notamment de statuts de conciles du xi° siècle, et qui l'interprète de la façon suivante : « *dextri dicuntur passus mensurandi...* » ; par extension, ce terme de mesure a signifié un emplacement, lieu d'asile et d'immunité situé autour d'une église et dont le périmètre en est distant d'environ 30 pas.

3. Dans ce dernier membre de phrase, *cum* est une conjonction qui a le sens de *quando.*

4. Cf. sur l'extension du droit d'asile à un certain espace de terrain déclaré inviolable autour des églises : Ch. de Beaurepaire, *Essai sur l'asile religieux dans l'empire romain et la monarchie française*, dans la *Bibl. de l'École des Chartes*, t. XIV (1853), p. 351 et 373, et t. XV (1854), p. 151 et 341 ; P. Viollet, *Hist. des instit. polit., judic. et adm. de la France*, t. I, (1890), p. 402-404. Les terrains inviolables, appelés *dextri, salvitates, immunitates, dotes,* étaient généralement délimités par des murs ou des croix. — Ces prescriptions furent remises en vigueur par un autre concile tenu à Saint-Gilles, qui a été rapporté à la date de 1036 (voy. le texte dans Labbe, *Concil.*, t. IX (1672), col. 1082).

près de Saint-Omer, entrepris par les soins des abbés de ce monastère. — Autres travaux d'art en pierre et en bois, et d'hydraulique (aqueduc et moulins), exécutés sous la direction desdits abbés ; couverture de plomb de la plus grande partie de l'église abbatiale ; reconstruction en pierre d'un pont sur l'Aa.

Cartulaire de l'abbaye de Saint-Bertin[1], dans les *Doc. inéd.*, coll. des *Cartulaires de France*, t. III, éd. B. Guérard (1840), p. 179-180, 189, 200, 275, 336-337, 340, 341 et 346. — *Appendice* au même *Cartulaire* (*App. ad Cartularium Sithiense*, publ. par Fr. Morand, dans les *Doc. inéd.*, 1867, p. 93 et 104.

[1043-1065]. — Bovo[2] abbas ... liberali litterarum scientia eruditus... inter cetera virtutum suarum opera preclara, ecclesiam hujus loci, incendio concrematam, a fundamentis reedificare cepit ; sed, quanquam magna ex parte sublimatam, morte tamen preventus, imperfectam reliquit. In cujus restauratione basilice adeo ei gratia divina astitit ut, sub capitaneo altari, dum illud everteret, corpus sanctissimi patris nostri Bertini, ubi, a beato presule Folquino[3] reconditum, ducentis et eo amplius annis latuerat, reppererit...

[1065-1081]. — Heribertus[4] abbas basilicam, a predecessore suo domno abbate Bovone inceptam, ipse maceriis exterioribus, testudine arcuata, piramidibus innixa trabibus, laquearibus tectorumque culminibus honorifice consummavit ; in cujus medio coronam invise estimationis, auro argentoque fabrefactam, desuper a laquearibus suspendit...

[1081-1095]. — .. Ignis[5]... appulsus omnem locum istum enormitate sui circumvallat... Et quoniam adhuc arundinea

1. Voy. H. de Laplane, *Les abbés de Saint-Bertin, d'après les anciens monuments de ce monastère*, Saint-Omer, 1854.
2. P. 179.
3. Saint Folquin, évêque de Thérouanne. — Pour la critique de ce passage, voy. Fr. Morand, *op. cit.*, p. xvii. — Cette découverte aurait eu lieu le 16 juin 1050 (de Laplane, *ibid.*)
4. P. 189.
5. P. 200.

tectura, in igne(a) facile in cineres redigenda, pars nove basilice tegebatur, ea arrepta ab igne, cum subjecta lignorum
materie, et cum prope stante ardua turre, cum omnibus adja-
centibus officinarum edibus, monasterium quoque Sancti
Petri, a venerabili viro Alquero, hujus loci monac(h)o, a fundamentis inceptum, tuncque noviter consummatum, igneo
vapore liquantur,... Tam gravis infortunii incommodo... abbas
Johannes[1] attractus... de reedificatione tractare non distulit. Fratribus interim divo expositis, utpote tanto claustro
adusto, totus in opus manuum[2] accingitur, multoque
lab. re omnique conamine, bonus Christi mercenarius, in
reedificandis cenobii domatibus innititur. Adeoque... successit operum effectus ut... in pristinum, vel potius in potiorem quam prius fuerant, restitueret decorem et statum.
Enimvero, quoniam refectoria domus tociusque continia
claustri ignis pessundederat, utru[m]que ex integro repa-
rans, claustrum quidem, quanquam sumptuosis expensis, mira
arte sculptoria decoravit ; ceteraque omnia ex maxima parte
sul. imavit, ampliavit, et teotorum culminibus, Deo gratias,
consummavit....

Postea[3] vero, quod nemo se visurum putavit, multo
sumptu molendina[4] infra ambitum curtis edificare cepit nos-

---

1. Jean Ier d'Ypres, abbé de Saint-Bertin. Sur son activité au point
de vue de la décoration artistique (sculpture et peinture, voy. l'extrait
publié par Fagniez, Doc. relat. à l'hist. de l'industrie... en France. Préf.,
t. I (1808), p. 67, n° 190, d'après Folquin, Cartul. de Saint-Bertin, éd.
Guérard, p. 207, n° xxxiii; cf. Préf., p. LII : « Ligneas quoque imagines
auro et argento cum lapidibus fabrili arte superiectas, dextra levaque
capitaneo crucis statuit... »
2. Nous avons déjà rencontré dans nos textes des exemples du travail
manuel des abbés.
3. P. 275.
4. Déjà, vers la fin du xie siècle, l'abbé Odland, qui avait établi sa résidence à Arques, sur l'Aa (aujourd'hui c. du cant. sud et arr. de Saint-
Omer), « fit construire des moulins qui furent les premiers du pays.
Avant lui, le cours naturel de l'Aa n'avait point encore été modifié par la
main de l'homme ; les branches de cette rivière appelées Meldicks serpen-
taient à un même niveau dans les marais qui s'étendaient du détroit d'Arques à celui de Watten, et se perdaient dans les eaux de Clairmarais, en
se dirigeant vers la colline de Sithiu. L'ingénieux moine conçut et exécuta
l'utile dessein de détourner l'une de ces branches, et forma ainsi sous le nom
de Haute-Meldick le bief supérieur des moulins du château d'Arques. Plus
tard l'abbé Lambert continua jusqu'à Saint-Omer l'œuvre de son devancier,
et il fit établir les moulins de Saint-Bertin (de 1095 à 1123). » (De Laplane,

ter Lambertus ; et, contra opinionem omnium, ad effectum, sicut hodie apparet, adduxit ; aqueductum nichilom:nus subterraneum, ad commodum presentium et futurorum, omnibus officinis sui monasterii induxit. Capellam Sancte Marie, infirmantium dor..um cum claustro, dormitorium, hospitium, duas turres in fronte monasterii, pavimentum, pomeria, et nonnulla alia ad usus fratrum, in ea honorificentia, in qua hodieque cernuntur, edilicavit ad cultum Dei. Campanas pene omnes, crucem auream preciosi operis [1]... in Dei thesauros intulit... Et insuper ipsam ecclesiam maxima ex parte plumbo tegi fecit.

[1138-1163.] — ... Ignis prorumpens de parvo tugurio, ex occidentali parte Sancti Audomari, medietatem fere castri et totum monasterium nostrum, cum omnibus pene officinis, miserabiliter incineravit, anno scilicet Domini MCLII... Abbas [2] [Leonius]... ad tanti excidii dampnum recuperandum se accingens, que de edifieiis dejecta erant erigere et que angusta amplificare, que vero minus pulchra et religioni idonea erant studebat decorare et instaurare... Multi de suis elemosinis operantem juvare ceperunt, et precipue vir nobilis, Willelmus de Ypra [3], filius Philippi, fratris R. comitis, qui plus quam Yram, rex Tyri, non solum in incisione marmorum, lapidum et lignorum, Salomonen nostrum juvit, sed etiam in auro, argento, plumbo et diversis muneribus totius operis non tam adjutor quam cooperator extitit.

op. cit., p. 41 et 186). Voy. ibid. une très curieuse miniature du *Catalogus abbatum Bertinensium*, pl. 20, représentant une grande et une petite roue motrice de ces moulins établis par les soins de l'abbé Lambert. Cf. au sujet de cette œuvre, Viollet-le-Duc, *Dict. de l'arch. fr.*, t. VI, p. 101 et s., v° Moulin.

1. Suit l'indication des œuvres d'ornementation que cet abbé fit faire, et qui enrichirent les trésors de l'abbaye.

2. Léon de Furnes, abbé de Saint-Bertin. Cet extrait est tiré de l'*App.*, éd. Morand, p. 93.

3. Ypres, aujourd'hui ville de la Flandre occidentale (Belgique), à 46 kil. S.-O. de Bruges.

4. Allusion biblique au temple de Salomon.

[1171]. — Incarnationis... dominice [anno] septuagesimo primo[1]... David, Nicolai militis pater, et abbas tunc temporis de Claro Marisco[2], comite permittento et sepedicto preposito patrocinante, molitus est in villa nostra de Arkes, per terram nostram fossata et aquarum conductus facere ; et cum ab abbate et monachis nostris contradiceretur, arroganter comminatus est quod ab incepto opere nequaquam desisteret, donec illud ad finem, secundum suam voluntatem, deduceret. Verum tante arrogantie et presumptionis impatiens ultio, ut creditur, divina haud longe post subsecuta est. Nam sequenti die, predictum opus ingressus, pro libitu suo operarios de conductu faciendo docturus, in eodem loco, equo sub eo calcitrante, humi prostratrus est ; confractoque crure, qui sanus illuc advenerat, domum in lectica est reportatus, ab invasione terre nostre deinceps desistens[3]... Item sepenominatus Robertus, infra terminos parrochie nostre Broburgensis[4] basilicam fundans, mansiones et funiculos[5] possessionum colonis distribuit....

Fecit et lavatorium[6] eneum, fusoria arte sumptuose ela-

---

1. Ce passage du Cartulaire (p. 336 et 33.) est relatif à des événements qui se passèrent du temps de Godescalque, abbé de 1163 à 1177.
2. Clairmarais, près de Saint-Omer, abbaye fondée en 1128 par l'abbé de Dunes et qui devint quelques années après abbaye Cistercienne (vers 1137-1140). Voy. H. de Laplane, *L'abbaye de Clairmarais, d'après ses archives* (Saint-Omer, 1863). — Aujourd'hui, cant. et arr. Saint-Omer (Pas-de-Calais). ·
3. Cf. Champollion-Figeac, *Droits et usages*... dans la *Rev. archéologique*, xiv° an., 1858, 2° part., p. 651.
4. Bourbourg, c. et ch.-l. de c., arr. Dunkerque (Nord). Cf. la désignation suivante, datant de 1125 : « *castellaria de Broburgh* ».
5. Allusion au cordeau d'alignement (*funis, funiculus geometricus*) servant à délimiter les lots de terre et les emplacements de maisons à bâtir, d'un usage commun à cette époque. Cf. l'expression suivante : « antiquus *funis geometricalis* Francorum ». (Suger, *Vie de Louis le Gros*, XV, éd. Molinier, p. 48, à propos de la frontière de l'Epte entre la France et la Normandie).
6. *Ibid.*, p. 310 « On peut avoir une idée de ce travail, en examinant un dessin du xv° siècle sur une page du n° 755 des mss. de Saint-Omer. Ce lavoir est surmonté d'une statue équestre couronnée. Cette statue représente le roi, dont le cheval repose au-dessus d'un dauphin vomissant de l'eau à gros bouillons. Le monument est orné de figures historiques et artistiques; il a été détruit en 1761, à cause de sa vétusté et parce que les tuyaux qui servaient à alimenter la fontaine ne pouvaient plus contenir l'eau nécessaire. » (De Laplane, *op. cit.*, p. 233, n. 5.) — Cf. *ibid.*, pl. 22, du *Catalogus abb. Bertin.* Cette description aurait pu trouver place soit dans le *Dict. de l'arch. fr.* de Viollet-le-Duc, soit dans Eulart, *Man. d'archéol.*, t. II, §X.

horatum, quod, etsi quidem eo vivente nequaquam erectum, et in loco claustri ubi defuit fuit locatum; moriens tamen reliquit sumptus ad hoc perficiendum sufficienter necessarios, sicut effectus docet...

[1177-1187]. — Accingitur [1] itaque novus athleta in opus monasterii sui ; scilicet, dejecta et confracta erigere et consolidare, ab antecessoribus suis pretermissa vel neglecta supplere, et restaurare variis operibus et vestibus decôrare...

... Et, ut de opere ejus edificiali in primis loquamur, statim ut abbas est effectus, ante ingressum monasterii, pontem lapideum per flumen Agnionam [2], veteri qui jam ruinam minabatur dejecto, a fundamentis novum erexit, et sumptuoso et quasi perpetuo opere decenter consummavit. Cameram etiam, ex australi parte templo appendentem, que post incensionem a tempore Leonis abbatis adeo destructa et neglecta erat, quod vix parietinarum ibidem signa apparerent, multo decentius et melius quam antiquitus fuerat reedificavit : cui in latere, contra meridiem, cenaculum superaddidit, lignariorum arte subtiliter et venuste compactum, quod tocius curie est quasi speculum et ornamentum, estimatis tamen expensis, plus continens pulcritudinis quam utilitatis. Fecit quoque crucem ligneam, imagine Salvatoris appensa, astantibus eciam Marie, Johannis et Cherubin ymaginibus, aliisque pluribus, ad representationem dominice Passionis pertinentibus, cruci vel trabi cui eadem inherebat, miro decore affixis : que omnia, arte, sculptoria et pictoria ineffabiliter resplendentia, domus Dei ornamento sunt valde et decori [3].

1. P. 342-344. Cf. Append., p. 101. — Simon II, abbé de Saint-Bertin.
2. L'Aa, petit fleuve du Pas-de-Calais, dont une partie sert de lisière entre ce département et celui du Nord.
3. Suit l'indication du travail de sculpture du tombeau de saint Bertin. — On remarquera les précieux détails qui précèdent, sur la décoration picturale et sculpturale d'une partie de l'église de Saint-Bertin; il est très rare, en effet, d'en rencontrer de ce genre dans les textes; en ce qui concerne la poutre triomphale avec ornements et surmontée d'une croix qui séparait transversalement, à une certaine hauteur, le sanctuaire du reste de l'église ; cf. supra, le passage d'un texte relatif à la cathédrale de Coutances, où il est question de la croix suspendue ainsi dans l'église : « ante crucifixum, in medio ecclesiae » (n° XVIII, p. 77).

Ante portam [1] monasterii sui... fundamenta domus
lapidee jecit, quam suo successori in ultimis perficiendam
dimisit... Fecit item abbas iste, ex australi parte monasterii, vivarium unum [2]...

His de materialibus ejus operibus succinctim enarratis [3]...

XXXV

Vers 1015.

*Construction de l'église de Neuvy-Saint-Sépulcre [4], en
Berry, sur le modèle de celle du Saint-Sépulcre de
Jérusalem, entreprise par les soins de Geoffroi, vicomte
de Bourges.*

1

Chronicon Lemovicense, dans le Rec. des Hist. de Fr., t. XI (1876, p. 282.

Hoc eodem anno, ecclesia Sancti Sepulchri [5] fundata est
in Bituria, ad formam Sancti Sepulchri [5] Ierosolimitani,

1. La porte du monastère de Saint-Bertin servit de modèle à celle du
monastère d'Andres, près de Boulogne. Voy. *infra* les textes relatifs à
cette abbaye.

2. P. 311.

3. P. 316.

4. Cf. *supra* l'acte du 24 octobre 1036, relatif à l'église (devenue prieuré)
du Saint-Sépulcre-lez-Jaligny, fondée par Hector, à son retour du pèlerinage
à Jérusalem. — « Les dates indiquées par les chroniques, dit l'abbé Caillaud, sont faciles à concilier. Il suffit d'admettre que la construction de
l'église de Neuvy a été commencée en 1042 et terminée en 1045. » (*Notice
histor. et archéol. sur l'église de Neuvy-Saint-Sépulcre, Indre*, dans les
Mém. lus à la Sorbonne, Comité des trav. histor., Archéologie, 1860, p. 233).
Nous ferons remarquer que la date de 1015 est donnée par la chronique
d'Anjou ; c'est aussi, à très peu près, celle de la chronique de Tours. La
chronique de Tours porte ici la date de 1042. Quant à l'indication chronologique donnée par le texte d'Auxerre, elle se réfère à une période trop
indéterminée, à savoir, aux années 1039 (et non 1031, comme on l'a imprimé),
à 1049, c'est-à-dire environ à l'épiscopat de Herbert II, évêque d'Auxerre.

5. Neuvy-Saint-Sépulcre, ch.-l. de c., arr. La Châtre (Indre). — Voy.
Buhot de Kersers, *Hist. et statistique monumentale du département du Cher*,
1875 et s., t. III, p. 301, t. V, p. 352. — Cf. U. Chevalier, *Rép. top.-bibl.*, I,
col. 2097.

presente Odone Ruffo, Dolensis[1] castri domino, et Bosone, viro illustri de Closis[2], in cujus dominio situs est locus jam dictus Novicus[3], qui quondam erat de jure Girardi Viennensis[4].

2

Chronicon Turonense, ibid., p. 317.

Anno Henrici imperatoris VI et Henrici regis XV, constructa[5] est [ecclesia] Sancti Sepulchri, in Bituria, ad formam [6] Sepulchri Ierosolymae.

3

Chronicon Andegarense, ibid., p. 169.

Constructa est ecclesia Sancti Sepulchri, in Bituria, a Gaufrido, [Bituricensi vicecomite].

1. Eude de Déols, beau-frère de Geoffroi, vicomte de Bourges (voy. Raynal, *Hist. du Berry*, t. I, p. 384 ; Caillaud, *op. cit.*, p. 233).
2. Cluis en Berry, c. Neuvy (voy. ci-dessous).
3. « Ecclesiam Sancti Sepulchri de Novo Vico, quae juris ecclesiae Hierosolymitanae et censualis ejus esse videtur, huic nostro clerico Simoni commendavimus », dit le pape Grégoire VII, le 28 juin 1079, en s'adressant à Boson, fils du comte de la Marche (*Hist. de Franc.*, t. XIV, p. 636). Cf. Raynal, *op. cit.*, t. I, p. 386.
4. Il s'agit de la seigneurie de Gérard de Vienne.
5. L'idée de cette construction paraît bien avoir été suggérée à la suite de pèlerinages en Palestine qui eurent lieu quelques années auparavant, et d'où l'on aurait rapporté le plan du Saint Sépulcre. L'un des plus mémorables pèlerinages dont les chroniques nous aient transmis le souvenir est celui que fit, en 1026, Guillaume Taillefer, comte d'Angoulême, escorté de nombreux seigneurs et d'abbés : « En tempestate, Willelmus, Engolismensis comes, per Bajoariam iter cepit ad Sepulchrum Domini..... comitati sunt eum *Odoardus, Bituricensis princeps, Ricardus, Dolensis abbas...* » (d'après l'*Hist. pontif. Engolism. Adem. Cabann., Hist. de Fr.*, t. X, p. 163). Cf. Raynal, *Hist. du Berry*, t. I, p. 376-377, au sujet du pèlerinage à Jérusalem et du voyage à Constantinople (avant 1031) d'Azenaire, qui devint plus tard abbé de Massay (auj. cant. Vierzon, arr. Bourges) : « Nam olim, antequam monachi habitum susciperem, dum Hierosolymam proficiscens, apud Constantinopolim, in basilica S. Sophiae, sabbato Pentecostes, solemni interessem officio... » (Labbe, *Nov. bibl. ms.*, t. II, p. 169.)
6. Sur la forme et les dispositions de ce monument avec réfection partielle, notamment au XIIe siècle, voy. Viollet-le-Duc, *Dict. de l'arch. fr.*, t. I, p. 216 ; Quicherat, *Mél. d'archéol.*, p. 192, et fig. 85 ; Enlart, *Man. d'archéol. fr.*, t. I, p. 317 (fig. 65), Caillaud, *op. cit.*, p. 233 et s., Joanne, *Dict. géogr. et adm. de la France*, t. V, v° Neuvy-Saint-Sépulchre, vue de l'intérieur et de l'extérieur de l'église, d'après une photogr. communiquée par la Commission des monuments historiques. C'est un exemple précieux d'une rotonde pourvue de bas-côtés, à l'imitation de celle de Jérusalem, « dérivant elle-même de la tradition romaine des mausolées circulaires, dont la coupole avait commandé le plan. » (Enlart, *ibid.*).

4

Chronologia Roberti Sancti Mariani Autissiodorensis, ibid., p.308.

Hoc tempore ecclesia Sancti Sepulchri, in Bituria, constructa est ad formam Sancti Sepulchri Ierosolymae.

XXXVI

1045-1075.

Réparations faites à l'église abbatiale de Saint-Riquier par les soins de l'abbé Gervin ; construction de la crypte et placement des autels dans cette partie de l'église. — Reconstruction de l'église de Watten, près de Dunkerque ; changement de vocable de ladite église.

1

Chronicon Centulense, auct. Hariulfo [1], l. IV, c. ix et xviii, éd. Ford, Lot, 1894, p. 197 et 220-221.

L. IV, c. xi. DE MIRACULIS SANCTISSIMI RICHARII QUAE EJUS TEMPORE ACCIDERUNT. — Engelguinus quidam artifex lignarius habebatur, qui de suo artificio nostrae ecclesiae serviens ruentia tecta [2] resarciebat vel nova, si res exegisset, compte aptabat. Hic in Paschae diebus conscendit cam-

1. Sur Hariulfe, voy. *Histoire littér.*, t. XII, p. 201-217, et surtout la savante préface de l'édition de M. Ford. Lot, où l'on trouvera d'abondants renseignements bibliographiques. — Sur la crypte dédiée le 19 oct. (*dedicatio orientalis cryptae in honorem S. Mariae et s. Richarii...*), voy. *Martyrol. Centul.*, dans *Act. Sanct.*, Boll., t. VII (jun.), et Hénocque, *Hist. de l'abbaye et de la ville de Saint-Riquier* (1880), dans les *Mém. Soc. Antiq. Picardie* (Documents inéd. concernant la province, t. IX, p. 340) ; cf. sur les autels de la crypte, *ib.*, p. 341.
2. Il suffit de jeter les yeux sur la vue perspective des églises et du cloître de l'abbaye de Centula, construits à la fin du viiie siècle par les soins d'Angilbert, pour se rendre compte de l'importance qu'eurent alors et pendant deux cents ans encore, les couvertures en bois de bien des édifices (Voy. ce plan dans A. Lenoir, *Arch. monast.*, t. I, p. 27).

panas, ruptum campanae funem volens renodare, expletoque
opere revertebatur, cum ecce culminis foramen reclaudenti
deficit omne quo se anniti atque teneri suspicabatur. Ruit
ergo... Ut nescienti loquamur, ipsa fabrica templi porrectis
inantea lapidibus ex se interius semitam facit, quam ut
tutus posses tenere, podiorum munimine industria prisca
firmavit. Super hos igitur lapides homo cecidit, et Domini
pietate sancti merito ex[h]ibita, suae salutis gaudia tulit.

L. IV, c. XVIII. DE LAUDABILIBUS DOMNI GERVINI [1] ACTIS ET DE
CONSTRUCTIONE CRYPTAE. —...Cujus pia intentio nostrati patriae
multum contulit decoris profectusque, dum quae non erant
erigebantur vel quae lignis fuerant compacta(e), caemento
et lapide reficiebantur. Ipse vero circa locum commissum
satis sollicitus, veterata novare, dissipata sarcire, nunquam
facta extruere contendebat. Unde et cryptam satis insignem
condidit hodieque perseverantem, quam consecrare obtinuit ad honorem nostrae dominae Sanctae Dei genitricis
Mariae. In qua crypta, per IV quae ibi sunt altaria, ... uta
tamque gloriosa Domini Christi et sanctorum ejus reposuit
pignora... Harum ergo sacrarum reliquiarum indiculum
apponimus, ut quanta gloria sacer ille locus vigeat, posteritas queat nosse : « Titulantur in praesenti reliquiae,
quarum multitudine decoratur majus altare cryptae... »

2

Ex miraculis sancti Richarii, du même auteur, éd. O. Holder-Egger [2] dans
Mon. Germ. hist., Script., t. XV, pars 2ᵃ (1888), p. 919.

1. Indignando [3] decrevit [sacerdos, nomine Odfridus ,
sanctum illic [4] Richarium non amplius nominare, non amplius

1. Gervin I", 20ᵉ abbé de Saint-Riquier (1045-1075).
2. Sur les autres éditions de ces *Miracula*, voy. Holder-Egger, *op. et
t. cit.*, p. 915-916.
3. Il s'agit ici d'un clerc du nom d' « Odfridus », revêtu de la prêtrise,
qui, désirant fonder un prieuré à Watten, n'avait pu obtenir de l'abbaye
de Saint-Riquier des reliques qu'il sollicitait pour sa fondation d'église.
Indito abbatiale n'en ayant, paraît-il, qu'un nombre trop restreint. Les
événements dont il est ici question se passent vers 1070.
4. C'est-à-dire Watten, c. Bourbourg, arr. Dunkerque (Nord .

venerari, sed, abraso penitus nomine illius, beati nomen
Nicolai ibidem celebrari et invocari statuit. Cementariis[1]
itaque et lapidum caesoribus vel ceteris operariis, qui
eidem loco aedificando insudabant, mandavit ut omnia
quae operabantur in laudem et nomen sancti facerent
Nicolai, et non in sancti Richarii...

XXXVII

Première moitié du XI° siècle jusqu'à 1049.

*Activité déployée par Odilon, abbé de Cluny, dans toutes
les œuvres de construction, de réfection et de décoration
d'édifices religieux, entreprises sous son influence; —
ornementation de l'église et du cloître de Cluny; — diffusion des monuments Clunisiens, notamment dans l'Auvergne et le Bourbonnais, dans le royaume de Bourgogne et
en Lombardie. — Accidents survenus pendant les travaux
de construction du monastère de La Voulte, en Vivarais;
curieuse mention d'échafaudages servant auxdits travaux;
circonstances extraordinaires grâce auxquelles les constructeurs durent d'avoir la vie sauve.*

1

Vita Sancti Odilonis, auct. Jotsaldo[2], Sylviniacensi monacho, dans Mabillon, *Acta sanctorum ordinis S. Benedicti*, saec. VI, pars I°, l. I, c. XI,
p. 603-604 et 610).
  (Cf. *Acta sanctorum*, Bolland. I ,1 Januar.), c. XI, § 38-39 (en partie
seulement). — Migne, *Patr. lat.*, t. CXLII, col. 908 et 932.)

1. C'est le terme *cementarius*, ainsi qualifié ensuite, *qui praeerat
operi*, qui désigne un architecte dans le passage suivant de la susdite
chronique : « Cum moderno tempore reficeretur (ecclesia vici Credenae,
in episcopatu Tornacensi) et *cementarius qui praeerat operi* super
excelsa parietum stans fastigia quiddam operis percompleret, repente
disruptis machinis, ad terram cecidit cum aliis, et maxima pars maceriae subito desilivit, ita ut homines infra, lapides vero supra homines
corruerint. »(*Ibid.*, c. 10.)
2. Et non *Lotsalda* (*Acta sanct.*, Bolland., op. cit., p. 65). Jotsaldus,
auteur de la vie d'Odilon, et qui fut son disciple, devint chancelier de Cluny;
il est mentionné dès l'année 1032. Cet ouvrage fut composé entre les
années 1049 et 1053.

C. XI. 38. Et praeter haec interiora, fuerunt in eo
[Odilone][1] extrinsecus gloriosa studia in aedificiis locorum
sanctorum construendis, renovandis, et ornamentis undecumque adquirendis. Demonstrat hoc Cluniacus[2], suus
principalis locus, in cunctis suis aedificiis interius et exterius, praeter parietes ecclesiae, ab ipso studiose renovatus
et ornamentis multipliciter adornatus ; ubi etiam in novis-
simis suis claustrum construxit columnis .marmoreis, ex
ultimis partibus illius provinciae, ac per rapidissimos
Durentiae[3] Rhodanique cursus non sine magno labore
advectis[4], mirabiliter decoratum. De quo solitus erat
gloriari, ut jocundi erat habitus, « invenisse se ligneum et
relinquere marmoreum », ad exemplum Octaviani Caesaris,
quem describunt historiae Romam invenisse latericiam et
reliquisse marmoream[5]. Incepit etiam ciborium super altare
sancti Petri, cujus columnas vestivit argento cum nigello[6]
pulchro opere decoratas.

39. Jam vero de omnibus monasteriis suis. Quid Pater-
niacus[7], ob Dei Genitricis amorem sibi delectabilis locus !
Romanum[8] monasterium a fundo constructum ! Locus sancti

---

1. Saint Odilon de Mercœur, né en Auvergne(962), abbé de Cluny de 994
à 1049.
2. Cluny, aujourd'hui ch.-l. de c., arr. Mâcon (Saône-et-Loire). — Voy. *infra*
les textes que nous publions sur Cluny ; cf. J. Virey, *L'architecture romane
dans l'ancien diocèse de Mâcon*, 1892, p. 261. Il semble qu'Odilon laissa
moins intacte qu'on ne l'a cru l'église bâtie par Bernon et Odon, et il est
permis de supposer que les parties hautes de cette église subirent
quelques modifications, comme tant d'autres églises d'alors.
3. « Al. *Durantiae* potius *Druentiae* » (Note des *Acta sanct.*, *loc. cit.*).
4. Sur l'emploi des voies fluviales ou maritimes servant au transport des
matériaux de construction, provenant de régions favorisées à ce point de
vue par la nature ou par la main des hommes, voy. *supra* les extraits de la
Vie de Gauzlin, p. 33.
5. Cf. *supra* (p. 38) un extrait de la Vie de Gauzlin. — Suet., *Aug.*, 28.
6. Al. *jugello*. — Cf. Du Cange, *Gloss.*, v° *Nigellum*, où le passage ci-
dessus est cité. On entend par « nielle » une ornementation obtenue par
une sorte de gravure faite sur or ou argent, et remplie d'une substance
noire brune fusible, laquelle est composée de cuivre, d'argent, de plomb et
de soufre. (Voy. Théophile, *Divers. art. Schedula*, lib. III, cap. XXVI à
XXVIII.) Cf. Viollet-le Duc, *Dict. du mob. fr.*, t. II, v° Nielles, p. 231 et s.
(fig.).
7. Payerne, abbaye Clunisienne, au diocèse de Lausanne, à 42 kil. N.-N.-E.
de Neuchâtel, auj. cant. de Vaud, sur la Broye.
8. Romainmôtier, prieuré Clunisien, au diocèse de Lausanne, à 6 kil. S.-O.
d'Orbe, sur le Nizon (canton de Vaud). — Voy. Alb. Naef, *Les phases*

Victoris Genevensis [1] praeter suam antiquam et nobilem ecclesiam. Ex toto etiam suo tempore constructus Carus locus [2], Amberta [3], valde celebris ecclesia, Rivius [4], ex toto Celsinanias [5], Silviniacus [6], translata Firmitas [7], monasterium sancti Saturnini [8], apud Papiam [9], sancti Maioli [10] nobilissimus locus, et praeter haec diversarum ecclesiarum multiplex numerus! Haec omnia illius industria, suo tempore, in aedificis, in possessionibus et ornamentis amplissime dilatata creverunt. Construxit etiam, in ultimis vitae suae, in praediolo genitorum suorum quoddam monasterium, Volta [11] a revolutione aquae circumcurrentis nuncupatum, studioso opere decoratum ; quod de red[d]itibus suorum amicorum et parentum, prout potuit, ad serviendum Deo hereditavit, et competentibus libris et ornamentis decenter adornavit.

constructives de l'église de Romainmôtier (Vaud), dans l'Anseiger für Schweizerische Altertumskunde, Indicateur d'antiquités suisses, nouv. sér., t. VII (1906), p. 210 et s. (pl. et fig.) L'exploration archéologique t de 1901-1905 a permis d'étudier notamment la partie romane de ce monument historique ; pour les reconstructions et pour l'ornementation de cette église au xi° et au xii° siècle, voy. op. cit., p. 213. Cf. même auteur, Les dates de construction de l'Église de Romainmôtier (Suisse), dans le Bull. monum., LXX (1906), p. 425-452 (pl.).

1. Il s'agit de l'ancien monastère de Saint-Victor de Genève, qui passa aux mains des moines de Cluny dans la première moitié du xi° siècle.

2. Charlieu, prieuré Clunisien, dans le Mâconnais, ch.-l. de c., arr. Roanne (Loire). — Cf. Thiollier, L'art roman à Charlieu (1892); Art et archéologie dans le département de la Loire (1898), p. 22, passim, et pl. 7.

3. Ambierle, c. Saint-Haon-le-Châtel, arr. Roanne (Loire), prieuré de Cluny, au diocèse de Lyon. — Pour la forme latine Amberta, à laquelle la forme moderne Ambierle ne paraît pas répondre d'une façon très régulière, cf. les textes n°° 932, 971, 1312, etc., dans Huillard-Bréholles, Titres de la maison ducale de Bourbon, t. I (1867).

4. Rivis, éd Mabillon; Ris, prieuré de Cluny, au diocèse de Clermont, cant. de Châteldon, arr. Thiers (Puy-de-Dôme).

5. Celsinanias, forme fréquente dans les chartes, Celsinias, ms ; Sauxillanges, au dioc. de Clermont, ch.-l. de c., arr. Issoire (Puy-de-Dôme).

6. Souvigny, en Bourbonnais, au dioc. de Clermont, ch.-l. de c., arr. Moulins (Allier).

7. La Ferté-Hauterive, obéd. de Souvigny, auj. c. Neuilly, arr. Moulins.

8. Il s'agit peut-être de Saint-Saturnin en Auvergne, auj. canton de Saint-Amand, arr. Clermont (Puy-de-Dôme). L'église romane actuelle a une chapelle qui serait peut-être de la 1ʳᵉ période romane ; restes de cloître (Voy. Rouchon, Le Puy-de-Dôme..., 1901, p. 280, fig.).

9. Pavie, ville de la Lombardie, où se trouvait un prieuré de Cluny dédié à saint Maïeul.

10. Saint Maïeul, 4° abbé de Cluny, né à Avignon vers 906, mort au monastère de Souvigny le 11 mai 994.

11. La Voulte, aujourd'hui La Voulte-sur-Rhône, ch.-l de c., arr. Privas (Ardèche).

2

Complément de la même Vie, l. II, c. XX, dans Sackur, *Handschriftliches aus Frankreich*, publ. dans le *Neues Archiv.*, t. XV (1890), p. 118.
(Cf. Mabillon, *op. et t. cit.*, p. 619. — Migne, *Patr. lat.*, t. CXLII, col. 932.)

C. XX. DE CEMENTARIIS SANATIS. — Cum quodam tempore apud monasterium suum, quod Volta nominatur, moraretur, et murus aecclesie adhuc i[m]perfectus consummaretur, contigit ut quadam die, dum ministri operis operi complendo insisterent, deambulatoria [1] ubi stabant, retortis [2], cum quibus ligata erant, ex nimia vetustate ruptis, deorsum ruerent. Cum quibus etiam caementarii ex altitudine muri ad terram ceciderunt, et collisione membrorum [3] paene exanimes sub oculis omnium effecti sunt. Interea tumultus multus fit hominum, ingens clamor ad ipsum fit

1. Si l'on a signalé le sens du mot *deambulatorium* appliqué à une galerie de cloître monastique (Voy. Du Cange, *Gl.* et *supra*, p. 30, n.1), il n'en est pas de même de la signification de ce terme telle qu'elle ressort de ce texte (cf. *supra*, p. 37, dans la Vie de Gauzlin, *ambulatorium vimineum*). *Deambulatorium* a eu aussi la signification d'échafaudage permettant de circuler le long des constructions qu'on élève, formant ainsi un passage pour les ouvriers qui travaillent et le maître qui les surveille. Viollet-le-Duc et Quicherat n'ont pas connu ce sens technique ni les rapprochements auxquels il donne lieu. Il nous paraît s'appliquer ici à un échafaudage suspendu. Quand l'échafaudage n'était pas montant de fond, on pouvait le suspendre, par exemple, à un mur circulaire en construction, au moyen de chevrons engagés dans des trous de boulins et soulagés par des liens portant dans des trous inférieurs, « le constructeur établissant ainsi, en même temps qu'il élevait sa bâtisse, un chemin en spirale dont l'inclinaison peu prononcée permettait de monter les matériaux sur de petits chariots tirés par des hommes ou au moyen de treuils placés de distance en distance. » (Viollet-le-Duc, *Dict. de l'arch. fr.*, t. V, art. Echafaud., p. 105 et fig. 1.)
2. *Retorta* signifie lien qui rattent les pièces de l'échafaudage, lien de bois, souple et pliant ; détail intéressant à noter. Ce texte assez précis aurait pu figurer dans Du Cange, où nous lisons v° *Retorta* : « superior virga qua sepes continetur ac vincitur, nostris *riorte*... a quodam collo ejus invexo circulo ligneo. »
3. Le ms. lat. 5296°, qui provient du fonds de Thou, ne contient pas ce chapitre de la vie d'Odilon ; il n'en est pas de même du ms. lat. 13769, du fonds Saint-Germain. Mais tandis que ce dernier s'arrête au mot *collisione membrorum*, un autre ms. lat., le n° 18304, donne l'ensemble du chapitre qui avait échappé à Aug. Molinier dans sa collation dudit ms., et non au E. Sackur, qui l'a reconnu et publié pour la première fois dans le *Neues Archiv.* (*loc. cit.*), en complétant ainsi le texte de Mabillon (reproduit par Migne), lequel avait utilisé les mss. des fonds de Thou et de Saint-Germain. Le ms. lat. 18304, qui provient de Saint-Martin-des-Champs, daterait du xi° siècle (Sackur, *op. cit.*, p. 117).

coelum, et de periculo virorum non minimum videres planc-
tum. Erat autem vigilia [1] natalis precursoris Domini, et vir
venerabilis Odilo in quodam, se radens, sedebat secretario,
cum ecce rumor dam(p)natorum operariorum ante eum venit,
et ipse sine aliquo strepitu, donec exoccuparetur, silentium
super hoc facere coegit. At ubi illud perfectum est, citius
surgens ad (a)ecclesiam cucurrit, proprium altare cum
reliquiis tulit, ad homines in terra jacentes accessit, signum
sanctae crucis cum reliquiis desuper fecit, orationem
complevit et sic recessit. Mira dicturus sum, sicut in
veritate testantur qui praesentes fuerunt, monachi scilicet
et alii veri religiosi : illo recedente, qui videbantur de vita
et sanitate desperati subito surgunt, deambulatoria erigunt,
opus verum arripiunt, et tanquam ni (c)hil mali passi essent,
usque ad finem diei opus debitum [2] concludunt.

3

Alia Vita, auct. b. Petro Damiano, c. XV, §32, dans *Act. Sanct.*, Bolland., I
(1 Januar.), p. 78.

C. XV. § 32. Monasteria scilicet nonnulla a fundamentis erexit ; alia vel jam semiruta, vel ruinam forte
minantia reparavit ; dilatavit illis praedia ; nonnullis etiam
insignia contulit ornamenta. Quae vero monasteria nova
condiderit, quibus parietina tantum et sarta tecta [3] collatis
sumptibus instauraverit, enumerare per ordinem idcirco
postponimus [4]... praesertim cum in ipsis vivis operibus
gestorum fidem multo clarius experiantur oculi, quam
ullo sermone valeant narrari...

1. La fête de la Nativité de saint Jean-Baptiste a lieu le 24 juin.
2. Il s'agit très vraisemblablement de maîtres d'œuvre et de maçons
laïques dont la main-d'œuvre avait été louée, et qui devaient exécuter pour
le monastère un travail fixé d'avance.
3. Cette expression empruntée à la latinité classique, ainsi que nous
l'avons déjà reconnu, a ici un sens littéral et elle paraît devoir s'appliquer
strictement à la couverture des édifices (*tecta*), par opposition aux constructions de murs (*parietina*). En fait, la réparation ou la transformation
des couvertures de monuments devait souvent entraîner celle des murs qui
les supportaient.
4. Sur ses visites de monastères, voy. *ibid.*, cap. XV, § 49 : « Decreverat
post haec ut monasteria sua et cellas circuiret, fratres visitaret... »

XXXVIII

Second quart du xi° siècle, avant 1049.

Coutumes de Cluny, dites de Farfa (abbaye de l'ordre de Cluny), rapportées de France en Italie par le moine Jean: statuts relatifs au plan, aux dimensions et à la décoration de l'église principale, ainsi que des chapelles et des divers bâtiments conventuels dudit ordre.

Consuetudines monasticae, 1, Consuetudines Farfenses¹, rec. Bruno Albers (1900), lib. II, cap. 1, p. 137-159, cap. XLIII, p. 176 ; lib. I, cap. LIII, p. 44, et cap. LVI, p. 54.
(Cf. Mabillon, *Annales ordinis S. Benedicti*, IV, lib. LIII, p. 207. —

1. Voy. l'ouvrage d'E. Sackur, *Die Cluniacenser in ihrer kirchlichen und allgemeingeschichtlichen Wirksamkeit bis zur Mitte des XI⁰⁰ Jahrhunderts*, 1892. Sur Hugues de Farfa, voy. op. cit., t. I, p. 350 et s., t. II, p. 8-10, 196-197 ; sur Farfa, voy. t. I, p. 58-60, 104, 105, 111, etc. — Cf. Jardet, *Saint Odilon, sa vie, son temps, ses œuvres* (962-1049), Lyon, 1898. — Pour suivre la description détaillée des statuts qui suivent, voy. les plans d'édifices monastiques joints à l'*Architecture monastique* de Lenoir, à l'*Abécédaire* de Caumont (*Architecture civile au moyen âge*), au *Dictionnaire raisonné* de Viollet-le-Duc, au *Manuel d'archéologie française* de M. Enlart ; voy. aussi les pl. du *Monasticon gallicanum*, publ. par Peigné-Delacourt.
Farfa, près de Spolète (Ombrie), dans l'Italie centrale. — On sait que la constitution monastique désignée communément sous le nom de Règle de Cluny ne nous est point parvenue dans un seul et même texte. Outre l'*Ordo Cluniacensis* rédigé dans la seconde moitié du xi° siècle par le moine français Bernard, à une date encore indéterminée, outre les coutumes de Cluny dites *Antiquiores consuetudines Cluniacensis monasterii*, écrites par le moine allemand Ulrich, dans le dernier quart du xi° siècle, il faut tenir compte des *Consuetudines Farfenses*, dont la rédaction appartient à une époque antérieure à celle de la compilation du moine Ulrich. Ces coutumes dites de Farfa sont parvenues jusqu'à nous dans des mss. qui sont conservés en Italie, notamment le Cod. Vat. 6808 et un ms. de Saint-Paul-hors-les-Murs (voy. Bruno Albers, op. cit., p. VII), ce dernier beaucoup moins complet que le ms. du Vatican. Cité et utilisé par Mabillon, le Cod. Vat. 6808 n'a malheureusement pas servi de base au texte publié par Marquard Herrgott, sous le titre de *Guidonis disciplina Farfensis*, dans sa *Vetus disciplina monastica* (1726). L'édition du P. Bruno Albers, que nous remercions de son obligeance personnelle, a complété en partie une lacune regrettable. Toutefois nous ne sommes pas d'avis de placer l'époque de la composition de ces cout... res vers les premières années du xi° siècle, mais bien dans le second quart de ce siècle. Odilon était alors placé à la tête du célèbre monastère de Cluny : « ad Galliarum studia venerabilium coenobiorum Cluniacensium, ubi venerabilis *pater O* e dilo velut lucerna radians adhuc fulget » (p. 2). Or, l'on sait que l'administration d'Odilon s'étendit entre les années 994 et 1019. C'est donc au plus tard vers le milieu du xi° siècle que s'étendrait la période de composition de nos Coutumes. Mais d'autre part il ne faudrait guère remonter plus haut que l'année 1030 dans l'abbatial

Herrgott (Marquard), *Vetus disciplina monastica* (1726), reprod. par Migne, *Patr. lat.*, t. CL, col. 1193 et s. — Bethmann, dans *Mon. Germ. hist.*, Scriptor. t. XI (1854), p. 544 et s.)

1

[DE POSITIONE SEU MENSURATIONE OFFICINARUM[1].]

Ecclesia[2] longitudinis CXL pedes habeat[3], altitudinis XL et tres ; fenestrae[4] vitreae CLX — Capitulum vero[5] XL et V pedes longitudinis, latitudinis XXX et quatuor[6]. — Ad orientem[7] fenestrae[8] IIII, contra septentrionem tres. — Contra occidentem XII balcones, et per unumquemque duae columnae affixae in eis[9]. — Auditorium[10] XXX pedes longitudinis[11] ; camera vero nonaginta pedes longitudinis. —

d'Odilon : en effet, nous trouvons dans le ch. LXIII, p. 205, la mention des obits de l'empereur Conrad et de l'abbé Hugue de Farfa, ce qui nous reporte à cette année 1039 ; ainsi, ce serait entre les années 1039 et 1049 environ qu'aurait eu lieu la susdite rédaction. Il n'est pas douteux que la paternité des *Consuetudines Farfenses* doive être revendiquée en faveur de Cluny, cf. Schuster, *L'abbaye de Farfa et sa restauration au XI° siècle sous Hugues I°*, dans la *Revue Bénédictine* de 1901, p. 17-35 et 374-402).

1. La rubrique de ces statuts est dans Herrgott : *De positione seu mensuratione officinarum* ; elle est ainsi conçue dans Mabillon : *Officinarum regularium mensure* Ils sont désignés de la façon suivante dans « l'Index capitum » (p. XX) de l'édition du P. Bruno Albers : *Descriptio Farfensis monasterii*. — Cf. pour l'expression *positio officinarum*, le passage suivant de la lettre d'envoi du plan de Saint-Gall (vers l'an 820) à l'abbé Gozbert : « Haec tibi... de *positione officinarum* paucis exemplata direxi » (A. Lenoir, *Arch. monast.*, t. I, p. 24.). — La Chronique du Mont Cassin (éd. Wattenbach, *Mon. Germ. hist.*, Script. t. VII, 551-844), qui contient la description des constructions et embellissements dus à l'activité de l'abbé Didier (1058-1087), donne le détail intéressant d'un certain nombre de mesures adoptées pour les monuments de ce célèbre monastère.

2. *Ecclesiae* Vat. On remarquera le peu d'élévation relative de cette église. Un autre type d'église, celle de Saint-Bénigne de Dijon, n'atteignait pas 16 mètres dans la grande nef, et n'en avait que 20 sous la coupole de la croisée (cf. Chomton, *Hist. de l'église Saint-Bénigne*, p. 101).

3. *habeat* Mab. manque dans Vat. et Herrg.

4. *fenestras vitreas* Mab., puis vient dans Mab. le § Galilaea. Ce § et les suivants sont dans Mab. d'après l'ordre ci-après : « Sacristia, Oratorii S. Mariae, Dormitorium, Capitulum, Auditorium, Calefactorium Refectorium, Coquina regularis, Cellarii, Aelemosynarum, Infirmis sex cellae, Juxta galilaeam. »

5. *vero* manque dans Herrg. et Mab.

6. *habeat* après *quatuor* Mab.

7. *oriente* Vat., *orientem* Mab.

8. *fenestras* Mab.

9. *afixe in eis duae columnae* Vat.

10. Ce terme existe aussi pour désigner une partie des logis épiscopaux : « in *auditorio* suo quod est ante introitum oratorii episcopalis » (Chartres, vers 1131, *Cartul. de Josaphat*, p. 100).

11. *longitudinis* manque dans Mab.

Dormitorium [1] longitudinis CLX pedes, latitudinis XXX
et IIII ; omnes vero fenestrae vitreae [2] quae in eo sunt XC
et septem, et omnes habent in altitudine staturam [3] hominis,
quantum se potest extendere usque ad summitatem digiti,
latitudinis vero pedes II et semissem unum ; altitudinis
murorum XX et tres pedes. — Latrina [4] LXX pedes longitudinis, latitudinis XX et tres ; sellae XL et quinque in ipsa
domo ordinatae sunt, et per unamquamque sellam aptata
est fenestrula in muro altitudinis pedes II, latitudinis
semissem unum, et super ipsas sellulas compositas struem [5]
lignorum, et super ipsam [6] constructionem lignorum factae
sunt fenestrae X et VII, altitudinis tres pedes, latitudinis
pedem et semissem. — Calefactorium XX et V pedes latitudinis [7], eademque mensura longitudinis [8] ; a janua ecclesiae

1. Mab donne : *Dormitorium longitudinis CLX pedes habere debet, latitudinis XXXIV, fenestras vitreas XCVII, quarum altitudo tanta sit ad mensuram hominis, quantum se potest extendere usque ad summitatem digiti ;
latitudo duorum pedum cum uno semisse ; altitudo murorum, pedum XXIII.*
Ce mode de mesure empirique, tiré de la taille humaine, est digne de
remarque. Venu de l'antiquité, il se continua de la fin de l'époque romaine
jusqu'aux temps mérovingiens et carolingiens, et il persista encore parfois
à l'époque romane pour l'évaluation des dimensions d'édifices. On en trouvera la preuve dans quelques-uns de nos textes.
2. La dimension de ces fenêtres avec leurs vitraux est relativement peu
considérable, ainsi qu'on peut le remarquer ; mais l'édifice n'en comprend
pas moins de 160, comme il vient d'être dit.
3. Sur cette mesure empirique, tirée de la dimension approximative du
corps humain pris dans sa plus grande extension, voy. le texte suivant que
nous avons trouvé dans le recueil des *Miracles de Notre-Dame de Chartres*,
éd. A. Thomas, lequel date des premières années du XIIIe siècle (vers 1210),
§ IX, miracle du puits de Batilly : « Qui scilicet puteus a summo usque ad
aquam tantum habebat profunditatis *quantum protensis in formam crucis
manibus et brachiis posset vir perfectus septem extensionibus mensu-
rare...* » (*Bibliothèque de l'École des Chartes*, 1881, p. 521). — Cf. le passage
de Pline l'Ancien sur le canon des proportions du corps humain considéré
en hauteur et en largeur dans sa plus grande extension symétrique (*Hist.
nat.*, éd. Jahn, VII, 17).
4. Le Vat. porte ici une rature : ce § entier manque dans Mab. Pierre le
Vénérable, au l. I, 34, 41, des *Miracula*, mentionne le même terme (*latrinae,
domus latrinarum*). Sur les latrines des logis des hôtes de l'abbaye de
Cluny, voy. *infra* les statuts qui datent de la 2e moitié du XIe siècle.
5. *strues* Vat.
6. *ipsas* Vat.
7. *latum* au lieu de *latitudinis* dans Mab.
8. Le Vat. contient cette correction : *longitudinis eademque mensura* ;
Mab. donne ici : *latitudinis XXV pedes tantumdemque altitudinis habent*,
et plus loin : *a janua ecclesiae usque ad januam calefactorii, pedes
LXXV* ; il y a *hostium* dans Vat.

usque ad ostium calefactorii pedes LXXV. — Refectorium longitudinis pedes LXXXX, latitudinis XXV ; altitudin[is][1] murorum XXIII ; fenestrae vitreae [2], quae in eo sunt, ex utraque parte octo, et omnes habent altitudinis pedes V, latitudinis tres. — Coquina regularis XXX pedes longitudine [3], et latitudine [4] XX et V ; coquina [5] laicorum, eademque [6] mensura. — Cellarii vero [7] longitudo LXX, latitudo LX pedes [8].

Elemosynarum [9] quippe [10] cella pedes latitudinis X, longitudinis LX, ad similitudinem latitudinis cellarii. — Galilea [11] longitudinis LX et quinque pedes, et duae

1. *altitudinem* Vat. et Herrg., à corriger par analogie avec *altitudinis murorum XX et tres pedes*, comme on l'a vu plus haut ; — *muri ejus alti ped. XXIII* Mab.

2. *vitreae* manque dans Mab., où l'on lit : *fenestrae ex utraque parte octo, altae sunt V ped., latae tres.*

3. *longitudinis* Mab.

4. *latitudinis* Mab.

5. *coquinae* Mab.

6. *eadem* Mab.

7. *vero* manque dans Mab.

8. *ped.* manque dans Mab.

9. *eleemosynarum* Herrg.

10. *vero* Mab.

11. *galilea*, avec la glose : [seu navis, ut vocamus]. Ce § est le second d'après l'ordre suivi par Mab., comme on l'a vu plus haut. — Sur ce terme, voy. *supra*, p. 33, n° 1, la note que nous avons jointe au texte n° IV, *in fine*, au sujet de l'abbaye de Saint-Florent-lès-Saumur. Cf. encore l'extrait suivant : « Peracta omnia, quae dicenda erant in *galilea* introcuntibus in ecclesiam ana perstrepant vel concinant. » (Bruno Albers, *Die Consuetudines Farfenses and Cod. lat. 6808*, dans les *Studien und Mittheilungen a. d. Cistero. ord.*, 1898, p. 13). F. X. Kraus s'exprime ainsi au sujet de *galilaea* dans sa *Geschichte der christlichen Kunst*, t. II (1897, p. 121 : « Die *galilaea* war eine Vorhalle, dem alten *narthex* vergleichbar ; vgl. Bernard, *Mon. consuetudines Clun.* ms. c. 34 et s. Man dachte bei der Bezeichnung an Matth. 23, 16. Vgl. Messmer, *Mitthl. d. k. k. Central-Commission* 1861, 104 ; J. Schlosser, *Klosteranlage des frühern Mittelalters*, Wien, p. 55 et s. » Au chap. XXVIII de l'Évangile selon Saint Mathieu, la Galilée est mentionnée trois fois (7, 10, 16) ; contrée de la Palestine, au N. de la Samarie et au S. des monts du Liban, elle était divisée en Galilée supérieure et en Galilée inférieure, cette dernière appelée aussi Galilée des nations ou des gentils. C'est par suite d'une métaphore, d'une extension de langage, qu'on appliqua le terme de *galilea* à l'ancien *narthex* ou portique, puis d'une façon générale, au bas de l'église où pouvaient stationner les catéchumènes, les pénitents et en général tous ceux qui, ne pouvant entendre qu'une partie des offices, ne devaient pas se trouver à l'église aux approches de la consécration. — Constatons enfin que le mot galilée est usité encore aujourd'hui en Angleterre dans le langage qui s'applique à l'architecture religieuse. « Galilée, dit l'archéologue Parker, a porch or chapel at the entrance of a church ; the term also appears sometimes to be applied to the nave or a least to the western portion of it... forming a kind of vestibule or ante-chapel. » (*A concise glossary of terms used in... roman... and gothic architecture*, new. éd., 1869, p. 116).

turres[1] sint in ipsius galileae fronte constitutae ; et subter ipsas atrium[2] est ubi laici stant, ut non impediant processionem[3]. — A porta meridiana usque ad portam aquilonariam[4] pedes CCLXXX. — Sacristia[5] pedes longitudinis L et VIII[6] cum turre, quae in capite ejus constituta[7] est. — Oratorium[8] Sanctae Mariae longitudinis XL et quinque pedes, latitudinis XX ; murorum altitudinis XX et III[9]. — [Infirmis sex cell[ul]ae deputatae sunto[10].] Prima cellula infirmorum[11] latitudinem[12] XX et VII pedes, longitudinem XXIII[13] [habet] cum lectis octo et [c]ellulis[14] totidem, in porticu[15] juxta murum ipsius cellulae deforis[16] et[17] claust[u]ra[18] praedictae cellulae habet latitudinis pedes XII. Secunda cellula[19] similiter per omnia est coaptata. Tertia eodemque modo.

1. *Duae turres sint in ipsius fronte statutae* Mab. ; *ipsius galileae in fronte constitutae* Vat. et Herrg., qui ne donnent pas *sint*.

2. « La nef des grandes églises monastiques du XI° et du XII° siècle possède dans sa fabrique même, ou par l'addition d'un avant-corps, un vestibule appelé *atrium* dans les textes de l'époque. Cet emplacement a eu une autre destination que le pronaos des basiliques primitives. Il servait à recueillir l'assistance pendant les processions, l'église, à ce moment-là, devant rester tout entière à la disposition des religieux. Nous l'appellerons *avant-nef...* » — ce qu'il ne faut pas confondre avec le *porche* — (Quicherat, *Mél. d'archéol.*, p. 461. Cf. *ibid.*, la note additionnelle de M. R. de Lasteyrie, qui contient un extrait des statuts ci-dessus.) La *galilea* est une première avant-nef et l'atrium, une seconde. (Voy. un peu plus haut la note relative au mot *galilea*.)

3. Les statuts dits de Farfa mentionnent de fréquentes processions dans l'église : voy. l'Index de l'édition du P. Albers, v° *Processio*).

4. *aquilonarium* Vat., *aquilonarem* Mab., qui est une variante préférable (cf. Vitruve, Index de Nohl, à rapprocher d'*aquilonalem*).

5. *sacristiae* Vat. ; *sacristia longitudinis L VIII pedes* Mab.

6. *habeat* Mab.

7. *statuenda* Mab.

8. *oratorii* Mab. ; dans le texte de Mab. : *sunto* après *XLV pedes*.

9. Ce § manque dans Herrgott et Vat.

10. C'est après ce § que le texte de Mab. donne les §§ Dormitorium, Capitulum et ceux qui suivent dans l'ordre indiqué dans une note précédente.

11. Manque dans Mab.

12. *latitadinis* Mab.

13. XXV Herrg.

14. *cellullis* Mab. et Herrg.

15. *porticum* Vat. et Herrg.

16. *exteriorem ipsius cellulae murum* Mab.

17. *et* manque dans Mab.

18. Mab. donne la glose : [forte *clausura*]. La forme *clausura*, que nous restituons, nous paraît possible ici, et non *claustra* que donne Bruno Albers.

19. Dans Mab., après *cellula* : *iisdem mensuris*. § *rebus constet uti tertia quoque et quarta*.

Similiter etiam et quarta. Quinta sit minor [1], ubi conveniant infirmi ad lavandum pedes diebus [2] sabbatorum, vel illi fratres qui exuti [3] sunt ad mutandum. Sexta cellula praeparata [4] sit ubi famuli servientes illis [5] lavent scutellulas [6] et omnia utensilia. — Juxta galilaeam [7] constructum [8] debet esse palatium longitudinis CXXX et V pedum [9], ad recipiendum omnes supervenientes homines, qui cum equitibus [10] adventaverint monasterio. Ex una parte ipsius domus sint praeparati [11] XL lecti [12] et totidem pulvilli ex pallio ubi requiescant viri tantum, cum latrinis XL. Ex alia namque parte ordinati sint [13] lectuli XXX ubi comitissae vel aliae honestae mulieres pausent, cum latrinis XXX, ubi solae ipsae suas indigerias procurent. In medio autem psius palatii [14] affixae sint mensae, sicuti refectorii tabulae, ubi edant tam viri quam mulieres.

In festivitatibus magnis sit ipsa domus adornata[15] cum cortinis et palliis et bancalibus[16] in sedilibus ipsorum. In fronte ipsius sit alia domus longitudinis ped. XLV, latitudinis XXX. Nam ipsius longitudo pertingat [17] usque ad sacristiam, et ibi sedeant omnes sartores atque sutores ad suendum [18] quod camerarius eis praecipit; et ut praeparatam habeant

---

1. *minori* Vat., leçon fautive.
2. *die* Vat. et Herrg.
3. *exusti* Vat. et Mab. Note de Hor.p. . . . *exuti.* « Ita legendum, non exusti, ut alius codex habet. Vide *Annal. Bened.*, t. II, p. 570, ubi habes delineationem antiquae fabricae monasterii Sancti Galli. » (Voy. dans Lenoir, *Archit. monast.*, t. I, p. 24, une reproduction de ce plan; cf. Viollet-le-Duc, t. I, p. 243).
4. Raturé dans Vat., se trouve dans Herrgott, manque dans Mab.
5. Manque dans Mab.
6. *scutellas* Herrg.
7. Glose dans Mab., après *galilaeam* [seu navim ecclesiae].
8. *structum* Mab.
9. *pedes* Vat. et Herrg.
10. *equitatu* Mab.
11. *sint praeparati* Mab. ; *sunt praeparata* Vat. et Herrg.
12. *lecti* Mab., *lecta* Vat. et Herrg.
13. *sint* Mab., *sunt* Vat. et Herrg.
14. *palatiis* Vat., leçon fautive ; *palatii* Mab. et Herrg.
15. *ornata* Mab. — Voy. infra, cap. LVI : ... Adornetur tota ecclesia cortinis...
16. *bancalibus* Vat.
17. *pertingant* Vat. ; *cujus longitudo pertingat*, Mab.
18. *faciendum* Mab., *suendum* Vat. et Herrg.

ibi tabulam longitudinis XXX ped., et alia tabula affixa [1]
sit cum ea, quarum latitudo ambarum tabularum habeat
VII pedes. Nam inter istam mansionem et sacristiam atque
(a)ecclesiam nec non et galilaeam sit cimiterium, ubi laici
sepeliantur. A [2] porta meridiana usque ad portam septen-
trionalem contra occidentem sit constructa domus longitudinis CCLXXX ped., latitudinis XXV; et [3] ibi construantur stabulae [4] equorum per mansiunculas partitas, et
desuper sit solarium ubi famuli edant atque dormiant, et
mensas habeant ibi ordinatas longitudinis LXXX ped.,
latitudinis vero IV. Et quotquot ex adventantibus non
possunt reficere ad illam mansionem quam superius diximus, reficiant ad istam. Et in capite ipsius mansionis sit
locus aptitatus ubi conveniant omnes illi homines qui
absque equitibus deveniunt, et caritatem [5] ex cibo et potu [6].
in quantum convenientia fuerit, ibi recipiant ab eleemosy-
nario fratre. Extra refectorium namque fratrum, LX pedum
in capite latrinae sint cryptae [7] duodecim, et totidem dolii
praeparati ubi temporibus constitutis balnea fratribus
praeparentur. Et post istam positionem construatur [8] cella
novitiorum, et sit angulata in quadrimodis, videlicet [9] in
prima ut meditentur [10], in secunda reficiant, in tertia dormiant, in quarta latrina ex latere [11]. Juxta [12] istam sit

1. Ici Vat. est raturé ; la phrase qui suit manque dans Mab., où le texte
reprend à : *Inter istam mansionem.*
2. *Ad* Vat., *A* Mab., leçon correcte.
3. Au lieu de : *et ibi construantur stabulae*, Mab. donne : *pro stabulis
equorum*, puis vient : *super quae sit solarium pro famulis et adventantibus
infimae conditionis.* Mab. reprend plus loin à : *extra refectorium*, omet
ce qui suit jusqu'à : *sint cryptae XII et dolia parata* ; la phrase finit
comme dans les deux autres textes.
4. C'est le plus ancien exemple, croyons-nous, de *stabula* au féminin.
5. *charitatem* Herrg.
6. *atque potum* Vat.
7. *cryptae* Herrg. (en marge *cryptae*).
8 . Dans Mab., au lieu de ces mots, la phrase commence par : *huic loco
adjaceat.*
9. *videlicet* manque dans Mab. ; *in prima*, au lieu de *prima* Mab.
10. *meditent* Vat.
11. au lieu de *latrina ex latere*, Mab. donne *loca necessaria.*
12. Mab. finit ainsi : *Inter praedictas cryptas et cellam novitiorum posita
sit alia cella, ubi aurifices, inclusores, et vitrei magistri operentur: quae
cella habeat longitudinis CXXV ped., latitudinis XXV, cujus longitudo
pertineat usque ad pistrinum, quod in longitudine habeat cum turre, quae
in capite constructa sit, LXX pedes, in latitudine XX.*

disposita alia cella, ubi aurifices vel inclusores seu vitrei magistri conveniant ad faciendam ipsam artem. Inter cryptas et cellas novitiorum atque aurificum habeant domum longitudinis CXXV ped., latitudinis vero XXV, et ejus longitudo perveniat usque ad pistrinum. Ipsum namque in longitudine, cum turre [1] quae in capite ejus constructa est, LXX ped., latitudinis XX [2].

2

ORDO SIVE USUS.

Sabbato in Palmis.

Lib. 1, cap. LIII. —... Exeuntibus [3] omnia signa sonentur : duo majora tamdiu protelentur [4] sonitizando quousque revertatur processio in galilaea[m]....

Sabbato sancto.

Lib. 1, cap. LVI. — Sabbato [5] sancto vigiliae matutinae et omnia celebrentur... Valde namque mane adornetur [6] tota ecclesia cortinis lineis atque laneis et palliis per parietes

1. *turrem* Val.
2. Voy. A. Penjon, *Cluny, la ville et l'abbaye*, Cluny, 1872; cf. notamment, p. 109 et s., le dénombrement des bâtiments de l'abbaye en 1622, à rapprocher du texte ci-dessus pour les emplacements ; p. 114, il est fait mention de l'église N.-D. de l'Infirmerie, et du plan géométrique de 1790 de l'abbaye reproduit en détail dans cet ouvrage. Cf. aussi Virey (J.), *L'architecture romane dans l'ancien diocèse de Mâcon*, 1892, p. 256-342 (avec plan). Viollet-le-Duc (*Dict. de l'arch. fr.*, t. I, p. 245 et s.', a consacré d'intéressants articles à Cluny et à son genre d'architecture, mais il a exagéré l'influence clunisienne et prétendu à tort que les plans des églises clunisiennes étaient uniformes. Voy. notamment Anthyme-Saint-Paul, *Viollet-le-Duc et son système archéologique*, 2ᵉ éd. (1881), p. 173-171.
3. Éd. Bruno Albers, p. 44.
4. Du verbe passif *protelari*, être retardé. On diffère de faire entendre la sonnerie des deux grandes cloches jusqu'au retour de la procession dans la « galilée ». — *Sonitizare*, verbe d'un emploi tout à fait rare.
5. *Ibid.*, p. 51.
6. Voy. *supra* : « In festivitatibus magnis sit ipsa domus *adornata* cum cortinis et palliis et bancalibus in sedibus »... Cf. l'extrait suivant du sermon prononcé par Adémar de Chabannes pour la commémoration de la dédicace de la basilique du Saint-Sauveur à l'abbaye Saint-Martial de Limoges (1029 ou 1030) : « Consecrata altaria sacris ornata sunt vestimentis, necnon et velis templi parietes vestiti sunt. » (Ch. de Lasteyrie, *L'abbaye de Saint-Martial de Limoges*... Pièces justif., nᵒ v).

undique. Formulas tapetia, chorum circumdent bancalia. Arcum principalem [1] magnis ornamentis instrumentis aptis pro ea re expositi ponant. Fron[ti]spicii [2] extrinsecus super januas velamen ponant eglyphinatum [3] ex picturis variis. Inprimis altaria debent ordinari... Et ante majus [4] altare in pertica suspendant et altariola atque auream coronam, eademque de capsis faciant, tabulas quidem cum imaginibus sanctorum auro textas ante arcum principalem collocent...

De portario [5] monasterii.

Lib. II, cap. XLIII. — .. Ostium [6] vero quod est inter galileam et claustra a prefato fratre cotidie mane aperiatur, et sero ante collationem claudatur...

XXXIX

Second quart du xiᵉ siècle (avant 1049) et premier tiers du xiiᵉ siècle (avant 1130),

Reconstruction de l'église collégiale de Saint-Hilaire [7] de Poitiers par l'architecte Gautier Coorland, originaire

---

1. Cf. pour l'arc triomphal, outre le plan de l'abbaye de Saint-Gall (avec les légendes) déjà mentionné, la description très détaillée et fort typique des travaux accomplis à l'église du Mont Cassin sous l'abbatiat de Didier 1058-1087; voy. *Chronicon mon. Casinensis*, éd Wattenbach, *Mon. Germ. hist.* Script., t. VII, p. 551-814, et J. von Schlosser, *Quellenbuch zur Kunstgeschichte des abendl. Mittelalters*, p. 192 et s. L'arc triomphal (*arcus principalis*) y est appelé *arcus*, l'arc par excellence, ou *arcus major*; voy. *ibid.* Schlosser, p. 205. Sur cet arc et d'autres dénominations qu'il a reçues, voy. Quicherat, *Mél.*, p. 407.
2. Le texte de l'édition de Bruno Albers donne ici *fronspicii*. Il s'agit de la façade principale. Le glossaire de Du Cange rapproche un peu vaguement ce terme *frontispicium*, qui est rare dans cette acception, du mot *fastigium*, *fastigium*, et cite un passage d'une chronique de Muratori (*Chronic. Mutin.*, t. XV, Script. rer. Italic., col. 601), où se trouve « *frontispicium ecclesiæ Beati Francisci de Assisio*. »
3. Cette forme, qui n'a guère dû être relevée, nous paraît synonyme de celle d'*anaglyphatum* (voy. le gloss. de Du Cange, vᵒ *anaglyphus*, puis *anaglyphatus*. Notre texte doit faire allusion ici à un travail en relief sur étoffe, ouvrage avec broderies de différentes couleurs, travail auquel le nom d'*acupictura* aurait pu, semble-t-il, convenir aussi.
4. *Majorem*, éd. Albers. Ce membre de phrase ne paraît pas très clair.
5. Le texte de cette même édition donne *portarario*.
6. *Ibid.*, p. 176.
7. Sur Saint-Hilaire de Poitiers, voy. notamment de Longuemar, *Essai his-*

d'Angleterre, établi dans le Poitou; participation d'Emma, reine d'Angleterre, puis d'Agnès de Bourgogne, femme de Guillaume le Grand, comte de Poitou, à ladite entreprise. — Mention des travaux faits à cette église, lors du remplacement des plafonds de bois par des voûtes de pierre ; découverte du « martyrium » de l'ancienne basilique, renfermant le tombeau de saint Hilaire.

1

Chronicon Sancti Maxentii Pictaviensis, dans les *Chroniques des églises d'Anjou,* publ. par Marchegay et Mabille (Soc. hist. de France), 1869, p. 397.

[Anno] MXLIX, kalendis novembris[1], dedicatum est monasterium sancti Hilarii Pictavensis; cui consecrationi interfuerunt archiepiscopi et episcopi circa tredecim. Extitit autem hec dedicatio admirabilis amore patroni nostri beati Hilarii. Istud monasterium magna ex parte construxerat regina[2] Anglorum per manus Gauterii Coorlandi[3]. Agnes comitissa[4], que eum jussit dedicare, plurimam partem construxit.

torique sur *l'église collégiale de Saint-Hilaire-le-Grand de Poitiers,* dans *Mém. Soc. Antiq. de l'Ouest,* t. XXIII (1859); de la Bouralière, *Notice historique et archéologique sur l'église de Saint-Hilaire-le-Grand de Poitiers,* 2° éd., extr. des *Paysages et Monuments du Poitou* (cf. la lettre de M. A. Richard à M. de la Bouralière sur l'architecte Gautier Coorland, Fontenay-le-Comte, 1891); J. Berthelé, *Recherches pour servir à l'hist. des arts en Poitou,* p. 56; enfin, la savante *étude archéologique* de M. E. Lefèvre-Pontalis, parue dans le *Congr. archéologique de France,* LXX° session (1903), p. 361-403 (pl. et fig.).

1. Sur ce texte, voy. Alf. Richard, *op. cit.,* et Lefèvre-Pontalis, *op. cit.*
2. La reine d'Angleterre citée dans ce texte est Emma, veuve d'Ethelred II, qui épousa Canut le Grand en 1017, et non pas Edith, femme d'Edouard le Confesseur, ou Adèle, prétendue femme d'Eble, comte de Poitou.
3. L'architecte Gautier Coorland figure comme témoin au bas de sept chartes de Saint-Hilaire, entre 1077 et 1090; sa famille s'était fixée au xii° siècle dans les environs de Civray. (Voy. A. Richard, *op. cit.*)
4. Dépouillée de ses biens en 1044, la reine Emma dut faire interrompre les travaux; mais Agnès de Bourgogne, troisième femme de Guillaume le Grand, comte de Poitou, fit achever l'église et célébrer sa dédicace au milieu du xi° siècle (cf. E. Lefèvre-Pontalis, *op. cit.,* p. 304). — « A mon avis, le clocher nord, les croisillons du transept et la base du mur intérieur du déambulatoire, sont les seuls débris du monument primitif qui existent encore aujourd'hui. » (*ibid.*). — Sur le plan de l'église bâtie par Gautier Coorland et ses agrandissements, voir E. Lefèvre-Pontalis, *op. cit.,* p. 371.

2

Catalogus codicum hagiographicorum latinorum, éd. Bolland, t. II (1890), p. 116-117.

In hujus operis calce decimum adhuc ponamus unum beati Hilarii miraculum, quod non adeo est antiquum quin nuper hii superessent quorum diebus est actum[1]. Cum enim sancti ejusdem basilica prius, antiquo more, testitudine supra fuisset camerata, ad tutelam ignis et compositionem operis, libuit quibusdam civibus illius temporis eam totam fieri lapideam, ac, testitudine amota, supra lapidum tegi voltura[2]. Ad quod opus effodientes fundamentum, accidit eos in altum fodere juxta sancti sepulchrum, in cujus sinistro latere [3] fenestram inferius in pariete invenerunt, ipsumque parietem, tanquam aforis in superficie luminaribus infixis vel appositis, combustum et fuscatum inspexerunt.

XL

1049, 9 mai.

Permission accordée par Léger, archevêque de Vienne, aux chanoines de l'église abbatiale de Saint-Barnard de Romans, de faire édifier deux cloîtres, l'un joignant l'église, l'autre servant à leurs demeures personnelles; cette autorisation archiépiscopale est donnée auxdits cha-

---

1. « L'auteur qui écrivait vers 1130 déclare qu'à cette époque des contemporains du miracle dont il fait le récit vivaient encore. En se reportant d'un demi-siècle en arrière, il faut admettre que l'église fut l'objet d'importants travaux de remaniement vers 1080, ce qui est exact, mais la substitution des voûtes en pierre aux plafonds de bois n'est pas antérieure au xiiᵉ siècle. » (E. Lefèvre-Pontalis, *op. cit.*, p. 365).

2. Intéressant exemple à noter; il concerne la couverture des églises collégiales, et il n'est pas fréquent. Il est certain que la nef de l'église consacrée en 1049 n'était pas voûtée : les fermes de sa charpente devaient être soulagées par des liens (Voy. E. Lefèvre-Pontalis, *op. cit.*, p. 371).

3. Ainsi ce caveau était percé d'une baie latérale.

noines, à condition que chaque maison comprise dans la clôture du monastère aurait son extrémité fermée par un bon mur.

Cartulaire de l'abbaye de Saint-Barnard de Romans, nouv. éd. par l'abbé U. Chevalier (d'après le ms. orig., f° 98, r°), 1re part., p. 106-108 (Romans, 1898); copie dans *Diplom.* de Rivaz (t. II, n° 84).

(Cf. en partie seulement : *Cartulaire de Romans,* éd. Giraud, dans l'*Essai historique sur l'abbaye de Saint-Barnard et la ville de Romans,* 1856, 1re part., n° 220, p. 194-195.)

DE DOMIBUS QUE SUNT IN CIRCUITU ECCLESIE

... Ego Leudegarius [1], sancte matris Ecclesie Viennensis archiepiscopus... concedo ecclesie Romanensis clericis, quam sanctus Barnardus condidit supra fluvium Ysaram [2]... liberam potestatem... construendi duo claustra [3], unum vero juxta ecclesiam, ubi communiter et legaliter vivant..., alterum autem ad proprias mansiones edificandas, sicut rivuli fontium decurrunt, ubi olim vivaria piscium fuerunt; sub tali convenientia, ut quicumque illorum ibi aliquam construxerit domum, extremam partem domus que ad clausuram pertinet, juxta predictos rivulos in circuitu, muro calce et (h)arena composito claudat... Hoc autem ideo facimus quoniam, peccatis facientibus, nulla illic remansit mansio, jam bis nostro tempore igne vastante omnia...

Actum Vienne, in publica synodo, feria III, luna IIII [4], VII idus maii, per manus Petri cancellarii, primo anno domini Leonis pape, Heinrici imperatoris secundi Romanorum III°, nostri vero pontificatus XVIIII [5]...

1. Léger, archevêque de Vienne, de 1030 à 1070. C'est sous son administration que le Cartulaire de Romans aurait été commencé, d'après l'introduction dudit Cart., *op. cit.,* p. VII.

2. Romans est aujourd'hui ch.-lieu de c., arr. Valence (Drôme), à 17 kil. N.-E. de Valence, sur la rive droite de l'Isère (Ysara).

3. « Un certain nombre d'abbayes ont eu deux cloîtres », dit de Caumont, sans en citer des exemples, dans son *Abécéd. d'archéol.,* Archit. civ. et mil., 3e éd. (1869), p. 46.

4. *Luna IIII :* c'est le 3e jour et non le 4e de la lune; à cette légère différence près, toutes les notes chronologiques de cette charte concourent parfaitement avec l'année 1049, observe l'éditeur du Cartulaire.

5. *Nostri vero pontificatus* XVIIII. Voici une charte qui s'ajoute à d'autres qui sont citées par l'éditeur (*Cartul.,* 33 ,n. 11), pour démontrer que Léger est monté sur le siège de Vienne en l'année 1030.

XLI

1049-1093.

*Services rendus à la cathédrale de Coutances par un char-
pentier d'Isigny, en Normandie, nommé Vital, pour la
confection des châssis de vitraux de la cathédrale; abandon
volontaire de sa personne par ledit artisan à l'église de
Coutances, dont il se constitue serf, en souvenir d'une
guérison extraordinaire obtenue par lui dans la cathédrale.*

Miracula ecclesie Constantiensis, publ. sous le titre de : *Notice sur un
traité du XII° siècle....,* par L. Delisle, dans la *Bibl. de l'École des
Chartes,* 3° série, t. IV (1848). p. 345-346.

[Quidam de parochianis de villa que vocatur Isigniacus [1],
in pago Bajocensi], confitens et flens reatum suae trans-
gressionis [2], delatus est Constantias in feretro, presbytero
comitante, distortusque intromissus est ante altare, et, licet
angustiis et clamoribus altis affectus, toto tamen corpore,
misericordia Dei praeeunte, redintegratus est, ipsa eadem
nocte quae lucescebat in dominica die. Sequenti igitur die,
quae est feria secunda [3], dominum Petrum Camerarium [4]

1. Isigny, aujourd'hui ch.-l. de c. dans le Calvados, est situé à environ
30 kil. de Bayeux et 40 de Coutances.
2. Cet artisan, qui avait fait le vœu avec d'autres paroissiens, sur l'exhor-
tation de son curé, de suivre la procession solennelle de la Pentecôte, non
jusqu'à la cathédrale de Bayeux, mais jusqu'à celle de Coutances, pour y
faire les offrandes accoutumées, avait renoncé à sa promesse, et il était
resté chez lui : « in suo corde revolvens quod Beata Maria Bajocensis et
Beata Maria Constantiensis una eademque Dei genitrix est, nec ipsam
clementiorem vel majoris esse potestatis Constantiis quam Bajocis, votum
processionis, quod fecerat, factis complere distulit, die et hora processionis domi remansit. » Mais, à la suite d'un songe, regrettant bientôt sa conduite et voulant la réparer, il s'était proposé de faire œuvre de charité : alors,
en exécutant un pénible travail de clôture rustique pour une parente très
pauvre, il avait été victime d'un très grave accident qui l'avait mis en danger de mort. — Sur l'importance qu'avaient alors les processions de la Pentecôte, voy. L. Delisle, éd. cit., p. 317-350.
3. C'est-à-dire mardi.
4. Pierre le Chambellan est celui-là même que l'évêque Geoffroi I° de
Montbray choisit pour son vicaire, et dont il y a, comme on l'a vu, un si

decanum ecclesiae et dispensatorem, petiit ut juberet dolabrum praestari, ut cum caeteris carpentariis ipse desudaret
ecclesiastico operi. Quo accepto, cum reliquis et ipsa tota
illa et sequenti septimana, prudenter et eleganter operatus
est ad fenestralia [1] vitrearum, quae capsilia [2] vocant,
quaeque illis diebus fiebant. Hoc igitur peracto, cum praedictus camerarius dignam et ampliorem sui laboris nummorum recompensationem gratis obtulisset ei, penitus
abnuit, confitens se Beatae Mariae et ipsius ecclesiae servum [3] emptitium fore, seque debere, quandiu viveret, eidem
ecclesiae capitagium proprii capitis [4] annuatim reddere.
Quod postea devotus egit longo tempore in praecipuis festis ejusdem gloriosae Dei genitricis Mariae.

pompeux éloge dans la chronique de la fondation de la cathédrale (voy.
supra, n° XVIII). L'auteur du recueil des Miracles est le fils de ce person-
nage. Il a vécu sous l'épiscopat de Geoffroi, entre les années 1049 et 1093.

1. Nous n'avons pas trouvé la forme *fenestrale* dans le glossaire de Du
Cange.

2. « Ce mot répond ici, je crois, à notre français *châssis*. Cette acception
n'est pas dans le Glossaire de Du Cange. » (Note de l'éditeur, p. 316.) Le passage où se trouve ce terme mérite d'autant plus d'attention que les anciens
textes sur les vitraux sont tout à fait rares, et que le document ci-dessus
n'a pas été utilisé, à notre connaissance. Il ne paraît pas douteux qu'il
s'agisse ici d'un *châssis de bois*, garniture primitive de fenêtre contenant
des vitraux, encore en usage, comme on le voit, pendant le xi° siècle, système de clôture auquel devait se substituer définitivement l'emploi de
tringles de métal, de filets de plomb pour monter les vitraux. On ne connaît
qu'un seul exemple de ce genre de garniture qui ait survécu jusqu'à nos jours,
celui de l'église de Château-Landon (Seine-et-Marne), que l'on a retrouvé,
noyé dans un remplissage et tombant de vétusté, lors des travaux faits à
cette église ; l'intérêt de cette trouvaille a été mis en relief par M. R. de
Lasteyrie, *Note sur un châssis de vitrail découvert à N.-D. de Château-Landon*, dans la *Rev. de l'art chrét.*, 5° sér., t. IV, 1893, p. 443-447 (2 pl.). Grâce
à la mention ci-dessus, on ne pourrait plus dire que l'usage du système de
châssis n'a pas dû dépasser la première partie du xi° siècle; son emploi n'aurait donc pas été annulé pour ainsi dire d'un seul coup par l'usage des filets
de plomb usités dans ce même siècle (voy. *Mirac. S. Bened.*, l. III, c. 2 :
« igneo fervore in vitreis jam fenestris plumbum liquari posse » ; cf. *Chron.
Casin.*, l. III, c. 27). La découverte faite dans l'église de Château-Landon a
été utilisée par M. E. Mâle, dans son étude sur la peinture sur verre en
France (*Hist. de l'art*, d'A. Michel, t. I, 2° part., p. 783). — Voy. *infra*,
le texte relatif à la pose des vitraux de l'abbatiale de Saint-Mélaine, près de
Rennes (après 1055-1066 environ).

3. A un autre point de vue, nous verrons plus loin (entre 1082 et 1106)
qu'un serf devint habile dans l'art de la peinture au point d'être choisi par
l'abbé de Saint-Aubin d'Angers pour peindre l'abbaye et y faire des vitraux
de couleur, qu'il arriva à l'affranchissement et fut fait frère convers, par
suite d'une convention avec cet abbé et en récompense de ses services.

4. Au chapitre IV, on voit pareillement qu'un riche Breton, miraculeu-
sement guéri par la Sainte Vierge, s'astreignit strictement à son service et
à celui de son église : « veniebat peragre singulis annis, reddens Beatae
Dei Genitrici et ipsius ecclesiae tributum proprii capitis. »

10

XLII

1049-1131.

Travaux de reconstruction et d'ornementation accomplis par les soins des abbés de Moissac, en Quercy, dans l'église abbatiale et dans des prieurés dépendant de leur abbaye ; très curieuses sculptures du grand cloître et du portail de l'église de ladite abbaye ; éloge de la fontaine du cloître.

Chronicon *Aymerici de Peyraco*[1], dans E. Rupin, *l'Abbaye et les cloîtres de Moissac* 1897), p. 17, n. 1, p. 66, n. 1, p. 69, n. 9, p. 350, n. 6, p. 66, n. 2, p. 73, n. 1, p. 69, n. 9, p. 70, n. 2.

(Cf. J. Marion, *L'abbaye de Moissac, notes d'un voyage archéologique*, dans la *Bibl. de l'École des Chartes*, 3ᵉ sér., t. 1 (1849), p. 120.

[1049-1072]. —... Durandus[2] in monasterio Mo[i]ssiac[i] institutus et ordinatus per... Odilonem[3], demum fuit abbas Mo[i]ssiac[i] simul et episcopus Tholosanus, et ecclesiam dicti monasterii fecit consecrari, et legitur quod predictus Durandus construere fecit dictam ecclesiam, collapsam tempore Raymundi[4], quia tempore domini Petri[5] non fuit reedif(f)icata, qui fuit destructor pocius quam constructor..., et ideo, quia predictus Durandus construxerat,

1. Aimeri fut abbé de Moissac en 1377 et mourut en 1406. — Pour les cloîtres de Moissac, voy. Viollet-le-Duc, *Dict. de l'arch. fr.*, t. III, p. 419. Voy. surtout Rupin, *op. cit.*, p. 199. Pour le portail, voy. *ibid.*, t. VIII, p. 391, et cf. pour le porche, t. VII, p. 389, fig. 21-26. Cf. Rupin, *op. cit.* (nombr. illustr.). Voy. enfin sur les sculptures de ce monument d'une importance capitale pour l'art Languedocien à l'époque romane, le récent ouvrage de M. A. Michel, *Hist. de l'art*, t. I, 2ᵉ part., la sculpture romane (par le même), p. 616 et s.

2. Durand de Bredon (en Auvergne, auj. com. du cant. de Murat, dans le Cantal). Voy. Rupin, *op. cit.*, p. 349 et suiv., pour cet abbé et les autres ci-dessous, ainsi que pour l'époque des différentes constructions de l'abbaye.

3. Saint Odilon, abbé de Cluny ; la date de 1047 est celle de l'union des abbayes de Moissac et de Cluny.

4. Raymond Iᵉʳ, abbé de Moissac de 1021 (?) à 1030. « Hujus [Raymundi] tempore ecclesia S. Petri Moyssiaci cecidit... » (*Aymerici Chronic.*, fᵒ 156 vᵒ).

5. Lisez ici « Stephani » (Rupin, *ibid.*). — Étienne, abbé de 1031 à 1047.

habuit singularem affectionem ad consecracionem ejusdem...
Et[1] ad majorem gestorum (Durandi), dominus Isquilinus[2], successor suus, fecit ipsum in claustro devotissime
per ipsum edif(f)icato, opere sumptuoso, in quadam [i]magine
marmoreo lapide ante capitulum sculpari... Dictus[3]
Asquilinus plures ecclesias et bona dicto monasterio
acquisivit, sicut in libris donacionum plenius continetur,
sicut prioratus de Senaco[4], diocesis Sarlatensis, tunc
Petragoricensis ; et dum fui ibidem, anno millesimo
CCCXCVII, perlegi fundacionem dicti prioratus per
scripturas antiquas, et reperi quod ipse Asquilinus, seu
ejus contemplacione et procuracione, et secundum formam
operis ecclesie patet quod ipse fecerit, quia de similibus
operis et scul[p]turis videtur esse artif(f)iciatum, et in portali
dicte ecclesie de Senaco est quidam leopardus[5] sicut in
portali ecclesie Mo[i]ssiac[i] sculpatus...

[1072-1085]. — Hic Hunaldus[6] debuit facere illam
subtilem et pulcherrimam figuram, ingenti artif(f)icio
factam, quae est in archa ecclesie et in capella, quia audivi
a quibusdam fide dignis quod de talibus sculpturis seu
similibus fieri fecit opus quam plurimum in monasterio
Sancti Martini Alayriaci[7], per ipsum inchoato et edif(f)icato.

[1085-1145]. — Qui dictus Asquilinus[8], [Mo[i]ssiacensis
abbas,] fecit claustrum magnum, subtili artii(f)icio ope-
ratum, dicti monasterii, et ibidem, in quadam lapide

1. *Op. cit.*, p. 66, n. 1.
2. *Alias* Ansquitilius sur les inscriptions du cloître : Ansquitilinus, *Gall.
christ.*; Asquilinus, Aquilinus, Ansquilinus, Isquilinus, *Aymerici Chronicon*. Voy. sur cet abbé, Rupin, *op. cit.*, p. 62 et s.
3. *Op. cit.*, p. 79, n. 9.
4. Prieuré de Cénac, aujourd'hui com. du cant. de Dôme, arr. Sarlat
(Dordogne).
5. Par *leopardus*, il faut entendre un lion sculpté sur la porte de
l'église, qui rappelait ceux de l'église de Moissac.
6. *Op. cit.*, p. 350, n. 6. — Hunaud de Gavarret (et non de Béarn). — Sur
ce passage, voy. Rupin, *op. cit.*, p. 350.
7. Prieuré de Saint-Martin-de-Layrac (dioc. d'Agen), auj. comm. du
cant. d'Astaffort, arr. Agen (Lot-et-Garonne).
8. *Op. cit.*, p. 66, n. 2. Voy. la note ci-dessus sur *Isquilinus*.

marmoreo ibidem, de difficilibus litteris ᴜanus ponitur operis prelibati [1] ; et credo quod ipse fecerit scribi etiam in lapide et de eisdem litteris [2] consecrationis monasterii facte de tempore domini Durandi abbatis. Dictusque Asquilinus, secundum intersignia operis, fecit fieri portale pulcherrimum, et subtillissimi operis constructum, ecclesie dicti monasterii : quod colligitur ex *scatis* [3] ibidem [sculptatis] tam in claustro quam in medio pil(l)aris magni portalis ecclesie. Nam a nomine *Asquilini* faciebat *scatos piscium* in lapidibus quibusdam sculpari. Lapidem fontis [4] magni claustri predicti fecit asportari ; et predicta opera sunt magni artif(f)icii, laboris et sumptus, sicut oculata fide possunt e[s]timari. Qui quidem lapis fontis marmoreus et lapis medius portalis [5], inter ceteros lapides harum p[ar]cium, reputantur pulcherrima magnitudine et

1. C'est l'inscription dont parle la *Gallia christiana*, t. I, col. 164. — La répétition de *ibidem* est une redondance inutile.

2. Il s'agit de l'inscription dédicatoire commençant par ces mots :
« Idibus octonis domus ista dicata decembris... »
(6 déc. 1063), qui était placée à gauche de l'autel ; voy. Marion, *op. cit.*, p. 109. — On s'attendrait à trouver dans cette phrase la forme de l'accusatif : *consecrationem factam.*

3. Le texte publié par Rupin (*ib.*) donne *sculptaris* au lieu de *sculp[t]atis.* Ce passage, mal lu et mal interprété par Marion et Laprèze-Fossat, a été revu sur l'original. L'obscurité en a été remarquée (cf. Marion, p. 220, *Brutails, L'Archéologie du moyen âge...*, p. 189, et Rupin, p. 66, n° 2). Marion a proposé la correction *scacis* et *scaco* au lieu de *scatis* et *scatos*, dans le sens d'inscriptions en marqueterie ; mais on ne voit ni dans le cloître ni sur le portail de l'église de ces inscriptions-là. Au contraire, on trouve à profusion (notamment sur la partie antérieure du pilier central du porche) des ornements imbriqués imitant des écailles de poissons, disposées, si l'on veut, en échiquier ; c'est à celles-ci que fait allusion le chroniqueur quand il dit qu'elles furent gravées tant dans le cloître que sur le pilier du milieu de la porte de l'église, à cause de la similitude de leur nom avec celui d'*Asquillinus*, le mot *squilla* désignant une sorte de poisson (cf. Du Cange, *Gloss.*). Il n'est pas nécessaire de changer le texte. Du Cange donne au mot *scatus* la signification de lèpre (*impetigo, sicca scabies*), les maladies de peau se présentant souvent sous la forme de petites écailles (cf. en patois du pays *escatos de peys*, dit Mignot). « En outre, ajoute Rupin, il n'y a rien d'étonnant à ce que l'abbé Ansquitil ait ainsi fait représenter des écailles, image de la lèpre, car il y avait dans le monastère une piscine dédiée à saint Julien..., à laquelle on attribuait la vertu miraculeuse de guérir les lépreux qui venaient s'y plonger » (*loc. cit.*). Voy. Rupin, *op. cit.*, p. 292, fig. de pilier (n° 55) à ornements imbriqués en forme d'écailles.

4. Cette fontaine n'existe plus : on sait que les cloîtres des abbayes possédaient des fontaines parfois monumentales. (Voy. *supra* notre texte sur Maguelone.)

5. Trumeau de la grande porte de l'église. .

subtil(l)i artif(f)icio fuisse constructi, et cum magnis sumptibus asportati et labore : [i] mo potius e[s]timantur miraculose ibidem fuisse [constructi], quod opere hominis, maxime unius simplicis abbatis [1]. Et [2] ideo predixi quod Deus pro ipso miraculose fuit operatus, et ex eo quod vinum, prout dicitur, semel in aquam convertit, sicut Dominus noster in nupciis architriclinii.

[1115-1131]... Sciendum est quod dominus Rogerius [3], abbas Mo[i]ssiac[i], et omnes burgenses de Mo[i]ssiaco habuerunt placitum cum Bertrando de Monte Incensi [4] dicto seculari abbate in manu comitis Ildefonsi [5]. Volebat enim ut redderent sibi ecclesiam et clocaria [6] ; quod dominus abbas et burgenses penitus contradicebant, unde post hoc legitur fuisse factam concordiam anno M° CXXX...

XLIII

Après 1050.

Fondation faite par des seigneurs d'une même famille, du monastère de Saint-Evroul d'Ouche, en Normandie ; établissement d'ateliers monastiques pour l'exercice de métiers et de différents arts dans l'intérieur dudit couvent. — Double condition indispensable pour l'emplacement d'un monastère au moyen âge.

---

1. L'abbé Ansqultil consacra de grandes sommes et le fruit de nombreuses acquisitions à la construction et à la décoration d'édifices religieux. Sous son abbatiat, il est question aussi de l'église et des clochers de l'église (*ecclesia et clocaria*). Voy. la Chron. d'Aimeri, f° 161, r°.

2. *Op. cit.*, p. 70, n. 2.

3. *Op. cit.*, p. 73, n. 1.

4. Bertrand de Montacès.

5 Il s'agit d'Alphonse-Jourdain, comte de Toulouse.

6. Mention des clochers de l'abbaye à rapprocher de celle-ci : « M° C° LXXXVIII, et tunc fuit combusta fere tota villa Mo[i]ssiac[i] et *clocaria* cum aliqua parte monasterii succensis lignisque confractis ; totum monasterium quod restavit cum omnibus hospiciis intactum remansit. » (*Aymerici Chron.*, f° 163, v°). Voy. sur ce texte Rupin, *op. cit.*, p. 82.

1

Willelmi Gemmeticensis *Historia Normannorum*, lib. VII, c. 23, dans Duchesne, *Histor. Normann. Script.* (1619), p. 279.
(Cf. Migne, *Patr. lat.*, t. CXLIX, col. 862-864.)

In illo tempore Robertus de Grentemaisnil [1], cernens mundi felicitatem in momento perire, cum fratre suo Hugone disposuit abbatiam monachorum construere..... monachusque fieri firmiter decrevit. Quod audiens Willelmus, Geroii filius, valde laetatus est, ac ad Robertum et Hugonem accedens, sic locutus est: « Audio vos, o carissimi mei nepotes, erga Dei cultum fervere, quin etiam monachile monasterium velle construere. Unde vehementer gaudeo, et me vos in hoc opere adjuturum gratanter spondeo. Sed tamen ad hanc fabricam quem locum elegistis, et quid ibidem Christo militantibus collaturi estis? » At illi responderunt: «Apud Nuceretum, juvante Deo, castrum ei stabilire cupimus et ecclesias decimasque nostras, et alia quae poterimus pro posse paupertatis nostrae dabimus. » Willelmus dixit: « Sanctus Benedictus, monachorum magister, jubet monasterium ita constitui ut omnia necessaria, id est aqua, molendinum, pistrinum, hortus vel artes diversae infra monasterium exerceantur, ne sit monachis necessitas vagandi foras, quia omnino non expedit animabus eorum..... »

Anno igitur dominicae Incarnationis millesimo quinquagesimo, indictione IV, Leone papa in sede apostolica residente, necnon Henrico II christianissimo augusto, Cononis, Saxonum ducis, filio imperante, monasterium sancti Ebrulfi [2] a saepe dictis optimatibus, Willelmo Geroiano et nepotibus

1. Grand-Mesnil, c. du cant. de Saint-Pierre-sur-Dives, arr. Lisieux (Calvados). Voy. sur le lieu et la famille de ce nom, de Caumont, *Statistique monum. du Calvados*, t. V (1867), p. 696-597.
2. Aujourd'hui Saint-Evroult-Notre-Dame-du-Bois, cant. de La Ferté Fresnel, arr. Argentan (Orne); sur l'abbaye de Bénédictins, voy. Chevalier, *Rép. top.-bibl.*, t. II, 2693.

suis, Roberto et Hugone [1] de Grentemaisnilio, apud Uticum [2] restauratum est.

2

Orderici Vitalis *Historia ecclesiastica*, l. III, c. 2, éd. A. Le Prévost, t. II 1840), p. 15-17.
  (Cf. Migne, *Patr. lat.*, t. CLXXXVIII, col. 233.)

L. III, c. 2[Vers 1050]. — Cum apud Nuceretum [3] villam suam, prope Grentemaisnilium, aedificare coenobium statuissent, jamjamque operi insisterent, ad aures Willermi, filii Geroii, avunculi sui, pervenit quod nepotes sui, Hugo et Rotbertus aedificare coenobium coepissent... Post aliquot temporis Willermus, ubi vota nepotum suorum de construenda, ut praediximus, abbatia comperit, accessit ad eos et dixit : « Videtis quia locus iste, ubi coepistis aedificare, habitationi monachorum aptus non est, quia ibidem aqua deest et nemus longe est. Certum est quod absque his duobus elementis monachi esse non possunt. Sed, si meis consiliis acquiescere volueritis, aptiorem locum intimabo vobis. Est locus in Uticensi pago, ubi quondam... Ebrulfus abbas habitavit... Illius ergo coenobium ibi

1. Le moine Hugue, restaurateur de Saint-Evroul, mourut en Angleterre en 1091; Chevalier, *Rép. bio-bibl.*, n. éd., t. col. 2304). — Cf. Orderic Vital : « Alii etiam Normannorum proceres quamplurimi, prout poterant, monachorum seu monacharum domus in diversis locis construebant. Horum exemplis Hugo de Grentemaisnilio et Rodbertus... cum apud Nuceretum, villam suam prope Grentemaisnilium aedificare coenobium statuissent, jamjamque operi insisterent... » (*Histor. de Fr.*, t. XI, p. 321). — Cf. aussi l'extrait suivant de Guillaume de Jumièges que nous trouvons dans les *Histor. Normann. scriptores antiqui* de Duchesne (1609), p. 278 : « In diebus illis maxima pacis tranquillitas fovebat habitantes in Normannia... Unusquisque optimatum certabat in praedio suo ecclesias fabricare... et, quia diximus nobiles quosque Normannorum tunc temporis in fundis suis in aedificatione monasteriorum promptissimos, libet nominatim exprimere eos qui eo tempore monasteria in eadem provincia construxerunt ». Suit l'énumération de divers monastères, parmi lesquels la Trinité de Caen (*Willelmi Gemmeticensis mon. Hist. Normann.*, lib. VII, cap. xxii : « de monasteriis quae aedificata sunt in Normannia tempore Willelmi ducis »). Il s'agit ici de Guillaume le Conquérant, duc de Normandie.
2. Ouche, nom primitif de Saint-Evroul, et qui est resté celui de la région où est située la commune de Saint-Evroul.
3. Aujourd'hui Norrey, entre Grand-Mesnil et Falaise, comm. de Coulibœuf (Calvados). Le château des seigneurs de Grentemesnil n'était pas situé sur la commune de Grand-Mesnil, mais sur celle de Norrey.

restaurate quod destructum est a paganis, ibique nimiam aquae copiam invenietis. Nemus eidem loco contiguum habeo, unde ad omnia necessaria ecclesiae sufficienter administrabo [1]. Venite et locum videte, et, si vobis placuerit, Deo ibi domum communiter aedificemus... »

XLIV

1054, 25 août, Narbonne.

Constitutions de paix et de trêve, émanées du concile de Narbonne, portant : 1° interdiction pour le Languedoc et le Roussillon de bâtir soit un château-fort, soit un édifice fortifié, à l'époque de certaines fêtes religieuses de l'année, avec chômage obligatoire, à moins que les travaux n'aient commencé deux semaines auparavant ; 2° confirmation de la zône de protection, précédemment fixée autour des églises, exception faite pour toute fortification existant à l'intérieur de ce périmètre, dans un dessein d'hostilité manifeste.

Recueil des Histor. de France, t. XI, nouv. éd. 1876, p. 515.
(Cf. Mansi, Sacr. concil. collectio, t. XIX, 1774, col. 829.)

VII. Quicumque vero, adpropinquante Quadragesimae tempore, sive Ascensionis Domini, [vel Pentecostes

---

1. L'emploi du bois dans les constructions des couvents du xi° siècle et de la période antérieure fut assurément très considérable. Voy. J. Flach, *Orig. de l'anc. France*, t. II, l. III, chap. xii, p. 143. Il est donc tout à fait insuffisant de dire avec l'éditeur d'*Orderic Vital* (*ibid.*, p. 10, n. 1) : « Le voisinage des forêts était doublement indispensable aux établissements monastiques, à cause des ressources qu'ils y trouvaient tant pour leur chauffage que pour la nourriture de leurs immenses troupeaux de porcs. » On a omis ici de mentionner l'utilité si grande de ces forêts pour les constructions.
Cf. la mention suivante relative à des concessions royales de matériaux de construction pour les religieux : « in *forestis* de Molendinis... ad edificandas domos suas et ecclesiam Sancti Laurentii, cum necesse ois fuerit ». (*Charta Henrici I*, 1121-1135, *Chartul. S. Ebrulfi*, t. I, n. 17, et t. II, n. 678 ; dans Ord. Vital. *Hist. eccl.*, éd. Le Prévost, t. V, p. 205.)
2. Pour les autres sources, voy. Chevalier, *Rép. top.-bibl.* II, col. 2072-2075, v° Narbonne.

necnon et Adventus Domini[1], qui est treugam Domini, castrum vel munitionem construere voluerit, non illi facere hoc liceat, nisi duas hebdomadas, cunctis scientibus, ante praedictum tempus incipiant...

XI. Pacem autem a nobis sive a principibus olim constitutam mandamus sive firmamus ut ab hodierna die et deinceps ecclesiam nullus hominum infringat; neque mansiones quae in circuitu ecclesiarum[2] sunt aut erunt, neque aliquid ex omnibus quae infra XXX passus sunt ecclesiae et erunt violenter auferre audeat aut praesumere..., excepta munitione, quae infra praedictos passus XXX ecclesiae sita fuerit ad concitandum bella et contentiones...

XLV

Vers 1055.

Permission de construire au lieu de Licairac, près de Carcassonne, en Languedoc, deux maisons avec emplacement déterminé, mesurant chacune six brassées en tous sens, accordée par Ponce, moine de Sainte-Foi de Conques, moyennant certaines conditions à remplir par les concessionnaires desdites maisons qui abandonnent à Sainte-Foi ledit lieu, avec son église, délimité tout à l'entour par des croix de sauvegarde.

Cartulaire de l'abbaye de Conques en Rouergue, publ. par G. Desjardins (1879), n° LXXVI, p. 71-73.

AECCLESIA DE LICHAIRAGO[3] ET DE SANCTA COLUMBA.

... In Dei nomine. Ego Poncius Bernardi et Ysarnus, frater meus, et ego Rodgerius et Sicfredus et Ame-

---

1. Le passage entre crochets manque dans dom Bouquet, *Hist. de Fr.*, loc. cit.; nous le restituons d'après le texte donné par Mansi.
2. Au sujet de l'espace réservé à dessein auprès des églises, voy. *supra* les textes n° XXXII et XXXIII.
3. Licairac, comm. de Leuc, cant. et arr. Carcassonne (Aude), à quelques kil. au Sud de cette ville.

lius, simul in unum dimittimus... domino Deo et Sanctae Fidi, et abbati suo et ejus monachis praesentibus
et futuris, ipsum montem et ipsum locum, in quo ipsa
aecclesia fundata est, quantum ipse cruces, que in circuitu(s)
ipsius montis fixe sunt, concludunt... In ipsa autem salve-
tate[1], infra ipsas cruces, dono ego Poncius, [Sanctae Fidis]
monachus, tibi Poncio Bernardi et fratri tuo Ysarno, locum
ad faciendam mansionem de sex brachiatis[2] longitudinis et
latitudinis ex omnibus partibus, inter domum et inter
ipsam curtem, cum exitu et reditu, in tali conventu ut
donetis Sanctae Fidi per singulos annos unam libram de
cera. Et iterum dono tibi Rodgerio et Sicfredo et Amelio,
juxta ipsum locum de Poncio Bernardi, locum ad faciendam domum de sex braciatis longitudinis et latitudinis
ex omnibus partibus inter domum et curtem, et donetis
Sanctae Fidi unam libram de cera per singulos annos ...

XLVI

Après 1055-1066 environ.

*Relations entre l'abbaye de Saint-Mélaine, de Rennes,
et l'abbaye de Saint-Florent, de Saumur, établies par
Conan II, duc de Bretagne, pour le relèvement du
monastère de Saint-Mélaine ; accroissement et embellissement des bâtiments claustraux, travaux de restauration et de décoration entrepris par les abbés dudit monastère. — Œuvre de la pose des vitraux de l'église abbatiale,
accomplie par le moine Valerius.*

Instauratio monasterii Sancti Melanii in suburbio Redonensi[3] (d'après un
auteur anonyme, Bibl. nat., ms. lat. 13089, fol. 39', dans les *Analecta Bollandiana*, t. IX (1890), p. 139-471.

2. [C]um olim monasterium Beati Melanii sub Tris-

1. Cf. J. Flach, *Orig. de l'anc. France*, t. II, l. III, chap. 5 (Aspects divers
de la sauveté), p. 187-189.
2. Voy. ci-dessus, p. 11, l'acte nº III (vers l'an 1000), relatif à la construction d'une habitation privée mesurant douze brassées.
3. Cette chronique a été écrite après 1125, et elle est attribuée au
xii° siècle (Voy. Molinier, *Sources de l'hist. de Fr.*, t. II, p. 69).

cando abbate et quibusdam aliis... ad summum dedecus simul et ad extremam paupertatem devenisset... dolens tandem clarissimus Conanus[1], videlicet filius Alani senioris, dux Britanniae, monasterium illud in tam gravia mala corruisse... vocavit de monasterio Beati Florentii Salmurensis[2] fratrem quemdam, Evenum[3] nomine. . eique monasterium... jam semirutum commisit. Qui, operante per eum Domino..., diligenter monasterium reparare... studuit.

3. Quo feliciter ad Dominum migrante... [abbas, frater quidam Gervasius nomine], quaecumque monachis necessaria sunt vigilanti sollicitudine eis ministravit. Quibus ne aliquid deesset, honestas quoque conspicuasque domos eis exstruxit... Et cum domibus illis erigendis sollerter indulgeret, tum maxime ecclesiae... erigendae et ornatu congruo decorand   invigilabat...

4. [E]rat aut.   tempore frater in monasterio, Valerius[4]

---

1. Conan II, fils d'Alain V, duc de Bretagne de 1040 à 1066.

2. Il existait des relations dès le xie siècle entre la Bretagne d'une part, et non seulement l'abbaye Saint-Florent de Saumur, d'autre part, mais encore celle de Saint-Martin de Marmoutier, près de Tours, témoin la donation faite en 1081 à cette dernière abbaye par le comte Geoffroy Boterel, petit-fils du duc de Bretagne Geoffroi Ier, de biens sis à Lamballe (arr. Saint-Brieuc), pour y construire un bourg, une église, un monastère : « juxta Lambalam terram ad burgum faciendum et ad ecclesiam faciendam et ad officinas monachorum faciendas. » (Mus. des arch. dép., n° 36, p. 56, d'après les Arch. dép. des Côtes-du-Nord). — Pour les relations entre la Vendée et l'abbaye de Marmoutier, voy. même Musée, p. 60, l'acte de donation de Bernard de la Roche à la dite abbaye avec le droit de construire un bourg, qui fut l'origine de la ville de la Roche-sur-Yon. Les relations entre Saint-Florent et les abbayes bénédictines de Saint-Mélaine persistèrent au xiie siècle. Etienne de la Rochefoucauld, abbé de Saint-Florent (1156), se fit enterrer dans le cloître de Saint-Mélaine : « sepultusque est apud Sanctum Melanium in claustro monachorum, in ipso ingressu oratorii, ut, sicut ipse adhuc vivens postulaverat, omnium patesceret tam intrantium quam exeuntium pedibus conculcandus. » (Hist. S. Florentii Salmurensis, op. cit., p. 308)

3. Nous trouvons dans l'Historia S. Florentii Salmurensis les renseignements suivants relatifs à la restauration de Saint-Mélaine : « Hic igitur Evennus, suscepto abbatis officio, circa locum sibi commissum tanta vigilantia desudavit ut eum, sub brevi tempore, ordine et monachis et domorum aedificiis et libris et ornamentis quam pluribus ampliaret. » Ces faits se rapportent à l'époque de l'abbatiat de Sigon à Saint-Florent (1055-1070), dans les Chron. des égl. d'Anjou, éd. Marchegay et Mabille, p. 301. Cet abbé est appelé dans une inscription de 1081 : « coenobii hujus restaurator munificus » (Ibid.).

4. La très curieuse mention de ce moine verrier n'a pas encore été signalée, à notre connaissance. Nous ignorons l'origine de cet artiste du nom

nomine, vir subtilis ingenii, et cum multarum rerum utili
peritia, operandi etiam vitreas fenestras [1] non mediocrem
habens scientiam. Quia vero monasterium . hujusmodi
fenestris necdum irradiatum erat, praedicto fratri a venerabili patre injunctum erat ut eas ingenii adhibita diligentia faceret, factas autem locis opportunis poneret,
positas vero, ne ventis furentibus impellerentur, clavis et
caemento maceriae ar[c]tius astringeret [2]. At vero venerabilis
frater praecepto beatissimi patris attentius obtemperare
satagebat...

5. [C]um autem quadam die a praedicto patre ei impera-
retur, ut in ipso fastigio parietis qui beati Melanii imminet
altari, quod a fratribus dominicum dicitur, fenestram
poneret, nobis incertum qua de causa graviter iratus,
adire eum noluit. Tandem, quia patris urgebat jussio,
licet invitus multumque reclamans, ascendit ut fenestram
poneret et patris satisfaceret voluntati. Cumque fastigium

---

de Valère et le lieu où il s'était formé. L'œuvre de Théophile (*Schedula
diversarum artium*), qu'on a quelquefois un peu vieillie, ne serait pas
antérieure au xii⁰ siècle, ainsi qu'on le reconnaît en général. Sur la rareté
des mentions de verriers antérieurs au xiii⁰ siècle, cf. Anthyme Saint-Paul,
Année archéol., éd 1880, p. 183 : « On ne connaît qu'un très petit nombre
de verriers antérieurs au xiii⁰ siècle. Le Cartulaire de l'abbaye bourguignonne de Molême, conservé aux Archives départementales de la Côte-d'Or,
nous révèle (t. I⁰ʳ, p. 86) le nom de l'un de ces artistes, vivant vers 1100:
« Walterius, *vitri artifex*... » Le monastère de Molême ayant été construit
à cette époque, il est à présumer que l'artiste dont il s'agit était chargé
d'exécuter des verrières pour l'église abbatiale. » (*Archives histor.*, *artist.
et litt.*, t. I (1889-90, p. 31). —Cf. A. Michel, *Hist. de l'art...*, t. I, 2⁰ part.
(1905), p. 784 et s. : La peinture sur verre, par E. Mâle (pour la période du
xi⁰-xii⁰ siècle).

1. S'agit-il ici de fenêtres à châssis de bois encadrant des vitraux ou de
fenêtres à formes métalliques soutenant des résilles de plomb pour un
assemblage de vitraux? Notre document ne le dit pas expressément. Nous
savons qu'aux dates ci-dessus l'un et l'autre système semblent avoir
existé concurremment (voy. *supra* le texte n⁰ XLI, de 1049-1093, concernant
l'église cathédrale de Coutances, c'est-à-dire justement la région du Nord-
Ouest de la France) ; les précautions indiquées dans notre document
peuvent s'appliquer *au moins aussi bien à la première alternative qu'à la*
seconde. D'autre part, il est tout à fait vraisemblable qu'il s'agit ici de
vitraux avec couleurs : « monasterium (*l'église*) hujusmodi fenestris necdum irradiatum erat ».

2. Ce passage peut servir d'exemple de l'activité d'un abbé du xi⁰ siècle,
s'occupant lui-même de la direction de la décoration de son église, recom-
mandant la bonne exécution des verrières, et réglant non seulement la
place qu'elles doivent occuper, mais aussi, en prévision d'accidents pos-
sibles, les précautions nécessaires à prendre pour la pose des vitraux.

parietis ascendisset et jam operi accingeretur... nescimus quo divino judicio repente secus altare super pavimentum, durissimo ex[s]tructum lapide, corruit. Ille autem, non solum non mortuus, sed ne alicujus quidem membri jacturam eatenus passus est ut frangeretur vel irreparabiliter conquassaretur.

XLVII

1055-1082.

Enthousiasme et concours des populations pour la construction de l'église abbatiale de Saint-Trond, près de Liège, en Flandre. — Travaux accomplis à la nouvelle crypte, au sanctuaire, au chœur, à la nef et à la grande tour de ladite église. — Symbolique architecturale : les principales parties de l'église et la structure générale du corps humain.

1

Gesta abbatum Trudonensium[1], auct. Rudolfo abbate, éd. Koepke, dans les *Mon. Germ. hist.*, Script. t. X (1852). — *Rodulfi gesta*, lib. I, c. 11, p. 234-235. (Cf. Migne, *Patr. lat.*, t. CLXXIII, col 46.)

11. Videre[2] erat mirabile et relatu erit incredibile, de quam longe quanta hominum multitudo quantoque studio et

1. Saint-Trond, ancienne abbaye bénédictine, au diocèse de Liège, auj. arr. d'Hasselt, prov. de Limbourg (Belgique). — On peut consulter sur l'église abbatiale de Saint-Trond les ouvrages de Schayes (*Hist. de l'archit. en Belgique*, t. II, 1849) et de Lotz (*Kunst-Tobographie Deutschlands*, 1862-63, t. I). Cf. Potthast, *Bibl. hist.*, 2ᵉ éd., t. II, p. 540, pour les autres sources du texte ci-dessus. C. de Borman a publié à Liège (1172-1178) les *Chroniques de l'abbaye de Saint-Trond*. — L'abbatiat de Rudolf, auteur de cette chronique, s'étend de 1108 environ à 1138.

2. Ces faits qui se passèrent sous l'abbatiat d'Adelhard II (1055-1082) se renouvelèrent plus tard à maintes reprises, notamment au XIIᵉ siècle, un peu après 1140. Voy. la *Lettre de l'abbé Haimon* sur la *construction de l'église de Saint-Pierre-sur-Dive*, adressée en 1145 aux religieux de Tutbury (Angleterre), publ. pour la première fois par M. L. Delisle, dans la *Bibl. de l'Ec. des Chartes*, 1860, p. 120-139. Cf. la lettre de Hugue, archevêque de Rouen, à Thierri, évêque d'Amiens (1145), dans Bouquet,

laeticia lapides, calcem, sabulum, ligna ac quaecumque
operi erant necessaria, nocte ac die, plaustris et curribus
gratis propriisque expensis non cessarent advehere. Ipsi
quoque lapides maceriales atque in fundamento grandes
atque gravissimi positi fideliter hoc possunt attestari, qui,
in tota Hasbania[1] cum non possunt reperiri, de alienis
partibus comprobantur apportati. Columnas autem de
Guormatia[2] per R[h]enum Coloniam usque navigio deductas,
atque aliunde alias plaustrique invectas tanquam a
Colonia usque ad nos per terram vehendas, populus vicatim,
funibus plaustris injectis, ardentissimo studio rapiebat, et
sine omni boum jumentorumque amminiculo, per ipsum
quoque fundum Mosae[3] sine ponte trajectas catervatim ad
nos ymnisonis vocibus perducebant. Quid plura ? Muro
vidit consummatum et tecto totum pene obumbratum,
excepta parte aliqua quae inter majorem turrim et arcum
grandem antepositum continetur.....

2

Continuatio tertia auctarii, op. et t. cit., p. 384-385.
(Cf. Migne, *op. et t. cit.*, col. 317-319.)

Primo enim in loco atrii, quod fuit post tunc veterem
criptam, novum cancellum, qui et sanctuarium dicitur,
cum duabus absidis firmissime fundatum, in altum produxit, testudinibusque lapideis formose volutatum consummavit [Adelardus]. Infra quod opus novam criptam et spatiosam, undique lapidea celatura testudinatam, ad perfectum

---

Hist. de Fr., t. XIV, p. 318-319, not., et pour la même époque, l'extrait de
la chronique de Robert de Torigni, éd. Delisle, t. I (1872), p. 238 ; quant à
des faits analogues qui eurent lieu dans l'Ile-de-France et dans le pays
Chartrain, ainsi qu'en Normandie, voy. Ord. Vital. *Hist. eccl.*, append.,
éd. Le Prévost, t. V, p. 162, *Annales Uticenses* à l'année 1145.

1. Hesbaye, pays de la Belgique centrale, situé au N. de la Meuse,
entre Liège, Saint-Trond et Tongres. On le trouve mentionné au VIIIᵉ siècle
sous le nom de *Pagus Hasbaniensis*.

2. Worms, aujourd'hui ville de la province de Hesse-Rhénane, à 41 kil.
de Mayence, sur la rive gauche du Rhin.

3. La Meuse.

complevit, intra quam structuram septem erexit altaria,
quorum primum et majus, in medio sanctuarii, in honore
Beate Marie et Sanctorum Quirini et Remigii construxit...
Hiis omnibus rite peractis, corpus domne Berthe, comitisse
Flandrie, quod in veteri cripta, tempore Thietfridi abbatis,
humatum fuit, elevavit, et ad levam majoris altaris in
sanctuario transtulit et in tumba eminenti, Pariis lapidibus polita, infra voltam honeste conclusit. Et quia post
vetus sanctuarium... predicta vetus cripta erat, replevit
illam humo et ibidem chorum psallentium [1] construxit.
Inter quem et illud novum sanctuarium gratum ascensum,
erexit, quem septem gradibus protraxit. Prosequenti vero
tempore, cum quedam monasterii edificia per suos antecessores erecta, sed minus completa, cerneret, ad perficiendum ea animum accinxit. Inter que majorem turrim
nostram, quam devotus abbas Guntramnus suo tempore
usque ad medium cum duabus testudinibus lapideis
produxit, iste, superaddito tercio ascendenti statu, eam
paulo humilius duabus collateralibus erectam, magnis
impensis consummavit. Preterea navim monasterii [2],
quamvis nequaquam ruinosam, eversis fortissimis pilariis
erectisque pro illis spectabilibus colum(p)nis, muro ad summum coequato reparatam consummavit. Erat ergo suo
tempore in tantum de novo augmentata hujus veteris
ecclesie fabrica, ut de ipsa sicut de bene consummatis
ecclesiis congrue secundum doctores diceretur, quod ad
staturam humani corporis [3] esset formata. Nam habebat et

1. Cf. *supra* le texte n° VII concernant l'abbaye de Saint-Benoît-sur-
Loire, p. 34.
2. C'est-à-dire l'église conventuelle. Sur cette acception particulière
du terme *monasterium*, voy. *supra*, notamment p. 4, n° 6, et p. 156, n. 1.
3. Sur le symbolisme religieux, voy. le savant ouvrage de J. Sauer,
*Symbolik des Kirchengebäudes und seiner Ausstattung in der Auffas-
sung des Mittelalters* (1902). Nous ne connaissons pas de texte d'un doc-
teur de l'Eglise qui exprimerait positivement cette idée qui est ainsi rendue
au xiii° siècle par Durand (*Rational.*, I, 1) : « Dispositio autem materialis
ecclesiae *modum humani corporis tenet.* » — Les Pères de l'Eglise
emploient souvent un langage métaphorique qui a un caractère trop général pour qu'on puisse en tirer des conclusions précises sur la construction des
églises réalisée dans ses rapports avec le symbolisme. « Ecclesiae, dit Saint
Augustin, fundamentum et caput Christus » (Migne, *Patr. lat.*, t. XXXIX,

adhuc habere cernitur cancellum qui et sanctuarium pro
capite et collo, chorum stallatum pro pectoralibus, crucem ad utraque latera ipsius chori duabus manicis seu
alis protensam pro brachiis et manibus, navim vero monasterii pro utero, et crucem inferiorem eque duabus alis
versus meridiem et septemtrionem expansam pro coxis et
cruribus... Et quia de cancello seu sanctuario et absida
tractatur, sciendum quod cancellus est caput et humilior
pars ecclesie versus orientem respiciens, et dicitur alio
nomine sanctuarium, eo quod ibi sancta conduntur vel
tractantur, et porrigitur usque ad chorum, unde tempore
quadragesimali velum solet inter chorum et cancellum seu
sanctuarium in ecclesia suspendi. Abside vero sunt

---

col. 1615). Cf. l'expression *lapis angularis* appliquée au Christ : « crescit
quotidie Ecclesia in templum Dei et ab ipso capite totum corpus exstrui-
tur », dit saint Prosper d'Aquitaine (Migne, t. LI, col. 289. Voy. aussi
l'*Index de allegoriis*, de Migne, Indices II, art. II et VI). — Au xi° siècle, c'est-
à-dire pendant la période romane où le transept devient très fréquent, la vue
de son développement facilite l'interprétation symbolique des monuments
du culte et amène à faire des amplifications d'anciens textes ecclésiastiques
n'ayant pas une portée définie. Le texte que nous commentons se rattache
à ce que nous appellerons le symbolisme *a posteriori*, c'est-à-dire appliqué
à l'interprétation d'un monument religieux, sa construction une fois faite,
par opposition à ce qu'on peut nommer le symbolisme *a priori*, dont il y
a bien moins d'exemples (tel est le mode d'orientation qui n'a pas été appliqué, on le sait, d'une façon constante). C'est du symbolisme *a posteriori* que
relèverait l'idée contenue dans ce passage, qui n'est guère connu, d'Honorius « Augustodunensis », *De gemma animae*, lib. I, cap. CLVII (Migne,
Patr. lat., CLXXII, col. 590) : « *Ecclesiae quae in modum crucis* fiunt populum
Ecclesiae mundo *crucifigi* debere ostendunt : quae autem *rotundae in
modum circuli fiunt*, Ecclesiam per circulum orbis in circulum aeternitatis per
dilectionem construi ostendunt. » Dans notre étude sur le rôle des Fabriques
dans les églises cathédrales (*Bull. monum.*, 1902), nous avons montré leur
intervention incontestable dans la disposition des constructions, dans le
choix des sculptures, d'où a pu résulter parfois leur influence au point
de vue du symbolisme, de même que des raisons techniques ont pu, dans
maintes circonstances, nous le reconnaissons, mais non pas toujours, à
notre avis, influer sur la déviation de l'axe des églises (Voy. la savante
étude de M. R. de Lasteyrie, *Mém. Acad. des Inscr.*, t. XXXVII, 2° partie, 1905). Comme s'est exprimé M. Anthyme-Saint-Paul (*Rev. de l'art.
chrét.*, 5° série, t. I, 1905, p. 149) : « Si l'abbé Suger éleva pour honorer les
douze apôtres et les douze prophètes le chœur de son église sur vingt-
quatre colonnes, c'est parce qu'il s'était préalablement assuré que ce
nombre cadrait avec le plan nouveau qu'il avait conçu... » Quant aux instruments géométriques servant alors de points de repère, nos propres recherches
nous ont montré que, malgré leur caractère empirique, ils n'étaient pas
aussi imparfaits qu'on l'a cru (cf. Suger, *de Consecr.*, éd. Lecoy de la
Marche, § 14).

exedre[1] seu appenditie, que aularum seu ecclesiarum lateribus adherent pro deambulatione amplianda[2].

XLVIII

1055-1186.

Travaux de construction et de décoration accomplis par les soins des évêques du Mans, notamment par Hildebert et Guillaume de Passavant, à la cathédrale et au palais épiscopal de cette ville, ainsi que dans leurs résidences et possessions épiscopales.

Actus pontificum Cenomannis in urbe degentium, publ. par l'abbé G. Busson et l'abbé A. Ledru, Le Mans, 1901, dans les *Archives historiques du Maine*, t. II, p. 375-376, 383, 393-394, 400, 405, 462 et suiv.

(Cf. *Actus pontific. Cenomann.*, dans les *Vetera Analecta*, éd. Mabillon (1723), p. 307 et suiv.)

[1055-1064 et 1065 ou 1067-1081]. — Fabrica nove ecclesie[3], quam praesul Vulgrinus[4] inchoaverat, fundamentorum

---

1. « Exedra est absida quaedam, separata modicum quidem a templo vel palatio » (Walafrid. Strabo, *De rebus ecclesiasticis*, c. 6).

2. Les *Gesta abb. Trudon.* contiennent bien d'autres renseignements intéressants sur les travaux d'architecture entrepris par les abbés de ce monastère ; nous y renvoyons nos lecteurs qui pourront en tirer profit. Nous y lisons que, sous l'abbatiat de Rudolf, dont nous avons indiqué précédemment les limites extrêmes, beaucoup de travaux d'architecture ou autres eurent lieu. Il y est question, par exemple, pour les réparations de vitraux, d'un certain Arnoult : « fractas vitreas fenestras monasterii, claustri, cellae abbatis, accepto a custode vitro, plumbo et caera et sumptu emendat, etc... » (Pertz, op. et t. cit., p. 384).

3. Pour la cathédrale du Mans, voy. E. Lefèvre-Pontalis, *Étude histor. et archéologique sur la nef de la cathédrale du Mans*, Mamers, 1889 (cf. Quicherat, *Mél. d'archéol.*, p. 111, Viollet-le-Duc, *Dict. de l'arch. fr.*, t. X, table, v° Le Mans, et A. Ledru, *La cathédrale Saint-Julien du Mans, ses évêques, son arch...* etc. (avec la collaboration de G. Fleury), Mamers, 1900, in-f° et nombreuses illustrations ; cf. *Bibl. Éc. des Ch.*, t. LXI, 1900, p. 536 et s., et *Bull. monum.*, 1901, p. 239 et s. — Pour l'emploi tardif des voûtes au xi° siècle et la persistance des charpentes apparentes dans le Maine et la Normandie, voy. Viollet-le-Duc, op. cit., t. II, p. 354. La nef de la cathédrale du Mans appartient, dans la classification des églises romanes, à la famille des croix écartées embrassant deux travées et pourvues de formeret (Quicherat, *Mél.*, p. 111).

4. Vulgrin, évêque de 1055 à 1064. — Voy. Ledru, p. 122 et s. Le texte des *Actus* s'exprime ainsi à propos de cet évêque : « Quinto namque ordinationis suae anno, fundamenta matris ecclesiae ampliora quam fuerant inchoa-

mobilitate atque lapidum debilitate corrupta, innumera crepidine, ruinam sui cepit terribiliter minitari, quam dum artifices fulcire conantur, repentino fragore, nocturno tempore collapsa est. Erat autem ipsius fabrice arcus maximus super criptam, in qua beatissimi Juliani corpus quiescebat, exstructus, hinc atque inde piramidibus ingenti altitudine collocatis. Ibi itaque sanctissimi confessoris virtus indubitanter enituit, dum, tante molis machina subito corruente[1], ita basilice ipsius tectum, quo sancti membra tegebantur, integrum atque incolume permaneret, ut ne minima quidem ipsius tecti scindula ruinae tam terribilis ictibus lederetur. Inde jamdictus episcopus [Arnaldus][2] totam cepti operis fabricam usque ad ima fundamenta destruens, denuo ipsam ecclesiam fundamento firmiori et solidiori lapide construere cepit ; et parti superiori, quam vulgo cancellum nominant, etiam tectum imposuit ; membrorum quoque, que cruces vocantur, atque turrium solidissima fundamenta, antequam moreretur, instituens...

[1085-1095]. — [Hoellus[3] episcopus]... fabricam nove ecclesie, in qua antecessores ejus multo tempore laboraverant, tanto studio aggressus est consummare ut cruces atque turres, quarum antecessor ipsius, ut supra ostensum est, jecerat fundamenta, brevi tempore ad effectum perduxit ; eisque celeriter culmen imponens, exteriores etiam parietes, quos alas vocant, per circuitum con-

---

vit. » Il aurait élevé, d'après Ledru, le chœur, la croisée, probablement les deux bras du transept et peut-être deux tours aux extrémités. Sur Vulgrin, voy. E. Lefèvre-Pontalis, *Rev. du Maine*, t. XXV, p. 32, et Plolin, *Égl. du Mans*, t. III, p. 258.

1. Sur cette catastrophe, voy. Ledru, p. 127.

2. Arnaud, évêque de 1065 ou 1067 à 1081.

3. P. 383. — C'est un peu avant la date du 11 août 1093 que l'évêque de Durham, Guillaume, originaire de Saint-Calais, près du Mans, pose la première pierre de son église (voy. *Symeonis mon. Dunhelm. lib. de exordio Dunhelm. eccl.*, coll. des *Rolls*, t. I, p. 129 et suiv.), église des plus intéressantes de l'Angleterre pour la période romane. Voy. J. Bilson, *Les origines de l'architecture gothique* (Extr. de la *Rev. de l'art chrétien*, 1901-1902, et, à la suite, les observations de M. R. de Lasteyrie). Guillaume avait peut-être eu connaissance de ces constructions du Mans.

summavit. Sed et cancellum, quod ejus antecessor construxerat, pavimento decoravit et celo[1]; vitreas quoque,
per ipsum cancellum, per que cruces[2] circumquaque
laudabili, sed sumptuosa nimium, artis varietate dis-
ponens... Episcopus[3] autem... in constructione nove
ecclesie, que propter ejus desolationem penitus intermissa
fuerat, summo cepit studio laborare, et ad transferendas
sanctorum reliquias, superiores partes ejusdem basilice
diligenti sollicitudine preparare, oratorium scilicet, quod
c[h]orum vocitant, sedemque pontificalem, altaria quoque
congrua dimensione disponere, pavimenta substernere,
columnas ac laquearia gratissima varietate depingere,
parietes per circuitum dealbare[4], ni(c)hil omnino preter-
mittere quod aut usui fore crederet aut decori, hoc
precipue sollicitus ne quid in tota fabrica adventantium
conspectibus displiceret...

[1096-1125]. —[Hildebertus[5] episcopus]... domum capituli, que ibi ex multo tempore nulla penitus habebatur, lauda-

---

1. Voy. Ledru, p. 133; cf. Du Cange, *Gloss.*, v° *Caelum*.
2. Dom Piolin (*Egl. du Mans*, III, 340) a compris qu'on remarquait dans
les vitraux d'Hoël « des ornements en croix » ! Hucher (*Calques des vitraux
de la cathédrale du Mans*) a émis l'opinion que les quatre panneaux anciens du
vitrail de l'Ascension, actuellement placés dans un des bas-côtés de la nef de
la cathédrale, sont des restes du vitrail d'Hoël. « Il ne reste, d'après
M. Anthyme-Saint-Paul (*Année archéologique*, éd. 1880, p. 183), qu'un seul
vitrail à la cathédrale du Mans qui puisse avec certitude être attribué à
une époque antérieure à 1120 (*Vitraux de la cathédrale du Mans*, par
E. Hucher). » — Viollet-le-Duc, *Dict. de l'arch. fr.*, t. IX, art. Vitrail, p. 362
(fig. 3), donne une reproduction du vitrail du commencement du XII° siècle
représentant l'Ascension. Suivant M. O. Merson (*Les Vitraux*, p. 34), « les
vitraux du Mans seraient dus plutôt, semble-t-il, à la générosité de Guillaume de Passavant, et ils auraient été mis en place en 1158, lors de la consécration de la nouvelle cathédrale. »Sur la date (28 avril 1158) de cette consécration de la nef, voûtée par les soins de cet évêque qui en avait fait modifier les tracés, ainsi que du porche et peut-être du portail en plein cintre
surhaussé, voy. G. Floury, *Des portails romans du XII° siècle et de leur
iconographie*, dans *la Rev. histor. et archéol. du Maine*, t. LIII (1903),
p. 31 et s. (pl. 3 et fig. 9).
3. P. 393.
4. Cf. les textes : n° XVII, p. 68 (cath. de Cambrai), 2, § 9, où nous lisons
à propos de l'évêque Gérard II : « *plastrum...* renovavit » (1076-1092), et
n° XXV (cath. d'Auxerre), p. 93.
5. P. 400. — Hildebert de Lavardin, évêque du Mans, vécut de 1055
environ à 1133 (ou 1134), d'après Hauréau, Avant-propos aux *Mél. poét.
d'Hildebert de Lavardin* (1882). — Cf. sur Hildebert de Lavardin, A. Dieu-

bili opere cepit a fundamentis construere, eamque decenter
et undique vitreis illustravit et forniceo opere superlegere
procuravit... Quando Helias comes, consentientibus civibus,
civitatem occupavit et milites regis in munitionibus
obsedit... rex suspectum habens... exigebat ut... turres
ecclesie, unde sibi damnum illatum fuisse querebatur, dirui
preciperet... cujus pa[n]ctionem toxicatam Ildebertus prudenter respuens, dixit : « Nos caremus in partibus nostris
« artificibus, qui tantum opus congrue noverint operari.
« Exhinc regie congruit dispositioni tam diligens opera et
« impensa, in cujus regno et mirabiles refulgent artifices
« et mirabilem operantur celaturam... »[1]

Cetera[2] in ecclesie restauratione et domorum episcopalium constructione abundanter expendit. Ipse enim easdem domos, de occidentali parte in orientalem partem ecclesie transtulit, easque juxta Sancti Salvatoris edem, in loco
ubi aula domni Gervasii presulis antiquitus fuerat, decenti
opere collocavit. Qui etiam in villa episcopii sui, quam
Ivriacum[3] nominant, tribus ferme milliaribus ab urbe
distante, aulam lapideam cum cubiculis et cellario construxit... Ad aedificationem vero nostrae ecclesiae CXLVII

---

donné, *Hildebert de Lavardin* (Par[·] 1898). Il fut consacré évêque du
Mans le jour de Noël 1096 et quitta .· Mans pour Tours en 1125. L'architecte d'Hildebert de Lavardin qui fit la reconstruction de la nef de la cathédrale du Mans fut un moine de la Trinité de Vendôme, nommé Jean, qui
lui fut prêté par l'abbé Geoffroi, et qu'il garda longtemps sans tenir compte
des réclamations de cet abbé et de l'excommunication lancée contre ledit
moine. Voy. à ce sujet les extraits des lettres (1097-1132) que nous publions
plus loin (Cf. Ledru, p. 139-140, et p. 210-211). — Voy. dans Ledru le plan de
la cathédrale du Mans, p. 175 (avec l'indication des parties romanes). Pour
leurs dates comparées, voy. le résumé que donne l'auteur (p. 216 et 217).

1. P. 103. — Pendant les hostilités entre Hélie, seigneur de la Flèche, et
Guillaume le Roux, roi d'Angleterre, l'évêque du Mans avait été accusé de
favoriser Hélie et emmené prisonnier en Angleterre. Là Guillaume insista
auprès de lui pour obtenir la destruction des tours, d'où l'on avait attaqué
ses guerriers, promettant, s'il obtenait cette grâce, de l'or et de l'argent
pour enrichir le tombeau de saint Julien. C'est alors qu'eut lieu la réponse
d'Hildebert. Celui-ci étant rentré au Mans avec des présents, et les négo-
ciations ayant traîné en longueur, les tours paraissent bien avoir
échappé au danger qui les menaçait ; Guillaume mourut peu après, le
2 août 1100 (Voy. Ledru, *op. cit.*, p. 136-138). — *Panctio*, terme très rare
pour *pactio* (de *pangere*) ; cf. *paucio* (Gloss., Du Cange), qu'il faut corriger
ainsi : « *pancio* ». *Panctio toxicata*, accommodement perfide.

2. P. 103.

3. Yvré-l'Évêque, c. du cant. et arr. Le Mans (Sarthe).

aureos dedit... Ildebertus autem opus ecclesie, quod per longa tempora protractum fuerat, suo tempore insistens consummare, dedicationem [1] ultra quam res exposcebat accelerans... anno plane Domini M° CXX°, in octabis Pasche... consecravit eam in honore... Virginis Marie et beatorum martyrum Gervasii et Prothasii et... Juliani. Aliorum quoque sanctorum corpora, que in secretario ecclesie... invenerat, in sarcofago lapideo, retro altare Beate Marie, in superiori scilicet cripta... collocavit...

[1145-1187]. — [Guillelmus [2] episcopus] in domo sua Cenomannis cameram inferiorem lapideam et capellam juxta positam, similiter lapideam [3], personis religiosis aedificaverat, et sic disposuerat ut eis locus orationis oportunius deserviret, ibique monachi Cisterciensis ordinis, ex quibuscumque partibus..., ad predictam civitatem, ubi nullam aliam habebant mansionem, venirent, a servientibus episcopi... recipiebantur... Cenomannis, a parte ecclesie Sancti Audoeni [4],

1. P. 115. — Voy. sur cette consécration Ledru, p. 140. Parmi les personnages ecclésiastiques qui assistèrent à la cérémonie se trouvaient Guibert, archevêque de Tours, Geoffroi, archevêque de Rouen, Marbod, évêque de Rennes. A noter ces expressions : « altare quod est in dextro membro ecclesiae, altare quod est in superiori et digniori crypta ». Observons que les cérémonies de consécrations stimulaient l'émulation des évêques appartenant à la même province ecclésiastique ou aux provinces voisines et pouvaient leur suggérer des plans, en même temps qu'elles leur proposaient des exemples pour la reconstruction, l'agrandissement ou la décoration de leurs églises respectives.

2. P. 462. — Guillaume de Passavant. Avant lui, Hugue ou Payen de Saint-Calais, évêque de sept. 1136 au 5 fév. 1144, avait administré l'Eglise du Mans (voy. Ledru, p. 148). Sur l'incendie qui eut lieu vers 1137, voy. Ledru, p. 150 et s.

3. Sur la substitution de la pierre au bois dans les constructions des palais épiscopaux et maisons-Dieu, au commencement du xi° siècle, cf. le passage suivant que nous tirons des Actes des évêques du Mans (Act. pontif. Cenoman., dans les Hist. de Fr., t. X, p. 385): « fecit Avesgaudus episcopus namque episcopales domos quae antea lignee fuerant petrinas ; et hospitalitatem pauperum Christi quae necdum et loco illo lignea erat constituit petrinam... — Sur la persistance des églises en bois dans le dernier tiers du xi° siècle, en bien des endroits, cf. l'exemple suivant relatif à l'église collégiale Saint-Lucien, auj. Saint-Nicolas de Beauvais : acte de Gui, évêque de Beauvais, au sujet du sénéchal Raoul (1078) : « Ecclesiam b. martyris Luciani infra muros urbis sitam quae antea lignea fuerat lapideam aedificavit. » (Louvet, Hist. de... Beauvais, p. 492). Ce témoignage s'ajoute aux nombreuses mentions que nous avons recueillies et signalées au cours de nos recherches.

4. Il s'agit de saint Ouen, évêque de Rouen.

fecit grangiam[1] lapideam, lapidibus tectam et spatiosam.
Prope locum illum fecit cameram quae altior dicebatur,
ubi ipse jacebat : cujus ab utroque latere fenestre progre-
dientes eam claro lumine irradiabant. Quarum materiam,
licet commendabilem, superabat opus : nam et opus earum
et compositio camere ingenium artificis, quod in eis
pulcrius et subtilius relucebat, admodum commendabant.
Camere illi capellam continuam posuerat ; que, etsi prima
manu artificis ni(c)hil(l)ominus pulcrius resplenderet, imagines tamen ibi picte, ingenio ammirabili viventium
speciebus expressius conformate, intuentium non solum
oculos, sed etiam intellectum depredantes, intuitus
eorum in se adeo convertebant ut ipsi suarum occupa-
tionum obliti in eis delectarentur ; et quos sua occu-
patio ex[s]pectabat, per imagines delusi, penitus o[t]iosi
viderentur. Tertio loco, juxta capellam ordinaverat aulam,
cujus co[m]positio tota, et maxime fenestrarum[2] opus,
tantum pulcritudinis habebat, ut ipsa vel doctiore manu
artificis quam supradicta duo, videretur co[m]posita, vel
artifex in opere isto se ipsum viciasse crederetur. Inferius
autem, in plateis domorum quas emerat, plantari fecerat
viridarium, in quo erant species arborum diverse per
insertionem fructus alienos, pariter visu pulcherrimae, ut
homines ad fenestras aule dependentes, et alii in viridario
existentes mutuo aspectu delectarentur, illi de aula in
pulcritudine arborum, alii de viridario in aspectu pulcritudinis fenestrarum. Composuit autem, quos in introitu
aule fecit annotari sub cruce, quam agnus lapide sculptus
deportabat, versus istos :

> Sub cruce qui transis, devota mente retracta
> Quod tibi vita datur Xristi cruce morte subacta.

---

1. Sur les granges en pierre, voy. *supra* le texte concernant les évêques
d'Auxerre. L'expression *grangia lapidea* (par opposition à *lignea*) marque
bien pour ce genre de bâtiment l'extension croissante de la construction
en pierre au xi° siècle.

2. Pour ce passage, nous renvoyons à Ledru, p. 163, not. 6. Voy. *ibid.*,
p. 163, au sujet des travaux de cet évêque. Le 28 avril 1158, eut lieu la
dédicace d'un des édifices élevés par ses soins (Ledru, p. 165). Ce qui précède sur la décoration picturale d'une chapelle de manoir épiscopal
ne se rencontre point d'ordinaire dans les textes.

Viridarium illud et omnes domos pontificales a parte illa clausit muro, a supradicta grangia usque ad finem viridarii continuato. Ante introitum aule fecit ductum aque subterraneum ad locum lapideum ascendentis, ubi manus venientium lavabantur [1]. Contigit apud Ebriacum domos pontificales [2] et villam ipsam comburi. Illas ergo domos non dico reparavit, sed quasi edificavit. Remanente enim prima domo, que est juxta capellam, ubi caminum fecit optimum, in ea co[m]posuit gradum lapideum, per quem ascendebatur ad cameram secundam ; eique, que longitudinem habebat et nullam fere latitudinem, formam apposuit commendabilem, illasque domos sic fieri fecit et ordinari, ut et opus et ordinatio multe materiam laudis attribueret co[m]positori. Juxta domos illas fecit grangiam lapideam [3], et prope eam, stabula equorum et domum pressorii et pressorium. Et hec omnia clausit muro, extra quem fecit et aliud pressorium... Apud Tollevi[a]m [4] fecit capellam lapideam et domum ligneam, rotundam exterius et interius quadratam [5], et grangiam lapideam et stabula equorum : et hec omnia circumdedit muro et fossis, ubi aqua semper inveniebatur. Fecit inibi portale lapideum, bene munitum [6], per quod hostes de facili introitum habere non possent...

---

1. Cf. ce que nous avons dit plus haut (p. 91) sur les fontaines et lavabos dans les cloîtres (texte n° XXIV relatif à Maguelone).

2. On ne possède guère de détails sur l'intérieur des maisons épiscopales situées hors des villes ; aussi les détails qui suivent sont précieux à cet égard.

3. Cf. sur les granges et les clôtures leur servant d'enceinte, Viollet-le-Duc, *Dict. de l'arch. fr.*, t. VI, p. 44 et 45 et fig. Ce passage montre que ce genre de disposition est bien antérieur à la guerre de Cent ans, comme Viollet-le-Duc incline trop à le croire (*ibid.*).

4. Touvoie, cant. de Savigné-l'Évêque, arr. Le Mans (Sarthe) ; cf. Ledru, p. 161. Il faudrait *Tolleviam* dans notre texte, et non *Tollerium*.

5. Les mentions d'édifices construits en bois, ayant cette forme, méritent d'être signalées, vu leur rareté.

6. Exemple de portail fortifié appartenant à un manoir épiscopal. « Le manoir est fermé ; il peut être clos de murs et entouré de fossés, mais non défendu par des tours. Le plus souvent c'est une agglomération de bâtiments destinés à l'exploitation... avec logis principal pour l'habitation du propriétaire. » (Viollet-le-Duc, *Dict. de l'arch. fr.*, t. VI, p. 300, v° Manoir).

XLIX

1056-1081 et 1091, décembre.

Historique de la reconstruction de l'église abbatiale de Saint-Pierre d'Oudenbourg, près de Bruges, en Flandre ; détails techniques sur la couverture de cet édifice et les échafaudages; le clocher et les fortifications d'Oudenbourg. — Emploi de pierres destinées à l'œuvre de ces fortifications provenant du Tournaisis et du Boulonnais ; restes de monuments antiques du pays de Cologne utilisés pour les nouvelles constructions. — Accident survenu au campanile de bois de l'église abbatiale; mesures extraordinaires prises pour son rétablissement ; fixation à l'avance de sommes d'argent pour indemniser les maîtres charpentiers qui réussiraient à le remettre en place.

1

Tractatus de ecclesia S. Petri Aldenburgensi [1], éd. Holder-Egger, dans *Mon. Germ. hist.*, Script., t. XV, 2 (1888), p. 869-871.
    (Cf. Migne, *Patr. lat.*, t. CLXXIV, col. 1161 et s.)

10 [1056-1081]. — Basilica ligno [2] condita sub tempore Dagoberti regis Francorum, ac ipsius licentia a beato Ursmaro

1. Sur cette chronique et les autres éditions, voy. (outre Potthast, *Bibl. hist.*) Molinier, *Sources de l'hist. de Fr.*, t. II, p. 179. Ce recueil a été composé vers 1084; il a été édité à Bruges dans le *Rec. de croniques concernant la Flandre occidentale* (1840). — Saint-Pierre d'Oudenbourg est une ancienne abbaye bénédictine, située près de Bruges, auj. province de Flandre occidentale (Belgique). L'abbé Hariulf, mort là mêm en 1143, avait rétabli l'abbaye de Saint-Pierre d'Oudenbourg lors d'un voyage qu'il fit en Flandre en 1094. Cf. Feys et van de Casteele, *Hist. d'Oudenbourg*, t. I (1873), p. 12, au sujet de la reconstruction de la vieille église en bois élevée par les soins de Saint-Ursmer. Sur Hariulf, voy. l'introd. que M. F. Lot a mise en tête de son édition de la chronique de Saint-Riquier (1894), notamment p. XIV-XV.
2. Sur la construction en bois en Flandre, notamment dans les édifices de l'architecture religieuse, et textes à l'appui jusqu'aux xi⁰ et xii⁰ siècles, voy. Godefroid Kurth, *Notger de Liège et la civilisation au X⁰ siècle*, t. I, 1905), ch. XV, p. 300 et s.

in honore Beati Petri apostoli aedificata, ut superius dictum
est, ...prolixa vetustate corruit; ac demum post plurima
annorum curricula cives Aldenburgenses novam ecclesiam in
honorem beati Petri apostoli omniumque apostolorum aedificare coeperunt. Anno autem Domini [MLVI] coeptum est
opus prefati templi Beati Petri apostoli, sicut habetur plenius in principio hujus tractatus ; et coeptum est in eodem
loco quo prius de lapidibus, sicut manifestum [est] per
miracula quae fiebant dum templum operabatur; quae sub
brevitate enarrare aggrediamur.

11 [Vers 1061]. — Post ini(t)ium constructionis ipsius templi circiter quintum annum, cum presbiterium perfectum esset
et culmo coopertum, atque inter trabes ante principale altare
campanae pependissent, arcum [1] ante presbiterium a terra
usque ad summum virgis sepire ac culmo [2] dependente cooperire ad pluviam et grandinem atque nivem depellendam ante
hyemis tempora clerici procurabant. Quadam vero die, quidam juvenis clericus, valde simplex et devotus, nomine
Lisgerus, nimis intente huic operi astare manibusque coope-
rare diligenter atque h[i]lariter studium impendebat. Cum
autem in superioribus partibus ejusdem arcus ex utraque
parte machinamentum [3] constructum esset, Lisgerus interius aliusque exterius contra eum in predicto machinamento stetit, qui culmum tortis virgunculis [4] ad parietem
ligare studebat, quem virgis conseptum ante predixi, vir-
gunculas vero intrinsecus per parietem immittere festina-
bat; Lisgerus eas sagaciter firmare intus ad parietem con-

1. C'est-à-dire l'arc triomphal.
2. Le revêtement de chaume, autrement dit en paille ou roseaux, absor-
bait facilement l'humidité et servait d'aliment terrible aux incendies, mais
on y tenait dans ce pays, notamment à cause du bon marché et de la
difficulté qu'on avait à se procurer de bons matériaux en pierre.
3. Echafaudage ; terme d'origine ancienne; même sens que *machina*
dans l'antiquité classique. — Cf. *deambulatorium* (voy. supra le texte
n° XXXVII relatif à Odilon de Cluny, p. 130).
4. Rares sont les détails techniques sur la liaison du comble aux parois
latérales à l'aide d'entrelas ou tortis de baguettes de bois servant de liens. —
Cf. supra le texte que nous avons donné sur Odilon de Cluny, et les
remarques que nous avons faites alors sur l'emploi du mot *retorta*.

tendebat. Cumque haec per longum temporis spacium contendebant ut fecissent, incaute unum de viminibus Lisgerus extrahens, retrorsum de prescripto machinamento cum ipso cecidit, scilicet deorsum ad terram, ut alius magno pavore perterritus aestimabat, qui foris stans virgulam intus immiserat ; sed inter secundam et terciam trabem super jugum maximae campanae absque ulla corporis laesione leviter in uno latere lapsus est. Quia vero illic in opere Beati Petri apostoli, sicut predixi, devota mente et simplici corde instabat, ideo laedi non potuit, et quia in casu suo sanctissima apostoli intercessione portabatur.

12. Subsequente autem tempore, cum aedes templi aedificabantur in septentrionali climate, bituminis artifex [1] cum suis in meridiano latere operabatur. Quadam vero die, puer [2] qui ei lapides et cementum porrigebat, tam grave pondus lapidum machinamento, in quo stabant, superposuit ut vim tantae molis ferre non prevaleret, sed, fracto omni machinamento, lapides et cementum cum magno sonitu super terram corruerunt. Ipse autem et puer in unam fenestram ejusdem maceriae sine corporis detrimento inopinate devenerunt, quae eis non prope, sed tam longe abfuit ut, si super terram starent, saltando vix tantum spacium attingerent. Quod ad jussum omnipotentis Dei per merita sancti Petri [3] apostoli actum intelligit, qui divina providentia disponi omnia fideliter credit.

13 [Vers 1066-1067]. — Post haec vero, transactis quinque

---

1. *Bituminis artifex* désignerait le maître ouvrier cimenteur qui, dans cette région froide et humide du Nord, devait revêtir la maçonnerie d'un mélange de ciment, sans doute très agglutiné et destiné à prévenir les effets désastreux de l'humidité dans la construction. *Le* chroniqueur croit devoir insister sur ce fait, vraisemblablement parce que les procédés de maçonnerie étaient alors d'autant plus à remarquer que ceux de la construction en charpente de bois étaient encore très employés *dans cette région du* Nord.

2. Nous n'avons guère à cette époque dans les textes de mention d'aidemaçon : cet exemple est à retenir pour le xiᵉ siècle.

3. Cf. *supra* encore les circonstances merveilleuses rapportées par l'auteur de la vie de saint Odilon de Cluny, grâce auxquelles les constructeurs qui travaillaient sur un échafaudage qui se rompit restèrent sains et saufs, malgré la chute qu'ils firent.

vel sex annorum curriculis, quadam die custos ipsius templi, Sygerus nomine, dum matutinis horis ultimam campanam ad excitandum in circuitu fidelium multitudinem fiducialiter resonabat, corda qua ipsam campanam movebat magnam et gravissimam plancam alti solarii [1] ejusdem turris, super quam campanae pendebant, incaute tetigit, quae mox si inter scapulas cum horribili sonitu cecidit, ita ut qui illic in choro astabant ei omnia membra confracta autumarent [2]...

14. Alio igitur tempore, festivitate Sancti Andreae [3] apostoli, dum secundum signum ad matutinum idem Sygerus resonabat, clavus in quo nola pependit, casu elapsus est, atque ipsa super tectum turris, quae lignis abietibus cooperta [4] fuerat, magno strepitu cecidit, ita ut ipse et aliqui qui astabant tectum ruptum fuisse nolamque per partes divisam fuisse non dubitabant. Ipso autem die quendam puerum scandere fecit partesque confractae nolae colligere expetiit. Ascendens ergo puer super tectum prefatae turris, nolam ibi stantem ita sanam et incolumem repperit, ut in ea nullius fracturae vestigia inveniri potuissent .....

16 [1070]. — Consecrata est autem ecclesia Sancti Petri apostoli omniumque apostolorum prima die mensis Maii, feria quinta a Ratbodone, Noviomensi et Tornacensi episcopo, anno Domini MLXX, indictione VIII, regnante Philippo, rege Francorum, anno X, atque Wilelmo, rege Anglorum, anno VII ...

18 [1081]. — Anno autem Domini MLXXXI, sancta nocte dominicae Nativitatis ortus est not[h]us asperrimae

---

1. C'est-à-dire étage avec plancher.
2. Synonyme d'*existimarent* ; ce terme, usité quelquefois dans le latin classique, n'est guère employé au moyen âge. (Cf. *autuma* « existimatio », dans le Glossaire de Du Cange.)
3. La fête de saint André a lieu le 30 novembre.
4. Ce passage mérite d'attirer l'attention, à cause de la précision que le chroniqueur a mise pour désigner le genre de bois qui fut employé dans la couverture de cette construction.

tempestatis, qui campanarium prefati templi Sancti Petri compulit a suo statu declinare eumque repentinum casum adeo in orientem minitare ...

19. Verum tempore illo urbs ista Aldenborgh caput totius Flandriae et, sicut predixi, initiis exstitit celeberrima, muris ac propugnaculis munitissima. Nam a partibus orientis et a meridiano climate et ab occasu et ab aquilone nigris et durissimis lapidibus fuerat constructa. Lapides namque hujus coloris et fortissimi roboris in omni Flandriae provin[c]ia naturaliter editi non possunt reperiri nisi solummodo in Gallia, Tornacensi parrochia. In partibus vero aquilonis fundamentum quadris ac magnis[1] lapidibus, ferro et plumbo firmiter infixis, antiqua fundaverat manus. Quod genus lapidum in Bononiensi[2] provin[c]ia tantummodo inveniri dicitur[3]. Habitacula quoque nonnulla infra murorum munimenta levibus ac non valde duris lapidibus constructa erant. Naturaliter autem hii lapides in oriente apud Coloniensem provin[c]iam repperiuntur. Vasa formosa atque pulc[h]errima, ciphi et scutellae aliaque utensilia quam plurima in illo tempore ab antiquis[4] ingeniose formata atque sculpta nostris temporibus reperta sunt, quae modo ab ingeniosis artificibus in auro et argento vix tam eleganter formari ac sculpi possint. Et ut laudabilior ac dignior esset urbs supradicta, per medium totius Flandriae, quasi in meditullio[5] fundata erat. Scilicet ab oriente Gandensem et ab

---

1. « Nous avons la preuve, dit J Quicherat, qu'à l'époque barbare, dans la Gaule méridionale aussi bien que dans celle du Nord, les constructions en moyen appareil n'étaient exécutées que par exception, l'habitude étant de bâtir en petit appareil. Cela est dit positivement dans la Vie de saint Didier de Cahors : « Primam inibi more antiquorum basilicam praecipiens, *quadris ac dedolatis lapidibus* aedificavit, non quidem nostro gallicano more, sed sicut antiquorum murorum ambitus *magnis quadrisque saxis* exstrui solet » (cap. XVII).

2. Le Boulonnais. Les ravages des invasions et plus tard des Normands furent terribles dans ces régions qui furent occupées par les Romains.

3. Comme l'Allemagne du Nord, le Languedoc et d'autres pays encore, la Flandre était loin d'être aussi riche en pierres que quelques autres régions ; c'est pourquoi la brique n'y a pas été abandonnée du xie siècle aux siècles suivants (Enlart, *Man. d'archéol fr.*, l'Appareil, t. I, p. 6-7).

4. La domination romaine s'était fortement implantée dans cette région ; les nombreux objets et restes antiques qu'on y découvre le témoignent amplement.

5. C'est-à-dire : dans l'espace intermédiaire.

occidente Taruanensem [1] parrochiam pene aequa mensura libratam habere videbatur; contra meridiem vero, per spatium duarum leucarum sabulosa terra interjacet, quae illic amena et opacissima terminatur silva. A partibus vero aquilonis optima terra Flandriae duabus fere leucis usque ad litus maris extenditur. Quae vero urbs turrium murorumque munitionibus tutissima, etiam omni affluentia diviciarum famosissima, patriarum civitatumque sibi affinium longe lateque dominium exercebat ..... Murus vero tam fortis ac firmissimus extitit, ut arietibus destrui non posset, nisi prius lapides fundamenti extracti penitus auferrentur. Ut autem legentibus scrupulum dubietatis de predictae urbis firmissima constructione penitus auferam, ipse qui istum tractatum composui et primitus scripsi murum destruere oculis meis vidi et supradictum Sancti Petri apostoli templum ex ipsis lapidibus aedificare procul dubio cernere merui. Verum colum(p)nae et parietes Tornacensibus lapidibus sunt constructae, capita quoque colum(p)narum Bononiensibus lapidibusadornata interseruntur. Nam antea, Balduini [2] Insulani temporibus, comitis totius Flandriae, aedificia Brugensis urbis magna ex parte ex lapidibus istis constructa dignoscuntur. Quia postquam comes Ernaldus Barbatus Bruggiam aedificare coepit, muros hujus urbis destruere et lapides Bruggensibus tribuere in urbis aedificium fecit quatenus, hac destructa, augmentaretur illa constructa. Unde pene haec in ni(c)hilum redigebatur, remanente montis congerie, in quo murus destruebatur.

Quod si hiis quae predixi forsitan testimonia vel testes a me requirantur, fateor, omnes fere qui in Aldenburgensi parrochia manent mecum probabiles testes concurrent.

---

1. Thérouanne, ancien chef-lieu des *Morini* (aujourd'hui dans le Pas-de-Calais).
2. Beaudoin V, dit de Lille, que l'on trouve en fonctions en 1036, et qui était fils de Beaudoin IV le Barbu.

2

Vita S. Arnulphi, episc. Saessionensis[1] (*fundatio monasterii Aldenbur-
gensis*), l. II, c. IV, § 92, dans les *Acta Sanctorum*, Aug., t. III, n. éd., 1867,
p. 250.
(Cf. Migne, *Patr. lat.*, CLXXIV, col. 1417.)

[1091]. — Anno autem MXCI, in sacra nocte Natalis Domini, factus est ventus vehemens et validus, qui turres urbium
et tecta domorum ac aedificia plurima ecclesiarum concussit,
fregit et dejecit. Eadem nocte ejusdemque venti turbine
campanarium [2] ecclesiae Sancti Petri evulsum est a suis car-
dinibus, et supra tectum turris in qua stabat versus orientem projectum, ita ut per sex dies et noctes cerneretur pen-
dulum quasi semper esset ruiturum. Congregati mane loci
habitatores sub omni celeritate convocant architectos [3],
statutis praemiis [4], si illud revocarent, munerandos ; at illi
multa promittunt, restes praeparant, balistas erigunt, liga-
menta constituunt, ut multimoda artis argumenta compo-
nunt. Et dum populus praestolaretur ad inventas artificum machinas quibus campanarium sperabatur reformari,

1. Sur cette *Vita*, œuvre très intéressante d'Hariulf, et sur les autres
éditions, voy. Molinier, *Sources de l'hist. de Fr.*, t. II, p. 42, et M. Ferd. Lot,
op. cit., *Introd.*, p. xiv-xv.
2. S'agit-il ici d'un beffroi de charpente qui devrait avoir été posé ou
en retraite ou sur des corbeaux ménagés dans la construction de la tour ?
La force de l'ouragan avait-elle eu pour effet de faire pivoter l'ensemble de
la charpente de façon à déplacer l'enrayure, et à la faire précipiter dans une
position suspendue instable et menaçante ? Viollet-le-Duc fait remarquer
dans son article Beffroi (*Dict. de l'arch. fr.*, t. II, p. 188), « qu'en France,
en *Belgique*, en Allemagne, on construisait déjà au xᵉ siècle des clochers
d'un diamètre tel qu'il fait supposer ... la construction de beffrois intérieurs de charpente très importants ». Nous pensons qu'il ne s'agit pas
d'un beffroi de charpente ; il est question dans notre texte d'un campanile
en bois dont nous ignorons la dimension et la disposition exacte.
3. C'est-à-dire des maîtres charpentiers, très experts dans la couverture
des édifices, ainsi que cela avait lieu notamment dans le Nord de la
France : cf. le terme *architector*, quelquefois usité au moyen âge.
4. L'expression *statutis praemiis*, c'est-à-dire à des prix fixés d'avance,
est très digne de remarque à cette époque et doit être notée avec soin ; il
semble que l'on soit ici en présence non pas, bien entendu, d'un concours
de reconstruction, mais d'une sorte de prime d'encouragement aux réparations pressantes de l'édifice endommagé, les sommes fixées d'avance devant
être regardées comme un bénéfice exceptionnel par les constructeurs
intéressés à réussir dans l'opération en question.

ante noctis medium pridie kalend. januarii advenit virtus de caelo in visione ignis, et campanarium quidem suis sedibus firmissime relocavit; ecclesiam vero intus et foris flammeo lumine vestivit. Haec me sic referre puderet, nisi testes mille se vidisse perhibuissent.

L

1058.

Permission accordée par les religieux de Saint-Martin de Marmoutier à Pierre de Montigny, pour construire, soit en bois, soit en pierre, une chapelle au prieuré de Villeberfol, sur les confins du pays Dunois.

Orig. Archives départementales de Loir-et-Cher, série H. Abbaye de Marmoutier, prieuré de Villeberfol [1].
(Cf. *Cartulaire de Marmoutier pour le Dunois (Cartularium Dunense Majoris monasterii*), publ. par E. Mabille (Société Dunoise), Châteaudun, 2874, n° CXIX, p. 112. — Martène, *Histoire manuscr. de Marmoutier*, V, 956'.

NOTITIA DE PETRO DE MONTINIACO [2] DE CAPELLA VILLAE BERFORDII [3].

Nosse debebitis, si qui eritis posteri nostri, Majoris scilicet hujus habitatores monasterii Sancti Martini, Petrum de Montiniaco construendi capellam apud Villam Berfordii, sive ligneam[4] sive petrinam, nobis permisso suo licentiam

1. Cet acte existe encore aux Archives départementales de Loir-et-Cher; mais, la série auquel il appartient n'étant pas encore inventoriée, il ne porte pas de cote définitive, ainsi que notre confrère, M. Trouillard, archiviste de ce département, a bien voulu nous en informer.
2. Montigny-le-Ganelon, cant. de Cloyes, arr. Châteaudun (Eure-et-Loir), qui répond aujourd'hui à l'ancienne seigneurie de Montigny.
3. L'ancienne *Villa Belfodii* ou *Berfordii obedientia* est devenue plus tard Villeberfol, c. de Conan, cant. de Marchenoir, arr. Blois (Loir-et-Cher).
4. Nous ferons connaître plus tard un acte de 1122, prouvant que c'est en bois que ladite chapelle avait été construite en 1058. La reconstruction de 1122 fut faite en pierre.

attribuisse, et accepisse de nostro pro hujusmodi permissionis assensu, per Odonem monachum nostrum, illius villae tunc praepositum, XX^{ti} solidos dunenses, testibus istis : Rotgerio famulo, Nivelone, filio Guarini sine Barba, Milone presbytero, Genzone monacho.

LI

1059 (1-13 septembre), Rome.

Fixation de l'étendue exacte que les cimetières doivent occuper autour des églises et des chapelles, par décision du concile tenu à Rome, et d'après une bulle du pape Nicolas II, adressée aux évêques de Gaule, d'Aquitaine et de Gascogne, qui reproduit ladite décision.

Mansi, *Sacrorum conciliorum collectio*[1], t. XIX (1764), col. 873.
(Cf. Migne, *Patr. lat.*, t. CXLIII, col. 1314-1315.)

De confiniis coemeteriorum, sicut antiquitus a sanctis Patribus statutum est, statuimus ita : Ut major ecclesia per circuitum LX passus[2] habeat ; capellae vero, sive

1. Voy. Hefélé, *Conciliengeschichte*, t. IV (1860), p. 755 et s. Cf. Jaffé, *Regesta pontif. roman.* (2ᵉ éd. par Wattenbach), t. I, 1885, p. 560.
2. Dans son *Essai sur l'asile religieux dans l'empire romain et la monarchie française*, Ch. de Beaurepaire commente ainsi ce document (*Bibl. de l'Éc. des Chartes*, 3ᵉ sér., t. V, 1854, p. 152, n. 4) : « Ce texte semble douteux ; dans quelques autres on trouve 60 pas au lieu de 40. Le terme « *major ecclesia* » paraît s'appliquer à d'autres églises qu'aux cathédrales. Peut-être doit-il s'entendre aussi des églises abbatiales. » S'il en est ainsi dans le texte ci-dessus, c'est à titre tout à fait exceptionnel. Nous ne connaissons pas de document où l'expression *major ecclesia* s'appliquerait à d'autres édifices qu'à des cathédrales. (Voy. *supra*, notamment p. 3, n. 3, et p. 86.) Ch. de Beaurepaire a omis de mentionner (*op. et loc. cit.*) certains textes importants du Midi de la France datant du xıᵉ siècle, relatifs à l'asile religieux, parmi ceux que nous avons reproduits précédemment dans notre recueil ou que nous citons dans les notes ci-dessous. — Il est très intéressant de rapprocher de ces dispositions (cf. J. Flach, *Origines de l'anc. France*, t. II, p. 171) l'acte suivant de la fin du xıᵉ siècle, émané de Godefrid, évêque de Maguelone, et de Bérenger, évêque d'Agde. Il concerne une église paroissiale du Bas-Languedoc, celle de Saint-Vincent (Hérault) : « Got[o]fredus, Magalonensis episcopus, et Berengarius, Agatensis episcopus... constituerunt et laudaverunt, et dederunt ad ecclesiam S. Vincentii sexaginta passus pedum versus omnes partes, et fecerunt

minores ecclesiae, XXX. Qui autem confinium eorum infringere tentaverit, vel personam hominis aut bona ejus inde abstraxerit, nisi publicus latro fuerit, quousque emendet, et quod rapuerit reddat, excommunicetur[1].

LII

Vers 1059.

Mention de la construction de l'église abbatiale de la Trinité de Venouse, dans la Basilicate (Italie méridionale), élevée à l'imitation de l'architecture normande ; éloge des tombeaux des princes Normands inhumés dans ladite église par les soins de Robert Guiscard.

Guillermi Apuliensis gesta Roberti Wiscardi[2], lib. V, éd. R. Wilmans dans Mon. Germ. hist., Script., t. IX (1851), p. 298.

Hinc deportari Venusinam[3] fecit ad urbem,
Qua fuerant fratrum constructa sepulchra priorum ;
Hos prope cum magno dux est subhumatus honore.
Urbs Venusina nitet tantis decorata sepulchris.
A Caroli Magni vel tempore Caesaris umquam
Nullos terra pares produxit fratribus istis.
Hic subhumatorum fabricata[4] jussibus horum

salvationem, et posuerunt terminos et cruces, et totum quantum erat intra crucem dederunt Deo et Sancto Vincentio....» Voy. *supra* les extraits des statuts des conciles de Toulonges, Saint-Gilles, et Narbonne, relatifs à l'asile religieux.

1. Cf. *infra* le texte du concile de Lillebonne (1080), au sujet de la violation des terrains religieux.

2. Cet ouvrage a été composé entre 1088 et 1111.

3. Venosa, distr. de Melfi ; cf. Chevalier, *Rép. top.-bibl.*, II, col. 3267, v° Venosa, et *Rép. bio-bibl.*, I, col. 1970, v° Guillaume de Pouille.

4. Ce monastère bénédictin fut édifié par les soins du comte Drogon entre 1046 et 1051, et l'église fut consacrée le 17 août 1059 par le pape Nicolas II. L'église n'était pas finie sans doute à la mort de Drogon. C'est en 1059 que Robert Guiscard, qui, avec ses frères aînés, avait contribué à la fondation de l'église dans le déambulatoire de laquelle on retrouve l'influence clunisienne, fit recueillir les restes de ses dits frères et les réunit dans cette église. A sa mort (1085), son corps y fut rapporté pour être placé à côté de ceux des autres fils de Tancrède de Hauteville. (Voy. E. Bertaux, *L'Art dans l'Italie méridionale de la fin de l'Emp. rom. à la conquête de Charles d'Anjou*, 1903, p. 318-321.)

Ecclesia¹, cujus decor urbis praenitet hujus.
Dat veniae munus Rex illis trinus et unus.

LIII

Vers 1060, avril.

*Donation faite à l'abbaye de Lézat, par trois donateurs,
d'une église à construire à Saint-Christaud-de-Volvestre,
près de Muret, en Languedoc ; ladite donation formule
les clauses principales d'un devis qui règle selon
quelles dimensio . et en combien d'années cette église
doit être construite.*

Cartulaire de l'abbaye de Lézat, Bibl. nat., ms. lat. 9189 (XIIIᵉ s., fol "5 vᵒ
(Cf. *Hist. gén. de Languedoc*, nouv. éd., t. V, 1875, Pr. nᵒ 253, col. 550.

Appropinquante et enim mundi termino et ruinis crebres-
centibus, jam certa signa manifestantur quod, si aliquid de
rebus nostris ad loca sanctorum condonaverimus, retribu-
torem Deum in judicio non diffidimus haberi, qui dixit:

---

1. Voy. *ibid.*, fig. 125, plan, d'après Schulz, des deux églises de la Trinité
(vocable qui rappelle entre autres celui d'églises abbatiales de Normandie
devenues célèbres). La construction qui s'élève à l'entrée de la nef
inachevée de la grande église marque l'emplacement de la première église
de Drogon et de Guiscard.
Un seul tombeau normand subsiste dans l'église de la Trinité, celui de
la Normande Alberada, répudiée par Robert. C'est un sarcophage adossé
à une paroi revêtue de marbre cipollin et fait de cinq plaques du même
marbre, abrité par un toit de marbre blanc que soutiennent deux consoles
et deux colonnes de cipollin (*ibid.*, fig. 126, p. 320). — Cf. la chapelle funéraire de Bohémond, prince d'Antioche († 1111), adossée à la cathédrale de
Canossa, terre de Bari (fig. 121, p. 313). Des Normands vinrent à Bari au
temps du comte Bohémond. Guillaume Pantoul fit le voyage de Pouille
pour des reliques de saint Nicolas et fit bâtir en l'honneur de ce saint, à
Bari, une église neuve qui resta inachevée à sa mort (Ord. Vital, *Hist.
eccles.*, l. VII, éd. Le Prévost, t. III, p. 205 à 218). Les trois façades
de Saint-Étienne de Caen, de Saint-Nicolas de Caen et de Saint-Nicolas de
Bari ont entre elles une incontestable ressemblance, chacune avec sa
haute muraille nue, régulièrement percée de fenêtres, surmontée d'un
pignon triangulaire et flanquée de tours. Or, en Italie, la façade de Saint-
Nicolas de Bari (1087-1105) est en ce genre isolée. — Cf. la description
de la Trinité de Fécamp (*De renovatione eccl. Fiscannensis sub duce
Guillelmo*, cap. X, dans la *Neustria pia*, auct. Du Monstier, p. 202 et s.).

« Date (h)elemosinam, et ecce omnia munda sunt vobis »...
Quamobrem nos enim, in Christi nomine, Arnaldus Amanus
et Arnaldus Oddo et Arnald[us] Garsia donatores sumus ;
donamus Domino Deo et Sancto Petro apostolo Lesadensis [1]
cenobii, et Bernardo abbate (sic)... alodem nostrum, qui
est in pago Tholosano, in terminio Bolbestres, ubi vocant ad Pugo : hoc est ipsa ecclesia Sancti Christofori [2]...
cum ipsos cimiterios (sic), quomodo ad ipsa ecclesia (sic) pertinet. In tale (sic) videlicet ratione donamus, ut sit ipsa ecclesia
constructa de novem statos [3] de longum et quinque buga-
los [4] de altum. In tale vero ratione donamus ut neque abbas,
neque monachi, neque nullus homo non possit dare, nec
vindere (sic), nec alienare, nec transmutare, set semper
sit in communia monachorum et in(h)elemosinis pauperum
omnique tempore, pro animas (sic) nostras et animas paren-
torum (sic) nostrorum tam vivorum quam defunctorum. Et sit
ipsa ecclesia constructa de ista festivitate Omnium
Sanctorum ad XVI annos ; si tempestas venerit, adimpleat
alium annum. Et si hoc mandatum quis transire voluerit,
veniat unus de propinquis parentibus nostris. donet XII
denarios et habeat ipsa ecclesia. Quod si quis... contra
hanc donationem pro inrumpendum (sic) surgere voluerit...

1. Lézat, ancienne abbaye de Bénédictins, actuellement dans l'Ariège,
cant. Le Fossat (près de la petite rivière de Lèze de laquelle elle tire son
nom), arr. Pamiers. — Voy. le Palenc et Dognon, *Lézat, sa coutume, son
consulat*, Toulouse, 1899. Cf. Chevalier, *Rép. top.-bibl.*, II, col. 1671, v°
Lézat.
2. Aujourd'hui Saint-Christaud-de-Volvestre, cant. de Montesquieu-
Volvestre, arr. Muret (Haute-Garonne).
3. Le Cartulaire de l'abbaye de Lézat donne *statos*, ainsi que nous l'avons
vérifié ; nous ne connaissons pas d'autre emploi de ce terme dans le
sens de mesure, à l'époque romane. Nous pensons qu'on peut l'interpréter
dans le sens de mesure tirée de la taille humaine, c'est-à-dire en tant que
synonyme de *statura* (Voy. *supra* le texte des coutume de Farfa, pour
ce dernier terme). On a des exemples de *status* avec cette signification,
non seulement dans la latinité ancienne, à une époque où ce mode de
mesure était régulièrement usité, mais encore dans celle d'Isidore de
Séville (*de Mensuris*). Cf. pour la tradition dudit genre de mesure, de
l'antiquité romaine au moyen âge, notre récente étude intitulée : *Un formulaire du VIIIe siècle pour les fondations d'édifices et de ponts, d'après des
sources d'origine antique*, dans le *Bulletin monumental* de 1907, fasc.
5-6, et à part (1908), avec additions.
4. Nous ignorons le sens de ce terme de mesure, dont la forme que nous
transcrivons, d'après le susdit Cartulaire et d'après l'édition de l'*Hist. de
Languedoc*, pourrait bien être fautive.

Facta carta ista in mense aprili, sub die feria[1] VI[a], regnante Ingelrico[2] rege. Signum Arnaldo Amano, et A[rnaldo] Oddo, et A[rnaldo] Garsia, qui carta (sic) ista scribere rogaverunt...

LIV

Vers 1060 et vers 1120.

Mention d'une chaussée ancienne et de restes antiques de tuiles, poteries et vases de verre, dans le voisinage, d'Ardres, près de Saint-Omer. — Construction du donjon d'Ardres, par les soins d'Arnoul, sénéchal du comte de Boulogne, après la démolition du château de Selnesse. — Établissement d'un marché à Ardres, après élargissement de l'enceinte, sur un emplacement circulaire garni de fossés, et construction d'une église paroissiale, en face de la porte de ladite enceinte. — Description des logis de bois, œuvre remarquable de charpente, formant la résidence seigneuriale sur la motte d'Ardres, construits par Lodevick, architecte-charpentier de Bourbourg, ville voisine de Dunkerque.

Chronique de Lambert d'Ardres[3], ou *Historia comitum Ghisnensium et Ardensium dominorum*, éd. Heller, dans *Mon. Germ. hist.*, Script. t. XXIV (1879), p. 609, 613 et s., 618-619, 621.
(Cf. l'éd. de Godefroi-Ménilglaise, Paris, 1855, dans les *Documents* publiés par la Société des antiquaires de la Morinie.)

1. C'est-à-dire vendredi, la *feria prima* étant le dimanche.
2. Forme cacographique employée pour *Henrico*; le nom *Ingelricus* en usage alors dans le Midi a dû influer sur le scribe, mais n'a rien à faire ici, où il s'agit d'Henri Ier, roi de France.
3. Lambert d'Ardres, curé du village de ce nom, près de Calais, en 1194, allié à la famille de Guines, marié et père de famille, composa à la demande d'Arnoul, fils de Baudouin, comte de Guines, entre 1194 et 1198, puis continua jusqu'en 1203, l'*Histor. com. Ghisnensium*. On a déjà fait remarquer le caractère original du style et de la latinité de cette chronique, qui mérite de retenir l'attention des historiens, des archéologues ainsi que de ceux qui s'occupent particulièrement du latin du moyen âge. — Outre les tableaux généalogiques joints à l'éd. Ménilglaise, cf. Deschamps, *Précis hist. sur Ardres* (Mém. soc. Antiq. Morinie, t. IV, p. 379 et s.. Voy. aussi pour les sources, Chevalier, *Rép. bio-bibl.*, II, col. 2737, v. Ardres. — Ardres, ch.-l. de cant. de l'arr. de Saint-Omer, à 24 kil. N.-O. de cette ville (Pas-de-Calais).

Cap. XCIX... Ghisnensi comiti Eustacio[1]... reconciliatus... mansit igitur Herredus[2], ut jam diximus, apud Selnessam[3], inter silvam et mariscum, in eo loco ubi usque hodie inveniuntur quasi reliquie gentilium, rubee videlicet tegule, teste vasorum minii coloris, et fragmenta vasculorum vitreorum, ubi nunc, sulcante aratro, reperitur pi[r]a[4], sive via[5] dura et lapidea, a marisco in silvam calcata[6].

CIX [Vers 1060]. — Quomodo arnoldus, comitis bolonie eustacii senescalus, supra dunjonem arder factum de selnessa[7] omnia sua transtulit edificia. — Videns[8]... Arnoldus [comitis Bolonie Eustacii senescalus], quod omnia sibi arri-

---

1. Eustache, comte de Guines, mourut en 1060. Les faits rapportés ici sont donc un peu antérieurs à cette date. Voy. les tableaux généalogiques joints à l'édition de Ménilglaise.

2. Herred de Furnes, vassal du comte de Guines.

3. Le château de Selnesse était situé à l'extrémité Nord du plateau qui sépare Ardres de la Brédenarde. Le lieu où il se trouvait se nomme le Vieux-Bac. Encore aujourd'hui, d'après Ménilglaise (p. 441, note 170), dans la tourbière voisine du Vivier et des Noiresterres, à 3 kil. Nord d'Ardres, on trouve des débris d'armures et de poteries, et aussi des voûtes de caves, des pieds de murs, des restes analogues à ceux que signale la chronique de Lambert.

4. « Les mss., dit Ménilglaise (p. 483), semblent porter *pita*. Je lis *pira*, leçon soupçonnée par Du Cange qui reste embarrassé devant ce passage. On dit en roman : *pire, piré*, pour chemin empierré ; et en bas latin *pirins*... dans le même sens qui est précisément celui indiqué par Lambert. *Pita* ne se retrouve nulle part ; il faudrait dire que c'est un terme local, et l'expliquer par une contraction de *pista*, participe du verbe *pinso*, piler, broyer, la matière des chaussées romaines étant formée de pierres broyées et reliées par un ciment. » — Le terme d'ancien français *pire*, ajouterons-nous, est employé avec le sens de passage, chemin, justement dans des textes du Nord de la France (Boulonnais, Artois, Tournaisis) ; voy. *Dict. de l'anc. lang. fr.* de Godefroy, v° *Pire*. Contrairement à l'édition Heller, qui donne *pita*, nous croyons devoir mettre ici *pi[r]a*, forme qui semble latinisée d'après *pire*, dans notre texte.

5. Sur les anciennes voies de communication de la Morinie, voy. G. de Baillencourt, *Bull. hist. de la Soc. des antiq. de la Morinie*, t. V (1877), p. 493 et s.

6. Des documents du moyen âge mentionnent, sans y insister guère, la découverte de débris antiques retrouvés enfouis dans la terre. On sait, au contraire, que Guibert, abbé de Nogent-sous-Coucy, suivit avec intérêt les travaux des fouilles et la trouvaille d'antiquités gallo-romaines, lors de la construction de son monastère (*De vita sua*, lib. II, c. 1). Voy. J. Quicherat, *Fragm. d'un cours d'archéol.*, introd., dans les *Mél.* du même, p. 351.

7. Sur ce château, voy. ci-dessus, la note 3.

8. P. 612.

derent et quasi ad votum in prosperitatem succederent, in marisculo apud Ardeam, juxta molendinum exclusam, quasi in jactu lapidis, fecit, et aliam exclusam. Inter quas, in media limosi mariseuli et gurgitosi profunditate, adjacentis fere secus radicem collis, motam altissimam sive dunjonem [1] eminentem in munitionis signum firmavit et in aggerem. Cujus firmitatis dunjonem quidam, ut aiunt incole — o mortalium industriam! o indomitarum mansuetudinem bestiarum ! — domesticus ursus, non ille pro quo furnagia exiguntur, inter eam altitudinem et molem aggeravit. In cujus aggeris secretissimo latibulo felicis ominis portendiculum [2], lapillum super aurum optimum perpetuo mansurum inhumatum asserunt. Exterioris vero spatium valli, incluso interius molendino, fossato cinxit firmissimo. Mox juxta quod pater suus olim proposuerat, convulsis atque dirutis... omnibus apud Selnessam [3] edificiis, Ardensem dunjonem pontibus, portis et necessariis communivit edificiis. Ab illo ergo die, magno Selnessensium mansionis loco commolito et contrito, edificiisque apud Ardeam contractis atque delatis, deleta est cum castello memoria

1. L'ancienne traduction française de la Chronique d'Ardres, publiée dans l'édition de Godefroi-Ménilglaise, rend ainsi (p. 246 le curieux passage qui suit sur ce donjon : « Laquelle dicque (digue) et motte de terre aulcuns du païs maintiennent avoir esté acumulée et faicte par ung ours privé ‹non pas celluy pourquoy a esté imposé le droit de fournage — *furnagia* — audict lieu d'Ardre› ; qui est chose de grande industrie de ainsy privoiser bestes sauvaiges. » Il serait fait ainsi allusion aux services qu'on auralt, semble-t-il, fait rendre à un ours apprivoisé et domestiqué pour traîner des matériaux et faire de grands amas de terre. — Voy. *supra*, n° XIX (1025), p. 78, la mention qui est faite d'une tour en bois surmontant le donjon du château de la Motte-Montboyau, près de Tours.

2. Diminutif de *portentum*, mentionné dans le *Gloss.* de Du Cange, avec ce passage à l'appui. — C'est par le mot *lapillus* qu'on a désigné le petit appareil, dont l'usage a été très répandu dans les constructions à l'époque de la décadence : « *opus constructum lapillis* ». (Voy. J. Quicherat, *Mél. d'archéol.*, p. 369 ; « *minimisque lapillis* », dit l'annaliste d'Auxerre en parlant de l'appareil dont était construit la cathédrale carolingienne de cette ville (*ibid.*, p. 119).

3. Arnoul I⁰ʳ, sire de Selnesse, dit l'Avoué, sénéchal du Boulonnais, contemporain de Guillaume le Conquérant, beau-fils de Herbert ou Herred de Furnes (il existait en 1069 et mourut en 1094), mit ainsi à exécution le projet d'abandonner son château de Selnesse pour transférer sa résidence à Ardres, dont l'emplacement faisait partie au x° siècle d'une lande, d'un pâturage qui lui a, dit-on, laissé son nom (*Ardea*). Voy. sur ce point Lambert d'Ardres, éd. Ménilglaise, p. 227-229. Cf. J. Flach, *Orig. de l'anc. France*, t. II, liv. III, ch. viii (Transformation de villages en villes), p. 334.

etiam Selnescensium, adeo ut ab Ardea etiam ubique
predicaretur... Ardensium protector et dominus.

CXI... Ardensis dominus Arnoldus..., fossato extra
vallum in circuitu quasi corona firmissimo preparato,
rerum venalium forum [1] in medio collocavit, et in quinta
feria [2] in perpetuum servandum et frequentandum juravit.

CXVIII... Arnoldus... novam ibi in medio fori, ante
portam interioris valli in honore Beate Marie Virginis et
Sancti Audomari confessoris et Morinensis episcopi et sanctorum, quorum perquisierat reliquias [3], magnam edificavit
basilicam. Et ab ecclesia cimiterii cum suis evocavit
sacrariis et reliquiis... canonicos et in nova basilica quasi
in sua capella constituit...

· CXXVII [Vers 1120]. QUOMODO ARNOLDUS MAGNAM DO-
MUM ET EXCELSAM FECIT IN CASTRO ARDEE, ET EJUS DESCRIP-
TIO HEC EST [4]. — Postea vero, pace inter Ghisnensem [5]

---

1. De Caumont, *Abécédaire d'archéol.*, *archit. civil. et mil.*, 3e éd. (1869),
p. 87, distingue deux sortes de halles au XIIe siècle, à savoir : les unes
ressemblant aux granges des abbayes, vastes bâtiments en forme de parallélogramme dont la charpente fort large et très élevée couvrait tout l'édifice, où les marchandises se groupaient dans les diverses parties qui leur
étaient assignées ; les autres se composant d'une galerie ou appentis le
long d'une enceinte de murailles avec une place au centre ; et l'on y entrait
par des portes. C'est à ce second type que se rapporterait dès le XIe
siècle la place du marché et la halle d'Ardres. — « On a fortifié au moyen
âge, dit M. Enlart, des bâtiments de destinations très variées, des maisons
de ville, des abbayes, des ponts, des fermes, des moulins, des églises. Le
manque général de sécurité a motivé ces adaptations... » (*Man. d'archéol. fr.*,
t. II, Archit. civ. et mil., p. 515). A cette énumération, il y a lieu de joindre,
au moins exceptionnellement, les marchés, comme cela résulte du texte ci-
dessus. Dans la plupart des villes flamandes, le marché était situé sous les
murs du château. On trouve cette disposition à Gand, à Saint-Omer, à Arras,
comme à Middelbourg, en Zélande. Voy. H. Pirenne, dans son éd. de l'*Hist.
du meurtre de Charles le Bon, comte de Flandre* (1127-28), p. 51. La charte
de paix de Valenciennes (1114) dit ceci : « In quocumque loco nundine aut
forum ville collocentur, infra villam aut extra... » (Flach, *op. cit.*, t. II, p. 366).
   2. C'est-à-dire le jeudi de chaque semaine.
   3. On sait combien au moyen âge les fondateurs d'une nouvelle église
tenaient à entrer en possession de reliques de saints en l'honneur desquels
ils faisaient bâtir un nouveau sanctuaire.
   4. Voy. dans la *Revue archéologique*, XIIe an. (1856), 2e partie, p. 63
et suiv., une excellente traduction, faite par J. Quicherat, de cette si précieuse et si pittoresque description (p. 624, *ibid.*).
   5. Guines (*Ghisnæ*), ancien chef-lieu du comté de ce nom, à présent ch.-l.

comitem Manassem, et Ardensem dominum Arnoldum, facta et confirmata, super dunjonem [1] Ardea miro carpentariorum artificio, domum ligneam fecit, materie tocius Flandrie domos tunc temporis excellentem. Quam quidem Broburgensis [2] artifex vel carpentarius, in hujus artis ingenio parum discrepans a Dedalo, fabrefecit et carpentavit, nomine Lodewicus [3]. Et de ea fere inextricabilem [4] fecit laberintum et effigiavit, penus [5] penori, cameram camere, diversorium [6] diversorio concludens, promptuaria sive granaria cellariis continuans, et capellam in convenientiori loco ab orientali parte domus in excelso superedificans. Triplicem autem aream in ea constituit, et solium solio longe a solo quasi in aere suspendit. Prima autem area fuit in superficie terre, ubi erant cellaria et granaria [7], ciste [8] etiam magne, dolia et cupe et alia domus utensilia. In secunda autem area fuit

de cant. de l'arr. de Boulogne, à 30 kil. N.-E. de cette ville et à 8 kil. O. d'Ardres.

1. Sur les donjons en bois surmontant les mottes cf. le texte suivant, qui se rapporte à la même époque, et que nous extrayons de la Vie de Louis le Gros, par Suger (siège du Puiset, an. 1111) : « Reliqui necnon et ipse Hugo, cum intus castellum muro cinctum tuto non sufficeret presidio, in mota, scilicet *turre lignea superiori* se recipit » (éd. Molinier, 1887, p. 65). Ce qui prouve, ajoute l'éditeur, que le château du Puiset se composait d'une double enceinte et d'un réduit : 1° une simple palissade; 2° un mur probablement en pierre ; 3° un donjon en bois (*ibid.*, n. 2). Voy. aussi Viollet-le-Duc, *Dict. de l'arch. fr.*, t. V, v° Donjon ; on lira avec intérêt la description détaillée que cet auteur nous donne du château d'Arques, construit en partie au xi° siècle (*ibid.*, t. V, p. 36) ; cf. p. 48. Il est regrettable que Viollet-le-Duc *n'ait pas utilisé le récit de notre chroniqueur qui offre des points nombreux de comparaison avec la description* du château d'Arques. — Cf. Viollet-le-Duc, t. IV, art. Cuisine (qui donne peu d'explication sur les cuisines des châteaux du xi° siècle); voy. aussi t. III, art. Château.

2. Bourbourg, ancienne seigneurie située en Flandre, auj. ch.-l. de c., arr. Dunkerque (Nord).

3. Le nom de cet architecte, Lodewick. habile dans les œuvres de construction de bois, fréquentes alors dans le Nord, mérite d'être signalé.

4. Les constructeurs de châteaux usaient d'artifices recherchés pour la disposition extérieure et intérieure de ces édifices où l'espace devait être ménagé, et aussi afin de dérouter ceux qui tenteraient de s'y introduire hostilement par violence ou par ruse.

5. Endroit servant à déposer des provisions, des comestibles.

6. Corridor, d'après Quicherat (voy. *suprà*, *op. cit.*, p. 682); on pourrait entendre plutôt ainsi : logis d'hôtes, de gens de passage, conformément au sens classique de ce mot latin, en réservant l'acception de couloir à *meiculum* (Voy. ci-dessous).

7. Logements servant à recevoir des approvisionnements.

8. Récipients ou sortes de coffres.

habitatio et communis inhabitantium conversatio, in qua
erant penora, hinc panetariorum, hinc pincernarum, hinc
magna domini et uxoris sue, in qua accubabant, camera,
cui contiguum erat latibulum [1], pedissequarum videlicet et
puerorum camera vel dormitorium. Hinc in magne secretiori
parte camere erat quoddam secretum diversorium, ubi summo
diluculo, vel in vespere, vel in infirmitate, vel ad sanguinis
minutiones faciendas vel ad pedissequas, vel ad pueros ablac-
tatos calefaciendos, ignem componere solebant. In hac etiam
area, coquina domui continuata erat, in qua erant due aree. In
inferiori area, hinc porci [in] pinguescendum positi sunt, ad nutriendum hinc anseres, hinc capones et alia volatilia ad occi-
dendum et ad vescendum semper parata. In altera autem
coquine area, conversabantur tantum coci et coquine
provisores, et in ea preparabantur esce dominorum delica-
tissime, et multimodo coquorum apparatu et labore con-
fricate et ad vescendum parate. Ibi etiam familiarium et
domesticorum esce cotidiana provisione et laboris officio
preparabantur. In superiori domus area fuerunt facta
solariorum [2] diversoria, in quibus hic filii, cum volebant,
illic filie. quia sic oportebat, domini domus accubabant ;
illic vigiles, et ad custodiendam domum servientes positi et
constituti et semper parati custodes, quandocumque
somnum capiebant ; hic gradalia [3] et meicula [4] de area in
aream, de domo in coquinam, de camera in cameram,
item a domo in logium ; quod bene et procedente ratione
nomen accepit — ibi enim sedere in deliciis solebant ad
colloquendum — a *logos*, quod est sermo, derivatum ;
item de logio in oratorium sive capellam Salomoniaco
tabernaculo in celatura et pictura [5] assimilatam.

1. Cabinet, sorte de retrait.
2. Nous avons déjà rencontré ce terme avec le sens d'étage planchéié
(voy. *suprà*, p. 10, n. 6) ; Quicherat (*op. cit.*) traduit ainsi : soupente en
plusieurs hauteurs de pièces ayant des abords différents (p. 632).
3. Escalier de communication.
4. Couloir servant d'accès aux logements *intérieurs*.
5. Mention rare de travaux de décoration en relief et en peinture, faits
alors dans une chapelle seigneuriale.

LV

1061, janvier.

Donation à l'abbaye de Déols, en Berry, par Renaud Chabot, seigneur de Rocheservière, d'une terre sise dans le domaine de ce château, pour y construire un monastère et y établir un cellier public, où les habitants de ce pays pourraient déposer leurs provisions et ustensiles en lieu sûr.

Bibl. nat., col. Gaignières, lat. 17048, fol. 475.
(Cf. *Rec. hist. des chartes intéressant le départ. de l'Indre, VIe-XIe s.*, n° 31, par E. Hubert, dans la *Revue archéologique du Berry*, 1899, p. 175.)

Ego Rainaldus, cognomento Chaboth, offero Deo et Beate Marie, matri ejus, ad locum de Dolis [1], terram intra nostrum [2] castellum apud Rocham Cerveriam [3], tantum ubi construere possint monasterium ; et cellarium [4] publicum habere concedo, ubi qui sua recondere voluerit ponat absque pavore de aliquo rapto etc... Facta charta anno MLX, mense januario, regnante Philippo rege.

1. L'abbaye bénédictine de Déols (*Dolense monasterium*), ou Bourgdieu, dédiée à la Sainte Vierge, au diocèse de Bourges ; auj. cant. et arr. Châteauroux (Indre).
2. Le ms. de la Bibl. nat., d'où cet acte est tiré, porte *nostrum* et non *meum*, ainsi que nous l'avons vérifié. — Cf. Buhot de Kersers, *Hist. et statistique monumentale du département du Cher*, v° Déols (abbaye de), t. VIII (1898), col. 107. (Voy. aussi Chevalier, *Rép. top.-bibl.*, I, col. 879, v° Déols.)
3. Rocheservière, dans la Vendée, ch.-l. de cant., arr. la Roche-sur-Yon.
4. Cf. l'acte de 1181 relatif à Odon de Roser, prieur de Madiran (Gascogne), qui fit reconstruire une galerie couverte dans son monastère, à l'une des extrémités et l'emplacement qu'il occupait, afin de faciliter d'une façon régulière à la population de Madiran le dépôt, en cet endroit, des provisions et des vivres dont elle avait besoin (Bibl. nat., coll. Doat, t. CLII, fol. 220). D'autres actes donnent l'exemple de celliers soumis à un cens de location, comme c'est le cas de celui qui appartenait au prieuré Sainte-Foi-de-Morlaas (Béarn), lequel relevait de Cluny. « Bertrannus Faber, dit un acte de la fin du xie-xiie siècle, de dimidio cellario quod est juxta portam S. Nicholai, in unoquoque anno debet reddere duos sol. priori S. Fidis in festivitate S. Ylarii. Et si murus ecciderit, ipse Bertrannus et omnis pro[g]enies ejus qu[e] tenebit ipsum cellarium jus re(h)edificabit et

LVI

1062 et vers 1095.

Fondation du prieuré de Saint-Sauveur-en-Rue, dans le Forez, faite par Artaud, seigneur d'Argentau, entre les mains de Robert, premier abbé de la Chaise-Dieu, en Auvergne, avec donation de tout le bois de construction nécessaire au monastère et aux habitations de ceux qui s'établiront auprès dudit prieuré. — Don à ce prieuré, par le chevalier Ricols de Roussillon, d'une terre à Saint-Genest, avec conduite d'eau, pierres calcaires et bois de construction.

1

Extr. *des Archives de l'abbaye de la Chaise-Dieu,* dans J.-M. de la Mure, *Histoire des ducs de Bourbon et des comtes de Forez,* t. III (1868), n° 22, p. 18 (Preuv), d'après la copie de dom P. Laurens, dans les *Notes mss.* de la Mure, II.
(Cf. *Cartulaire du prieuré de Saint-Sauveur-en-Rue*[1], *Forez,* publ. par de Charpin-Feugerolles et M.-C. Guigue, Lyon, 1881, n° I.)

Notum sit... quod ego Artaudus de Argentau[2], cum consilio et voluntate Fiæ[3], uxoris meæ et omnium militum de Argentau, pro redemptione animæ meæ, et omnium parentum meorum, dono ecclesiam Sancti Salvatoris[4] cum

reintegrabit ipse fidejussor. » (*Cartul. de Sainte-Foi-de-Morlaas,* publ. par L. Cadier, n° XVII, p. 34; cf. n° XVIII). — Défense était faite, au xiᵉ siècle, d'envahir les celliers des églises (*ibid.*) Voy. le serment de paix que l'évêque de Beauvais, Warin, soumit au roi Robert, en 1023 (Luchaire, Les I⁣ᵉʳˢ Capétiens, *Hist. de France,* par E. Lavisse, t. II, l. I, ch. IV, p. 131-135).
1. Saint-Sauveur-en-Rue, aujourd'hui c. du cant. de Bourg, arr. Saint-Étienne (Loire). — Cf. Chevalier, *Rép. top.-bibl.,* II, col. 2772, vᵒ Saint-Sauveur-en-Rue, et I, col. 634, vᵒ Chaise-Dieu (La).
2. Argental, seigneurie du Forez, arr. Saint-Étienne (Loire). — Sur le Forez, au point de vue des monuments historiques, on consultera avec fruit l'ouvrage de N. Thiollier, *Le Forez pittoresque et monumental,* Lyon, 1889, 2 vol. in-fol.
3. «Le texte de cet acte, envoyé de la Chaise-Dieu à l'historien De la Mure, porte par erreur *piæ* au lieu de *Fiæ,* un adjectif au lieu d'un nom propre. » (Note des éditeurs de Charpin-Feugerolles et Guigue.)
4. Cf. : 1° à la fin du xiᵉ siècle la donation faite par Aymon, fils d'Archambaud le Fort, aux religieux de Saint-Ursin-de-Moncenoux, en Bourbonnais,

omnibus appenditiis et omnibus adjacentiis suis, atque cum omni territorio quod ibi est, dono Deo et monasterio Casæ Dei et monachis ibidem servientibus, tam præsentibus quam futuris, in manus domni Roberti, ejusdem loci abbatis, liberam, sine omni retentione....... Et ut ibi monasterium monachorum fiat ad habitandum, dono ad construendum predictum monasterium et villam, nunc et in antea, quidquid necesse fuerit in silvis, ubicumque habeam ligna ad ædificandum ..... sine omni contradictione, semper habitatoribus ejusdem loci et ejusdem villæ ....

Facta est hæc donatio in manus domni Roberti, Casæ Dei abbatis, anno ab incarnatione Domini millesimo sexagesimo secundo, indictione octava.

2

Cartulaire cit., n° XXVIII.

[Vers 1095]. — Giraldus Ricolfus, miles de Rossilione [1], dedit Deo et sancto Roberto et ecclesiae Sancti Salvatoris, in parrochia Sancti Genesii [2] ad Souers, terram et vineas... cum omni aqueductu et lodium cum lapidibus calcinariis [3], quantum nobis opus fuerit. Dedit etiam praedictus Giraldus nobis in sylva sua... ad aedif(f)icandum... quantum nobis vel his qui pro nobis ibi steterint necessarium erit...

de la forêt dudit lieu pour y prendre du bois de construction (Huillard-Bréholles, *Titr. de la mais. duc. de Bourbon*, t. I, p. 2, d'après Arch. nat., K. 19, n° 2); — 2° la donation faite au xi°-xii° siècle, au monastère de Sauxillanges, en Auvergne (auj. ch.-l. de cant., arr. Issoire, Puy-de-Dôme), par un nommé Hugue, du bois nécessaire à des constructions. « dono et in omnibus silvis meis *ligna ad aedificandum* » d'après le *Cartulaire de Sauxillanges*, éd. Doniol, p. 599, n° 883).

1. L'ancienne maison de Roussillon appartenait au Forez.

2. Outre les désignations locales de Saint-Genès et de Saint-Genest, dans le Puy-de-Dôme, on trouve dans le département de la Loire les localités de Saint-Genet-Malifaux et de Saint-Genèt-Lerpt, arr. de Saint-Etienne.

3. Cf. *Gloss.* de Du Cange, v° *lapis calcinarius* ; cf. *ibid.* : *calcinalis, calcineus.*

LVII

1064-1079.

Mention d'un moine « operarius » de l'abbaye de Saint-Victor de Marseille, dans une charte rédigée en son nom, au sujet d'une transaction faite à Ollières, en Provence.

Chartularium monasterii Sancti Victoris Massiliensis, éd. B. Guérard, t. I (1857), p. 173, n° 119 (coll. des Doc. inéd.).

Tempore Bernardi[1], Massiliensis abbatis, ego Guirannus, monachus et operarius[2], feci acaptum apud Ollerias[3], de Willelmo Trunno, tascam videlicet totam quam habebat super homines S. Victoris, preter dominicaturam suam, et duos casales qui sunt supra ecclesiam per quos qui habent suos exitus, Wilelmus Elena et frater ejus, singulis annis unum agnum reddant de servicio. Pro his omnibus, predictus miles, acceptis XI. sol., simul cum uxore, relinquit perpetuo jure, laudat et firmat que diximus Domino Deo et S. Victori et Massiliensibus monachis, tam presentibus quam futuris, sub testibus : Wilelmus de Ollerias et Petrus Gaufredi, etc...

1. Bernard de Rouergue, abbé de 1061 à 1079.
2. Le *Cartulaire de Saint-Victor de Marseille* contient un autre acte du 13 juillet 1165, mentionnant le moine Pierre de Saint-Gilles, en qualité d'« ouvrier » audit monastère : « Petrus de S. Egidio, *operarius* S. Honorati, monachus. » Il s'agit ici, semble-t-il, du prieuré de Saint-Honorat d'Arles. Dans le *Cartulaire de Saint-Sernin*, de Toulouse, « l'*operarius*, l'ouvrier, apparaît tardivement et encore deux fois seulement. En 1184, Arnauld Ustul, et, en 1200, Pons remplissent la fonction que ce mot désigne, c'est-à-dire qu'ils prennent soin de l'entretien des bâtiments et de l'église et de l'abbaye. » (*Introd.* par l'abbé Douais, p. L et LI, § 4, dignitaires de l'abbaye ; *append.* n° 29, n° 62 ; cf. *Invent.*, 7, 46.) — De même que dans les chapitres des cathédrales ou des collégiales, le titre d'*operarius* donné dans les abbayes à un moine chargé de l'entretien et des dépenses des bâtiments n'implique pas nécessairement que ce dignitaire s'occupe lui-même de la direction technique des travaux ou qu'il y ait, alors qu'il est mentionné, une restauration ou des réparations importantes dans ces abbayes. La qualité de *magister*, qui y est jointe parfois, exprime davantage la part personnelle prise à des travaux d'art de ce genre. Voy. *supra*, p. 35, n° 4.
3. Ollières, comm. du cant. de Saint-Maximin, arr. Brignoles, département du Var.

LVIII

Vers 1065-1073.

Acte constatant, entre autres donations domaniales faites par Raymond II, comte de Bigorre, à l'abbé de Saint-Savin-en-Lavedan (Gascogne), celle de la vallée de Cau-terets ; mention de l'église de Saint-Martin et des maisons de bains à construire par les soins dudit abbé, pour le monastère de Saint-Savin, audit lieu, devenu obédience de cet établissement monastique, sous la surveillance d'un religieux délégué à cette fin.

Cartulaire de l'abbaye des bénédictins de Saint-Savin-en-Lavedan[1] (945-1175), publié par Ch. Durier, Paris et Tarbes, 1880, n° III, p. 8-9.

Manifesta res est et pene omnibus incolis Wasconiae certissime notum, monasterium Levitanense in honore S. Savini[2] a Raimundo[3], comite Bigorrensi, esse cons-tructum, et de sibi pertinentibus praediis in ipsa valle Levitanica longa manu ditatum. Nam inter cetera repe-rimus vallem Caldarensem[4], ubi nunc ecclesia S. Mar-tini et ipsi balnei constructi videntur, jam dicto principe Deo et S. Savino, ac succedentibus abbatibus et monachis

---

1. L'original a disparu ; il datait très vraisemblablement de la fin du xii° siècle ou du commencement du xiii°. Sur les deux copies qui en restent dont l'une appartient aux Archives des Hautes-Pyrénées et l'autre à la Bibliothèque publique de Tarbes, voy. Durier, *op. cit.*, p. I et II.

2. Voy. sur cette abbaye, G. Bascle de Lagrèze, *Monographie de Saint-Savin-de-Lavedan*, 1850, notamment p. 120-122, où les faits ci-dessus sont rapportés et commentés. Voy. aussi l'*Abbaye de Saint-Savin*, par Paul Lafond, dans le *Bull. monum.*, 1886-87, F, II, p. 580-593, III, 5-18; cf. Chova-lier, *Rép. top.-bibl.*, II, col. 2773, v° Saint-Savin.

3. Raimond II, comte de Bigorre, vers 1065-1080. (Cf. Durier, *op. cit.*, p. V.)

4. Cf. *infra*: « in valle *Caldarez*. » Cauterets, station thermale des Hautes-Pyrénées, arr. Argelès. — Les eaux de Cauterets paraissent avoir été connues des Romains : « A Cauterets, est un bain de César, de construc-tion romaine, piscine voûtée, jadis éclairée par deux ouverture ovales. », *Essais histor. sur le Bigorre*, par d'Avezac, t. I, p. 40 (cf. de Lagrèze, *op. cit.*, p. 120, n. 2). Voyez toutefois à ce sujet, L. Bonnard, *La Gaule ther-male...*, 1908, p. 343 et s. (avec not. bibliogr.).

esse delegatam ; quanquam etiam per successiones tem-
porum ab incolentibus locum legitime ac liberaliter, sine
inquietudine, semper potestative possessam, in tantum ut
Bernardus[1] abbas, fultus consilio comitis Bernardi, et
roboratus auctoritate pontificali, videlicet venerabilis
archiepiscopi Auscitani, et Pontii[2], Bigorrensium episcopi,
ecclesiam S. Martini domosque balneorum suis usibus
aptas aedificaret, Johan[n]emque monachum loco obe-
dientiae ibi mane[n]dum constitueret, et quaecumque erant
necessaria loco subministraret[3]...

LIX

Vers 1065-1074.

*Travaux de reconstruction entrepris à l'abbaye de Saint-
Hubert-d'Ardenne par les soins de l'abbé Thierri ; établis-
ment d'une enceinte de huit tours, réfection du mur du
monastère ; nouveau cloître et nouvelle crypte ; provenance
des matériaux employés à ces deux dernières constructions ;
entretien des ouvriers logés et nourris aux frais de la
comtesse d'Arlon ; louage des services de tailleurs de pierre
mandés de Liège, par l'abbé Thierri ; nouveaux autels et
nouvelles chapelles éclairées par de beaux vitraux, œuvre
d'un artiste verrier, nommé Roger, qui avait été appelé
de Reims par ledit abbé pour cette ornementation.*

Chronicon sancti Huberti[4] Andaginensis, c. 18 et 19, dans les *Mon. Germ.
hist.*, Script. t. VIII (1848), p. 578-579.
    (Cf. Martène, *Amplissima collectio*, t. IV (1729), col. 934-936 ; — (on

1. Bernard II, abbé de Saint-Savin, 1039-1080. (Cf. Durier, *op. cit.*, *ib.*,
p. IV.)
2. Ponce, évêque de Tarbes ; on ignore la date initiale de son épiscopat ;
mais on sait qu'en 1073 il fut relevé de ses fonctions par décision pon-
tificale.
3. C'est peu après que se fit la charte d'union de Saint-Savin à l'abbaye de
Saint-Victor de Marseille (1er avril 1080): « ..... monachorum Massiliensium
noviter advenientium », lit-on un peu plus loin dans notre texte
(p. 9).
4. Saint-Hubert, ville de la province de Luxembourg, en Belgique, ch.-l.

partie seulement, *Rec. des Hist. de Fr.*, t. XI (1876), p. 150-151 ; — (sous le titre de *Cantatorium Sancti Huberti*, dans *Mon. pour servir à l'hist. des prov. de Namur... Luxembourg*, éd. de Reiffenberg, t. VII (Bruxelles, 1847), p. 258-260. — Migne, Patr. lat., t. CLIV, col. 1363-1364.)

18... Sub eodem tempore simul coepta est fieri octo turrium corona [1], et quae in prato est in honore Beati Aegidii ecclesia, murus quoque circa monasterium qui nimia vetustate paene totus corruerat, claustrum quoque et cripta.

19... Adeladis, comitissa Araeleonis, fuerat filia... ducis Theoderici... Videns abbas Theodericus copiam magnorum lapidum in fundamento veteris quondam civitatis, nunc autem pro castelli moenibus adbreviatis.... ex eisdem lapidibus ecclesiae donari expetiit quantum sufficeret ad aedificationem criptae vel claustri. Libenter illa [comitissa Araeleonis [2]] quod petebatur concessit ; sed et operariis ecclesiae, quamdiu ibi morarentur, et hospitium et victum promisit. Respondit abbas gratias Deo omnipotenti, Adelaidi, comitissae Araeleonis, et filiis ejus reverenter valedixit, et ad monasterium rediit. Moxque a Leodio [3] caesoribus conductis [4], criptam et claustrum in praesentem statum composuit, advectis ab Araeleonis columpnis cum capitellis et basibus suis et altarium mensis. Auxit etiam oratoria a dextris et a sinistris ecclesiae, et a dextris quidem, memoriam Beatae Mariae ad medium altare novae criptae transtulit, et ibidem altare sancti Stephani protomartyris substituit ; a sinistris vero, memoriam beati Martini ut fuerat reliquit, ibidemque extrinsecus novum oratorium ex[s]truxit, quod dicitur ad Sanctam Jerusalem, eo quod dominicae sepulturae [5] et resurrectionis contineat expres-

de c., arr. et à 22 kil. N.-N.-O. de Neufchâteau. — Cf. Pirenne, *Bibliographie de l'hist. de Belgique* (1893), p. 63.

1. Sur les tours d'enceinte et portes fortifiées de monastères, voy. Alb. Lenoir, *Architecture monastique*, t. I (1852), p. 56 et s.

2. Arlon, auj. ch.-l. de la prov. de Luxembourg.

3. Liége, auj. ch.-l. de la prov. du même nom (Belgique).

4. Encore un exemple de louage d'ouvriers laïques, de tailleurs de pierre, en particulier, au service d'un abbé pour les constructions à faire à son église abbatiale.

5. On sait que ce sujet religieux fut maintes fois représenté par la sculpture du moyen âge dans l'intérieur des églises.

sam similitudinem. Illuminavit quoque oratoria quae exs-
truxerat pulcherrimis fenestris, quodam Rogero[1] conducto ab
urbe Remensi, valenti admodum viro et promptissimo hujus
artis et peritissimo. Aedificavit et altare in honore sanctae et
individuae Trinitatis ad pedes beati Huberti, ubi et
maxima sanctorum pignora deposuit.

LX

Vers 1066 et 1171-1172.

*Mention du château de Hastings (Sussex), en Angleterre,
construit en bois sur l'ordre de Guillaume le Conquérant,
duc de Normandie. — Extrait de comptes constatant la
reconstruction en pierre de la tour dudit lieu, par les
soins de Henri II, roi d'Angleterre.*

1

Chronicon monasterii de Bello (Battle abbey), éd. Brewer, Londini, 1846,
p. 3.
(Cf. Dugdale, *Monasticon anglicanum*, t. III, 1846, p. 240.)

[Vers 1066]. — Dux ibidem[2] non diu moratus, haud longe
situm, qui Hastinges[3] vocatur, cum suis adiit portum,

---

1. C'est par erreur que dans son ouvrage sur les *Vitraux* (p. 14), Olivier
Merson fait de cet artiste un religieux ; ce n'est pas avec un moine que
l'abbé aurait conclu un contrat de louage de services. Suivant le même
auteur, les verrières commandées par la comtesse d'Arlon auraient
représenté « des griffons, avec fond de rinceaux et d'entrelacs ! » (*Ibid.*). Or,
depuis longtemps, il n'y a plus de traces de ces vitraux. L'église actuelle
n'est plus un édifice roman, rebâtie qu'elle a été en style gothique du
xvie siècle (de 1526 à 1564) sur une vaste crypte gothique. — Voy. Schayes,
Hist. de l'architecture en Belgique, t. III, p. 223 ; Helbig, *L'art Mosan
depuis l'introd. du christianisme*, t. I (1906), p 12 ; *Bull. de la gilde de
Saint-Thomas*, t. VI (1885). Nous remercions M. L. Cloquet, de l'Université
de Gand, qui a eu l'obligeance de nous communiquer ces renseignements.
2. Pevensey, auj. com. d'Angleterre (Sussex).
3. Sur les sources relatives à Hastings, voy. Chevalier, *Rép. top.-bibl.*,
col. 1395, vo Hastings. C'est aujourd'hui une ville maritime d'Angleterre, à
9 kil. S.-O. de Winchelsea.

ibique opportunum [1] nactus locum, ligneum [2] agiliter castellum [3] statuens, provide munivit [4].

2

Magnus rotulus pipae de anno XVIII° regis Henrici II, dans les *Publications of the pipe roll Society*, vol. XVIII, London, 1894, p. 130.

[1171-72] — SUDSEXA [5]. Et in attractu petre et calcis ad faciendam turrim de Hastings [6], VI lib., per breve regis.

Et in attractu petre [7] et calcis ad faciendam turrim de Hastings, XIII lib. et XII den., per breve regis.

LXI

1066-1095.

Historique de la fondation de l'abbaye de la Bataille (Battle abbey), près d'Hastings (Sussex), construite sur l'ordre de Guillaume, duc de Normandie, roi d'An-

1. *oportunum*, Dugdale.
2. Sur le modèle des châteaux de bois de Normandie.
3. Le château de Hastings est appelé *castellaria*, dans le *Domesday book* 1, 18 a, 2. — Sur le texte ci-dessus, voy. Mrs Ella S. Armitage, *The early Norman castles of England*, dans *The Engl. histor. review*, t. XIX, 1904, p. 232-233 ; cf. J.-H. Round, *The castles of the Conquest*, dans l'*Archaeologia* (Soc. of antiquar. of London), t. LVIII, part. 1, p. 313-310.
4. La garde de la tour d'Hastings avait été confiée à Onfroi du Tilleul-en-Auge, originaire des environs de Grand-Mesnil : « Unfridus de Tellolo, qui Hastingas a *prima die constructionis* ad custodiendum susceperat. » (Order. Vital, *Hist. eccl.*, l. IV, c. 4, éd. le Prévost, t. II, p. 186, ann. 1068-69.)
5. Sussex (comté de). — Ce texte est cité en partie dans l'étude de Mrs Armitage (*op. cit.*, p. 233).
6. Ce château de Hastings, d'origine Normande, était bâti sur un roc escarpé ; ses ruines ont été signalées dans les descriptions d'Hastings. Sur les châteaux anglo-saxons, d'autre part, la mention suivante d'Orderic Vital mérite d'être rapportée : « Munitiones enim, quas *castella* Galli nuncupant, anglicis provinciis paucissimae fuerant ; et ob hoc Angli, licet bellicosi fuerint et audaces, ad resistendum tamen inimicis extiterant debiliores. » (*Hist. eccl.*, l. IV, c. 4, éd. Le Prévost, t. II, p. 184.) Cf. Armitage, *op. cit.*, p. 120, qui constate ainsi le manque de renseignements écrits sur les anciens châteaux anglo-saxons : « ... the absence of any reference to castles in the Anglo-Saxon historians, except in connexion with Normans. »
7. Les *Gesta Stephani* mentionnent pour Carisbrooke, près d'Alvington, un magnifique château-fort en pierre, du temps de Henri Ier, indication qui peut être rappelée ici : « ... castellum *ornatissimum lapidum aedificio* constructum, validissimo munimine firmatum. » (Armitage, *op. cit.*, p. 223.)

gleterre, en souvenir de la victoire remportée par lui en cet endroit sur les Saxons. — Envoi à cette fin d'une mission de moines de Marmoutier (près de Tours) pour ladite fondation ; provenance partielle des matériaux employés à cette construction : pierres tirées des environs de Caen et transportées aux frais du trésor royal de Normandie en Angleterre.

Chronicon monasterii de Bello[1], dans Dugdale, *Monasticon anglicanum*, t. III (1846), p. 241, col. 2.
  (Cf. Brewer, éd. de l'*Anglia christiana society*, 1846, p. 7-9.)

Verum conscia interius instante conscientia, exterius quoque non facile supradicto monacho Willielmo Fabro[1], horum mentionem studiosius inculcante, seposito, tandem eidem monacho, ut optaverat, rex [Willelmus], quia ad manum habebatur, operis fabricam committens, præcepit quatinus in antefa[c]to[2] congressionis loco, accitis secum suæ ecclesiæ aliquibus fratribus, opportunum[3] festinaret fundari monasterium. Quod is alacriter excipiens, Majus Monasterium[4] ocius adiit, hincque quatuor monachos, scilicet Thedbaldum, cognomine Vetulum, Willielmum Coche, Rotbertum de Bolonia, Rotbertum Blancard, viros personalitate ac religione præcipuos, secum in Angliam adduxit. Qui, memoratum belli locum considerantes, cum ad tam insignem fabricam minus idoneum, ut videbatur, arbitrarentur, in humiliori non procul loco, versus ejusdem

1. Ce surnom est expliqué de la façon suivante par l'auteur de cette chronique : « ... Willielmus Faber cognominatus, qui quondam ipsius ducis serviens, hinc Fabri nomen obtinuit, quod cum sodalibus venatum aliquando profectus, sagittis forte deficientibus, cum quendam fabrum hujusmodi operis ignarum adissent, ipse, malleis arreptis, mox sagittam artificioso ingenio compegit .... » (Ed. Brewer, p. 4). La chronique dit aussi que ce même Guillaume le Fèvre, alors moine de Marmoutier, supplia le duc vainqueur de fonder un monastère en l'honneur de saint Martin, patron de son abbaye ; et le duc n'aurait pu écarter facilement ses pressantes sollicitations (*non facile seposito*).
2. *antefato*, Brewer ; *antefacto*, Dugdale.
3. *oportunum*, Dugdale.
4. Le monastère de Marmoutier a souvent envoyé au moyen âge des missions de moines qui ont fait rayonner au loin son influence, si sensible au point de vue ecclésiastique et architecturale, ainsi que cela eut lieu pour d'autres abbayes renommées.

collis occidentalem plagam, aptum habitandi locum eligentes, ibidem, ne nil operis agere viderentur, mansiunculas quasdam fabricaverunt. Qui locus, hucusque Herste cognominatus, quandam habet spinam [1] in hujus rei monimentum.

Igitur, cum inter hæc regis animus sollicitus de fabricæ provectu quæreret, ab isdem fratribus ei suggestum est, quod locus ille, ubi ecclesiam fieri decreverat, uti in colle situs, arenti gleba, siccus et aquarum foret indigus, atque ob hoc oportere tanto operi aptiorem locum in proximo, si placitum haberetur delegari. Quod cum rex percepisset, indignatus refugit, ociusque jussit in eodem loco quo, hoste prostrato, sibi cesserat triumphus, basilicæ fundamenta jacere. Cumque, obniti non præsumentes, aquarum penuria[m] causarentur, verbum ad hæc memoriale magnificus rex protulisse fertur : « Ego, inquit, si, Deo annuente, vita comes fuerit, eidem loco ita prospiciam, ut magis ei vini abundet copia quam aquarum in alia præstanti abbatia. » Denuo quoque illis de loci conquerentibus ino[p]ortunitate, eo quod scilicet, per vicinia latius, uti per silvestre solum, nusquam ad ædificium apti lapides reperirentur, rex de thesauro suo ad omnia sufficientiam proponens sumptuum, delegavit etiam naves de proprio, quibus a Cadomensi [2] vico lapidum copia ad opus propositum transveheretur. Cumque, statutum regis exequentes, aliquantam de Normannia lapidum portionem advexissent,

---

1. Ce terme, qui exprime ici un signe extérieur, peut-être un édicule, dont nous n'avons par la description, et qui indiquait le lieu de la déroute des Saxons, a été usité déjà, avec l'acception de marque d'une défaite, à la fin de l'époque romaine (Cassiodore, *Var.*, III, 51; cf. le *Lexicon* de Forcellini, v° *Spina*, § 11).

2. C'est le cas de rappeler ici les constructions mémorables élevées à Caen par la même munificence royale : « Duas quidem [abbatias] apud Cadomum construxit [rex Willelmus], unam monachorum pro se habilem omnino ac locupletem, in qua defunctus, ut praefati sumus, tumulatur; aliam quoque sanctimonialium satis spectabilem, causa et instinctu reginae suae Mathildis, in qua et ipsa mirifice sepulta quiescit; in Anglia vero tertiam, de qua nunc sermo actitatur, in loco sibi a Deo, ut supra relatum, est, victoriae concessae, fundavit. in qua et se humari, si in Anglia obisset, procul dubio decrevit. » (éd. Brewer, p. 38-39. Cf. *Neustria pia*, p. 624). La première de ces églises est Saint-Etienne, la seconde est la Trinité de Caen.

interim, ut fertur, matronæ cuidam religiosæ revelatum est, quatinus in designato sibi per visum loco fodientes, ibidem ad opus præmeditatum lapidum invenirent abundantiam. Non longe itaque a præsignato ecclesiæ ambitu, ut jussum fuerat, quærentes, tantam ac talem lapidum repererunt copiam, ut manifeste pateret inibi divinitus ad prædestinatum opus lapidum ab ævo reconditum thesaurum. Jactis ergo tandem fundamentis præstantissimi, ut tunc temporis habebatur, operis, secundum regis statutum, altare majus in eodem loco quo regis Haraldi signum, quod *standard* vocant, corruisse visum est, provide statuunt. Et licet peritissimi, non vili commercio asciti, operi præessent artifices, tamen exactoribus plus propriis quam Jesu Christi deditis, negligentius cœpti[1] fabrica ut specie tenus ad hoc magis quam studio intendent[i]um[2] proficiebat. Interim quoque, et infra designatum monasterii ambitum, sibimet idem fratres insumptuosas quidem quo degerent domunculas ædificant. Sicque interdiu scævo exemplo in exorsis, die diem recrastinante, et regiæ opes, quæ ad fabricæ accelerationem pro libitu cedebant, pro libitu et dispensantur, multaque ex ejusdem regis devota liberalitate illuc collata indiscrete distrahuntur...

... Communicato itidem consilio, misit prædictus Willielmus Faber, qui totius loci curam administrabat, et a Majori Monasterio alterum fratrem ad ejusdem abbatiæ regimen suscipiendum ascivit, Gausbertum nomine, virum religionis, summæ mansuetudinis ac multiplici virtutum insignitum dote. Quem ad designatum festinantem locum quatuor ex consodalibus secuti sunt fratres, Johannes scilicet, Hamelinus, Ainardus, Leffelmus, qui, simul cum eo prospere Angliam appulsi, ad destinatum hilares locum pervenerunt.

Hinc autem, eodem venerabili viro Gausberto regiæ nutu majestatis, circa **MLXXVI** dominicæ incarnationis annum,

---

1. Sous-entendu : *operis.*
2. *intendentum,* Brewer ; *intendentem,* Dugdale.

in abbatiæ regimen feliciter promoto, et coram altare sancti Martini[1] de Bello benedicto, et in sedem suam locato, cœpit sub eo et ecclesiæ fabrica et fratrum paulatim numerus proficere...

Cumque jam operis fabricæ[2] peroptata advenisset perfectio..., [rex] eandem dedicari basilicam decrevit. Cumque statuto die, rex... locum adisset,... archipræsule Cantuariensi Anselmo superveniente, comitantibusque regem... Osmundo, Saresberiensi episcopo, Willelmo[3], Dunelmensi episcopo... dedicari magnifice fecit ecclesiam, instante die III iduum februar., anno Verbi Dei incarnati MXC°V°, ex quo vero ipse rex Angliae monarchiam sumpserat anno VIII°[4].

LXII

1066-1082.

Remise par Josselin, fils de Guéthenoc, vicomte de Porhoët, du prieuré de Sainte-Croix, en état de dépendance, à l'abbaye de Saint-Sauveur de Redon en Bretagne, ledit prieuré,

---

1. C'est justement le même saint en l'honneur de qui l'église abbatiale de Marmoutier avait été dédiée.

2. On trouvera une vue extérieure de ce monastère dans Dugdale, *op. cit.*, p. 232-233, sous la date suivante : « Battle abbey, Sussex, 1818. »

3. La présence de cet évêque, Guillaume de Saint-Calais, mérite d'être remarquée à cette consécration. Il avait entrepris depuis le mois d'août 1093 la reconstruction de la cathédrale de Durham, la plus importante église romane d'Angleterre. Les consécrations d'églises ont eu une influence incontestable sur la propagation de l'architecture et de ses formes de plus en plus perfectionnées, auxquelles de hauts dignitaires ecclésiastiques, occupés de surveiller des constructions ou des réfections d'églises dans leurs diocèses ou abbayes, ont dû prêter, à coup sûr, une attention marquée.

4. En 1102, nous trouvons placé à la tête de cette abbaye un moine de Saint-Calais (Maine), «monachus S. Carileffi, Gausfridus nomine », lequel s'occupa de faire réparer et fortifier les manoirs de ce monastère et notamment le manoir de Wi : «Manerium autem illud cœteraque ad ecclesiam pertinentia studiose restauranda commissae ecclesiae sibique commisit. . domus fabricae et munitioni, murorumque circa ambitum fundationi animum contulit » (1102-1107, éd. Brewer, p. 49). Cette mention est intéressante et témoigne des rapports ecclésiastiques entre l'Angleterre proprement dite et les possessions continentales des rois anglo-normands, rapports qui eurent des conséquences importantes pour la diffusion des procédés d'architecture religieuse et militaire provenant de la Normandie et du Maine.

*joignant le château de Josselin, qui avait été agrandi
précédemment.*

Cartulaire de l'abbaye de Redon (*Cartularium abbatiae S. Salvatoris Roto-
nensis*), publ. par A. de Courson (1863), n° CCXCIII, p. 242.

Defuncto nobili et sapiente proconsule Guethenoco [1], et
in capitulo Rothonensi sepulto [2], successit ei nobilior sapien-
tiorque filius ejus Goscelinus, qui... jussit... venire ad se
Perenesium, venerabilem Rothonensem abbatem, vota
patris sui, que quondam pro ampliatione [3] castelli voverat,
Deo auctore, solvere volens. Videbat quidem non solum
castellum, sed etiam omne regnum suum, ut ipse fideliter
credebat, pro ipsis undique esse amplificatnm; et ideo
dedit sancte aecclesie Rothonensi, ju[x]ta castellum,
cellam monachorum habitatione dignam, id est monasterium Sancte Crucis [4] et sanctorum martirum Cornelii et
Cipriani, cum veteri suburbio usque ad medietatem Ulti [5]
fluminis, cum omnibus redditibus et cum omni domina-
tione sua, libere, sicuti ipse castel[l]um suum possidebat...

LXIII
Vers 1068 ou 1070.

*Convention faite entre le Chapitre de la collégiale de
Saint-Hilaire de Poitiers et les habitants de la paroisse*

1. Voy. *supra*, p. 51 (n° XI), le texte que nous publions sous les années
1008-1026. — Cf. du Halgouët, *Essai sur le Porhoët* (avec carte), 1906, p. 15
et s.
2. C'était l'une des conditions exprimées dans le texte ci-dessus par le
père de Josselin. Voy. *supra*, p. 52.
3. C'est ce dernier qui a donné son nom au château de Josselin (aujour-
d'hui, arr. Ploërmel); *castellum et castrum Goscelini*, 1080 (*Cartul. de l'abbaye de Redon*, par A. de Courson); *castellum Joscelini*, 1108 (prieuré de
Saint-Martin de Josselin), etc. Voy. aussi v° Porhoët, à la table des formes
anciennes du *Dict. topogr. du départ. du Morbihan*, par Rosenzweig
(1870); cf. *ibid.* v° Sainte-Croix.
4. Prieuré de Sainte-Croix, membre de l'abbaye de Saint-Sauveur de
Redon.
5. L'Oust; à Josselin, il y a un pont sur cette rivière.
Sainte-Croix, aujourd'hui rue et faubourg de Josselin, forme une paroisse
du doyenné de Porhoët, lequel aurait été fondé vers 1030 par le fils de
Guéthenoc. Voy. A. de Courson, *op. cit., Prolégom.*, p.ccxii.

de Saint-Hilaire-sur-l'Autise, en Bas-Poitou, pour le droit de sépulture, la construction et l'entretien de la couverture de l'église paroissiale dans ledit village.

Orig. Archives départ. de la Haute-Vienne, fonds de Saint-Hilaire, Saint-Hilaire-sur l'Autise, n° 4.
(Cf. Bibl. de la Ville de Poitiers, coll. *Fonteneau*, mss. 455-543, t. X, p. 349. — *Doc. pour l'hist. de l'égl. Saint-Hilaire de Poitiers*, par L. Rédet, dans les *Mém. de la Soc. des antiq. de l'Ouest*, t. XIV, éd. 1848, p. 92 [1].)

Convencionem fecit domnus Alboinus, decanus Santi Hylarii, et precentor Otgisus, una per consensum Folconi[s] gabicerii [2] et consilium omni[s] congregacioni[s] ejusdem presulis, cum hominibus rusticanis de Sancto Hylario cui vocabulum est super Altizia [3], ut unusquisque rusticus qui quatuor boves habuerit, V solidos dimittat ad suam sepulturam, et qui duos boves habuerit, II solidos et dimidium similiter ad sepulturam dimittat ; et nulla alia persona per vim in eternum plus requirat. Et illi omnes rustici convencionem [4] pro eo habent, ut ecclesiam edifica-

1. Nous remercions notre confrère, M. L. Levillain, d'avoir bien voulu s'intéresser à nos recherches concernant les sources du présent texte. Dom Fonteneau l'a daté ainsi : vers 1068. L. Rédet le place aux environs de 1070. A. Champollion-Figeac en a signalé l'intérêt dans ses *Droits et usages concernant les travaux de construction* dans *Rev. archéol.*, XVI° ann., 2° part., p. 722.

2. *Gabicerii* probablement pour *capicerii*, chévecier.

3. Saint-Hilaire-sur-l'Autise est aujourd'hui Saint-Hilaire-des-Loges, ch.-l. de c., arr. Fontenay-le-Comte (Vendée).

4. Des associations pieuses existaient au xi° siècle dans le dessein de contribuer à la construction, à la réparation et à la décoration d'églises autres que des cathédrales ou de très grands édifices religieux. Outre les confréries populaires, organisées pour l'érection de ces vastes monuments, pour lesquelles nous avons recueilli diverses informations documentaires (cf. Enlart, *Man. d'archéol. fr.*, t. 1, p. 74), il faut mentionner ici des exemples d'association ayant un objet plus modeste. Citons d'abord pour le xi° siècle, en 1058, une charte de Bérenger, évêque d'Elne (Roussillon), mentionnant une association ayant pour but de rééditier une église à Sallèles : « *Plurimis qui ad ecclesiam reaedificandam convenerant*, Berengarius, episcopus Helenensis, ... donat villam Salelas ecclesiae Helenensi ad reaedificandam illam ecclesiam » (Champollion-Figeac, *Documents paléogr.*, p. 231). Peu après en 1066, nous voyons Théoduin, évêque de Liège, accorder une charte de liberté à Huy, dont les habitants avaient abandonné le tiers, puis la moitié de leur avoir mobilier pour la reconstruction de l'église de Notre-Dame de cette ville : « ad sumptus ecclesiae necessarios »; ce qui permit de la rebâtir : « a fundamentis usque ad laquearia, a laquearibus et ultra » (A. Wauters, *De l'origine des libertés communales en Belgique*, dans le *Nord de la France*, Pr., 1869, p. 2.) Quant aux travaux de reconstruction et de décoration d'églises, accomplis au xii° siècle à l'aide de ressources recueillies par des confréries religieuses, nous aurons occasion d'en parler, à propos d'un extrait de la Chronique de Morigny qui se rapporte au premier quart de ce siècle.

cionis adjuvent ; et cooperient eam omni tempore illi et ipsi qui post eos fuerint.

Istam vero convencionem fecerunt Alboinus decanus, et Otgisus, qui de ipso loco prepositus est, per consensum et consilium Hisemberti archipresbiteri et Raimundi Clari Oculi, qui de ipso Otgiso in fedum habent......

LXIV

Après 1069-1099.

Construction du château de la Chaize-le-Vicomte, en Bas-Poitou, par l'architecte Ingelbert. — Construction de l'église paroissiale de Saint-Jean-Baptiste dudit lieu par le chanoine Jean, grâce aux libéralités d'Aimeri, vicomte de Thouars.

1

Original [1]. Archives de Maine-et-Loire, sér. II, abb. de Saint-Florent de Saumur, *Livre blanc*, fol. 51 v°.
  (Cf. *Chroniq. des égl. d'Anjou*, par Marchegay et Mabille, Soc. hist. de Fr., 1869, p. 333. — *Cartulaires du Bas-Poitou*, dép. de la Vendée, par Marchegay, 1877, p. 25.)

[CARTA DE CONSTRUCTIONE ECCLESIAE CASAE A JOHANNE CLERICO]. —Scripsimus ad memoriam posterorum quod Aimericus [2], [Toarcensium] vicecomes, incoans aedificare castrum Casae [3], ecclesiam ejusdem loci construendam omnesque res ad eam pertinentes cuidam Johanni clerico commendavit; donec scilicet provideret ipse canonicos aut monachos quos ibi ad serviendum Deo institueret...

1. Nous remercions notre confrère, M. Marc Saché, archiviste de Maine-et-Loire, d'avoir bien voulu vérifier les sources des textes ci-dessus.
  2. Aimeri IV, vicomte de Thouars (1055-1093). Voy. Imbert, *Not. sur les vicomtes de Thouars*, dans les *Mém. de la Soc. des antiq. de l'Ouest*, t. XXIX, p. 313 et s.
  3. La Chaize-le-Vicomte, cant. et arr. La Roche-sur-Yon (Vendée); ancien prieuré bénédictin fondé en 1069.

2

Orig. Arch. de Maine-et-Loire, même fonds.
(Cf. même éd., par Marchegay et Mabille, p. 336 ; voy. aussi *Cartul. du Bas-Poitou*, éd. cit., p. 3-8).

[FRAGMENTUM CHRONICAE PRIORATUS DE CASA VICECOMITIS]. — Ipse autem vicecomes coepit diligenter requirere si aliquis in ipso castro vel in toto suo territorio existeret, qui hoc donum vel concessionem ab ipso Sancti Martini monachis factam aliquando audisset vel vidisset. Sed, cum neque hic qui saepefatum castrum, ipso vicecomite jubente, Ingelbertus nomine, aedificaverat, neque Johannes canonicus qui praelibatam Sancti Johannis[1] [de Casa] ecclesiam ab ipsis fundamentis construxerat... aliquis reperiretur qui hoc donum Sancti Martini monachis factum aliquando vel audisset, misit ... nuntium ad abbatem ....

LXV

Vers 1070, 1092 et 1103, 7 août.

Lettres encycliques de Rostan de Fos, archevêque d'Aix, et du prévôt de Saint-Sauveur, exhortant les fidèles à donner des subsides en vue de la construction de l'église cathédrale sur l'oratoire du Saint-Sauveur, qui était beaucoup trop exigu. — Charte de Pierre Gaufridi, son successeur, constatant la construction de cette cathédrale, grâce au zèle et aux soins dudit prévôt. — Acte de con-

1. L'église paroissiale consacrée à saint Jean-Baptiste (qui n'existe plus) et celle du prieuré, ayant pour patron saint Nicolas, ne furent terminées que sept ans après la mort du vicomte Aimeri. Suivant Fonteneau, celle-ci aurait été commencée vers 1080. On lit dans une charte de 1095 : « Ego Herbertus, Dei gratia, Toarcensium vicecomes ..... statui quatinus ecclesiam S. Nicholai de Casa, quam pater meus [Aymericus] cœperat aedificare, sed morte preventus non potuit consummare, ego perficerem, honorarem..... » La date de leur consécration est pour la première le mardi 6, et pour la deuxième, le mercredi 7 déc. 1099 (voy. *Chron. des églises d'Anjou*, p. 339).

sécration de la nouvelle église, mentionnant son empla-
cement et son orientation.

1

Albanès (chan.), *Gallia christiana novissima*, t. I, *Instr.* n° 1, col. 1 ; Mont-
béliard, 1895 (d'après : Bibl. de la ville de Marseille, ms. 1499, fol. 616,
copie faite sur l'original[1].)

[Vers 1070]. — Rostagnus[2], Aquensis archiepiscopus,
et Benedictus, praepositus[3] Sancti Salvatoris, cum kano-
nicis ejusdem loci, omnibus fidelibus christianis, gratiam et
pacem et benedictionem a Deo patre, et Domino nostro Jesu
Christo, filio ejus, et a Spiritu Sancto. Scriptura divina,
fratres karissimi, vos cotidie ammonet, dicens : « Opera-
mini », dum tempus habetis, « non cybum qui perit, sed
qui permanet in vitam aeternam[4] »…. Et : « Date elemo-
sinam, et ecce omnia munda sunt vobis[5]. »…

Ipse autem [sanctus Maximinus[6]], Deo perfecte serviens,
in eadem civitate ecclesiam in [h]onorem Sancti Salvatoris et
Sancte Resurrectionis construxit, altaria propriis manibus
consecravit, reliquias de sepulchro Domini, et alias nobis
innotas in ecclesia abscondit. In qua, dum vixit, Salvatori
serviens cum sancta Maria Magdalene, in pace quievit…..Nunc
autem, quia tantum est parva ecclesia quod vix decem
possit capere homines ad orandum, nos majorem[7] incoepimus construere ecclesiam, in qua vos et alii venientes

1. Pour une édition de cette charte, publiée antérieurement, voy. Albanès, op. et *loc. cit.*
2. Rostan de Fos, ou encore d'Hyères (car la maison de Fos avait la
seigneurie d'Hyères), occupa le siège archiépiscopal de 1056 à 1082.
3. Le prévôt Benoît ou Bénézet, en vertu de sa dignité canoniale, devait
veiller au temporel et à la fabrique de l'église. On rencontre aussi
quelquefois dans les monastères un *praepositus* remplissant la même
fonction et amené à s'occuper du soin des constructions (Voy. *supra*, p. 31).
4. Joan., VI, 27.
5. Luc, XI, 41. — Cf. *supra*, p. 179.
6. D'après la tradition répandue alors en Provence, saint Maximin, l'un
des disciples de Jésus-Christ, aurait abordé à Marseille et serait devenu
évêque d'Aix, où il aurait dédié au Sauveur un oratoire devenu célèbre.
7. Nous avons déjà vu que l'expression *major ecclesia* désigne le plus
souvent une cathédrale.

spaciose possitis manere, et vigilias vestras Sancto Salvatori
licenter reddere. Sed quia quod incoepimus nullo modo,
sine adjutorio vestro, perficere possemus, pro amore Sancti
Salvatoris, et sancti Maximini, et sanctae Marie Magdalene, vos rogamus ut unusquisque vestrum quantum
poterit tribuat, quatenus a Deo et a nobis remissionem peccatorum suorum magnam recipiat, et partem et societatem
in omnibus bonis que fient in kanonica Sancti Salvatoris
habeat ; et pro uno quod dederitis, in die judicii centuplum
a Domino recipietis, et insuper vitam aeternam dabit Sal-
vator mundi, Jesus Christus Dominus noster, qui vivit et
regnat cum Patre et Spiritu Sancto in sempiterna saecula
saeculorum.

2

Albanès (chan.), *op. cit.*, t. I, *Instr.* n° II, col. 3 (d'après : Arch. des
Bouches-du-Rhône, fonds de Saint-Sauveur d'Aix. Orig. et vid. de
1325).
   (Cf. *Gallia christiana*, t. I, 1716, *Instr.* n° VIII, p. 65, col. 2¹.)

[1092]. — Petrus², Aquensis archiepiscopus, omnibus
ecclesie filiis salutem a Domino. Ad noticiam cunctorum
fidelium pervenire volumus, sedem Aquensis ecclesie in
honore S. Marie consecratam, cum oratorio S. Salvatoris
nostri Domini, et baptisterio ³ b. Johannis, destructione
gentilium cum eadem Aquensi civitate per multa curricula
annorum in solitudinem permansisse. Miseratione autem
divina a quibusdam religiosis idem locus, ob amorem et reverentiam illius venerabilis oratorii videlicet Salvatoris nostri,

1. L'impression de ce texte dans la *Gallia christiana* de 1716 (t. I°°),
laisse beaucoup à désirer.
2. Pierre II, archevêque d'Aix (vers 1082-vers 1101). — La nef méridionale de la cathédrale daterait donc de 1092 à 1103 environ (Cf. Enlart, *Man.
d'archéol. fr.*, t. I, p. 419). Voy. toutefois *infra* la note que nous joignons
à notre extrait relatif à la consécration de la cathédrale.
3. Les mentions de baptistère sont rares dans les documents de l'époque
romane. — Cf. *supra*, p. 82 (Saint-Martial de Limoges). — « Le baptistère de
Saint-Sauveur avait subi des remaniements sans doute bien auparavant.
Ses parties primitives sont faites de matériaux antiques remployés. »
(H. Gibert, *Invent. gén. des richesses d'art de la France*, t. III, 1901, p. 171
et suiv.)

cepit habitari. Inter quos precipue emicuit Benedictus praepositus, prudentia laudabilis ac bonitate conspicuus, qui eumdem locum, Deo propicio, cum clero ibidem Domino secum famulante, edificiis, ornamentis... ditavit et auxit. Qui nostram presentiam adiens, ut eidem ecclesie [1] aliquid beneficii ad restaurationem loci concederemus, su[p]plex expostulavit. Quod satis libenter annuentes, concedimus supradicte ecclesie..... anno Incarnationis MLXXXXII.....

3

Albanès (chan.), *op. cit.*, t. I, *Instr.* n° IV, col. 6 (d'après: Bibl. Méjanes à Aix, ms. 7, fol. 3).
(Cf. *Gallia christ.*, t. I, 1715, *Instr.* n° XI, p. 66, col. 2.)

[1103]. — Anno Domini nostri Jesu Christi millesimo C° III°, domnus Petrus [2], Aquensis archiepiscopus, congregatis quibusdam comprovincialibus episcopis, apud Aquis, videlicet, domno Gibilino, Arelatensi archiepiscopo, et Petro, Cavellicensi episcopo, et Berengario, Forojuliensi episcopo, et Augerio, Regensi episcopo, una cum consilio clericorum suorum, videlicet Fulconis prepositi, et Hugonis archidiaconi, et Bermundi sacriste, et archipresbiterorum Gaufredi et Petri, et chanonicorum Norberti, Petri, Hugonis, Willlelmi, Giraldi et aliorum, quorum nomina, timendo moras, non enumeramus, statuit consecrare [3] aecclesiam

1. Sur l'église du Saint-Sauveur d'Aix, voy. : *Congr. archéol. de France*, (1855-56), p. 406 ; Mille (abbé), *La sainte église d'Aix et Arles*, Aix, 1893 ; Revoil, *Archit. romane du Midi de la France*, t. I. Append., p. 3 et pl. I, t. III, p. 11 et pl. XXIII. Pour les dates comparées d'autres édifices romans de la Provence et du Languedoc, dont Revoil avait trop reculé l'époque de construction, voy. les savantes *Études d'hist. et d'archéol. romane* de notre confrère L.-H. Labande, t. I (1902), p. 18, n° 1. — Sur le cloître de Saint-Sauveur, voy. Revoil, *op. cit.*, t. II, p. 5 (fig.) et pl. IV à VII.
2. Pierre III, archevêque d'Aix (1101-1112). Ce prélat consacra en 1110, dans la nouvelle cathédrale, un autel en l'honneur de la Sainte Résurrection (Albanès, *op. et t. cit.*, *Instr.*, col. 7).
3. Nous savons par bien des exemples que la consécration d'une église n'a pas habituellement coïncidé avec la fin des travaux. Il n'est pas démontré que le portail actuel de l'église de Saint-Sauveur d'Aix ait été terminé lorsque la dédicace eut lieu en 1103. Voy. L.-H. Labande, compte rendu de R. Bernoulli, *Die romanische Portalarchitektur in der Provence*,

Domini Salvatoris, noviter fundatam inter duas aecclesias, videlicet, versus septemtrionem aecclesiam Dei Genitricis sitam, versus meridiem vero aecclesiam beati Johannis Babtiste positam, oratorio quoque ejusdem Domini nostri Salvatoris versus orientem[1] constructo. Hanc denique consecrationem domnus Petrus archiepiscopus, tantorum religiosorum virorum quorum superius nomina enumeravimus auctoritate muniri voluit, quatenus a venerabilibus viris consecrata, in posterum per infinitum venerabilius veneraretur. Sed quoniam earumdem aecclesiarum quas superius exaravimus beatus Maximinus et beata Maria Magdalena primi fundatores extiterunt, in eadem aecclesia Salvatoris a supradictis religiosissimis viris in honore beati Maximini et beatae Mariae Magdalenae altare dedicatum est. Cujus consecrationis diem in hac presenti pagina describimus, videlicet VII idus augusti, quatenus futuris temporibus, absque ulla dubitatione, in aecclesia illa dies ista caelebris annuatim celebretur.

LXVI

1070-1184.

Historique et description des travaux accomplis à la cathédrale de Cantorbéry sous l'archiépiscopat de Lanfranc (1070-1089), et de son successeur Anselme de Cantorbéry (1093-1109). — Récit de la reconstruction de ladite cathédrale exécutée par les architectes Guillaume de Sens (1175-1178) et Guillaume l'Anglais (1179-1184).

Chronica Gervasii[2] pars prima, dans : *Historical works of Gervase of*

Strasbourg, 1906, thèse de l'Univ. de Berne, dans les *Annales du Midi*, 1908, p. 89. Les dates données par H. Bernoulli (p. 39) pour le premier et le second de nos susdits extraits sont inexactes et doivent être rectifiées. Sur les dates de consécration d'un certain nombre d'églises cathédrales et abbatiales de la Provence et du Bas Languedoc, au XIe siècle, voy. Labande, *Études d'hist. et d'archéol. romane, t. et p. cit.*

1. L'église du Saint-Sauveur est, en effet, orientée, c'est-à-dire que son grand axe est disposé E.-O.

2. Sur le moine Gervais et la valeur de sa chronique, voy. Stubbs, *op. cit.*, Préf., t. I, p. XI et suiv.

Canterbury, éd. W. Stubbs, *Rerum britannicarum medii aevi scrip-tores*, n° 73, t. I (1879), p. 3 et suiv.
(Cf. Twisden, *Historiæ Anglicanæ scriptores*, t. I, 1652, col. 1289 et suiv.)

INCIPIT TRACTATUS DE COMBUSTIONE ET REPARATIONE CANTUA-RIENSIS ECCLESIAE[1].

1. Anno gratiæ Verbi Dei M° C° LXX° IIII°, justo sed occulto Dei judicio, combusta est ecclesia Christi Cantua-riæ, chorus scilicet ille gloriosus, industria et sollicitudine Conradi prioris magnifice[2] consummatus, anno dedicationis suæ XL° IIII°. Modus autem combustionis et reparationis hic erat.

Anno igitur gratiæ Verbi Dei M° C° LXX° IIII°, nonis septembris, hora quasi nona, austro fere ultra huma-nam æstimationem furente, accensus est ignis ante portam ecclesiæ extra muros atrii, quo tres domunculæ semiustæ sunt. Quo cum cives concurrerent et prædictum incen-dium dissiparent, carbones et scintillæ, vento rapidis-simo in altum delatæ, super ecclesiam depositæ sunt,

1. La principale monographie à consulter sur la cathédrale de Cantor-béry est celle de R. Willis (avec une traduction de la chronique de Ger-vais) : *The architectural history of Canterbury cathedral*, 1845 (nombr, fig.) Voy. aussi Gleeson White, *The cathedral church of Canterbury description of its fabrics, history of archiepiscopal see*, 1896 (avec fig.). La monographie de Willis contient des plans et coupes distinguant les époques ; voy. notamment, p. IX, p. 82 à 93, p. 136-137. — Consulter aussi Viollet-le-Duc, *Dict. de l'arch. fr.*, t. I, p. 91, fig. 3bis, t. II, p. 186, fig. 3, p. 308, chœur circulaire, et p. 350. Plan de la chapelle (abside) de Cantor-béry, dite *couronne de Becket*, t. IV, p. 460 (crypte);— Dehio et Bezold, *Die kirchliche Baukunst des Abendlandes, historisch und systematisch dar-gestellt*, 1884 et an. suiv., liv. III, pl. 424; pour la représentation du chœur, ibid., liv. III, pl. 378 et 489 ; cf. aussi liv. II, ch. 16, pl. 316, liv. II, ch. 4, pl. 80; cf. enfin, la pl. 312 (liv. II, ch. 16); — Enlart, *Man. d'archéol. fr.*, t. I, p. 78, 253, 316, 392, 393, 552, 706. — Rappelons enfin qu'un ancien plan de l'église et du prieuré de Cantorbéry a été reproduit par A. Lenoir, dans son *Architecture monastique*, 1re part., p. 38 (1852) : « Ecclesiae cathedralis et prio-ratus Benedictorum Cantuariae facies borealis ab Eadwino monacho inter annos MCXXX et MCLXXIV delineata » (cf. *Vetusta monumenta*, éd. Soc. antiquar. Lond., 1745, vol. II, pl. 15).
2. D'autres églises romanes d'Angleterre jouissaient d'une réputation méritée dès le premier tiers du xiie siècle. Il résulte du témoignage de Guillaume de Malmesbury qu'un certain genre d'appareil de construction romane à joints fins se faisait remarquer dans la somptueuse cathédrale de Salisbury et dans d'autres constructions de cette ville et de celle de Malmesbury, élevées par les soins de l'évêque Roger (1107-1139). Nous ferons connaître, à leur place chronologique, les textes qui concernent ces monuments.

et, vi furentis venti per juncturas plumbi intrusæ, in tabulis ligneis semiputridis resederunt. Sicque paulatim calore crescente, asseres putridi accenduntur. Deinde ti(n)gni grossiores cum ligaturis suis, nemine vidente vel curam agente, succenduntur[1]. Cælum inferius egregie depictum, superius vero tabulæ plumbeæ, ignem interius accensum celaverunt. Diripiuntur interim domunculæ tres, unde furor iste ascenderat, et jam tumultu populi sedato, ad sua quique redierunt. Sola Christi ecclesia, nemine adhuc sciente, quasi intestino premebatur incendio. Tignis etenim et tignorum ligaturis ardentibus, flammaque usque in summa tecti fastigia elata, tabulæ plumbeæ tanto calori ulterius resistere non valentes, paulatim liquescere cœperunt. Ventus igitur furens, aditu liberiori reperto, flammas interiores in immensum furere coegit. Et ecce, subito flammis paulisper apparentibus, clamatum est a plerisque in atrio ecclesiæ : « Væ, væ, ecclesia ardet. » Accurrunt plurimi laici cum monachis, aquas hauriunt, secures vibrant, gradus ascendunt, ecclesiæ Christi jam jamque porituræ succurrere cupientes. Pervenerunt igitur ad sarta tecta[2], et ecce teter fumus et atrox flamma repleverant omnia. Desperati igitur qui concurrerant, suæ saluti providentes, redierunt. Et ecce juncturis tignorum et pessulis igne dissolutis, ligna semiusta in chorum deorsum super monachorum sedilia corruerunt. Sedilia igitur multa lignorum mole compacta succenduntur, et sic undique mala multiplicata sunt. Erat in hoc incendio mirabile, immo miserabile, videre spectaculum. Chorus namque ille gloriosus igne consumptus se pejus consumebat. Flammæ

1. Dans ses *Fragm. d'un cours d'archéol.* (*Mél.*, p. 433), J. Quicherat parle des premières églises romanes bâties ou rebâties au xi° siècle « que l'histoire atteste avoir été la proie des flammes, évidemment par le fait de leur couverture en charpente. De ce nombre sont les cathédrales de Bayeux, du Mans, de Chartres, de Cambrai, les abbatiales du Mont-Saint-Michel, de Saint-Martin de Tours, de Saint-Vaast d'Arras, de Saint-Riquier, de Corbie, etc. » [Voir, ajoute M. R. de Lasteyrie (*ibid.*, p. 436), dans la *Revue archéologique*, t. XVI, p. 644, la longue liste dressée par Champollion-Figeac des incendies d'églises dont les textes du xii° siècle ont fait mention.]

2. Sur cette expression, voy. *supra*, p. 44, n. 3.

enim, ex tanta lignorum congerie multiplicatæ, usque in cubitos quindecim in altum porrectæ, parietes et maxime colum(p)nas ecclesiæ cremaverunt. Accurrunt plurimi ad ornamenta ecclesiæ, pallia et cortinas deiciunt, alii ut rapiant, alii ut eripiant. Scrinia reliquiarum, de sublimi trabe deorsum in pavimentum dejecta, confracta sunt, et reliquiæ dispersæ. Veru[m]tamen, neab igne consumerentur, a fratribus collectæ et repositæ sunt. Fuerunt autem quidam iniqua et diabolica cupiditate succensi, qui res ecclesiæ, igni quidem subtraxerunt, sed absportare non timuerunt. Hoc itaque modo domus Dei, hactenus ut paradisus deliciarum delectabilis, jam tunc in incendii cinere jacebat despicabilis, et, quasi in solitudinem redacta, tempestatum aeriarum patebat injuriis. Mirantur populi tantum Dei patientiam, et, præ dolore et angustia quodammodo furentes, capillos trahunt, cervicibus et palmis parietes et pavimentum ecclesiæ tundunt, enormia quædam maledicta in Deum et sanctos ejus, patronos scilicet ecclesiæ, jaculantur. Fuerunt etiam tam laici quam monachi qui se mallent morte carnis decedere, quam sic ecclesiam Dei miserabiliter deperire. Non enim solummodo chorus hoc incendio consumptus est, verum etiam domus infirmorum, cum capella Sanctæ Mariæ et aliis quibusdam curiæ officinis. Ornamenta quoque ecclesiæ quamplurima et bona in cinerem redacta sunt.

2. Quis, putas, dolor corda filiorum ecclesiæ in tanta tribulatione contrivit! Non puto ærumpnas Cantuariæ minus esse flebiles quam Jerosolimæ, sub fletu et planctu Jeremiæ. Non puto aliquem posse dolores et angustias filiorum ecclesiæ quantæ fuerint mente concipere, nedum verbis edicere vel scriptis edocere. Verum, ut miserias suas aliquantula consolatione relevarent, in aula ecclesiæ altare et stationem sibi qualemcunque composuerunt, ubi horas diurnas et nocturnas ejularent potius quam cantarent. Quoniam vero patroni ecclesiæ, sanctus videlicet Dunstanus et sanctus Ælfegus in solitudine illa remanserant, ne pluviarum et tempestatum vel ad modicum

paterent injuriis, cum dolore et angustia incredibili flentes et lugentes, tumbas sanctorum aperuerunt, et ipsos cum sarcofagis suis de choro extraxerunt, cum summa tamen difficultate et labore, ac si sancti reniterentur ; posuerunt itaque illos in navi, ad altare sanctæ Crucis, quam decentius potuerunt. Sic ergo filii Israël, occulto quidem sed justo Dei judicio, de terra promissionis, immo de paradiso deliciarum ejecti, ut esset sicut populus sic sacerdos, et ut lapides sanctuarii in angulis platearum sternerentur, per quinquennium in aula ecclesiæ, muro parvulo a populo segregati, in lacrimis et luctu permanserunt.

Quærunt interim fratres[1] consilium quo modo vel qua ratione ecclesia combusta posset reparari, sed non inveniunt. Colum(p)næ enim ecclesiæ, quæ vulgo *pilarii* dicuntur, nimio ignis fervore, debilitate frustatim decidentes et vix consistere valentes, omnibus etiam sapientioribus consilium verum et utile subtraxerunt. Convocati[2] sunt igitur artifices Franci et Angli ; sed et ipsi in dando consilio dissenserunt. Alii namque prædictas colum(p)nas sine dam(p)no operis superioris reparare promiserunt. Sed horum rationibus alii contradicentes, totam ecclesiam diruere oportere dixerunt, si quidem monachi securi vellent existere. Quod verbum, et si verum fuerit, eos tamen cruciavit. Nec mirum. Non enim sperare potuerunt monachi opus tam magnum temporibus suis aliquo humano ingenio

1. Il s'agit ici principalement de ceux qui avaient l'administration de la fabrique de la cathédrale, autrement dit de l'Œuvre, au point de vue des ressources et de l'entretien de l'église cathédrale.

2. C'est l'un des plus anciens exemples que nous connaissions au moyen âge d'une consultation d'architectes appelés de loin par la Fabrique d'une cathédrale pour visiter un monument religieux et se prononcer sur des réparations urgentes. L'un d'eux, Guillaume, devait avoir déjà fait ses preuves à Sens, où il venait d'édifier, selon la plus grande vraisemblance, la cathédrale. Il nous paraît nécessaire de mentionner ici, au sujet du choix de cet artiste, les rapports suivis qui avaient en lieu entre l'Église et l'archevêque de Cantorbéry, Thomas Becket, et sa suite, d'une part, et l'archevêque et le Chapitre de Sens, d'autre part. L'archevêque de Sens, Guillaume de Champagne (1168-1176), et Becket s'étaient trouvés ensemble en 1169 et 1170, et ce dernier, de retour dans sa métropole (1170), où il devait recevoir le martyre cette année même, avait dû avoir l'occasion de signaler au Chapitre de sa cathédrale l'œuvre architecturale qui se poursuivait à Sens. Très peu de temps après (1174), on entreprenait déjà à Cantorbéry la reconstruction de l'antique cathédrale de cette ville.

posse consummari. Advenerat autem inter alios artifices quidam Senonensis[1], Willelmus nomine, vir admodum strenuus, in ligno et lapide artifex subtilissimus. Hunc, cæteris omissis, propter vivacitatem ingenii et bonam famam, in opus susceperunt. Huic et providentiæ Dei opus perficiendum commissum est. Hic, cum monachis per plurimos degens dies, muri adusti superiora et inferiora, interiora et exteriora sollicite conspiciens, quid esset facturus aliquandiu conticuit, ne eos pusillanimes effectos acrius trucidaret. Nec tamen ea quæ operi erant necessaria, seu per se, seu per alios, præparare cessavit. Cum autem monachos aliquantulum consolatos videret, confessus est pilarios igne læsos et omnia superposita oportere dirui, si opus tutum et incomparabile monachi vellent habere. Consenserunt tandem, ratione convicti, opus quod promiserat, et maxime securitatem habere cupientes. Chorum itaque combustum diruere consenserunt patienter, etsi non libenter. In adquirendis igitur lapidibus transmarinis[2] opera data est. Ad naves onerandas et exonerandas, ad cementum et ad lapides trahendos tornamenta[3] fecit

---

1. La cathédrale de Sens, modèle à bien des égards de celle de Cantorbéry, offre un heureux mélange du style bourguignon, dont on voit un bel exemple à Langres, et du style de l'Ile-de-France, tel qu'il est représenté à Noyon; l'influence bourguignonne s'y fait notamment sentir par les caractères suivants : sanctuaire entouré d'un collatéral ; une seule chapelle disposée dans l'axe ; arcs ogives des voûtes des bas-côtés reposant sur des culs-de-lampe ménagés au-dessus des chapiteaux 'Voy. Viollet-le-Duc, *Dict. de l'arch.*, fr., t. II, Cathédrale, p. 348-349). Mais « autour du sanctuaire, ce n'est plus comme à Langres, une simple rangée de colonnes qui porte les parties supérieures, mais des colonnes accouplées suivant les rayons de la courbe, et des piles formées de faisceaux de colonnettes. Ce système de colonnes accouplées entre des piles plus fortes se reproduit dans toute l'œuvre intérieure de la cathédrale de Sens, et s'adapte parfaitement à la combinaison des voûtes dont les diagonales ou arcs ogives comprennent deux travées; c'est une disposition analogue à celle de la nef de la cathédrale de Noyon, et qui fut généralement adoptée dans les églises de l'Ile-de-France de la fin du XII° siècle. » (*Ibid.*, p. 349). Le genre de construction et de décoration de la cathédrale de Sens fut importé et amplifié à Cantorbéry par Guillaume de Sens.

2. Pour la pierre employée dans le nouvel édifice c'est en Normandie qu'on alla s'approvisionner (Voy. Willis, *op. cit.*).

3. Par le mot *tornamentum*, il faut entendre une machine à charger et à décharger les bateaux, à soulever des matériaux de blocage et des quartiers de pierre considérables, en d'autres termes, des *vis à lever des fardeaux*, c'est-à-dire « un des plus fors engiens ki soit parfais lever », sui-

valdu ingeniose. Formas[1] quoque ad lapides formandos his
qui convenerant sculptoribus tradidit, et alia in hunc
modum sollicite præparavit. Chorus igitur destructioni
adjudicatus diruitur, et præter hæc, toto anno illo ni(c)hil
factum est.

Quoniam vero novum opus in alium statum mutatum
est, non inutile duxi statum describere vetustatis, et deinde
novitatis. Aedmerus, venerabilis cantor, in opusculis suis
veterem ecclesiam ex more Romanorum[2] factam des-
cribit, quam Lamfrancus archiepiscopus, cum archiepiscopatum susciperet, combustam inveniens, funditus
evertit. Ecclesiam Christi tertio combustam[3] esse legimus :

vant l'expression de Villard de Honnecourt (voy. fig. de l'*Album*, f° 22, v°).
« Cette machine, en effet, très puissante, dit J. Quicherat (*Mél.*, p. 349), était
peu commode à cause de la lenteur de son action ». Le principe s'en conserva jusqu'aux temps modernes. (La fig. 38 du *Théâtre mécanique* de J.
Besson, *Forma norae machinae ad exonerandas quasvis naves*, est une très
légère modification de celle de l'*Album*.)

1. Ce passage nous paraît très important. Il montre quel soin les architectes de la seconde moitié du xii° siècle, qui ont rebâti de grandes cathédrales, prenaient déjà de la coupe des pierres, d'après des modèles pré-
parés par eux à l'avance et ayant reçu les perfectionnements indiqués
par l'expérience. Il est indispensable de se référer ici à ce que J. Quicherat
a exposé dans sa *Notice sur l'Album de Villard de Honnecourt*, § III, sur
la coupe des pierres et la maçonnerie (*Mélanges*, p. 259 et suiv.). Il aurait
pu citer aussi ce passage du chroniqueur anglais à l'appui de ses explications
qui s'appliquent, à n'en pas douter, aux premiers constructeurs gothiques.
Guillaume de Sens devait avoir avec lui, outre des plans de construction d'églises, des tracés figurés sur parchemin, des dessins d'épures —
qu'on en juge par comparaison avec l'Album de Villard de Honnecourt,
— pour servir de patrons (ce qu'on appelle panneaux) donnant les
formes propres aux diverses faces des voussoirs. A l'aide de ces *formes*
(*forma, fourme, ou encore molle*), on découpait avec ses profils et reliefs
un claveau, par exemple, comme modèle des autres claveaux de même
genre (*ad lapides formandos*). Le bois était employé pour ces formes, et
il était apte à recevoir le relief désirable. L'art de tracer des panneaux,
ce qu'on nomme le *trait*, si caractéristique chez les constructeurs
gothiques, dut déjà frapper tout particulièrement la Fabrique et le Chapitre de Cantorbéry, dans les propositions que fit Guillaume de Sens qui
était un architecte très expert dans l'art de la charpenterie et de la maçonnerie : « *in ligno et lapide artifex subtilissimus.* » — Sur la taille et le trait
(Voy. Viollet-le-Duc, *Dict. de l'arch. fr.*, t. IX, p. 1 et suiv. et p. 197
et s.).

2. Remarquons cette expression employée encore plus loin pour
désigner un genre d'architecture dérivé effectivement de celui des Romains;
cf. celle de la Chronique de Lorsch, pour désigner un édifice carolingien
imité de l'antique : « more antiquorum et imitatione veterum » (*Chronicon Laurishamense*, Struve, I, 82).

3. Ces événements se rapportent à l'année 1011 et à l'archiépiscopat
d'Elphège ou Elfège (voy. Willis, *op cit.*, p. 7). Cet auteur fait observer,
par le rapprochement d'autres textes, que l'église ne fut pas brûlée et
détruite dans ces circonstances, mais profanée et dépouillée (*ibid.*, p. 8).

primo, quando beatus martyr Ælfegus a Danis captus
est et martyrio coronatus : secundo, cum Lamfrancus,
Cadomensis abbas, archiepiscopatum Cantuariensis ecclesiæ
suscepit regendum [1] : tertio vero, tempore Ricardi [2] archiepiscopi et Odonis prio..is. Hanc ultimam quidem non
legimus, sed quod miserabilius est, oculis perspeximus.

3. Primo igitur opus Lamfranci, a majore turre incipiens, summatim describam [3], non quia tota ipsius ecclesia
destructa sit, sed quia aliqua pars ipsius in alium statum
mutata. Turris ergo in medio ecclesiæ, maximis subnixa
pilariis, posita est, sicut in medio circumferentiæ centrum.
Hæc habebat in pinna sua cherubin deauratum. Ab hac
versus occidentem navis [4] vel aula est ecclesiæ, subnixa
utrinque pilariis octo ; hanc navem vel aulam finiunt duæ
turres sublimes cum pinnaculis deauratis. In medio hujus
ecclesiæ corona dependet deaurata. Pulpitum vero turrem
prædictam a navi quodammodo separabat, et ex parte
navis, in medio sui, altare sanctæ Crucis habebat. Supra
pulpitum trabes erat, per transversum ecclesiæ posita,
quæ crucem [5] grandem et duo cherubin et imagines Sanctæ
Mariæ et sancti Johannis apostoli sustentabat. In ala
septentrionali oratorium et altare erat Sanctæ Mariæ. In

1. Lanfranc, archevêque de Cantorbéry de 1070 à 1089, avait été abbé
du monastère de Saint-Étienne de Caen, dont l'église venait d'être rebâtie
pendant son administration (voy. Willis, op. cit., p. 64 et s.). Cf. le
parallèle que cet auteur fait entre l'église de Saint-Étienne de Caen et celle
de Cantorbéry, reconstruite par ses soins. La dédicace de Saint- tienne
de Caen n'eut lieu qu'après le départ de Lanfranc, et son installation dans
le siège primatial de Cantorbéry.
2. Richard, archevêque de Cantorbéry, successeur de Thomas Becket
(1170-1184).
3. On pourra suivre cette description en se servant de l'ouvrage de
Willis (ch. III, § 3), à l'aide du plan détaillé que donne cet auteur (p. 38 ;
cf. ibid., p. 61 et s.).
4. D'après les vestiges de l'église de Lanfranc, Willis a estimé que cette
nef avait une largeur de 72 pieds ; celle de Saint-Étienne de Caen est de
73 pieds de largeur. La longueur de cet édifice, depuis la limite occidentale jusqu'à la tour centrale, est de 187 pieds comme à Cantorbéry. Le
transept devait avoir à peu près la même longueur, soit 127 pieds. Quant
aux hauteurs comparées de ces deux églises, on ignore quels rapports
elles présentaient entre elles.
5. Sur l'usage de placer de grands crucifix suspendus au-dessus des
jubés ou fixés sur de grandes poutres indiquant l'entrée du chœur, voy.
supra, p. 77, un texte concernant la cathédrale de Coutances.

hac prædicta navi, ut in superioribus dictum est, post incendium per quinquennium exulavimus. Prædicta magna turris crucem habebat ex utroque latere, australem scilicet et aquilonalem. Quarum utraque, in medio sui, pilarium fortem habebat, qui fornicem a parietibus prodeuntem in tribus sui partibus suscipiebat[1]. Utrarumque istarum una fere est descriptio. Crux australis supra fornicem organa gestare solebat; supra fornicem et subter porticus erat ad orientem porrecta. In parte inferiori, altare erat sancti Michaelis, in parte supe. ori, altare Omnium Sanctorum. Ante altare sancti Michaelis, ad austrum, sepultus est Feologildus archiepiscopus ; ad aquilonem vero, · sancta virgo Siburgis, quam sanctus Dunstanus, propter ejus sanctitatem, in ecclesia fecit sepeliri. Inter hanc porticum et chort. n[2] spatium est in duo divisum scilicet in gradus paucos per quos itur in criptam, et in gradus multos per quos ad superiora ecclesiæ pervenitur. Crux aquilonalis similiter duas habet porticus. In superiori altare est sancti Blasii, in inferiori vero, sancti Benedicti. In hac inferiori, ad dexteram introeuntis, sepultus est Willelmus archiepiscopus, qui in gloria magna dedicavit ecclesiam Christi, quam utcumque describo. Hic etiam fundavit ecclesiam Sancti Martini monachorum de Dovra. Ad sinistram jacet prædecessor ejusdem Willelmi, Radulfus archiepiscopus, qui, licet sapientia prudens, eloquentia clarus fuerit, in ipsius tamen contemptum, Calixtus papa exaltavit et privilegiavit Turstanum, Eboracensem archiepiscopum, et Hugonem, Sancti Augustini abbatem. In eadem porticu, ante altare, ad dexteram jacet Egelnothus archiepiscopus, ad sinistram Vulfelmus. Post altare, ad dexteram Adelmus, ad sinistram Chelnothus. His patribus prædicta porticus ornata est. Inter porticum et chorum spatium est in duo

---

1. Rare détail de construction.
2. Sur le chœur de l'église de Lanfranc, voy. Willis, *op. cit.*, p. 66-67. Remarquons que Gervais ne donne pas de détails sur la partie orientale du chœur.

divisum, scilicet, in gradus qui ad partes ecclesiæ orientales ascendentes transmittunt. Inter hoc spatium et prædictam porticum murus solidus est, ante quem gloriosus ille martyrum consors et apostolorum conviva, sanctus videlicet Thomas, gladiis furentium corpore quidem occubuit, spiritum vero invictum regni æterni gloria et honore mox coronandum cælo transmisit. Hic locus martyrii ex opposito habuit ostium claustri, quo ingressi sunt quatuor illi diaboli cancellarii, ut autentici martyrum privilegii bullam inter incudem et malleum positam fabricarent, id est, ut caput sancti Thomæ, inter pavimentum et gladios prostratum, moneta summi Regis, palma scilicet martyrii, decorarent. Pilarius ¹ autem ille qui in medio crucis hujus steterat et fornix ei innitens, processu temporis, ob reverentiam martyris, demolita sunt, ut altare in loco martyrii elevatum ampliori spatio cerneretur. In circuitu vero, ad altitudinem fornicis prædictæ, via quædam facta est qua pallia et cortinæ ² possint suspendi. De hac cruce in turrem, de turre in chorum per gradus plurimos ascenditur. Descenditur vero de turre per ostium novum in crucem australem; item de turre descenditur in navem per duas valvas.

Hactenus de ecclesia Lamfranci. Nunc autem ad chorum utcunque describendum, ne ejus memoria deleatur, veniendum est.

4. Ecclesiam quæ a Lamfranco archiepiscopo constructa est, videlicet navem, cruces, turres et earum continentiam, quam brevius potui, perstrinxi, et tanto brevius quod ea efficacius docebit visio quam dictio. Scias autem, lector bone, quod chorum Lamfranci non vidi, nec ab aliquo descriptum repperi. Edmerus quidem veterem ecclesiam quæ, ut dixit, ante Lamfrancum opere Romanorum cons-

---

1. Willis (p. 37, en note) fait remarquer que ce genre de pilier existe dans différentes églises de la Normandie, par exemple à Saint-Etienne de Caen, à la cathédrale de Séez, à Saint-Georges de Bocherville.

2. Nous avons déjà constaté dans nos textes cet ancien usage de suspendre des tentures et des tapisseries dans les églises, pendant les fêtes et les solennités religieuses (voy. *supra*, par exemple, p. 130, n. 6.)

tructa est, descripsit [1]. De opere vero Lamfranci, quod
vetustati illi successit, et de choro Conradi, sancti Anselmi [2]
tempore facto, qui Lamfranco successit, mentionem quidem
fecit, sed non descriptionem. Quoniam igitur prædictus
chorus Conradi gloriose consummatus temporibus nostris
miserabiliter igne consumptus est, ne tanti viri vel tam
præclari operis memoria deleatur, ad ejus descriptionem,
quamvis simplex et insipidus, stilus vertendus est. Nec
tamen nostri fuit propositi lapidum compositionem scribere,
sed quia non plene potui loca sanctorum et requiem, qui
in diversis ecclesiæ partibus positi sunt, edicere, nisi prius
loca ipsa, in quibus, vidente et cooperante et scribente
Edmero, positi sunt, quoquo modo describerem [3].

De præfata igitur magna turre, quæ, ut prædictum est,
in medio totius ecclesiæ posita est, versus orientem proce-
dendum est. Pilarii turris orientales muro solido pro[e]mi-
nebant, et in rotundum semipilarium formati sunt. Deinde,
per ordinem et lineam novem erant ex utraque parte chori,
æquis fere spatiis ab invicem distantes. Post quos sex in
circuitu erant ad circinum positi, de nono scilicet australi
usque ad nonum in parte septentrionali, quorum duo
extremi in arcum que[m]dam conveniebant. Super hos pilarios tam in directum quam in circuitu positos, de pilario in
pilarium arcus volvebantur ; super quos murus solidus
parvulis et obscuris distinctus erat fenestris. Hic murus
chorum circuiens in circinatione illa pilariorum in
capite ecclesiæ in unum conveniebat. Supra quem murum
via erat, quæ *triforium* [4] appellatur, et fenestræ superiores,

1. Willis a retrouvé ce texte « De reliquiis s. Audoeni... » dans les écrits
d'Edmer conservés à la bibliothèque du *Corpus Christi college*, et il l'a
publié dans son étude (op. cit., p. 10, en note). Dans les pages suivantes
(ch. i), Willis mentionne d.   traits de textes anciens relatifs à l'église
qui précède celle de Lanfranc ; dans le ch. ii, il essaie d'en donner la description (avec fig.) : « *On the plan and arrangement of the Saxon cathedral* ».

2. Saint Anselme de Cantorbéry, archevêque de 1093 à 1109.

3. La manière dont Gervais de Cantorbéry décrit les anciennes églises
dont il parle donne à penser qu'il avait eu à sa disposition d'anciens plans,
dont il s'est servi dans ses commentaires (cf. le mot *circinatio* qui est
employé plus loin et se réfère surtout à un plan dessiné).

4. C'est l'un des plus anciens exemples de l'emploi du mot *triforium*.
On sait que ce terme « s'applique, dit Viollet-le-Duc, aux galeries pour-

Hæc fuit muri interioris consummatio. Super hunc tectum [1] erat, et cælum egregia pictura decoratum [2]. Ad bases pilariorum, murus erat tabulis marmoreis compositus, qui, chorum cingens et presbiterium, corpus ecclesiæ a suis lateribus quæ *alæ* vocantur dividebat. Continebat hic murus monachorum chorum, presbiterium, altare magnum, in nomine Jesu Christi dedicatum, altare sancti Dunstani, et altare sancti Ælfegi cum sanctis eorum corporibus. Supra prædictum murum, in circinatione illa, retro altare et ex opposito ejus, cathedra [3] erat patriarchatus, ex uno lapide facta, in qua sedere solebant archiepiscopi de more Ecclesiæ, in festis præcipuis, inter missarum sole[m]nia usque ad sacramenti consecrationem; tunc enim ad altare Christi per gradus octo descendebant. De choro ad presbiterium tres erant gradus. De pavimento presbiterii usque ad altare gradus tres, ad sedem vero patriarchatus gradus octo. Ad cornua altaris [4] orientalia erant duæ colum(p)næ lignæ, auro et argento decenter ornatæ, quæ trabem magnam sustentabant; cujus trabis capita duorum pilariorum capitellis insidebant. Quæ, per transversum ecclesiæ desu-

---

tournant intérieurement les églises, au-dessus des archivoltes des collatéraux. Le triforium occupe toute la largeur du collatéral, ou n'est qu'une étroite galerie de service adossée aux combles des bas-côtés ». (*Dict. de l'arch. fr.*, t. IX, p. 273). D'après le texte de Gervais, il semblerait que le passage du triforium n'aurait guère eu que la largeur du mur sur lequel il reposait et non la largeur d'un bas-côté. Mais, comme l'explique Willis (p. 13, n.), ce mot aurait déjà eu alors ici l'acception dans laquelle il a été pris d'ordinaire. Les Anglais appellent *clerestory* la partie ajourée du mur surmontant le *triforium* proprement dit, partie prise dans l'épaisseur du mur.

1. Voy. plus loin quel était ce genre de couverture, qui devint plus tard une voûte, à propos des perfectionnements que subit le chœur de l'église de Cantorbéry.

2. Nous avons déjà vu dans des textes antérieurs divers passages relatifs à la décoration de l'intérieur des églises à l'aide de peintures. Le chroniqueur revient plus loin sur celles dont il parle ici.

3. Pour les sièges en pierre des évêques, placés au fond de l'abside, derrière l'autel, voy. Viollet-le-Duc, t. II, p. 414, v° Chaire (avec fig.). Tel est celui de la cathédrale d'Augsbourg que nous avons pu voir encore dans cette église, dans la partie reculée de l'abside. Viollet-le-Duc l'attribue au IXᵉ siècle, c'est-à-dire à l'époque carolingienne. Nous sommes plutôt d'avis de l'attribuer au XIᵉ siècle, comme le fait le catalogue du Musée germanique de Nuremberg, n° 374.

4. Viollet-le-Duc qui a essayé, dit-il (t. II, v° Autel, p. 13 et s.), « soit à l'aide des textes, soit à l'aide des monuments, de donner une idée complète des autels du moyen âge » (p. 22), n'a pas utilisé cette précieuse description, quelque sommaire qu'elle soit.

per altare trajecta, auro decorata, majestatem Domini, imaginem sancti Dunstani, et sancti Ælfegi, septem quoque
scrinia, auro et argento cooperta, et multorum sanctorum
reliquiis referta, sustentabat. Inter colum(p)nas crux stabat
deaurata, in cujus patibulo per circuitum sexaginta cris-
talli erant perlucidi. Sub hoc altari, Christi altare erat in
cripta Sanctæ Virginis Mariæ, in cujus honorem tota- fuit
cripta [1] dedicata. Quæ cripta eisdem fere spatiis et anfrac-
tibus per longum et latum dilatata erat inferius, sicut
chorus superius. In medio chori dependebat corona deaurata, viginti quatuor sustinens cereos. — Hic erat chori status et presbiterii.

Murus autem exterior alarum scilicet, sic erat : a
martyrio sancti Thomæ, id est, a cruce Lamfranci sumens
initium, versus orientem usque ad crucem superiorem
directus, tres tantum in se fenestras continebat. Pilario vero quinto chori [2] oppositus, et ab eo arcum suscipiens et ad septentrionem opus dirigens, crucem formavit septe[n]trionalem. Pilarius quintus et septimus latitudinem crucis obtinebant ; a septimo enim pilario, sicut et
a quinto, murus procedens ad septe[n]trionem, duas porticus [3] faciens, crucem formavit in parte orientali. In cujus
porticu australi altare fuit sancti Stephani, sub quo, in
cripta, altare erat sancti Nicholai. In porticu aquilonali
altare erat sancti Martini, sub quo, in cripta, altare Sanctæ
Mariæ Magdalenæ. Ad altare sancti Martini. jacebant duo
archiepisc. i, ad dexteram, Vulfredus, ad sinistram,

---

1. A l'art. Crypte, t. IV, p. 460, Viollet-le-Duc s'exprime ainsi : « En
Angleterre, la crypte de la cathédrale de Canterbury est de beaucoup la
plus vaste et la plus intéressante, ayant successivement été agrandie à
mesure qu'on augmentait l'édifice ». (Cf. dans Willis, op. cit., p. 79-80,
des vues partielles de la crypte et des colonnes qui ont été mises en
œuvre ; cf. aussi p. 73) ; voy. Parker, On the english origine of gothic
architecture dans l'Archeologia, t. XLIII, p. 75 (fig., avec celle de la
crypte de Saint-Denis). Voy. un peu plus bas notre texte, à l'année
1181, au sujet de la nouvelle crypte.
2. Le chœur de la cathédrale de Cantorbéry est supporté par de fortes
colonnes monocylindriques, soit simples, soit géminées, soit cantonnées
de colonnettes ; l'extrémité orientale du chœur qui précède la « couronne
de Becket » s'élève sur des colonnes géminées, très rapprochées l'une de
l'autre. Les piliers de la nef sont alternativement ronds et de forme hexa-
gonale (Voy. notamment le plan de Willis cité précédemment).
3. Comme Willis (op. cit., p. 39, note m), nous pensons qu'il faut

Livingus. Ad altare sancti Stephani, similiter duo, ud sinistram, Athelardus, ad dexteram, venerabilis Cuthbertus. Hic magna præditus sapientia liberam ecclesiæ Christi adquisivit sepulturam. Solebant enim corpora non solummodo archiepiscoporum, sed et omnium in civitate morientium a tempore sancti Augustini, ad ecclesiam apostolorum Petri et Pauli, extra civitatem sitam, antiquitus efferri et sepeliri. Dicebatur enim in illo tempore civitatem non esse mortuorum, sed vivorum. Beatus vero Cuthbertus, dolens se post obitum ab ecclesia sua et a filiorum societate debere separari, quos in vita summo karitatis studio dilexit, Romam petiit, et a summo pontifice liberam ecclesiæ Christi sepulturam impetravit. Iste primus, voluntate Dei, ut credimus, summi pontificis auctoritate et regis Angliæ permissione, in ecclesia Christi sepultus est, et omnes archiepiscopi, successores ejus, præter unum solum, nomine Jambertum. Ex hac portica sancti Stephani prædictus procedens murus ad orientem, fenestram habebat magno altari ex latere oppositam. Deinde turris erat excelsa, quasi extra murum jam dictum posita, quæ ab altari sancti Andreæ quod in ea erat, turris sancti Andreæ est appellata, sub qua, in cripta, altare erat Innocentium. De turre præfata murus paululum circinando procedens et in fenestram se aperiens, ad capellam sibi proximam pervenit, quæ in fronte ecclesiæ ad orientem porrectæ summæ cathedræ archiepiscopi erat opposita. Sed quoniam de capellæ ejus continentia aliqua dicenda sunt, ante ipsius introitum paululum subsistendum est, quousque murus australis cum partibus suis ad ipsius capellæ producatur ingressum. Murus igitur australis, ad porticum sancti Michaelis a cruce Lamfranci sumens ini-

entendre ici *porticus* dans le sens d'absidiole, de petite chapelle ronde : « a round chapel or *porticus* ». Là où Gervais fait mention de *porticus*, observe Willis, la construction présente une sorte de petite abside (Cf. le Glossaire d'Elfric, p. 78, qui identifie *absida* avec *porticus* (ibid.). Willis donne la liste des sépultures d'archevêques de Cantorbéry dont il va être question, en marquant sur son plan de restitution leurs emplacements respectifs (p. 38-39). Pour les dates de leurs fonctions, voy. W. Stubbs, *Registrum sacrum anglicanum...*, 2ᵉ éd. (Oxford, 1897).

tium, in tribus fenestris ad crucem pervenit superiorem. Crux ista superior, in orientali parte sui, sicut et alia, duas porticus habebat. In porticu australi altare erat sancti Gregorii, ubi jacebant duo sancti archiepiscopi, ad aus- trum sanctus Bregewinus, ad aquilonem sanctus Plege- mundus; sub hoc, in cripta, erat altare sancti Audoeni, Rothomagensis archiepiscopi. In alia porticu altare erat sancti Johannis Evangelistæ, ubi jacebant archiepiscopi duo, ad dexteram, Ethelgarus, ad sinistram, Eluricus: sub quo, in cripta, altare sancti Paulini, ubi sepultus est Siricus archiepiscopus. Ante altare sancti Audoeni, in media fere planitie, erat altare sanctæ Katerinæ. Murus autem, a supradicta cruce procedens, fenestram contra majus altare habebat, deinde turrim excelsam, in qua erat altare apostolorum Petri et Pauli. Sanctus vero Anselmus, illuc translatus et retro altare positus, altari nomen dedit et turri. De hac turri murus paululum procedens, et in circinatione sua fenestram aperiens ad prædictam capellam sanctæ Trinitatis, in fronte ecclesiæ positam, pervenit. Arcus vero ex utroque muro, australi scilicet et aquilonali procedens, utriusque circinationem continuavit. Capella vero extra murum posita, eidem tamen conjuncta et ad orientem porrecta, altare habebat sanctæ Trinitatis, ubi beatus martyr Thomas, die consecrationis suæ, primum missam celebravit. In hac capella, ante exilium et post, missas celebrare, horas audire, et frequenter orare solebat. Retro altare jacebant duo archiepiscopi, ad dexteram, sanctus Odo, ad sinistram, sanctus Wilfridus, Eboracensis archiepiscopus; ad austrum vero, juxta parietem, venera- bilis Lamfrancus archiepiscopus, ad aquilonem, Theod- baldus. Subtus, in cripta, duo erant altaria, ad austrum, sancti Augustini, Anglorum apostoli, ad aquilonem, sancti Johannis Baptistæ. Juxta parietem australem, archiepis- copus jacebat Ethelredus, juxta parietem aquilonalem Eadsinus. In hujus capellæ medio, stabat colum(p)na, quæ arcus et fornicem undecunque venientes sustentabat. Ad hujus basim, ex parte orientali, reconditum est illud martyrum privilegium, tertio kalendas januarii, cujus bulla die præcedenti a quatuor diaboli cancellariis, ut prædixi, fabricata est. Hic est, inquam, locus in quo beatissimus martyr Thomas, sequenti die post martyrium suum, sepultus est[1]...

Quoniam igitur descriptio ecclesiæ jam jamque diruendæ pro posse meo abbreviata usque ad tumbam martyris, quæ in fine ipsius ecclesiæ posita est, pervenit, cum ipso fine ecclesiæ descriptio etiam finem sortiatur. Quæ etsi paulo amplius quam proposuerim extensa est, multa tamen, ut breviter diceretur, ex industria dimissa sunt. Quis enim tantæ et tam magnæ ecclesiæ tot diverticula, tot discursus, et tot anfractus scribere vel saltem dicere valeat?

Nunc igitur omissis his quæ nobis necessaria non sunt, ad vetera destruenda et nova omnia mirabiliter ædificanda fidenter accingamur, et quid interim magister noster Willelmus fecerit[2] videamus.

5. Cœpit, ut longe ante prædixi, novo operi necessaria præparare et vetera destruere. In istis primus annus completus est. Sequenti anno, id est, post festum sancti Bertini, ante hiemem quatuor pilarios erexit, id est, utrinque duos; peracta hieme, duos apposuit, ut hinc et inde tres essent in ordine; super quos et murum exteriorem alarum, arcus et fornicem decenter composuit, id est, tres claves utrimque. Clavem pro toto pono ciborio, eo quod clavis in medio posita partes undecu[m]que venientes claudere et confirmare videtur. In istis annus secundus completus est. Anno tertio, duos utrimque pilarios apposuit, quorum duos extremos in circuitu colum(p)nis marmoreis decoravit, et quia in eis chorus[3] et cruces convenire

1. Ici commence une longue digression sur les mérites de saint Thomas Becket, archevêque de Cantorbéry. Nous ne la reproduisons pas ici parce qu'elle n'offre pas d'intérêt au point de vue de notre Recueil.

2. Willis donne (p. 48) un tableau synoptique de l'état des travaux accomplis de 1175 à 1178 par Guillaume de Sens, et de 1179 à 1184 par Guillaume l'Anglais qui lui succéda dans la direction de l'œuvre de la cathédrale. Cf. (fig. 14, 15 et 16) une coupe transversale du chœur, et une double vue (élévation intérieure et extérieure) d'un compartiment du chœur.

3. Les piliers qui sont aux coins du carré du transept sont garnis, sur

debuerunt, principales esse constituit. In quibus appositis clavibus et fornice facta, a turre majore usque ad pilarios prædictos, id est, usque ad crucem, triforium inferius multis intexuit columpnis marmoreis [1]. Super quod triforium aliud [2] quoque ex alia materia, et fenestras superiores aptavit; deinde fornicis magnæ tres claves, a turre scilicet usque ad cruces [3]. Quæ omnia nobis et omnibus ea videntibus incomparabilia et laude dignissima videbantur. De hoc ergo tam glorioso principio hilares effecti, et futuræ consummationis bonam spem concipientes, consummationis operis ardentis animi desiderio accelerare curavimus. In istis igitur annus tertius completus est, et quartus sumpsit initium. In cujus æstate, a cruce incipiens, decem pilarios erexit, scilicet utrinque quinque. Quorum duos primos marmoreis ornans colum(p)nis, contra alios duos principales fecit [4]. Super hos decem arcos et fornices posuit. Peractis autem utrisque triforiis et superioribus fenestris, cum machinas ad fornicem magnam volvendam, in anni quinti initio, præparasset, repente, ruptis trabibus sub pedibus ejus et inter lapides et ligna simul cum ipsa ruentibus, in terram corruit, a capitellis [5] fornicis supe-

chacun de leurs quatre côtés, de colonnes de marbre géminées, légèrement écartées les unes des autres. Celles qui se trouvent sur le côté du piller vers l'intérieur reçoivent la retombée des archivoltes de l'arcade intérieure ; ceux qui sont sur le côté du piller vers la nef, s'élèvent jusqu'à la base du triforium où elles sont pourvues de bagues et vont au-dessus de cette ligne de séparation recevoir la retombée des arcs qui soutiennent les compartiments de la voûte. Ailleurs que là, la retombée des arcs de la nef a lieu sur des colonnettes, également en marbre, qui tantôt simples, tantôt associées, reposent sur les abaques des chapiteaux des colonnes : c'est une disposition architecturale adoptée à Sens, mais d'une façon plus uniforme dans la décoration à Cantorbéry.

1. Ces nombreuses colonnettes d'un gris rougeâtre concourent à un heureux effet décoratif. A Sens, le triforium est plus simple et l'artiste qui l'a exécuté paraît s'être inspiré du triforium des églises bourguignonnes.

2. Ce petit triforium est au-dessous des fenêtres qu'il semble ainsi continuer.

3. C'est-à-dire l'espace qui va en s'élargissant depuis le chœur proprement dit jusqu'à l'entrée du transept et qui comprend effectivement trois clefs de voûte.

4. On peut admirer encore aujourd'hui le bel effet de cette ornementation.

5. L'art avec lequel sont traités à Cantorbéry les nombreux chapiteaux, qui ornent les colonnes de grande dimension, provient surtout de l'Ile-de-France par l'intermédiaire de Guillaume de Sens, et ses succes-

rioris altitudine, videlicet, pedum quinquaginta. Qui, ex
ictibus lignorum et lapidum acriter diverberatus, sibi et
operi inutilis effectus est, nullusque alius præter ipsum
solum in aliquo læsus est. In solum magistrum vel Dei
vindicta, vel diaboli desævit invidia. Magister itaque sic
læsus, et sub cura medicorum, ob spem salutis recuperandæ,
aliquandiu lecto decumbens, spe fraudatus, convalescere
non potuit; veru[m]tamen, quia hiems instabat, et fornicem
superiorem consummari oportebat, cuidam monacho, indus-
trio et ingenioso, qui cementariis præfuit [1], opus consum-
mandum commendavit, unde multa invidia et exercitatio
malitiæ habita est, eo quod ipse, cum esset juvenis, potentioribus et ditioribus prudentior videretur. Magister
tamen in lecto recubans, quid prius, quid posterius fieri
debuit ordinavit. Factum est itaque ciborium inter quatuor
pilarios principales, in cujus ciborii clavem videntur
quodammodo chorus et cruces convenire. Duo quoque
ciboria [2], hinc et inde, ante hiemem facta sunt. Pluviæ
autem fortiter insistentes plura fieri non permiserunt. In
istis annus quartus completus est,, et quintus sumpsit
initium. Eodem anno, scilicet quarto, facta est eclipsis [3]
solis, octavo idus septembris, hora quasi sexta, ante
casum magistri. Sentiens itaque præfatus magister nulla se

seurs ne font que le développer. « La révolution qui s'opère dans la forme
et les détails des chapiteaux, vers la fin du xiie siècle, dit Viollet-le-Duc
(Dict. de l'arch. fr., t. II, vo Chapiteau, p. 505), arrive promptement dans le
domaine royal, et les provinces environnantes à son entier développement; elle se fait moins rapidement en Bourgogne ». — Voy, dans le
récent recueil d'A. de Baudot et A. Perrault-Dabot, Les cathédrales de
France, de belles planches en héliogravure, représentant la cathédrale de
Sens (élévation extérieure et intérieure, coupe transversale, face intérieure et extérieure).

1. Ce moine paraît avoir eu dans la construction de la cathédrale le
rôle d'un conducteur de travaux, subordonné immédiatement à l'architecte
en chef auquel étaient subordonnés aussi ceux qui exécutaient les différentes parties de cette grande œuvre, au point de vue de la construction
et de la décoration. On voit par les lignes qui suivent que le maître principal s'attacha à faire observer d'une manière continue l'unité de plan et
d'exécution, dans l'ordonnance établie par son prédécesseur.

2. Gervais entend parler ici des voûtes du transept qui regarde le côté
de l'Est.

3. L'éclipse eut lieu le 13 et non le 6 septembre; Gervais a commis ici
dans son calcul une erreur d'une semaine entière. (Note de l'éditeur
anglais.)

medicorum arte vel industria posse convalescere, operi renuntiavit et, mari transito, in Franciam ad sua remeavit[1].

Successit autem huic in curam operis alius, quidam Willelmus nomine, Anglus natione, parvus quidem corpore, sed in diversis operibus subtilis valde et probus. Hic in anni quinti æstate crucem utramque, australem scilicet et aquilonalem, consummavit et ciborium, quod desuper magnum altare est, volvit ; quod ne fieret præterito anno, cum omnia parata essent, pluviæ impedierunt. Præterea, ex parte orientali[2], ad incrementum ecclesiæ fundamentum fecit, eo quod capella Sancti Thomæ ibidem ex novo fieri debuit. Hic ergo locus ei provisus est, capella scilicet sanctæ Trinitatis, ubi primam missam celebravit, ubi lacrimis et orationibus incumbere consuevit, sub cujus cripta per tot annos sepultus fuit, ubi Deus per ejus merita multa fecit miracula, ubi pauperes et divites, reges et principes eum venerati sunt, unde exivit sonus laudis ejus in totum orbem terrarum. Cœpit igitur magister Willelmus causa fundamenti monachorum ossa effodere. Quæ diligenter in unum collecta, reposita sunt in fossa grandi, in angulo illo qui est inter capellam et domum infirmorum, ad meridiem. Facto itaque

---

1. L'archéologue anglais Parker qui s'est occupé de Guillaume de Sens et de l'œuvre que celui-ci aurait faite à Sens, comme plus tard à Cantorbéry, s'exprime ainsi : « ... The only parts of his work that remain at Sens are the arcades, and these are so exactly like those of Canterbury that the same working drawings might have served for both. Another great fire occurred at Sens very soon after his return, and the whole of the vault with a clerestory belongs to a later period, while some of the side walls and chapels of the transept are earlier ». (Parker. On the english origin of gothic architecture, dans l'Archaeologia, 1871, t. XLIII, p. 81). Voy. la pl. XI jointe à ce mémoire (p. 81) : « Mouldings from Canterbury cathedral. »

2. L'extrémité orientale du chœur. quelque élevée par un architecte anglais, conserve encore tous les caractères de l'abside de la cathédrale de Sens, non seulement dans son plan, mais dans sa construction, ses profils et sa sculpture d'ornement, avec plus de finesse et de légèreté; ce qui s'explique par l'intervalle de quelques années qui sépare ces deux constructions. Guillaume l'Anglais n'a fait que suivre, nous le croyons, les projets de son malheureux prédécesseur, qui pourrait bien être le maître de l'œuvre de la cathédrale de Sens » (Viollet-le-Duc, Dict. de l'arch. fr., t. II, vᵉ Cathédrale, p. 330). Willis a déjà fait cette observation sur les progrès de l'ornementation sculpturale visibles dans la construction de la chapelle de Becket, où il remarque une plus grande légèreté et d'effet d'élégance que dans l'œuvre de Guillaume de Sens.

muri exterioris fundamento firmissimo ex lapide et cemento, murum etiam criptæ usque ad bases fenestrarum erexit. In istis annus quintus completus est, et sextus sumpsit initium.

Vere autem ejusdem, id est, sexti anni post incendium intrante et tempore operandi instante, desiderio cordis accensi, chorum præparare curaverunt monachi, ut ad proximum Pascha introire posseut. Videns autem magister monachorum desiderium, viriliter institit ut voluntati conventus satisfaceret. Murum igitur qui chorum circuit et presbiterium cum summa festinatione construxit. Altaria quoque tria presbiterii erexit. Locum requietionis sancti Dunstani et sancti Ælfegi sollicite præparavit. Paries quoque ligneus, ad secludendas tempestates, ex parte orientis, per transversum inter pilarios penultimos positus est, tres vitreas continens fenestras [1]. Chorum [2] itaque, cum summo labore et festinatione nimia utcunque vix tamen præparatum, vigilia Paschæ, cum novo igne [3] intrare voluerunt...

Dictum est in superioribus quod post combustionem illam vetera fere omnia chori diruta sunt, et in quandam augustioris formæ transierunt novitatem Nunc autem quæ sit operis utriusque differentia dicendum est. Pilariorum igitur tam veterum quam novorum una forma est, una et grossitudo, sed longitudo dissimilis. Elongati sunt enim pilarii novi longitudine pedum fere duodecim. In capitellis veteribus [4] opus erat planum, in novis sculptura subtilis. Ibi in chori ambitu, pilarii viginti duo, hic autem viginti octo [5]. Ibi arcus et cætera omnia plana,

---

1. Voy. Willis, op. cit., p. 52 ; cf. le plan placé à la fin dudit ouvrage.
2. Le vaste chœur de Cantorbéry, vu de la nef, offre un bel effet d'élargissement qui correspond progressivement aux sections des grands compartiments de la voûte du chœur, et l'on ne peut qu'admirer la perspective magnifique de cette partie de l'édifice très richement décorée.
3. Il s'agit ici du cierge qui était allumé la veille de la fête de Pâques : cérémonie décrite dans les statuts de Lanfranc (Reyner's, *Apostolatus Benedictin. in Anglia*, p. 223 ; cf. Willis, op. cit., not. des pp. 53-54).
4. Voy. dans Willis (op. cit., p. 58 et fig. 8) un exemple de cette simplicité ancienne dans les formes sculpturales.
5. Il y a ici contradiction entre le nombre de piliers mentionnés par Ger-

utpote sculpta secure et non scisello [1], hic in omnibus
sculptura fere idonea. Ibi colum(p)na nulla marmorea, hic
innumeræ. Ibi in circuitu extra chorum, fornices planæ,
hic arcuatæ sunt et clavatæ. Ibi murus super pilarios
directus cruces a choro sequestrabat, hic vero nullo inters-
titio cruces a choro divisæ in unam clavem, quæ in medio
fornicis magnæ consistit, quæ quatuor pilariis principa-
libus innititur, convenire videntur [2]. Ibi cælum ligneum
egregia pictura decoratum, hic fornix ex lapide et tofo
levi decenter composita est. Ibi triforium unum, hic duo
in choro, et in ala ecclesiæ tertium.

Quæ omnia visu melius quam auditu intelligere volenti
patebunt [3]. Hoc tamen sciendum est quod novum opus
altius est veteri, quantum superiores fenestræ tam corporis
chori quam laterum ejus a tabulatu marmoreo in altum
porriguntur. Ne autem futuris temporibus cuiquam veniat

vais de Cantorbéry, d'une part, et celui qu'offre le plan de Willis, d'autre
part. Le chroniqueur Gervais a parlé plus haut de 9 piliers en ligne droite,
placés de chaque côté du chœur et de 6 autres piliers disposés en rond
après ceux-là, ce qui ferait 24 piliers en tout ; il a dû omettre, à coup sûr,
deux piliers intermédiaires (fig. 3 : Plan of Canterbury cathedral in 1174),
lesquels ne figurent plus sur le plan de la cathédrale reconstruite par Guillaume de Sens (Voy. le plan).

1. Les arcades de l'aile sud, reproduites par Willis (fig. 8. p. 58), justifient fort bien ce passage du chroniqueur.

2. Sur les procédés de remplage usités pour consolider le carré du
transept, le plus souvent surmonté d'un clocher de pierre, voy. Quicherat,
Mél. d'archéol., de l'architecture romane, p. 466.

3. Non moins intéressante est la comparaison qu'on peut faire entre
les bases des colonnes dans les cathédrales de Sens et de Cantorbéry. A
Sens, les bases sont massives et surélevées, à Cantorbéry, elles sont généralement peu élevées au-dessus du sol. A Sens, les anneaux inférieurs de
ces bases sont un peu aplatis, à Cantorbéry ils sont plus arrondis et de
plus grosse dimension et correspondent avec symétrie aux anneaux supérieurs (voy. Willis, p. 77, fig. 20). Quant aux chapiteaux des colonnes du
chœur de Cantorbéry, ils offrent de magnifiques spécimens à doubles rangées de feuilles d'acanthe, largement épanouies. Ils sont beaucoup plus
ornés à Cantorbéry qu'à Sens et présentent une richesse de décoration
très remarquable, ainsi que nous avons pu nous en rendre compte nous-
même dans l'une et l'autre cathédrale. Nous avons remarqué qu'à mesure
qu'on avance du fond du chœur vers la nef, les chapiteaux présentent un
feuillage plus découpé et un travail, semble-t-il, plus perfectionné, ce qui
répond à une date plus récente dans leur exécution progressive. Voy.
dans Willis (p. 59, fig. 9 à 11) des reproductions de chapiteaux du chœur.
Quant aux colonnettes appliquées à Cantorbéry contre les murs du chœur
ou dans les bas-côtés, elles portent des anneaux de pierre en saillie, autrement dit des bagues (voy. sur ce terme, Viollet-le-Duc, t. II. p. 59), qui
se répètent régulièrement à une hauteur donnée qui est celle où le triforium prend naissance.

in dubium, qua de causa tanta chori latitudo, quæ est juxta turrim, tantum in capite ecclesiæ coarctetur, causas dicere non inutile duxi. Quarum una est, quod duæ turres, sancti Anselmi videlicet et sancti Andreæ, in utroque latere ecclesiæ antiquitus ad circinum positæ, latitudinem chori in directum ad lineam non permiserunt procedere. Alia causa est, quod capellam sancti Thomæ in capite ecclesiæ constituere consiliosum fuit et utile, ubi fuerat capella sanctæ Trinitatis, quæ multo strictior fuit quam chorus. Magister igitur turres prædictas dissipare non volens, integras autem transferre non valens, latitudinem illam chori usque ad confinium turrium in directum com-posuit. Deinde, paulatim turres utrimque devitans, et tamen latitudinem viæ illius, quæ extra chorum est, quantum potuit, propter processiones ibidem frequenter faciendas conservans, pedetentim obliquans opus constrinxit, ita ut ex opposito altaris opus decenter contraheret, et exinde ad tertium pilarium, ad formam latitudinis capellæ, quæ sanctæ Trinitatis dicebatur, opus coar[c]taret.

Deinde quatuor pilarii ejusdem latitudinis, sed alterius formæ, utrimque positi sunt. Post quos alii quatuor ad circinum sunt statuti, in quibus opus superpositum conve-niebat in unum. Hic est modus stationis pilariorum. Exte-rior autem muri ambitus, a turribus prædictis progrediens, primo in directum ad lineam procedit, deinde flectitur in girum, et sic in turre rotunda convenit uterque murus in unum, ibidemque consummatur. Hæc omnia clarius et delectabilius oculis possunt videri quam dictis vel scriptis edoceri [1]. Hæc autem dicta sunt ut utriusque operis, novi scilicet et veteris, differentia possit agnosci.

---

1. En somme, ce qui frappe d'abord, c'est la grandeur et les vastes pro-portions du plan de la cathédrale de Cantorbéry et la somptuosité de la construction et de la décoration, qui répond à la conception de cette œuvre. Ce plan présente une certaine similitude avec celui de la cathé-drale de Sens, mais il est agrandi et heureusement modifié. Si dans cette dernière cathédrale on n'est encore, semble-t-il, à cette époque qu'en pré-sence d'un embryon de transept, il n'en est déjà plus de même à Cantorbéry où l'on voit un transept à doubles croisillons, c'est-à-dire à grand effet, au lieu du simple transept qui a été élevé à Sens. Willis n'a consacré que

[1181] — Nunc autem videamus attentius quid vel quantum operis cementarii nostri in hoc septimo combustionis anno perfecerint. Quod ut breviter dicatur, anno septimo, facta est nova cripta [1] satis formosa, et super criptam, parietes exteriores alarum usque ad capitella marmorea ; fenestras autem non potuit, nec voluit magister volvere propter ingruentes pluvias, nec pilarios statuere interiores. In istis annus septimus completus est, et octavum sumpsit initium.

[1182] — In hoc, octavo scilicet, anno statuit magister octo interiores pilarios, arcus et fornicem cum fenestris in circuitu volvit. Turrim vero exaltavit usque ad bases summarum fenestrarum sub fornice.

[1183] — Nonus annus vacavit ab opere ob defectum expensarum.

[1184] — Decimo anno perfectæ sunt fenestræ superiores turris, cum fornice ; super pilarios vero, inferius triforium [2] et superius, cum fenestris et fornice majori. Tectum quoque superius, ubi crux est in eminenti, et tectum alarum usque ad positionem plumbi [3]. Turris quoque cooperta est, et alia plurima hoc anno facta sunt. Hoc anno, electus est Baldewinus, Wigorniensis episcopus, ad regimen Cantuariensis ecclesiæ, XVIII° kal. januarii [4]. Fuit autem intronizatus Cantuariæ, in sequenti solennitate sancti Dunstani, X° IIII° kal. junii [5]...

quelques lignes insuffisantes (p. 95) à la comparaison de la cathédrale de Cantorbéry avec colle de Sens ; nous avons essayé de combler en partie cette lacune par quelques rapprochements que nous avons pu faire de visu et que nous avons signalés précédemment.

1. Voy. supra la note que nous avons jointe au texte de Gervais sur la crypte de la cathédrale de Cantorbéry, avant que le chroniqueur ait parlé de la nova crypta.

2. Voy. supra notre note concernant le triforium de Cantorbéry.

3. Différents textes que nous reproduisons dans notre Recueil permettent de constater l'usage de couvrir en plomb des cathédrales pendant le cours du XII° siècle.

4. C'est-à-dire le 15 décembre 1184 ; Baldwin, transféré de l'évéché de Worcester à l'archevêché de Cantorbéry, occupa ce siège primatial de 1185 à 1190.

5. C'est-à-dire le 19 mai 1185. Sur l'historique de la cathédrale de Cantorbéry depuis la fin du XII° siècle, voy. Willis, op. cit., ch. VII, p. 117 et suiv.

LXVII
Vers 1073-1088 environ.

*Marché de construction conclu entre l'abbé de Lérins,
Aldebert, et des maîtres d'œuvre chargés d'édifier la tour
de l'île Saint-Honorat ; devis estimatif de l'ensemble des
travaux à exécuter par tranche régulière de tant de pieds
de hauteur ; conditions relatives au degré d'épaisseur des murs, à leurs fondations, aux matériaux à
fournir par le couvent, à leur mode de transport ainsi
qu'à l'entretien desdits maîtres.*

Chronologia sanctorum ... ac abbatum sacrae insulae Lerinensis[1] a
domino Vincentio Barrali, 1613, t. II, p. 213-214.
(Cf. l'abbé Alliez, *Les Iles de Lérins*, 1860, pièces justif. n° IX, p. 402-
403. — *Cartulaire de l'abbaye de Lérins*, publ. par H. Moris et E. Blanc
(2ᵉ part., 1905, *Introd.*, p. XV, n. 2)[2].

DE LOCATIONE SEU FUNDATIONE TURRIS LERINENSIS

Sæpe sæpius a multis et non contemnendis viris non
mediocrem[3], quo tempore, a quibusve personis ex[s]tructa

1. On sait que l'île Saint-Honorat de Lérins fait partie d'un petit archi-
pel de la Méditerranée, situé vis-à-vis de Cannes, et qui relève du département des Alpes-Maritimes (aujourd'hui com. de Cannes).
2. Nous devons à l'obligeance de notre confrère, M. Moris, archiviste
des Alpes-Maritimes, les renseignements suivants sur cette *Chronologia*.
Elle est l'œuvre authentique d'un moine de Lérins, originaire de Lucéram,
dans le comté de Nice, qui demeura à l'abbaye de Lérins pendant de
longues années, après y être entré en 1577. Elle a été publiée après sa
mort. Le manuscrit de cette chronique n'existe plus ; on n'en trouve plus
trace dans les archives des Alpes-Maritimes. — Cf. pour les constructions
de Lérins dont il va être question, A. Lenoir, *Architecture monastique*,
t. I, p. 64 ; dom Bérengier, *Les Iles de Lérins*, dans la *Rev. de l'art chrét.*,
t. XIV (1870), p. 176-208 ; *Guide topogr., archéol. et hist. du mon. Saint-
Honorat ...* (1880) ; Enlart, *Man. d'archéol. fr.*, passim, et notamment, t. I,
p. 295 et 300, t. II, p. 21 et 545. Mentionnons enfin H. Moris, *L'abbaye de
Lérins, son hist., ses possessions, ses monum. anciens*, Paris et Nice, 1905
et suiv. (*Annales de la Soc. des lettres, Sc. et arts des Alpes-marit.*, t. XIX
et suiv.)
3. Dans l'éd. Alliez, au lieu de *non mediocrem*, que donne le texte de
Barral, on lit *quaesitum est* que cet éditeur a inséré sans raison ; l'éd. Moris
a substitué *mediocris* à *mediocrem*, cette dernière forme doit être
cependant maintenue. En effet, cet adjectif se rapporte à *inquisitionem*
que l'on trouve un peu plus loin. L'édition de 1613 a eu tort d'arrêter la
première phrase après *Lerinensis* ; ce qui suit est un membre de phrase
qui fait corps entièrement avec les mots qui précèdent, ainsi que le marque
notre ponctuation.

(nulla enim omnino monimenta seu intersignia in ipso præ-
grandi ædificis inveniuntur) fuerit moles turris[1] sacræ in-
sulæ Lerinensis, intra cujus ambitum nunc degunt monachi, percepi introducere inquisitionem, et merito : res certe
digna diligentis indagatoris industria dignoscitur, cum intra
unius soliusque solide septa turris apta habitacula, perne-
cessariæque cœnobio monachorum officinæ consistant.

Habentur enim in ipsa plus quam quatuor supra octoginta distinctæ mansiones, quarum aliquæ numero subi-
gere non inconveniens reor. Sunt nunc existentes pro
monachis cellulæ triginta sex, pro aliisque decem, scilicet
pro hospitibus quinque et totidem pro famulis. Refectorium sufficiens capaxque pro jam dicto numero, more
monastico circumcirca murum ex una tantum parte mensæ
religiosorum accumbentium, et eo amplius ; tum aliud pro
hospitibus reficiendis. Insunt insuper capellæ et altaria
numero quatuor, in quarum majore inest chorus, altare
majus cum sacrosancto Eucharistiæ sacramento, tum
depositum seu theca sacrarum reliquiarum ibi annexa sacra-
rio. Sequuntur duæ cisternæ ; claustrum superius et inferius ; scalæ magnæ duæ, quarum una coc[l]ides[2], a summo
usque deorsum tendentes, et aliæ privatæ, in simul gradus ascensionum habentes supra ducentos quinquaginta.
Portæ quæ suis seris firmantur, plus octoginta octo ; fenestræ
quæ clauduntur, plus centum, exceptis his quæ in summitate arcis per girum consistunt, patentes ad speculatoris
profectum. Tum deambulatori[a][3] seu dormitoria ; quatuor
coquinæ, furnæ, et in summa omnia quæ ad bene ordi-
natum monasterium requisita videntur, ut non jam turrim sed amplum theatrum putes.

Quocirca, ut vel aliquatenus petitioni inquisitorum
satisfaciam, quæ in diversis scripturarum farraginibus dis-

1. La forteresse abbatiale de Lérins était couronnée par des mâchicoulis
et des créneaux, dont la forme rappelle ceux de Saint-Victor de Marseille
avant leur mutilation. Le monument a été terminé en 1190, mais les salles
intérieures et les cloîtres furent élevés du xiii⁰ siècle au xvi⁰ siècle.

2. cochides, Alliez et Moris. L'éd. 1613 donne la leçon fautive enolides.

3. deambulatoriae, éd. 1613 (sic : Alliez et Moris). La leçon véritable
deambulatoria que nous rétablissons n'est pas douteuse.

persa, de ipsius arcis turris fundatione, constructione, reparationibusve reperi, hic subjicere non gravabor. Inprimisque ea, quæ *in quodam manuscripto vetustissimo codice membran[e]o*[1] etsi detruncata, leguntur de locatione fundamentorum. Et sunt hæc :

« Hanc conventionem habuerunt abbas et magistri de
« opere turris, ut abbas persolvat quingentos solidos ma-
« gistris ; et ipsi debent perficere quinque pedes, et sic
« usque ad consummationem operis. Debet fieri, sicut
« prædictum est, quinque in alt..m et grossitudine can-
« næ, ubi subtilior fuerit. De fur 'amento vero ita dispo-
« situm : si tres pedes subtus terr im intraverint, magistri
« ex toto perficere debent ; si vero quatuor, abbas perfi-
« ciat unum et magistri tres. Ad trahendos lapides par boum
« debet abbas commodare ; monasterium debet ligna inci-
« dere et usque ad furnum deportare ; cætera vero magistri
« debent explere. Monasterium quoque omnibus magistris,
« sicut cuilibet monacho, cibum in refectorio debet
« dare [1]. »

Hæc *in dicto antiquo membran[e]o*[2] manca, ut vides ; quæ quia nec notam temporis nec nomen exprimunt abbatis (licet credamus esse Aldebertum[3] secundum, ut hic supra habes in ipso), de dicta erectione præfatæ turris nihil ex his certi determinare valemus, nisi, quod clare constat, ab abbate et conventu monachorum Lerinensium

---

1. Des détails précis, comme ceux de cet ancien devis, sont très-rares.
2. *membrano*, éd. 1618 (sic : Alliez et Moris).
3. Il y a eu deux abbés du nom d'Aldebert à Lérins, Aldebert Ier (1046-1066), et Aldebert II (1066-1102). Ce serait donc ce dernier qui aurait fait jeter vers l'année 1073 les fondations de la tour qui devait abriter ses frères en cas de danger. Les grands murs étaient presque achevés en 1088, puisque cette année-là, eut lieu la consécration de la chapelle de la Sainte Croix qui se trouve au second étage, et qui porte depuis le nom de Saint-des-Saints (*Sancta Sanctorum*) à cause des reliques nombreuses qu'elle contenait. Le 19 octobre 1088, on en fit la dédicace ainsi que de l'église de la Sainte Vierge, sous le titre de Notre-Dame de la Pitié, et de la grande église de Saint-Honorat : « *Dedicatio seu consecratio sanctarum ecclesiarum sacrae insulae Lerinensis, videlicet ecclesiae Sanctae Dei genitricis Mariae, dictae de Pietate et ecclesiae majoris s.* patris nostri Honorati, tum capellae sanctae Crucis infra turrim » (*Voy. Chronologia*, t. I, p. 376 ; cf. l'*Introd.* de l'éd. cit. du Cartulaire de Lérins).

tantam fuisse erectam molem, circa annos Domini octoginta octo supra millesimum... [1]

LXVIII

1074.

Donation faite à l'abbaye de Moissac, par plusieurs seigneurs de l'église de Saint-Sernin, sise dans le Quercy, au lieu dit de Cieurac, avec cimetière, presbytère, baptistère et un terrain suffisant pour y construire à l'entour un village, suivant des dimensions déterminées à l'avance ; — permission de prendre dans un bois voisin tous les matériaux de construction nécessaires aux demeures des moines ainsi qu'aux habitations à élever dans ledit village.

Archives départ. de Tarn-et-Garonne, G. 569, f° 3, *Cartulaire de Moissac* [3]. Publ. dans Flach, *Origines de l'ancienne France*, t. II, p. 185-186, n. 2. (Cf. *Hist. de Languedoc*, nouv. éd., t. V, col. 604-605.)

Ego Artmannus et frater meus, vicecomes Ademarus, nec non et Poncius, donamus omnipotenti Deo et sanctis ejus apostolis Petro et Paulo, monasterio Moysiaco... ecclesiam Sancti Saturnini, sitam in pago Caturcino, in loco vulgo Siurag [3] denominato, quae nobis evenit jure hereditario,

1. Le texte ci-dessus se termine par la mention des travaux qui eurent lieu à la fin du XIIIᵉ siècle et dans le premier tiers du XVᵉ.

2. Nous devons cette indication à l'obligeance de M. Imbert, archiviste du département. — Cf. *Invent. des Archives départementales, Tarn-et-Garonne*, G. 669, p. 196: An. 1074: « Donation faite par Arnaudet Adhémar, vicomtes de Négrepelisse, à Pons frère et à l'abbaye de Moissac, de l'église de Saint-Saturnin de Sieurag, au diocèse de Cahors, qui leur appartient, du cimetière, du baptistère, du fief presbytéral... d'autant de terre qu'il en faut pour bâtir une ville... »

3. Nous devons aussi à l'obligeance de M. V. Fourastié, archiviste du Lot, la note suivante que, sur notre demande, il a bien voulu nous communiquer, quand nous avons essayé d'identifier le lieu dit « Siurag », qui répond à la forme actuelle Cieurac: « Il y avait dans le diocèse de Cahors de nombreuses paroisses dont les églises étaient dédiées à saint Sernin: Saint-Sernin-du-Causse; — des Vaux; — des Pintiers; — de Francour; — près de Gourdon; — annexe de Saint-Symphorien; — annexe de Thézels; — du Bos. Les documents déposés aux Archives du Lot ne permettent pas d'établir que l'une de ces églises se trouvait dans un lieu appelé Siurag. Toutefois, dans la série F (art. 184), se trouve un pouillé du diocèse de Cahors, mentionnant *la paroisse de Cieurac, autrefois Siurac*

successione parentum nostrórum. Damus quoque eidem ecclesie cimiterium ab integro totum, simul cum babtisterio, nec non et fevum presbiterale, et tantum ex decimo quantum pertinet ad sacristaniam illam, et in circuitu ecclesie illius tantum terre foris cimiterium, quantum sufficiat ad construendam villam amplam in longitudine et latitudine, sicuti mo[n] stratum est a nobis determinatis finibus, coram plurimis testibus. Donamus etiam in bosco nostro juxta posito, qui dicitur Fornales, tantum quantum ad usum monachorum omniumque hominum ibi degentium in calefactione et in domorum suarum edificatione seu tocius ville constructione sufficere possit...

LXIX
1074-1086.

Reconstruction de l'église abbatia : de Saint-Chaffre-du-Monastier, au diocèse et près du Puy, en Velay, par les soins de l'abbé Guillaume et sur les conseils de Hugue, abbé de Cluny ; influence de l'architecture bourguignonne dans ladite église.

Cartulaire de l'abbaye de Saint-Chaffre-du-Monastier [1], publ. par U. Chevalier, Le Puy et Paris, 1888, p. 45-47.
    (Cf. N. et F. Thiollier, *L'architecture religieuse à l'époque romane dans l'ancien diocèse du Puy*, Le Puy, p. 119, n. 5 [2]).

... Vix enim illud tam magnum aedificium [3] centum annis durare praevaluit; quoniam non super petram,

(sic). Ces noms pourraient désigner la même localité voisine de Cahors, aujourd'hui Cieurac ; sur le territoire de cette commune se trouvent d'ailleurs des bois assez étendus, dont le nom n'est pas indiqué sur le plan cadastral (et par suite, ne peut être rapproché de la dénomination *Fornales*. Remarquons enfin que, d'après le pouillé précité, l'église de Cieurac avait saint Pierre pour patron. Il faudrait alors admettre que dans l'ancienne paroisse de Cieurac existait autrefois une église dédiée à saint Sernin, église ne figurant pas dans les pouillés relativement récents que nous connaissons. »
    1. Le Monastier, ch.-l. de c., à 21 kil. du Puy (Haute-Loire).
    2. Voy. *ibid.* pour les sources de l'histoire de ce monastère, p. 119, n. 1, et pour les fig., p. 120 et s. — La chronique du Monastier a été écrite un peu après 1087.
    3. La première chapelle de l'abbaye, dédiée à saint Pierre, étant devenue

more viri sapientis, sed super arenam, more stolidi, fundamentum habuit. Post ejus ruinam, non absque magno
laborantium sudore peractum, dubitatum est utrum
ibidem rursum aedificari vel alibi locus mutari deberet,
quoniam nullum ibi fundamentum posse reperiri quibusdam videbatur; unde factum est ut omne monasterium,
propter crebras aedificiorum ruinas, in alio loco quo securius
aedificaretur, mutari consensu cunctorum visum sit
melius. Cumque id fieri summopere nonnulli postularent,
et jam lapides illuc ad aedificium deportare libenter multi
coepissent, animadvertens hoc prudenter Guilhermus[1], tertius
abbas, qui tunc locum regebat, non sine magno consilio,
magnam rem ejusdem loci mutationem fieri oportere, cum
Sapientissimus dicat : « Omnia fac cum consilio, et post
factum non poenitebis », et beatus Tobias filio suo praece-
perit consilium semper a sapiente quaerendum, venerabilem virum domnum Hugonem, abbatem Cluniacensis
cœnobii, super hoc negotio, missis ad eum nunciis, consu-
luit. Cui ab eodem mandatum est [ut], si ullo modo locus
ille retinere valeret, non licere in alium temere transmutare locum, propter antiquam videlicet hujus loci sanctifi-
cationem et multorum ibidem quiescentium corpora fide-

insuffisante, on transporta les reliques dans une autre, dédiée à saint
Martin, qu'avait fait bâtir l'abbé Vulfade (951-982). Ce monument dura à
peine cent ans, car ses fondations avaient été établies sur du sable mou-
vant ; il ne dut pas cependant s'écrouler en entier, car une phrase du chroniqueur indique clairement que l'abside subsistait encore de son temps et
avait été très probablement utilisée dans la construction de la nouvelle
église : « Hic itaque [Vulfadus] templum eximii operis coepit aedificare,
sicut diximus, in eodem loco ubi S. Martini oratorium habebatur et, dum
caput ipsius basilicae, quod adhuc solum ex omni magno illo aedificio
superest, studiose perfecisset, transtulit illuc corpus b. martyris Theofredi. » Un autre ms. porte « : quod tempore Willelmi quarti creationis »,
c'est-à-dire en 1086. La persistance de ce chevet carolingien, à la fin du
xi° siècle, n'a pour nous actuellement que peu d'intérêt au point de vue
monumental, cette partie de l'église ayant été reconstruite au xv°
siècle. » (Thiollier, ib., p. 119, n. 3). Cf. même auteur, L'église du Monastier
et le château de Polignac... Le Puy, 1902, p. 14 et 15, en note. (Voy. les
planches jointes à cette étude.)

1. Guillaume III, abbé du Monastier de 1074 à 1086. — Guillaume IV,
son successeur, acheva le monument. Sur les rapports entretenus avec
Cluny par les abbés du Monastier, voy. Thiollier, op. cit., p. 119. L'influence auvergnate a fusionné dans cette région avec celle de la Bourgogne (cf. Enlart, Man. d'archéol. fr., t. I, p. 206). Mais, en somme, cette
influence y est peu sensible; la cathédrale du Puy est une exception.

lium, sed omni studio diligentiam impendendam fore ut semper in eodem loco Domino serviatur; et, ne solis hoc verbis dicere videretur, transmisit isdem liberalis pater non minimam auri quantitatem ad exercendum illud tam necessarium opus. Hujus igitur omnes relevati consilio, de mutatione loci confestim mutata voluntate, in restauratione ejusdem ecclesiae deinceps enixius laborare coeperunt: praefatus namque abbas ex aliis regionibus peritos conduxit artifices [1], qui, sua industria locum fundamenti, licet cum ingenti fodientium labore quaesitum, repererunt, ubi stabile fundamentum locantes, ex imis ad superiora consurgere coeperunt. Sed cum jam opus illud inchoatum super terram elatum ferventer aedificari coepisset, isdem abbas terminum vitae mortalis accipiens, praesentia mundi reliquit discrimina atque feliciter ad bona migravit aeterna. Cui succedens iste, quem nunc habemus, divinitus nobis concessum rectorem, de cujus electione supra diximus, non solum in ejusdem ecclesiae constructione, sed etiam in aliis officinis monasterii coepit ita strenue laborare ut paene omnia jam renovata et in melius mutata videantur. Quapropter illud opus ecclesiae differi interim videtur, quia necessitas regularium officinarum non parvam fratribus angustiam saepius inferebat, dum a foris convenientes in solemnitatibus, ut moris est, nec in dormitorio nec in capitulo congruenter consistere, nec per claustrum ordinatim procedere valerent. Jam ver antae sunt amplitudinis, ut plus quam centum monach.. ..t requiescendum et residendum spatia in eisdem praebeantur congrua.

1. « La structure bourguignonne des voûtes, qu'on ne trouve en Velay qu'au Monastier et à Chamalières, principal prieuré de cette abbaye, peut permettre de croire que les maîtres de l'œuvre vinrent de Bourgogne. » (N. Thiollier, op. cit., p. 119). On a cru pouvoir aussi remarquer, à un autre point de vue, que les constructeurs de la cathédrale du Puy en Velay, où l'on entretenait des relations intimes avec les moines de Saint-Hilaire de Poitiers, adoptèrent pour leur système de coupoles le même parti qu'ils suivirent à la nef de Saint-Hilaire dès avant 1180.

LXX
1076, 17 avril, 1088 et 1191.

Mention de divers bâtiments du château de Blois. — Clôture de mur dudit château, d'après une inscription commémorative. — Chapelle de la tour et chapelle attenant à l'appartement privé du comte.

1

Extr. d'une charte de Thibaut III, comte de Blois (1037-1089). Orig. *Archives d'Eure-et-Loire*, H 2367. — *Cartulaire de Marmoutier pour le Dunois*, publ. par E. Mabille (1874), n° XL, p. 37.
(Cf. Mabillon, *Annales ordinis S. Benedicti*, t. V, 1713, p. 70. — Martène, *Histoire de Marmoutier*, III, n. 283.)

[1076, 17 avril]. — ... Factum est hoc, ut diximus, apud castrum[1] Blesium intra curiam, retro palatium, prope turrem, patulo[2] inter caminatas[3] quidem palatii sito, XV kalendas maii die, dominica post meridianam[4].

2

Ancienne inscription lapidaire sur le portail de la ville de Blois, dans Bernier, *Histoire de Blois*, 1682, p. 303.

[1088.] — Comes Stephanus[5] et Adela comitissa, suique heredes, perdonaverunt hominibus istius patrie butagium[6]

1. Une charte de 903 contient déjà cette mention : *in Bleso castro, intus, in veteri castello* (De la Saussaye, *Hist. du château de Blois*, 3° éd., p. 222). Le château de Blois est appelé *castellum, castelletum* en 1130 (Bernier, *Histoire de Blois*, p. 204); voy. aussi De la Saussaye, *op. cit.* (4° éd., p. 60).
2. *Patulam*, diminutif de *patuum*, cour gazonnée.
3. *Caminata*, chambre avec cheminée. Voy. Du Cange, *Gloss.*, v° *Caminata* (cf. ibid., l'expression suivante « Acta in aula sive *caminata* nostra ».)
4. Suivant notre savant confrère, M. Merlet, archiviste d'Eure-et-Loir, qui a bien voulu vérifier la cote de ce document, on pourrait aussi accepter ici la date du 17 avril 1082.
5. Etienne I°°, fils de Thibaut III, comte de Champagne.
6. Il s'agit ici de la prestation que devait au seigneur celui qui vendait du vin (cf. *botagium, boutage*).

in perpetuum, eo pacto ut ipsius castellum[1] muro clau-
derent. Quod si quis violaverit, anathema sit, Datan quoque et Abiron maledictionem habeat.

3

Archives de Joursanvault, n° 3088.

[1191] — ... Ego Ludovicus[2], comes Blesensis, omnibus notum facio quod... benelicium illud quod idem pater meus dederat Durando capellano, pro servicio capelle[3] de turre mea,
do et concedo canonicis Sancti Karilephi[4], ita tamen quod ipsi
tenebuntur deservire utrique capelle, illi videlicet de turre,
et capelle[5] que meo thalamo[6] est contigua... Datum Blesis,
anno gratie M° C° nonagesimo 1°.

1. C'est-à-dire le château du seigneur de la ville de Blois. Sur cette
inscription de la porte de Blois, côté de la ville, qui se voyait encore vers
1788, époque à laquelle ladite porte fut démolie, cf. aussi Soyer, *Étude
sur la communauté des habitants de Blois*, 1894, p. 12 et 21 (notes), et
E. Johanneau, dans les *Mém. de la Soc. des sc. et des lettres de Blois*,
t. III (1840), p. 295. — On a parfois placé au xii° siècle des inscriptions
lapidaires au-dessus des portes des châteaux. C'est ainsi qu'en 1180,
on disposa l'inscription suivante au-dessus de l'entrée du château de
Gand : « M. C. LXXX. Philippus, comes Flandrie et Viromandie, filius
Thirici comitis et Cibille, fecit hoc castellum compani » (cf. une image
photographique de cette inscription dans l'*Inventaire archéologique de
Gand* (Gand, nov. 1900, in-8), p. 182); plus tard, en 1931, autre inscription
au château de Boulogne (cf. Enlart, *Man. d'archéol.*, t. II, p. 327).
2. Louis, fils de Thibaut V, comte de Blois de 1191 à 1205.
3. Cf. les actes de 1150 et 1166 : « ecclesia S. Carilephi de Castelleto
Blesonsi, quae *capella mea* erat ». (Bernier, *Hist. de Blois*, Pr., p. XI).
4. Saint-Calais, ville du Vendômois, diocèse du Mans (auj. dans la
Sarthe).
5. « L'emplacement de la chapelle de Saint-Calais ayant toujours été le
même... les appartements des anciens comtes de Blois occupaient alors
le terrain où se trouvent aujourd'hui les constructions des ducs d'Orléans » (De la Saussaye, *op. cit.*, 2° éd., p. 31). — Pour les textes ci-dessus,
cf. aussi, *ibid.*, p. 29 et p. 222-223.
6. Cf. les expressions suivantes : « apud Castrumdunum, *in cubiculo
ante sua* », à propos du château du vicomte de Châteaudun (*Cartul. de
Josaphat*, par l'abbé Métais, t. I, p. 81 ; — « *ad petram ante turrem Castri
Dunensis*, *ibid.*, p. 83). « La mention de cette pierre de justice placée
devant la porte du château est assez rare, mais n'est pas un fait isolé. Il y
en avait une pareillement dans la cour du château de Blois » (*ibid.*, p. 82,
n. 1). — « A Troyes, Henri Ier paraît s'être construit le palais qu'il
appelle lui-même *domus mea*, ma maison, en 1157, n° 47, qu'on trouve aussi
désigné sous les noms d'*aula*, de *sales* du comte, et qui contenait une
pièce que la charte de l'an 1177, n° 298, appelle *thalamus comitis*, chambre
à coucher du comte » (d'Arbois de Jubainville, *Hist. des ducs et des comtes
de Champagne*, t. III, p. 233). *Thalamus* apparaît ainsi quelquefois dans
les chartes avec le sens de *cubiculum* (Voy. le *Gloss. de Du Cange*).

LXXI

[Vers 1076]

Donation faite par Amance à l'abbaye de Sainte-Foi de Conques[1] en Rouergue, à la condition qu'une mission de trois moines désignés par le donateur, et parmi lesquels se trouvait Deusdet, construirait une église dédiée à sainte Foi, à Esclottes, dans le Bazadais. — Mention d'une église construite en bois par le moine Deusdet, à Sarda (?), dans le même pays.

1

ECCLESIA DE ESCOLT

Cartulaire de l'abbaye de Conques en Rouergue, publ. par G. Desjardins (Doc. historiques... Soc. de l'Ecole des Chartes), 1879, n° 50, p. 51.

In nomine Domini. Ego Amancuus, pro salute animæ meæ et pro salute parentum meorum tam vivorum quam et defunctorum, do Sancti Salvatoris de Conchas et sanctæ Fidis (sic) duos mansos de terra in Escolt[2], et hoc in episcopatu Basatensi[3], cum quarto, et decima tota quæ de alios tres mansos totam decimam, per talem convenientiam ut Deusdet monacus aut Petrus aut Odolricus[4] faciant unam æcclesiam

---

1. Conques, aujourd'hui ch.-l. de c., arr. Rodez (Aveyron).
2. Esclottes, com. du cant. de Duras, arr. Marmande (Lot-et-Garonne), située sur les confins de l'arr. de Bazas (Gironde). G. Desjardins a identifié Escolt avec Lesclottes, au lieu d'Esclottes.
3. Dans d'autres textes du même Cartulaire, qui appartiennent à la fin du xi° siècle, on lit ceci : « In comitatu de Basadu, in Escolta » (p. 281), ou bien encore : « In comitatum de Basades, ecclesia de Escolt » (p. 286). L'église actuelle, fort intéressante, porte une voûte d'ogives archaïque, ainsi que M. Brutails a bien voulu nous en informer.
4. « Urbain II, en 1095, consacra l'église, encore inachevée, de Saint-Sernin, qui avait été commencée vers 1060. D'après le chronographe de l'abbaye Rouergate, celle de Conques était à peu près terminée, au moment où l'on posait la première pierre de Saint-Sernin. » *Odolricus... basilicam ex maxima parte consummavit... corpus beatæ Fidis de veteri ecclesia in novam basilicam transtulit, ac etiam monasterium in ea forma in qua est, ad honorem Dei et beatæ Fidis, fecisse creditur tempore Henrici, Fran-*

ibi in honore sanctæ Fidis[1], pro anima mea et pro animabus
parentum meorum. Similiter et dono eis omnem ecclesiam.
Similiter et dono eis omnem justiciam de ipsa ecclesia et de
hominibus quos aggregare ibi potuerint, sine ullo parente
vel herede contradicente. Et si, quod absit, advenerit aliquis
abbas aut monacus qui h[u]nc honorem vellet auferre de
tabula sanctæ Fidis, veniat filius vel filia aut quilibet qui
honorem meum tenuerit, et mittat super altare Sancti
Salvatoris et sanctæ Fidis XII denarios Lemovicanos...
Si quis autem...

2

Liber miraculorum Sancte Fidis, publ. par A. Bouillet (1897), l. IV, c.
[21], p. 212

Sancte Fidis in honore, monachus nomine Deusdet ecclesiam que Sardanum[2] dicitur, ligneo edificio in pago Basatensi prius construxit, et in humili machina tabulatis intexuit. Vili quidem stabat scemate...

corum[regia]... Odulric est cité pour a dernière fois dans une pièce de
1065. J'ai démontré plus haut que l'auteur anonyme écrivait à la fin
du XIᵉ siècle. » (G. Desjardins, *Introd. au Cartulaire de Conques*,
p. XXXIII.)

1. Le *Cartulaire de l'abbaye de Conques en Rouergue*, dit M. Gustave
Desjardins, nous montre les moines bâtissant, dans les lieux où ils vont
s'établir, des églises, des couvents, des bourgs de sauveté, des ports, etc.
Un document nous a conservé les noms de trois de ces moines architectes : Amanelus donne deux manses dans le Bazadais, à condition que
Deusdet, moine, ou Pierre, ou Odulric y construira une église en l'honneur de sainte Foi. Ainsi le culte de cette sainte a porté avec lui le style
né à Conques, dans les contrées où il s'est propagé, et nous saisissons sur
le fait la formation et le développement d'un mode d'architecture romane
très répandu dans le Midi de la France. M. Viollet-le-Duc l'a retrouvé en
Navarre, où, d'après le Cartulaire, les moines de Conques firent de nombreuses constructions » (*ibid.*, p. XXXIV). — Cf. U. Chevalier, *Rép. top.-bibl.*,
I, col 775, vᵒ Conques ; sur la diffusion du culte de sainte Foi au moyen
âge, en France et à l'étranger, les monuments qui furent élevés en son
honneur, voy. A. Bouillet et L. Servières, *Sainte Foy, vierge et martyre*,
Rodez, 1900 ; cf. l'éd. de 1901, p. 87 et suiv.

2. Nous n'avons pu identifier le lieu où se trouvait cette ancienne petite
église, que notre savant confrère, M. Brutails, a vainement cherchée sur
les listes de bénéfices de l'ancien diocèse de Bazas, et que M. Bonnat n'a pu
trouver parmi les anciennes localités du Lot-et-Garonne dépendant de
l'ancien Bazadais. Un lieu dit Sarda existe hors du Bazadais dans la
commune de La Sauvetat-de-Savères, arr. d'Agen, mais il ne paraît pas
correspondre à celui que mentionne notre texte, en supposant que le nom
en ait été exactement transcrit.

LXXII

Avant 1077.

Mention du monument antique de Nîmes, dit la Maison Carrée, et de son portique, dans le testament de Ponce, chanoine de la cathédrale Notre-Dame de ladite ville.

Cartulaire du chapitre de l'église cathédrale Notre-Dame de Nîmes, publ. par E. Germer-Durand[1], n° CXII (*Mém. de l'Acad. du Gard*, an. 1873, éd. 1874, p. 176-178).

CARTA DE MURO NOVO

In nomine sanctae et individuae Trinitatis, incipit brevis divisionalis quem divisit Pontius canonicus, in sua recta memoria, dum jacebat in lecto egritudinis suae; et postea animum suum nunquam mutavit.

Volo ac jubeo ut habeat domna mea Sancta Maria, et canonici, in illorum alimonia, ipsum mansum qui est infra Nemauso civitate, a Muro Novo[2], ubi Rotbaldus visus est manere, cum ipso cluso et cum ipsos arbores... Et habeat... Pontius, [fratris mei filius], ipsa sala de Capitolium[3], que

---

1. Comme l'observe l'éditeur de ce cartulaire, le nom de l'évêque Frotaire qui paraît dans cet acte est le seul indice chronologique que porte le testament. Or, il y a eu à Nîmes deux évêques de ce nom : Frotaire Ier dont l'épiscopat s'étend de 987 à 1015 environ, et Frotaire II (1026-1077 environ). M. Germer-Durand a pensé qu'il serait question ici de Frotaire Ier; c'est aussi notre avis, vu surtout la latinité usitée dans ce très curieux document dont nous ne donnons ici que le fragment qui intéresse notre Recueil. Ajoutons que nous aurions placé ce texte dans des limites chronologiques beaucoup plus étroites du cours du xie siècle, c'est-à-dire avant 1115 vraisemblablement, si nous avions eu plus tôt connaissance de ce document.

2. Même avant la construction de l'enceinte régulière et continue de 1194, les habitants de Nîmes avaient songé à clore certains points plus ouverts ou plus exposés que d'autres. Le *Murus Novus*, dont il est question ici, avait été élevé pour protéger la Maison-Carrée (*Sala de Capitolio*). Il était situé sur l'emplacement de la façade du théâtre actuel, et devait s'étendre de la Porte de la Bouquerie à la Porte de la Magdeleine (Germer-Durand, *op. cit.*, p. 177, n. 1).

3. La Maison-Carrée, autrement dit le Capduell (*Capitolium*), en languedocien. Il s'agit, à vrai dire, d'un ancien temple dont le plan est un parallélogramme rectangle et auquel on a donné improprement le nom de Maison-Carrée.

comparavit de Foleranno presbitero, cum ipsa curte de ipsum po[r]ticum [1] inantea [2], pro remedium animae meae : in ea ver[o] ratione, quod frater meus Bernardus nec infantes sui non interpellent ipsum exav[i]um [3] qui ibidem fuit...

LXXIII

1077, 28 janvier.

Autorisation accordée par Guillaume, duc d'Aquitaine, aux religieux du monastère de Saint-Jean et Saint-André, à Poitiers, de prendre dans ses bois tous les matériaux nécessaires à leurs bâtiments, ainsi qu'à la construction ou à la reconstruction d'habitations, avec la faculté d'user aussi, sans frais, de pierres de meule extraites des carrières dudit seigneur, pour l'entretien de leurs moulins.

Layettes du Trésor des Chartes, par A. Teulet, t. I (1863), n° 20, p. 23-25 (d'après Arch. Nat., J 460. *Fondations*, I, n° 2. 1. Copie de la 2° moitié du XIII° moitié).

... Ego Guillelmus [1]... dux [5] Aquitanorum, per De misericordiam... ad honorem Dei omnipotentis et Sancte ejus genitricis semperque Virginis Marie, et sanctorum apostolorum Johannis et Andree, statui mihi construere monasterium in suburbio Pictavensi... Dono eciam ipsi monasterio stagnum ipsius civitatis contiguum, cum pisc(h)aria

1. Le texte met *ponticum.* — Ce magnifique édifice, que Vitruve aurait rangé parmi les temples pseudo-périptères, est orné au dehors de trente colonnes cannelées d'ordre corinthien, et il est précédé, au devant de la façade, d'un grand vestibule ou portique, ouvert de trois côtés, soutenu par dix colonnes pareilles aux autres, mais isolées, qui entrent dans le nombre des trente, et dont six forment la face antérieure.

2. C'est-à-dire : la cour devant le péristyle, en allant vers le Capduoil, depuis lors rue Auguste.

3. Droit de sortie (pour *exagium*).

4. Guy-Geoffroy-Guillaume, comte de Poitou et duc d'Aquitaine (1058-1086). — Cf. *infra* l'acte de janv. 1107 relatif à une autorisation du même genre accordée par le duc d'Aquitaine aux religieux de Saint-Jean-d'Orbestier, en Bas-Poitou.

5. Le texte porte fautivement *ducx.*

et cum molendinis in eodem positis, et cum consuetudine molarum que necessarie erunt eisdem molendinis. Quas eciam molas homines consuetudinarii, qui eas extrahunt, debent sine aliquo precio, exceptis molis veteribus, quas ipsi homines accipiunt ; quas etiam molas judex de Bonolio per consuetudinem debet conducere usque ad lacum de Forgiis [1], et judex de Forgiis usque ad molendina, sine aliquo precio... Concedo eciam eis omnes silvas meas... ad domos suas construendas vel reedificandas, sive ad omnia necessaria facienda, tam his qui habitant in monasterio quam his qui sunt per obediencias.

... Facta est hec carta donacionis... V° kal. februarii, anno ab Incarnatione Domini M° LXXVII... regnante rege Francorum Philippo...

LXXIV

1077-1081, et 1104-1129 environ.

Œuvre des sculptures du tombeau de saint Front de Périgueux exécutées par Guinamand, moine de l'abbaye de la Chaise-Dieu, en Auvergne. — Incendie du bourg et de l'église collégiale Saint-Front ; destruction des cloches atteintes par le feu dans le clocher.

1

Fragmentam de Petragoricensibus episcopis, seu epitome... dans Labbe, *Nova Bibl. man.*, t. II (1657), p. 738.
(Cf. *Rec. des Hist. de France.*, t. XII (1781), p. 391. — C. Guigue, dans les *Archives de l'art français*, t. V, Doc., 1857-58, p. 80.)

[1077-1081] — Cujus tempore [Guilhermi de Monte

1. Cette localité était située dans l'Aunis; aujourd'hui Forges, comm. du cant. d'Aigrefeuille, arr. Rochefort (Charente-Inférieure). Quant à celle « de Bonolio », nous n'avons pu l'identifier, pas plus que l'éditeur des *Layettes du Trésor.*

Berulpho][1], Guinamandus[2], monachus Casae Dei[3], sepulchrum[4] sancti Frontonis mirabiliter sculpsit. Stephanus
Iterius, canonicus Sancti Frontonis et cellerarius, omnia
necessaria huic operi ministravit.

[Vers 1104-1129 environ]. — Hunc vero supradictum
secutus est in eadem sede Guilhermus de Alba Rocha [5],
et ecclesiam rexit annos XXIIII. Obiitque anno Domini
millesimo centesimo XXIII, IV non. aprilis, et sepultus
est in hac ecclesia. Cujus tempore, burgus Sancti Frontonis
et monasterium[6] cum suis ornamentis repentino incendio,
peccatis promerentibus, conflagravit, atque signa in clocario igne soluta sunt. Erat tunc temporis monasterium
ligneis tabulis coopertum...

1. Guillaume I⁰⁰ de Montberon, qui fut évêque de Périgueux de 1059 à 1081.
2. Et non *Guinamundus*. Le nom de Guinamand, — on imprime parfois
à tort, selon nous, Guinamond, — n'est pas fréquent. Nous le trouvons
porté, vers la même époque, dans le pays Dauphinois, par un archevêque
d'Embrun, *Guinamandus*, dans le *Chartular. S. Victoris Massiliensis*, éd.
Guérard, t. II, n° 698, à l'année 1066 (cf. *ibid.*, la forme *Guinamannus*).
Quant à la forme *Guinamundus* que l'on a retrouvée à Saint-Front sur une
plaque de cuivre émaillée, elle n'a point paru appartenir à une œuvre
authentique (voy. Texier, *Dict. d'orfévrerie*, v⁰ *Guinamundus*). C. Guigue
(*op. cit.*), et, après lui, Bauchal (*Nouv. dict. biogr. et crit. des archit. fr.*,
p. 284), sur la foi de dom Genoux, auteur d'une histoire manuscrite de la
Chaise-Dieu, ont cru, sans raison suffisante, que Guinamand avait fait
aussi œuvre d'architecte à Saint-Front : les témoignages contemporains
n'autorisent pas cette opinion.
3. Ancienne abbaye bénédictine fondée par saint Robert, en 1043, au
diocèse de Clermont ; auj. ch.-l. de cant., arr. Brioude (Haute-Loire). Sur
les rapports entre cette abbaye et Saint-Front de Périgueux, vers 1080 (au
sujet du monastère de Brantôme) et au commencement du XII⁰ siècle, voy.
F. de Verneilh, *L'architecture byzantine en France* (1852), p. 86.
4. C'est sous la coupole de l'Est qu'était placé le tombeau de l'apôtre du
Périgord. « Le sépulcre de saint Front, dit M. de Verneilh (*op. cit.*, p. 83),
était circulaire et voûté en pyramide. Placé directement sous la coupole de
la tête de la croix, il devait, et par sa forme et par son style, s'harmoniser
admirablement avec la grande cathédrale. C'était tout un petit édifice à la
décoration duquel concouraient la sculpture, la mosaïque, les émaux... »
Cf. l'abbé Th. Pécout, *Périgueux, souvenirs histor., biogr. et archéol.*,
p. 194. Voy. aussi Thiollier (N. et F.), *L'architecture religieuse à l'époque
romane dans l'anc. diocèse du Puy*, Le Puy, p. 58, n. 2. Ce monument
remarquable a été malheureusement détruit au XVI⁰ siècle par les protes-
tants du Périgord, pendant les guerres religieuses.
5. Guillaume II d'Auberoche, évêque de 1104 à 1129 environ.
6. Le terme *monasterium* s'applique ici à une église collégiale (cf. *supra*,
p. 4, n. 6).

2

Chronicon Sancti Mazentii Pictavensis sive Malleacense, dans les *Chroniques des églises d'Anjou*. éd. Marchegay et Mabille (Soc. hist de Fr.), 1869, p. 429.

(Cf. Labbe, *Nova Bibl. man.*, t. II, p. 219. — *Rec. des Hist. de Fr.*, t. XII, p. 407.)

[1120]. — Anno MCXX... similiter[1] incensum est monasterium[2] Sancti Frontonis civitatis Petragoricae cum multis hominibus et f[e]minis...

LXXV

1077-1113.

Règlement du temporel de l'abbaye de Saint-Bénigne de Dijon, concernant la réfection et l'entretien des bâtiments conventuels, institué par Jarenton, abbé de ce monastère : détermination de la part à prendre par chaque obédience de Saint-Bénigne aux dépenses des travaux de couverture des bâtiments.

Martyrologe et obituaire de Saint-Bénigne de Dijon, dans le *Catalogue général des manuscrits de la Bibliothèque de Dijon*, n° 634 (379), fol. 128 (XIII° siècle).

(Cf. Chomton (abbé). *Histoire de l'église Saint-Bénigne de Dijon*, 1900, p. 140, n. 2.)

1. La chronique vient de rapporter, sous la date du 22 juillet 1120, l'incendie de l'église abbatiale de la Madeleine de Vézelay (*S. Maria Magdalena de Viseliaco*).

2. Il s'agit encore ici, comme dans l'extrait précédent, de l'église collégiale ancienne qui était lambrissée ; elle est antérieure au Saint-Front à coupoles. Voy. dans le *Bull. monum.* de 1895, Anthyme Saint-Paul, *La question de Saint-Front*, p. 5-28, et Brutails, *ibid.*, p. 97-137, où les textes ci-dessus sont commentés. Voy. aussi (5° série, t. VI, 1895, p. 361-373), dans la *Rev. de l'art. chrét.*, J. Berthelé, *La question de la date de Saint-Front de Périgueux* et M. A. Saint-Paul. Pour d'autres travaux sur Saint-Front, voy. Chevalier, *Rép. top.- bibl.*, II, col. 2346, v° Périgueux.

DECRETUM JARENTONIS [1]

Quales quantique fuerint qui hanc abbatiam primitus ex[s]-
truxerunt designat larga possessionum acquisitio, œdifi-
ciorum adjacentium ampla constructio : unde non immerito
ignaviæ rei videbimur esse, si quod illi ab ipsis fundamentis
potuerunt ex[s]truere, nostro tempore pro sola tectura conti-
gerit ad nihilum devenire. Quod ne quando contingat, quadam vice, hujus loci seniores venerabilem abbatem Jarento-
nem studuerunt humiliter adire eumque non improbabili
querimonia convenire ut, qui nonnullas officinas minus decenter antiquitus factas in melius studuerat reformare, bene constructas per sola cooperta non pateretur [ad [2] nihilum deve-
nire]. Quorum querimoniam gratanter suscipiens eorumque
suggestionem non inutilem esse perpendens..., statuit, ut
ad restaurationem tectorum unaquæque obedientia inferius
annotata unum· millenarium de asseribus paratis cum
septem tignis et decem tegulis unoquoque anno persolveret,
videlicet: obedientia camerarii totidem, totidem obedientia
cellerarii, totidem obedientia sacristæ... (*suivent un certain
nombre de maisons d'obédiences voisines*). Statutum est,
qu[onia]m longinquiores et pauperiores sunt, quatenus ligni
materiem ipsæ non darent, sed ad clavellos emendos, quibus
asseres conligi debent, quinque solidos singulis annis per-
solvant. Hoc autem quod unaquæque obedientia debet, statutum est ut usque ad Pentecosten solutum habeat. Postea
vero in potestate et arbitrio prioris erit ut, ubi magis vide-
rit expedire, ibi cujusque ligni materiem jubeat ministrare.

---

1. Jarenton, ancien prieur de la Chaise-Dieu, au diocèse de Clermont, abbé
de Saint-Bénigne de 1077 à 1113 (voy. Chomton, *op. cit.*, p. 137 et suiv.).
Sous son abbatiat eut lieu la première réfection de l'église romane de
Saint-Bénigne, consacrée de nouveau par le pape clunisien Pascal II, le
16 février 1107. L'ancien prieur de la Chaise-Dieu aurait-il appelé à l'église
de Saint-Bénigne des constructeurs auvergnats? Cette supposition ne
semble pas inadmissible. Sur l'influence probable du style auvergnat à
Saint-Bénigne de Dijon (faîte de l'église, corniche), dans la première moitié du xiiiᵉ siècle, voy. Chomton, *op. cit.*, p. 143. — Cf. E. Petit, de Vausse,
Histoire des ducs de Bourgogne..., t. I (1885), p. 196.
2. Cette addition nous paraît nécessaire au point de vue grammatical.

Et ne haec tam utilis institutio in posterum oblivioni daretur, præcepit idem abbas ut scriberetur, et in crastino
festi Omnium Sanctorum, ob celebriorem conventum, in
capitulo[1] legatur et exponatur.

LXXVI

1077-avant 1179.

*Travaux de construction et de décoration d'ordre religieux
et civil exécutés à l'abbaye du Bec, en Normandie, par
les soins des abbés de ce monastère; dédicace de l'église
abbatiale en l'honneur de la Sainte Vierge; travaux d'hydraulique entrepris audit monastère.*

Chronique de Robert de Torigni[2], abbé du Mont-Saint-Michel, éd. Léopold Delisle (Soc. hist. de Normandie, 1872-73, t. I, p. 61-62, 210, et
t. II, p. 89).

[1077.] — Ecclesia [3] Becci, X kal. decembris in honorem
S. Mariae, matris Domini, dedicata est ab archiepiscopo
Cantuariae Lanfranco. Quod opus pergrande ipse inchoavit,
et, post abbatem Herluinum, primum lapidem posuit; quod

1. Cette assemblée était le chapitre général des maisons dépendant de
Saint-Bénigne. — Voy. dans Chomton, *op. cit.*, tableau I, emplacement
des bâtiments de l'abbaye (pl. VIII et XVIII). — L'abbé Halinard, successeur de l'abbé Guillaume à Saint-Bénigne de Dijon, avait administré
ce monastère d'abord en qualité de prieur (1026), puis d'abbé (1031-1052).
Voy. là-dessus Chomton, *op. cit.*, p. 129 et s. Sur les constructions pré-
sumées d'Halinard (piliers des caves de l'abbaye comparées avec la
forme des piles de Saint-Philibert de Tournus), voy. le même auteur,
p. 133. Voici l'extrait de la chronique concernant les travaux qu'il dirigea :
« Cujus (Halinardi) memoriam dignum est nos assignare litteris, qui
nos dulcibus ac paternis monuit institutis... Officinas hujus monasterii
renovavit. Et quanquam omnibus eruditus esset artibus, tamen in geo-
metria et physica plurimum studebat... » (*Chron. Sancti Benign.*, p. 182
et 192).

2. Moine au Bec en 1128, prieur claustral de la maison jusqu'en 1154,
date à laquelle il devint abbé du Mont-Saint-Michel.

3. « Ce paragraphe, dont le texte est passé dans la Chronique du Bec,
fournit sur l'église du Bec, dit le très savant éditeur de Robert de Torigni,
plus de détails que le passage correspondant de Guillaume de Jumièges
(VI, 9), passage qui est du reste une interpolation de Robert. » (*Ibid.*, p. 61,
note 3).

opus in sedecim annis peractum est[1]. Huic etiam dedicationi interfuerunt episcopi Odo Baiocensis, Gislebertus Lexoviensis, Gislebertus Ebroicensis, Robertus Sagiensis, Arnaldus Cenomannensis[2]...

[1145.] — Inceptum[3] est caput[4] monasterii Beccensis ecclesiae pridie kal. augusti, praesente piae memoriae domno Letardo abbate.

[Avant 1179.] — Obiit Rogerius[5], abbas Becci ... Ecclesia siquidem fere tota aedificata est in tempore suo, et dedicata; cujus pulchritudinis nulla aequatur in tota Normannia. Fecit cameras cum caminis[6] unam super alteram, ad susceptionem hospitum et personarum. Fecit etiam domum infirmorum ingentis pulchritudinis et magnitudinis. Melioravit dormitorium in maceriis, in vitreis et coopertura. Fecit et aqueductum[7] per quem adduxit fontem pulcherrimum de longinquo, qui dividitur per officinas monasterii. Fecit et conquam[8] pulcherrimam ad recipiendam aquam, et tectum desuper aedificavit.

1. L'emplacement de l'ancienne abbaye du Bec se trouve aujourd'hui dans l'Eure, arr. Bernay, c. Brionne, au Bec-Hellouin. Voy. l'Hist. de l'abbaye du Bec par le chanoine Porée, Evreux, 1901, I, 1er. — Cf. supra, le texte n° IX, p. 45 et s., relatif à ladite abbaye.

2. Le nom de Gundulphe mérite aussi d'être cité à propos de cette abbaye, puisqu'après avoir travaillé à l'église du Bec et à celle de Saint-Étienne de Caen, il devint évêque de Rochester, et s'y construisit un admirable donjon. Il mourut en 1108 (Voy. Enlart, Man. d'archéol., t. I, p. 62, n. 3).

3. Cette note a été insérée dans la Chronique du Bec, sous l'année 1145.

4. capitulum, Chron. du Bec.

5. Roger de Bailleul, abbé du Bec, mort en 1179 (Gall. christ., t. XI, col. 230).

6. C'est ce que les textes appellent aussi caminata (Voy. supra le texte de 1070, relatif au château de Blois.)

7. Nous voyons notamment que les chroniques de Saint-Bertin, de Sainte-Barbe-en-Auge, de Clairvaux, contiennent de précieuses mentions relatives aux adductions d'eau destinées à être utilisées dans les ateliers des monastères.

8. Sur les édicules abritant souvent les fontaines des cloîtres, voy. Enlart, op. cit., t. II, p. 38 et s. (fig.); cf. Viollet-le-Duc, Dict. de l'arch. fr., t. VI, p. 173 (fig.).

LXXVII

1079.

Construction de l'église du prieuré conventuel de Sainte-Gemme, en Saintonge, entreprise par une mission de trois moines, désignés par Robert, abbé de la Chaise-Dieu, en Auvergne.

Tabularium Sanctae Gemmae[1] Santongensis, dans Besly, *Histoire des comtes de Poictou et ducs de Guyenne* (1647), Pr., p. 403.
(Cf. J. Berthelé, *Recherches pour servir à l'histoire des arts en Poitou*, 1889, p. 72.)

Anno[2] V post transitum gloriosissimi patris nostri Roberti[3] misit dominus Durandus, abbas Casae Dei, tres viros religiosos, honestos et sanctos, fratres monachos ad aedificandum[4], regendum et custodiendum locum ipsum Sancte Gemmae, ad honorem individuae Trinitatis, Patris et Filii et Spiritus Sancti et beatissimae Dei genitricis Marine et sanctae Gemmae virginis et omnium sanctorum. Quorum

1. Sainte-Gemme, aujourd'hui c. Saint-Porchaire, arr. Saintes (Charente-Inférieure).
2. Voy. J. Berthelé, *Recherches pour servir à l'histoire des arts en Poitou*, 1890, p. 72, où ce texte est cité; l'auteur y étudie l'influence de l'architecture auvergnate en Saintonge. A l'église de Sainte-Gemme, un constructeur auvergnat voûta les bas-côtés en demi-berceau, comme on avait coutume de le faire en Auvergne. Les voûtes n'existent plus, mais la disposition primitive est très reconnaissable (cf. J. Berthelé, dans le *Bulletin de la Soc. de stat. des Deux-Sèvres*, 1884, p. 511-512). Il subsiste encore un beau porche intérieur surmonté d'une tribune, ayant toute la largeur de la nef, particularité dont l'origine auvergnate n'est pas douteuse. Voy. aussi N. Thiollier dans le *Congr. archéol. de France*, LXX° sess. (1903), p. 340.
3. On ignorerait la date exacte de la mort de saint Robert (Voy. E. Branche, *Hist. des ordres monastiques en Auvergne*, p. 141). Saint Robert, fondateur de la Chaise-Dieu, fit réparer ou reconstruire une cinquantaine d'églises (Mabillon, *Acta Sanctorum Ord. S. Benedicti*, saec. VI, pars 2°, p. 196; *Act. SS.* avril, III, 321). Cf. Berthelé (*ibid.*). Son zèle aida beaucoup à la propagation du style auvergnat dans l'architecture monastique. Cf. au point de vue de l'activité artistique d'un moine sculpteur de la Chaise-Dieu, le n° LXXIV, relatif au tombeau de saint Front de Périgueux.
4. Le duc d'Aquitaine, Gui-Geoffroi-Guillaume (1058-1086), fit don au nouvel établissement monastique de bois de construction: « et arbores ad omnia construenda » (Besly, op. cit., p. 370). — Cf. Massiou, *Hist. de la Saintonge et de l'Aunis*, t. I (1839), p. 427 et s.

monachorum haec sunt nomina: dominus Artaudus [al. Arnauldus), qui fuit prior, et dominus Theodardus, qui fuit praeceptor et magister, et dominus Rotbertus, qui fuit reclusus. Numerus est millenus septuagesimus (unus) nonus ab Incarnatione Domini, ab origine mundi usque ad Christum centum et octoginta novem anni.

LXXVIII

1079-1110.

Mention du baptistère de l'église cathédrale de Rouen, contenant le monument funéraire de l'archevêque de cette ville, Jean de Bayeux ; soins donnés par son successeur, Guillaume Bonne-Ame, aux ornements de cette église, ainsi qu'à la reconstruction de la clôture et du palais de l'archevêché.

Orderici Vitalis Historia ecclesiastica, l. V, c. IV, éd. A. Le Prévost Soc. hist. de Fr.), 1840, t. II, p. 313-314.

Anno ab Incarnatione Mo LXXIXo, Johannes [1] archiepiscopus... defunctus est, et in baptisterio [2] basilicae ad aquilonem tumulatus est. Monumentum ejus ex albo lapide factum est, in quo hujusmodi epitaphium solerter insertum est...

... Guillelmus [3] [archiepiscopus] matricem basilicam omni-

---

1. Jean II de Bayeux fut archevêque de Rouen de 1069 environ à juillet 1079.

2. Rares sont les mentions de baptistères en France, non seulement au XIe siècle, mais encore au XIIe. Voir *supra* l'acte de 1029-1030 concernant Saint-Martial de Limoges, et *infra* les textes de 1107-1148 relatifs aux évêques d'Angoulème. « Après 1150, dit J. Quicherat, *Mél. d'archéol.,* p. 166, il ne s'est plus fait de baptistère dans aucune partie de la France : mais l'usage de cette sorte d'édifice s'est conservé en Italie ». Notons toutefois qu'à la cathédrale d'Aix un grand baptistère fut presque reconstruit au XIIe siècle (Enlart, *Man. d'archéol. fr.*, t. I, p. 190). La mention du baptistère de Rouen, ainsi que celles que nous venons de donner, s'ajoutent aux indications que fournit notre savant confrère.

3. Guillaume-Bonne-Ame, fils de Radbode, évêque de Sées, abbé de Saint-Étienne de Caen après Lanfranc (1070-79), et archevêque de Rouen jusqu'au 9 février 1110.

modis ornatibus cultui divino necessariis affatim [1] locupletavit, et claustrum episcopii domosque convenientes a fundamentis eleganter renovavit [2]. Corpus sancti Romani praesulis de propria aede in metropolitanam basilicam gloriose
transtulit [3], et in scrinio auro argentoque cum pretiosis lapidibus operose cooperto reverenter locavit.

LXXIX

1080, 31 mai.

*Statut d'un concile de Lillebonne, en Normandie, relatif
aux constructions privées faites dans les cimetières établis près des églises, ainsi qu'aux dimensions des
cimetières des églises rurales.*

Statuta concilii Lillebonensis [4], dans les *Layettes du Trésor des chartes,*
par A. Teulet, t. I (1863), n° 22, p. 26-27, d'après Arch. Nat., J 210. Normandie, I, n° 1. (Cop. authentiq. scellée.)
Cf. *Orderici Vitalis Historia ecclesiastica,* l. V, c. v, éd. A. Le Prévost,
Soc. hist. de Fr., t. II, 1840, p. 318 et suiv. [5]

XI. In cimeteriis ecclesiarum que in civitatibus vel
castellis vel burgis sunt, quicquid episcopi, tempore
Rodberti [6] comitis vel Willelmi [7] regis ejus consensu
habuerunt, episcopi rehabeant.

1. C'est-à-dire amplement, largement.
2. Il n'existe plus rien des constructions attribuées ici à l'archevêque
Guillaume.
3. La translation des reliques de saint Romain paraît avoir eu lieu dès
l'année 1079, et probablement le 23 octobre. La châsse actuelle est fort
postérieure.
4. Lillebonne, aujourd'hui ch.-l. de c., à 30 kil. E. et arr. du Havre (Seine-
Inférieure).
5. Pour les autres sources de ce concile, voy. particulièrement U. Chevalier, *Rép. top.-bibl.*, II, col. 1693, v° Lillebonne.
6. Robert Ier, duc de Normandie, second fils du duc Richard II, qui remplaça en 1028 son frère Richard III, et qui mourut en 1035. Cf. ce texte :

> Grant fut la guerre, si s'esmaient,
> As *cimetieres* tot atraient...

(*Roman de Rou*, vers 15978 et suiv.)
7. C'est de Guillaume Ier le Conquérant, mort en 1087, qu'il s'agit dans
le présent statut.

XII. In cimiteriis vero, que in marchis sunt, si werra fuerit, et aliqui ad habitandum fecerint ibi mansionem, dum werra fuerit, etsi ipsi propter guerram in atrio manserint, nullam forsacturam ab eis episcopus habebit, nisi quam habuisset, antequam ad atrium confugissent [1]. Cum autem pax fuerit facta, qui propter werram illuc confugerant, de atrio exire cogantur, aut episcopalibus legibus supponantur. Qui vero in praedictis cimiteriis antiquius manserunt, in antiqua quietudine permaneant.

XIV... Si post concilium intra villam aliquam nova fit ecclesia, undique habebit quinque perticas cimiterii [2].

[Ord. Vital. : Si post concilium aliqua nova fit ecclesia intra villam, faciat episcopus cimiterium consideratione dominorum et parrochianorum ejusdem ecclesie. Si vero extra villam nova fit ecclesia, undique habebit quinque perticas cimiterii].

XX... Si clericus arat vel aedificat in atrio sine pontificali licentia, [episcopis per pecuniam emendetur].

... Si laicus arat vel edificat in atrio sine pontificali licentia, similiter.

LXXX

1080.

Autre statut d'un concile de Lillebonne déclarant que, d'après la coutume de Normandie, nul seigneur ne peut

1. Sur ces cimetières et les habitations privées qui s'y trouvaient établies, voy. Viollet-le-Duc, *Dict. de l'arch. fr.*, t. III, p. 247 et suiv. Les cimetières devinrent souvent, hors des villes, des lieux de retraite pour les malfaiteurs et aussi des lieux d'asile. Pendant la guerre, les cimetières des campagnes étaient considérés par les paysans comme des enceintes inviolables où ils pouvaient se réfugier avec leurs biens. Voy. Ch. de Beaurepaire, *Essai sur l'asile religieux dans l'Emp. rom. et la monarchie française* (*Bibl. Éc. des Chartes*, 3e sér., t. V, p. 152). — Il est très intéressant de rapprocher de ces prescriptions les actes de 1080-1123 sur les constructions privées faites dans les cimetières du Maine, actes que nous publions un peu plus loin.

2. Cf. *supra*, p. 176, le texte du concile de 1059. Un statut de la deuxième moitié du XIIIe siècle est ainsi conçu : « Nullus de novo aedificare in coemeterio permittatur, nec domus aliqua, si diruta fuerit, durante per annum ruina, ibi reaedificetur. » (*Synodi Rotomagenses*, dans Bessin, *Concil. Normann.*, p. 57 (2e part.).

creuser des fossés dépassant la profondeur d'un jet de terre, ni construire des palissades flanquées ou à redans, mais seulement d'alignement, sans chemin de ronde ou coursières, ni gros ouvrages de défense. — Nécessité d'une permission expresse du suzerain, pour asseoir une forteresse dans une île ou sur un rocher.

Normannorum antiquae consuetudines et justitiae in concilio[1] apud Lillebonam celebrato confirmatae, dans Martène, *Thesaurus novus anecdotorum*, t. IV (1717), col. 118.

Nulli[2] licuit in Normannia fossatum facere in planam[3] terram, nisi tale quod de fundo terram potuisset jactare superius sine scabello[4]; et ibi nulli licuit facere palicium, nisi in una regula[5], et id sine propugnaculis[6] et alatoriis. Et in rupe[7] et in insula nulli licuit facere fortitudinem, et nulli licuit in Normannia castellum facere.

1. Ce concile de Lillebonne, différent du précédent, à cause des dispositions d'ordre féodal et militaire qui se trouvent ici édictées, n'est pas mentionné dans A. Freeman, *The history of the Norman Conquest of England...* t. IV (1871), p. 661-662.

2. On sait qu'à l'époque féodale un seigneur quelconque ne pouvait construire de château à sa guise. Cf. les exemples cités par M. Enlart, à propos du texte que nous reproduisons ci-dessus (*Man. d'archéol. fr.*, t. II, p. 418, législation de l'architecture militaire). — Suger a appliqué aux constructions de fortifications illégales l'expression de *castra adulterina*.

3. A plus forte raison, des fossés qui n'étaient pas « en plaine » ne pouvaient être construits, comme par exemple, des larges fossés « au sommet des collines », dont l'escarpe aurait soutenu, ainsi que dans le type de château normand bâti par Guillaume d'Arques, l'enceinte de cet édifice (Viollet-le-Duc, *Dict. de l'arch. fr.*, t. III, v° Château, p. 30).

4. Ce qui pouvait leur donner environ 3 mètres (cf. Enlart, *loc. cit.*). — Sur l'expression *jactare terram*, cf. un texte champenois de 1176-1177, où l'on lit ce qui suit : « cum fossea unius jactare », c'est-à-dire, avec un fossé d'un seul jet de terre (Pièce justif. n° CXLVI, du t. III de l'*Hist. des ducs et des comtes de Champagne*, par H. d'Arbois de Jubainville).

5. Il y a lieu de noter ce très ancien exemple concernant l'alignement dans la construction d'un château.

6. L'auteur doit faire ici allusion à ce qu'on appellera plus tard des crénelages, hourds et bretêches, cf. Enlart (*loc. cit.*) : ce qui nécessitait surtout l'usage des chemins de ronde et allées de service (*alatoria*). Cf. les expressions usitées au XIIe siècle : *propugnaculum murorum, superiora frontis propugnacula*.

7. Tel était entre autres au Xe siècle (vers 1047) le château de Domfront, dont Viollet-le-Duc cite la disposition (*ibid.*, p. 77), et dont parle ainsi Guillaume de Jumièges : « Intra... castellum... dux Willelmus... ut ipsum vidit scopulis asperrimis et eminentibus in gyro circumdatum, et inaccessibile ad oppugnandum, vires Normannorum accivit, et firmissimis castellis (bastilles en bois) illud strinxit, ac aditus egrediendi obstruxit » (*Hist. Normann.*, liv. VII, cap. XVIII, p. 276). Nous savons, en

LXXXI

Vers 1080.

Construction des bâtiments de l'abbaye de Lessay, près de Coutances ; provenance des matériaux en bois employés à ces constructions.

Charte de fondation de ladite abbaye publ. par Dubosc dans le *Musée des Archives départementales*, 1878, n° 25 (pl. XVIII), p. 51 (d'après les Archives de la Manche, sér. II, 1601, parch.[1]).

Ricardus qui vocatur Turstinus Haldup, cum Anna, [uxore] sua, Eudoque, filius eorum, in honore summe et individue Trinitatis et S. Marie Virginis, aecclesiam fieri constituerunt, Gausfridi[2] consilio Constantiensis episcopi, Willelmique[3], Normannorum principis, permissione, in Constantiensi ~~go, in villa quae dicitur Sancte Oportune, in qua regul r Deo servirent monachi, quae alteri non subiceretur abbatie... et de omnibus aedificiis intra parcum vel extra, quae facta sunt aut facienda erunt, rectas decimaciones, et extra parcum materiem ad omnia aedificia aecclesiae et ad domos monachorum et ad omnia sua necessaria, et ligna focorum in eadem foresta de Baltis, atque custodibus pecora monachorum extra parcum mortua ligna silvarum ad necessitatem ignium, et materiem ad omnes domos illorum instaurandas atque restaurandas[4].

effet, par Guillaume de Jumièges (liv. VII, cap. 1), que dans les premiers temps de la vie de Guillaume le Bâtard, un grand nombre de Normands égarés et infidèles élevèrent dans beaucoup de lieux des retranchements, et se construisirent de solides forteresses. Sur les châteaux normands, voy. encore Viollet-le-Duc, *loc. cit.*

1. Nous devons ce renseignement à l'obligeance de notre confrère M. Dolbet, archiviste de la Manche. — Lessay est aujourd'hui ch.-l. de c., arr. Coutances (Manche). Sur l'ancienne abbaye, voy. U. Chevalier, *Rép. top.- bibl.*, t. II, col. 1666.

2. Geoffroi Ier de Montbray, évêque de Coutances, de 1049 à 1093. Pour les constructions entreprises par cet évêque, voy. *supra*, n° XVIII.

3. Guillaume le Conquérant, roi d'Angleterre et duc de Normandie.

4. Au XIe siècle, les cloîtres bâtis en bois n'étaient pas très rares ; leur nombre diminue au XIIe siècle. Le XIIIe siècle même en présente quelques

LXXXII

Vers 1080.

Mention du moine · Ponce, en qualité de constructeur de l'abbaye de Montierneuf de Poitiers : 1° dans une charte de donation faite par le vicomte Boson audit monastère, dont Guillaume Gui-Geoffroi, duc d'Aquitaine et comte de Poitiers, avait ordonné la construction; 2° dans une autre charte de donation faite par Guillaume Robert au même monastère.

4

Bibliothèque de la ville de Poitiers, collection Fonteneau, mss. 455-543, t. XIX, p. 49 [1].

In nomine sanctae et individuae Trinitatis. Ego Boso, vicecomes, et uxor mea, ambo videlicet peccatores, ambo divina indigentes miseracione, pro remissione delictorum tam propriorum quam parentum nostrorum, novo monasterio ad honorem Dei constructo [2] et perpetuae

exemples. Cf. pour les constructions en bois, Champollion-Figeac, *Doc. pal. relatifs à l'hist. des Beaux-arts*, p. 78, 80, 144, 272. Voy. aussi les textes des xi° et xii° siècles réunis par J. Flach, *Orig. de l'anc. France, t. II, l. III, ch. XII* (Les villages créés dans les forêts), p. 139 et suiv. Le texte suivant, du xi° siècle, doit être rapproché étroitement de celui que nous publions. En 1074, le duc de Normandie, Guillaume le Conquérant, accorda à l'abbaye de Saint-Wandrille des droits d'usage dans deux forêts du duc d'Évreux pour la construction de bâtiments conventuels : « Ut fratres sufficienter de his duabus forestis haberent... quando monachi ad suum ardere et edificia monasterii, etc... » (coll. Moreau, t. 31, f° 34; *Neustria pia*, p. 168). Voy. enfin le texte très significatif d'Orderic Vital, que nous avons commenté plus haut, n° XLIII, p. 152, n. 1.

1. Nous devons la transcription de cette pièce à l'obligeance de notre savant confrère M. A. Richard, archiviste de la Vienne. Elle ne paraît pas avoir été encore publiée *in extenso* (cf. les tables des mss. de la collection ci-dessus, dans les *Mém. de la Soc. des antiq. de l'Ouest*, t. IV, 1839, p. 75). L'original n'existe pas aux Archives de la Vienne. L'acte que nous reproduisons a été tiré, dit Fonteneau, d'un vidimus du 8 juillet 1472, fait par le lieutenant général du sénéchal de Poitou.

2. Voy. de Chergé, *Mém. hist. sur l'abbaye de Montierneuf de Poitiers*, dans les *Mém. de la Soc. des antiq. de l'Ouest*, t. XI (1844), p. 147 et s., 174 et s.,

Virginis Mariae sanctique Johannis Evangelistae atque
beati Andreae apostoli nec non et monachis ibidem Deo
famulantibus, praesentibus pariter et futuris, relinquimus,
donamus atque concedimus medietatem ecclesiae de
Liners [1] et medietatem omnium rerum que ipsi ecclesiae
actinent, sive decimarum, seu etiam vinearum, et quicquid cultum et incultum praedictae ecclesiae pertinet de
omnibus medietatem praelibato monasterio novo donamus. Hanc itaque nostram donacionem concessiouemque
in tantum ratam et intemeratam esse desideramus, quod
propria manu firmavimus et firmandum o[p]timis viris tra-
didimus, quorum nomina sunt inferius scripta. Facta est
autem haec nostra donacio in manu domini Poncii monachi, ejusdem monasterii constructoris, et in praesencia
domini nostri Gauffredi, serenissimi ducis Aquitanorum,
qui illud monasterium a fundamentis construi precepit,
astantibus quamplurimis nobilissimis viris, Petro videlicet
de Briderio, Guillelmo Bastardo et Galterio Cordobario,
Hugone quoque preposito atque Oddone fratre ejus.

2

Orig. [1] Archives de la Vienne, sér. H, fonds de Montierneuf, n° 4.

... Signum Poncii monachi, ejusdem monasterii aedifica-
toris.

255 ; cf. le même, dans le *Bull. monum.*, t. IX (1843), p. 391. Voy. aussi
dans le *Congrès archéol. de Fr.*, session de Poitiers, le *Guide archéologique* de ce Congr., par A. de la Bouralière, p. 28 et s. L'église de l'abbaye
de Montierneuf, fondée vers 1078 par le duc d'Aquitaine, fut consacrée
le 24 février 1096 par le pape Urbain II, comme l'indique une inscription
commémorative encastrée dans le mur du nord de ladite église, non loin
du transept (A. de la Bouralière, *op. cit.*, p. 30). Cf. *ibid.* pour de curieux
rapports de ressemblance, au point de vue de la construction et de la
décoration, entre une partie de cette église romane et celle de la collégiale
de Saint-Hilaire, élevée peu de temps auparavant, comme nous l'avons vu,
par l'architecte Gautier Coorland, que le moine Ponce aurait peut-être
imité.
1. Liniers, cant. de Saint-Julien-Lars, arr. Poitiers
2. Cette charte, que M. A. Richard a bien voulu nous signaler, n'est
point datée ; mais elle paraît bien se rapporter à la même époque que
l'acte précédent. Elle est mentionnée par lui dans son *Histoire des comtes
de Poitou*, t. I, p. 355; le nom du même moine constructeur est cité encore
dans ce tome, p. 329, 364 et 371.

LXXXIII

1080-1081, août.

Mention d'une maison forte ou ferme fortifiée, entourée de fossés et de palissades, sise près de l'ancien château de Noyen-sur-Sarthe, dans le Maine, d'après une donation faite par Eude de Malicorne à l'abbaye de Saint-Vincent du Mans.

Cartulaire de l'abbaye de Saint-Vincent du Mans (ordre de saint Benoît), publ. par R. Charles et S. Menjot d'Elbenne (Soc. arch. et hist. du Mans), Mamers et Le Mans, t. I, 1886 (d'après la copie de la Bibl. nat. du ms. lat. 5444, fol. 161, n° 384, col. 226-227).

Noverit tam presens etas quam futura posteritas quod ego Odo Malicornensis [1], cognomento Asinarius, de peccatorum meorum mole perterritus, sed de Dei misericordia confisus, cupiens magis Deum tam de terrenis mi(c)hi ab ipso opibus collatis, quamque de fructu ventris mei facere heredem quam ullum mi(c)hi superstitem, societatem, quam olim cum monachis S. Vincentii acceperam cum abbate Rannulfo [2] ejusdem loci et a Petro priore tali, ut subjectum est, ordine affirmare decrevi. Do namque Deo et illis filium meum, Widonem nomine, tunc adhuc in cunis positum, in Dei servicio nutriendum, cum una mansura terre que sita est juxta castrum dirutum, Noviomo [3] vocatum, ita instructam sicut eam possidebam, cum domo optima, fossatu firmissimo atque ligno munita undique, cum rupe quoque concava, atque cum bobus et annona [4] et

1. Malicorne, ch.-l. de c., arr. La Flèche (Sarthe). — Voy. F. Legeay, *Recherches historiques sur Malicorne* (x°-xix° s.), dans le *Bull. de la Soc. d'agriculture, sciences et arts de la Sarthe* (1885-86), p. 205 et s. (cf. Chevalier, *Rép. top.- bibl.*, II, col. 1822).
2. Rannoux, abbé de Saint-Vincent-lez-le Mans, monastère bénédictin. Plusieurs actes du même Cartulaire concernent cet abbé. Voy. notamment, t. I, col. 224 et 225. Un acte de 1098 (*op. cit.*, col. 330) le mentionne aussi.
3. Noyen-sur-Sarthe, c. Malicorne, arr. La Flèche (Sarthe).
4. Ce passage a été cité par J. Flach, *Études sur les origines et les vicis-*

omni apparatu, sicut fuerit in die quando eam recipient. Verumtamen, quia pernimium[1] adhuc est tenerrimus, usumfructum retineo mi(c)hi ad tempus, quousque illis puerum tradam cum supradictis rebus...

... Actum Malicorni, in domo S. Albini[2], anno millesimo[3]... ab Incarnatione Domini, eodem anno quo isdem Rannulfus locum ad regendum suscepit, mense augusto.

LXXXIV

Vers 1080-1095, et première moitié du xiie siècle.

Fondation de l'abbaye de la Sauve Majeure, au diocèse de Bordeaux, par Giraud, abbé dudit monastère, au milieu d'une forêt, où se trouvait déjà un petit oratoire construit avec de la terre. — Part prise par cet abbé au travail manuel. — Permission accordée par les seigneurs voisins d'exploiter, tailler et transporter des pierres, et de faire des travaux d'écluse nécessaires à cette abbaye.

1

Vita sancti Giraldi, Silvae Majoris[4], abbatis, dans Mabillon, Acta Sanctorum ord. Sancti Benedicti, saec. VI, para 2a, p. 858.
(Cf. Migne, Patr. lat., CXLVII, col. 1036-1037).

situdes historiques de l'habitation en France, dans A. de Foville, Enquête sur les conditions de l'habitation, les Maisons-types, t. II (1899) p. 12. — « On a fortifié au moyen âge des bâtiments de destinations très variées : des maisons de ville, des abbayes, des ponts, des fermes, des moulins, des églises. Le manque général de sécurité a motivé ces adaptations fréquentes et multiples dans les provinces frontières et aux époques troublées... Il existe deux manières de fortifier ces bâtiments : soit en les entourant d'une enceinte extérieure défendable, soit en adaptant le bâtiment lui-même » (Enlart, Man. d'archéol. fr., t. II, p. 545). Le texte que nous publions, qui est de 1080-1081 environ, offre un exemple de l'emploi du premier de ces procédés défensifs.

1. On pourrait aussi proposer la leçon suivante : *puer nimium.*
2. L'abbaye de Saint-Aubin d'Angers possédait un prieuré à Malicorne.
3. Cette date, dit l'éditeur du Cartulaire, est erronée, ou plutôt incomplète. Nous laissons ce texte à la place chronologique que lui a assignée ce même éditeur.
4. Voy. Cirot de la Ville (abbé), *Histoire de l'abbaye et congrégation de Notre-Dame de la Grande-Sauve, ordre de Saint-Benoît, en Guienne,* Paris et Bordeaux, 1844-45, notamment t. I, ch. XIII, p. 261 et s. — Cf. Chevallier, *Rép. top. — bibl.* II, col. 2868.
5. La Sauve Majeure est aujourd'hui c. du cant. de Créon, arr. Bordeaux (Gironde).

20 — ... Ecce quidam Burdegalae praepositus, nomine Radulfus, a Deo missus venit, et comiti [Widoni, Guillelmi, Aquitaniae ducis filio], si vellet, quod ad idoneum locum [socios] deduceret, invitavit... Praepositus Radulfus suscepit eos gaudens et ad locum, qui Silva Major inter duo maria nuncupatur, adduxit, et ecclesiam parvulam non ex lapidibus, sed de terra [1] constructam ostendit. Silva autem in circuitu tam densa vepribus et sentibus creverat, quod nullus ad ecclesiam appropinquare poterat, nisi gladio aut alio aliquo ferramento prius iter fecisset. Ad hanc quidem ecclesiam dum abbas et sui venissent, tantus eidem abbati amor ibidem remanendi occurit, quod se non alias iturum amplius Deo, si sibi propitiaretur, promisit.

2

Vita (alia) sancti Geraldi... in Aquitania, auct. Christiano, mon. Silv. Maj., dans les *Acta Sanctorum* Holland. (1865), apr. t. I, p. 423-424 et 436.

15... In terra, quam inter duo maria nuncupant, locus est eis vastae solitudinis designatus, quem ad differentiam minorum nemorum Majorem silvam incolae appellabant. Est enim silva longitudine et latitudine spatiosa... quanto sit locus ille a frequentia hominum et habitatione remotior, tanto beato viro et sociis suis acceptabilior invenitur... Fuerat autem olim ibi ecclesiola quaedam, sed facta jam ad desolationem defecerat. Accessit ad locum vir Dei, et singula coepit diligenti consideratione metiri.

16... Jam designabat in mente ubi ecclesiam et alias officinas apte disponeret et locaret : jam erat opus illius coram eo. Anno autem Incarnati Verbi M°LXX°IX° digna-

1. Cf. le récit de Giraud sur la fondation de la Sauve Majeure dans la *Gall. christ.*, t. II, *Instr.*, col. 315 : « Quaedam matrona fuit nomine Ermengardis de Gistris, quae... in sua parte habitationem dederat cuidam monacho Malliaccensis coenobii solitariam vitam ducere volenti, ea tamen, ut ferebatur, conditione, quandiu ibi voluisset, habitare. Qui cum ibi habitare coepisset ac oratorium de terra fecisset, locus ipso ad manendum illi displicuit, habitationemque in alio territorio mutavit, ac ipsam capellam quam fecerat, desertari permisit. »

· tus est Dominus in adventu beati Geraldi locum Silvae Majoris et patriam illustrare. Postulavit sibi signum a Domino,
an vellet eum ibi sistere gressum suum, et in honore illius
opus propositum inchoare... Cumque diutius in ovatione
persistens, responsum a coelesti consilio expectaret, quasi
in extasi factus, ecce Filius Dei in vexillo Crucis offert se
aspectui servi sui... non tamen materialiter illa crux videbatur, sed erat quaedam claritas formata in modum crucis,
quae totum locum miri splendoris magnitudine illustrabat...
Loco igitur, qui conceptioni suae competeret, certis limitibus
designato, libertate quoque et immunitatis integritate a
terrae illius nobilibus dominis impetrata, coepit operari
consilio manuum suarum; et in loco, in quo viderat Dei
filium passionis insigniis praefulgentem, ecclesiam in honore
ipsius et ejus sanctissimae Genitricis Mariae, secundo adventus sui anno fundavit.

23.... Beatus [1] Geraldus, disposita domo sua, claustris et
officinis pro parte compositis, erecta monasterii fabrica pro
maxima dimensione parietum..., in senectute bona, anno
Dominicae Incarnationis M°XC°V°, nonis aprilis, naturae
debitum solvit [2].

3.

Ms. Bibliothèque de la ville de Bordeaux, *Gr. Cartul.*, p. 33 et p. 40,
pièce 3; *Pet. Cartul.*, p. 16, col. 1, pièce 3, et p. 19, col. 2, pièce 1.

1. DE SANCTO CHRISTOFORO DE DANIACO [3].

[Vers 1080-1095.] — ... Notum sit igitur nostris successoribus quod ego Ratherius, cum uxore et filiis nostris...

1. *Op. cit.*, p. 126.
2. «Sepultusque est in ecclesia quam ipse fundaverat, ad dextram partem
altaris Beatae Mariae (*Acta Sanctorum, ibid.*, p. 420)... » beati viri sepulc[h]-
rum (*ibid*).
3. Nous adressons ici tous nos remerciements à notre savant confrère,
M. Brutails, archiviste de la Gironde, et à M. Boucherie, de la Bibliothèque
municipale de Bordeaux, pour les renseignements très utiles qu'ils
nous ont communiqués et que nous utilisons présentement. Le Grand et le
Petit Cartulaire de la Sauve Majeure contiennent d'autres textes intéressants sur les constructions et travaux d'art entrepris par les abbés de ce
monastère. Ils sont analysés dans l'Inventaire sommaire de la série H des
Archives de la Gironde, laquelle est actuellement sous presse.

ecclesiam et altare S. Christofori de Daniaco... ecclesie
S. Dei Genitricis Marie, que est Silva Majore (sic), donamus
domnoque Geraldo, primo ipsius loci abbati, et monachis
ibidem degentibus... Illis concedimus... sed et arbores
Silve ad ignem ad cuncta edificia sibi ibi necessaria...
Itaque concessum est... a me et filiis meis quam ab ipso
Alcelmo ut faciant monachi quotquot voluerint, molendinos
etiam VII in predicto rivulo, ex quibus nulla cuiquam pars
proveniat nisi Silve Majoris monasterio. Hujus rei testes
ac nodatores...

2. DE STAGNO DAGNACI [1].

[Première moitié du XII° siècle.] — Armannus de Bunassa
et fratres ejus, Beraldus et Tethbaudus, contradicebant
senioribus de Silva ne facerent iterum aque excursum in
colle cui conjungitur exclusa stagni Dagnacensis ex parte
Bunasse. Sectoribus petre expulsis, convicti de priori dono,
concesserunt excursum fieri et exclusam quantum vellent
levari, terramque unde exaltaretur de Bunassa accipi, lapides
quoque ad quicquid vellent inde secari et asportari, acceptis VI solidis, sub testimonio Guillelmi, presbyteri de
Fau, et Grimoardi prepositi. Factum est in manu Symonis
prioris [2], et Amaluini cellerarii, et Aichelmi Duranni, et
super altare Sancte-Marie.

LXXXV

Vers 1080-1118.

*Construction de l'église abbatiale de Saint-Sernin, à Tou-
louse, par les soins de Raymond Guairard, chanoine et
prévôt de cette église; état d'avancement des travaux
d'architecture à la mort de Raymond. — Édification de*

---

1. Daignac, cant. de Branne, arr. Libourne (Gironde).
2. Simon fut prieur de la Sauve Majeure vers 1135.

*deux ponts de pierre sur le Gers, et d'une maison d'hô-
pital pour les clercs pauvres, à Toulouse.— Tombeau de
pierre du prévôt Raymond.*

Vita sancti Raimundi, Sancti Saturnini Tolosani canonici, Bibliothèque
de la ville de Toulouse, ms. 117, dans les *Mélanges sur Saint-Sernin de
Toulouse*, par l'abbé Douais, fasc. I (Toulouse 1894), p. 16-18, sous le
titre de : *Vie de saint Raymond, chanoine, et la construction de l'église
Saint-Sernin* (1080-1118). — *Bulletin de la Soc. archéol. du Midi de la
France*, année 1894, p. 159-163.
    (Cf. *Acta sanctorum*, Bolland., Jul. 1, t. I, 1867, p. 597 et s.)

[1080.] — Raymundus[1] itaque non tam parentum gene-
rositate quam virtutum nobilitate laudandus, Tholose
[natus]... afflictis valde compa(s)ciens, ...vir valde venerandus, tecto plus quam victu pauperes et indigere conspiciens, senodochium (*sic*) eis edificare studuit, quod inceptum
et nondum ad finem usque completum; lectis, pannis, utensilibus pro posse muniens, de prediorum suorum redditibus,
cotidianos sumptus tresdecim (*sic*) pauperibus clericis ibi
ministrari statuit...

Post denique senodochii (*sic*) edificium non multo transmisso tempore, vir sanctus audiens Hercium[2] flumen gurgi-
tis sui alveum qualibet [i]mbrium infusione longe lateque
diffundere, et viatoribus impedimenta multa frequentius
inferre, multos etiam navigando transmeantes, navi sub-
mersa, miserabiliter vita privasse, valde condoluit. Et, ut vite
reservaret quos diabolus suffocare conabatur, transitum fluvii
periculosum judicans, de pecunia, quam propriis pauperum
usibus collegerat, quid agendum esset, prudentiores quosque
co[n]suluit. Illi vero, rei periculose necessitatem diligenter
intuentes, et terre fertilitatem, que tunc pauperibus necessaria ministrabat, pariter conferentes, ut in fabrica poncium pecuniam collectam expenderet melius esse dixerunt.
Et, sicut consuluerant, postmodum non multis interjacentibus
annis completum esse conspexerunt. Duos namque pontes

1. Sur Raymond Gualrard (ou Gairald) voy. l'abbé Douais, op. cit.,
p. 12; cf. Molinier, *Sources de l'hist. de Fr.*, t. II, p. 125.
2. Le Gers, affluent de la Garonne.

super Hercii fluminis alveum de predicta pecunia ex lapideo[1] opere composuit.

Quid tandem de egregio ecclesie Sancti Saturnini opere[2], cui per multa annorum tempora[3] prefuit, et preter capitis membrum, quod jam completum fuerat, corpus a fundamentis incipiens, ante obitus sui [diem][4], divina opitulante misericordia, parietes in circuitu ad fenestrarum completionem usque perduxit[5]. Ipse quidem dominus Raymundus, ut de eo verum fatear, operationis sancte studiis incessanter inerat, et, die noctuque Domini sui precepta meditando revolvens, divine caritatis ardore succensus, estuabat...

1. L'expression *ex lapideo opere* indique bien qu'à l'époque et dans la région où le biographe écrivait, l'emploi du bois était encore fréquent pour la construction des ponts : si l'emploi de la pierre, en tant que matière principale, avait été général, le biographe n'aurait pas eu intérêt à se servir de cette expression.

2. Voy. dans l'*Album des mon. du Midi*, t. cit., l'étude de M. Anthyme Saint-Paul : *L'église Saint-Sernin de Toulouse* (avec pl. et fig., suivie d'une bibliographie, où l'on peut relever notamment Viollet-le-Duc, *Dict. de l'arch. fr.*, t. VII, art. Proportion, p. 536-543, et J. de Lahondès : *Les chapiteaux de Saint-Sernin*, dans *Mém. Soc. arch. du Midi*, t. XV, p. 258 (Toulouse, 1896). — Voy. encore Anthyme Saint-Paul, *Note archéol. sur Saint-Sernin*, dans *Bull. archéol.*, 1899, p. 396-413.

3. Saint Raymond étant mort en 1118, après avoir présidé aux travaux « pendant de longues années », et mené la construction sur presque tout le pourtour, jusqu'au dessus des clefs des fenêtres basses, il est nécessaire qu'il soit entré en scène en 1098 ou 1100 au plus tard. » Anthyme Saint-Paul, *op. cit.*, p. 76).

4. Le Nécrologe de Saint-Sernin (*Hist. gén. de Languedoc*, nouv. éd., t. IV, p. 521, rapporte au 3 juillet 1118 la date de la mort de Raymond Gairard, « Raymundus Gairardus ». La période la plus active de sa vie répond donc aux années 1080-1118. En 1083, le comte de Toulouse et l'évêque renoncent à leur prétention de substituer des moines aux chanoines (*Cartulaire de Saint-Sernin*, n° 290), qui dès lors peuvent envisager l'avenir avec confiance. En 1098, ou peu auparavant, après une tentative violente de détruire l'église « ad destruendam ecclesiam » (ibid., n° 292), réparation fut faite à l'abbaye. Deux ans plus tôt, lorsque Urbain II vint en France pour la croisade (1096), il avait consacré de très nombreux édifices, parmi lesquels Saint-Sernin de Toulouse. Il est probable qu'à Saint-Sernin « on ne put lui offrir à consacrer qu'une crypte et un chœur inachevé » (Anthyme Saint-Paul, *Alb. des monuments... du Midi*, t. I, p. 75, 1897, et Brutails, *L'archéol. du moy. âge*, p. 104.)

5. C'est-à-dire le chevet complet ou censé tel. « Au lieu de prendre par le chœur l'édifice à construire et de l'élever membre par membre, les deux croisillons successivement après le chœur, et la nef, travée par travée, ou bien par groupes de plusieurs travées, après le transept, on se hâta, le chœur fini — si tant est qu'il le fût—, de conduire en une même campagne tout le périmètre jusqu'à la hauteur des premières voûtes. Pour une église comme Saint-Sernin, cette méthode s'imposait. Il fallait un abri quelconque aux foules qui se pressaient devant les autels les jours de grandes ostensions... »(Anthyme Saint Paul, *op. cit.*) La partie occidentale de Saint-Sernin ne fut achevée qu'au XIIIᵉ siècle. En 1119, le 19 juillet, eut lieu une deuxième consécration papale faite par Caliste II, d'un autel du transept ou du rond-point.

Unde nimirum conti(n)git, ut quidam, exempli sui gratia incitati, ad ejusdem prepositi tranquillitatem confugerent, et, fugitiva mundi respuentes, ad eterne culmen hereditatis viribus totis an[h]elarent...

... Interim vero, dum obitus sui diem propinquasse cognosceret, se in inferioribus inferiorem esse reputans, [u]t [1] cum fratribus sepeliretur temerarium valde judicavit. Sicque ut, ubi sepulture sue locum previderat, sepeliri mereretur, modis omnibus efflagitavit : previderat enim sepulture locum juxta domum collegialem, quam clericis pauperibus effecerat, ibique vas lapideum, divina providente gratia, sibi componi preceperat.

LXXXVI

1080-1125.

Constructions privées faites dans des cimetières de différents villages du Maine, non loin de Mamers ; transactions passées pour ces constructions avec l'abbaye de Saint-Vincent du Mans [2].

Cartulaire de l'abbaye de Saint-Vincent du Mans, ordre de Saint-Benoît, publ. et ann. par l'abbé R. Charles et S. Menjot d'Elbenne ; Mamers et Le Mans, t. I (1886), n° 522, col. 301, n° 524, col. 302, n° 777, col. 410.

[1080-1102.] — ... Hugo, filius Ansgerii, quando ad ordinem monachicum venit, prorsus dimisit beato Vincentio ac sibi servientibus quicquid in ecclesia de Ver habebat, videlicet medietatem cum toto cymiterio et cum domibus quas habebat in cymiterio, et cum toto presbiterio. ·

[Vers 1096.] — ... Robertus vicarius, priusquam Jerusalem pergeret [3], gloriosis martiribus Vincentio et Laurentio

1. Le texte de la Vie de saint Raymond porte *et* au lieu de *ut*.
2. Ver, aujourd'hui Saint-Côme-de-Ver, cant et arr. Mamers (Sarthe).
3. Ce fut sans doute un des croisés du Maine.

suisque servitoribus... totum cymiterium [Aciacensis [1] eccle-
sie], excepta quadam domo, dono dedit...

[1110-1125.] — ... Pro quadam parte... decimarum, erat
excommunicatus supradictus Warinus Gumbaudus ab Ilde-
berto[2], Cenomannensi episcopo, et pro VI d. de censu quos
auferebat monachis Sancti Vincentii de tribus domibus, que
erant in cymiterio Sancti Leonardi[3], et pro aliis domibus
quas habebant homines ipsius Warini in ipso cymiterio[4],
contradicentibus monachis...

LXXXVII
Entre 1082 et 1106.

*Convention entre Girard, abbé de Saint-Aubin d'Angers,
et un serf nommé Foulque, exerçant l'art de la peinture,
lequel s'engage à peindre l'abbaye entière et à fabriquer
des vitraux, moyennant les conditions suivantes : affranchissement de Foulque qui devient homme de l'abbaye
et frère convers, avec concession d'une maison et d'un
arpent de vigne, qui feront retour après lui au monastère,
à moins qu'il n'ait un fils en état de lui succéder comme
peintre, et de continuer ainsi à servir Saint-Aubin.*

B. de Broussillon, Cartulaire de l'abbaye de Saint-Aubin d'Angers (ordre
de Saint-Benoît), t. II (1899), p. 17 (d'après une copie de 1542, Cartul.
de Gouis, Bibl. Nat. ms. lat. 5447, fol. 14).
(Cf. Marchegay, dans la Bibl. de l'École des Chartes, 1846, p. 271-272,
d'après le Bulletin de la Société d'Angers. — G. Fagniez, Documents
relatifs à l'histoire de l'industrie et du commerce en France, t. I, 1898,
n° 102, p. 68, sous la rubrique : engagement de travail à vie.)

Quidam homo, nomine Fulco, pictoris arte imbutus, venit
in capitulum · Sancti Albini ante Girardum abbatem et

1. Assé-le-Boisne, cant. de Fresnay-sur-Sarthe, arr. Mamers.
2. Hildebert de Lavardin, évêque du Mans de 1096 à 1125, date à laquelle
il fut transféré à l'archevêché de Tours.
3. Saint-Léonard, cant. de Fresnay-sur-Sarthe, arr. de Mamers.
4. Le Cartulaire de l'abbaye de Saint-Vincent du Mans contient d'autres
actes (fin du XIe — commencement du XIIe) relatifs à des constructions
faites dans des cimetières ; cf. supra in. règlement du concile de Lillebonne (1080), qu'il faut rapprocher des textes ci-dessus.

totum conventum, et ibi fecit talem convenientiam. Pinget[1] totum monasterium illorum et quicquid ei preceperint[2], et vitreas fenestras [3] faciet. Et ibi frater eorum devenit et insuper homo abbatis liber factus est ; et abbas et monachi unum arpennum vinee dederunt ei in feuvum et unam domum, tali pacto ut in vita sua habeat, et, post mortem ejus, ad sanctum redeant, nisi talem habuerit filium qui sui patris artem sciat et inde sancto Albino serviat. Huic facto interfuerunt isti laici : Raginaldus Grandis, Warinus cellerarius...

LXXXVIII

1084 environ.

Fondation de la Grande Chartreuse par saint Bruno ; situation de ce monastère et disposition des bâtiments claustraux. — Interdiction de toute espèce d'ornementation.

Guiberti [de Novigento] *de Vita sua*, l. I, c. 11, publ. par G. Bourgin, 1907, p. 32-35.

Cf. éd. d'Achery, 1651, p. 467. — Mabillon, *Annales ord. Sancti Benedicti*, VI, 1739, p. 655 et s. — Migne, *Patr. lat.*, t. CLVI, 1853, col. 854 et s.)

At Bruno[4], urbe deserta, seculo etiam abrenunciare proponit, qui, suorum notitias horrens, ad Gratianopolitanum[5]

---

1. « Ce qui donne une importance particulière à ce document, dit Marchegay, c'est que les arcades peintes de Saint-Aubin, découvertes il y a quelques années dans un massif en maçonnerie de la préfecture de Maine-et-Loire, datent précisément de la même époque. » (*Bibl. de l'Éc. des ch.*, ann. et *l' cit.*)

2. Le membre de phrase suivant : « et quicquid ei preceperint » fait implicitement allusion aux sujets que les moines, et notamment l'abbé, se réservaient de faire représenter par la peinture. Sur le rôle du clergé dans la décoration des monuments religieux et la direction des artistes, cf. notre étude sur la *Fabrique des églises cathédrales et la Statuaire religieuse au moyen âge* (Extr. du *Bull. monum.*, LXVI° vol., 1902.)

3. Rares sont les mentions d'artistes verriers du XI° et du XII° siècles.

4. Saint Bruno né à Cologne, vers 1010, écolâtre de Reims, fondateur de l'ordre des Chartreux , mort en Calabre le 6 oct. 1106. — Sur saint Bruno et les premières chartreuses, voy. H. Lochhol, *Der Stifter des Carthäuser-Ordens, der heilige Bruno aus Köln*, Münster, 1899, dans *Kirchengeschichtliche Studien* de Knöpffer, V, 1 (cf. U. Chevalier, *Répert. bio-bibl.*, I, col. 336, v° Bruno (S¹), et *Rép. top.-bibl.*, I, col. 664, v° Chartreuse).

5. Pays de Grenoble.

processit territorium. Ibi in arduo et admodum terribili pro-
montorio, ad quod difficillimum et valde insolens iter inten-
ditur, — sub eo etiam præruptissimæ vallis vorago dehis-
cit, — habitare deligens, hujusmodi mores constituit, et
sequaces ejus hodieque sic vivunt.

Et ecclesia ibi est non longe a crepidine montis, paulo
sinuatum devexum habens, in qua tredecim sunt monachi,
claustrum quidem satis idoneum pro coenobiali consuetudine habentes, sed non claustraliter, ut caeteri, cohabi-
tantes. Habent quippe singuli cellulas [1] per gyrum claustri
proprias in quibus operantur, dormiunt ac vescuntur.
Dominica a dispensatore escas, panem scilicet ac legumen
accipiunt, quod unicum pulmenti genus a quoque eorum
apud se coquitur. Aquam autem, tam haustui quam residuo
usui ex ductu [2] fontis, qui omnium obambit cellulas, et sin-
gulorum per certa foramina aediculis influit, habent. Pisce
et caseo dominicis et valde festis diebus utuntur,....

Aurum, argentum, ornamenta ecclesiae a nemine, nihil
enim ibi, praeter calicem argenteum... Nusquam pene
loquuntur: nam, si quid peti necesse est, signo exigitur,...
Sub priore agunt ; vices autem abbatis ac provisoris Gratia-
nopolitanus episcopus, vir plurimum religiosus, exequitur.
Cum in omnimoda paupertate se deprimant, ditissimam
tamen bibliothecam [3] conaggerant...

1. Voy. *Vita beati Stephani Obazinensis* : « Habitatio eorum montaneis
hyemalibus cingitur : cellulæ ipsorum *quinque cubitis in se invicem* dis-
terminantur. » L'auteur de cette *Vie* écrivait vers 1160 et terminait son
ouvrage après 1188. (Voy. Molinier, *Sources*, t. II, p. 111.) Ce texte permet
de fixer l'étendue des cellules de Chartreux au xii° siècle. — Voy. dans
Viollet-le-Duc, *Dict. de l'arch. fr.*, t. I, p. 308, fig. 27, plan de la Chartreuse de Clermont.— Chez les Chartreux où les cellules sont autour du
cloître, le cénobitisme est réduit à sa plus simple expression, c'est plutôt
de « l'érémitisme collectif. » (Luchaire, *Hist. de Fr.* de E. Lavisse, t. II, p.
264.)

2. « Non longe a cellis scatebat fons ille qui adhuc visitur, cujus aquas
noster Guigo per canales in ipsas cellas induxit. Eum etenim aquaeductus
lapideos, labore mirabili et exquisitis ingeniis fecisse legimus in ejus
elogio statim post illius mortem edito » (*ex ms. Mont. Dei, Annales ord.
Cartus.* de Le Couteulx, t. I, p. 17). Il s'agit ici du prieuré de Mont-Dieu, au
diocèse de Reims, dont Joffroi fut premier prieur, et à qui saint Guigues com-
muniqua en 1136 les plus anciens statuts de l'ordre, composés par lui-même
entre 1116 et 1132, année de la mort de saint Hugues, évêque de Grenoble.

3. Voy. *Hist. litt.*, t. IX, p. 129, et t. XXIV, p. 67, pour ce qui concerne
le goût des Chartreux pour les lettres.

In tantum, inquam, suae sunt custodes inopiae ut, hoc ipso quo agimus anno, Nevernensis comes [1], vir omnino religiosus et potens, eos, causa devotionis et optimae quae hinc emanat opinionis, inviserit, multumque super seculari eos cupiditate ut caverent inde monuerit; cumque, regressus ad sua, eorum indigentiae quam viderat meminisset et monitorum quae eis intulerat nequaquam memor esset, nescio quae argentea, sciphos videlicet, et scutras [2] precii plurimi eis misit. Sed eorum quae dixerat illis nequaquam obliviosos invenit : communicato namque mox consilio, quaecumque dixerat ad integrum refutata recepit. « Nos, inquiunt, neque in expensis nostris, neque in ecclesiae ornamentis, exterarum quippiam pecuniarum retinere delegimus... »

Vocatur autem locus ille Cartusia.... Sunt autem infra montem illum habitacula laicos vicenarium numerum excedentes fidelissimos retinentia, qui sub eorum agunt diligentia....

Cum ergo nusquam, nisi in vetustissimis monasteriis, monachorum haberetur aliquorum sedes, coeperunt ubique loci nova construi, et undecunque confluentibus magni alimentorum redditus adhiberi. Quibus facultas non aderat ut grandiuscula fabricarent, alii binis, alii quaternis, alii quot poterant alendis fratribus domos, ac victualia componebant....

LXXXIX

Vers 1085-1192.

Travaux de construction et de décoration exécutés à la cathédrale et au palais archiépiscopal de Lyon par les

1. Suivant d'Achery, il serait question ici de Guillaume III, comte de Nevers, qui devint chartreux, et de qui Guillaume de Nangis fait mention à l'année 1138 ; d'après Bourgin, il s'agirait ici de Guillaume Ier, comte de Nevers, mort vers 1097.
2. Synon. de *scutellas*, écuelles. *Cf. supra*, p. 137, n. 6.

soins des archevêques de cette ville. — Gisement de marbres précieux et de pierres calcaires d'espèce particulière, destinés à être employés à l'œuvre de ladite cathédrale.

1

Obituarium Lugdunensis ecclesiae [1], éd. M. C. Guigue (1867), p. 27, 50, 53, 128-129.

[1085-1107.] — Obierunt Hugo [2] bone et fidelis memoriae, Lugdunensis archiepiscopus, qui eidem ecclesiae utiliter providit atque hujuscemodi memoriale reliquit... item... cortinas duas ad ornandum chorum in festivis diebus... Dedit... trecentos solidos ad clocarium et tabulatum [3] ecclesiae perficiendum ; et insuper parietem ecclesiae et quinque vitreas adornavit et majus altare construxit ; cameras episcopales cum parte turrium [4] et atriis [5] aedificavit ; capellam episcopalem picturis [6] et pavimento [7] decoravit [8]...

1. Voy. aussi M. C. Guigue, *Notice historique*, en tête de la *Monographie de la cathédrale de Lyon* par L. Bégule, Lyon, 1880, p. 6 et s.; Viollet-le-Duc, *Dict. de l'arch. fr.*, t. I, p. 110, et t. III, p. 228.

2. Hugue Ier de Bourgogne, d'abord religieux de Saint-Marcel de Châlon, puis évêque de Die, légat du Saint-Siège et archevêque de Lyon de 1085 environ à 1107. (Voy. *Gall. christ.*, t. IV, col. 97 ; Severi, *Archiep. Lugdun.*, p. 216 ; La Mure, *Hist. ecclés.*, p. 155 ; Migne, *Patr. lat.*, CLVII, col. 500.)

3. Rapproché du mot « clocarium », ce terme peut ici s'appliquer aux pièces d'assemblage de la toiture de l'église ; cf. même Obituaire (p. 125), l'obit. d'*Ismio, Diensis episcopus* : « Item *pro tecto contabulato* quod fieri fecit in ecclesia Sancte Crucis, solvit septies viginti libras ejusdem monete. »

4. Sur les palais épiscopaux, leurs défenses, tourelles et portiques, voy. Viollet-le-Duc, *Dict. de l'arch. fr.*, t. VII, art. Palais, qui aurait pu mentionner les textes sur le palais de Lyon, s'il les avait connus, notamment pour la décoration qui y est mentionnée. Voy. aussi Verdier et Cattois, *L'archit. civ. et domest. au moy. âge.*

5. *Atrium* a le sens de cour, souvent entourée de portiques.

6. Rares sont dans les textes du xiie siècle les mentions relatives à la décoration des chapelles des palais d'évêques ou d'archevêques.

7. « A Lyon, les églises de Saint-Irénée et d'Ainay avaient des pavements de mosaïque ; dans la seconde, on voit l'effigie de l'évêque donateur, et une inscription y rappelait la consécration par le pape Pascal II. » (Enlart, *Man. d'archéol.*, t. I, p. 708).

8. Dans une lettre à Anselme, archevêque de Cantorbéry, où il lui parle de son retour de Jérusalem, Hugue s'exprime ainsi sur son palais archiépiscopal où il a reçu déjà Anselme. « Exoramus ut... *ad domum vestram, quae vestra fuit, et quae modo vestra est, et de die in diem semper melius vestra erit.* » (Migne, *Patr. lat.*, t. CLIX, col. 101).

[1107-1118, 12 april.] — Obiit dominus Gauceranus [1], archiepiscopus Lugdunensis, bonae memoriae, qui suis propriis rebus fieri fecit chorum majoris ecclesiae preciosis et politis lapidibus et (h)ostium capellae Sanctæ Mariae cum picturis; cap(p)ellam quoque domus suae variis decoravit picturis, et in eadem domo superius alveum mirifico opere fieri fecit colum(p)nis marmoreis de diversis picturis [2] decoratum.

[1127.] — Hugo, ecclesiae Sancti Justi abbas, qui in majori ecclesia decem vitreas rotundas [3] fieri fecit.

[Vers 1150.] — Ilyo, abbas Sancti Justi et 'camerarius hujus ecclesiae, qui… porticum [4] majoris ecclesiae columnis marmoreis et picturis decoravit.

2

Lugdunensis historiae monumenta, éd. J. B. Monfalcon (1860), p. 100. (Arch. du Rhône, arm. Daniel, vol. 52, n° 1).

[1192.] — Dedimus etiam eis plateam in qua turris de Collia fuerat, retento tamen per omnia supradicta quod, si major et mater ecclesia fodere vel cavare potuerit, mar-

1. Josserand, d'abord abbé d'Ainay, puis archevêque de Lyon (1107-1118).

2. On retrouve des traces de peintures sur les statues des portails, notamment à Bourges, à Chartres, à Angers: à Chartres, par exemple, une statue dorée de la Vierge ornait le portail, d'après le texte suivant: « Decoravit etiam introitum hujus ecclesie *imagine Beate Marie* auro decenter ornata. » (*Cartul. de N.-D. de Chartres*, par de Lépinois et Merlet, t. III, p. 19.) Voy. aussi G. Fleury, *Des portails romans du XIIe siècle* (*Rev. hist. et arch. du Maine*, LIII, 1903, p. 60, n° 1; cf. Viollet-le-Duc (*Dict. de l'arch. fr.*, t. VII, art. Peinture).

3. Sur l'usage des fenêtres rondes ou *oculi* à l'époque romane, auxquelles on donnait au moyen âge le nom de la lettre O, voy. notamment Enlart, *Man. d'arch. fr.*, t. I, p. 303-304, avec des exemples.

4. Sur les porches romans et leur ornementation, voy. Viollet-le-Duc op. cit., t. VII, p. 259 et s. C'est un peu plus tard, environ sous l'archiépiscopat de Guichard qu'aurait eu lieu, d'après L. Bégule, le travail d'ornementation, avec ciment incrusté, dont parle cet auteur dans son étude récente intitulée : *Les incrustations décoratives des cathédrales de Lyon et de Vienne* (1905); cf. *Bull. hist. du diocèse de Lyon*, 1906, n° 37, et E. Lefèvre-Pontalis, *Bull. monum.*, vol. LXIX (1905), p. 558 et s.

morei lapides et illi, qui vulgo *chaon* [1], proprii erunt ipsius majoris ecclesiae, reliqui vero, tam ipsius ecclesiae quam ecclesiae Sanctae Mariae et Sancti Thomae. Si autem ecclesia Sanctae Mariae et Sancti Thomae foderit vel cavaverit, marmorei lapides et *chaon* majoris erunt ecclesiae, reliqui autem, proprii erunt ecclesiae Sanctae Mariae et Sancti Thomae...

XC

Vers 1086, le jour de l'Ascension.

Abandon fait, en échange de certaines concessions, à l'abbaye de Saint-Jean d'Angely, en Saintonge, par Landry Airaud, Arnaud Airaud et Garnaud de Richemont, de tout le bois nécessaire pour les constructions à faire à ladite abbaye.

Cartulaire de l'abbaye de Saint-Jean d'Angély, t. I, n° CXXVIII, p. 161-162, dans Archives hist. de la Saintonge et de l'Aunis, 1901, t. XXX (d'après le Cartul. orig., fol 12 r°, et la coll. de dom Fonteneau, Bibl. de Poitiers, t. LXIII, p. 107).

CARTA DE BOSCO.

In Dei nomine. Landricus Airaldus, et Arnaldus Airaldus, et Garnaldus de Richemonte [2], don(n)averunt Sancto Joanni et monachis ejus, pro parentibus suis et pro seipsis, in capitulo, die Ascensionis Domini, quidquid unquam necessarium erit de bosco communi tam ad domos faciend[a]s quam ad reliqua omnia intra muros et clausulam fossati, quod est ex parte salae comitis, et quantum opus fuerit

---

1. Le principal gisement des marbres précieux et des pierres calcaires de très grandes dimensions et à grains serrés et fins, que les comptes et les actes appellent les *choins*, se trouvait à Fourvière dans les ruines du forum bâti par Trajan, qui s'était écroulé, au rapport du diacre Florus et de la chronique de saint Bénigne, le 1er jour de l'automne de l'année 840 (Guigue, *Notice cit.*, p. 5, et fig.).

2. Aujourd'hui c. du cant. et arr. Cognac (Charente).

ad faciendam ec[c]lesiam de Brolio Morini[1] et ad do[m]um monachi... Gesta haec sunt temporibus Philippi, regis Franciae, Vuidonis[2], ducis Aquitanorum. S. Landrici Airaldi, qui habuit pro hoc dono quindecim solidos. S. Arnaldi, qui habuit pro hoc dono viginti solidos S. Warnaldi de Richemonte, qui habuit pro hoc dono quindecim solidos.

XCI

1088-1114.

Préliminaires de l'entreprise de la reconstruction de l'église et des bâtiments de l'abbaye de Cluny par les soins de saint Hugue, abbé dudit monastère.

Vita sanctissimi Hugonis, Cluniacensis abbatis [auct. Gilone[3]], p. 216-217, dans les *Documents* faisant suite à la *Vie de saint Hugues, abbé de Cluny*, par dom A. L'Huillier, 1888.

Jam decurso feliciter juventutis stadio, pater sanctissimus sexaginta quinque annos a nativitate gerens, a susceptione regiminis quadraginta numerabat; atque, ut assolet, gelida senectus, laborum immensitate adducta, ferventioris robur etatis sensim subtrahebat... At victor animus, floridi patris pristinarum memor virtutum, ampliora templi fundamenta quam fuerant in Cluniaco tunc locare disposuit[4], consuetas nature leges viritim transgrediens, quod

1. Le Breuil-Morin, auj. dans la comm. de Varaize, cant. et arr. Saint-Jean d'Angély (Charente-Inférieure).
2. Gui-Geoffroi-Guillaume, VIII° duc d'Aquitaine, VI° comte de Poitou (1058-1080).
3. La Vie de saint Hugues, abbé de 1024 à 1109, aurait été écrite en 1113 ou en 1114, suivant L'Huillier, *op. cit.*, p. 569 et s.; cf. les sources cit. par cet auteur. Voy. aussi Pignot (J. H.), *Histoire de l'ordre de Cluny depuis la fondation de l'abbaye, jusqu'à la mort de Pierre le Vénérable* (909-1157), 1868. — Voy. enfin *supra*, p. 127 et 132, les textes XXXVII et XXXVIII relatifs à Odilon et à l'abbaye de Cluny.
4. « Ce fut le 30 septembre 1088 (*Bibl. Cluniac.*, col. 1621) que fut posée la première pierre de l'église, dont le moine Ezelon, jadis arrivé de Liège à Cluny, dirigea principalement les travaux. » (L'Huillier, *op. cit.*, p. 361). Pierre le Vénérable (*Ep.*, l. III, 2) dit de Hézelon : «... singulari scientia... corporalem novae ecclesiae fabricam... construxit »; cf. Virey, l'*Arch. rom. dans l'anc. dioc. de Mâcon*, p. 300. Les moines Gauzon et Hézelon présidèrent à la construction des monuments de l'abbaye de Cluny.

sagaci insistens studio mirifice mancipavit effectui. Cumque propinquaret occasui, aulam imperialem nascentibus filiis inchoavit, et de vita exiturus ingressuris hospitium preparavit ad apostolici culminis dignitatem. Affuit tamen stimulus qui eum fortiter pupugit, et assurgere compulit architectum [1] nostrum timide commorantem. Nam beatus Petrus quemdam veteranum infirmum elegit, per quem spiritum ejus excitaret ad agendum quod decebat. Vocabatur ille Gunzo, de abbate factus claustralis et psalmista precipuus, si non infirmitas eum dissolvisset ad extrema pene perductum. Huic apparens superni claviger regni curam legationis injunxit, ut dom(p)no diceret Hugoni quatinus basilicam inciperet, qui congregationem auxerat in numero, spiritualem Deo ecclesiam dedicaverat, materialem erigeret congregatis. Cumque rei novitate stupidus eger hesitaret, preceptor, cujus latus multitudo infulatorum obibat, Petrum se asseruit, qui tam potenter dictabat agenda ; addiditque graviter se ferre pressuram ovium suarum in angusto illo ovili antiquo, infirmum vero nuntium prelegisse, ut, eo sanato, probabile fieret quod referret. Deinde illum in spiritu traducens, ipsemet visus est funiculos tenere ac tendere et terminos ponere circumscribende quantitati mensurasque comprehendere [2]. Adjecit preterea septem annos addendos illi seni, si obedientiam impositam fideliter adimpleret; sanctum vero Hugonem, qui non facile movebatur, si dissimularet, eamdem plagam quam relator evaserat excipere. Monet demum ut attentius redderet quali schemate fabricanda basilica monstraretur.

Exspergefactus frater, pro quo tabule funeree sonus exspectabatur, sospitem se conspectibus sancti Hugonis representavit. Omnibus ex ordine auditis, credidit fidelis

---

1. Sur l'emploi du terme *architectus* dans les chroniques, voy. *supra*, p. 41, n. 3.

2. Cf. la curieuse miniature du XII° siècle reproduite par l'Huillier (p. 360), représentant la vision de l'abbé Gunzon, successeur de saint Bernon sur le siège abbatial de Baume. Le vieillard est couché ; le lit et les vêtements sont conformes aux us clunisiens. Saint Pierre, assisté de saint Paul et de saint Etienne, tend des cordeaux pour indiquer le plan de la future basilique de Cluny. Pour le mot *funiculus*, voy. *supra*, p. 121, n. 5.

pater, acquievit, incepit et, Deo juvante, talem basilicam levavit intra viginti annos [1], qualem si tam brevi construxisset imperator, dignum admiratione putaretur. De qua multum erat quod diceremus, sed magis habitantium nitorem quam habitaculi predicamus. Verumtamen hec fabrica, millenis fratribus capiendis idonea, milites Christi de quodam carcere eductos sui latitudine reficit, et patente chori planicie stationes ordinatas seriatim nova libertate letificat; quique prius absque remedio, loci strictioris conditione, multis modis sibi importuni videbantur, nunc transpositi ad spatiosa, omni die quasi Pascha celebrantes in Galileam [2], quandam transierunt. Sic Cluniacum [3] renovavit in omnibus pastor inclytus tam muris exterioribus quam structuris interioribus [4], officinas adjacentes melioravit, ordinatius ordinem commendavit, bona que invenit ubertim dilatando.

XCII

1088-1123.

Construction de châteaux-forts de la Normandie et du Maine, notamment par Robert de Bellême. — Siège de Bréval,

1. Gilon s'accorde sur ce point avec Rainald de Vézelay. Sur ce biographe de saint Hugues, voy. L'Huillier, *op. cit.*, p. 565 et suiv.

2. Sur l'application de ce terme à des constructions religieuses, voy. *supra*, p. 135, n. 11.

3. Sur la description de cette église, voy. notamment L'Huillier, *op. cit.*, p. 362 et s.; J. Virey, *L'Arch. rom. dans l'anc. dioc. de Mâcon*, p. 256-312 (avec plan), Voy. aussi le plan publ. par Penjon, *Cluny, la ville et l'abbaye*, Cluny, 1884. Viollet-le-Duc, *passim*. Dans L'Huillier, *op. cit.* (Doc. p. 630), on en trouvera une description très précise avec les mesures en toises et en pieds, empruntée à un ms. du XVIIIᵉ siècle intitulé : « *Mémoires, titres, pièces relatives à l'ordre de saint Benoît* », donné à Solesmes par le comte de L'Escalopier.

4. L'abbatiale de Cluny avait depuis le portail une longueur de 136 m. environ. C'était alors la plus grande église de la chrétienté, surpassée plus tard par Saint-Pierre de Rome qui compte 171 m. et Saint-Paul de Londres qui en mesure 166 (cf. L'Huillier, *op. cit.*, p. 362 et s., et J. Virey, *op. cit.*, p. 300). Ce vaste édifice avait un double transept, cinq nefs, et un narthex à trois nefs en avant de la façade. Le chœur fut béni en 1095 par le pape Urbain II. la dédicace eut lieu en 1131, ainsi que la consécration de nombreux autels, en présence d'Innocent II.

dans le Vexin. — Construction de la tour d'Ivri, près d'Évreux, par maître Lanfroi. — Autres constructions de châteaux et de camps retranchés; système de défenses adopté dans les fortifications du Maine et de la Normandie; postes d'observation usités en Normandie ainsi qu'en Syrie. — Construction du château de Bridgenorth, non loin de Shrewsberry, en Angleterre. — Fondation du monastère de Tiron; ses ateliers monastiques. — Siège d'Alençon. — Tombeau de Serlon d'Orgères, évêque de Sées.

Orderici Vitalis[1] *Historia ecclesiastica,* éd. A. Le Prévost, Guérard et L. Delisle, 1838-55 (Soc. Hist. de France), l. VIII, c. 5, 24, 27; l. X, c. 7, 9, 23; l. XII, c. 8, 37.

L. VIII, c. 5 [1088 et suiv.]. — Undique[2] furentibus in Normannia seditiosis... pessimus praesul Odo[3] ad ducem[4] Rotomagum venit et, consideratis totius provinciae negotiis, duci ait : « Habent quidem fortissima castella : Bellismum[5], Lubercionem[6], Axeium[7], Alencionem[8], Danfrontem[9], Sanctum Cenericum[10], Rupem de Ialgeio[11]... Mameroias[12] et Vinacium[13], et alia plura quae Guillelmus Bellesmensis et Rodbertus, Ivo et Guarinus, aliique successores eorum superbe construxerunt... »

...Tunc[14] Rodbertus dux Rodberto Geroio castellum Sancti Cerenici reddidit. Ille vero fere XXXVI annis post-

1. Orderic Vital, né en Angleterre le 16 février 1075, moine à Saint-Evroul, mourut après 1143. Les livres dont nous donnons des extraits ont été composés entre 1133 et 1137.
2. Éd. cit., t. III, p. 292, 294-95.
3. Eude I, évêque de Bayeux (1049-1097).
4. Robert Courte-Heuse, duc de Normandie.
5. Bellême, aujourd'hui ch.-l. de c., arr. Mortagne (Orne). Voy. Chevalier, *Rép. top.-bibl.*, I, v° Bellême.
6. Lurson, auj. Bois-Barrier, suivant Odolant-Desnos, auteur de l'*Histoire d'Alençon.*
7. La forme française « Essei » est dérivée d'*Axeium.* — Esse est une localité sise dans la comm. de Le Grez, cant. de Sillé-le-Guillaume, arr. Le Mans (Sarthe).
8. Alençon.
9. Domfront, ch.-l. d'arr. (Orne).
10 Saint-Céneri-le-Gerei, c. du cant. et arr. d'Alençon.
11. La Roche-Mabile, c. du cant. et arr. d'Alençon.
12. Mamers, ch.-l. d'arr. (Sarthe).
13. Vignats, c. du cant. de Coulibeuf, arr. Falaise (Calvados).
14. Éd. cit., t. III, p. 298.

modum tenuit, muris et vallis speculisque[1] munivit...[2] [Rodbertus[3] Bellesmensis], ingenio subtilis, dolosus et versipellis... in ex[s]truendis aedificiis et machinis aliisque arduis operibus ingeniosus artifex...

L. VIII, c. 24 [1094]. — Quadragesimali[4] tempore, rex[5] Franciae et dux[6] Normanniae Brehervallum[7] obsederunt, ibique fere duobus mensibus laboraverunt... Illuc Rodbertus Bellesmensis ingeniosissimum artificem adduxit, cujus ingeniosa sagacitas ad capiendam Jerusalem Christianis profecit. Hic machinas construxit, contra munimentum hostile super rotulas egit, ingentia saxa in oppidum et oppidanos projecit, bellatores assultus dare docuit, quibus vallum et sepes circumcingentes diruit et culmina domorum super inhabitantes dejecit, tantisque calamitatibus adversarios ad deditionem coegit. Vetus odium inter Rodbertum et Goellum diu pro antiquis reatibus inoleverat, idemque Rodbertus, ut tempus ultionis opportunum viderat, Guillelmum Bretoliensem[8] consilio et auxilio, plus quam omnes alii pares sui, adjuverat. Goellus autem probus et callidus, et praedo malignus, ecclesiarumque violator erat. Nobiles et animosos parentes habebat, quorum adminiculis Brehervallum in deserta et silvestri regione castrum firmaverat[9] et magnanimitate subsidiisque tanta praeliorum pon-

1. L'éditeur Le Prévost interprète ce terme dans le sens de chambre à coucher, logement (ibid., n, 1). Nous croyons que ce mot a une signification plus précise et qu'il signifie lieu de guet, corps de garde, endroit couvert d'où les sentinelles peuvent observer les mouvements des adversaires et lui lancer des traits et des projectiles à travers des meurtrières ou des créneaux. Il y a lieu, selon nous, de rapprocher ce terme de seta que nous commentons plus loin; d'ailleurs le contexte de notre passage amène à cette conclusion, si on le compare avec celui de l'un des extraits que l'on va trouver.

2. Éd. cit., infra, t. III, p. 300.

3. Robert II de Bellême, fort expérimenté, comme on sait, dans l'art de fortifier les châteaux.

4. Éd. cit., t. III, p. 115.

5. Le roi de France était alors Philippe Ier (1060-1108).

6. Richard II Courte Heuse.

7. Bréval, c. du cant. de Bonnières, arr. Mantes (Seine-et-Oise).

8. Un des seigneurs de la famille de Breteuil, ch.-l. de c., arr. d'Évreux. Voy. éd. Le Prévost, ib., p. 411, sur leurs vassaux.

9. Sur le sens de l'expression firmare castrum, pour dire qu'on érige un

dera strenue pertulerat. Denique, ut tam magnos principes et animosos sibi summopere adversari prospexit, pacem a domino socero suo petiit, et gaudente Guillelmo impetravit, eique tunc, regibus et ducibus diu vexatis, arcem de Ibreio honorifice reddidit.

Haec nimirum [arx de Ibreio[1]] est turris famosa, ingens et munitissima, quam Albereda[2], uxor Radulfi, Bajocensis comitis, construxit, et Hugo[3], Bajocensis episcopus, frater Johannis, Rotomagensis archiepiscopi contra duces Normannorum multo tempore tenuit. Ferunt quod praefata matrona Lanfredum[4] architectum, cujus ingenii laus super omnes artifices qui tum in Gallia erant transcenderat, qui post constructionem turris de Pedveriis[5], magister hujus operis ex[s]titer: .ιο simile opus alicubi fabricaret, decollari fecerat. Denique ipsa pro eadem arce a viro suo perempta est, quia ipsum quoque ab eadem munitione arcere conata est.

L. X, c. 7 [1096-1102]. — Helias[6] comes ad curiam regis Rotomagum venit... Guillelmus rex ait[7]: « ... tu igitur

château-fort sur une position choisie, voy., avec de nombreux exemples, J. H. Round, *The castles of the conquest* dans l'*Archeologia*, de la Soc. des Antiquaires de Londres, t. LVIII, part. I, p. 323-327. Cf. les vers suivants de Wace, auteur de la *Geste des Normands* ou *Roman de Rou*, mort vers 1175 :

> « Un *chastel* I ont *fermé*,
> De bretesches é de fossé. »

et celui-ci :

> « Un *chastel* fist iloec *fermer* »

1. Ivry-la-Bataille, cant. de Saint-André, arr. Evreux (Eure).
2. Aubrée, femme de Raoul, comte de Bayeux et d'Ivri.
3. Hugue, évêque de Bayeux, leur fils aîné.
4. Cet architecte ingénieur était-il clerc du laïque? Bauchal, auteur du *Nouv. dict. biogr. et crit. des architectes fr.*, estime (p. 327-328) qu'il était moine, supposition nullement justifiée ; sans doute des clercs, des moines, comme les textes nous l'ont déjà montré, ont élevé des châteaux au XIᵉ siècle; mais le genre d'architecture qu'exerçait Lanfroi était bien plutôt alors l'occupation technique de maîtres laïques.
5. Il s'agit ici du château de Pithiviers, bâti vers 990 par Alviso ou Héloïse, mère d'Isembard, seigneur de Pithiviers ; sur ce château, voy. l'étude de Devaux, dans les *Annales de la Soc. histor. et archéol. du Gâtinais*, t. III, 1885, p. 254 et s.
6. *Éd. cit.*, t. IV, p. 38.
7. Harangue de Guillaume II le Roux, roi d'Angleterre à Hélie de la Flèche, comte du Maine, pour faire hâter des travaux de fortification (*munitiones*). Ce mot revient souvent dans la latinité d'Orderic Vital,

dilapsos aggeres munitionum tuarum summopere repara, et caementarios lapidumque caesores lucri cupidos velociter aggrega. »... Guillelmus rex firmissimum castrum Gisortis [1] construi praecepit, quod usque hodie contra Calvimontem [2] et Triam atque Burriz oppositum Normanniam concludit ; cujus positionem [3] et fabricam ingeniosus artifex Rodbertus Belesmensis disposuit... Ibi nempe Brugiam [4] munitissimum castrum super Sabrinam fluvium construebat.

L. X, c. 7 [1098]. — Tunc [5] rex [Guillelmus [6]] Rodberto [6] ingentem familiam bellatorum suis in municipiis [7] adunare praecepit, et copiosos pecuniae sumptus erogavit, unde municipia ejus vallis et muris ac multiplicibus zetis[8] undique clauderentur, et bellicosis larga stipen-

---

comme dans celle de Suger. Nous avons déjà rapporté (n° I.X texte sur le château de Hastings, Sussex) ce passage précieux d'Orderic Vital : « *Munitiones* enim, quas *castella* Galli nuncupant, Anglicis provinciis paucissimae [1] fuerant ; et ob hoc Angli, licet bellicosi fuerint et audaces, ad resistendum tamen inimicis extiterant debiliores. » Sur ce texte, cf. *ibid.* le mémoire de Mrs Ella S. Armitage sur les anciens châteaux-forts des Normands en Angleterre (*Engl. hist. review*, t. XIX, 1904).

1. Voy. E. de Clérambault : *Le donjon de Gisors* (avec fig.), dans *Mém. Soc. acad. du dep. de l'Oise*, XVIII, 3, 1900 : M. R. de Lasterie : *Quelques mots sur le château de Gisors*, *Bull. monum.*, 1901, p. 121 et s. Ce château avait été rebâti en 1123 : « anno M. CXXIII castellum quod vocatur Archas turre et moenibus mirabiliter firmavit (Henricus rex]. Sic etiam fecit castellum *Gisortis*, Falesiam... » (Rob. de Monte, *App. ad Sigebertum*, dans le *Rec. des Hist. de Fr.*, t. XIII, p. 285). D'après E. de Clérambault (*op. cit.*), des réparations y furent faites de 1161 à 1184.

2. Chaumont-en-Vexin, Trie, Bouri, localités du Vexin voisines de Gisors.

3. Sur le choix des positions prises pour la construction des châteaux normands, sur leur assiette et la disposition des défenses, voy. Viollet-le-Duc, *Dict. de l'arch. fr.*, t. III, art. Château, p. 71 (Château d'Arques), p. 80 (château de la Roche-Guyon, près de Mantes), p. 82 (château Gaillard, près des Andelys). Cf. A. Deville, *Hist. du château Gaillard et du siège qu'il soutint contre Philippe-Auguste en 1203 et 1204*.

4. Il s'agit de Bridgenorth sur la Saverne (*Sabrina*), à 23 lieues de Shrewsberry. Cette construction de château eut lieu vers 1102.

5. Éd. cit., t. IV, p. 40.

6. Il s'agit encore ici de Guillaume le Roux, roi d'Angleterre.

7. Camps retranchés, garnis de solides défenses. Cf. le camp de Sainte-Suzanne, dans le Maine, élevé par Guillaume le Conquérant. Voy. le mémoire de G. Fleury, dans la *Rev. hist. et arch. du Maine*, t. XXIX (1891), p. 151, 153.

8. Sur ce terme technique, voy. le Glossaire de Du Cange, v° Zeta, § 2, avec l'indication de textes où on le rencontre ; cf. G. Fleury (*Rev. hist. du Maine*, t. XXI, 1887, p. 84), et surtout l'éditeur d'Orderic Vital : « La

diariis donativa largirentur. Belesmensis itaque munio ¹ ad
haec promptus oppida nova condidit, et antiqua praecipi-
tibus fossis ² cingens admodum firmavit. Hic nimirum
novem in illo comitatu habuit castra : id est Blevam ³, et
Peretum, Montem de Nube et Soonam, Sanctum Remigium
de Planis et Orticosam, Allerias et Motam Galterii de
Clincampo, Mamerz, et alias domos firmas quamplurimas.
Haec siquidem regio censu argutus artifex sibi callide prae-
paravit....

L. X, c. 9 [1099]. — Interea ipsi castrum [Maiaci] ⁴
interius toto annisu munierunt... cumque forenseci pugna-
tores admodum insudarent ut ingenti strue lignorum cin-
gentem fossam implerent, viamque sibi usque ad palum
pluribus sustentamentis magnopere substratis publice prae-
pararent... Quidam ad illum de sublimi zeta lapidum projecit...

signification primitive de ce mot, dit A. Le Prévost (t. V, p. 61, n. 1), est
une chambre dans un lieu d'habitation. C'est ainsi qu'on trouve *setae aes-
tivales* et *zetae hyemales* dans les descriptions de palais. Mais ici l. IX,
c. 9) et quelques pages plus haut, il faut l'entendre dans le sens de corps-
de-garde, lieu couvert d'où les sentinelles peuvent observer les mouvements de l'ennemi... » A notre avis, on aurait dû rapprocher ce terme de
specula (au pluriel) dans un texte que nous tirons d'Ord. Vital (t. VIII
c. 5). Il est relatif à Robert Giroie et au château de Saint-Céneri (*éd. cit.*,
t. III, p. 398), après 1088 : « Castellum Sancti Cerenici Rodbertus Geroius
fere XXXVI annis postmodum tenuit, muris et vallis *speculisque* munivit. »
Il s'agit en effet de postes d'observation. Enfin, pour le mot *zeta*, voy.
dans le *Corpus glossariorum latinorum* de Loewe, le *Thesaurus glos-
sarum emendatarum* de G. Goetz, t. VII, p. 132 : « *Zeta*, graece cubiculum, V, 337 : cf. *dieta*, *zeta*, III, 191, avec des exemples ; voy. aussi
ibid., *zelarius*, custos palatii, V, 519 ».

1. Ce terme est synonyme de *defensor munitionis* (cf. Du Cange, *Gloss.*,
v° Munio).

2. A la façon des fossés normands. Sur les châteaux normands, voy.
Viollet-le-Duc, *op. et t. cit.*

3. Blèves, à trois lieues de Mamers ; Peral, à trois lieues et demie de
Mamers ; Mont-de-la-Nue sur Contilli, à une lieue et demie de Mamers ;
l'Orticuse, sur la commune du Val, à deux lieues de Saono et à deux lieues
et demie de Mamers ; Saint-Remi du Plain, à deux lieues et demie de Mamers ;
Allières, à une lieue et demie de Mamers ; la Motte-Gautier-de-Clinchamp sur
Chemilli (Orne), à une lieue un quart de Mamers (G. Fleury, *Les fortifications du Sonnois du X° au XII° siècle*, dans la *Rev. hist. et archéol. du
Maine*, t. XXI, 1887 (avec fig) ; cf. du même auteur, un autre savant
mémoire, *Recherches sur les fortifications du Maine* (*Rev. cit.*, t. XXIV,
1888, et t. XXIX, 1891, avec fig. représentant des mottes).

4. *Éd. cit.*, t. IV, p. 60. — Le château de Maiet, à sept lieues Sud du
Mans, à une distance un peu moindre de La Flèche. C'est aujourd'hui un
ch.-l. de canton de la Sarthe.

L. X, c. 23 [1100-1104]. — Tractantibus [1] Turcis de rebus agendis, Melaz, [filia Dalimanni principis], seorsum vocatis ait Christianis : « Arcem et regiam et murum in giro, zetasque minores atque majores jam munite illiciteque perscrutamini, aditusque servate ne quis exeat vel ingrediatur sine vestra consideratione. »

L. VIII. c. 27 [1114, février]. — Circa [2] haec tempora., Bernardus, Quinciaci abbas, Pictaviense solum reliquit, quia praefatum monasterium, quod hactenus liberum ex[s]titerat, Cluniaco subjugare noluit... mundanas omnino curas deseruit... post plures circuitus ad venerabilem episcopum Ivonem divertit, et ab eo benigniter susceptus, in praedio Carnotensis Ecclesiae cum fratribus quibusdam constitit ; et in loco silvestri, qui Tiron [3] dicitur, coenobium in honore Sancti Salvatoris construxit. Illuc multitudo fidelium utriusque ordinis abunde confluxit, et praedictus pater omnes ad conversionem properantes charitativo amplexu suscepit, et singulis artes quas noverant legitimas in monasterio exercere praecepit. Unde libenter convenerunt ad eum fabri tam lignarii quam ferrarii, sculptores

1. *Éd. cit.*, t. IV, p. 151.—Il s'agit de l'expédition faite en Syrie, au secours de la ville chrétienne de Mélitène, vers le mois d'août 1100, par Raemond et Richard de la Principauté, qui tombèrent dans les mains de l'émir turcoman Danismand. C'est sa fille Melaz qui parle ici aux chrétiens.

2. T. III, p. 174.—Il s'agit de la fondation par Bernard, précédemment abbé de Saint-Cyprien, à Poitiers, de l'abbaye bénédictine de la Sainte-Trinité de Tiron, dioc. de Chartres (auj. Thiron-Gardais, arr. de Nogent-le-Rotrou, Eure-et-Loir). — Henri I⁰⁰, roi d'Angleterre, encouragea cette construction monastique comme bien d'autres signalées par Guillaume de Jumièges, dans son *Historia Normannorum*, l. VIII, p. 308, éd. Duchesne : « Officinis quoque monachorum Tironis construendis nonnulla adjumenta praevidit, excepto dormitorio quod ex integro ipse fieri ob memoriam sui ex suis solum modo impensis voluit. Necnon etiam zenodochium elephantiosorum Carnoti manentium, opus videlicet pergrande ac mirificum, ipsius munificentia complevit. » — Yves, dont il vient d'être question, fut évêque de Chartres de 1091 à 1116.

3. Dès le IX⁰ siècle, tout autour du monastère de Saint-Riquier, les artisans et artistes s'assemblaient et se fixaient, se groupant par quartiers et par rues, comme ils feront durant le moyen âge : «...Vicus fabrorum cuncta persolvit ferramenta, valet per annum libras tres...»(Dénombrement — *descriptio* — fait par l'abbé Héric en 831, par ordre de Louis le Débonnaire (*Acta SS. Bened. saec. IV*, I. p. 104). Cf. J. Flach, *Orig. de l'anc. France*, t. II, l. III, ch. VII (Villes nées autour de monastères), p. 319-320.

et aurifabri, pictores et' caementarii, vinitores et agricolae, multorumque officiorum artifices peritissimi.

L. XII, c. 8 [1118]. — Mense [1] decembri, prope Alencionem [2] innumeri convenerunt... Comes Andegavorum... securius obsessos infestavit, eisque aquam per subterranea machinementa [3] occultis abscisionibus abstulit. Indigenae siquidem meatum noverant ·per quem constructores arcis aquae ductum de Sarta [4] illuc effecerant. Illi vero qui claudebantur in arce, videntes sibi cibaria deesse..., pacem fecerunt, turrimque reddentes cum omnibus suis salvi exierunt.

L. XII. c. 35 [1123]. — Venerandus Serlo [5] cum clero ad aram Sanctae Dei Genitricis Mariae perrexit, ibique ante aram pastorali cambuta spacium loculi designavit, et, orationibus ad Dominum fusis, cum aspergine aquae benedictae sepulcrum sanctificavit. Protinus operarii foveam ligonibus foderunt humumque palis egesserunt. Caementarii vero latomique sarcofagum martulis cavarunt, et omnem apparatum ambulanti et loquenti episcopo, quasi exanimis am jaceret, in feretro coaptarunt...

XCIII

1089-1,128.

Monuments mégalithiques· à Tréhiguier, non loin de Muzillac, au diocèse de Vannes, en Bretagne. — Construction audit lieu, près de la Vilaine, par un moine de l'abbaye de Redon, d'une écluse servant de réservoir

1. Éd. cit., t. IV, p. 333.
2. Ce fut une véritable bataille, livrée sous les murs même d'Alençon dans un lieu encore nommé le Champ de bataille, entre le château de cette ville et Hertré. (Voy Odolant-Desnos, *Hist. d'Alençon,* t. I, p. 173 et s.)
3. Cf. *supra,* p. 100, un passage du texte concernant les gestes des évêques d'Auxerre (Hugue de Noyers, 1183-1206), au sujet des artifices employés par les constructeurs pour ménager des provisions de vivres et de boissons dans les châteaux-forts.
4. La Sarthe, rivière qui passe à Alençon.
5. Éd. cit., t. IV, p. 415. Il s'agit ici de l'évêque Serlon d'Orgères (1092-1124), qui s'était fait préparer de son vivant une sépulture dans la cathédrale de cette ville.

pour l'élevage des poissons, et appartenant à ladite
abbaye.

Cartulaire de l'abbaye de Redon en Bretagne, publ. par A. de Courson, nº CCCLXXXVIII, p. 316 ; Paris, 1863 (Coll. des Doc. inéd.).

...Quedam illustris matrona, vocabulo Orenia..., quendam filium suum in monachum, hostiam vivam, monasterio Rothonensi [1] tradidit... una simul... in Treheguer [2], terram videlicet juxta ecclesiam ; versus aquilonem... usque ad lapides [3] quosdam ingentes, in montis medio positos, juxta semitam eun(e)tibus Trez. Hec autem gesta sunt sol-(l)em(p)ne (sic) donatione, concessu Rioci, Musullacensis [4] domini, favente etiam Morvano [5], episcopo Venetensi... Preterea prefata mulier suo muneri priori [6] duo terrae novalia continentia usque ad fossam aquosam, versus austrum, secus litus Vicenonie [7], locum etiam ad exclusam faciendam in eodem gurgite, cum paludibus suis et omni telluris continuatione. Confestim vero, donatione facta, construxit Paganus monachus ibi exclusam, ubi pisces caperentur in usibus monachorum necessarii...

XCIV

1090.

Réédication faite par les soins et aux frais de Guillaume II,
comte de Nevers, de l'abbatiale Saint-Étienne, dans le

1. Redon, ch.-l. d'arr. d'Ille-et-Vilaine. — Voy. dans de Courson, op. cit., la Carte de la Bretagne armoricaine, avec ses principales divisions ecclés. et civiles.

2. La localité de Tréhiguier est située dans la com. de Penestin, cant. de La Roche-Bernard, arr. Vannes (Morbihan).

3. Il s'agit ici de blocs de pierre très considérables qui paraissent bien être d'ordre mégalithique. Rosenzweig, dans son Répert. archéol. du Morbihan, mentionne des monuments celtiques dans le canton où se trouve Tréhiguier.

4. Muzillac est aujourd'hui, ch.-l. de cant. arr. Vannes (Morbihan), voy. Rosenzweig, op. cit., vº Muzillac.

5. Morven, évêque de Vannes (1089-1128).

6. Il faudrait suppléer ici un verbe tel qu'addidit.

7. La Vilaine, rivière qui sépare le département d'Ille-et-Vilaine de celui de la Loire-Inférieure, et ce dernier du Morbihan.

*faubourg de cette ville, avec une forte enceinte de murs
ainsi que trois tours élevées avec art.*

Extr. d'une Charte du comte de Nevers publiée par Crouzet, *Droits et
privilèges de la commune de Nevers*, 2ᵉ part., p. 147 (Nevers, 1858).
   (Cf. J. Flach, *Les origines de l'ancienne France*, Xᵉ et XIᵉ s., t. II,
1893, p. 246-247.)

Ego [1] Willelmus, Dei gratia, Nivernensis comes,...
monasterium in honore... protomartyris Stephani... in
suburbio Nivernensi propriis sumptibus reaedificavi... Primum quidem ipsum locum alti fortisque muri clausura per
circuitum ambivi ; deinde nobile monasterium cum tribus
turribus satis pulchro venustoque opere... construxi [2].
Dono et concedo... totum burgum, sicuti modo pro burgo
habetur..., qui jam ex re nomen habens, burgus Sancti Stephani appellatur...

XCV

Vers 1090.

*Donation à l'Église cathédrale de Sainte-Marie d'Auch de
l'église Sainte-Marie de Marseillan, près de la rivière de
l'Arros, avec faculté de construire une église, des maisons et ateliers, pour former une ville neuve.*

Extr. du *Cartulaire noir du Chapitre de l'Église métropolitaine Sainte-
Marie d'Auch*, publ. par C. Lacave Laplagne Barris, dans les *Archives
historiques de la Gascogne* (1899), 2ᵉ sér., fasc. III, p. 218.
   (Cf. *Généalogie de la maison de Montesquiou-Fezensac*, Preuves, p.
218.)

Mulier Palumma et Guilem Garsias et Leofrancs, filii sui,

---

1. Ce texte est résumé, sans être cité, par A. Champollion-Figeac, dans
ses *Doc. pal. relatifs à l'histoire des beaux-arts pendant le moyen âge*,
p. 188-189. — Cf. de Soultrait, *Répert. archéol. de la Nièvre* (1875).
  2. La consécration de l'église de Saint-Etienne de Nevers eut lieu
en 1097. L'influence auvergnate s'y fait sentir. Des corbeaux de pierre que
la façade laisse voir encore montrent que le porche devait recevoir une
charpente (Enlart, *Man. d'archéol.*, t. I, p. 242).
  Ce porche, fait remarquer Viollet-le-Duc (*Dict. de l'arch. fr.*, t. VII, p. 261),
était bâti sur plan barlong et fermé ; il devait être couronné par deux
tours (cf. la cathédrale de Clermont, église N.-D. du Port, égl. de Chamaillières, Puy-de-Dôme).

dederunt ecclesiam Sancte Marie de Marcilan[1], que est super flumen Rosso[2], cum filio suo Vidiano, Domino Deo et Sancte Marie sedis Auxiensi[s] et metropolitane : hoc est decimas et honores ecclesiasticos et totam dominationem illius ecclesie et que ad illam pertinent ; et de ipsa silva padoentiam[3] ad ecclesiam faciendam, et ad omnes mansiones et officinas..... Ista omnia dederunt super altare Sancte Marie, in manu Guilelmi archiepiscopi, et Stephani[4] archidiaconi et aliorum canonicorum[5]...

XCVI

1092.

Donation par des nobles, au Chapitre de Saint-Sernin de Toulouse, 1° de trois églises avec les dîmes qui leur appartiennent, à condition que, pendant sept ans, les trois quarts de ces dîmes serviront à construire une église destinée à remplacer les trois autres au lieu dit de « Combei », en Gascogne ; — 2° d'un terrain délimité par des croix de sauvegarde autour de l'endroit où devra être bâtie la nouvelle église.

Charte publiée par A. Baudouin dans le *Musée des Archives départementales*, n° 28 (pl. XIX), p. 59, d'après l'original déposé aux Archives de la Haute-Garonne[6], fonds de Saint-Sernin, liasse I, tit. 9.

(Cf. *Cartul. de l'abbaye de Saint-Sernin de Toulouse*, publ. par l'abbé Douais, p. 496 ; Paris et Toulouse, 1887.)

1. Comm. du cant. et arr. Mirande (Gers). La localité de Marseillan, sur l'Arros, a été entièrement détruite au xiv° siècle pendant la guerre de Cent ans.

2. La rivière de l'Arros.

3. Droit de pâturage : cf. Du Cange, *Gloss.*, v° *Paduira*, faire paître le bétail.

4. Il s'agit ici de l'archidiacre Etienne Beg.

5. Parmi les dignitaires du Chapitre de l'église cathédrale de Sainte-Marie d'Auch, qui s'occupaient du temporel, figurent dès le xii° siècle au moins le *cellerarius* et le *sacrista*, lequel veillait notamment à la décoration de l'église cathédrale : « ad comparandum juncum quo supersternantur monasterii pavimenta », dans certaines solennités, ainsi qu'à l'entretien des cloches « ad emendas signorum cordas », etc. (vers 1140, *Cartul. cit.*).

6. Nous remercions notre confrère M. F. Pasquier, archiviste de la Haute-Garonne, des renseignements qu'il a bien voulu nous transmettre au sujet de ce document.

... In nomine Domini, collaudante et favente domno W[illelmo] [1], archiepiscopo Ausciensi, Bernardus de Marens et frater ejus,... dederunt Deo et beato Saturnino; Tolosano pontifici, et canonicis ipsius loci aecclesiam de Artigalonga [2] et decimam pertinentem ad ipsam, et aecclesiam de Cepeda [3] cum decima ad eandem pertinente, et aecclesiam de Cordenes [4] cum decima ad ipsam pertinente, eo tenore ut de his tribus aecclesiis efficiatur una in loco qui vulgo vocatur *Combei* [5], et usque ad VII annos sit tota decima, excepto quarta parte archiepiscopi, in edificacionem aecclesiae. Post VII vero annos aecclesia edificata, canonici Sancti Saturnini habeant quartam partem de decima et medietatem oblationum et cimiterium ex integro, salva parte archiepiscopi; clerici vero alii qui fuerint ordinati in ipsa aecclesia medietatem de decima et oblationis habeant. Dederunt similiter terram in qua est aecclesia infra cruces [6] libere et absque omni censu [s]ervili, ut sit perpetualiter Beati Saturnini et habeat per unumquemque annum de unaquaque domo quatuor denarios, quod est signum libertatis [7]... Facta est autem haec carta anno millesimo nonagesimo II ab Incarnatione Domini, praesidente in Romana Ecclesia papa Urbano II, regnante Francorum rege Philippo.

XCVII

1093-1132.

De la forme architecturale des cloîtres conventuels, et de

---

1. Guillaume Ier de Montaut, archevêque d'Auch de 1068 à 1096.
2. L'église d'Artiguelongue, qui devait appartenir à l'archidiaconé d'Anglès, se trouvait probablement sur la rive gauche de l'Osse, non loin de Monclar, cant. de Montesquiou, arr. Mirande (Gers).
3. L'église de Cépède se trouvait probablement dans le voisinage d'Artiguelongue.
4. Cette église devait être située dans l'archidiaconé d'Anglès non loin de Saint-Christaud, cant. de Montesquiou.
5. Cette église devait se trouver dans le voisinage d'Artiguelongue.
6. Sur les croix de sauvegarde, voy. *supra*, n° III, p. 14, n° IV, p. 20, n° XLV, p. 154, etc. — Cf. dans Raynal, *Hist. du Berry*..., t. I, p. 478, un très curieux acte de bornage à jet de flèches de baliste, du terrain avoisinant l'église de Meunet, en Berry. (auj. arr. Issoudun, Indre) : « *ob signum illius ecclesie salvationis.* »
7. Les donateurs sont appelés chevaliers dans une partie de cette charte, qu'il n'est pas nécessaire de reproduire ici.

*la signification symbolique attribuée aux constructions
immédiatement contiguës à ces cloîtres.*

Laus vitae monasticae, par Geoffroi de Vendôme, éd. Sirmond (1610),
   not. ad libr. IV, p. 70 (*ex cod. Sancti Melanii Redonensis*).
   (Cf. Migne, *Patr. lat.*, t. CLVII, col. 116, n. 281.)

> Sic habitant ut sit sacer ipse domorum
>   Et situs et numerus sufficiensque sibi.
> Quadratam speciem[1] structura domestica praefert,
>   Atria bis binis inclyta porticibus[2],
> Quae tribus inclusae domibus, quas corporis usus
>   Postulat, et quarta quae domus est Domini...
> Quarum prima domus servat potumque cibumque,
>   Ex quibus hos reficit juncta secunda domus.
> Tertia membra fovet vexata labore diurno,
>   Quarta[3] Dei laudes assidue resonat.

1. La forme générale des cloîtres en plan est celle d'un carré, dit Viollet-le-Duc, à propos des vers ci-dessus (*Dict. de l'arch. fr.*, t. III, p. 408 et
s., v° Cloître). Mais on trouve aussi des formes géométriques autres que
celle du carré qui ont été appliquées à des cloîtres. Voy. Alb. Lenoir,
Arch. monastique, t. I (1852), p. 44 et s. A l'époque carolingienne, saint
Angilbert fit construire d'après la forme triangulaire, en l'honneur de la
Trinité, le cloître de l'abbaye de Centula (ou de Saint-Riquier), en dispo-
sant ainsi le cloître : « Claustrum monachorum triangulum factum est.
Sicque fit ut, dum hic inde parietes sibi invicem concurrent, medium
spatium sub divo triangulum habeatur. Quia igitur omnis plebs fidelium
sanctissimam atque inseparabilem Trinitatem confiteri... firmiterque credere debet, secundum hujus fidei rationem in omnipotentis Dei nomine
tres ecclesias principales, cum membris ad se pertinentibus, in hoc sancto
loco, Domino cooperante, et praedicto domino Augusto juvante, fundare
studuimus... » (*Acta SS. ord. S. Benedicti*, IV s., 1° part., Vie de saint
Angilbert). Sur les formes polygones ou rondes, plus ou moins symboliques, des enceintes d'abbayes ou de cimetières, voy. Lenoir, *op. cit.*
   2. Et non *particibus* (Viollet-le-Duc, *ib.*).
   3. La disposition assez habituelle des galeries des cloîtres d'abbayes est
celle que Caumont a donnée pour les bâtiments claustraux du XII° siècle
d'après le plan de l'abbaye de Beauport (Côtes-du-Nord), avec fig., *Abécéd.
d'archéol., archiv. civ.*, 3° éd, p. 43-44 ; ou encore celle-ci : « 1° une galerie
adossée à l'un des murs de la nef, avec une entrée sous le porche et une
entrée dans le voisinage d'un transsept ; 2° une galerie à l'ouest, à laquelle
viennent s'accoler les bâtiments des étrangers, ou des magasins et celliers
ayant des entrées sur le dehors ; 3° une autre galerie, opposée à celle lon-
geant l'église communique au dortoir et au réfectoire, lesquels, ajoutons-
le, ne sont pas toujours rangés du même côté ; 4° enfin une galerie à l'Est
donnant entrée dans la sacristie, dans la salle capitulaire et les services
ecclésiastiques » (Voy. Viollet-le-Duc, *ibid.*). — Sur l'interprétation symbolique des quatre côtés et des colonnes des cloîtres, cf. Guillaume Durand,
Rationale, l. I, cap. 1, § 43, cité par Viollet-le-Duc, *ibid.* Voy. aussi
Pierre de Blois, d'après Du Cange, *Gloss.*, v° *Claustrum*, pour la signification symbolique du cloître : « Inde est quod in claustro conventuum *quatuor* loca cum propriis deputantur officiis... »

XCVIII

1093-1133.

Travaux de construction entrepris à la cathédrale de Durham, en Angleterre, par les soins des évêques Guillaume de Saint-Calais, originaire du Vendomois, et Rannulf Flambard.

1

Symeonis monachi Dunhelmensis libellus de exordio Dunhelmensis ¹ *ecclesiae, t. I, p. 128-129, éd.* Th. Arnold (1882), collection *des Rerum britann. medii aevi scriptores.*

Nec multo post, ecclesiam XCVIII anno ex quo ab Aldhuno fundata fuerat, destrui praecepit [Willelmus de Sancto Carilefo, Dunhelmensis episcopus], et, sequenti ex anno positis fundamentis, nobiliori satis et majori opere aliam construere ² coepit. Est autem incepta MXCIII Dominicae Incarnationis anno, pontificatus autem Willelmi XII, ex quo autem monachi in Dunhelmum convenerant XI tertio idus augusti, feria V. Eo enim die episcopus, et qui post eum secundus erat in ecclesia, prior Turgotus, cum caeteris fratribus primos in fundamento lapides posuerunt. Nam paulo ante, id est IV kal. augusti, feria VI, idem episcopus et prior, facta cum fratribus oratione ac data benedictione, fundamentum coeperant fodere. Igitur monachis suas officinas aedificantibus, suis episcopus sumptibus ecclesiae opus faciebat...

1. Durham, aujourd'hui, ch.-l. du comté de ce nom, à 418 kil. N. de Londres. — Guillaume de Saint-Calais fut consacré évêque de Durham le 3 janv. 1481 (mort en 1096). Voy. *Dict. of nat. biography*, par Leslie Stephen, vol. IX, p. 81-84. Sur ses constructions, voy. *ibid.*, p. 83.

2. Voy. John Bilson, *Les origines de l'architecture gothique. Les premières croisées d'ogives en Angleterre* (Extr. de la *Revue de l'art chrétien*, 1901-1902, notamment p. 12 et s., avec de nombreuses pl. et fig.; *ibid.*, p. 49-59, *Observations de M. R. de Lasteyrie et réponse de M. Bilson*).

2

Le même, *Historiae Dunhelmensis ecclesiae continuatio I*, t. cit.*, p. 139-141 (même collection).

Circa opus ecclesiae modo intentius, modo remissius agebatur, sicut illi ex oblatione altaris et coemiterii vel suppetebat pecunia vel deficiebat. His namque sumptibus navem ecclesiae circumductis parietibus ad sui usque testudinem Rannulfus [1] erexerat. Porro [Willelmus de Sancto Carilefo], praedecessor illius, qui opus inchoavit, id decernendo statuerat ut episcopus ex suo ecclesiam, monachi vero suas ex ecclesiae collectis facerent officinas. Quod, illo cadente, cecidit : monachi enim, omissis officinarum aedificationibus, operi ecclesiae insistunt, quam usque navem Rannulfus jam factam invenit... Vacavitque episcopatus per quinquennium. Eo tempore navis ecclesiae [2], Dunelmensis monachis operi instantibus, peracta est.

XCIX

Avant 1094.

Donation, faite par Gautier Chesnel, au monastère de Saint-Denis de Nogent-le-Rotrou, prieuré Clunisien du Perche,

1. Rannulf Flambard, qui fut évêque de Durham de 1099 à 1128. Voy. *Dict. of nat. biography*, vol. XIX, p. 237 et suiv.
2. « La cathédrale de Durham, élevée de 1093 à 1133, semble avoir été destinée dès l'origine à être complètement voûtée d'ogives; les voûtes du chœur, inauguré vraisemblablement dès 1104, ont malheureusement été rebâties; la voûte du bras nord du transept a sans doute les plus anciennes ogives qui subsistent en Angleterre; les voûtes latérales semblent être les mêmes qui furent élevées sous R. Flambard. » Ainsi s'exprime M. Enlart (*Man. d'archéol., fr.*, t. I, p. 440, n. 3.) — L'alternance du pilier et de la colonne (assez fréquente dans l'école Lombarde et rhénane), mais dont on a des exemples en Normandie, au XIe siècle, à Jumièges et dans le Maine, même siècle, au Mans, à Notre-Dame-du-Pré, fut importée à la cathédrale de Durham, de ces dernières régions par un constructeur appelé par les soins de Guillaume de Saint-Calais. (Voy. pour cette disposition dans ces pays, E. Lefèvre-Pontalis, *Congr. archéol. de France*, 70e session, 1903, p. 373.)

*de l'église de Saint-Pierre de Ceton, d'un cimetière, pour
y bâtir des habitations monacales, ainsi que d'un bourg
pour y construire des maisons ; permission accordée auxdits religieux de prendre dans ses forêts tout le bois nécessaire à leurs constructions.*

Saint-Denis et Nogent-le-Rotrou (1031-1789), Hist. et cartulaire, par de
Souancé et l'abbé Ch. Métais, 1899, n° XVIII [1] (d'après Bibl. nat.,
coll. Duchesne, ms. 22, f. 286, et cop. f. 289 v°).

... Notum esse volumus omnibus sancte Dei Ecclesie fidelibus... quod ego Gualterius Chasnellus dono Deo Domino
omnipotenti et s. Petro, apostolo Christi, atque monachis
Cluni[ac]ensibus qui sunt positi ad S. Dionisium [2] in
Nogento castro de Pertico, ecclesiam S. Petri Cetonensis [3]
cum omnibus appendiciis suis... cymeterium [4] ad faciendum edes monachorum, burgum [5] etiam de foris ad
faciendas domos ad quoscumque homines illorum... Ad-
jungo etiam ecclesiam S. Nicholai cum omnibus appendiciis suis... Ad edificia quoque eorum [monachorum]
vel omnium hominum illorum facienda... in omnes saltus
meos ligna concedo...

C

1094-1095, avant juillet.

*Donation, par Adon Alois, à l'église cathédrale Notre-
Dame de Grenoble et à l'évêque Hugue, d'un vignoble*

1. Cf. Bry de la Clergerie, Hist. du Perche, p. 72.
2. Sur la fondation et la construction de ce monastère, voy. l'Introd. à
l'ouvr. cit. de Souancé et Métais, p. v-vi et pl.; cf. ch. i, p. xiii et s. (fig.).
3. Ceton est aujourd'hui c. du canton du Theil, arr. Mortagne (Orne),
à l'extrémité S.-E. de ce département, et à très peu de distance de
Nogent-le-Rotrou (Eure-et-Loir).
4. Le même cartulaire (p. 40) mentionne — fait qui n'est pas rare ailleurs
— des habitations dans le cimetière de l'église de St-Martin de Loisail
(1105-1107) : « Do etiam *unam domum que in cimeterio posita est...* », à
propos d'une donation de Hugue de Loisail à Saint-Denis de Nogent.
5. En 1190, ce bourg était entouré de fossés et d'eau « extra burgum S.
Dionisii, *sicut idem burgus clauditur aquis.* » (n° 99, p. 196.)

*sis dans la paroisse de Saint-Martin-le-Vinoux, joignant
ladite église paroissiale ; ledit domaine avait été concédé
à ses ancêtres, maçons des évêques de Grenoble, en récompense des services rendus par eux auxdits évêques pour
la construction d'églises.*

Extr. d'une charte du *Chartularium sancti Hugonis*, dans les *Cartulaires
de l'Eglis· cathédrale de Grenoble*, publ. par J. Marion (1869), n° XXXVI,
p. 111.

Ego Ado Alodisius [1], in Christi nomine, pro redemptione
animae meae, dono Domino Deo et Beatae Mariae atque
sancto Vincentio, et episcopo Hugoni [2] et successoribus
ejus, unam vineam cum sua tenura, in parrochia Sancti
Martini del Vinos, juxta fontem et juxta ecclesiam.
Ipsam vero vineam habuerunt antecessores [3] mei, qui
fuerunt cementarii pro episcopis Gratianopolitanis per
edificationem ecclesiarum ; et sicut dederunt episcopi
antecessoribus meis vineam illam sine aliqua mala consuetudine, sic reddo illam Domino Deo et episcopis Gratianopolitanis per alodium... Haec donatio [4] fuit facta antequam
domnus papa Urbanus veniret in Galliam.

CI

Vers 1095 et vers 1105.

*Reconstruction en pierre, à l'aide des offrandes des fidèles,
de l'église abbatiale de Saint-Martin-de-Tournai, en
Flandre. — Édification en pierre d'une chapelle rurale,*

1. Le nom du donateur figure, sous la forme romane Aloïs, dans un acte
dudit Cartulaire (p. 115), qui mentionne des vassaux de l'évêque de Grenoble.
2. Saint Hugue, qui naquit en 1053 à Châteauneuf d'Isère, au diocèse de
Valence.
3. Mention tout à fait rare dans les textes du xi° siècle, d'un exemple de
la continuation des fonctions d'architecte dans une même famille. On a
un peu plus de mentions analogues pour les siècles suivants.
4. Il est tout à fait vraisemblable qu'Aloïs n'ayant point de postérité fit
remise, pour cette raison, de son domaine à l'église de Grenoble.

dédiée à la Vierge, dans le Soissonnais, par les soins de
deux nobles du Tournaisis, devenus moines de ladite église.
— Installation d'un couvent de femmes dans l'ancienne
demeure seigneuriale de l'un de ces nobles, transfor-
mée en monastère par la réfection intérieure dudit
bâtiment.

Liber de restauratione Sancti Martini Tornacensis[1]*, auct.* Herimanno
abbate, *dans* d'Achery, *Spicilegium,* t. II 1723 , p. 906, 910, 913.
{Cf. Migne, *Patr. lat.,* t. CLXXX, col. 82 et s.}.

Cap. LVII. Nunc vero ad duos illos milites Walterum et
Radulfum... veniendum est, breviterque ostendendum quam
verum fuerit illud somnium quo in ecclesia Sancti Martini
stare et parietes illius renovare visi sunt.

LVIII. Walterus iste, ut vocabatur, filius Huberti, erat...
unus de potentioribus Tornacensis provinciae optimatibus ;
hic cum uxore sua ad conversionem veniens... factus
monachus, qualiter se habuerit nullus facile explicabit.
Omnibus rusticis se viliorem exhibuit [2]... Ipse ecclesiam
novam de donationibus [3] fidelium incepit et, Deo favente,
sicut hodie videtur, centum monachis sufficientem consummavit...

LXIX... Acquiescit abbas consilio fratrum, statimque
domnum Henricum ordinans cellarium, Radulfo committit
praeposituram sociumque ei donat Walterum, filium
Huberti. Hisque tribus totius ecclesiae commendans in
exterioribus provisionem...

LXVIII... Considerans abbas domum lapideam, quae
quondam fuerat praedicti Radulphi militis et quam ei
veniens ad conversionem conjux ejus dederat, non parvae

---

1. Cette narration appelée aussi *Narratio restaurationis...* a été rédigée
par l'abbé Hermann, né vers 1091, à partir de 1142, c'est-à-dire très peu du
temps après les faits qui sont rapportés.
2. Suit l'énumération des travaux matériels auxquels Waulier devenu
moine se dévoua.
3. « Quando postmodum praedictus Walterus jussu abbatis templum
aedificare *ex eleemosynis fidelium* coepit, statim idem Theodericus,
{Radulfi germanus}, ei centum sol. in initio dedit, ad aedificandum quoque
refectorium centum sol., et ad cellarium centum sol. » (*ib.*, p. 911).

esse amplitudinis, distinctis in ea parietibus, oratorium, refectorium, dormitorium composuit, et LX fere mulieres conversas ibidem intromisit, sororemque suam sanctimonialem, nomine Eremburgim, eis praeposuit [1].

LXXVIII. Aliam etiam curtem in pago Suessionensi construxit in nemore de Pinon [2]. [Radulphus praepositus]... filium... suum Walterum ad construendum in eodem loco posuit, ita ut ecclesiolam lapideam [3], ex eleemosynis fidelium in honore Sancte Dei genitricis Mariae ibidem aedificatam, a praefato episcopo [4] consecrari impetraverit.

CII

1096-1113.

Interdiction par le comte de Bigorre, Bernard II, aux nobles de ce pays, de reconstruire en pierre des châteaux-forts sans son désir et son assentiment.

Fors [5] de Bigorre ou *Antiquae consuetudines*, § III, d'après le texte publié par J. Fourgous et G. de Bezin dans le *Bulletin de la Société Ramond*, 1901, p. 191 (pour les mss. et éditions, voy. *ibid.*, p. 180 et s.).
(Cf. P. de Marca, *Histoire de Béarn*, 1640, l. IX, p. 814.)

III. Nemo militum terre castellum sibi audeat facere sine amore comitis non puerili [6] vel consilio, sua vel alterius guerra non constricti. Si castrum antiquum quis habuerit, non faciat de lapide, sine prefato comitis [7] consilio vel amore. Quod si alterum horum com[m]iserit, comite perquirente, vel destruat, vel restituat ei quod fecerit.

1. Une note de l'édition d'Achery dit qu'on ignore l'emplacement exact de ce couvent de femmes.
2. Pinon, c. du cant. d'Anizy-le-Château, arr. Laon (Aisne).
3. Cf. le texte suivant qui doit être rapproché de celui que nous publions ici : « edificata juxta ecclesiam sibi *domo lapidea*. » (*ibid.*, p. 905).
4. Il s'agit de Lisiard de Crespi, évêque de Soissons.
5. Sur les dates extrêmes qu'on a assignées à la rédaction des *Fors*, voy. les éditeurs ci-dessus, p. 183 et s. du *Bull. Soc. Ramond*.
6. C'est une allusion à l'état de majorité du comte.
7. Bernard II, comte de Bigorre et vicomte de Béarn (1096-1113).

CIII

1097-1125.

Lettres de Geoffroi, abbé de la Trinité de Vendôme, à Hildebert de Lavardin, évêque du Mans, dans lesquelles il le prie instamment de renvoyer à cette abbaye le moine Jean, très habile dans l'art de l'architecture, que ledit abbé avait consenti à mettre pendant un temps donné au service de cet évêque, pour l'aider dans les constructions religieuses qu'il avait entreprises au Mans.

Goffridi[1], abbatis Vindocinensis... epistolae, éd. J. Sirmond (1610), lib. III, ep. xvi, xxiv, xxv. xxix, xxx, p. 131, 137-139, 142-143.
  (Cf. Migne, *Patr. lat.*, t. CLVII, col. 124, 127-128 et 131-132.)

Ep. xvi.... — Joannem[2] caementarium monachum nostrum, quem vobiscum[3] habetis, propter iniquitatem suam a nobis excommunicatum indubitanter agnoscite.

Ep. xxiv. — Significastis nobis Joannem monachum Hierusalem[4] rediisse. Satis melius sibi esset in monasterio suo bene vixisse. Non omnes qui terrestrem Hierusalem viderunt, sed qui bene egerunt, Hierusalem quae in caelis est habere meruerunt. Quod ad vos declinavit, nobis mi-

---

1. Voy. L. Compain, *Étude sur Geoffroi de Vendôme*, dans la *Bibliothèque de l'École des Hautes Études*, fasc. 86 (1891). Geoffroi mourut en 1132.
2. Le moine Jean fut l'architecte de la nef de la cathédrale du Mans, nef où l'on remarque cinq grandes travées carrées couvertes de voûtes domicales. Voy. Ledru, *La cathédrale Saint-Julien du Mans*, p. 210-211 et 139-140. Cf. aussi au sujet du moine Jean, l'étude d'A. de Dion sur la *Nef de la cathédrale du Mans*, dans le *Bull. monum.* de 1873, p. 482 et suiv.
3. Sur Hildebert de Lavardin évêque du Mans jusqu'en 1125, année de son transfert à l'archevêché de Tours, voy. A. Dieudonné, *Hildebert de Lavardin*, 1890. Voy. *supra* au sujet des travaux accomplis par les soins d'Hildebert, les textes réunis ci-dessus sous le n° XLVIII, p. 163 et suiv.
4. Dans une de ces lettres (l. IV, ep. XXI), Geoffroi de Vendôme blâme les voyages des moines à Jérusalem, voyages qu'il faut, dit-il, laisser aux laïques : « Hierusalem etenim ire, sicut indictum est laicis, sic interdictum est monachis ab apostolica sede... Non igitur sub occasione Hierosolymitani itineris deviemus ab itinere nostrae professionis... » Certains moines durent mettre à profit leur voyage à la « Jérusalem terrestre » pour satisfaire leur curiosité en matière d'architecture, et ils purent en tirer à leur retour des résultats pratiques pour l'exercice de cet art.

nime displicuisset, si ad nos venisset prius, sicut debuis-
set. Quod ex nostra licentia eum requiritis vobis habitare,
non est hoc animae suae consulere, sed nocere. Monasterio
etenim suo, a quo per inôbedientiam discessit, regulari
satisfactione reconcilia.i prius debet quam vestra sit vel
alicujus catholici dignus communione. Veniat itaque ad
monasterium suum, et se minus perfecte egisse confiteatur;
et de sua imperfectione non poenam, sed medicinam con-
sequatur et quidquid deinceps sanctitas vestra a nobis
petierit, nostra humilitas prosequetur. Non timeat illo
venire; non trepidet, ubi non est timor, timore; vulnera-
tum utique curare nos decet, non vulnera augmentare, quia
Pastor summus lassam ovem portasse legitur, non abje-
cisse. Cujus infirmitati in tantum compassus est ut infir-
mus ipse fieri mallet, quam ejus infirmitatem pietatis remedio non sanaret. Si vero nobis eum diligenter vocantibus
non acquiescit, si oblata sibi et saepe exhibita paternae
dilectionis remedia refugit, si maternae dulcedinis viscera
contemnit, eum sicut sacrilegum excommunicamus, donec
regulariter satisfaciat, in quantum regula ipsa docet et
praecipit.

Ep. xxv. — Joannem caementarium esse monachum
ecclesiae nostrae, et ab ipsa ecclesia saepius per inobeden-
tiam recessisse, firmissime scitis, et nullatenus dubitatis.
Eum tamen contra suae professionis fidem et nostram
voluntatem diu retinuistis et adhuc retinetis, illius, ut videtur, salutis contemptor et vestrae oblitus promissionis.
Promisistis enim, quando novissime nobiscum locutus
fuistis, quod illum ad monasterium suum sub celeritate
remitteretis. Et quia nec a vobis missus, nec a sua iniqui-
tate permissus, nondum venire voluit, illum jam admoni-
tum iterum admonemus et monendo rogamus ut, qui a
nobis recessit inobedienter, ad nos usque ad proximam
dominicam veniat, obediturus regulariter et suscipiendus
misericorditer. Quod si qualibet occasione distulerit, eum,
donec resipiscat, ita excommunicamus ut nec commu-
nionem percipiat vivus, nec sepulturam defunctus. Vobis

autem carissimo domino nostro et amico supplicando mandamus ut quem vestrae petitioni ad tempus concessimus,
caritatis gratia, eum nobis diutius non deneget vestra prudentia.

Ep. xxix. — Noverit, optime pater, vestra dilectio
Joannem caementarium monachum nostrum, qui nostra
licentia usque hodie vobiscum mansit, a nobis multotiens
esse vocatum ut ad nos veniret, et se quidem multotiens
promisit venturum, nec venit, timens fortassis ne rediret.
Nunc autem a vestra discretione nostra humilitas eum repos-
cit, quem pro vestra necessitate vobis ad horam nostra cari-
tas commendavit. Quod si usque ad quintam feriam, nisi
gravi corporis infirmitate detentus, ad nos non venerit,
indubitanter agnoscat, quia in eum faciemus quod in illum
fieri debet, qui et proprii loci deseruit obedientiam, et suae
professionis fidem irritam fecit.

Ep. xxx. — Joannem caementarium monachum quidem,
sed non habentem charitatis caementum, quoniam proprii
loci deseruit obedientiam et suae professionis fidem irritam
fecit, et multotiens anmonitus, et longo tempore expec-
tatus, quod deliquerat emendare neglexit et negligit, a
nobis noveritis excommunicatum, et a corpore Sanctae
Ecclesiae separatum, in quantum regula sancta docet et
praecipit. Unde omnes christianos in Christum credentes,
qui neminem extra catholicae et apostolicae Ecclesiae unitatem [n]ovit[1], humiliter rogamus et obtestamur, ut ab hujus
excommunicati consortio se abstineant, ne ejus, quod
absit, 'foeda et nimium sordida participatione maculentur et
pereant. Memorato autem honorabili viro Cenomanensi
episcopo diligenter supplicamus ut non solum communione
nequam illius, quem ei pro ecclesiae suae necessitate ad
horam commendavimus, se abstineat, sed, quod jam se
facturum promisit, nobis reddere studeat commendatum.

---

1. Et non pas *vovit* qu'on a imprimé à tort, ainsi que nous le pensons.

CIV

1098.

Commencements du monastère de Citeaux, au diocèse de Châlon, en Bourgogne, fondé par des religieux de Molesme ; leur première église construite en bois et placée sous le vocable de la Vierge.

1

Gallia christiana, t. IV, *Instr.*, col. 223-224 (*ex tabular. Cisterc.*[1]).

Notum sit omnibus christicolis præsentibus atque futuris, quod Raynaldus, Belnensis[2] vicecomes, et uxor ejus, Hodierna nomine, et eorum filii... pro suorum peccatorum remissione suorumque antecessorum, domino Roberto et fratribus, qui cum eo regulam sancti Benedicti arctius atque perfectius quam illuc usque tenuerant, observare cupiebant, contulerunt de praedio suo, quod antiquitus Cistercium vocabatur, quantumcumque ipsis et eorum successoribus Dei famulis ad monasterium et monasterii officinas construendas... imo ad omnem usum necessarium fuerit. Unde ipse Rainaudus et ejus uxor... donum fecerunt legitimum ad opus ipsorum Deo imprimis, ac specialiter beatissimae Dei Genitrici semperque Virgini Mariae, in cujus honore locus qui nunc Novum monasterium[3] dicitur consecratus est, situs in territorio praefati Cisterciensis alodii... Ipse vero dux[4] tam in nemore[5] praefato coenobio[6] con-

1. Pour les autres sources, voy. E. Petit, *Hist. des ducs de Bourgogne*, t. I (1885), p. 249, n. 2, et p. 413.
2. C'est-à-dire de Beaune.
3. L'appellation de Nouveau monastère précéda celle de Citeaux. — C'est de Molesme que vint la tradition constante de placer sous le vocable de Notre-Dame toutes les abbayes qui en dépendaient.
4. Eude Ier, duc de Bourgogne (1079-1102).
5. C'est dans un endroit solitaire, au milieu d'une épaisse forêt, que fut fondé le nouveau monastère de Citeaux : « nemorum ac spinarum densitate praecisa ac remota, monasterium ibidem... construere coeperunt. » (*Vita sancti Roberti*, c. 13).
6. Sur Citeaux, voy. Janauschek, *Origines Cistercienses*, t. I (1877), p. III et suiv.

juncto quam in omni circumquaque dominicatura sua usua-
rium plenissimum eisdem fratribus attribuit...

2

Vita [1] *sancti Roberti, abbatis Molismensis primi ac fundatoris ordinis
Cisterciensis, dans Acta Sanctorum,* Bolland. 29 april. III, p. 674.
(Cf. Migne, *Patr. lat.,* t. CLVII, col. 1265.)

C. 15... Ceterum archiepiscopus [2], apostolicae sedis
legatus, cujus benedictione, praecepto et auctoritate tantum
bonum stabile fundamentum acceperat, considerans paupertatem [3] servorum Dei, et quia in loco sterili quem occu-
paverant prorsus nec subsistere nec aedificia construere possent, nisi personae alicujus potentis adminiculo fulcirentur,
scripsit ad illustrem principem Odonem, tunc Burgundiæ
ducem, petens et suadens quatenus pauperes Christi,
zelum gloriae Dei et monastici ordinis habentes, foveret et
manuteneret, eorumque necessitatibus secundum magnifi-
centiam principatus sui subveniret. Cujus petitioni et consilio dominus Odo, Burgundiae dux, acquiescens, fratrum
etiam illorum fervore et devotione delectatus, monasterium
ligneum [4] quod ipsi in sua paupertate inceperant, de suis
impendiis totum consummavit, eosque ibidem in omnibus
necessariis diu procuravit, terrisque... abunde sublevavit.

1. Cette Vie est l'œuvre d'un religieux de Molesme, qui l'a écrite au
xii° siècle pendant l'abbatiat d'Adon.
2. Hugue, archevêque de Lyon en 1082, mort en 1106.
3. C'est de la communauté de Molesme, dont l'origine due à saint
Robert, date de 1075, que venaient ces pauvres religieux. Voy. l'*Introduction* des *Cartulaires de l'abbaye de Molesme,* publ. par J. Laurent. De
même que Cîteaux, Molesme est aujourd'hui situé dans la Côte-d'Or. C'est
une commune du cant. de Laignes, arr. de Châtillon-sur-Seine.
4. A Molesme, la première église monastique fut construite en bois ; les
premières demeures des moines furent aussi faites de bois : des branchages
entrelacés leur servirent à élever des cabanes. Voy. le texte suivant :
« *Ibi propriis manibus laborantes ramos de arboribus exciderunt, ex
eisdem domicilia... construentes ; oratorium quoque simili schemate
peregerunt* ». *Vita sancti Roberti,* c. II, num. 8). Voy. J. Laurent,
Introd. des *Cartul. cit.,* p. 116, n. 2.

CV

1098 et 1188-1189.

Donations de maisons construites les unes en bois, les autres en pierre, à la collégiale de Saint-Martin de Tours et à l'église cathédrale de Saint-Julien du Mans, par des chanoines appartenant à ces communautés.

1

Bibliothèque nationale, manuscrits. *Armoires de Baluze*, 76, fol. 119, r°
et v°.
   (Cf. coll. dom Housseau, t. III, n° 1 11. — Flach, *Origines de l'ancienne France*, t. II, 1893, p. 215, n. 3.)

[1098]. — Ego Andreas, sacerdos, Sancti Martini canonicus,... dono Sancto Martino et canonicis ejus in praesenti capitulo, medietatem domorum mearum tam petrinarum quam lignearum, quas juxta murum castelli Sancti Martini, extra et intra, in vicinia portae, in dextra parte egressus castelli ejusdem possideo, et unum stallum, meliorem videlicet de duobus quos apud draparios habeo.

2

Cartulaire de l'Église du Mans « Liber albus Capituli », 1869, p. 35.

[1188-1189],.. Capitulum ecclesie Beati Juliani Cenomanensis notum fieri curavimus quod, cum Paganus Garot, concanonicus noster, domos ligneas[1], cum plateis in quibus site erant, ab uxore Pagani Nardre que Bona Dulcis vocabatur, et in claustro stallum aliunde comparasset... nobis hoc tem-

---

1. Au sujet des maisons de bois ou de pierre au moyen âge, voy. Viollet-le-Duc, *Dict. de l'arch. fr.*, t. VI, v° Maison, notamment p. 215 et suiv. Ces constructions de bois pouvaient être un mélange de charpenterie et d'empilage de pièces assemblées aux angles.

pore contulit in perpetuum. Ipse partem illius domus lignee, sicut separatur a domo lapidea[1] in qua manebat... a parte Magne Rue existentem, et domum ligneam quam habet a nobis ante domum lapideam sitam... tota vita sua possidebit... Actum anno M° C° LXXX° VIII°.

CVI

Vers 1098.

Donation par Gui des Vaux, à l'abbaye de Saint-Vincent du Mans, de l'église, du presbytère et du cimetière de Pirmil, dans le Maine; concession de terrain pour la construction d'un bourg; engagement pris par l'abbaye envers ledit donateur de faire dans l'enceinte domaniale de son château, une chapelle de bois, et de la rebâtir en pierre dès que l'abbé en aurait les moyens.

Cartulaire de l'abbaye de Saint-Vincent-du-Mans (ordre de saint Benoît), publ. et ann. par l'abbé R. Charles et S. Menjot d'Elbenne, t. 1 (1886), n° 351, col. 210-211.

... Ego Wido de Vallibus[2].., dono Deo sanctisque martiribus Vincentio atque Laurentio necnon monachis eisdem famulantibus, ecclesiam de Pilimilio[3], et ejusdem ecclesie

---

1. Cf. un acte de 1070-1086 relatif à une maison construite en pierre sur la place de l'église de Saint-Martin-de-Tours et devant les étaux ou tables de changeurs : « Guillelmus de Mirebello calumniabatur canonicis Sancti Martini *domum lapideam* quam habent in area sancti ejusdem ante stallos cambitorum » (Dom Housseau, t. II², f° 161, n° 746). — En 1109, un acte de donation à l'abbaye de Saint-Aubin d'Angers mentionne expressément à plusieurs reprises, entre autres maisons concédées à cette église, une maison de pierre, *domus lapidea* (B. de Broussillon, *Cartul. de Saint-Aubin*, t. II, p. 32) ; — cf. : *domus petrina*, dans un acte du *Cartul. de Saint-Laud d'Angers*, vers 1100, p. 55, acte émané de Foulque IV, comte d'Anjou, au sujet d'une maison sise près du palais comtal.

2. Voy. Guy des Vaux (qui s'identifierait avec Vaux-en-Bolin),d'après G. de Lestang, dans son ouvrage sur *La Châtellenie et les premiers seigneurs de Malicorne*, p. 289. Nous n'avons pas retrouvé cette localité dans le *Dictionnaire des postes*.

3. Pirmil, auj. comm. du cant. de Brûlon (Sarthe). — Le château de Pirmil, ruiné pendant les guerres anglaises, de 1423 à 1415, n'a pas été rétabli. On aperçoit encore auprès du bourg la motte féodale avec les fossés qui l'entourent.

presbiterium, cum toto cymiterio,... Preterea vendidi... intra castelli ambitum partem ejusdem castelli ad burgum faciendum... omnesque boscos meos, tam ad calefaciendum quam ad domos[1] construendas..., concessi... Promiserunt denique mi(c)hi [jam dicti monachi] quod intra Pilimilium castellum meum cap(p)ellam[2] ad presens facerent ; quando autem eis facultas adesset, lapideam construerent, ita tamen ut nulla vi aut a me, aut ab heredibus meis, ultra posse suum ad hoc agendum cogantur...

CVII

Angers, 8 juillet 1100.

Concession par Foulque IV, comte d'Anjou, aux chanoines de Saint-Laud d'Angers, moyennant une certaine somme, de l'ancienne écluse de Rusebouc dont il avait ordonné la destruction, après leur avoir permis d'en construire une nouvelle.

Cartulaire du Chapitre de Saint-Laud d'Angers, fol. 77 v°, publ. par A. Planchenault (1903, n° 18, p. 23-24.

... Fulco[3], Andegavorum comes illustris, exclusam que erat apud Bucam Meduane[4], in ve(c)teri ductili, canonicis Beati Laudi solutam et quietam perpetuo concessit habendam... Sciendum hanc exclusam[5] fuisse canonicorum Beati

1. Nous lisons à propos d'une donation de forêt à l'abbaye Saint-Vincent-du-Mans (1080-1100) : « de silva sua quantum nobis necesso erit ad domos et ad ecclesias faciendas ». Il s'agit ici notamment de Villaines-sous-Lucé (Cart. cit., t. I, col. 171).
2. Il existe encore dans l'enceinte du château une chapelle sans caractère architectural.
3. Foulque IV le Réchin, successeur de Geoffroi Martel ; il mourut le 14 avril 1109.
4. Bouchemaine, c. du cant. et arr. d'Angers (Maine-et-Loire). C'est dans le ressort de cette commune que se trouvait l'écluse de Rusebouc, ancien nom du village de La Pointe.
5. D'autres actes de ce Cartulaire (n° 7, vers 1100, n° 72, 1108, n° 48, 1145) concernent des travaux d'écluse, notamment ceux de l'écluse qui est l'objet de l'acte ci-dessus. Voy. Du Cange, Gloss., v° Ductus et v° Exclusa, où se trouvent cités des textes tirés de Cartulaires angevins. D'après l'acte

Laudi cum molendinis et piscaria, et... ex dono Gaufridi Martelli, nobilissimi comitis. Sed, postquam consilio domni Hugonis, canonici Sancti Laudi, ductile hoc remotum est factumque et edificatum in Ligeri, in ea aqua que propria est Sancti Laudi, sola remansit exclusa. Hanc comes, propter novum ductile quod in Ligeri permiserat fieri, destrui preceperat, apponens eciam et confirmans inter se et canonicos sic convenisse. Ut igitur huic calum(p)nie finis imponeretur, canonici Sancti Laudi Fulconi comiti dederunt CCC solidos ac sic, prout superius dictum est, ecclesie Sancti Laudi exclusam hanc, id est veterem, solutam et quietam deinceps concessit habendam. Actum est hoc Andegavis, in capitolo (*sic*) Beati Laudi, VIII idus julii, anno ab Incarnacione Domini MC... Ex parte comitis hii sunt testes : Herveus Rocundellus (*sic*), qui tunc temporis erat prepositus, Fulcoius cellarius...

CVIII

Vers 1100.

Donation faite par Hugues, seigneur de Toucy, lors de son voyage d'outre-mer, à l'église de Molesme, des biens qu'il possédait à Crisenon, pour y faire des constructions religieuses. — Construction, audit lieu, d'une église de pierre, en remplacement d'une église de bois.

Gallia christiana, t. XII (1770), *Instr.*, n° VII, col. 101.

[Dominus]... Hugo... cujusdam fratris nostri monachi

---

ci-dessus, il faut distinguer d'abord la dérivation de l'eau, sorte de canalisation (*ductile*), puis l'écluse proprement dite (*exclusa*) facilitée par cette dérivation pour faire ainsi office de réservoir. Des travaux de ce genre nécessitaient une construction sans doute en pierre : « *aqua in qua aedificatur ductile* » dit un autre acte que nous venons de mentionner (*cartul. cit.*, n° 7, vers 1100 ; mais nous voyons par un autre texte que les portes d'écluse devaient être en bois. Dans le cas qui nous occupe, l'œuvre de dérivation fut changée et refaite (*vetus, novum ductile*), l'ancienne écluse (*vetus exclusa*) subsista ; mais on en fit bâtir une autre pour servir avec le nouveau *ductile*.

exhortatione... dedit ecclesiae Molismensi[1], pro animae suae ac sui fratris Iterii salute,... de alodio Crisenon[2] indeterminato quantum ad ecclesiae omniumque officinarum aedificationem... et ad cimiterium necesse erat. Huic vero donationi adjecit et aliam, scilicet praedicti alodii suam tertiam partem : quam donationem, cum ambo Ierosolymam tenderent... domnus et Hugo renovavit. Cum vero Ierosolymam pertingere non potuerunt, ad propria regredi festinaverunt. Regresso igitur Hugone, locum de Crisenòn coepit magis magisque diligere, ecclesiam lapideam, lignea prostrata, construere... Domini sui Humbaudi[3], Autissiodorensis episcopi, praesentiam adiit.... ac etiam priorem ipsius loci, Walterium nomine, in manibus reddidit, rogans eum... ut... Molismensi ecclesiae testis fidelis ubique foret...

CIX

Vers 1100.

Donation à l'archevêque d'Auch[4], Raimond de Pardiac, par Montarsin de Montaut, d'un terrain situé près de l'église de Sainte-Marie pour y faire bâtir le palais archiépiscopal, qui fut construit par les soins dudit archevêque.

Cartulaire noir du Chapitre de l'Église métropolitaine de S⁰ Marie d'Auch, par C. Lacave La Plagne Barris, dans les Archives historiques de la Gascogne, 1899, 2ᵉ sér., fasc. III, p. 49.
    (Cf. dom Brugèles, Chroniques ecclésiastiques du diocèse d'Auch, 1746, pr., 1ᵉ part., p. 27.)

Universis pateat christicolis dominum Montarsinum de Montalt, in presentia Raimundi II[b], Ausciorum archiepis-

---

1. L'abbaye de Molesme était située dans le diocèse de Langres (aujourd'hui, cant. de Laignes, arr. Châtillon-sur-Seine, Côte-d'Or).
2. Actuellement, petite localité de la commune de Prégilbert, cant. de Vermenton, arr. Auxerre (Yonne).
3. Humbaud, évêque d'Auxerre (1095-1115).
4. Raimond II de Pardiac fut archevêque d'Auch de 1098 à 1118.

copi, advenisse cum priore S. Orentii, Augerio¹ nomine, germano suo, et cum duobus suis nepotibus, filiis videlicet Raimundi Bernardi, qu[o]ndam fratris sui, de Montalt,²et ibi in presentia omnium circumsedentium, guerpitionem fecit idem dominus Montarsinus et nepotes sui de quadam particula terrule, que est ante gradus² Beate Marie, in qua suprascriptus archiepiscopus, aulam³ edificare temptavit et ad perfectum, Christo opitulante, deduxit.

CX

Seconde moitié du xi⁰ siècle environ.

Règlement de l'abbaye de Cluny rédigé par le moine Bernard, concernant les tournées du prieur claustral dans l'église et les divers bâtiments conventuels.

Ordo ⁴ Cluniacensis per Bernardum, dans Herrgott, *Vetus disciplina monastica* (1726), p. 141 et suiv.

Cap. III. DE PRIORE CLAUSTRALI. — Perlustrat⁵ totum claustrum incipiens ad ostium auditorii, sollicite observans

1. Auger ou Oger, prieur de Saint-Orens d'Auch vers 1100, est Oger de Montaut, frère de l'archevêque Guillaume de Montaut. Voir la charte de fondation du prieuré de Montaut, en 1068, dans dom Brugèles, *op. cit.*, Pr., 3° part., p. 68.

2. « Ce *gradus Beate Marie* était une de ces rues en escalier par lesquelles communiquaient la haute et la basse ville. C'était celle allant des bords du Gers à l'église cathédrale; elle a été démolie de nos jours pour faire place à l'escalier monumental » (Note de l'éditeur).

3. Quant au palais de Raimond II, c'est dans la sacristie et l'emplacement du musée diocésain qu'il faut en chercher les traces.

4. L'*Ordo Cluniacensis* (ou *Ritus et consuetudines Cluniacenses*) fut rédigé par le moine Bernard d'après les instructions de l'abbé Hugue : « abbate Hugone constituente », *op. cit.*, p. 297; cf. p. 331). L'abbatiat de Hugue s'étend de 1049 à 1109. Outre l'ouvrage capital d'E. Sackur, *Die Cluniacenser...* (1892), outre les *Consuetudines* d'Ulrich, prieur de Zell, et celles dites *Hirsaugenses*, pour les tournées du prieur claustral, on peut consulter l'ouvrage de Hauviller, *Ulrich von Cluny*, dans les *Kirchengeschichtliche Studien*, t. III (1896), p. 60 et suiv., et X. Kraus, *Geschichte der christlichen Kunst*, t. II, p. 122. Cf. les *Statuta seu ordo monasterii S. Benigni Divionensis*, § II, De priore..., dans l'*Hist. de l'église Saint-Bénigne de Dijon*, par l'abbé L. Chomton, p. 352.

5. L'ordre suivant lequel s'accomplissaient les tournées du prieur claustral dans le monastère de Cluny fournit des renseignements utiles, bien

quatenus eleemosynaria sit clausa et obserata, coquina
regularis, refectorium, armarium puerorum, cella novitiorum,... si quis adhuc sit et propter quid in cellario; quid
agatur in domo infirmorum...; si quis remanserit in ecclesia
Beatae Mariae[1]. Nec oportet ut eat ad omnium lectos, sed
stans in medio uniuscujusque infirmariae... Deinde redit
per ecclesiam Sanctae Mariae et ascendit dormitorium...tran-
siensque per viam illam quae ducit ad necessaria... et sic
intrat ad necessaria, et per speciales omnium necessariorum sedes a fine usque ad caput vertens lumen can-
delae in eundo versus loca ad quae sedere solent. Quo ex
more expleto, extinguit candelam et ponit eam cum sconsa[2]
juxta patellam[3] illam quae in fenestra dormitorii et necessariorum accensa illuminat utrumque[4]... Ille vero qui post
matutinales orationes pro eo facit circam... revertitur a
necessariis... ad ecclesiam... In dormitorio, circatis, ut mos
est, stratis, circat necessaria... indeque ad monasterium[5]
revertens, circat omnia altaria et angulos membrorum ecclesiae. Debet etiam in hac [ecclesia] secretariam totam cir-
cuire... Circuit vero tunc navem ecclesiae...

... Incipit autem prior circam... a secretario, imprimis
in dormitorio observans... circuito dormitorio, sive fratres
in calefactorio sint, sive non, transit ad ostium cellae novitiorum, inde ad ostium refectorii, coquinae regularis et saecu-
laris, cellariae, eleemosynariae, et ad illud, per quod deforis venientium est ingressus in claustrum... Deinde transiens per capitulum, ubi tunc cum infantibus cantat minor
armarius, inde per infirmorum ecclesiam intrat in infirma-

---

qu'incomplets, sur l'emplacement et la disposition dudit monastère dans
la seconde moitié du XIᵉ siècle. Il est intéressant de rapprocher le texte qui
suit des données que fournit le dénombrement des bâtiments de Cluny
en 1622, dans Penjon, *Cluny*, p. 110 et suiv.

1. C'est-à-dire la chapelle de la Vierge située auprès de l'infirmerie, dont
il est question un peu plus loin.

2. Cf. *absconsa*, lanterne.

3. Sorte de lampe. Voy. le *Gloss.* de Du Cange, où le passage ci-dessus
est cité.

4. C'est-à-dire le bâtiment du dortoir, d'une part, et les cabinets d'aisance,
d'autre part.

5. L'église est désignée dans ce texte tantôt par le terme ordinaire
ecclesia, tantôt par *monasterium*, terme moins fréquent dans ce sens.

riam. Quo finito... per parlatorium redit in ecclesiam, et circat omnia altaria et omnes angulos monasterii etiam in navi et in secretaria... Circuito ergo hoc modo toto monasterio, tandem ad ultimum circato septentrionali membro ecclesiae, revertitur per presbyterium... in choro debet videre provide... Non est consuetudo quatenus servitores, finita coena,... eant tunc in ecclesiam perante capitulum et, dum transierint capituli arcum, incurvati humilientur propter conventum...

LXX. DE ECCLESIA SANCTAE MARIAE[1]. — Ecclesia Sanctae Mariae, domibus infirmorum contigua, dedicata est in honorem ejusdem Beatae Dei Genitricis... Altare quod est situm in primo capite consecratum est in honore[m] beatissimae Dei genitricis Mariae et sancti Michaelis archangeli... Altare quod est situm in capite dextro dedicatum est in honorem protomartyris Stephani, Clementis... Altare quod est situm in capite sinistro est consecratum in honorem sancti Joannis Baptistae...

CXI

Dernier tiers du XIᵉ siècle.

Épitaphe du moine Humbert, constructeur du prieuré de Correns, dépendance de l'abbaye de Montmajour, en Provence.

R. de Lasteyrie, *Restitution d'une inscription du XIᵉ siècle,* dans le *Recueil de mémoires publ. par la Soc. nat. des Antiquaires de France,* à l'occasion de son centenaire (1804-1904), p. 213.
(Cf. Mabillon[2], Ann. Bened., t. IV, p. 698-699.)

1. Sur la chapelle Notre-Dame et l'infirmerie dans l'abbaye de Cluny, voy. Enlart, *Man. de l'archéol. fr.,* t. II, arch. mon., p. 18 ; cf. *ibid.,* p. 10-17, pour un certain nombre de bâtiments conventuels qui viennent d'être énumérés.
2. C'est à tort que Mabillon a fait deux épitaphes d'une inscription unique, en attribuant l'une au moine *Humbertus,* l'autre à un moine du nom de *Domnus,* lequel n'a jamais existé.

† Sub petra positus requiescit corpore domnus
  Istic Humbertus [1] a puero monacus
Caenobii sancti constructi nomine Petri
  Aecclesiae matris Virginis et domini
Almo maioris doctus nutrimine montis
  Instructor verbis imbuitur monitis
Post hinc Fulberti gliscit verbere doceri
  Francigenis mixtus et studiis deditus
Artes percipiens VII sua pectora replet
  Armoniam studuit gramaticam docuit
Novem continuos in scolis deguit annos
  Hinc se convertens litera prisca fruit
Iussu prudentis rectoris seque docentis
  Caepit Conredum [2] nempe monasterium
Aulas construxit muros portisque reclusit
  Fundavitque locum magnificamque domum [3]...

CXII

Fin du xi⁰ siècle ou commencement du xii⁰.

*Plaintes du Chapitre de la cathédrale de Notre-Dame-des-
Doms, à Avignon, contre les chanoines de l'abbaye de
Saint-Ruf, qui avaient précédemment consenti à prêter
audit Chapitre des sculpteurs ainsi que des artisans
habiles dans l'art de travailler le bois. — Griefs du même
Chapitre contre lesdits chanoines qui retiennent pour eux
un jeune clerc à qui un chanoine de la cathédrale avait
donné une instruction artistique, notamment dans l'art
de la peinture.*

Archives de Vaucluse, série G, extr. du *Registre du Chapitre métropolitain
d'Avignon*, dit *Livre vert*, n⁰ 27, fol. 23 v⁰ et 25 r⁰, publ. en partie par

1. Le moine Humbert avait été élevé dès l'enfance dans l'abbaye de
Montmajour située aux environs d'Arles.
2. Les supérieurs du moine Humbert l'avaient chargé de construire un
prieuré dans un des domaines de l'abbaye, à Correns, petite localité située
sur les bords de l'Argens, à quelque distance, au Nord, de la ville de Brignoles.
3. Les vers qui suivent sont consacrés à l'éloge des vertus du défunt.

L.-H. Labande, *L'église Notre-Dame-des-Doms d'Avignon, des origines au XIIIᵉ siècle* (avec pl.), dans le *Bull. archéol. du Comité* (1906), p. 311, n. 1 (tir. à part, 1907).

(Cf. P. Achard, *Notes sur quelques anciens artistes d'Avignon...*, dans les *Archives de l'art français*, t. VII, Doc. IV, 1856, p. 189 et suiv.)

CANONICI[1] MAJORIS ECCLESIE AVENIONENSIS[2] SEDIS DE FRATRI-
BUS SUBURBANE ECCLESIE BEATI RUFI[3] SUPER HIS CONQUERUNTUR.

1

De inobedientia autem domni Pontii rectori substituti vel subjectorum ejus, quamdiu domnus ille prepositus apud nos fuit, querimoniam nullam audivimus, imo tante obe-dientie tunc temporis exstitisse ab his qui viderunt asserun tur quod illi, qui lignorum artifices vel lapidum [s]culptores vel scriptoria[4] (*sic*) arte valentes inter eos [h]abebantur, per totam Quadragesimam, vel quolibet tempore quo opus erat majoris ecclesie structure[5] operam dabant. Et quoniam domum Beati Rufi suam esse putabant et, sicut tunc obe-diebat, in perpetuum obedituram sperabant, domnus ille prepositus et totus canonicorum conventus ex rebus suis eam amplificare decreverunt, honorem o[p]timum in Turre mille solidos et eo amplius valentem ei dantes et decimam quam ex omni proprietate illius loci accipere solebant eidem relinquentes...

1. Nous adressons tous nos remerciements à nos confrères MM. Labande et Duhamel, qui ont bien voulu revoir pour nous ce texte fort curieux et nous communiquer de très utiles renseignements.

2. Sur la cathédrale d'Avignon, Notre-Dame-des-Doms, voy. Revoil, *Archit. romane du Midi de la France*, t. I (1873), p. XV, App., p. 43-48 pl. LII — LVI, et surtout Labande, *op. cit.*, avec les auteurs mentionnés par lui.

3. « L'abbaye de Saint-Ruf avait été donnée en 1038 par Benoit, évèque d'Avignon, à quatre chanoines de N.-D. des Doms, qui voulurent vivre dans une règle plus étroite; Mouguier (*Histoire... de l'église... d'Avignon*, 1639, p. 39) dit que le bâtiment qui s'en allait presque en ruines fut à cette occasion remis en bon état. » Cf. Achard, *op. cit.*, p. 169. Sur l'abbaye de Saint-Ruf, voy. aussi Revoil, *op. cit.*, t. I, p. 34 et 35 pl. XXVIII-XXXII.

4. Des scribes habiles pouvaient servir pour des comptes, des tracés de plans sur parchemin; — ou *scalptoria* (ciselure, entailles de pierre).

5. On ne saurait attribuer à ces artistes une part de l'œuvre qui sub-siste actuellement, puisque ce monument ne peut remonter plus haut que le milieu du XIIᵉ siècle. (Voy. Labande, *op. cit.*, p. 311 et s.).

2

...Vir[1] quidam laicus habebat filium quem in etate puerili cuidam canonico nostro, consobrino suo, ita in adoptionem tradidit[2], ut ipse eum nutriret atque doceret, et, si puer ad etatem illam perveniret qua aliquid lucrari posset, totum nutritoris esset et in omnibus ei obediret atque ab ejus voluntate in nullo dissentiret. Quem ille suscipiens diligenter nutrivit et artem suam pictoriam edocuit. Insuper etiam magistros, qui alia docuerint artificia, pecunia propria conduxit. Postquam autem puer ille factus est juvenis et plenarie capax rationis, sollicite erga magistrum omnia illa servavit que pater in donatione posuit, cui etiam multociens fide sua promisit ut quamcumque domum ipse pro conversione eligeret, ad eandem ipse, si Deus daret animum, procul dubio veniret. Quapropter predictus discipulus, in peregrinationem abiens, postquam inde rediit ad locum, in quo magistrum esse audierat, sine mora rediit sicut promiserat, veniensque post paululum se ipsum Deo et Beate Marie et illius loci preposito reddidit, et ex rebus suis mulam o[p]timam preposito tradidit. Prepositus vero in domo sua sicut proprio clerico [c]ameram quamdam deliberavit, et ut cotidie in claustro comedere cum fratribus veniret, si vellet. Ubi ita sub obedientia remansit quod multociens ex his que adquirere poterat preposito serviret. Denique, cum predictus clericus, sine cujusquam ap[p]ellatione, in obedientia sibi com[m]issa per triennium jam st[e]tisset, fratres Beati Rufi blanditiis suis et presentationum obsequiis et hujusmodi altis promis-

1. *Reg. cit.*, fol. 25 r°.
2. Sur la mise en apprentissage d'enfants destinés à devenir artistes dans l'art de la peinture, ou simplement artisans dans l'art de travailler la pierre, le bois ou le fer, les textes du XIe siècle ne nous renseignent pas. Nous lisons dans la *Vita sancti Geraldi*, com. *Aureliac.*, lib. II, c. XI, laquelle est l'œuvre d'Odon, abbé de Cluny et fut écrite au Xe siècle : « Quidam puerulus apud Aureliacum claudus morabatur, qui fabro cuidam commendatus est ut artem disceret qua victitare valuisset. » (Migne, *Patr. lat.*, t. CXXXIII, col. 677.

sionibus, [ubi][1] maximus honor facile continget, — sicut multis fratribus jam contigit ejusdem domus, — per se, per internuncios suos ejus simplicem animum subvertere non destiterunt, donec quadam die ad se venire et abbati suo reddere fecerunt, et statim eum ad altare ducentes, abbate assistente et sacramentum edocente, jurare fecerunt ut in omnibus abbati obediret que sibi preciperet, et ibidem per obedientiam et sacramentum quod fecerat, ei abbas in[junxit] quatenus in nocte sequentis dominice ex toto ad eos venire paratus esset, et per idem sacramentum monuit ut ita clam fieret quod a nemine sciri posset. Quid plura? Quibusdam et (*sic*) fratribus missis sub predicte noctis silentio, domum nostram invadentes, personam nobis datam et possessam resque ejus omnes furtim asportaverunt. Hoc autem cum kanonici et populus audivissent, contra eos graviter irasci voluerunt, et, missis nunciis, secundum sententiam episcopi se facturos responderunt. Et quia aberat, quosdam ex fratribus ad eum dirigentes clericum de quo agimus a se[2]...

CXIII

Fin du XI° siècle ou commencement du XII°.

Donation par Hugue de Flée à l'abbaye de Saint-Aubin d'Angers d'une petite église rurale, sise à Ligron, autrefois détruite, à condition que ladite abbaye ferait construire pendant l'année une église de bois.

Cartulaire de l'abbaye de Saint-Aubin d'Angers, publ. par B. de Broussillon, t. II (1899 , p. 296 [3].

1. Le ms. semble ici porter *tibi*.
2. Le copiste s'arrête ici pour transcrire un titre relatif à une chute d'eau qui met en mouvement deux des moulins du Chapitre.
3. Cet acte n'est pas daté; mais, d'une part, Hugue de Flée est mentionné dans un acte de 1095-1106 (*Cartul.*, t. I, p. 372); d'autre part, l'église de Notre-Dame de Ligron est citée dans une charte de 1111 (*ibid.*. t. II, p. 296).

Hugo de Floiaco[1] donavit monachis Sancti Albini locum cujusdam ecclesiole que vocatur Ligrunnus[2] : ecclesia namque antiquitus destructa erat... Donavit et totum presbiteratum ipsius ecclesiole... tali conventione ut in ipso donationis anno facerent ecclesiam de lignis, et in ipsa ecclesia missa cantaretur diebus dominicis et festis...

CXIV

Vers 1100-1117.

Fondation par Robert d'Arbrissel du monastère de Fonte-vrault, au diocèse de Poitiers, dans le Saumurois; construction d'un oratoire; son agrandissement; séparation des cloîtres des religieux et des religieuses; vocable des monastères relevant de cette abbaye. — Autres constructions (léproseries) entreprises par les soins de Robert d'Arbrissel.

1

Vita beati Roberti[3], auct. Baldrico, episc. Dolensi, dans *Act. Sanct. Boll.*, febr. III, p. 611-619.
(Cf. Migne, *Patr. lat.*, t. Cl.XII, col. 1051-1052, 1054-1056.)

Cap. III. 16... Locus erat incultus et squalidus, spinetis obsitus et vepribus, ab antiquo Fons Evraldi[4] nuncupatus,

1. *Floiacus, Floe*, aujourd'hui Flée, comm. du cant. de Château-du-Loir, arr. Saint-Calais (Sarthe).
2. Ligron, comm. du cant. de Malicorne, arr. La Flèche (Sarthe). La Flèche était le siège d'un prieuré.
3. Robert d'Arbrissel (ou d'Arbressec), né dans le pays de Rennes vers 1017, suivant les uns, vers 1060, d'après les autres, mourut le 27 février 1117.
4. Sur Fontevrault, au point de vue historique ou archéologique, voy. G. Maliffaud, *L'abbaye de Fontevrault, not. hist. et archéol.*, Angers (1866); d'Espinay, *Notices archéol., l'abb. de Fontevrault*, dans la *ber. hist., litt. et arch. de l'Anjou* (1876); Edouard (Biron), *Fontevrault et ses monuments ou hist. de cette roy. abbaye depuis sa fondation*, (1100-1793), Paris, 1874-1875; Bossebœuf, *Hist. et archéol., Fontevrault, son hist. et ses monuments*, Tours, 1890. — Fontevrault est aujourd'hui cant. Sud et arr. de Saumur (16 kil.), en Maine-et-Loire. Voy. Cél. Port. *Dict. hist., géogr., ... de Maine-et-Loire, t. II, p. 167 et s., v° Fontevraud.*

ab hominum cohabitatione sequestratus, a Condatensi [1] autem cella quasi duobus distabat milliariis, dioecesi adjacens Pictavensi. Silvulam hanc sive dumetum, in quo Dei nova familia et novus exercitus habitaret et laboraret, elegit et dono a quibusdam possessoribus accepit ; et promiscuos christianitatis tirones illuc induxit.

17. Fecerunt autem ibi pro tempore quaedam tuguriola, quae dumtaxat eos tuerentur ab intempestiva aeris ingruentia. Oratorium etiam ibi qu-·libet construxerant, in quo Deus invocaretur et hospitaretur in medio castrorum suorum. Castrenses illi cum Deo suo desiderabant singulariter confabulari, ejusque colloquio peroptabant recreari. Inde procedebant ad opera, ut de laboribus manuum suarum vivere possent et numquam otiosi vivere praesumerent. Mulieres tamen ab hominibus segregavit, et inter claustrum eas velut damnavit, quas orationi deputavit ; homines vero laboribus mancipavit. Non sine discretione id agere videbatur, quia sexum teneriorem et imbecilliorem commendabat psalmodiae et theoriae ; fortiorem autem applicabat exercitiis vitae actualis [2].

Cap. IV. 20. Jam igitur parietibus oratorii [3] dilatandis et inaltandis instabatur ; dabantur sumptus copiosi, offerebantur usus necessarii ; claustra et claustra praeparabantur ; nec etiam tria vel quatuor tantis mulierum collegiis suffecerunt. Divisi sunt homines a mulieribus ; et seorsum in locis remotioribus, praeparatae sunt eis domus et domus. Mulieres iterum segregavit sagax magister ab invicem : et

---

1. Toute cette contrée n'était guère qu'un bois, dit le bois de Bort, et elle était seulement traversée par des voies se dirigeant de l'Anjou et du Poitou sur Candes. Candes est une commune du cant. et arr. de Chinon (Indre-et-Loire).

2. « Dans une pensée à la fois mystique et pratique, l'œuvre de Robert d'Arbrissel réunissait les hommes et les femmes sous le gouvernement unique et absolu d'une abbesse, chaque sexe sous une règle distincte, celle des religieuses inspirée directement des principes bénédictins et dominée par la loi du silence, celle des frères les consacrant surtout à la desservance, à proprement parler, des maisons de l'ordre et à l'administration temporelle des divers domaines. » (Cél. Port, op. cit., t. II, p. 169.)

3. Édifice remanié ; on remarque encore la coupole à pendentifs non distincts qui fournit le premier des jalons, qui conduisent au style Plantagenêt. Voy. à ce sujet Berthelé, L'architecture Plantagenêt, dans Congr. archéol., LXX° session, Poitiers (1903), p. 239.

rursus per cellas et cuneos distinxit eas ; catervatim collocavit illos et illas, quoniam alteruter numerus in simplici-
tatem extendebatur. In claustro majori plus quam trecentas insimul locavit : alias vel centenas vel sexagenas per
alterius quantitatis turmas[1] commendavit, alibi plus, alibi
minus ; nec non et homines per discretos delegavit mani-
pulos.

21. Operariis autem assistere nec volebat nec poterat,
quia nationibus multis praedicare habebat. Constituit igitur
ex sororibus unam responsis et operibus assistricem et
magistram, Hersendim[2] nomine, quae, spreta sua qua prae-
lucebat nobilitate, choris feminarum adhaeserat, imo prior
conversa fuerat. Vivebat autem Hersendis et magnae religionis et magni pariter consilii. Huic autem Hersendi conjunxit et Petronillam[3] procurationis mansionariae gnaram,
quam ipse Robertus postea elegit in abbatissam : nam Hersendis jam ad superos recesserat. Has itaque duas feminas
quoniam cognoverat prudentes et industrias et magnae cau-
telae personas, aliis, ut dictum est, praefecerat sororibus.

22... Leprosis etenim et suas mansiunculas[4], et mona-
chalia claustra construxit, et unde singuli alerentur magister
Robertus instituit : et persaepe, quoad vixit, tales ipse per
se humillime visitavit..... Quamvis pluribus indigeret
latomis et caementariis et artificibus diversis, tamen ea
cura sibi videbatur postrema : quoniam ejus anima in sancta
religione dumtaxat erat sollicita.....

2

Alia vita (du même). *op. et t. cit.*, p. 615.
(Cf. Migne, *Patr. lat., t. cit.*, col. 1062-1063.)

Cap. III. 11. Hic quidem, de quo loquimur, Robertus

1. Au Grandmoutier, église principale dédiée à la Vierge, Suger, dans
une lettre adressée à Eugène III (1145), compte déjà plus de 5000 religieuses. (Voy. Cél. Port, *op. cit.*, t. II, p. 169.)
2. Hersende était simple prieure.
3. Pétronille ou Perronelle de Craon, veuve du seigneur de Chemillé,
qui fut la première abbesse en titre (28 octobre 1114 — 25 avril 1149).
4. « Le plan des léproseries (sous l'invocation de saint Lazare, leur
patron), ressemble beaucoup à celui des chartreuses, car chaque malade a
sa maisonnette (Enlart, *Man. d'archéol.*, t. II, p. 50).

nonnulla habitacula in diversis provinciis [1], cooperante Deo,
aedificaverat, in quibus sanctimonialium cohortes diutina
religione in Fontevraldensi claustro probatas, juxta locorum
competentiam includebat, atque ad earum servitium aliquos
ex fratribus nostris destinabat. Haec autem erat praeterea
illius inflexibilis consuetudo ut, ubicumque coenobia sancti-
monialibus suis aedificare fecerat, in honorem S. Mariae
semper Virginis ea construeret. Et quia sanctus Joannes Evan-
gelista eidem Virgini, praecipiente Christo, quoadusque cor-
poraliter in mundo conversata est, devotus magister diligenter servivit, decrevit vir prudens ut fratr m oratoria
in ejus venerationem dedicarentur : quod non sine divina
inspiratione factum fuisse existimo, ut quem videlicet exemplum serviendi sponsis Christi fratres haberent, eumdem
suorum oratoriorum patronum esse gauderent...

CXV

Entre 1100 et 1130 environ.

*Reconstruction de l'église cathédrale de Thérouanne, par
les soins de l'évêque Jean de Commines. — Description
du château à motte de Merckem, en Flandre.*

Vita [2] *Johannis, episcopi Teruanensis, auct.* Waltero archidiacono, éd.
O. Holder-Egger, dans *Mon. Germ. histor.,* Script., XV, pars II (1888),
p. 1145 et 1146-1147.
(Cf. *Acta Sanct.* Holland. 27 Jan. III, p. 413 et 414. — En partie seulement, Bouquet, *Rec. des Hist. de Fr.,* t. XIV, p. 239.)

1. Dans le premier quart du XII° siècle, des colonies monastiques, issues
de Fontevrault, se répandirent dans les pays voisins, tels que l'Anjou, le
Poitou, la Touraine, et encore dans le Limousin et le Périgord, comme dans
d'autres contrées. La Bretagne fut dotée aussi de ces établissements religieux.
2. Cette Vie, qui passe aujourd'hui pour l'œuvre de Wautier de Thérouanne, a été longtemps attribuée à Jean de Colmieu, archidiacre de Morl-
nie, mort en 1130 ; elle a été écrite neuf ans après. — Potthast (*Bibl.
hist.,* t. II, 1398), A. Molinier (*Sources,* t. II, p. 171) et l'abbé U. Chevalier
renvoient tous trois par erreur pour cette Vie à la Patrologie latine de
Migne (CLXVI, col. 873). Le texte que l'on trouve à la place indiquée par
ce renvoi est tout autre ; c'est celui-ci : *De vita et martyrio b. Caroli Boni,
Flandriae comitis* (d'après *Act. Sanct.,* Holland., mart., t. I, die 2, p. 152).

1

C. 10. — Ecclesiam [1] Beatae Mariae Teruanensis quam, uti prelibavimus, interius exteriusque miserabiliter dissipatam [Johannes [2] episcopus] invenit, mox primis ordinationis suae temporibus biformi structura sapiens architectus reparare preparavit; et de insensibili quidem lapidum lignorumque materia fabricam ejus a fundamentis magna ex parte incipiens, laudabiliter extrinsecus consummavit [3], sed vivis [4] intrinsecus lapidibus lignisque rationabilibus eam multo utilius instauravit...

2

C. 12. — Sed occurrit, quod gestis [Johannis, episcopi Teruanensis,] adhuc opporteat stilo currente allegari, et quod noverimus, id ipsum ut scribatur, ex multo jam tempore a multis desiderari. Plurimi enim ex fratribus fuerunt qui, etiam eo vivente, haec scribi voluerunt. Cum ante xv fere quam decederet annos sollicitudine pastorali diocesim suam ex more lustraret, contigit ut in villa, cui Merchem [5]

1. « En 1133, on consacre le chœur, à peine construit, de la cathédrale de Thérouanne, pour pouvoir y installer les reliques de l'évêque Saint-Maxime, enlevées de Houlogne, que Thérouanne dépossédait aussi de son siège épiscopal. » (Enlart, *Man. d'archéol. fr.*, t. I, p. 96, n. 2.)

2. Jean de Commines fut consacré évêque de Thérouanne en 1099; il mourut le 27 janvier 1130.

3. Important monument de transition du Nord de la France, cette cathédrale a un plan d'origine germanique. (Enlart, *op. cit.*, t. I, p. 232, et fig. 79, abside.)

4. On lit notamment dans Raban Maur (éd. Migne, t. CVIII) : « Omnes qui in Christum Jesum credunt dicuntur *lapides vivi* », et dans Rupert (éd. Migne, t. CLXVIII) : « *Lapides vivi* dicuntur fideles propter fidem. » Déjà saint Augustin (*Enarratio in Psalmum* xxxix, éd. Migne, t. XXXVI) s'exprime ainsi : « Tantum autem valet junctura charitatis ut, quamvis multi *lapides vivi* in structura templi Dei conveniant, unus lapis ex omnibus fiat. »

5. Merckem, commune de l'arr. de Dixmude, province de la Flandre occidentale (Belgique). C'est bien de cette ville qu'il s'agit, d'après de Caumont (*Abécéd. d'archéol.*, archit. mil., 3e éd., 1869, p. 403). Par suite d'une erreur typographique, M. Enlart (*Man. d'archéol. fr.*, t. II, p. 409) a imprimé Merchein. Il n'y a pas de raison d'attribuer ce texte à Merckerghem, départ. du Nord, arr. de Dunkerque, cant. de Wormhoudt, ainsi que l'a fait M. Flach, *Origines de l'anc. France*, t. II, p. 82.

vocabulum est, hospitii mansionem haberet. Erat autem
secus atrium ecclesiae munitio quaedam, quam castrum vel
municipium dicere possumus, valde excelsa, juxta morem
terrae illius a domino villae ipsius a multis retro annis
extructa. Mos namque est ditioribus quibusque regionis
hujus hominibus et nobilioribus, eo quod maxime inimiciis
vacare soleant exercendis et caedibus, ut ab hostibus eo
modo maneant tutiores et potentia majore vel vincant pares,
vel premant inferiores, terrae aggerem quantae prevalent
celsitudinis congerere eique fossam quam late patentem
multamque profunditatis altitudinem habentem circum-
fodere, et supremam ejusdem aggeris crepidinem vallo ex
lignis tabulatis firmissime compacto undique vice muri
circummunire turribusque, secundum quod possibile fuerit,
per girum dispositis, intra vallum domum vel, quae omnia
despiciat, arcem in medio aedificare, ita videlicet ut porta
introitus ipsius villae nonnisi per pontem valeat adiri, qui
ab exteriori labro fossae primum exoriens, est in processu
paulatim elevatus columnisque binis et binis, vel etiam tri-
nis altrinsecus per congrua spacia suffixis innixus [1], eo
ascendendi moderamine per transversum fossae consurgit,
ut supremam aggeris superficiem coaequando, oram extremi
marginis ejus et in ea parte limen prima fronte contingat.
In hujusmodi ergo asylo pontifice cum suo illo frequenti et
reverendo comitatu hospitaturo, cum ingentem populi turbam tam in ecclesia quam in atrio ejus manus impositione
et sacri crismatis unctione confirmasset, ut vestimenta muta-
ret, eo quod cimiterium humandis fidelium corporibus bene-
dicere statuisset, ad hospicium r___gessus est. Unde illo, ut

1. Ainsi, la motte était reliée à la première enceinte par un pont en plan
incliné que supportaient des colonnes accouplées ou ternées. Dans
l'image des villes figurées sur la fameuse Tapisserie de Bayeux et dont
on discerne facilement les fortifications de bois, formées de poutres liées
les unes aux autres, on voit distinctement le pont de bois dont parle
Colmieu, et par lequel on montait à la porte du donjon. La Tapisserie
montre aussi que pour permettre aux cavaliers de monter jusqu'à la porte
des donjons, la passerelle était munie de barres transversales clouées à
intervalles réguliers sur la face supérieure du tablier. Selon M. Marignan,
l'œuvre de la Tapisserie de Bayeux ne serait que de la fin du xiie siècle.

propositum perficeret opus, iterum descendente et circa
medium pontis triginta quinque vel eo amplius pedum altitudinis habentis, certa de causa subsistente, populique non
modica caterva ante et retro dextra levaque circumstipante,
continuo, antiqui machinante hostis invidia, pons ponderi
cessit et dissipatus corruit magnamque illorum hominum
turbam cum episcopo suo ad ima dejecit ; fragore autem
ingenti e vestigio consecuto, transtris, trabibus, tabulatis
et ruderibus magno cum impetu pariter et strepitu conci-
dentibus, nebula quaedam tenebrosa ita omnem illam ruinam repente circumfudit, ut quid ageretur vix quisquam
discernere potuerit. Sed clementia Dei velociter affuit, tene-
brasque dejecit et servum suum cum tota illa multitudine
de periculo illaesum eduxit....

CXVI

1101-1148

*Constructions religieuses, militaires et autres accomplies par
les soins des évêques d'Angoulême dans cette ville et dans
leurs possessions épiscopales.*

Historia pontificum et comitum Engolismensium [1] dans *Rerum Engolismensium scriptores*, éd. Castaigne, 1853, p. 18-53 (Soc. arch. et hist. de
la Charente).
(Cf. *Rec. des hist. de Fr.*, t. XII, 1781, p. 396.)

[1101-1136.] — Castello itaque Montiniaci [2]... capto, et in
manu Gerardi [3], Engolismensis episcopi,... suscepto, turrim
altam et robustam in eo aedificavit, et ipsum castellum
muris undique validissimis munivit. Et vero Engolismen-
sem [ecclesiam] a primo lapide aedificavit [Gerardus], in

1. Cette chronique a été composée vers 1159, date de la mort de l'évêque
Hugue II de La Rochefoucauld : elle est vraisemblablement l'œuvre d'un
chanoine d'Angoulême. Voy. Castaigne, *op. cit.*, p. 12.
2. Aujourd'hui Montignac, comm. du cant. de Saint-Amant-de-Boixe,
arr. Angoulême. (Charente).
3. Gérard II de Blaye.

qua reaedificatione supradictus Iterius [1] Archambaudi in constructione parietum expensarum medietatem de proprio suo ministrabat. De proprio suo aedificavit [Iterius] dormitorium [2], refectorium, cellarium, presbyterium, januas ferreas..... Gerardus itaque, Engoli..mensis episcopus, aulam pontificibus construxit et ecclesiae [3] quam, ut diximus, aedificavit, haec munera obtulit.... Aulam pontificibus et capellam et cameram Pictavi aedificavit; aulam Varuci aedificavit muris, vallo aedificatam roboravit, ecclesiam et domos construxit leprosarias.....

[1136-1148.] — Post Gerardum..... Lambertus, natione Engolismensis..... ecclesiam de Corona [4] a primo lapide aedificavit... Aedificavit domibus episcoporum quamdam aulam, in qua est puteus et coquina, et turrem super portam Varuci [5] : aedificavit ecclesiam baptisterii [6] de conventu benedictionum.....

CXVII

Avant 1104-1150.

Accidents survenus à l'église abbatiale de Saint-Germer, en Beauvaisis. — Découverte du cimetière gallo-romain de

1. Itier Archambaud, riche chanoine d'Angoulême, d'origine seigneuriale (Voy. Castaigne, *éd. cit.*, p. 39.)
2. Les constitutions synodales d'Eugène III édictent la disposition suivante : « Juxta ecclesiam claustra constituantur... omnibus unum sit refectorium ac dormitorium. » (Voy. du Cange, *Gloss.*, v° Claustrum.)
3. On sait que la cathédrale d'Angoulême, commencée vers 1105 et consacrée en 1128, est le type d'une église romane couverte de coupoles du Sud-Ouest de la France. Outre Viollet-le-Duc, *Dict. de l'arch. fr.*, *passim*, voy. Enlart, *Man. d'archéol. fr.*, t. I, p. 103, 211, etc., t. II, p. 758, et le même, dans l'*Hist. de l'art* d'A. Michel, t. I, 2e part., p. 477 (fig.)
4. La Couronne, abbaye d'Augustins fondée au xii° siècle; aujourd'hui, comm. du cant. et arr. d'Angoulême.
5. Vars, comm. du cant. de Saint-Amant-de-Boixe. La terre de Vars faisait partie de la mense épiscopale par suite du partage opéré en 1120 entre les chanoines et l'évêque Girard II. Ce prélat y avait construit une maison entourée de retranchements, et il en avait considérablement augmenté les revenus et les dépendances.
6. Nous avons déjà fait observer que les mentions de baptistère sont rares en France aux xi° et xii° siècle.

Nogent-sous-Coucy. — Incendie de la cathédrale et du palais épiscopal de Laon — Transport et exhibition des reliques de ladite cathédrale en France et en Angleterre, pour obtenir des offrandes nécessaires à sa reconstruction. — Part prise à cette œuvre par l'évêque Barthélemy de Jouix.

Guiberti de Novigento *De Vita sua*, éd. G. Bourgin (1907), l. I, [c. xxiii], p. 34, l. II, [c. i], p. 99, l. III [c. v], p. 146-147, [c. ix], p. 170, [c. xii], p. 185-190, [c. xiii], p. 191-193.
(Cf. d'Achery, *Spicilegium...*, 1651, p. 483 et s. — Migne, *Patr. lat.*, t. CLVI, col. 837 et s.)

1

L. I, [c. xxiii] — [1064-1104]. — Cum esset vigilia[2] martyrum Gervasii et Prothasii, parvo emergente tonitruo..., mane ergo nobis surgentibus..., ictu ruente grandisono fulminis hoc modo penetratur ecclesia[3]. Gallum[4] qui super turri erat, crucem columque aut dispergit aut cremat, trabem cui haec insidebant debilitat, et scindulas clavis affixas semiurendo convellens, per occidentalem turris[5] vitream intrat, crucifixi Domini imaginem subter stantem, illiso usque ad ruinam capite, fixoque latere dextre, frangit, non ustulat, dextrum vero brachium et crucis et imaginis sic urit et truncat, ut p̄ ter manus pollicem de toto brachio quippiam nemo reperiat... Dextroisum enim per arcum, cui

1. Guibert fut élu abbé de Nogent-sous-Coucy en 1104, et il mourut en 1124. Le *De Vita sua* aurait été composé entre 1111 et 1117.
2. C'est-à-dire le 19 juin.
3. Voy. E. Lefèvre-Pontalis, *Étude sur la date de l'église de Saint-Germer*, dans la *Bibl. de l'Éc. des Chartes*, t. XLVI, 1885, p. 478-495 ; cf. *Bull. monum.*, 1886, p. 23 et suiv. L'église actuelle de Saint-Germer vient d'être l'objet d'une étude d'A. Besnard, dans *Congrès archéol. de Fr.*, LXXIIe session, éd. 1906, p. 407-449.
4. Sur le coq surmontant le clocher des églises voy. *supra* le texte relatif à la cathédrale de Coutances, p. 74, n. 3. — *Colum*, extrémité arrondie.
5. Comme à Saint-Étienne-de-Beauvais et dans des églises romanes normandes, il y avait une tour centrale sur l'église de Saint-Germer : mais des données du texte que nous reproduisons ci-dessus on ne peut conclure à l'existence d'un clocher latéral au XIe siècle. Notre savant confrère M. E. Lefèvre-Pontalis, qui a eu occasion de revenir sur sa première interprétation de ce texte, a bien voulu nous confirmer sa nouvelle manière de voir à ce sujet.

percussa imago suberat, flamma labens in cemento arcus descendendo bifurcam nigredinis rigam [1] f[a]cit, et in chorum perveniens, duos hinc et inde arcus stantes monachos percutit et in momento exanimes reddit.

L. II, [c. 1] — [1104-1117]. — Vocatur siquidem Novigentum[2], qui, quantum ad habitationem spectat monasticam, novus, quantum vero ad usum saecularem, vetustissime cultus. Quam opinionem si nulla literalis juvaret traditio, suppeteret profecto affatim peregrina, et non, putamus, christiani nominis sepulchrorum inventa contextio. Circa enim ipsam, et in ipsa basilica, tantum sarcophagorum copiam conjunxit antiquitas, in multam loci famositatem tantopere expetiti, cadaverum inibi congestorum commendat infinitas. Quia enim non in morem nostrorum ordo disponitur sepulchrorum, sed circulatim [3] in modum coraulae sepulchrum unius multa ambiunt, in quibus quaedam reperiuntur vasa, quorum causam nesciunt christiana tempora ; non possumus aliud credere, nisi quod fuerunt gentilium aut antiquissima christianorum sed facta gentili more. Quaedam autem sunt in eadem ecclesia litterae metro compositae, quibus ego nulla adniterer auctoritate, nisi quaedam, quae plurimum eorum roborant fidem, viderem hodieque constare. Quae historia sic se habere secundum scripturae hujus seriem traditur.

1. Italc ,Cf. le mot classique *rigor*, ligne droite .
2. Le monastère de Notre-Dame de Nogent-sous-Coucy, fondé en 1074, était situé au diocèse de Laon, près de Coucy-le-Château, aujourd'hui ch.-l. de c., arr. Laon.
3. Le renseignement fourni par Guibert a pu être vérifié lors des fouilles pratiquées à l'emplacement désigné par lui et dont il avait été témoin: on y a bien découvert « une quantité considérable de sépultures disposées en cercle ». (Voy. A. Lefranc, *Le traité des reliques de Guibert de Nogent*, dans les *Études d'hist. du moyen âge dédiées à M. Monod*, 1896, an. 292-293 ; cf. éd. Bourgin, p. 99, n. 2 . J. Quicherat a déjà signalé le récit de Guibert de Nogent comme un très rare exemple des jugements raisonnables que les écrivains du moyen âge ont portés en matière d'antiquités *Mél. d'archéol.*, p. 351). — Au chap. VII de ce livre, Guibert de Nogent mentionne, outre les tours de la cathédrale, le palais épiscopal (*palatium episcopale, domus episcopi, episcopium*) la cour épiscopale *curia atrium praesulis*, la chapelle épiscopale *capella episcopalis* précédée d'une galerie ou balustrade *podium*, les murailles servant de défense au palais et à la grande salle *moenia aulae* , enfin le cellier de l'église, son magasin de provisions *cellarium ecclesiae, infra parvam apothecam*).

L. III, [c. ix] — [1112]. — Igitur ex cujusquam maxime peccato contigerat ut gloriosissima ecclesia miserabilibus addiceretur excidiis. Ex domo scilicet thesaurarii[1], qui et symoniace archidiaconus erat, in ecclesiam proserpere visus est ignis. Quae cum pro praesentis gloria solemnitatis palliis atque tapetibus nobilissime foret circumornata, urgente igne pauca ex palliis furto abrepta potius quam focis tactu creduntur; tapetia autem aliqua, quia facile funes a trocleis[2] demitti a paucis non poterant, succubuere caloribus; tabulae altaris aureae et sanctorum feretra erepta cum ipsa prominenti eorum, quam sic vocitant, repa[3]; caetera in gyro incendiis puto correpta... quidam... de nobilioribus clericis... ad cathedram episcopalem currit, superpositam vitream capitalem pedo impulsam pertudit sicque desiliit. Crucifixi Domini imago decentissime obaurata gemmisque distincta, cum vase saphyretico pro pedibus illius imaginis appenso, in terram fusa dilabitur... Cum igitur cremaretur ecclesia atque palatium...

L. III, [c. xii] — [1112]. — Postquam sopito aliquantisper turbine, ecclesia coepit pedetentim clericorum restaurari studio. Quoniam igitur paries ille quo Gerardus [interfectus est][4], propter vim incendii debilitatior videbatur, arcus quosdam inter ipsum parietem medium, qui exustior fuerat, et exteriorem aedem immodicis sumptibus peregerunt. Cumque quadam nocte fragor ingens increpuisset, tonitrus impulsu fulminis ita concussus est, ut juncti parieti dirimerentur arcus et paries in partem redderetur acclivis, et necessario jam destrui op(p)orteret ab imis...

Interea, secundum illum qualemcumque morem, ad corrogandas pecunias coeperunt feretra et sanctorum reliquiae[5]

---

1. La maison du trésorier était très proche de l'église : « justa ecclesiam erat » (ibid).
2. Ainsi des poulies servaient à faire monter et descendre les tentures qui décoraient les murs de l'église cathédrale. .
3. Couvercle de châsse ; cf. cihorium (Du Cange, Gloss., t. VII, p. 765.
4. Le ms. D du de Vita sua éd. Bourgin fait ici cette addition.
b. Sur les longues tournées des quêteurs et les dates précises de leurs

circumferri, unde factum est ut pius ille arbiter, qui quos hinc corripit, illinc misericorditer consolatur, multa qua ibant miracula exhiberet [1]. Erat autem magnificum philacterium quiddam quod ferebatur cum aliqua cujuslibet memoriae theca, in quo de camisia Matris Virginis et de spongia ori Salvatoris illata et de cruce ipsius — si de capillis ejusdem Dominae nostrae nescio — continetur; est autem ex auro et lapidibus, et versus auro insculpti mysteria interna cantantes... In pagum itaque Turonicum secunda sua profectione venientes... In Andegavensi urbe... alias... In tertia profectione, apud Nigellam [2] eos contigit devenire castellum... Exinde transmarinas petituri partes, cum se huic mediterraneo Oceano contulissent...

L. III, [c. XIII] — [1113]. — Igitur prospere devecti ad Anglos, cum ad Wintoniensem [3] venissent urbem, plurima ibi miracula claruerunt. Apud Essecestriam [4] quoque non disparia contigerunt... Lauduni quoque, postquam a corrogando redierant, dictum mihi a quodam bonae indolis clerico est, cui materiei advehendae officium fuerat delegatum ad tecta ecclesiae reparanda, quia in subeundo monte inter boves [5] unus lacessendo defecerat: cumque plurimum cle-

---

voyages, voy. éd. Bourgin, p. 186, n. 2; (cf. le texte des *Miracula S. Mariae Laudunensis* du moine Herman; publié en appendice à Guibert de Nogent, par d'Achery et Migne). Constatons que pareil moyen fut employé, en 1155, pour la reconstruction de la cathédrale de Senlis, puis dans le même siècle, pour celle de Lisieux, et, au siècle suivant, par les chanoines d'Autun dans l'intérêt de leur église.

1. Si l'usage des exhibitions de reliques est général au XIIe siècle, si c'est là un moyen sûr de se procurer des ressources pécuniaires, il n'en est pas moins vrai que Guibert de Nogent est hostile à ce procédé. Ses critiques sont développées dans le traité *De pignoribus*, analysé par A. Lefranc, *op. cit.*, p. 286-306. Cf. éd. Bourgin, p. 186.

2. « Il y a beaucoup de Nesle dans le N.-O. de la France; et on en trouve un même dans l'Aisne, cant. de Château-Thierry. » (Note de l'éd. Bourgin, p. 100.)

3. Winchester, ch.-l. du comté de Hampshire (Angleterre).

4. Exeter, ch.-l. du comté de Devon.

5. L'Album de Villard de Honnecourt (pl. LXVI et LXVIII, dans l'éd. Lassus et Darcel) contient deux dessins offrant la forme de l'étage octogone des tourelles de la cathédrale de Laon, avec la représentation de bœufs encore placés aujourd'hui dans les entre-colonnements de cet étage. Ces sculptures seraient un souvenir du concours prêté soit par le bœuf miraculeux, soit par les plus modestes auxiliaires du XIIe siècle. Il n'est

ricus aestuaret bovem, non reperiens quem pro eo jugo fati-
gati inferret, ecce repente bos ill[i] cursim se obtulit et quasi
ex industria operi auxilium laturus advenit. Qui motu alacri cum carrum ad ecclesiam usque cum aliis perduxisset,
clericus valde sollicitus erat cuinam bovem illum ignotum
redderet. Qui mox ut solutus est, non ducem, nec qui se
minaret expectavit, sed ocius unde venerat, repedavit.

2

Martyrol. et Nécrol. de Notre-Dame de Laon, Bibliothèque de Laon,
    ms. n° 341, fol. 165, v° 1.
        Cf. *Gallia christiana*, t. IX, col. 532.)

[1114-1130.] — ... Ad decorem ecclesie² fecit [Bartholo-
maeus ³. Laudunensis episcopus], pavimentum in choro
et cel[l]arium et campanarium.

CXVIII

1104-1115 et 1137.

*Dons considérables offerts par les habitants d'Amiens, à
l'occasion des prédications de l'évêque Geoffroi, pour*

pas nécessaire, pour expliquer cette représentation, de recourir à la tradition locale d'après laquelle les bœufs auraient servi à monter les animaux
jusqu'au sommet des tours, même en suivant des plans inclinés construits
à cet effet 'Cf. E. Mâle, *L'art religieux au XIII° s. en France, étude sur
l'iconographie du moy. âge et sur ses sources d'inspiration*, 1898, p. 77.)
Voy. sur ces sculptures, Lambin, *La cath. de Laon*, dans la *Rev. de l'art
chrét.*, 1901, p. 41-45, et l'éd. de Bourgin, p. 193, n. 2.
    1. Nous devons cette indication précise à l'obligeance de notre confrère,
M. Simehon, archiviste honoraire de l'Aisne.
    2. La cathédrale d. Laon a été reconstruite dans le troisième quart du
XII° siècle par les soins de Gautier de Mortagne (1155-1174). Après avoir
été l'objet d'un *Essai historique et archéologique* de J. Marion (1843), elle
a été assez récemment étudiée par A. Bauxin, *La cathédrale N.-D. de
Laon*, 2° éd., 1902 (pl. et fig.); voy. aussi E. Lambin, *La cathédrale de
Laon*, rec. cit., p. 36 et s., et Cloquet, *Les grandes cathédrales du
monde catholique*.
    3. Sur cet évêque de Laon, voy. J. Quicherat, *L'âge de la cathédrale de
Laon*, dans les *Mél. d'archéol.*, du même, p. 172. Il s'appelait Barthélemy
de Joux, et non de Vir, suivant la rectification faite par notre confrère
M. Robert Anchel, dans sa thèse présentée à l'École des Chartes : *Barthélemy de Joux et l'évêché de Laon, 1113-1150* (*Positions des thèses*,
1901, p. 1.)

agrandir et embellir l'église cathédrale. — Destruction par un incendie d'un très grand nombre de maisons de bois et de maisons de pierre à Amiens.

1

Vita¹ sancti Godefridi, episcopi Ambianensis, auct. Nicolao, monacho Suessionensi, lib. II, cap. 26, dans Surius, De probatis sanctorum historiis t. VI 1581, p. 211 et 222.

(Cf. G. Durand, Monographie de l'église Notre-Dame, cathédrale d'Amiens, t. I, 1901, p. 18, n. 3, p. 11, n. 1.)

[1104-1115.] — Cum autem quodam die beatus Godefridus² pro more ad populum concionaretur, oculos interius vertens ad beati hujus martyris [Firmini] sacras reliquias — hactenus enim humili continebatur loculo, — ita exclamavit: « Cernite, filioli.... et vos igitur angustiam loculi qui beati Firmini³ episcopi, martyris atque patroni nostri, ossa retinet, contemplantes, ut possit congruum ei praeparari receptaculum, aurum promptis animis conferte. » His beati viri sermonibus omnes egregie incensi, aurum, argentum, armillas, annulos afferunt, plurique vasta terrarum et marium spatia emetiuntur ut quae ornare martyris basilicam possint comparent. Postquam loculus accurate confectus fuit, ad eum diem quo erant transferendae reliquiae, tantus eo advenit hominum coetus, ut tota Europa confl[u]xisse videri posset; tum episcopus Godefridus cum aliis sacerdotibus accessit ad locum ubi caelestis ille servabatur thesaurus, sacrasque reliquias cum multo tremore omnibus visendas exposuit.

1. C'est en 1139 que cet ouvrage a été dédié au doyen de Soissons par Nicolas, moine de Saint-Crépin, familier de Geoffroi. Voy. A. Mollnier, *Sources de l'hist. de Fr.*, t. II, p. 11.

2. On ignore l'année exacte de l'épiscopat de Geoffroi (1104-1115) où ces faits se produisirent.

3. Nicolas de Soissons ne désigne pas autrement la cathédrale d'Amiens que par les mots « ecclesia » ou « basilica Sancti Firmini ». Mais celui de « Beata » ou « Sancta Maria » seul était beaucoup plus fréquent, et c'est celui qui semble l'emporter pendant le XIIᵉ siècle. Sur les vocables de la cathédrale d'Amiens, voy. les textes réunis par G. Durand, *op. cit.*, p. 8-10.

Pridie [1] ejus diei quo beati apostoli Bartholomaei solennes ferias celebraturi erant, nubes densissima totam obsedit urbem, lucem omnem in noctis tenebras commutans, moxque inde erumpens ignis, immensos frugum acervos passim in agris corripuit... flanteque vento vehementissimo, in oppidum evasit et lapideas haud secus atque ligneas depascens aedes.... Omnia igitur terribili illo incendio [2] depopulante, nihil relictum est praeter aedem beati Firmini martyris et domum Godefridi episcopi et pauperum quozumdam casas.

2

Breviarium Ambianense vetus (xiiie s.), Bibl. d'Amiens, ms. 112, fol. 200. (Cf. G. Durand, *Monographie de l'église Notre-Dame, cathédrale d'Amiens*, t. 1, 1901, p. 11, n. 1.)

[1137.] — Igitur anno ab Incarnatione Domini M° C° tricesimo septimo, die videlicet quo beati Stephani prothomartiris celebratur Inventio [3], adversarius noster |diabolus a Domino te[n]tationis potestatem accepit et ex parte a[d] maliciae suae vota pervenit. Quaedam enim de exterioribus nostris igne consumpsit, sed interiora nostra, divina prohibente gratia, non attigit...... In hac itaque dyabolica tempestate clerus et populus vehementer afflicti, dam(p)no temporalium graviter laesi, sapienti sunt usi consilio, videlicet ut beati Firmini corpus infra ambitum suae potestatis, ad restaurationem ecclesiae sue honorifice portaretur.... ibi videlicet in foro vel in ecclesia precioso martiri preciosa munera offerunt : aurea monilia, vasa argentea, lapides preciosi, nummorum et an[n]ulorum copia magna datur, et ea quibus festivis diebus utebantur vestimenta [4].

1. Ed. et tom. cit., p. 222.
2. D'après un ancien martyrologe, la cathédrale avait été déjà détruite par un incendie le 18 des calendes de mai, autrement dit le 14 avril 1019. (G. Durand, op. cit., t. 1, p. 10, n. 7.)
3. Le jour de l'Invention Saint-Etienne est le 3 août.
4. C'est probablement pour payer les travaux nécessités par le nouvel incendie que la trésorerie de l'église cathédrale fut réunie à l'évêché. L'édifice ainsi reconstruit fut consacré solennellement en 1152, par Samson, archevêque de Reims. On ne sait d'ailleurs presque rien sur cette église qui précéda immédiatement la cathédrale actuelle. (Voy. encore G. Durand, op. cit., p. 12.

CXIX

1104-1187.

Travaux d'architecture religieuse, militaire et autres, exécu-
tés par les soins des abbés de Marmoutier, près de Tours.
— Construction au Mans d'une dépendance considérable
dudit monastère ainsi que d'une chapelle.

Chronicon abbatum Majoris monasterii, publ. par Salmon dans le *Recueil*
des chroniques de Touraine [1], 1854, p. 319-324.

[1104-1124.] — Octavus [2] abbas Guillelmus... officinas
Majoris monasterii [3] aut omnino construxit aut in melius
permutavit. Totum etiam coenobium istud muris circumcirca munivit [4]...

[1137-1155.] — Decimus abbas Garnerius... cellarariam
coquinam [5], dormitorium, mediam quoque partem claustri

---

1. Sur ces chroniques, voy. Mabille, dans la *Bibl. de l'École des Chartes,*
t. XXX, p. 149 et s.; cf. Martène, *Hist. de l'abbaye de Marmoutier,* publ.
par l'abbé C. Chevalier (*Mém. Soc. arch. de Touraine,* t. XXV (1875).

2. L'ordre de succession des abbés de Marmoutier diffère dans Martène,
(*op. cit.*). Guillaume de Combourg y est désigné comme étant le 12ᵉ abbé
(Martène, p. 1-49).

3. Aujourd'hui comm. de Sainte-Radegonde, cant. et arr. Tours.

4. Nous avons déjà rencontré plusieurs fois la mention des clôtures fortifiées des monastères. Voy. pour celle de Marmoutier, *Bull. Soc. archéologique de Touraine,* t. XI, 1898, p. 181. Comme exemple de cloître avec
enceinte de fossés, au xiᵉ siècle, on peut citer celui des chanoines de l'église
de Levroux, en Berry, qu'Eude, seigneur de Déols, fit entourer de fossés après
1012 : « Et quia eos amplitudinem qua claustra, claustrorum officinas seu
alias domos construere possint habere dignum erat, ipsius burgi partem
ecclesie propiorem fossa circumdare feci... » (*Cartul. ms. de Lerroux,* aux
Archives de l'Indre, cité par Raynal, *Histoire du Berry,* t. 1, p. 429. Cf.
Flach, *Origines de l'anc. France,* t. II, p. 240.)

5. Au sujet du vieil édifice de la cuisine de cette abbaye, Caumont
s'exprime ainsi dans son *Abécéd. d'archéol.*, arch. civ. et mil., 3ᵉ éd., 1869,
p. 66 : « C'est une espèce de tour qui paraît totalement construite en pierre,
et dont le toit porte une assez grande quantité de cheminées cylindriques.
On en ignore la date exacte, mais le plan des constructions de ce genre a
dû se maintenir sans grandes modifications » (cf. les fig. reproduisant des
cuisines de monastères de la région de l'Ouest).

infirmorum fecit... Cum vero domum infirmorum renovare decrevisset... ad caelestia regna migravit... Hujus in tempore fecit dominus Bermondus, in tempore illo magister prior ecclesiae hujus, capellam infirmorum, cui non est similis in universo mundo.

[1155-1165.] — Undecimus abbas, Robertus Brito de Maegueri, perfecit coquinam et claustrum infirmorum quod antecessor suus inc[e]perat...

[1165-1176.] — Duodecimus abbas fuit Robertus Blesen- sis... fecit thalamum et capellam abbatis, cui in universo orbe prae pulchritudine et claritate similis, ut arbitror, non reperitur... Tempore hujus abbatis, Robertus de Bona valle, magister prior, thalamum pulchrum quoddam inter dormi- torium et domum infirmorum coepit aedificare, sed tamen in vita sua non potuit consummare.,. cujus corpus inter praedictum thalamum et armarium humatum fuit.

[1177-1187.] — Quartus decimus abbas Herveus de Villa Piscor [1] fuit... Cum in cella novitiorum [2] episcopi, alii prae- lati, abbates et nobiles viri hospitio recepti, conventum omnino inquietarent, ita ut aliquis monachus ire vel redire ad lavatorium [3] absque obviatione servientium vix posset, ubi magni cordis Herveus ad tumultum illum tranquillan- dum, pro bono et quiete conventus, intra triennium ordina- tionis suae, aulam novam speciosissimam ante ecclesiam cum granariis [4] subtus, multae valentiae et sumptibus XXIII millium solidorum disposuit. Ad haec, turrem quamdam

---

1. Hervé de Villepreux. « Les deux mss. portent *Villa Piscor* ; peut-être faut-il lire *Villa Pirorum?* C'était un prieuré de Noirmoutier, men-tionné dans une charte du xi° siècle et dans plusieurs autres titres. » (Note de Salmon).

2. « Le noviciat était dans l'enceinte, parfois hors des bâtiments claus-traux, mais à l'opposé de l'entrée, afin de jouir du calme absolu. » (Enlart, *Man. d'archéol. fr.*, t. II, p. 19.

3. Voy. *supra*, p. 91, n. 1, et p. 121, n. 6.

4. Ce passage justifie ainsi l'assertion d'A. de Caumont, *op. cit.*, p. 63 : « Quelquefois le même bâtiment a reçu deux destinations et renferme, d'un côté, les logements des hôtes, de l'autre des magasins. » Seulement ici ces locaux sont superposés l'un à l'autre.

nefandissimam, a quodam nobili viro Guidone de Gallanda, in atrio ecclesiae Cellebriensis [1], extumulatis ossibus mortuorum firmatam,... tandem pace facta, datis quingentis libris Proveniensibus praefato militi et quatuordecim scyphis argenteis decano et capicerio Aurelianensi, fratribus ejus, radicitus destrui et dirui fecit, toto apparatu in ligne et lapide, prioratu jam dicto remanente... Nobis in urbe Cenomanensi domum non habentibus, felicis memoriae Guilelmus, episcopus Cenomanensis... vineas suas proprias, quas de manu laicali abstraxerat... nobis dedit : in quo loco idem pontifex cap(p)ellam de proprio construi fecit... Idem vero abbas domum nobilissimam ibidem aedificavit sumptuosis expensis fere triginta millium solidorum...

CXX

Vers 1105 et vers 1170.

Consécration du maître-autel de l'église cathédrale de Mende, dans le Gévaudan, nouvellement reconstruite sous l'épiscopat d'Aldebert II. — Découverte et description des trois cryptes de saint Privat ; opération des fouilles. — — Grotte, avec un ancien autel, ayant servi de retraite audit saint.

Archives départ. de la Lozère, sér. G, 1146. Aldebert. *Premier traité sur l'invention du corps de saint Privat*[2], pp. 20-21 et 32. *Deuxième traité*, p. 53-54. *Quatrième traité*, p. 67-68. *Cinquième traité*, p. 77. Extraits publ. par M. Léopold Delisle (d'après une communication de M. l'abbé Baldit), dans la *Revue des Sociétés savantes*, 2º sér., t. VIII (1862), p. 54, n. 3, p. 55, n. 5, p. 56, n. 1 et n. 2, p. 58, n. 4 et n. 5, p. 59, n. 1 et n. 3, p. 60, n. 4. (Cf. l'abbé Pourcher, *Manuscrit ou livre de saint Privat par Aldebert*[3]

1 . Celle-en-Brie, prieuré de Marmoutier, au diocèse de Meaux, aujourd'hui comm. du cant. et arrond. de Coulommiers, Seine-et-Marne.
2. Sur le très curieux livre des *Miracles de saint Privat*, si intéressant pour l'histoire religieuse du Gévaudan, voy. les judicieuses observations de M. Léopold Delisle, dans le recueil et le tome cités, p. 50-67, et tout récemment dans le *Journal des Savants*, an. 1908, p. 505-512. — Cf. A. Molinier, *Sources de l'hist. de France*, t. II, p. 130.
3. Aldebert III occupa le siège épiscopal de Mende de 1151 à 1187. L'invention des reliques de saint Privat eut lieu en 1169 ou 1170, comme l'a démontré M. L. Delisle (*Rev. des Soc. sav.*, 2º sér., t. cit., p. 57).

le Vénérable, 1898, p. 101 et suiv. — Ch. Porée, *Notice sur la cathédrale de Mende*, extr. du *Bull. archéologique du Comité*, 1903, p. 6, n. 1.)

[Vers 1105]... — Quam [maxillam][1], videlicet per manus virorum venerabilium Gibelini Arelatensis et Petri Aquensis, necnon et Alberti Tripolitani archiepiscoporum, presentibus etiam Poncio Aniciensi, Raymondo Massiliensi et Aldeberto[2] Gavalitano episcopis, in majori altari ecclesie[3] Mimatensis, quod consecratum est in honore beati Juliani martyris, repositam fuisse audierant...

[Vers 1170]... — Inventa[4] est cripta quedam structura mirabili, lapidibus magnis et quadratis. Invenerunt et in ipsa cripta vas in modum sepulcri plumbeum, super colum(p)nas lapideas venerabiliter collocatum, et in ipso vase ossa corporis beati Privati.

...Habebat[5] autem ipsa cripta undecim pedum spacium in longitudine, in altitudine decem, novem in latitudine[6]... Ab oriente vero ostiolum in altiori prope summitatem crypte, per quod non nisi flexis genibus et capite inclinato

1. *Premier traité d'Aldebert*, p. 29. — Il s'agit ici des reliques de saint Privat, dont la mâchoire avait été placée sous le grand autel.
2. Aldebert II fut évêque de Mende de 1008 à 1109.
3. « C'était une église où la nef était peut-être flanquée de collatéraux, mais qui était dépourvue de déambulatoire. Elle remplaçait une église plus petite, dont le chœur, marqué par une petite crypte encore existante, couvrait en partie l'ouest de la nef actuelle, entre les deuxième et troisième piliers. » (Ch. Porée, *op. cit.*, p. 6.) Non loin de là était l'emplacement de la petite église de Sainte-Thècle : « Erat infra ambitum domus nostre, dit Aldebert III, locus quidam in quo fuerat olim *ecclesia in honore beate Thecle* constructa ». Couverte encore en bardeaux (*tegulae ligneae*) à la fin du x° siècle, et tombant en ruine, elle fut rebâtie par les soins dudit Aldebert. Tout près aussi — détail intéressant, — il y avait deux cimetières : dans l'un, dit le grand cimetière, il ne se trouvait pas moins de trois chapelles, à savoir: celle de saint Jean-Baptiste « *capella B. Johannis Baptiste in cimiterio magno ecclesie Mimatensis* », celle de Saint-Léonard « *capella B. Leonardi sita in cimiterio magno* », et enfin celle de Sainte-Lucie, construite sur la crypte dans laquelle on découvrit les reliques de saint Privat, « *capella B. Privati cripte cimeterii magni sublus capellam B. Lucie* ». (Ch. Porée, *op. cit.*, d'après des textes tirés des Archives de la Lozère, p. 7, n. 2, sér. G 1083.)
4. *Premier traité*, p. 20; cf. p. 31.
5. *Même traité*, p. 32.
6. Bien rares sont dans les textes du moyen âge les mentions relatives aux dimensions des cryptes ainsi que les détails semblables à ceux qui nous ont été transmis par les traités d'Aldebert.

quis posset intrare... Invenimus etiam in pavimento fragmenta capsule enee, que sanctorum innocentium corpora
continuerat...; illa esse sanctorum corpora parvulorum
ipsa ossium [1] parvitas indicabat. Que quidem capsula enea,
quantum datur intelligi, a summo cripte aliquo vinculo
dependere solebat : quod testatur foramen adhuc in summitate cripte notabile, necnon et annulus eneus ipsi capsule
insertus cui vinculum illud quo capsula dependebat fuisse
immissum [videtur], quo postea nimia vetustate attrito
ruptoque, capsula cecidisset...

...Post [2] criptam illam in qua corpus beati Privati quiescebat,... aliamque a sinistris illi contiguam,..... inventa est
cripta tercia, structura prioribus et ipsa similis prime cripte,
non a latere ut secunda, sed coram illa occidentem versus,
inducto aliquo spacio ab utraque divisa..... habens introitum non in imo, sed prope summum sicut prior, pavimento
non per totum plano, ut in aliis, sed in tres partes, immo
tribus pedibus altitudinis mediante [3] destructo, in quorum
unius angulo inventa sunt ossa quedam adusta diligentis-
sime, in tumulis non collocata, que martirum esse sanctorum ipsa quo passi sunt incendii signa declarant, tota nihilominus trium parcium vastitate congestis sanctorum reliquiis usque ad summa plena.

Illam [4] [terciam] criptam in eodem loco reparare non
curavimus, quod impedimento foret edificande ibi ecclesie,
cujus corpus occidentem versus habebat extendi, sed pro
ea construximus aliam a dextris cripte prime, e regione [5]
cripte secunde que inventa fuerat a sinistris [6], ut hac com-

1. Avec les ossements se trouvait une petite ampoule de verre dont le
contenu ne put être déterminé. » C'était sans doute, observe M. Léopold
Delisle (op. cit., p. 55), une de ces fioles remplies de sang dont M. Edm.
Le Blant a si bien démontré le caractère. »
2. Quatrième traité, p. 67.
3. Cette crypte offrait donc cette particularité digne d'être notée, que
l'aire en était partagée en trois compartiments, séparés chacun par une
cloison de trois pieds de haut.
4. Même traité, p. 68.
5. C'est-à-dire, en droite ligne, en face.
6. Ainsi les circonstances amenèrent Aldebert III à modifier son premier
plan. L'église qu'il se décida à édifier dut renfermer les deux premières
cryptes, l'une formant le chevet du monument, l'autre, le bras gauche de

positione melius representaretur consueta forma ecclesie,
dum cripta illa prima, velut caput ecclesie, occidentem versus extenditur, inde duabus aliis criptis altrinsecus constitutis in modum crucis [1] ecclesia ipsa dilatatur, et reliquum
corpus ejus occidentem versus, ut et in aliis ecclesiis fieri
solet, in longum porrigitur...

In [2] eodem loco solam invenimus laminam [3] plumbeam,
quam ea, ut credimus, industria reliquerant ut sub ea
latere martiris corpus possent opinari, si qui forte aliquo
casu invenirent. Ceterum in angulo ejusdem cripte, retro
altare, quo nulli accessus esset, sub pavimento non imo,
sed prope summum invenimus vas in modum utris [4] plumbeum, alio quodam vase et ipso eque plumbeo contentum,
atque intus in vase ossa quedam adusta, panno serico
involuta...

...Erat [5] altare, ut videbatur, antiquissimum in cavea [6]
beati martyris, cujus ara quia loco suo mota fuerat, totum
dirui jussimus, quatinus ibi altare amplius et aptius fieret
ac denuo consecraretur, vocatisque operariis mandatum
dedimus ut diligenter inquirerent si forte in altari alique
sanctorum relique invenirentur. Qui non solum in altari,
sed et circumjecta [7] sollicite omnia discerpentes, invenerunt
in angulo dextro ultra altare, in nativo saxo, cum ingenti
cautela repositam, lunulam [8] ferream, quales solent esse in
frenis equorum, et catellam [9] similiter ferream, que et ipsa

la croix. La troisième crypte ne pouvant être conservée, fut remplacée
par une construction du même genre dans le bras droit de la croix.

1. Sur le symbolisme religieux et l'orientation des églises, voy. supra,
nos observations accompagnées d'extraits de textes, p. 159, n. 3.

2. Cinquième traité, p. 77.

3. Cette lame de plomb avait dû être enfouie là pour faire croire à la
présence d'un dépôt de reliques et pour donner le change aux indiscrets
qui auraient voulu chercher le corps de saint Privat (cf. L. Delisle, ouvr.
et tom. cit., p. 59).

4. C'est-à-dire en forme d'outre.

5. Deuxième traité, p. 53-54.

6. C'était là, sans doute, observe M. Léopold Delisle, la caverne dont il
est question dans l'histoire de Grégoire de Tours (I, xxxii; Rouquet, II,
148) : « Irruentibus autem Alamannis in Gallias, sanctus Privatus, Gaba-
litanae urbis episcopus, in crypta Memmatensis montis, ubi jejuniis ora-
tionibusque vacabat, reperitur. »

7. Circum circa, d'après L. Delisle, ouvr. et tom. cit., p. 60, n. 4.

8. C'est-à-dire un croissant de fer.

9. Catenula d'après L. Delisle, ibid. Chaînette de fer, semblable aux
chaînettes des freins.

freni esse videbatur, habentem crueiculas [1] quasdam per loca litteris insculptas, argento ipsi sculpture satis studiose inserto, ut quasi argentee littere ille viderentur, quas quidem sicut litteras esse cognovimus, ita eas legere non potuimus, tanta erat ipsum ferrum rubiginis edacitate corrosum. Hanc unam ibi quivimus integram colligere dictionem : ANNIS, quod ablativo casu dicitur ab eo quo[t] sunt anni, tanquam videlicet, si vellet, nobis quidam vir tempus aliquod designare, sicut verbi gratia dici solet : *Tot annis post Urbem conditam vel post Domini passionem illud vel illud factum est* [2]...

CXXI

1106, 31 mars.

Accord réglant un différend entre Jarenton, abbé de Saint-Bénigne de Dijon, et l'église cathédrale de Besançon, au sujet d'une chapelle à construire et d'un cimetière à faire sur les terres dudit monastère ; fixation des dimensions à donner à cette chapelle ainsi qu'audit cimetière.

Recueil de plusieurs pièces curieuses servant à l'histoire de Bourgogne, par E. Pérard (1664), p. 209.
(Cf. Migne, *Patr. lat.,* t. CLVII, col. 526-527.)

Hugo [3], Dei gratia, Lugdunensis archiepiscopus, sanctae apostolicae sedis legatus, omnibus fidelibus notum esse volumus quod, tempore domni Paschalis II papae et praecepto ipsius, Bisuntinos clericos et abbatem [4] Divionensem Jaren-

1. Croisettes accompagnant la chaînette de fer.
2. Ce très curieux passage aurait pu être rappelé par J. Quicherat, dans son *Introduction* à son *Cours d'archéologie* (voy. *Mél. d'archéol. et d'histoire* du même, éd. R. de Lasteyrie, p. 351), à propos des jugements que des gens instruits du moyen âge ont portés, par exception, en matière d'antiquités, comme le fit Guibert de Nogent, lorsque, pendant la reconstruction de son monastère, il suivit avec curiosité les travaux des fouilles. (Voy. *supra*, n° CXVII, p. 318, le texte que nous publions à ce sujet.)
3. Hugue de Bourgogne, archevêque de Lyon (vers 1083-1106).
4. Sur cet abbé, voy. *supra* le texte de 1077-1113.

tonem, ad d[ef]iniendam controversiam quae inter eos erat
de ecclesia Sanctae Mariae Salinensi[1], Lugdunum convenire
fecimus. Quorum actionibus et responsis auditis, visum est
nobis, et qui nobiscum erant venerabilibus episcopis, Hugoni[2]
scilicet Gratianopolitano, Irmioni[3] Diensi, et Roberto[4] Lin-
gonensi, ut amicabili pacto potius quam judiciali sentencia
eorum litem finiremus. Convenit igitur inter eos ut... clerici... Divionensibus monachis concederent, quatinus in
terra Divionensis Ecclesiae, in aliquo convenienti loco, capellam septem statu[r]arum[5] in longitudine, excepta absida[6]
ad unum tantum altare competente, et quatuor in latitudine in Salinis aedificare liceat. Cimiterium autem ex omni
parte circa ipsam capellam septem statu[r]arum similiter, ad
sepeliendum tantum monachos, alias vero personas ibi non
sepeliant... Actum Lugduni publice, anno Incarnationis
Dominicae, pridie kal. aprilis, sabbato in alb's[7].

CXXII

1106-1135.

*Travaux d'architecture accomplis par les soins de Henri I[er]
Beauclerc, duc de Normandie, roi d'Angleterre, au palais
dural de Rouen, au château de cette ville et à celui de Caen,*

1. Notre-Dame de Salins (Jura).
2. Hugue de Châteauneuf, évêque de Grenoble (1080-1132).
3. Ismidon de Sassenage, évêque de Die (vers 1095-1115).
4. Robert, évêque de Langres (vers 1085-1110).
5. Et non *statuarum*, Pérard et Migne. — Sur le terme *statura* qui montre
ainsi à l'époque romane, dans cette région de l'Est, la persistance de procédés
de mesure, dérivés de l'antiquité et s'appliquant à la construction d'édifices,
voy. *supra*, le texte des Coutumes de Cluny, p. 134 et p. 179, n. 3. Dans ce
dernier passage, comme dans celui qui nous occupe, il s'agit de la hauteur
du corps humain, prise de la plante des pieds au sommet de la tête, et non
dans la plus grande extension des bras et des mains levées en haut,
comme c'est le cas dans lesdites coutumes. Voy. aussi dans le *Bull. monum.*
de 1907, t. LXXI, notre étude sur un *Formulaire du VIIIe siècle pour les
fondations d'édifices et de ponts, d'après des sources d'origine antique,*
notamment, p. 28 du tir. à part, 1908 (avec additions).
6. Et non *obsidia*, Migne.
7. En 1106 (v. st.), Pâques tombait le 25 mars; le dimanche *In albis*
correspond à la *Quasimodo*, c'est-à-dire cette année-là au 1er avril.

aux châteaux-forts de la Normandie, du Vexin et du Maine.

Chronique de Robert de Torigni, abbé du Mont-Saint-Michel, éd. L. Delisle, 1872, p. 161-165.
(Cf. éd. Howlett, 1889. p. 106 et s., dans *Rerum britann. med. aevi scriptores,* n° 82.)

Henricus rex circa turrem Rothomagi, quam aedificavit primus Ricardus[1] dux Normannorum in palatium sibi, murum altum et latum cum propugnaculis aedificat, et aedificia ad mansionem regiam congrua infra eundem murum parat. Ipsi vero turri propugnacula quae deerant addit. In qua turre fenestra est quae vocatur « *Conani*[2] *Saltus* », quia ex ea idem Henricus fecerat praecipitari quendam traditorem Rothomagensis urbis praedivitem, nomine Conanum, qui ipsam urbem volebat tradere hominibus Willermi[3], regis Anglorum; sed praeventus est a fidelibus Roberti[4] ducis... Turrim nichilominus excelsam fecit in castello Cadomensi et murum ipsius castelli, quem pater suus fecerat, in altum crevit. Murum vero circa burgum, ita ut a Willermo rege, patre suo, factus fuerat, intactum reliquit. Item castellum quod vocatur Archas[5] turre et

---

1. Ainsi les constructions de Henri Ier Beauclerc (1100-1135, continuaient celles de Richard Ier, duc de Normandie (943-996. Cf. sur les fortifications de Rouen les vers suivants de Wace :

« La cité estoit close de mur et de fossé...
As berteiches montent et al mur quernelé... »

(*Roman de Rou,* 1e part., vers 4059 et s.). Cf. Viollet-le-Duc, *Dict. de l'arch. fr.,* t. II, p. 214, v° Bretèche).

2. Sur la révolte de Conan, fils de Gilbert Pilate en 1100, voy. Orderic Vital, *Hist. eccl.,* liv. VIII, 15, éd. Le Prévost, tom. III, p. 351-356, et Guillaume de Malmesbury, éd. Hardy. p. 618.

3. Guillaume le Roux (1087-1100).

4. Le duché de Normandie, dévolu à Robert Courte-Heuse, avait été détaché du royaume anglais à partir de 1087. Guillaume de Jumièges parle ainsi du château de Torigni (auj. ch.-l. de c., arr. Saint-Lô, Manche) : « Quod municipium — oppidum Torinneium, — nuncupatum.... » praedicto regis filio Roberto... turribus excelsis et moenibus robustissimis, nec non et fossatis praeruptiset in ipso saxeo monte incisis, contra omnium inimicorum conatum munitus est, et ex magna parte aquis in piscinas collectis vallatum et inaccessum... » (Duchesne, *Hist. Normann.,* l. VIII, c. 29, p. 300.) Sur les fossés normands, voy. Viollet-le-Duc, *Dict. de l'arch. fr.,* t. III, p. 77.

5. Arques, comm. du cant. d'Offranville, arr. Dieppe (Seine-Inférieure).

mœnibus mirabiliter firmavit. Sic etiam fecit castellum Gisorz[1], Falesiam[2], Argentomagum[3] Oximum[4], Danfrontem[5], Ambreras[6] ; castellum de Vira[7], Wavrei[8], turrem Vernonis[9] similiter fecit...

CXXIII

1107, janvier.

Fondation de l'abbaye de Saint-Jean d'Orbestier, en Bas-Poitou, par Guillaume, duc d'Aquitaine, avec permission accordée par ledit seigneur aux religieux de prendre dans sa forêt d'Orbestier et dans ses domaines tout le bois nécessaire aux constructions et réparations de leurs demeures et maisons rurales.

1. Gisors, ch.-l. de c., arr. Les Andelys (Eure .
2. Falaise, ch.-l. d'arr. (Calvados).
3. Argentan, ch.-l. d'arr. (Orne).
4. Exmes, ch.-l. de c., arr. d'Argentan.
5. Sur la forte position de ce château (avec donjon quadrangulaire), voy. Caumont, *Abéc., d'archéol., archit. mil.*, 3e éd. p. 121-125 (fig.) ; cf. même auteur, p. 126 et s. pour les donjons de la Normandie et du Maine, avec citation à l'appui (p. 127, du passage ci-dessus de Robert de Torigni. — Aujourd'hui Domfront, ch.-l. d'arr. (Orne).
6. Wace, dans le *Roman de Rou*, parle des fortifications de Domfront et de celles d'Ambrières aujourd'hui ch.-l. de c., arr. dans la Mayenne, ainsi que des bretèches démontables et transportables d' eu à un autre, suivant les besoins (voy. Viollet-le-Duc, *Dict. de l'arch   , t. II, v° Bretèche.* C'est ce que fit, au milieu du xie siècle (1053 env...   ,, le duc Guillaume de Normandie :

> « E li dus fist son gonfanon
> Porter è lever ol dangon.
> Les chastels a a terre mis,
> Od qui il out Danfront assis ;
> Les brotesches en fist porter,
> A *Ambrieres* les fist lever,
> Un chastel fist iloc fermer...
> Quant il out le chastel fermé... »

Wace, op. cit., éd. Andresen, v. 1501 et s.). Cf. à propos des fossés normands du xie s., v. 1323 et s.

> « Aveit a cel tens un fossé
> Haut ô parfont ô réparé ;
> Sor le fossé out herigon... »

7. Vire, ch.-l. d'arr. (Calvados).
8. Gavrai, ch.-l. de cant., arr. Coutances (Manche).
9. Vernon, ch.-l. de cant., arr. Evreux (Eure).

Cartulaire de l'abbaye d'Orbestier (*Vendée*), publ. par *L. de la Boutelière*, dans *Archives historiques du Poitou*, t. VI (1877), n° I, p. 1 et suiv., (d'après des *vidimus* donnés le 3 sept. 1398 et le 7 mai 1431).

...Notum sit omnibus fidelibus tam presentibus quam futuris... quod ego Guillelmus [1], dux A(c)quitanorum et comes Pictaviensium, dominusque Thalemundi, dedi et concessi Deo et Fulcherio servo Christi, relinquenti seculum et eidem Christo adherenti indigentique tunc cella oracionis, et successoribus suis, locum Orbisterii [2], qui desertus erat, ad edificandum locum oracionis et agende penitencie et ad faciendam abbaciam... et omnia que dicto loco Orbisterii pertinent, quibuscumque et ubicumque sint in dominio meo de Thallemundo [3]... usagium plenarium et eciam liberum per totam forestam meam de Orbisterio, ad quo[d]cumque opus voluerint faciendum... ad quelibet edificia facienda, reedificanda, construenda vel recuperanda, sine defensione aliqua quam in predicto usagio ego Guillelmus predictus vel heredes sive successores, vel baillivi sive forestarii mei... possimus imponere... Item volo et concedo quod dicti meditarii, si aliqui sint, habeant usagium per totam forestam predictam de Orbisterio ad sua edificia facienda... Datum et actum publice, anno ab Incarnacione Domini millesimo [C°] VII°, mense julii.

CXXIV

1107-1112.

Description des châteaux de Gournay-sur-Marne, de La Roche-Guyon et du Puiset, dans l'Ile-de-France.

1. Guillaume le Jeune, XII° comte de Poitou, IX° duc d'Aquitaine (1086-1126). L'acte de la fondation par lui faite à Orbestier fut confirmé plus tard, en 1182, par Richard Cœur-de-Lion, comte de Poitou. (*Cartul. cit.*, n° 4.)

2. Orbestier est aujourd'hui situé dans le cant. et arr. des Sables-d'Olonne (Vendée).

3. Il en est de même de Talmont.

Vita [1] *Ludovici Grossi regis*, publ. par A. Molinier (1887), § x, p. 31-35; § xvi, p. 52-53; § xx, p. 71-77.

X. [1107.] — ... Castrum[2] munitissimum vallo arto et rigido superius glande, inferius torrentis profunditate pene inexpugnabili, [dominus Ludovicus][3] aggreditur, per[4] torrentem usque ad balteum[5] fossatum conscendens, ad glandem contendit, pugnare pugnando imperat, gravissime sed amarissime cum hoste decertat... Parantur deinceps castri eversioni bellica instrumenta, erigitur tristegas tres pugnantibus porrigens supereminens machina, que castro superlativa propugnatorii primi sagittariis et balistariis ire aut per castellum apparere prohiberet. Unde, quia incessanter die ac nocte his coartati defensionibus suis assistere non valebant, terratis caveis defendentes seipsos provide defensabant, suorumque ictibus sagittariorum insidiantes, primi propugnaculi superiores mortis periculo anticipabant. Herebat machine eminenti pons ligneus qui se excelsius porrigens, cum paulisper demitteretur super glandem, facilem descendentibus pararet ingressum. Quod contra viri super his callentes lignea podia ex opposito separatim pre-

---

1. Cette Vie a été écrite après 1138 et avant 1144.
2. Il s'agit du château de Gournay-sur-Marne ; aujourd'hui, dans le cant. de Gonesse, arr. Pontoise Seine-et-Oise).
3. Le prince Louis, plus tard Louis VI le Gros.
4. « Passage obscur, remarque A. Molinier. Le mot *glandis* est, croyons-nous, assez rare dans le sens que Suger lui donne ici. Voici comment nous comprenons: le château avait pour défense un retranchement ou palissade (*vallum ar[c]tum*); au-dessus s'élevait le mur lui-même, et le tout était entouré d'un ruisseau profond et rapide. » Dans le récit du siège du Puiset (XVIII, p. 60 et s.), Suger emploie de nouveau le terme *glans*. » Ab intus super nostros de propugnaculis et *glande*... Milites velocissimis equis castri defensionem circuibant manualiter *glandi* innitentes cedebant, detruncabant et ab alto fossati imo graviter delebant. » (p. 61.) D'après Molinier, « par *glans*, Suger entend ici, la suite le prouve, une simple palissade ; à l'intérieur circulaient les cavaliers ennemis, qui, se penchant par dessus les soldats de Thibaud, à peine arrivés au haut du fossé, les frappaient à l'improviste. »
5. « *Jusques au braier*, disent les *Chroniques de Saint-Denis*, III, 244 » (Note de Molinier). Voy. Viollet-le-Duc, *Dict. de l'arch. fr.*, t. II, p. 211, art. Braie. Il s'agit d'un ouvrage de défense élevé en avant d'un front de fortification et laissant entre le pied des murailles et le fossé une circulation plus ou moins large.

ferebant, ut et pons et qui per pontem ingrederentur utrique
corruentes in subterraneas foveas acutis sudibus armatas,
ne animadverterentur ficte paleis opertas, vite periculum et
mortis multam sustinerent [1].

XVI [1110 ou 1111.] — Supersistitur promuntorio ardui
littoris magni fluminis Sequane horridum et innobile castrum, quod dicitur Rupes Guidonis[2], in superfi[c]ie sui invi-
sibile, rupe sublimi incaveatum, cui manus emula artificis
in devexo montis raro et misero ostio maxime domus amplitudinem rupe cesa extendit, antrum, ut putatur, fatidicum,
in quo Apollinis oracula sumantur, aut de quo dicit
Lucanus [3] :

.... Nam, quamvis Thessala vates
Vim faciat fatis, dubium est, quod traxerit illuc,
Aspiciat Stigias an quod descenderit umbras.

Hinc forsitan itur ad manes...

XX [1112.] — Confederatus regni defederatis, videlicet
palatino comiti Theobaldo [4] et egregio regi Anglorum Henrico [5].... [Hugo][6] Puteolum castrum restituere deliberat, adju-

1. « C'est-à-dire que les défenseurs du château placent, au point où doit
venir s'appuyer le pont de l'ennemi, des bois fragiles qui, se rompant sous
le poids, entraîneront la chute et du pont et de ceux qu'il portera. » (Molinier, éd. cit.)
2. L'ancien château de La Roche-Guyon (cant. de Magny, Seine-et-Oise),
situé aux confins des domaines respectifs des rois de France et d'Angleterre, subsiste en partie aujourd'hui. « Les souterrains taillés dans le roc,
dit Viollet-le-Duc, existent encore ; ils datent d'une époque assez éloignée.
Les logements n'étaient cependant pas creusés dans la falaise, ainsi que le
prétend Suger, mais adossés à un escarpement de craie taillé à main
d'homme » (voy. art. Château, fig. 8 et 9). Le château de La Roche-Guyon
est de nos jours si peu méconnaissable par suite des changements qu'il
a subis; on y retrouve quelques traces des bâtisses du XIe siècle ; quant au
donjon, il est entièrement conservé, sauf ses couronnements, et sa construction paraît appartenir au milieu de ce siècle. (Dict. de l'arch. fr., t. V,
p. 39, art Donjon, fig. 21, 22, 23 et 24.)
3. Lucain, Phars., l. vi, vers 651-653, éd. Teubner, de C. Hosius, 1905.
4. Thibaut IV, comte de Blois, de Chartres et de Brie.
5. Henri I, roi d'Angleterre, fils de Guillaume le Conquérant.
6. Hugue II, seigneur du Puiset. — Le Puiset est dans le cant. de Janville, à onze lieues de Chartres (Eure-et-Loir.) Voy. Ch. Cuissard, Les
Seigneurs du Puiset, dans Bull. Soc. Dunoise (1873-80), t. III, p. 310-98, et
A. de Dion, Le Puiset au XIe et au XIIe s., châtellenie et prieuré, dans le
Bull. Soc. arch., Eure-et-Loir (1883-85), t. VIII, p. 1-34 et 71-85.

centem pagum aut eversum iri aut sibi subicere maturat...
Et dum ipse Stampensi via exercitum colligens, nos rec-
tiori et breviori Tauriacum [1] dirigimur, hoc unum multo
et frequenti intuitu a longe assumentes argumentum, quod
tristega turris in eadem munitione longa planitie supereminens apparebat, que capta munitione illico igne hoste solve-
retur... nos... non sine magno periculo per medium ville
irruentes, quia quibus innueramus in propugnaculis nostrates
portam paraverunt, citissime, Deo annuente, intravimus...

Restituto castro continua septimana... rex bellicum
movet apparatum.., antiquam antecessorum suorum desti-
tutam motam [2], castro jactu lapidis propinquam, occupat,
castrum supererigit miro labore, mira anxietate si trabes
junct[e] clausuris no[n] erigerentur contra, fundibulariorum,
balistariorum, sagittariorum emissa pericula sustinentes,
gravissime quidem, cum qui eos angebant infra septa castri
securi, extra jaculantes nullam meriti mali hostium horre-
rent vicissitudinem. Flagrat emula victorie interiorum et
exteriorum periculosa concertacio, et qui lesi fuerant regii
quirites, acerrime ledere injuriarum memores contendunt,
nec ab incepto desistunt, donec subitam ac si fatatam [3]
munitionem multo milite, multa armatura munierunt.

CXXV
1107-1139.

*Construction de la cathédrale de Salisbury par les soins de
l'évêque Roger, Normand d'origine ; beauté de l'appareil*

1. Toury, cant. de Janville, arr. Chartres (Eure-et-Loir).

2. Il est déjà question de ce château (g xviii), lors du siège
du Puiset en 1111 (*éd. cit.*, p. 63), « Ipse Hugo, cum intus castellum inuro
cinctum tuto non sufficeret presidio, in mota, scilicet turre lignea superiori, se recipit »; ce qui prouve, dit A. Molinier, que le château du Puiset
se composait d'une double enceinte et d'un réduit : 1° une simple palissade ; 2° un mur probablement en pierre; 3° un donjon en bois. » Nous
ne sommes pas convaincus de l'exactitude de ces déductions. M. Enlart
(*Man. d'archéol. fr.*, t. II, p. 500) ne voit là qu'un « donjon de bois élevé
sur une motte, et une chemise également de bois, percée d'archères ».

3. « Tous les mss. donnent cette leçon; on peut traduire enchantée, élevée par les fées; M. Huguenin propose ac si salam, correction ingénieuse,
mais parfaitement inutile. » (Note d'A. Molinier.)

de cet édifice. — Autres constructions entreprises par lui à Malmesbury; éloge des châteaux-forts de Devizes et Sherborne appartenant audit évêque.

1

Willelmi M .lmesberiensis, *De gestis regum Anglorum*, l. V, § 408, éd. W. Stubbs, vol. II (1889), p. 484, dans la coll. *Rerum Britannic. medii aevi scriptores*, n° 52.

(Cf. Migne, *Patr. lat.*, t. CLXXIX, col. 1364.)

Pontifex [1] magnanimus, et nullis unquam parcens sumptibus, dum quae facienda proponeret, aedificia praesertim consummaret : quod cum alias, tum maxime in Salesberia [2] et Malmesberia [3] est videre [4]. Fecit enim ibi aedificia spatio diffusa, numero pecuniarum sumptuosa, specie formosissima, ita juste composito ordine lapidum ut junctura perstringat intuitum, et totam maceriam unum mentiatur esse saxum [5]. Ecclesiam Salesberiensem et novam fecit et ornamentis

1. C'est des environs de Caen que Roger vint en Angleterre. Pour les dates extrêmes de son épiscopat, voy. Stubbs, *Registrum sacrum anglicanum*. Freeman (*The Norman conquest*, t. IV, p. 217 et 287) le considère comme le plus grand bâtisseur de son temps en Angleterre, en fait de constructions ecclésiastiques ou bien militaires. Voy. aussi *Gough*, dans l'*Archaeologia*, II, 1773, n. éd. 1809, p. 188-193, et Leslie Stephen, *Dict. of national biography*, t. XLIX, p. 103-106.

2. Salisbury, ch.-l. du comté de Wilts, sur l'Avon, à 140 kil. S.-O. de Londres.

3. Malmesbury ou Malmsbury, même comté, à 40 kil. N.-E. de Bath. — « Les mots *et Malmesberia* dans le passage cité ci-dessus sont omis dans plusieurs des mss., et s'ils sont une leçon authentique, ils se réfèrent probablement au château que l'évêque Roger avait bâti à Malmesbury, plutôt qu'à l'église [abbatiale] de ce lieu » (J. Bilson, *Les origines de l'architecture gothique, les premières croisées d'ogives en Angleterre*, extr. de la *Rev. de l'art chrétien*, 1901-02, p. 30, n. 2.) William de Malmesbury, dans son *Historia novella* (qui se termine en 1142), ne fait mention d'aucune construction dans l'église (*ibid.*).

4. Rappelons ici que Gondulphe, après avoir fait bâtir l'église du Bec et de Saint-Étienne de Caen, devint évêque de Rochester, s'y fit construire un admirable donjon et mourut en 1108 (voy. Enlart, *Man. d'archéol. fr.*, t. I, p. 62, n. 1).

5. Voy. au sujet de ce texte (§ 408 et non 409, *éd. cit.*), les judicieuses observations de J. Quicherat, *Mél. d'archéol.*, p. 445-446. Il s'agit du moyen appareil à pierres soigneusement layées sur les faces, assemblées à joints fins. « Cet appareil, continue cet auteur, ne fut connu en Angleterre que depuis les premières années du xii° siècle : en France, il remontait à l'époque barbare ; il y en a des exemples du commencement du xi° siècle en Provence et en Poitou. » Voy. *ibid.*, p. 445, n. 5, par M. R. de Lasteyrie.

excoluit, ut nulli in Anglia cedat, sed multas praecedat ipseque non falso possit dicere Deo : « *Domine, dilexi decorem domus tuae.* »

2

Henrici Hantendunensis historia Anglorum, éd. Th. Arnold (1879) ,p. 265.
   (Cf. Migne, *Patr. lat.*, t. CXCV, col. 961.)

Rex [Stephanus] [1] namque Rogerum, episcopum Saresbiriensem, et Alexandrum, Lincolniensem, ipsius nepotem, cum pacifice suscepisset, violenter in curia cepit... secum duxit ad castellum ejusdem quod vocatur Divise [2], quo non erat aliud splendidius intra fines Europae... Tali modo castellum sibi extorsit, male recordans bonorum quae in introitu regni sui prae omnibus aliis ei congesserat... Similiter cepit Sireburnam [3], quod parum Divisis decore cedebat.

CXXVI

1109.

Permission accordée à l'abbé de Saint-Bertin par Manassés, comte de Guines, en vertu de laquelle les religieux de ladite abbaye peuvent prendre dans les forêts de Guines et d'Escalles, en Calaisis, tout le bois nécessaire à la construction ou à la réfection de leurs maisons et de leurs greniers à céréales, ainsi qu'à la clôture fortifiée de la ferme abbatiale sise auxdits lieux.

1. Etienne de Blois, roi d'Angleterre, mort en 1154. Cet évènement se réfère à l'année 1139.
2. Devizes, aujourd'hui petite ville du comté de Wilts, au S. du Kennet-Avoncanal.
3. Sherborne, autre petite ville, située dans le comté de Dorset, au N. de Dorchester.

Cartulaire de l'abbaye de Saint-Bertin, dans le rec. des *Cartulaires de France,* t. III. éd. Guérard, 1840, n° XXIII, p. 234-235[1]. (coll. des Doc. inéd.).

Ego Johannes[2], Dei gratia, Morinorum episcopus, notum volo fieri quandam silvam apud Gisnes[3] proprii esse juris Sancti Bertini... Hoc insuper sciendum quod ad curtem abbatis apud Scales[4] et apud Gisnes muniendam[5], quotiens necesse fuerit, et ad domos et horrea edificanda et restauranda... ex eadem silva ligna sufficienter abbas accipiet... Anno dominice Incarnationis millesimo centesimo nono... facta est carta atque corroborata Taruenne.

CXXVII

Vers 1109-1112 environ.

Travaux de reconstruction et de décoration accomplis à l'église abbatiale de Morigni (?), à l'aide de ressources recueillies par une confrérie religieuse.

Chronicon Mauriniacense[6], l. II, dans Duchesne, *Hist. Franc. script.*, t. IV (1641), p. 362-363,
(Cf. éd. Mirot, p. 13, dans la *Coll. de textes pour servir à l'étude... de l'histoire.* — Migne, *Patr. lat.*, t. CLXXX, col. 136 et s.)

Ea tempestate, nimietate famis[7] tota Gallia laborabat,

1. Voy. aussi *Régestes des évêques de Thérouanne,* par l'abbé O. Bled, t. I. 1 (1902), n° 408, p. 106 ; cf. *Gall. christ.,* t. X, 1544 ; Haigneré, *Chron. de Saint-Bertin,* n° 112.
2. Jean Ier de Comines, évêque de Thérouanne de 1099 à 1130.
3. Guines, ch.-l. de c., arr. Boulogne-sur-Mer (Pas-de-Calais).
4. Escalles, comm. du cant. de Calais, arr. Boulogne-sur-Mer.
5. Voy. *supra* un texte de 1080-1081 environ, relatif à une ferme fortifiée. Cf. Viollet-le-Duc, *Dict. de l'arch. fr.,* t. V, p. 420, v° Ferme.
6. L'abbaye de Morigni était située au diocèse de Sens, près d'Étampes. — D'après M. Mirot (voy. *Introd.* à son édition de la *Chronique de Morigni*), l'abbé Thomas ne peut être considéré comme l'auteur du livre II de cet ouvrage. Sur cette Chronique, voy. aussi Molinier, *Sources de l'hist. de Fr.,* t. II, p. 187, et Luchaire, *Études sur quelques mss. de Rome et de Paris,* dans la *Bibl. de la Fac. des lettres de Paris,* t. VIII (1899), p. 6. L'édition de M. Mirot est faite d'après le ms: Vat. fonds de la Reine 622.
7. Suivant Clarius de Sens (*Chronique de Saint-Pierre-le-Vif,* dans le *Rec. des Hist. de Fr.,* t. XII, p. 282), cette famine aurait commencé en mai

sicque per septem continuos annos... ut multos enecaret, innumerabiles etiam locupletes deduceret ad pauperiem. Qua de causa omnibus propriis necessitatibus intentis, beneficia Stampensium, quibus ecclesia [1] haec a fundamento sustentata est, penitus defecerunt.

....Mirare [2] qui legis haec, et antiquorum nostrorum lauda constantiam, qui per tot penurias, per tot tribulationes hoc in loco perseveraverunt, et aedificia omnia haec quae cernis ex pauperum eleemosinis construxerunt. Non rex, non comes, non aliquis magnatum horum aliquid instituit. Thomas autem, intolerabili paupertate comperta... se loci hujus monachum recognoscens... primo consecrationis suae anno, in ecclesia Beatae Mariae Stampensis divinum sermonem, cujus rei maximam gratiam habebat, fecit ad populum... Divina praedicatione populo sibi consiliato, confraternitatem [3] instituit, per quam et pars ecclesiae [4] cooperta, et vitrea illa magna, quae in fronte navis ecclesiae habetur, inter cetera facta fuit.

1109. Il faut remarquer que ce récit est placé entre la mort de l'abbé Renaud, postérieure au 3 août 1109 et l'élection de Thomas qui eut lieu entre le 11 novembre 1110 et les premiers mois de 1111 ; d'après la forme du récit, il semble que les effets de cette famine s'étaient déjà fait sentir avant l'élection de Thomas.

1. Suivant notre confrère M. L. Mirot, qui a eu l'obligeance de nous en informer, ce membre de phrase se rapporterait bien plutôt à l'église abbatiale de Morigni qu'à l'église Notre-Dame d'Étampes.

2. Ce passage peut se référer à des événements qui eurent lieu en 1111-1112. Le sermon aurait été prononcé à Notre-Dame d'Étampes à la date du 11 novembre 1111.

3. Cette confrérie aurait été créée en 1112 probablement. Pour les confréries de ce genre, au XI° siècle, voy. supra la note jointe au texte (vers 1068 au 1070) qui est relatif à Saint-Hilaire-sur-l'Autise, en Bas-Poitou. Pour une confrérie relative à l'église de Tarragone (1127) et instituée dans un synode Narbonnais, voy. Rec. des Hist. de France, t. XIV, p. 230. On constate des confréries à Saint-Denis entre 1130 et 1140, à Chartres, en 1145 (cf. A. Luchaire, Manuel des instit. fr., p. 369).

4. Suivant M. L. Mirot, ce passage se rapporterait moins à Notre-Dame d'Étampes qu'à l'église abbatiale de Morigni, dont la dédicace eut lieu en 1120 : « Anno igitur Incarnati Verbi MCXX, dedicata est ecclesia Mauriniacensis coenobii a domino papa Calixto secundo, V non. octobris, cum maximo honore et reverentia » (Mon. Germ. hist., t. XXVI, p. 39, ex Hist. Maurin. monasterii), éd. Mirot, p. 32. — Voy. L. E. Lefèvre, Étampes et ses monuments aux XI° et XII° siècles (1907), ch. v, p. 117 et s. Cf. ibid. les sources et ouvrages cités.

CXXVIII

Vers 1110.

*Construction en pierre par les soins de Hugue d'Amboise,
des châteaux-forts de Chaumont-sur-Loire et de Montrichard. — Fondation par ledit seigneur du prieuré de Saint-
Thomas d'Amboise, à l'aide des offrandes des fidèles.*

Gesta Ambaziensium dominorum, dans les *Chroniques d'Anjou*, publ.
par P. Marchegay et A. Salmon (Soc. hist. de France), t. I (1856),
p. 203.
(Cf. d'Achery, *Spicileg.*, t. III, 1723, p. 281, éd. in-fol. — *Rec. des Hist.
de Fr.*, t. XII, 1781, p. 510.)

Pene transieram quod praeteriri non oportuerat, qualis
forma lapidea turrium consurgeret, quarum unam Hugo[1]
Calvimonti[2], alteram Montricardo[3] cum aula lapidea construxit. In diebus illis Ambaziaco ecclesiam[4] in honore Dei
et sancti Thomae aedificavit, solidasque vires populi in
opere illo concussit, monachisque ibi degentibus proprium
molinum, pratum..... aliaque larga dona complura praedictis addidit, multosque suorum ad benefaciendum ecclesiae huic monendo coegit.

CXXIX

Vers 1110.

*Construction d'une maison de pierre dans le cimetière de
l'église paroissiale de Saint-André de Grenoble, par les soins*

1. Hugue Ier, seigneur d'Amboise.
2. Chaumont-sur-Loire, comm. du cant. de Montrichard, arr. Blois (Loir-
et-Cher).
3. Montrichard, sur le Cher. Déjà, vers 1005, Foulque Nerra avait fortifié cet endroit en face de la forteresse que Gendouin de Saumur venait
de bâtir à Pontlevoy. Voy. L. Halphen, *Le comté d'Anjou au XIe siècle*,
p. 31, n. 3 (d'après *Gest. consul. Andegar.*).
4. Pour ce prieuré, situé sur les bords de l'Amasse, dont le seigneur
d'Amboise fit don aux bénédictins de Pontlevoy, voy. la publication
suivante : *Amboise, le château, la ville et le canton* (Soc. d'archéol. de
Touraine), 1897, p. 115.

de Pierre de Saint-André, ladite maison ayant été donnee par lui à cette église; conditions d'entretien du maître constructeur pe ndant ladite construction.

Chartularium sancti Hugonis [1], dans les *Cartulaires de l'église cathédrale de Grenoble,* publ. par J. Marion, 1869, p. 217, n° XLIV (coll. des Doc. inéd.).

Sciendum est quod Petrus de Sancto Andrea dedit ecclesiae Sancti Andreae et Hugoni, Gratianopolitano episcopo, et successoribus ejus, domum illam quam in cymiterio [2] ejusdem ecclesiae edificavit; et, pro hac convenientia et donatione, dedit ipsi Petro Airaldus decanus in adjutorium omnem calcem quae in ipsa domo posita fuit; et episcopus quinque sextarios frumenti et tres avenae eodem pacto in adjutorium prefatae domus dedit. Et ipsa domus dum edificaretur, predictus Petrus habuit cotidianum victum in domo canonicorum...

CXXX

1110 ou 1112 environ.

Description de Fécamp par Baudri, archevêque de Dol; le château seigneurial; l'abbaye des bénédictins; éloge de l'église de la Trinité, sa couverture de plomb et ses orgues; symbolisme architectural de la Jérusalem céleste.

Epistola Baldrici [3] ad Fiscannenses [4] monachos (*Baldrici itinerarium*) dans *Rec. des Hist. de Fr.*, t. XIV, n. éd. (1877), p. 226 et suiv.

1. Les dates extrêmes de l'épiscopat de Hugue Ier de Châteauneuf, auquel cet acte se rapporte, sont les années 1080 et 1132.
2. Nous avons vu précédemment divers textes concernant des constructions privées dans les cimetières, pour la région du Nord-Ouest, notamment pour la Normandie et le Maine. Sur les habitations de ce genre, voy. Viollet-le-Duc, *Dict. de l'arch. fr.*, t. III, p. 247 et s.
3. Baudri, ancien abbé de Bourgueil, occupa le siège de Dol depuis l'année 1107 jusqu'à 1130. Cette sorte d'autobiographie, où l'auteur raconte ses voyages en Armorique et en Normandie, n'est pas antérieure à l'an 1110 ou 1112.
4. Sur la série des abbés de Fécamp, voy. notamment H. Gourdon de Genouillac, *Hist. de l'abbaye de Fécamp et de ses abbés*, n. éd. 1875, p. 208 et s. (pl.) Cf. Leroux de Lincy, *Essai sur l'abbaye de Fécamp*, 1840, p. 18 et s., et p. 284 et s.

(Cf. *Neustria pia*, auct. A. du Monstier, 1663, p. 232. - Migne, *Patr. lat.*, t. CLXVI, col. 1175 et s.)

Demum tandem avulsus, a longe velut ortum surgentis aurorae Fiscannum, de quo multa per peregrinos audieram, vidi, et ipso limpidissimi domicilii vestibulo, fateor, obstupui. Praeter enim aedificiorum venustatorum composituram decentissimam, inter parietum lapides pompis regalibus condignos, in occursum nostrum fratres... prodierunt... Susceptus sum in claustrum... Inspiciebam templi [1] porrecturam, decoram domus Dei capacitatem, copiosam ornamentorum speciositatem... Illa in ecclesia unum quid erat, quod mihi non mediocriter complacuit, quod ad Deum laudandum et excitandum David canticis suis inseruit : *Laudate*, inquit, *Dominum in chordis et organo* [2]. Ibi siquidem instrumentum vidi musicum, fistulis [aer]eis [3] compactum, quod follibus excitum fabrilibus suavem reddebat melodiam et, per continuam diapason [4] et per symphoniae sonoritatem, graves et medias et acutas voces uniebat, ut quidam concinnentium chorus putaretur clericorum, in quo pueri, senes, juvenes jubilantes convenirent et continerentur. Organa [5] illud vocabant certisque temporibus excitabant...

1. La grande église abbatiale de Fécamp avait été reconstruite vers la fin du x° siècle, aux frais de Richard I°°, duc de Normandie, d'après le témoignage de Dudon de Saint-Quentin : « Mirabiliter miri scematis formae construxit in honore Sanctae Trinitatis delubrum, turribus hinc inde et altrinsecus praehalteatum, dupliciterque arcuatum mirabiliter et de concatenatis artificiose lateribus coopertum » (éd. Lair, l. III, p. 201, cit. par M. R. de Lasteyrie, dans ses additions à J. Quicherat, *Mél. d'archéol.*, p. 430, n. 1). Voy. Du Monstier, op. cit. (*De renovatione ecclesiae Fiscannensis sub duce Guillelmo*). L'église fut agrandie par les soins de Guillaume de Ros, qui fut promu à l'abbatiat en 1080 et mourut le 26 mars 1107-08 : « domum istam... parietibus dilatavit. » La lettre de Baudri est un peu postérieure à la date de 1108, comme l'indiquent les mots *nuper decessit*.
2. Cette citation est tirée des Psaumes de David, CL, 4.
3. « *Ex eis*, sic editi. Legendum forte *ex aere* » (Note du *Rec. des Histor. de Fr.*). On peut proposer une lecture préférable, celle d'*aereis*.
4. Ce terme de musique (indécl.) est le nom de l'octave chez les Grecs et les Romains. Il désigne l'étendue des notes d'un instrument (ou d'une voix), du son le plus grave au son le plus aigu.
5. Viollet-le-Duc qui, dans son *Dict. du mob. fr.*, t. II, p. 397 et s. (v° Orgue), fait l'historique de cet instrument de musique depuis le haut moyen âge, omet de parler du xii° siècle et ne mentionne pas ce texte.

Exoraverunt,.. [Fiscannenses] quatinus ad dedicationem ecclesiae, quam annuam et festivam agere habebant, recurrer[e]m, quae et proxima erat...

Ut autem Fiscanni situs[1] non praetermittam, de loco Fiscannensi paucis absolvam. Locus ille, velut quidam paradisi hortus, in formosa convalle .sistitur, inter duas colles ab hinc agricultura, ab hinc silvula gratissima circumseptus. Quae tantae aequalitatis esse videtur, ut vel in eadem die orta putetur, vel a proceritate sua ad aequalitatem recisa intelligatur; brachiorum et frondium et ramusculorum cacumina tantae sunt densitatis, ut ex obumbratione et virore suo terram et visum gratificent, solis ardores repellant, pluviarum ingruentiam sustineant. Arbores a caudicibus[2] aliquantulum eriguntur, non tamen multae proceritatis, sed amoenae deambulationis. Mare Oceanum Fiscanno proximum est, non enim distat a loco saltem milliario, piscibus abundat, recessus et accessus quotidianos generat, portum habet tranquillum, vallum aqua dulcis alluit et limpida ; fontes habet et hortis habilis est, nutritque pomiferas arbores. Rivus qui castellum praeterfluit gratiosos et utiles habet excursus. Castrum nobilissimum munitissimis ambitum est moenibus. A Fiscanno Sequana fluvius naturalis distat quasi quindecim milliariis : piscatura redundat, et Fiscannum praeda illa sustentat. Monasterium altis et decentissimis in altum parietibus, et magna ex parte plumbo coopertum est : porta c[a]eli et palatium ipsius Dei aula illa dicitur[1] et c[a]elesti Hierusalem[3] assimilatur: auro et argento refulget, sericis honestatur pluvialibus[4], sanctorum reliquiis, praecipue invocatione

---

1. Sur les curieuses descriptions de ce genre où l'éloge de la nature pittoresque s'unit à celui des monuments, voy. *supra*, p. 98 et 166 ; voy. aussi la description de la ville d'Angers (1149) dans l'*Historia comitum Andegavensium* (*Chroniques d'Anjou*, éd. Marchegay ; cf. la *Narratio de commendatione Turonicae provinciae* (vers 1210), p. 336, dans Salmon, *Recueil de chroniques de Touraine*, p. 293 et s.

2. *Caudex* a le sens de souche d'arbre.

3. Sur la Jérusalem céleste, voy. *Annales archéologiques de* Didron, t. I, p. 81 ; t. I', p. 24 ; t. VI, p. 339 ; t. XV, p. 307, grav. ; t. XVII, p. 30, 34 ; t. XIX, p. 23, et 111 ; t. XX, p. 289, grav. ; t. XXVI, p. 293.

4. *Pluviale*, manteau pluvial, chape de soie.

Sanctae Trinitatis... gloriatur: sole[n]niter et catervatim ad
ipsam confluunt peregrini...

CXXXI

Paris, 1112 (avant le 3 août) et 1127 (avant le 3 août).

*Révocation faite par Louis VI de la défense qu'il avait
signifiée au Chapitre de la cathédrale de Sainte-Croix
d'Orléans, de construire dans le cloître des maisons
appuyées sur le mur d'enceinte de la ville, et permission
de faire des constructions en bois ou en pierre dans le
cloître, à la condition de ne percer dans le mur d'enceinte
aucune porte ou poterne.*

*Confirmation par le même de la concession faite audit
Chapitre par Jean, évêque d'Orléans, d'une place dite
« Tanus », et de l'autorisation qu'il avait donnée de percer
une poterne dans le mur de la ville et d'appuyer contre
ledit mur tous les travaux de construction nécessaires.*

1

Orig. Archives du Loiret, sér. G 268. — Cop. Bibl. Nat., coll. Baluze, 78
p. 51, et Moreau, 16, 139. — Publ. par Doinel, dans le *Musée des Arch.
départ.* (1878), p. 63, n° 31, d'après l'original; par MM. Joseph Thillier
et Eugène Jarry dans le *Cartulaire de Sainte-Croix d'Orléans*, p. 00,
n° XLIV (*Mém. Soc. arch. et hist. de l'Orléanais*, t. XXX).
    Cf. A. Luchaire, *Louis VI le Gros, annales de sa vie et de son règne*
1809 p. 72, n° 137.

[1112] — ... Universis in regno nostro successoribus et
heredibus nostris notum fieri volumus ac certum haberi quia
domorum edificationem, quam super muros civitatis [1] nostrae
Aurelianensis absque assensu nostro fieri calumpniabamur,
dicentes non licere, interventu et oratione quorumdam fide-

1. On peut rapprocher de ce texte l'acte de Louis VII (1141-42), relatif
aux constructions privées établies dans les remparts de Châteauneuf de
Tours, et celui de Philippe Auguste (1181-82), concernant les garanties à
prendre au sujet des constructions privées élevées sur ou contre le mur
d'enceinte de la ville de Bourges.

lium nostrorum, immo canonicorum peticione, in universis domibus infra claustrum Sanctae Crucis compositis atque in posterum componendis, tam laicis quam clericis, et ligno et lapide deinceps edificare, pro[ut] unicuique placuerit, preter posternam et (h)ostium, modis omnibus concedimus... — Actum Aurelianis publice, anno Incarnati Verbi M C XII°, anno vero consecracionis nostrae IIII°

2

Orig. Archives du Loiret, sér. G. — Cop. Bibl. Nat., Baluze, 78, p. 59. — Publ. par Thillier et Jarry, dans le Cartulaire de Sainte-Croix d'Orléans, p. 88, n° XLII (Mém. Soc. arch. et hist. de l'Orléanais, t. XXX). (Cf. Luchaire, op. cit., p. 183, n° 392.)

[1127]. — Notum fieri volumus cunctis fidelibus tam futuris quam et instantibus quod canonici Sanctae Crucis Aurelianensis in curia episcopali quandam habentes aream, cum domibus orientali muro civitatis adherentibus et ad jus eorumdem canonicorum communiter pertinentibus, in loco qui vulgo dicitur Tanus, adierunt praesentiam fidelis nostri Johannis[1], Aurelianensis episcopi, humiliter deprecantes ut quandam particulam curiae suae ad episcopatum pertinentem, quae sita est inter supradictas domos et septentrionem, juxta murum civitatis, in angulo, habens in longitudine pedes manuales[2] LX^{ta} et XV^{cim} et in latitudine totidem, in perpetuum eis concederet. Et cum ipsae domus praedictae per eamdem curiam episcopalem consuetudinarium introitum vel exitum habeant, deprecati sunt etiam eumdem episcopum ut licentiam faciendi in muro posterulam ducentem ad orientem, ad egrediendum vel ingrediendum, et insuper de ipso muro, sive in figendis trabibus, sive in

1. Jean II fut évêque d'Orléans de 1096 à 1135 environ.
2. Cette expression était déjà usitée dans le haut moyen âge. « Tantum praecellit, dit Isidore de Séville, pes manualis pedem naturalem quantum polles in longitudinem protendi potes! » (Metrolog. script. reliquiae, éd. Hultsch, t. II, p. 138). Nous lisons dans une lettre d'Eginhard relative à la confection de briques : « lateres quadratos habentes in omnem partem duos pedes manuales et quatuor digitos in crassitudinem » (Einhardi epistolae, XXXVIII, dans le Rec. des Hist. de Fr., t. VI, p. 379).

superaedificandis parietibus, sive in aliis hujusmodi quaecumque ad aedificationem ipsarum domorum necessaria
essent, quantum ad episcopatum pertinebat, eis concederet :
quod ita fecit. Nos autem suprascriptam praedicti fidelis
nostri Aurelianensis episcopi concessionem et volumus et
approbamus... Actum Parisius publice, anno Incarnati
Verbi MCXXVII, regni nostri XVIII.

CXXXII

1112-1116, et 25 janv. — 1er mars 1124, Paris.

*Emplacement de l'ancienne église de Saint-Étienne, de
l'église « Neuve » de Notre-Dame, cathédrale de Paris,
du palais épiscopal et du cloître, d'après un acte de
Louis VI portant règlement de la voirie de l'évêque.*
*Autorisation donnée par Louis VI au Chapitre de Notre-
Dame, de prélever annuellement une somme de dix livres
sur les revenus de l'évêché pour subvenir aux frais de la
couverture de l'église cathédrale.*

1

R. de Lasteyrie, *Cartul. gén. de Paris...*, t. I (1887), p. 178 (coll. de l'*Hist.
gén. de Paris*), d'après l'orig. scellé du sceau plaqué, Arch. nat., K 21
n° 7 : cop. contemporaine Arch. nat., K 21 n° 7b ; cop. du xiie siècle,
Arch. nat. LL. 177 (*Livre noir de N.-D.*), p. 45 ; cop. du xiiie s., Arch.
nat. LL.175 (*Grand Pastoral de N.-D.*), p. 589 ; cop. du xiiie s., Arch. nat.
LL. 176 (*Petit Pastoral de N. D.*), p. 63.
   (Cf. *Cartul. de l'église N.-D. de Paris*, par Guérard, 1850, t. I, p. 252-
253, coll. des Doc. inéd. — V. Mortet, *Étude hist. et arch. sur la cath.
et le palais épiscop. de Paris*, du vie au xiie siècle, 1888, Pièc. justif. n° 1,
p. 79-80.)

PRECEPTUM LUDOVICI REGIS DE VIATURA ET HOMINIBUS
PARISIENSIS EPISCOPI.

[1112-1116] 1 —.... Terra igitur illa que incipit a porta

1. Dans son livre intitulé *Louis VI le Gros, annales de sa vie et de son
règne* (p. 106-107), M. A. Luchaire a montré que ce règlement doit être
placé à la date approximative que nous donnons ci-dessus, et non vers
1110, comme on l'avait cru auparavant.

claustri Beate Marie, ab illa scilicet porta que proxima est domibus Stephani archidiaconi, illa, inquam, terra a sinistro existens latere, sicut publica distinguit via, usque ad domum Ansoldi, et ab illa domo lineatim usque ad caput ecclesie Sancti Cristofori, et a capite illo usque ad muros veteris ecclesie Sancti Stephani, tota, inquam, terra illa cum edificiis suis, quemadmodum a predicta circumcingitur et clauditur via, undique usque ad muros claustri Beate Marie sub potestate Parisiensis episcopi et in viatura tantummodo illius jure antiquitatis existit... Sciendum autem est quia spatium illud quod est infra portas veteris ecclesie, sicut totus interior murorum ambitus continet, sub jure est episcopi, quemadmodum nova ecclesia, regis potestate omnino exclusa. Spatium vero illud quod est a capite fracti muri veteris ecclesie usque ad Sequanam, transeundo scilicet ante curiam episcopi, hinc et inde, sub viatura est ejusdem episcopi [1]....

2

R. de Lasteyrie, *Cartul. gén. de Paris...*, t. I, p. 218, n° 198, d'après l'orig. scellé du sceau plaqué, Arch. nat., K 22, n° 2; — cop. du xii° s., Arch. nat., LL. 177 (*Livre noir de N.-D.*, p. 113; cop. du xiii° s., Arch. nat., LL. 115 (*Gr. Past. de N.-D.*), p. 588; cop. du xiii° s., Arch. nat., LL. 176 (*Pet. Past. de N.-D.*), p. 85.
    (Cf. *Cartulaire de l'église Notre-Dame de Paris*, t. I, p. 266, coll. des Doc. inéd. — V. Mortet, *Étude historique et archéologique sur la cathédrale et le palais épiscopal de Paris du VI° au XII° siècle*, Pièc. justif. n° II, p. 81.)

1. Ainsi le règlement de Louis VI attribue à l'évêque un droit de voirie sur quatre portions de terrain bien distinctes : 1° le terrain situé entre le cloître, d'une part, et d'autre part la voie publique passant devant la maison d'un nommé Ansoud, le chevet de Saint-Christophe et le mur de Saint Étienne ; 2° le terrain, qui était peut-être à ciel ouvert, compris entre les murs ruinés de Saint-Étienne ; 3° le terrain qui s'étendait depuis les murs de Saint-Étienne jusqu'à la Seine, en passant devant le palais épiscopal, situé alors, comme plus tard, entre la Seine et l'emplacement de la cathédrale actuelle ; 4° le terrain occupé par l'église neuve, Saint-Étienne et très vraisemblablement situé sous le chœur de la cathédrale actuelle Quant à l'emplacement de l'église Notre-Dame, dénommée *ecclesia nova*, voy. pour cette restitution la pl. I, à la fin de notre *Étude hist. et archéologique*. Pour plus de détails sur tous ces anciens emplacements, voy. *ibid.*, p. 25 et suiv.

PRECEPTUM COOPERTURE ECCLESIE BEATE MARIE [1].

[1124, 25 janv. — 1er mars.][2] — In nomine sancte et individue Trinitatis. Justitie et rationi congruere plane et evidenter agnoscitur, quod ea que ecclesiis Dei, caritatis gratia, conferuntur in earum necessitatibus, ut dignum est, expendantur, quia quasi crudele et inhonestum videtur quod ea, que illis data sunt, in usibus ipsarum necessariis eisdem subt(h)ra[h]antur ; quod siquidem regum precipue et principum offitio incumbere deprehenditur, ut ecclesie Dei ab ipsorum sollicitudine in hoc provideatur. Ego igitur Ludovicus, Dei gratia, Francorum rex, hac ratione ammonitus, notum fieri volo cunctis fidelibus, tam futuris quam et instantibus, quod Bernerus, Beate Marie Parisiensis ecclesie decanus, et capituli ejusdem ecclesie conventus universus, dum in manu nostra Parisiensis episcopatus benefitia teneremus, a majestate nostra humiliter petierunt ut, super ecclesiam sanctissime Dei genitricis misericordia moti, de rebus episcopalibus aliquid eidem ecclesie, unde in perpetuum cooperiri posset, jure perpetuo et annis singulis habendum donaremus. Nos autem, digne et humili eorum petitioni condescendentes, regia actoritate nostra statuimus et precipimus ut, ad eandem ecclesiam cooperiendam, decem libre de redditu altaris in octavis Edicti [3] annuatim sumantur. Et si ad hoc altaris redditus non sufficerit, illo decem

1. Nous renvoyons le lecteur au commentaire que nous avons donné de ce document dans notre *Étude historique et archéologique*, p. 21-25. Cf. Guérard, *op. cit.*, Préface, p. cxxvii, et, d'autre part, les observations de M. R. de Lasteyrie, *La date de la porte Sainte-Anne à Notre-Dame de Paris*, dans les *Mém. de la Soc. de l'hist. de Paris et de l'Ile-de-France*, t. XXIX (1902), p. 7.

2. D'après M. A. Luchaire (*op. cit.*, p. 157-158), cette date serait plus exacte que celle de l'année 1123, que l'on avait assignée avant lui à ce diplôme royal.

3. La foire du Lendit (*Indictum, Edictam*), établie à Saint-Denis, commençait le deuxième mercredi de juin. Cette solennité donnait lieu à des offrandes extraordinaires de l'autel qui étaient déposées sur le voile appelé « surceint » (*succintorium*). Elle fut aussi l'occasion de revenus pour l'œuvre de l'église de Saint-Denis, d'après Suger : « Annalem redditum his explendis constituimus, videlicet... centum libras *in Indicto...* » (*Libellus alter de consecr. eccl. S. Dionysii*, éd. Lecoy de la Marche, p. 226).

nummorum libre de cereis, qui in Purificatione Sancte Marie a casatis[1] redduntur, ad plenum suppleantur, et posite in custodia capicerii[2] et unius ejusdem ecclesie canonici, quem decanus et capituli conventus ad hoc elegerint, solummodo in essillis et clavis et tegulis penitus expendantur, et ubi et quomodo expense fuerint, decano et capitulo ab earum custodibus computabitur. Trabes autem et tigni, immo omnia alia ecclesie necessaria ab episcopo ecclesie ministrentur. Qued ne valeat oblivione deleri, scripto commendavimus et, ne possit a posteris infirmari, sigilli nostri actoritate et nominis nostri karactere subterfirmavimus.

Actum Parisius publice, anno Incarnati Verbi M° C° XX° III°, regni nostri X° VI°, astantibus in palatio nostro quorum nomina subtitulata sunt et signa. Signum Stephani dapiferi. S. Gisleberti buticularii. S. Hugonis constabularii. S. Alberici c(h)amerarii.

Data per manum S   ani cancellarii (*monogramme*).

CXXXIII

1114.

Changement d'emplacement du château de Gumont, en Bas-Limousin, par les soins du seigneur de ce lieu; cession de l'ancien emplacement dudit château au monastère de

---

1. C'est-à-dire les vassaux de l'évêque.
2. Si l'on ne rencontre pas à cette époque la mention expresse de fabricien en titre, de maître de la Fabrique, il n'en faut pas moins noter que des fonctions de ce genre, dans la première moitié du xɪɪᵉ siècle, étaient confiées, en partie au chèvecier (*capicerius*) et à un chanoine choisi à la fois par le Chapitre et par l'évêque ; tous deux, en tant que gardiens (*custodes*) étaient tenus de rendre compte de leur gestion. Le chèvecier avait plus particulièrement la garde des offrandes des fidèles, et il devait veiller à la conservation de tous les objets sacrés du sanctuaire : l'évêque était responsable des actes du chèvecier. Ainsi, le Chapitre et l'évêque participaient en commun à la gestion des fonds affectés aux travaux qui étaient devenus nécessaires à la cathédrale de Paris. (Voy. notre *Étude histor. et archéol.*, p. 53-54.)

Saint-Martin de Tulle, réserve faite de deux soliers. —
Cession d'un autre emplacement audit monastère, pour
y construire un vivier.

Cartulaire de l'abbaye bénédictine de Saint-Martin de Tulle en Limousin,
publ. par J.-B. Champeval (1903), n° 463, p. 249 (Bull. Soc. scient., hist.
et arch. de la Corrèze, t. XV, p. 323).
    (Cf. Baluzius, Historia Tutelensis, 1717, Appendix actor. veter., col.
458-460.)

In parrechia praedictae ecclesiae [de Acuto monte][1] situm
erat quoddam castellum, quod vulgo Roca[2] nominatur. Hujus
castelli dominus, nomine Geraldus de Roca, de animae
suae salute sollicitus, abbatem praedictum, qui Tutelensi
monasterio praesidebat, rogavit ut in eodem castello monasterium aedificare dignaretur. Dedit itaque Deo et Sancto
Martino Tutelensi terram in ipso castello ubi et monasterium et officinae possent aedificari... Defuncto Geraldo de
Roca, Ademarus de Roca, filius ejus, volens mutare[3] castellum in quodam loco haud procul inde remoto, ubi ipsum
castellum antiquitus situm fuerat, quicquid in ipso castello
habebat in dominio Tutelensi monasterio donavit, exceptis
duobus solariis in quibus Petrus Johannis et Petrus Rot-
gerii manebant[4]. Praeterea dedit monachis locum in aqua ubi
piscina aedificaretur piscibus capiendis idonea. Pro his omnibus dedit ei abbas Ebalus ducentos solidos Lemovicensium
denariorum... — Factum est hoc anno ab Incarnatione
Domini MCXIV, indictione V, regnante Ludovico rege,
praesidente Eustorgio episcopo in Lemovicina sede.

1. Gumont, c. du cant. de La Roche-Canillac, arr. de Tulle (Corrèze).
2. La Roche-Canillac, dans un site escarpé, sur la rive droite du
Doustre. Le bourg de La Roche-Canillac se divise aujourd'hui en Roche-
Haute et Roche-Basse, où furent le prieuré de Saint-Maur, et la chapelle Saint-Salvy, très ancienne aussi.
3. Voy. suprà l'acte de 1008-1026, relatif au changement d'emplacement
du château de Thro (Château-Josselin), en Bretagne.
4. Manebunt, Bal. a Manebunt, dit Champeval, vaut mieux, car solarium,
soular, n'est qu'un emplacement généralement ancien, mais presque ras
et démuni de ses matériaux de bâtisse ». (Op. cit., p. 248.) Il faut, au contraire, laisser subsister, à notre avis, la leçon manebant qui indique une
installation déjà faite. En effet, il semble qu'il ne faut pas confondre solarium avec spatium, platea, termes qui désignent un emplacement
vide. Solarium signifierait ici plancher, étage dans une habitation. Cf.
unum solarium, même Cartulaire, ann. 1073-1084, p. 221.

CXXXIV

1114 environ — vers 1137, et 1140 environ — vers 1163.

*Construction du prieuré de Grandmont aux frais de Henri Ier,
roi d'Angleterre ; couverture en plomb de l'église de
ce monastère. — Accident survenu au maître de l'œuvre,
du nom de Géraud, pendant la construction de ladite
église.*

1

Historia priorum Grandimontensium brevis[1], dans Martène, *Amplissima
collectio*, t. VI (1729), col. 117-118.

[1114-1137.] Prior et nonnulli de fratribus... ad locum
divina revelatione compertum, nec longe a Mureto distantem,
se contulerunt. Ibi ecclesiam [1] et domos aedificaverunt[2].

Hujus secundi prioris, [Petri Lemovitani], tempore, coepit. Henricus[3] rex magnificam Grandimontensibus patribus
domum aedificare quam ejus posteri perfecerunt, et plumbo
tegendam curavit.

2

Vita sancti Stephani Grandimontensis [Muretensis], auct. Geraldo [seu
Gerardo Itheril], priore Grandimontensi, dans Martène, *op. cit.*, col.
1073-1074.
    (Cf. Migne, *Patr. lat.*, t. CCIV, col. 1032-1033.)

1. Le prieuré de Saint-Michel de Grandmont, au diocèse de Limoges,
était situé sur le territoire de la commune de Saint-Silvestre (Haute-Vienne).
Il ne reste plus aujourd'hui que des débris de l'abbaye chef-d'ordre qui
succéda plus tard au prieuré et dont l'église ne comportait qu'une nef
allongée sans bas-côtés.
2. « In hoc Grandimonte inter quatuor altiores montes medio constructae olim fuerunt..... magnificentissimae aedes, turres, officinae... plumbo
coopertae, subsidiis ducis Picardiae, nec non Henrici et Richardi, regum
Angliae, qui domos et palatia ibidem habebant, quorum nunc sola super-
sunt vestigia et nomina (*Ann. ord. Grand.*, authore Levesque, 1652, p. 96 ;
cf. p. 97 (au sujet des proportions de l'église).
3. Les princes de la famille de Plantagenêt, surtout Henri II, furent les
zélés protecteurs de cet ordre qui se distinguait de beaucoup d'autres par
une règle plus austère. Pendant une maladie qu'il fit en Anjou (1170), Henri II
demanda à être enterré dans le cloître de Grandmont, aux pieds de
saint Etienne de Muret. Voy. A. de Dion et L. Guibert, *Seconde note sur
l'architecture de l'ordre de Grandmont...*, dans le *Bull. monum.*, 1876,
p. 248, avec pl.

[1140-1163.] — Tempore domni Stephani de Liciaco [1]... quarti prioris Grandimontis, aedificabatur ecclesia in Grandimonte. Accidit autem quadam die, cum operarii quemdam lapidem magnum ac quadratum sursum in altum deferrent, obvium habuerunt Geraldum, magistrum operis ipsius, quem inviti et incaute ignorantes expulerunt a summitate arc[uu]m [2], et corruit in terram ; qui graviter collisus occubuit... Flebant itaque caementarii et alii operarii... Prior Stephanus duxit ad sepulchrum [3] beati patris nostri Stephani.... dixit ad eum : « Gerarde, surge, surge, dico, operarie, et ad opus tuum revertere... » ...Reviviscens homo surrexit... Tunc Stephanus prior...: « Ecce magister vester Geraldus sanus et incolumis perseverat. Revertimini igitur cum eo ad opus vestrum... »

CXXXV

1115-1141, vers 1122 et 1123, 1135 et 1140.

Inscriptions du pavement en mosaïque du chœur de la cathédrale de Lescar, en Béarn, et de l'église conventuelle de Ganagôbie, en Provence.

Construction d'une rue au bourg Saint-Nicolas de Morlaas, par les soins de Gaston IV, vicomte de Béarn. — Construction dans ladite ville, près de l'église Saint-André, d'un oratoire avec un saint-sepulcre, et, à l'église de Sainte-Foi, d'un autel dédié à sainte Marie-Magdeleine.

1

Lanore, *Notice hist. et arch. sur l'église de Notre-Dame, de Lescar,* p. 99 et s.; Pau, 1905 (extr. de la *Rev. du Béarn,* 1904-05); cf. le même, *Bull. monum.,* 1904, p. 251.

1. Lissac. On trouve plusieurs localités ainsi dénommées dans la région du Massif central : par exemple, dans la Corrèze.
2. *Arcium,* Martène et Migne.
3. Le tombeau de saint Étienne était placé devant l'autel : « Sepulcrum hominis Dei ante altare. » (*Op. cit.,* col. 1071).

[1115-1141.] — Dominus Guido[1] episcopus Lascurren-
sis hoc fieri jussit pavimentum[2].

2

D. Christophe Gauthey, dans la *Rev. de l'art chrétien*, 1898, p. 310,
    (Cf. Enlart, *Man. d'archéol. fr.*, t. I, p. 709.)

[1122.] — Me[3] prior et fieri Bertranne[4] jubes et haberi
    Et Petrus urgebat Trutberti[5] mecque regebat.

3

Cartulaire de Sainte-Foi de Morlaas, publ. par L. Cadier (1884), p. 11
et 46 (extr. du *Bull. de la Soc. des sciences, belles-lettres et arts de Pau*,
2° sér., t. XIII).

[1123.] — Ego Guastonus[6], vicecomes, reddidi aecclesie
Sancte Fidis[7] et dedi possessionem terre in qua construxi

1. Gui, évêque de Lescar, occupa son siège épiscopal de l'année 1115 à
l'année 1141.
2. On ne peut douter du sens littéral de cette phrase ; elle veut dire non
pas que Gui a fait mettre en place le pavement, mais bien qu'il l'a fait
exécuter. Le pavé en mosaïque de la cathédrale de Lescar représente une
scène de chasse, et forme une imitation assez grossière d'un modèle romain,
on a longtemps cru que cette mosaïque était d'origine antique. — Outre les
sources bibliographiques indiquées par Lanore, *op. cit.* (fig.), voy. Clausse,
Rev. de l'art chrétien, 1899, p. 416-417.
3. « Le pavé de mosaïque qui était le plus précieux était surtout réservé
pour les abords de l'autel, pour les absides et les sanctuaires. » (A. de Caumont, *Abéc. d'archéol.*, 5° éd., p. 288.) Voy. aussi Viollet-le-Duc, *Dict. de
l'arch. fr.*, t. V, p. 10 et s., v° *Dallage*). — « A Ganagobie, — aujourd'hui c.
du cant. de Peyrus, arr. Forcalquier, Basses-Alpes, — des mosaïques
découvertes en 1898, dans le chœur et les trois absides de l'église, sont
habilement exécutées en marbre noir, blanc et pourpre ; elles figurent des
panneaux carrés à dessins d'ornement, et dans l'abside principale (fig. 351),
le Sagittaire, les Poissons, un éléphant, un griffon, et autres animaux ; le
tout dénote l'imitation de dessins orientaux (Enlart, *ibid.*).
4. Le prieur Bertran était en fonctions en 1122.
5. Pierre Trubert a ainsi dirigé l'exécution de la mosaïque sur la com-
mande dudit prieur.
6. Gaston IV, vicomte de Béarn (1088-1130), de la maison de Centulle.
7. Sainte-Foy de Morlaas ; Morlaas, qui fut au xI° siècle capitale du Béarn
et résidence des vicomtes, est aujourd'hui ch.-l. de c., arr. de Pau, à 8 kil. au
N. E. de cette ville. Le prieuré de Morlaas dépendait de Cluny ; on sait
combien fut grande l'extension du culte de sainte Foy en France et à
l'étranger. Sur les sources à consulter pour l'histoire du prieuré de Morlaas, voy. Cadier, *op. cit.*, p. xI. Dans l'acte de fondation dudit prieuré
(1079), Centulle stipule qu'il donne à l'abbaye de Cluny l'église construite
en l'honneur de sainte Foy :« ecclesiam quae (h)edificatur in honore sancte
Fidis. » (*ibid.*, p. xvI.) L'ouvrage d'A. Bouillet et L. Servières, *Sainte Foy*,
éd. 1904, reproduit la belle façade romane du monument de Morlaas (p. 82).

unam rudam [1] burgi Sancti Nicholai [2] quam ei abstuleram, recognoscens me graviter deliquisse et errasse, tali tenore ut censum de domibus in ipsa terra fundatis et habitatores loci ipsius ecclesie jure perpetuo accipiant et possideant... Testes sunt... Anno ab Incarnatione Domini M° C° XXIII.

[1135-1140.] — ...Incipit testamentum et memoria peccatoris Bernardi de Belsta [3], Morlanensis capellani... Predictus B[ernardus] ecclesiam [4] S. Andree, cum voluntate et auxilio vicinorum et aliorum fidelium, fundavit et ibi altaria construxit ;... atque ejusdem ecclesie primus capellanus ex[s]titit. Deinde, procedente tempore, consensu et voluntate prioris, videlicet B. de Suaus, Sancte Fidis, et ejusdem domus fratrum, pro suo anniversario, juxta predictam ecclesiam, basilicam, altare et sepulcrum in honore Sancti Sepulcri, in quo Dominus jacuit, edificavit, tali habita conventione, ut quicquid, insequenti die post Pascha, a fidelibus populis altari vel sepulcro, ammonitione capellani, oblatum fuerit, scilicet panem, nummos, candelas, capellanus vel ejus missus accipiat, et eadem die fratres Sancte Fidis et familiam diligenter atque festive procuret. — Similiter sub eadem conventione, consensu et voluntate A[rnaldi] [5], Olorensis episcopi, et fratrum infra ecclesiam S. Fidis, predictus B[ernardus] in honore sancte Marie Magdalene altare construxit, videlicet ut quicquid in festivitate sancte Marie Magdalene, [6] predicto altari oblatum fuerit, capellanus

<hr/>

1. «In ruda, ante ostium Sancti Nicholai», lit-on dans un acte de 1123-1170 (Cadier, op. cit., p. 39).
2. Au commencement du xii° siècle, Morlaas comprenait 4 quartiers fréquemment nommés dans le Cartulaire : le prieuré de Sainte-Foy et le Bourg-Vieux, au N. O., le Bourg-Neuf ou Bourg nau, à l'E., le Marcadet et le Bourg-Saint-Nicolas, à l'O.
3. Beuste, comm. du cant. de Nay-Ouest, arr. de Pau.
4. Cette chapelle fut fondée au Bourg-Neuf à la fin du xi° s. (cf. acte de 1088-96, de Gaston IV, vicomte de Béarn). Voy. Cadier, op. cit., p. 7.
5. Il s'agit probablement du prieur Arnaud d'Araux (ou peut-être d'Arnaud d'Izeste). Voy. Cadier, op. cit., p. xix-xx.
6. La fête de sainte Marie-Magdeleine a lieu le 22 juillet.

accipiat, et eadem die pro memoria constructoris, sicut prediximus, procurationem agat... Oddo, abbas Regule [1], qui post predictos Morlanensis prior extitit, predicta approbavit.

CXXXVI

1116-1132.

Statuts de l'ordre des Chartreux, rédigés par Guigue Ier, prieur [2] de la Grande-Chartreuse, relatifs aux maisons de cet ordre monastique, et à l'exercice des arts manuels dans l'intérieur de ces couvents. — Interdiction des dépenses superflues, et des ornements en général.

Annales ordinis Cartusiensis[3]... (auct. Innoc. Le Masson), t. I (1687[1], p. 43, 49, 50, 53, 71, 74, 75, 77, 80, 89, 92, 93.
(Cf. Migne, *Patr. lat.*, Cl.III, col. 655 et suiv.)

Cap. X. *Quales hospites introducantur in chorum.* — 1. In chorum [4] nostrum hospites tantum religiosos introducimus, cum quibus in claustro communem licet habere sermonem.

XVI. *De procuratore domus inferioris* [5]. — Praeficitur... ab eo [priore] eidem domui unus e monachis diligens procurator [6] : sic enim eum volumus appellari qui, universorum

1. Odon, abbé de Larreule (1147-62). Il est probable qu'il succéda à Arnaud Ier, évêque d'Oloron (Voy. *Gall. christ.*, t. I, col. 1304); mais on ignore combien de temps il resta prieur de Morlaas. Larreule était une abbaye bénédictine du diocèse de Lescar, aujourd'hui comm. du cant. d'Arzacq, arr. Pau.
2. Guiguo Ier était p..eur général des Chartreux (1110-1137). Voy. Chevalier, *Rép. bio-bibl.*, col. .5, 1° Guigues; cf. *Rép. top. bibl.*, col. 664-666, v° Chartreux. — Sur les constructions des Chartreuses, voy. Viollet-le-Duc, *Dict. de l'arch. fr.*, t. I, p. 306 et s. (avec fig.).
3. Un nouveau tirage de ces *Annales* a paru en 1703, sous le titre suivant : « *Disciplina ordinis Cartusiensis, in tres libros distributa* », *Parisiis*, ap. Ant. Dezallier, 1703, in-fol.
4. Cf... « ad ostium chori » (cap. vii). C'est la porte par laquelle les Chartreux entraient dans le chœur de leur église.
5. Cf. cap. xvii, même expression.
6. Le cap. xvii, où il est question de la *domus inferior*, mentionne le dispensator dont l'office paraît se rapprocher de celui du *procurator*. Ce *procurator* devait avoir aussi la charge matérielle des bâtiments.

strenue curam gerens, si magnum aliquid aut praeter consuetudinem agendum est, ad prioris recurrit semper consilium...

XVII. *De infirmo qui mittitur ad inferiorem domum.* —
Quod si quem alium ex monachis ad inferiorem [1] domum
fecerit prior descendere...

XX. *De pauperibus et eleemosynis.* — 7... Qui domus
hujus expensas noverit, non de superfluis quaeret quid
faciamus, sed potius stupebit quare non egeamus [2].

XXVIII. *De utensilibus cellae.* — 2.... Quod si frater
alterius artis fuerit, — quod apud nos raro valde contingit,
omnes enim pene quos suscipimus, si fieri potest, scribere
docemus, — habebit artis suae instrumenta [3] convenientia.

XXXVI. *De hospitibus suscipiendis.* — 4. In superiori [4]...
domo non, nisi religiosi, hospites jacere consueverunt...

XL. *De ornamentis.* [5] — 1. Ornamenta aurea vel argentea,
praeter calicem et calamum, quo sanguis Domini sumitur,
in ecclesia non habemus ; pallia tapetiaque reliquimus.

XLI. *Ut nulla extra eremum possideantur.* — 1. ... Statuimus quatenus loci hujus habitatores, extra su[i] terminos

---

1. Cf. *superior domus* (cap. xxxvi).
2. On sait que c'est de l'ordre des Cisterciens que se rapprochait à certains égards celui des Chartreux, à la différence de celui de Cluny, où ne
régnait point la même austérité.
3. Ce § 2 indique d'abord les instruments nécessaires à écrire, à nettoyer
les parchemins, à les régler, à les préparer pour l'écriture, en même
temps qu'il mentionne la règle, le plomb, etc., cf. : « ... Ad opera vero
dolabrum » (cap. xxviii. Voy. *Guigonis II Carthus. maj. prior. Lib. de
exercitio cellae*, cap. xxxvi) (*De opere manuum*), dans Migne, tom. cit.,
col. 880 et s.
4. Cf. *inferior domus* (cap. xvi et xvii).
5. Au xiii° siècle (1261), les statuts des Chartreux rappellent, à propos
de l'ornementation des églises et des cellules, que l'austérité primitive de
cet ordre religieux s'était relâchée. Les articles 42 et 43 sont ainsi conçus :
« Tapetia universa et quarreli picturati vel curiosi de cellis amoveantur.
— Picturae curiosae de ecclesiis et hospitiis deleantur » (Migne, *Patr. lat.*,
t. CLIII, col. 1134.)

eremi nihil omnino possideant, id est... non ecclesias, non coemeteria, non oblationes, non decimas et quaecumque hujusmodi.

XLII. *De divino officio fratrum laicorum...* — 2. Ex quibus in vigiliis solemnitatum, in quibus capitulum tenetur... ad superiorem conscendunt ecclesiam [1], matutinas et caetérum sacrum officium audituri...

XLVI. *De coquinario.* — 1. ... Coquinae [2] praesidet unus e fratribus... Horis competentibus signum [3] pulsat.....

3. Ecclesiam custodit, portae praeest... ferramenta communia servat ; domus et universae communis supellectilis curam gerit.

LXIV. *De custode pontis.* — Pontis custos cum nullo prorsus, nisi specialiter jussus, fabulandi licentiam habet...

LXVI. *De cinere.* — Cinerem qui adsunt in inferiori capella [4] de manu procuratoris accipiunt....

LXXVIII. *De numero habitatorum.* — 1. Numerus habitatorum hujus eremi, monachorum quidem tredecim est, non quod semper tot simus, — nunc enim non sumus tot, — sed quod tot, si Deus eos miserit, suscipere instituimus. Sed, et si talis aliquis unus, cujus utilitas et honestas videatur vix posse recuperari, misericordiam postulaverit, addetur et quartus decimus, si tamen facultas domus tolerare posse' putabitur:

1. Cf. cap. LXVI : « *in inferiori capella.* »
2. Dans le cap. XXX, il est question de la cuisine, et du réfectoire qui communiquait avec la cuisine ; « *coquina, ostium videlicet refectorii quo ad eam tenditur* ». Cf. le plan de la Chartreuse de Clermont, dans Viollet-le-Duc, *op. cit.*, t. I, p. 308. — D'autres articles sont relatifs aux granges des Chartreux et à leurs demeures de garde pastorale, habitations qui sont l'objet de la prévoyance de ceux qui ont souci du temporel de l'Ordre.
3. Sur l'usage de la cloche dans les couvents de Chartreux, cf. *ibid.*, cap. VII : « *signo pulsato* », et cap. IV. § 28 : « *pulsato tintinnabulo* ».
4. Cf. *supra* : « *ecclesia superior* ».

2. Laicorum [1] autem numerus, quos converso vocamus, sexdecim statutus est; nunc vero plures sunt.

LXXIX. *Quare tam parvus sit numerus.* — 1. Hanc autem numeri paucitatem eadem consideratione delegimus, qua nec hospitum equitaturas procuramus, nec domum eleemosynariam habemus : videlicet ne, ad majores quam locus iste patitur expensas coacti, quaerere et vagari, quod horremus, incipiamus.

CXXXVII

1117.

Fondation de l'abbaye Cistercienne de Bonnevaux, au dio- cèse de Vienne, en Dauphiné, par l'archevêque Gui Ier de Bourgogne, qui s'engage à subvenir à tous les frais de cette construction.

Cartulaire de l'abbaye *Notre-Dame de Bonnevaux*[1], au diocèse de Vienne, ordre de Citeaux, publ. d'après le ms. des Arch. nat. [J. 841], par l'abbé Ul. Chevalier, Grenoble (1889), p. 14-15, n° 8 .

DE EXORDIO BONE VALLIS [3].

Anno ab Incarnatione Domini M° C° XVII°, cum domnus Wido, sancte Romane Ecclesie legatus, Viennensis vero

1. D'autres statuts des Chartreux, du XII° siècle, ceux de S¹ Anthelme (1141), mentionnent aussi les convers : « fratres quos *conversos* vocamus » (stat. XXI, éd. 1687, p. 103). — A cette époque, l'ordre des Chartreux avait déjà pris une notable extension. Le statut IV des mêmes constitutions est ainsi conçu : « Statutum est ut nulla *domus* nova hujus propositi sine assensu communis capituli ex[s]truatur. » (op. cit., p. 101.) — Les convers de l'Ordre des Chartreux ont dû très vraisemblablement être employés, entre autres occupations, à des constructions de maisons de cet Ordre, comme cela se passait dans d'autres Ordres, dans ceux de Cluny ou de Citeaux, par exemple.

2. Ce récit des commencements de Bonnevaux, dit l'éditeur, a été publié en parvo Chron. Bonaevall. par Manrique (*Cisterc. Ann.* t. I, p. 93), les frères de S¹° Marthe (*Gall. christ.*, 1656, t. IV, p. 181), et dom Brial (*Rec. des Hist. de Fr.*, t. XIV, p. 319). Cf. *Gall. christ. nova*, t. XVI, c. 208 et surtout L. Janauschek (*Orig. Cisterc.*, t. I, 1877, p. 7).

3. Aujourd'hui c. de Villeneuve-de-Mars, cant. de S¹ Jean-de-Bournay, arr. Vienne (Isère).

archiepiscopus, nunc autem papa catholicus [1], redi[i]sset a
concilio quod apud Divionense castrum cum multorum
episcoporum et abbatum aliarumque religiosarum personarum conventu celebraret, venit ad novum monasterium
quod usitato vocabulo Cistercium nuncupatur, rogavitque
domnum Stephanum, abbatem illius loci, ut in Viennensi
suo archiepiscopatu monasterium construeret, ubi monachi,
sub regula et abbate viventes, pro se et omni clero et populo
sibi commisso misericordiam Dei devote exorarent. Cujus
petitioni idem abbas, communicato monachorum sibi commissorum consilio, annuens, venit Viennam et, consilio et
adjutorio prescripti domni pape Calixti, in valle quadam
cepit cenobium edificare, quod Bonam Vallem idem papa
dictavit vocari. Et sciendum quod omnes sumptus ad hoc
opus necessarii ejusdem pape providentia seu administratione
provenerunt [2].

CXXXVIII

1120.

*Immunités accordées par Foulque V, comte d'Anjou, aux
maçons et aux charpentiers dépendant de l'abbaye de
Saint-Jouin-de-Marnes, en Bas-Poitou.*

Cartulaire de Saint-Jouin-de-Marnes, éd. par Grandmaison, dans les Mém.
de la Soc. de statistique des Deux-Sèvres, t. XVII (1854), 2e part., p. 29-
30.

Omnes proprii abbatie [3] homines, sive indigene fuerint,
sive de foris venerint, ab omni in perpetuum tam Petri

1. On sait que Gui Ier de Bourgogne, archevêque de Vienne (1083-1119),
devint pape (1119-1124) sous le nom de Caliste II.
2. Les conditions particulières dans lesquelles cette fondation prit ainsi
naissance montrent bien que de bonne heure, à l'inverse de certains
autres monastères cisterciens dont nous connaissons les très modestes origines, le couvent de Bonnevaux fut favorisé de dotations privilégiées.
3. Saint-Jouin-de-Marnes, c. du cant. d'Airvault, arr. Parthenay (Deux-
Sèvres). Voy. B. Ledain, *Dict. top. des Deux-Sèvres*, 1902, p. 249-250.
Abbaye reconstruite par le moine Raoul en 1095 « coepit et Radulphus

quam omnium futurorum Montis Comitoris[1] dominorum servitio immunes sint. Immunes sint cementarii, immunes sint carpentarii, sint immunes et alia quelibet officia exercentes.

CXXXIX

1121, et 1129-1156.

Construction en bois, puis reconstruction en pierre de l'église abbatiale Cistercienne Notre-Dame des Chatelliers, au diocèse de Poitiers.

Vita[2] beati Giraldi de Salis, dans *Acta Sanctorum*, octobr. x. (1861), p. 262. (Cf. dom Martène, *Amplissima collectio*, t. VI, 1729, p. 989-1011.)

§ 29. Anno gratiae M°C°XX°I°... corpus Giraudi [3]... delatum est de loco primo..., oratorio tamen petrino nondum inchoato vel aedificio aliquo petrino[4]... Anno gratiae M°C°XX°IX°, adjuvante fratres et exsultante tota vicinia,

monachus S. Jovini suos et sua loca instruere. » (*Chron. Sancti Mazentii Pictav.*, dans la *Chron. des églises d'Anjou*, par Marchegay et Mabille, p. 111.) Sur les sculptures de cette remarquable église romane qui semble appartenir au milieu du XII° siècle, voy. G. Sanoner, dans la *Rev. de l'art chrétien*, janv. 1901 (fig.). On trouvera une restauration récente de l'église de Saint-Jouin-de-Marnes dans l'*Architecte, revue de l'art architectural anc. et mod.*, t. I (1906, pl. XXII : le porche, l'abside. — Voy. enfin Berthelé, *Recherches critiques sur trois architectes Poitevins de la fin du XI° siècle*, dans le *Bull. monam.*, a. 1887, p. 113 et suiv.

1. Moncontour, ancienne seigneurie, auj. ch.-l. de c., arr. Loudun (Vienne).

2. Cette Vie a été écrite dans le dernier quart du XII° siècle (un peu après 1277) par un moine anonyme des Chatelliers. — Les Chatelliers, auj. c. de Fomperron, cant. de Ménigoute, arr. Parthenay (Deux-Sèvres). — Sur l'ancienne église de N.-D. des Chatelliers, voy. Mgr Barbier de Montault, *Mém. de la Soc. des antiquaires de l'Ouest*, 2° sér., t. XIV (1891). Pour les travaux de construction du XIII° s. (1249-1277), voy. la *Vita* (éd. cit.), § 32, 33, 34, 36 et 37. Cf. enfin Janauschek, *Origines Cistercienses*, t. I, p. 150.

3. Giraud de Salles était originaire du Périgord ; il fut compagnon de Robert d'Arbrissel et fondateur d'un certain nombre de monastères, qui furent soumis plus tard à la règle Cistercienne.

4. Le bois était fréquemment employé dans les constructions cisterciennes du premier tiers du XII° siècle. Dans la charte de la fondation de Morimond (1126), on lit à propos de la donation d'Odolric et d'Adeline à cette abbaye cistercienne : « *ligna... ad varia opificia* » (Dubois, *Hist. de l'abbaye de Morimond, dioc. de Langres*, p. 411-412).

circa corpus sanctum inchoata est ecclesia petrina ; perfecta
est autem anno trigesimo septimo, et anno gratiae M°C°L°VI°
dedicata a Chalone, Pictaviensi pontifice...

CXL

1122

*Autorisation accordée par Geoffroi de Lèves, évêque de Char-
tres, aux religieux de Saint-Martin de Marmoutier, de
reconstruire en pierre la chapelle de bois du prieuré
de Villeberfol dans le Dunois ; permission de placer un
campanile sur cet oratoire.*

Orig. aux Archives d'Eure-et-Loir, sér. H¹, abbaye de Marmoutier, prieuré
de Villeberfol², Publ. : *Cartulaire de Marmoutier pour le Dunois*, éd.
Mabille, 1874, p. 167.

(Cf. Martène et Durand, *Thesaurus novus anecdotorum*, t. I, 1717, p.
351.)

Notum sit universis tam clericis quam laicis... quod ego
Goffridus³, Dei gratia, Carnotensis ecclesiae humilis minister, monachis Beati Martini Majoris Monasterii, capellam
de Villa Berfoldi, quae antea lign[e]a⁴ erat lapideam⁴ fieri
permisi. Concessi etiam ut ibi tintinnabula haberentur, et
proprii famuli illius domus audirent servitium, salvo pontificali et parochiali jure. Et ut carta rata et inconvulsa
persisteret, hi testes affuere : Girardus, abbas de Josaphat...
Hugo prepositus, Bernardus capicerius... Goffridus, qui
tunc erat prior de Villa Berfordi.

1. Un certain nombre de chartes publiées par Mabille (*Cartulaire
Dunois*), qui, vu leur provenance, appartiennent actuellement au département de Loir-et-Cher, ne peuvent être citées autrement que par l'indication
générale de leur fonds (série H), les documents de ladite série n'étant pas
inventoriés et numérotés définitivement, au moment de la rédaction de la
présente note.
2. Aujourd'hui Villeberfol, c. de Conan, cant. de Marchenoir, arr. Blois.
3. Geoffroi de Lèves, évêque de Chartres (1116-1149).
4. On a vu précédemment qu'en 1058 les religieux de Marmoutier, en
permettant à Pierre de Montigny d'édifier une chapelle au prieuré de Villeberfol, l'avaient laissé libre de la construire soit en bois, soit en pierre.
La reconstruction en pierre fournissait en même temps l'occasion d'agrandir cette petite église : « *vilitatem et parvitatem capellae* eorum, tunc
ligneae, videns », dit un autre acte de 1132 au sujet de cet évêque, « ...*oratorium fieri et signa poni*... eis indixit » (Mabille, *éd. cit.*, p. 166-167, d'après
l'original aux Archives de Loir-et-Cher).

CXLI

1123, 18-27 mars, Rome.

*Statut du concile de Latran interdisant aux laïques de for-
tifier des églises, et de détourner les offrandes des fidèles
déposées devant des autels et des croix, à l'intérieur des
églises.*

Mansi, *Sacrorum conciliorum collectio*, Concilium Lateranense, t. XXI
(1776), col. 285 ¹.

UT OBLATIONES ECCLESIIS FACTE A LAICIS NON AUFERANTUR.
— ITEM, UT ECCLESIAE NON INCASTELLENTUR.

XIV.... Oblationes... de... omnium ecclesiarum altaribus
sive crucibus a laicis auferri penitus interdicimus, et sub
anathematis districtione firmamus. — Ecclesias a laicis
incastellari² aut in servitutem redigi auctoritate apostolica
prohibemus³.

1. Pour les autres sources de ce concile, voy. Ul. Chevalier, *Répert.
top. bibl.*, II, col. 1641.
2. Voy. du Cange, *Gloss.*, v° *Incastellare*. Sur la prohibition ci-dessus,
cf. Hefelé, *Conciliengeschichte*, t. V, p. 340. Elle fut renouvelée en 1209,
au concile d'Avignon, § IX, *ibid.*, p. 845. Voy. J. Flach, *Étude histor.*, en
tête de l'*Enquête sur les conditions de l'habitation en France*, par de
Foville, t. II (1899), p. 48. Pour les clochers servant de défense et formant
des asiles en cas de guerre, voy. Viollet-le-Duc, *Dict. de l'arch. fr.*, t. III,
art. Clocher, p. 334. — En 1105, Robert Fitz-Haimon, assiégé dans Bayeux,
se réfugie dans la tour de la cathédrale :

    « Robert s'embati el mostier,
Sus en la tor tres k'al clochier,
     ... li feu i fu aportez,
Dunc li mostier fu alumez. »(*Roman de Rou*, v. 16194).

Suger, *Vie de Louis le Gros*, xxv, éd. Molinier, p. 87, mentionne une
tour servant de défense à l'église de Gasny (*Vadum Nigasii*), en Normandie (aujourd'hui c. du cant. d'Écos, arr. des Andelys, Eure). — Pour les
anciennes formes latines correspondant à Gasny, voy. Blosseville, *Dict.
top. de l'Eure*, p. 95.
3. Voy. supra, au sujet des églises fortifiées, les n°⁸ XXXII et XXXIII,
extraits de statuts de certains conciles provinciaux du xi° siècle.

CXLII

1123, 6 avril, Rome.

Confirmation par le pape Calixte II à l'abbaye de Montma-
jour, en Provence, de l'église de Sainte-Marie, cons-
truite dans la tour de Saint-Remy, avec un porche y
attenant, et une double crypte ; cette église avait été
donnée à ladite abbaye par Rostaing, évêque d'Avi-
gnon.

Bullaire du pape Calixte II...., par U. Robert, t. II, Paris, 1891, n° 390,
*   p. 181.*
*   (Cf. Deloche, Saint-Remy¹ de Provence au moyen âge, extr. des Mém.*
de l'Académie des Inscriptions et Belles-Lettres, t. XXXIV, 1° part.,
1892, p. 115-116, et tir. à part, p. 67-68, Append., n° VIII).

Calixtus episcopus, servus servorum Dei, dilectis in
Christo filiis P[etro] abbati monasterii Sancti Petri Montis
majoris, et ejusdem fratribus, salutem et apostolicam benedictionem... Bonae quippe memoriae Rostagnus, Avinio-
nensis episcopus, sicut ex ejus scripto comperimus, omnium
canonicorum ecclesiae suae consilio, ecclesiam² Sanctae
Mariae, ab antecessoribus eorum in turri fundatam, vestro monasterio tradidit et concessit. Quam nimirum concessionem... confirmantes, statuimus ne super eam aliquis,
praeter abbatis et fratrum Montis majoris voluntatem,
qui[d]quam aedificare praesumat, sed turris³ cum cohae-

___

1. Saint-Rémy est actuellement ch.-l. de c., arr. Arles (Bouches-du-
Rhône).
2. Des titres rémois qualifient l'église dont il est ici question de chapelle « capella Sanctae Mariae » (Deloche, op. cit., tir. à part, p. 29 et
73). L'abbaye de Saint-Remy de Reims possédait une communauté religieuse à Saint-Remy de Provence, et la concession épiscopale (ci-dessus mentionnée), dans le bourg de Saint-Remy, comprenait notamment entre autres
objets, et pour le monastère de Montmajour, la chapelle ou église de la
Sainte-Vierge (ibid., p. 29).
3. L'église de Sainte-Marie avait un campanile, ainsi qu'il résulte d'un
passage d'une sentence de Geoffroi, évêque d'Avignon, délégué du pape
Eugène III (1153), pour régler des litiges pendants entre Saint-Remy de
Reims et Montmajour : « Campanam quoque plus quam semel, et tantum
quod sufficiat ad excitandam familiam suam, pulsare interdicimus » (op.
cit., p. 123, et tir. à part, p. 75).

rente sibi porticu et crypta inferius et superius vobis ves-
trisque successoribus firmiter conserventur. Sed quicumque
ad eamdem ecclesiam venire voluerit, sua ibi vota persol-
vere concedimus... Si quis autem,.. Datum Laterani, VIII
idus aprilis.

CXLIII

Vers 1124.

*Observations et critiques de saint Bernard, abbé de Clair-
vaux, au sujet du luxe et de la prodigalité dans la construction et la décoration des églises et des cloîtres de son
temps.*

Apologia[1] ad Guillelmum, Sancti Theodorici Remensis abbatem, dans
Sancti Bernardi[2] opera, cur. Mabillon, éd. 4° (Gaume), vol. I, part. 1
(1839), col. 1242-1244.
(Cf. éd. 1690, col. 538-540. —Migne, *Patr. lat.*, t. CLXXXII, col. 914-
916.)

Cap. XII. 28. Sed[3] haec parva sunt : veniam ad majora,
sed ideo visa minora, quia usitatiora. Omitto oratoriorum
immensas altitudines, immoderatas longitudines, superva-
cuas latitudines, sumptuosas depolitiones, curiosas depic-
tiones, quae dum orantium in se retorquent aspectum,
impediunt et affectum, et mihi quodam modo repraesen-

1. La date de la composition de l'*Apologia* a été circonscrite par M.
l'abbé Vacandard, dans son étude sur la *Vie de saint Bernard*, 1895, entre
les années 1123 et 1125. Voy. d'autre part L. Janauschek, *Xenia Bernardina*, pars IV° (*Bibliographia Bernardina*), p. III, Vindobonae, 1891. Cet
auteur s'exprime ainsi à propos de la date de l'*Apologia* : « quae anno
1127 jam exstitit forsitan, paulo prius exarata ».
2. Moine de Cîteaux (1113), saint Bernard avait fondé Clairvaux, en 1115.
3. Cette partie de l'*Apologia* est dirigée particulièrement contre les Clu-
nistes. Voy. l'abbé Vacandard, *op. cit.*, t. I, p. 96 et s. et A. Luchaire,
Hist. de France de Lavisse, t. II, l. II, ch. 3, p. 266 et s. — Saint Bernard,
vient de condamner le luxe des abbés dans leurs pérégrinations. « Mentior
si non vidi abbatem sexaginta equos, et eo amplius, in suo ducere comitatu. Dicas, si videas eos transeuntes, *non patres esse monasteriorum, sed
dominos castellorum...* » (cap. XI, 27). Dans sa lettre (LXXVIII) adressée
à Suger, saint Bernard le loue d'avoir renoncé au faste extérieur. — Voy.
aussi M. Anth. Saint-Paul, *Bull. archéol. du Com.*, 1890, p. 273.

tant antiquum ritum Judaeorum. Sed esto, fiant haec ad honorem Dei [1]. Illud autem interrogo monachus monachos, quod in gentilibus gentilis arguebat :

« Dicite (ait ille), pontifices, in sancto quid facit aurum [2] ?

Ego autem dico : Dicite, pauperes, (non enim attendo versum, sed sensum), dicite, inquam, pauperes, si tamen pauperes, in sancto. quid facit aurum? Et quidem alia causa est episcoporum, alia monachorum [3]. Scimus namque quod illi, sapientibus et insipientibus debitores cum sint, carnalis populi devotionem, quia spiritualibus non possunt, corporalibus excitant ornamentis. Nos vero qui jam de populo exivimus, qui mundi quaeque pretiosa ac speciosa pro Christo reliquimus, qui omnia pulcre lucentia, canore mulcentia, suave olentia, dulce sapientia, tactu placentia, cuncta denique oblectamenta corporea arbitrati sumus ut stercora, ut Christum lucrifaciamus, — quorum, quaeso, in his devotionem excitare intendimus ? Quem, inquam, ex his fructum requirimus, stultorum admirationem an simplicium oblationem [4] ? An quoniam commixti sumus inter gentes, forte didicimus opera eorum et servimus adhuc sculptibilibus eorum ?

Et ut aperte loquar, an hoc totum facit avaritia, quae est idolorum servitus ? Et non requirimus fructum, sed

1. Ainsi, saint Bernard absout l'art, au moins par respect pour le but qu'il poursuit.
2. Perse, Sat., II, v. 69.
3. « L'abbé de Clairvaux n'interdit qu'aux religieux et aux parfaits les choses de l'art, ce qu'il appelle le « culte des idoles ». En revanche, il en proclame l'utilité pour les simples et les ignorants, et le recommande même, comme un moyen d'éducation morale. Cette remarque... explique et justifie, jusqu'à un certain point, la distinction qu'il établit entre l'architecture épiscopale et l'architecture monacale, qui, répondant à des besoins divers, doivent présenter des caractères différents : l'une, la joie, la richesse et la pompe; l'autre, la sévérité, la pauvreté, le dénûment. » (Vacandard, op. cit., p. 121-122.) Toutefois, ajouterons-nous, l'éloquent apologiste critique aussi les somptueuses demeures des évêques, lesquelles, en effet, ne répondent pas au même besoin que les cathédrales. Nous lisons dans l'un de ses écrits (De moribus et officio episcoporum, c. II, an. 1126) : « Honorificatis autem non cultu vestium, non equorum fastu, non amplis aedificiis, sed ornatis moribus, studiis spiritualibus, operibus bonis. Quam multi aliter... » (Migne, Patrol. lat., CLXXXII, col. 812).
4. Aliàs, oblectationem.

datum. Si quaeris quo modo : miro, inquam, modo. Tali
quadam arte spargitur aes ut multiplicetur ; expenditur ut
augeatur, et effusio copiam parit. Ipso quippe visu sump-
tuosarum, sed mirandarum vanitatum, accenduntur homines magis ad offerendum, quam ad orandum. Sic opes
opibus hauriuntur, sic pecunia pecuniam trahit : quia nescio quo pacto, ubi amplius divitiarum cernitur, ibi offertur
libentius. Auro tectis reliquiis saginantur oculi et loculi
aperiuntur. Ostenditur pulcherrima forma sancti vel sanctae
alicujus et eo creditur sanctior, quo coloratior. Currunt
homines ad osculandum, invitantur ad donandum ; et
magis mirantur pulchra quam venerantur sacra. Ponuntur
dehinc in ecclesia gemmatae non coronae[1], sed rotae cir-
cumseptae lampadibus, sed non minus fulgentes insertis
lapidibus. Cernimus et pro candelabris[2] arbores quasdam
erectas, multo aeris pondere miro artificis opere fabricatas,
nec magis coruscantes superpositis lucernis quam suis gemmis. Quid, putas, in his omnibus quaeritur, poenitentium
compunctio an intuentium admiratio ? O vanitas vanitatum, sed non vanior quam insanior[3] ! Fulget ecclesia in
parietibus, et in pauperibus eget ! Suos lapides induit auro,
et suos filios nudos deserit ! De sumptibus egenorum servi-

1. L'édition de Mabillon, qui date de 1690, contient à ce sujet la note
suivante : « De ejusmodi coronis (quarum una superest apud Remos in S.
Remigii ecclesia, LXXII cereolos habens) statuit Petrus abbas [Venerabilis]
ut : « *magnae illae coronae, ex aere, auro, argentoque elegantissime compositae*, quae in medio chori forti catena sustentata dependet, accensi
cerei non imponantur, nisi in quinque praecipuis festis, etc. Minores coro-
nas *ersas* vocat. »
2. « Nous n'avons que des débris des magnifiques candélabres à plusieurs branches qui décoraient certaines églises, notamment celle de l'abbaye de Saint-Remy à Reims (voy. dans le Musée de cette ville le tiers
du pied de ce beau candélabre de bronze qui datait du XII° siècle). Cf. le
chandelier en bronze doré de la cathédrale du Mans (qui date du 1er quart
de ce siècle)... On ne distingue sur ce chandelier, *en fait de sujets symboliques explicables*, que les signes des quatre Évangélistes (sur la bague) ;
tout le reste de la décoration consiste en des figures d'hommes et d'animaux fantastiques mêlés à des rinceaux d'un style excellent. » (Viollet-le-
Duc, *Dict. du mobilier franç.*, t. II, 1871, p. 66 et s., v° Chandelier, avec fig.).
3. Nous renvoyons ici le lecteur à Vacandard, *op. cit.*, p. 119 et s., et
aux observations que nous avons eu l'occasion de présenter au sujet du
luxe dans l'architecture religieuse dans notre *Étude historique et archéologique sur la cathédrale et le palais épiscopal de Paris du VI° au XII°
siècle* (1888), p. 62 et s., où nous avons rapproché du texte ci-dessus différents passages des écrits de Suger et de Pierre le Chantre.

tur oculis divitum. Inveniunt curiosi quo delectentur, et non
inveniunt miseri quo sustententur ; ut quid saltem sanctorum imagines non reveremur, quibus utique ipsum, quod
pedibus conculcatur, scatet pavimentum [1] ? Saepe spuitur
in ore angeli, saepe alicujus sanctorum facies calcibus tun-
ditur transeuntium. Et si non sacris his imaginibus, cur
vel non parcitur pulcris coloribus ? Cur decoras quod mox
foedandum est ? Cur depingis quod necesse est concul-
cari ? Quid ibi valent venustae formae, ubi pulvere macu-
lantur assiduo ? Denique, quid haec ad pauperes, ad monachos, ad spirituales viros ? Nisi forte et hic adversus
memoratum jam poetae versiculum propheticus ille respon-
deatur : « *Domine, dilexi decorem domus tuae et locum
habitationis gloriae tuae* ». Assentio : patiamur et haec
fieri in ecclesia, quia, etsi noxia sunt vanis et avaris, non
tamen simplicibus et devotis.

29. Caeterum in claustris [2] coram legentibus fratribus quid
facit ridicula monstruositas, mira quaedam deformis for-
mositas ac formosa deformitas [3] ? Quid ibi immundae
simiae ? quid feri leones ? quid monstruosi centauri ? quid
semihomines ? quid maculosae tigrides ? quid milites
pugnantes ? quid venatores tubicinantes ? Videas sub uno

1. A Saint-Remi de Reims, le pavement était très remarquable, et saint
Bernard a bien pu y faire allusion. Voir Marlot, *Hist. de la ville*, cité...
de Reims, t. II, p. 541-544, et Didron, *Ann. archéol.*, t. X, p. 67. Cf. sur le
pavé de Saint-Symphorien de Reims, que Bernard aurait également vu,
Didron, *loc. cit.*, p. 237.
2. Voy. un commentaire détaillé de ce passage de saint Bernard, dans
l'ouvrage de M. E. Mâle, *L'art religieux au XIII⁰ siècle en France, étude
sur l'iconographie du moyen âge et sur ses sources d'inspiration* (1898),
p. 67 et s.
3. On a insisté avec raison sur ce texte de saint Bernard, où il énumère
et condamne les motifs d'ornement sans leur attribuer la moindre signification, pour montrer que les prétendus symboles ne sont que des fantaisies d'artistes « qui n'ont pensé qu'à créer un décor et à rivaliser d'ingé-
niosité pour le plaisir des curieux ». Il s'agit là de thèmes décoratifs em-
pruntés par les artistes en les diversifiant, selon les caprices de leur verve,
tour à tour aux étoffes, aux ivoires, aux stèles, aux sources barbares,
orientales ou classiques. » (A. Michel, *Hist. de l'art*, t. I, p. 2, p. 635). Toutefois, il faut faire aussi un peu leur part, dans certains cas à des chapiteaux symboliques. L'influence ecclésiastique, en ce qui touche les
symboles, a pu se faire sentir quelquefois sur les artistes laïques dont les
fantaisies depuis le milieu du xii⁰ siècle, deviennent d'ailleurs de plus en plus
rares.

capite multa corpora, et rursus in uno corpore capita multa. Cernitur hinc in quadrupede cauda serpentis, illinc in pisce caput quadrupedis. Ibi bestia praefert equum, capram trahens retro dimidiam ; hic cornutum animal equum gestat posterius. Tam multa denique, tamque mira diversarum formarum ubique varietas apparet, ut magis legere [1] libeat in marmoribus quam in codicibus, totumque diem occupare singula ista mirando quam in lege Dei meditando. Proh Deo! si non pudet ineptiarum, cur vel non piget expensarum?

CXLIV

1125.

Autorisation accordée par Lisiard, évêque de Soissons, à l'abbé de Saint-Barthélemy de Noyon, de faire construire une chapelle au prieuré de Bellefontaine, dans le diocèse de Soissons.

Archives de l'Oise, sér. H, 459. — Impr. : E. Lefèvre-Pontalis, *L'Architecture religieuse dans l'ancien diocèse de Soissons au XIe et au XIIe siècle* (1896), p. 8.

In nomine sancte et individue Trinitatis, Patris et Filii et Spiritus sancti, amen. — Lisiardus, Dei gratia, Suessionensis episcopus, sancte matris Ecclesie filiis tam futuris quam presentibus in perpetuum. Loci nostri et officii ratio videtur exigere ut bene postulantium precibus annuentes aurem eis facilem prebeamus. Cognoscat itaque generatio presens ac posteritas se[c]utura quod domnus Rainardus, Beati Bartholomei Noviomensis ecclesie minister, nostram adierit presentiam et super his que hic continentur inferius nostre corroborationis auxilium expetierit. Est in continuo duo-

---

1. Cette heureuse expression de saint Bernard, si on l'applique, par exemple, à la statuaire des portails, à la décoration des porches, fait penser à ce qu'on a pu appeler depuis lors avec justesse le « livre de pierre » ou même la « Bible des pauvres ».

rum territoriorum Caine[1] et Nancel[2] locus quidam qui Bellafontana[3] nominatur... Concedimus... eisdem fratribus ut ibidem oratorium liceat sibi construere, tantum ut in ex[s]truendo [4] oratorio sive ecclesia alterius terram non occupent, decimas parrochie reddant, alterius parrochiam non sollicitent [5]... Signum domni Lisiardi episcopi..

Actum Incarnationis dominice anno MCXXV, indictione III, regnante Francorum rege Ludovico.

CXLV

Vers 1126, et 1140-1181.

Reconstructions successives de la cathédrale Notre-Dame d'Evreux. — Donation faite par le comte d'Evreux pour la couverture de cette église.

1. Aujourd'hui Caisnes, cant. de Noyon, arr. Compiègne.
2. Nampcel, cant. d'Attichy, arr. Compiègne.
3. Il s'agit de Bellefontaine, localité qui est située aujourd'hui dans la comm. de Nampcel. « Le plan de cet édifice se compose d'une nef accompagnée de deux collatéraux qui se prolongent de chaque côté du chœur carré. La nef dont il reste encore quelques ruines, devait être recouverte au XIIᵉ siècle par une seule croisée d'ogives garnie de trois tores, si l'on en juge par une amorce de nervure qui vient retomber sur un fût coupé près de l'arc triomphal. Cette grande voûte établie sur plan carré embrassait donc les deux travées de la nef » (Lefèvre-Pontalis, *op. cit.*, p. 5-6). Voy. *ibid.*, pl. XVIII et XIX). Il y a lieu de constater avec cet auteur des rapprochements entre des formes architecturales de cette chapelle et celles de la nef de la cathédrale de Noyon.
4. « L'endroit où s'élevait le prieuré avait souvent fait l'objet de litiges entre les évêques de Soissons et de Noyon, parce qu'il se trouvait au bord d'une petite enclave attribuée au diocèse de Soissons dès le IXᵉ siècle. » (E. Lefèvre-Pontalis, *op. cit.*, t. II, p. 5.)
5. « Ce document nous permet d'affirmer que la chapelle fut élevée entre les années 1125 et 1130, car les moines n'auraient pas sollicité la permission de construire sans avoir l'intention d'en profiter immédiatement. » (*Ibid.*). — *Contra*, Anthyme Saint-Paul (*Rev. de l'art chrétien*, a. 1895, p. 11), qui estime que les moines attendirent de nouvelles ressources avant de se mettre à l'œuvre. M. Enlart, après avoir admis que ladite chapelle était un monument antérieur à 1115 (*L'arch. romane et de transition dans la région picarde*, Introd., p. II, not. 2), est revenu sur sa première opinion dans l'*erratum*, en fixant la construction de la chapelle au milieu du XIIᵉ siècle (*ibid.*, p. 239). Cette dernière conclusion a été combattue, à l'aide d'arguments tirés de la sculpture comparée des tailloirs et des chapiteaux, par M. E. Lefèvre-Pontalis qui insiste sur l'importance du texte ci-dessus et de la date qu'il renferme (p. 7 et 8).

1

Willelmi Gemeticensis Hist. Normann., l. VIII, c. xxxii, dans Duchesne,
Histor. Normann. script. ant. (1619), p. 309.
(Cf. *Rec. des Hist. de Fr.*, t. XII, n. éd. 1877, p. 581.)

[Vers 1126]. [1] — Praetereo quod ecclesia Beatae Mariae
Ebroicae civitatis ipsius, quadam pia, ut ita dicatur,
crudelitate destructa et iterum reaedificata, omnes fere ecclesias Neustriae sua pulchritudine superat. Nam cum, ut saepius dictum est, eadem urbs [Ebroica] causa discordiae Amalrici [2] incensa a rege [3] fuisset, et ecclesia episcopalis sedis
minime ab incendio liberari valeret, rex eidem ecclesiae
postmodum tanta in redditibus concessit, unde ipsa in
melius renovata [4], et summa reddituum ipsius episcopatus hac de causa in perpetuum plurimum esset augmentata... [5]

2

Petit cartulaire du Chapitre de la cathédrale d'Evreux, publ. par T. Bonnin : *Analectes historiques*, IV.
(Cf. l'abbé J. Fossey, *Monographie de la cathédrale d'Evreux*, 1898,
Pièc. justif., n° II, p. 219.)

1. Sur cette date, voy. J. Fossey, *op. cit.*, p. 23; cf. Le Batelier d'Aviron,
Mémorial histor. des évêques d'Evreux, p. 50.
2. Le comte Amauri de Montfort, neveu et héritier de Guillaume
comte d'Evreux, l. XII. Voy. Ord. Vital, *Hist eccl.*, l. XII; — cf. Le Brasseur, *Hist. civ. et eccl.* du comté d'Evreux, ch. XIX, p. 126.
3. Henri Ier, roi d'Angleterre, fils de Guillaume le Conquérant (1100-1135).
4. « Basilicam Beatae Dei genitricis Mariae, quae tempore illo combusta
fuerat, a fundamentis reparavit », dit Orderic Vital, l. XIII, éd. Le Prévost,
t. V, p. 149, à propos de l'évêque Audin, ancien chapelain d'Henri, roi
d'Angleterre, lequel évêque mourut le 2 juillet 1139.
5. Vers la fin du xiie siècle, un nouvel incendie dévasta la cathédrale :

> Ebroicas primo sic incineravit, ut omnes
> Cum domibus simul ecclesias consumpserit ignis,

a dit Guillaume le Breton, à propos de Philippe-Auguste qui, dans sa lutte
avec Richard Cœur de Lion (1195), la fit incendier. Voy. *Philipp.*, l. IV;
cf. Le Brasseur, *op. cit.*, p. 168, et Fossey, *op. cit.*, p. 33-34. Voy. *ibid.*, le
plan restitué de la cathédrale d'Evreux au xiie s. Cf. le recueil de M.
de Baudot, *Les cathédrales de France*, fasc. 3 (fig.). — M. Enlart, *Man.
d'archéol. fr.*, t. I, p. 436, n. 1, et p. 440, signale l'emploi des voûtes
d'ogives dans les bas-côtés de l'église.

[1140-81] — Universis matris ecclesie filiis tam clericis quam laicis S[imo][1], comes Ebroicensis, salutem et dilectionem... Volo et concedo quod donum, quod Deo a predecessoribus meis factum est, scilicet LX s., ad tegendam ecclesiam[2] Beate Marie annuatim reddendi, a me et meis heredibus integre imperpetuum teneatur[3]...

CXLVI

1126-1137.

Reconstruction et mise en état de défense du château-fort de Blaye, relevé par les soins de Vulgrin Taillefer, comte d'Angoulême.

Historia pontificum et comitum Engolismensium, dans Rer. Engolism. Scriptores, éd. Castaigne,1853, p. 15.

(Cf. Labbe, *Nova bibl. man.,* t. II, 1657, p. 260-261. — Bouquet, *Rec. des Hist. de Fr.,* n. éd., t. XII, 1877, p. 395.)

... Guillermo minore[4] duce Aquitaniam tenente, castrum Blaviae[5] quod pater, similiter dictus Guillermus[6], prae obsidione ceperat, et turrem et muros destruxerat, comes Vulgrinus[7], congregato magno exercitu et propriis expensis, contra voluntatem praedicti ducis et universae fortitudinis illius reaedificavit, et ita munitum et inexpugnabile reddi-

1. Simon, dit le Chauve, comte d'Evreux (1140-1181).
2. Les travaux de reconstruction de la cathédrale dont le type est dérivé de celui de Saint-Etienne de Beauvais se continuèrent sous l'épiscopat de Rotrou de Warwick, qui avait succédé à Audin, jusque vers 1170, d'après J. Fossoy, *op. cit.,* p. 21, n. 3, et p. 33. Aucun document ne mentionne la consécration de cette troisième cathédrale.
3. Outre l'ouvrage de Fossoy (avec pl. et fig.), cf. Anthyme Saint-Paul, *La Transition,* 2e art., § 26, dans la *Rev. de l'art. chrétien,* Ve sér., t. VI, 1895, 1er livr., p. 15.
4. Guillaume le Toulousain, duc d'Aquitaine, de 1126 à 1137.
5. Blaye, sur la Gironde, à 33 kil. N. de Bordeaux, auj. ch.-l. d'arr. (Gironde).
6. Guillaume le Jeune, duc d'Aquitaine, de 1086 à 1126.
7. Vulgrin Taillefer II fut comte d'Angoulême de 1118 à 1140.

dit, quod non solum cuilibet infestationum, sed etiam duci
Aquitaniae et ejus exercitui usque in hodiernum resistere
poterat[1]...

CXLVII

1126-1138[2].

*Reconstruction en pierre de l'église abbatiale Cistercienne de
Fonguillem, au diocèse de Bazas, en remplacement d'une
chapelle de bois; confraternité, aumônes et quêtes insti-
tuées en vue de cette construction.*

Gallia christiana t. I (1715), col., 1220-1221.

LITTERAE GAUFREDI, VASATENSIS EPISCOPI, QUIBUS FIDELES OMNES
HORTATUR UT FRATRIBUS FONTIS GUILLELMI MONASTERIUM
AEDIFICANTIBUS DE SUIS BONIS SUCCURRANT.

Est siquidem in episcopatu nostro domus quaedam quae
appellatur Fons Guillelmi[3], in qua abbas et fratrum conventus aedificationum insudant laboribus... habentes namque
capellam ligneam tot fratribus minus idoneam, monasterium aedificant lapideum, a quo cum quae necessaria
sunt, ibi rara inveniantur[4] et a longe portari oporteat, potius
a multis aestimabatur desistendum quam insistendum...
Clericis vero nostri episcopatus mandando praecepimus
quatenus eorum nuntios in domibus suis benigne reci-

1. Sur ces év\énements, voy. A. Richard, *Hist. des comtes de Poitou*,
t. II (1903), p. 7-8; cf. Massiou, *Hist. de la Saintonge et de l'Aunis*, t. I,
(1838), p. 141; l'auteur de ce dernier ouvrage a publié le texte ci-dessus
d'une façon très fautive.
2. Ces dates sont celles de l'épiscopat de Geoffroi, évêque de Bazas.
3. L'abbaye de Fonguillem était située à quelques kil. de Bazas; aujour-
d'hui dans la comm. de Mosseilles, cant de Grignols (Gironde). Voy. O'Reilly,
Essai sur l'histoire de l'arrond. de Bazas (1840), p. 359, cf. *Rev. cathol.
de Bordeaux*, 1883, p. 598. L'abbaye de Fonguillem avait été fondée en 1124
(voy. *Gallia christ.*, t. I, *Instr.*, col. 190; Janauschek, *Orig. Cistercienses*,
t. I, p. 105). Il faut noter ce fait que la reconstruction de l'église abbatiale
a suivi de très près la fondation du couvent.
4. Encore aujourd'hui le Bazadais offre beaucoup de bois, mais il ne
présente pas les ressources en pierres calcaires, dures ou tendres, que
renferment d'autres contrées de la Gironde.

pientes populum sibi commissum diligenter admoneant ut
ad saepedicti monasterii opus largas mittant eleemosynas,
et fraternitati, quae in eadem abbatia Fontis Guillelmi statuta
est, si eis placuerit, se associent; vel, si aedificationi praeli-
bati monasterii de bonis suis aliquid miserint, de injunctis
sibi poenitentiis XL dies relaxamus.

CXLVIII

1127.

*Le bourg et le château comtal de Bruges. — Les fortifications
de l'église collégiale de Saint-Donatien ; l'enceinte fortifiée du cloître de ladite église.*

*De multra, traditione et occisione gloriosi Karoli, comitis Flandriarum,
auct. Galberto Brugensi, [c. 37] et [c. 40], éd. sous le titre de Histoire du
meurtre de Charles le Bon, comte de Flandre (1127-1128), par Galbert de
Bruges, publ. par H. Pirenne [1]. Paris, 1891, p. 60 et s.*
*(Cf. Koepke, dans Mon. Germ. hist. Script. XII, (1856), p. 581. — Migne,
Patr. lat., t. CLVI, col. 978, § 62 et 67.)*

[37] — Igitur[2], cum securos fecissent se obsessi in exiti-
bus suis, instabant obstruere fores templi ad meridiem et
fores domus comitis, quae exibant in castrum, foresque quae

1. Pour les autres éditions, voy. cet auteur, Préf., p. xxi et s.
2. « Il est indispensable, pour l'intelligence de la suite du récit, dit
M. Pirenne, éd. cit., p. 19, n. 1, de donner ici quelques renseignements topographiques sur le bourg de Bruges, où se sont réfugiés les conjurés. Le *burgus, castellum, castrum...* occupait l'emplacement encore désigné aujour-
d'hui à Bruges par le nom de bourg ou *burg*. Il était défendu par un fossé
sur lequel étaient jetés des ponts. Galbert n'en mentionne que trois, mais il
en existait probablement quatre, situés à l'emplacement des quatre rues
qui se détachent du bourg vers l'intérieur de la ville. Des murailles, d'une
quinzaine de mètres de hauteur (§ 40), s'élevaient au bord du fossé : elles
étaient flanquées de tours... reliées par un chemin de ronde (*circumcursus*,
§ 37), disposition identique à celle qui existe encore au château des comtes
à Gand, construit au xiie siècle. A l'intérieur, divers bâtiments étaient
disposés autour d'une cour centrale (*curtis comitis*). C'étaient l'église de
Saint-Donatien, le dortoir, le cloître et le réfectoire des chanoines, les
écoles et la maison du prévôt (§§ 42, 60). La maison du comte (*domus ou
camera comitis*) était reliée à l'église par un passage voûté (§ 41). Des escaliers partant de la cour y donnaient accès (§ 41) ; elle était surmontée
d'une haute tour (§ 81) et pourvue, comme la maison du prévôt, d'un balcon (*lobium*) s'ouvrant vers l'extérieur du bourg (§§ 29, 42, 44). Les divers
bâtiments renfermés dans le bourg étaient couverts en bois (§ 42) ; l'église

a claustro se porrexerant in castrum ut, si aliquo suo infortunio curtem comitis perdidissent, sese reciperent in domum comitis et in domum prepositi, simulque in refectorium et claustrum fratrum et infra ecclesiam. Stabat autem ecclesia Beati Donatiani aedificata in rotundum et altum, contecta fictitio [1] opere, ollis [2] et lateribus cacuminata [3] : nam olim tegumen ecclesiae lignorum compositione astruebatur, et elevata materia campanarii in altitudinem artificiosum opus eadem susceperat basilica ; unde honestatis suae fulgore praeeminebat velut regni sedes, et in medio patriae securitate et pace, jure et legibus undique terrae partibus salutem et justitiam demandans. Quippe ignis dispendio omnis lignorum materies consumpta est olim, et ideo contra ignis molestiam lapideum et tale opus confinxerant ex ollis et lateribus, quod elementum igneum exurere non potuisset. In parte quoque ejusdem templi occidentem versus, turris [4] fortissima in eadem templi essentia altiore statura eminebat, in supremis dividens se in duas turres acutiores [5]. Murus

seule avait un toit de tuiles (§ 37). Outre ces divers bâtiments dont nous parle Galbert, le bourg renfermait encore une salle de justice (domus scabinatus), construite par Baudoin Bras-de-fer, conformément aux stipulations du capitulaire de Quierzy (v. Jean d'Ypres, Mon. Germ. hist. Script., t. XXV, p. 768). Le plan du bourg de Bruges au xvii° siècle, publié par Sanderus, Flandria illustrata, II, p. 36, peut encore servir à faire comprendre la disposition des lieux. Plus récemment, M. Duclos, Onze helden van 1302 (Bruges, 1881), a publié le plan du bourg tel qu'il était au xiv° siècle. »

1. Koepke pense avec raison que ce mot a le même sens que fictilis.

2. Il n'est pas impossible qu'il s'agisse ici de pots en terre cuite (ollae) placées dans l'épaisseur de la construction comme moyens d'acoustique et agents de répercussion du son. On connaît notamment pour les xiii° et xiv° siècles, comme pour les époques suivantes, des exemples de ce procédé d'acoustique monumentale dont il est déjà question dans Vitruve (Voy. Annales archéol., t. XXII, p. 294 et s., p. 354-355.) Certains de ces exemples s'appliquent au chœur des églises. Cf. le mémoire de l'abbé Cochet, intitulé Notes sur les poteries acoustiques de nos églises.

3. Cacuminare signifie donner une forme allongée en pointe, ce qui s'applique ici à l'extrémité supérieure de la construction.

4. Sur les fortifications des églises du Nord, de la Flandre en particulier, voy. Enlart, Man. d'archéol. fr., t. II, p. 548 et s., où l'exemple de Saint-Donatien est cité; voy. aussi pour le mode des constructions d'architecture religieuse de ce pays, où le bois était très employé, God. Kurth, Notger, de Liège et la civilisation au X° siècle, t. I (1905). Sur les églises castrales, les chapelles seigneuriales et autres constructions s'élevant à côté de la demeure du seigneur en Flandre, voy. les témoignages réunis par H. Pirenne, Les villes Flamandes avant le XII° siècle, dans les Annales de l'Est et du Nord, t. I, (1903), p. 18.

5. « L'église de Sainte-Marie à Maestricht a conservé une tour romane présentant identiquement la même disposition. » (Pirenne, ibid.)

quidem circumcinxerat et domum prepositi et dormitorium
fratrum et claustrum et pariter omne illud castrum, atque
ille murus, quem tandem obtinere sibi presumpserant, propugnaculis [1] et circumcursu ad extra pugnandum altior et
fortior stabat. Et quamquam in se murus fortis et ascenso-
ria [2] firma fuissent, elaborabant nocte et die sese tutiores
intrinsecus reddere.

... Interim [3] murum perforare satagebant cementario-
rum malleis et universis ferramentis...

CXLIX

1127-1137, et 1184.

*Règlement établi par Guillaume VIII, duc d'Aquitaine,
comte de Poitiers, à l'occasion de la construction des églises
abbatiales de Fontaine-le-Comte, en Poitou, et de Sablonceaux, en Saintonge (ordre de Saint-Augustin); faveurs
spéciales accordées par ledit seigneur, — et confirmées plus
tard par Richard Cœur-de-Lion, — aux maçons, charpentiers, et autres ouvriers employés à ce genre de travaux.*

Gallia christiana, t. II, 1720, Instr., n° LIII [4], col. 370.

1. Cf. ce passage :... « Stabant *ad lobium comitis et ad propugnacula...* » Il s'agit d'une espèce de balcon ou de galerie, en flamand *loof*. Au
xiv° s., la maison du comte ('s *Graven-Steen*) dans le bourg de Bruges
s'appelait *de Loove.*
2. Escaliers pour monter sur les remparts.
3. Un peu plus haut, ce texte mentionne une maison forte « *domus
fortis salis* », telle que la noblesse en possédait beaucoup dans les villes
flamandes du moyen âge. Gislebert, à la fin du xii° siècle, parle des
tours que les nobles possédaient : « *homines in Gandavo et potentes
parentela et turribus fortes,* » C'est une variété des maisons de pierre
(*domus lapideae*); cf. le mot flamand *steen* pour les désigner. Notons enfin
l'exemple que nous tirons d'une lettre écrite en 1179 par l'archevêque de
Reims aux bourgeois de Gand, où nous retrouvons les expressions suivantes : « *arces domorum cum turribus* » (Miraeus, *Opera diplom.*, t. II,
p. 974.)
4. « La charte originale de la fondation de l'abbaye de Fontaine-le-
Comte ne se trouve pas aux Archives de la Vienne, pas plus que celle
par laquelle Richard Cœur-de-Lion confirme les biens et droits de cette
abbaye. » (Note communiquée par M. Richard, archiviste de la Vienne.)
Cette charte de fondation existait encore en 1750 à Fontaine-le-Comte.
Voy. aussi *Gallia christ.*, t. cit., col. 371.

In nomine Patris et Filii et Spiritus Sancti. — Ego Willelmus [1], dux Aquitanorum et comes Pictavorum, pro salute animae meae et parentum meorum et filiorum meorum, do magistro Gaufrido de Laureolo [2] et fratribus ejus, qui saeculo abrenuntiantes nostris temporibus paupertatem Christi elegerunt; his, inquam, successoribusque eorum ibi religiose Domino deservituris do locum qui dicitur de Fonte Comitis [3], ad aedificandam ecclesiam Domino, cum nemoribus et landis et universis quae ibidem ad jus nostrum pertinere dinoscuntur, ut libere deinceps et quiete possideant. Qui locus situs est prope urbem Pictavim, et extenditur in longum a nemore Herberti usque Cruptellas [4], et in latum a nemore de Maseils [5] usque ad viam S. Maxentii [6] quae per Fontem Comitis tendit Pictavim, scilicet et nemus praedicto loco contiguum... Insuper praedictis Christi pauperibus, scilicet magistro Gaufrido et fratribus ejus, do in pago Xantonico, in foresta quae dicitur Baconeis, locum de Sabluncellis [7] ad aedificandam ecclesiam Domino, et de foresta in usus fratrum inibi Domino famulantium... Constituimus etiam ut quaecumque hic ad aedificia construenda, sive ad usus quotidianos fratribus praedictae ecclesiae de Sabluncellis lignis vel lapidibus, vel pascuis, vel agris seu aliquo alio modo necessaria fuerint, de foresta quae vocatur Baconeis [8], absque alicujus contradictione seu exactione vel precio, libere ac quiete percipiant... Et praeterea, lignorum seu lapidum opifices ac postremo omne operariorum genus, quandiu operibus eorum intendunt, vel dum de opere ad propria remeant, vel de domi-

1. Il s'agit bien ici de Guillaume VIII et non d'un de ses prédécesseurs portant le même nom. Voy. L. Rédet, *Notice histor. sur l'abbaye de Fontaine-le-Comte*, dans les *Mém. Soc. antiq. de l'Ouest*, III (1838), p. 226-261.
2. Geoffroi de Loriol, qui est appelé aussi Geoffroi de Loroux, archevêque de Bordeaux à partir de 1137.
3. Aujourd'hui c. du cant. S.de l'arr. de Poitiers (Vienne). Voy. L. Rédet, *Dict. top. du dép. de la Vienne*, 1881, p. 170.
4. Croutelle, c. du cant. et arr. de Poitiers.
5. « Maseils répond à Mezeaux, ancien ch.-l. de commune perdu dans les bois près de Fontaine-le-Comte, et qui est aujourd'hui réuni à la commune de Ligugé. » (Note communiquée par M. Richard.)
6. Saint-Maixent, ch.-l. de c., arr. Niort (Deux-Sèvres).
7. Sablonceaux, c. du cant. de Saujon, arr. Saintes (Charente-Inférieure). Ancienne abbaye soumise à l'autorité de Geoffroi de Loriol.
8. La forêt de Baconeis se trouvait entre Sainte-Gemme et Sablonceaux.

bus suis ad opera veniunt, sicut cetera eorum familia, salvi remaneant undique et illaesi ; nec per aliquam violentiam ministerialium nostrorum quisquam operariorum ab opere ipsorum amoveri atque ad alia traduci sit licitum. Hanc autem rerum nostrarum largitionem et praedictam libertatem pro amore Dei et pro salute animae meae, praedictis fratribus indulgentes [1] sigilli nostri munitione confirmamus...

CL

1128-1184 environ.

Réorganisation du prieuré de Sainte-Barbe-en-Auge (ordre de Saint-Augustin), au diocèse de Lisieux, par le prieur Guillaume, ancien trésorier de Henri Ier, roi d'Angleterre, duc de Normandie ; construction de bâtiments prieuraux et travaux d'hydraulique exécutés par le chanoine Hébert.

Anonymi vera narratio fundationis prioratus Sanctae Barbarae in Algia ou *La chronique de Sainte-Barbe-en-Auge* [2], éd. par R.-Norbert Sauvage, dans les *Mém. de l'Acad. des Sc., arts et belles-lettres de Caen*, 1906, p. 21-24 (d'après le ms. 1643 de la bibliothèque de Sainte-Geneviève, cop. du xive siècle) [3].

(Cf. A. Du Monstier, *Neustria pia*, 1663, p. 716 et s. — A. Le Large, *De canonicorum ordine disquisitiones...*, 1697, pp. 537-545).

... Accidit ut Rabellus [4], filius Guillelmi Camerarii, cujus consilio tota fere regalis curia tunc temporis

1. Cf. *supra* l'acte de 1120, c'est-à-dire d'une époque presque contemporaine de celle qui nous occupe ici, relatif aux immunités accordées par le comte d'Anjou aux maçons et charpentiers de l'abbaye de Saint-Jouin de Marnes, en Bas-Poitou, région voisine de celle dont il est question dans le présent texte.

2. Aujourd'hui dans la commune d'Ecajeul, cant. de Mézidon, arr. Lisieux (Calvados). — Sur la place et les fondements de cet ancien monastère, voy. de Caumont, *Statistique monum. du Calvados*, t. V, (1867), p. 471, v° Abbaye de Sainte-Barbe. « Il ne reste plus rien des bâtiments de ce prieuré, qui relevait de l'ancien diocèse de Lisieux et qui fut, en 1607, rattaché aux Jésuites de Caen. » (Note de l'éditeur.)

3. Pour les autres sources bibliographiques, voy. outre Sauvage, *op. cit.*, p. 4-5, L. Delisle, *Chronique de la fondation de Sainte-Barbe*, dans l'*Hist. litt. de la France*, t. XXXII (1898), pp. 213-219.

4. Rabel le Chambrier, de la famille des chambriers de Tancarville, fils de Guillaume de Tancarville et de Mathilde d'Arques. (Cf. A. Deville, *Hist. du château et des sires de Tancarville*, 1834, p. 121 et s. Voy. aussi L. Delisle, *op. cit.*, p. 214.)

inc[u]mbebat, Deo inspirante, disponeret ponere in ecclesia que dicitur Sancte Barbare canonicos regulares, in qua proavus ejus Stigandus [1], tempore Guillelmi, Anglorum regis et domitoris, prebendas et canonicos instituerat seculares. Patris itaque et filii communicato consilio, habito quoque super hoc regis et episcoporum assensu pariter et suffragio, Guillelmus coactus est de nido sue conversionis exire domusque regularis ordinande, adhuc in ordine recens, curam suscipere. Qui abbatis nomen prorsus refugiens, nomine et officio prioris contentus est, contemptor pompe qua male in seculo usus est. [A]dduxit autem secum duos fratres, viros strenuos, qui de civitate Rothomagensi apud Desertum [2], relictis opibus suis, causa religionis, se contulerant, Ernaldum et Hebertum. — Et iste est Hebertus qui, post mortem Guillelmi [3] prioris, sub patre Daniele [4], a latere dextro ecclesie aulas hospitum, officinas fratrum, per sedecim annos instanter edificavit, et per ea, aquam fluminis [5] magno s[u]mptu ac sudore adduxit. Hii tres in nomine Sancte Trinitatis ecclesiam Beate Barbare, comitante obediencia unanimiter adierunt, seque in ea omnibus diebus vite sue sub beati Augustini regula militaturos, voto pari Domino obtulerunt. Factum est anno M°C°XX°VIII° ab Incarnacione Domini, gaudente fundi domino et favente Johanne [6], Lexoviensi episcopo. Ecclesia vero que dicitur Sancte Barbare in honore beati Martini ab antiquo fun-

---

1 Sur Eude Stigand, voy. Orderic Vital, *Hist. eccl.*, éd. Le Prévost, t. II, p. 104. Ce seigneur de Mézidon avait fondé, à l'époque de Guillaume le Conquérant, une église pour y placer des reliques de sainte Barbe, apportées d'Orient ; il y avait établi des chanoines séculiers, que son petit-fils Rabel de Tancarville remplaça, en 1127, par des réguliers. La première fondation de Sainte-Barbe-en-Auge avait eu lieu en 1068.

2. On trouve dans le Calvados une ancienne localité du Désert (cant. de Vassy, arr. Vire), qui fut le siège d'un prieuré dépendant de l'abbaye de Troarn. Voy. de Caumont, *Statistique cit.*, t. III (1857), p. 61.

3. La mort du prieur Guillaume advint le 13 janvier 1153.

4. Daniel, Anglais d'origine, déjà prieur de Beckford (comté de Glocester), avait été l'auxiliaire de Guillaume. Il paraît avoir rempli dans ce dernier monastère les fonctions de prieur pendant trente ans, de l'année 1153 environ à l'année 1183.

5. La Dive, rivière du département de l'Orne et du Calvados, qui se jette dans la Manche.

6. Jean Ier, évêque de Lisieux de 1107 à 1141.

data [1] et dedicata consistit. Porro, illatis in eam reliquiis beate Barbare [2] virginis et martyris, per manum Roberti, filii Stigandi, qui de Grecia easdem reliquias super aurum et topazion sibi preciosas attulerat, beata Barbara, ob miraculorum frequenciam, illam suo nomini vindicavit ecclesiam. Cujus rei consideracione, prior Guillelmus in sigillo capituli ejusdem ecclesie utriusque [i]maginem effigiari fecit, versiculo brevitate laudabili circ[u]mposito :

        In re Martini Barbara nomen habet.

Alium quoque similis forme versiculum in sigillo [3] proprio sculptum habebat :

        Si recte vivis, fac mihi quod tibi vis.

CLI

Après 1129, et 1188-89.

Fournitures et services dus par la corporation des « fèvres » et celle des charpentiers à l'évêque de Strasbourg, notamment pour les travaux du palais épiscopal.
Règlement de Gui de Joinville, évêque de Châlons-sur-Marne, concernant les obligations et privilèges des « fèvres » employés soit aux réparations et constructions neuves du palais épiscopal, soit aux travaux de fortification de ladite ville.

1. On peut voir dans Du Monstier, *op. cit.*, le récit de la fondation primitive.
2. « Sainte dont l'histoire demeure fort incertaine. D'après Métaphraste, elle aurait été martyrisée à Héliopolis d'Egypte, en 306. Sa légende est dans Surius : *De probatis sanctorum vitis*, t. XII; Cologne, 1618, p. 123-124. » (Note de l'éditeur.)
3. Ainsi que M. Delisle l'a fait observer (*op. cit.*, p. 215), ce type de sceau n'était plus employé au xv° siècle, comme on le voit par un sceau que Léchaudé d'Anisy a dessiné dans son Recueil de sceaux normands, pl. XXII, n° 5. L'ancien usage a revécu dans les temps plus modernes. En souvenir du sceau gravé au xii° siècle, les chanoines employaient en 1680 un cachet portant la légende : « *In re Martini Barbara nomen habet* ». Voy. Demay, *Sceaux de Normandie*, p. 339, n° 3019.

1

Premier coutumier municipal de Strasbourg, dans W. Wiegand, *Urkun-denbuch der Stadt Strassburg*. Strassburg, t. I (1879), n° 616, pp. 470-476[1].

[Après 1129]. — [XLIV]. Ad officium burcgravii perti-net ponere magistros omnium officiorum fere in urbe, scilicet... fabrorum, molendinariorum et eorum... qui pur-gant gladios... Et de eisdem habet potestatem judicandi, si quid deliquerint in officiis suis...

[XLV]. Locus autem judicationis et emendationis eorum est in palacio episcopi[2].

[CIII]. Fabrorum jus est, quando episcopus ierit in expe-ditionem imperatoris, quod quilibet faber dabit equorum ferramenta quatuor cum clavis suis, de quibus dabit epis-copo burcgravius ad viginti quatuor equos, reliqua sibi retinebit.

[CV.] Preterea, fabri debent omnia facere que necessaria habuerit episcopus in palacio suo, sive in januis, sive in fenestris, sive in januis vasorum, que de materia ferri fieri conveniat, data eis materia ferri et ministrata interim vivendi expensa.

[CVI]. Si castrum aliquod episcopus obsederit vel ei obsessum fuerit, trecentas sagittas dabunt. Si pluribus eguerit episcopus, de sumptibus suis et expensis sufficienter administrabunt.

[CXVIII]. Carpentarii singulis diebus lune debent in opus episcopi ire cum expensis ipsius. Cum summo mane venerint ante palacium, non audeant recedere ante soni-tum campane, que ad missam mane pulsatur. Si interim

1. Cf. G. Fagniez, *Doc. rel. à l'hist. de l'ind. et du commerce en France*, t. I (1898), n° 103, p. 68-71.
2. Cf. l'acte suivant. — Nous voyons qu'à Paris, en 1222, l'évêque entre-tenait depuis longtemps, outre un maçon et un charpentier, qui étaient parmi les artisans attachés à son service, un ouvrier en ferronnerie et un orfèvre, lesquels jouissaient de certaines prérogatives (*Cartul. de N.-D. de Paris*, éd. Guérard, t. I, p. 122 et 123, et *ibid.*, Préf., p. LXXXVI.). Cf. *Instructions du Comité des trav. hist., Litt. lat. et Hist. du moy. âge*, 1890, p. 61 : *L'orfèvre de l'évêque de Beauvais* (1228).

ñon fuerint in opus episcopi assumpti, liberi ea die rece-
dant. Non sunt cogendi ire in alicujus opus alterius nisi
episcopi.

2

Archives¹ départementales de la Marne, sér. G, 156, fol. 386 r° (d'après
une copie de 1556), et sér. G, 161, fol. 418 r° (d'après une cop. de la
même époque).

[1188-1189]. — In nomine sanctae et individuae Trinitatis. — Ego G[uido]², Dei gratia, Cathalaunensis episcopus,
notum fieri volumus tam presentibus quam futuris ad quos
praesentis paginae testimonium devenerit, quod omnes fabri
istius civitatis Cathalaunensis, qui morantur in banno et jus-
titia nostra et operantur ex aere, ferro, calibe³ et cupro,
solis iis exceptis qui operantur in argento et auro et meguen-
niis⁴ qui resarciunt patellas⁵ et cacabos⁶ et lebetes⁷, talem
franchisiam sive cust[u]miam⁸ ab omnibus episcopis antecessoribus nostris, usque ad tempora nostra firmam invio-
latamque sibi servaverunt, videlicet quod ipsi debent solvere omnem ferraturam quae est necessaria ad domum nostram, sive in ea nova fiant aedificia, sive vetera et ruinosa
reparentur, tam in clavatura pro tectis tegendis, quam fer-
raturas pro fenestris et vectes⁹, pessula¹⁰, limulas¹¹ sive ver-

1. Dans l'Inventaire des Arch. départ. de la Marne (sér. G, t. IV, p. 55),
cet acte est désigné sous la dénomination de « *Charte des serruriers* ».
Il a été publié très inexactement par Ed. de Barthélemy, *Hist. de la ville
de Châlons-sur-Marne*, 1ᵉ éd. (1854), p. 108, et seulement analysé par lui
dans la 2ᵉ éd. (1888), p. 153. Nous remercions nos confrères, MM. P. Péli-
cier et J. Berland, des archives de la Marne, qui ont bien voulu nous procurer
une transcription du texte ci-dessus. Nous devons à ce dernier la connaissance de la cop. G 161.
2. Gui III de Joinville fut évêque de Châlons de 1164 à 1190.
3. Acier.
4. Nous pensons avec M. J. Berland qu'il faut lire ici *meguenniis* au lieu
de *mequenniis*, et rapprocher ce terme du mot français *menuyer*, c'est-à-
dire orfèvre qui fait la petite orfèvrerie.
5. Plats (de métal).
6. Chaudrons, marmites (de métal).
7. Bassins, casseroles (de métal).
8. Le ms. porte *custimiam*.
9. Barres métalliques transversales, maintenant la fermeture des portes.
10. Verrous. Cf. *infra : pessulus*.
11. Petites limes.

vellas [1] pro ostiis obserandis ; debentque tres secures, unam
in coquina, unam in porta et tertiam in camera episcopi,
ita quod, si hujusmodi ferraturae inveterescant et indigeant
reparatione, veteres reddentur et ab ipsis fient novae. Praeterea, singulis annis, in festo sancti Remigii, ille qui habet
propriam domum et operatur de ferro et calibe debet solvere integram ferraturam unius equi aut duos denarios ; si
vero non habet propriam domum, debet tantum duo ferra
equi cum clavis aut unum denarium. Caeteri vero fabri qui
faciunt acus [2], pelves [3] et lebetes, si domos habent, solvunt
duos denarios ; si non habent propriam, solvunt unum. Et
propter hujusmodi onera ipsi sunt liberi et absoluti a sum-
monitione thelonei [4] et mot[o]annis [5] et oubliis [6] in Natale
(sic) Domini. Et singuli fabri qui ferramentum ad secandum
faciunt donant duos cultellos in festo sancti Stephani ad
mensam, quando comedunt in palatio. Praeterea, si ad
munitionem civitatis fiant fossata, ipsi debent fossaria quae
vulgo appellantur pi[c]s [7], quotquot sunt necessaria ; quibus completis, illa restituuntur ipsis fabris. Quod si barrae
fiant, ipsi debent cat(h)enas et ligamina ferrea quae circum-
dant epistil(l)ium [8] sive fusellum [9] ipsius barrae. Et propter
hoc ipsi fabri sunt liberi et quitti a talliis et exactionibus
quae fiunt propter clausuram et munitionem ipsius civitatis.

1. Vervelles (synon. de vertevelles), pièces de fer en forme d'anneau
qu'on fixe dans une porte pour retenir les verrous.
2. Pointes de métal, aiguilles.
3. Bassins, aiguières.
4. Tonlieu.
5. On ne saurait dire précisément, à la lecture du ms., si la quatrième
lettre de ce mot est un a ou un o. Mais, d'après M. J. Berland, il vaut
mieux lire motannis que molannis, à cause du passage suivant d'une pièce
insérée au même registre G. 156 : « lesdicts febvres... per hoc sunt exem-
pti a tholoneo, qui est le grand thonneux de cinq solz au jour Saint-Martin,
et les mengers et les moutons qui sont les petits thonneux. »
6. Redevance féodale : droit d'oublie, d'oubliage.
7. Le ms. G. 156 porte pitz et le ms. G. 161, pis. Il s'agit de pics, instruments de fer pointus et recourbés pour ouvrir la terre. Cf. du Cange,
v° Fossorium.
8. Nous avons déjà expliqué le sens qu'a eu le mot epistilium au moyen
âge, par opposition à la signification antique de ce terme. (Voy. supra,
p. 105, n. 3.) Il est pris alors dans l'acception de chapiteau, et il s'applique
ici à ce genre d'ornement façonné à l'extrémité d'une tige de métal qui
a la forme d'une petite colonne.
9. Le mot fuseau s'applique encore aujourd'hui, dans le langage de la
serrurerie, à un barreau figurant une colonnette.

Praeterea in exercitibus faciendis, quotiens episcopus Cathalaunensis summonetur a domino rege, ipsi eidem fabri
debent dare hachias [1] sive bipennes [2], quotquot erunt neces-
sariae ; et debent tigna trab[is] vel papilion[is] episcopi
in summitatibus ferro ligare, et etiam sudes et pessulos
cum quibus funes religantur ad sustinendam trabem vel
papilionem, in summitatibus ferrare et premunire. Debentque singuli qui domos habent proprias integram ferraturam
unius equi ; si vero non habent proprias domos, debent
tantum duo ferra cum clavis ; quod accipiendum est de illis
qui operantur in ferro et cal[i]be : nam illi qui exercentur
in cupro et ere tantum dant duos denarios, si habent proprias domos, vel unum, si non habent proprias. Et propter
haec onera ipsi sunt quitti et liberi a tallia quae fit propter
exercitum regis. Nam, si fiat propter ipsius domini regis
procurationem, non sunt quitti. Ut autem haec omnia ne
per alicujus intermissionis oblivionem vel aliquorum mali-
gnantium iniquitatem valeant immutari, ut domus episcopalis suo jure privetur, aut ipsi fabri aliis injustis exactionibus aggraventur, sicut bene et juste a praedecesso-
ribus nostris servata sunt, ita et nos inviolata servare,
intacta transmittere curamus et sigilli nostri impressione
confirmamus. Signum Thomae, Sancti Petri, signum Joannis,
Sancti Memmii, signum Rogeri, Omnium Sanctorum abbatis ; signum Alexandri, signum Mathei, signum R[ainau]di,
archidiaconorum, signum Jacobi, thesaurarii Cathalaunensis
ecclesiae, signum Bremundi, seneschali nostri ; signum
Stephani buticularii, signum Hugonis de Porta Materne,
militis, signum Petri mareschalli, signum Joannis paneta-
rii, signum Manerii, burgensis [3] nostri. Actum anno ab
Incarnatione Domini mille[s]imo centesimo octuagesimo
octavo. — Data per manum magistri Petri, sigillarii [4].

1. Très ancien exemple de la réfection latine du mot hache.
2. Hache à double tranchant.
3. Sur les bourgeois de l'évêque de Châlons, voy. Ed. de Barthélemy,
op. cit., 1re éd. (1854), p. 5 et suiv.
4. Cette charte devait porter un sceau de cire rouge, comme le montre
la mention suivante, « magno sigillo cerae rubeae » à la fin de la copie de
G 156. Il y a des sceaux de cire rouge de l'évêque Gui III (Arch. de la
Marne, G 466, H 293.)

CLII

Avant 1130.

Emplacement et disposition du château de Châtel-Aillon, en Aunis ; ses citernes et ses défenses. — Eloge de la tour maritime située à l'extrémité d'un promontoire formé par l'île d'Aix, entre la Rochelle et le pays de Saintonge.

Addenda chronico Richardi Pictaviensis[1], dans le Rec. des Hist. de Fr., t. XII, n. éd., 1877, pp. 418-421.

Anno Incarnationis Domini MCXXX, Willelmus, dux Aquitanorum comesque Pictavorum, frater scilicet Raimundi, principis Antiocheni, coadunatis fraudulenter Castri Julii militibus, ex insperato castrum ipsum obsedit... Est autem castrum [2] illud supra mare Oceanum positum, rivis, silvis fontibusque carens, excepto puteo[3] uno extra muros, ad

---

1. Richard de Poitiers, chroniqueur et poète du XII° siècle, probablement né en Aunis, fut moine au prieuré de l'île d'Aix ; on ignore la date de sa mort.

2. *La Turje* serait le nom du donjon de Châtel-Aillon (aujourd'hui à 1 kil. de la mer, à la pointe d'un vaste promontoire formé par l'île d'Aix). Châtel-Aillon fait partie de la comm. d'Angoulins, cant. et arr. La Rochelle. Le nom de *Castrum Julii* a été appliqué fréquemment à Châtel-Aillon (*Castrum Allania*), au moyen âge. Jadis ville fortifiée et importante, elle a peu à peu disparu par les suites d'un long siège et par les assauts de l'Océan. Il n'en reste plus que le prieuré de Saint-Romuald, alors qu'il y avait là autrefois une église consacrée à saint Jean et une chapelle dédiée à saint Nazaire. — Voy. les textes cités par Bruhat dans sa thèse sur la *Seigneurie de Châtelaillon*, La Rochelle, 1901, p. 48 et s. Cf. Arcère, *Histoire de La Rochelle*, et G. Musset, *Richard le Poitevin*, pp. 5-6.

3. « Les abbayes et les châteaux du moyen âge, dit Viollet-le-Duc, situés souvent sur des collines élevées étaient dépourvus de sources naturelles ; on suppléait à ce manque d'eau par des citernes creusées dans le roc ou maçonnées, dans lesquelles venaient se réunir par des conduites les eaux pluviales tombant sur les combles des bâtiments et sur l'aire des cours. » (*Dict. de l'archit. fr.*, t. III, p. 249.) Cf. le texte suivant cité par Raynal, *Hist. du Berry*, t. I, p. 372, n. 2, au sujet d'Hugue de Gargilesse, adversaire d'Adémar de Limoges, et où il est question d'une vaste et profonde citerne sise près d'une tour du château de Brosses, en Berry : « Turrim, quae juris Ademari fuisse videbatur, confestim diruit. Juxta eam *cisterna* erat ad colligendas imbrium aquas effossa, quadraginta quinque et eo amplius cubitis in profundum patens. » (*Histor. de Fr.*, t. X, p. 345 : *ex libr. II Mirac. s. patris Benedicti.*)

radicem montis posito, cui vocabulum est Pelenertus. In eodem tamen castello putei multi habentur, sed aqua eorum non est habilis ad potandum. Ipsum vero castellum muris et turribus ita munitum est ut nullius machinae impetus nulliusque hominis insultus vix vereatur, nec ab hostibus externis putetur comprehendi, si tantum inhabitantes, pane et aqua muniti, illud defendere voluerint.

DE TURRE MARITIMA. — Et tu, turris maritima, cum propugnaculis in altum firmiter aedificata, filii alieni venient usque ad te ; sed, pudoris ignominia cooperti, singuli ad terram suam fugient ! Tu vero, ne verearis minas eorum, sed erige audacter faciem tuam contra faciem Aquilonis ! Sta super custodiam tuam et pone gradum tuum super munitionem tuam, convocans conlaterales tuos ut ad auxilium tuum, si opus fuerit, cum viribus veniant !

... Habet ad sinistram Oleronensem [1] insulam, octo millia in longum tendentem ; a parte autem dextra, habet promontorium quoddam, quod Rudela [2] nuncupatur, et Sanctonici [3] orbis provinciam...

CLIII

Vers 1130, 1161-1179, et 1197.

Incendie de l'église de l'abbaye d'Andres, près de Boulogne-sur-Mer, dont une partie des bâtiments était construite ou recouverte en bois. — Reconstruction de la porte de ladite abbaye sur le modèle de celle de Saint-Bertin ; clôture de la maison-Dieu d'Andres. — Part personnelle prise par l'abbé Pierre et par les moines à la réédification de l'église abbatiale faite par maître Aimon ; contribution des paroissiens. — Travaux divers (maison-Dieu, pont

1. L'île d'Oléron, sur la côte de l'Aunis. Aujourd'hui, Château-d'Oléron est ch.-l. de c., arr. Marennes (Charente-Inférieure).
2. La Rochelle, au fond d'un golfe de l'Océan (ch.-l. de la Charente-Inf^{re}).
3. Le pays de Saintes, situé à 72 kil. environ de La Rochelle.

de pierre) exécutés par ledit maître d'œuvre. — Recons-
truction somptueuse de l'infirmerie et du cloître par
les soins de l'abbé Itier.

Willelmi [1] chronica Andrensis [2], éd. J. Heller, dans *Mon. Germ. hist.*,
Script. XXIV (1879), §§ 34, 51, 54, 64, 66, 70, 78, 116, p. 698, 706-708, 710-
712, 713-714, 724.
    (Cf. *Veterum aliquot scriptorum... spicilegium*, éd. d'Achery, in-4°,
t. IX, 1669, p. 421 et s.)

34. [Vers 1130.] — Ecclesia presens... fulgurata est
et cum omnibus appendiciis suis penitus concremata.
Siquidem, sicut ab illis audivimus qui hoc viderunt et audie-
runt et usque ad nostra tempora duraverunt, hostis humani
generis in specie ursi super ecclesiam visus est circumquaque
discurrere, turrim laterculis ligneis coopertam ascendere et
conflagrantes latercul[o]s super cuncta edificia proicere.
Apparent adhuc per omnes fere dormitorii macerias ruinosas
et scabrosas ejusdem celestis incendii vestigia, quia postmodum cetera edificia sunt per gratiam Dei in melius reformata. Combusta etiam in ipso incendio domus infirmorum
lignea, speciosa et sumptuosa, a nobili viro Radulpho de
Dovera [3], domini Manassis comitis commilitone et amico
speciali, composita, ea quidem intentione quod cum eodem
comite decreverat in sancto proposito vite residuum ducere
et in eadem domo decedere....

51. Anno dominice Incarnationis MCLXI, prefato domino
Petro ad regimen hujus loci divinitus.... transmisso...,
volens vir discretus oves pascue Dei in ovili recludi et a

1. L'abbé Guillaume, originaire du comté de Guines, né vers 1117, écrivait au commencement du XIII° siècle, et il était contemporain de Lambert
d'Ardres. Sur Guillaume d'Andres et sa chronique, voy. Pareuty, dans
Mém. Soc. des antiq. de la Morinie, t. X, 1860, p. 51 et s. ; voy. aussi l'avant-
propos placé par Heller en tête de son édition (*op. et tom. cit.*, p. 684
et suiv.).
  2. Andres est aujourd'hui une commune du cant. de Guines, à 4 kil. de
cette ville, arr. Boulogne-sur-Mer (Pas-de-Calais). L'abbaye d'Andres,
fondée en 1084, dédiée au Saint Sauveur et à Sainte Rictrude, a été « détruite en 1544. » (De Loisne, *Dictionnaire topographique du Pas-de-Calais*,
p. 11.) Il ne subsiste plus guère de ses monuments que des tombeaux
et des fragments décoratifs. Voy. L. Deschamps de Pas, *Notes sur des
découvertes... faites à Andres* (*Bull. Soc. des antiq. de la Morinie*, IV°
vol., p. 471 et 477; cf. V° vol., p. 135).
  3. Douvres, ville d'Angleterre (Kent), à 26 kil. S.-E. de Cantorbéry.

secularibus secerni, quas ab eisdem constabat porte lignee
et sepium septis solummodo separari, statim in proxima
quadragesima post hiemem, qua ad nos intravit, ad exemplar [1] porte Sancti Bertini portam hic lapideam incepit ; et
extra priores terminos eam collocans, ita quod aditus domus
elemosinarie deintus esset, qui prius deforis extiterat, eam
valvis munivit et plumbo cooperuit. Deinde per totam esta-
tem sequentem fit sumptuosus lapidum et calcis apparatus,
quatenus, loco et tempore amotis sepibus, sepe, sepius et
sepissime transgressis et inordinate conculcatis, domum
Dei circumcingeret lapideus murus. Hoc ejus propositum
impedivit multiplex guerra, ante ejus adventum in terra
Gisnensi et pro terra Gisnensi suborta et nondum sopita....

54-55. [Vers 1164.] — DE TRANSLATIONE BEATE ROTRUDIS SUB
ABBATE PETRO. — Nacta tamen opportunitate et peracta beate
Rotrudis translatione, dominus Petrus [abbas] cementarios
et lapidum cesores conduxit, cimiterium monachorum muro
circumcingit, et, ut virgultum dilataret, mansionarios a
parte orientali manentes, dato terre concambio, retrocedere
facit, sumptus ad domos amovendas providet et disponit et
stratam publicam inter ipsos mansionarios et murum consti-
tituit. Apparent adhuc in ipso virgulto quidam aggeres
supra finitimam terram prominentes et infra murum satis
distantes et a nostro cimiterio usque ad horti septa ab austro versus aquilonem se extendentes, ubi supra modicum
fossatum clausura sepium monasterium claudebat atque per
hortum nostrum et virgultum predicto militi et ejus fami-
lie ad ecclesiam properantibus via pervia patebat. Vidit et
invidit homo malitiosus nec ulterius cohibere potuit teme-
rarios ausus. Precepit itaque et per membrorum mutilatio-
nem terribiliter interdixit, et per edictum publicum promul-
gavit, ne quis omnino ad opus muri accederet, nec contra se
et domum suam munitionem erigere presumeret.

1. M. Enlart, dans son *Man. d'archéol. fr.* (t. I, § 13. Copies dans l'art
du moyen âge, p. 83, n. 1), a donné des exemples de modèles d'architecture
imités particulièrement en France du xiii° au xvi° siècle. Le passage ci-
dessus nous en offre, pour le xii° siècle, un autre exemple notable.

Sed pastor intrepidus, ibi minas non metuens ubi alii metuebant, viris se ab opere subtrahentibus, monachos et conversos [1], mulieres tam mundanas quam conversas, ad opus ceptum invitabat, et ad portandum lapides aut cementum ad quodlibet vehiculum, quod vulgo dicitur chiveria [2], ex una parte feminam, ex altera vero monachum novo laborandi genere operari monens instruebat. Nec ipse tamen a ceptis desiit vel otio indulsit, sed assidue, cuculla(m) precinctus, cum ligno vel virgula geometrica [3] lapides metiens et vehiculo superponens, et ipse laborabat et alios exemplo sui ad laborem viriliter incitabat, representans in se et in sibi subditis filios antique transmigrationis, qui templum Dei eversum et profanatum una manu edificabant et altera contra inimicos pugnabant. Preeunte in omnibus voluntate Dei, opus in brevi consummatum fuit. Sed nequam vicinus malitiam in animo conceptam non deseruit. Cujus filius spurius, exemplo patris flagitiosus, Eustachius Stivan nominatus, ut patri magis complaceret et ejus animum mitigaret, abbate semel de arrepto itinere revertente et portam monasterii quam construxerat intrare jam parante, clava [4] quam manibus gestabat sursum elevata et in abbatis caput fortiter librata, prout ipse sperabat, abbatem non percussit, quia ipsius capellanus Henricus, de Ferenes [5] oriundus, juvenis quidem fortis et animosus, ictui venienti se viriliter obiciens, vulnus letale suscepit, et, patre atque pastore liberato, ipse in infirmitorium deportatus, paucis postmodum diebus supervivens, in spe sancta decessit.

64. [Vers 1172.] — DE CONSTRUCTIONE HUJUS ECCLESIAE SUB ABBATE PETRO. — Pace tandem temporis adepta, sopitis guerris et variis sibi illatis injuriis, dominus Petrus ad eccle-

1. On relève rarement dans les documents de cette époque des passages relatifs à des convers employés à des constructions, fait qui cependant devait être fréquent alors.
2. Le Gloss. de Du Cange cite ce texte au mot *Chiveria*. Cf. *Genovectorium*.
3. Cf. *supra* pour l'emploi de cet instrument de géomètre nos extraits de la Chronique de Lambert d'Ardres, où nous voyons un arpenteur géomètre en train de faire les opérations préliminaires à des constructions.
4. Gros bâton noueux, gourdin.
5. Ferques, comm. du cant. de Marquise, arr. Boulogne-sur-Mer.

siam semirutam et minantem cotidie ruinam renovandam totus accingitur. Lapidum, calcis et sabuli grandis ad hoc strues et materia preparatur, lapi[ci]dina inter montem de Fielnes [1] et A[u]tingehem [2] sita, unde ecclesia antiqua cum edificiis prioribus fuit ex[s]truct , pro eo quod adeo remota fuit deseritur, et in parrochia de Campanies [3] citra montem de Mas a domino Petro, indagatore sedulo, alia lapicidina satis vicinior invenitur. Tam hieme quam estate ibidem operi insistitur. Aperta terra, mons lapideus cavatur, vetus et ruinosa ecclesia funditus evertitur, recens et decens inchoatur, durior quoque lapidum materia in fundamento locanda, ad bases, colum[p]nas et capitella cum maximo sumptu de comitatu Boloniensi [4] huc adducitur. Interim in capitulo cantatur, acceleratur opus, et in brevi spatio chorus cum turri et duabus crucibus ei annexis, auspice Christo, consummatur. Quo opere feliciter ad finem perducto, parrochiani omnes tam nobiles quam alii, domini Balduini comitis consilio animati, ad exemplar operis incepti, navem ecclesiae ad opus suum ab abbate perfici petierunt et centum ei marcas ad hoc agendum unanimiter promiserunt ; quas tamen tepide, remisse et negligenter persolverunt... Et totum fere pondus operis abbati perficiendum incubuit. Ipse vero, in solo Deo spem constituens et beate Rotrudis auxilium die et nocte deposcens, preter spem omnium opus lapideum infra paucos annos consummavit, lignis de haia [5] Gisnensi huc adductis fabricavit, plumbo cooperuit. Numquam tamen predicatorem pro pecunia questuose acquirenda, ut quibusdam ecclesiis et monasteriis mos est, hinc emisit ; numquam a principibus et potentibus subsidium mendicavit, et tamen, opere perfecto, se solito ditiorem invenit.

66. [1179.] — DE ECCLESIE CONSUMMATIONE. — Post labores et expensas multiplices, infra spatium circiter octo anno-

1. Fiennes, c. du cant. de Guines, arr. Boulogne-sur-Mer.
2. Et non *Antingehem.* — Autingues, c. du cant. d'Ardres, arr. Saint-Omer.
3. Campagne, c. du cant. de Guines, arr. Boulogne-sur-Mer.
4. Nous avons vu précédemment au sujet des fortifications d'Oudenbourg (n° XLIX, p. 178), que les pierres du pays de Boulogne étaient aussi très recherchées par les constructeurs de la Flandre.
5. Cf. le Glossaire de Du Cange, v° *Haia.*

rum, dominus Petrus ceptam ecclesiam feliciter consummavit, sed ejus dedicationem distulit, quoadusque vel per
se sol(l)e[n]nes reliquias in eam introduceret vel a quolibet
potente eas acciperet, et exinde ecclesiam Deo desponsan-
dam dotaret...

70. [1179.] — Apud Sanctum Bertinum... Philippo [1],
Flandrie et Viromandie comiti, occurrit [Petrus abbas], aliqua pretiosa pignora cum reliquiis ab eo petiit et impetravit ; et ita ecclesiam de novo constructam hoc donativo
nobilitans, ipsam anno Domini MCLXXIX dedicari fecit a
venerabili patre domino [2] Desiderio, Morinorum episcopo,...
mense julio.

78. [Vers 1178.] — RELATIO WILLELMI ABBATIS DE PONTE
DE ELCEKA. — Eodem tempore, dominus Petrus abbas, ad
castrum Sancti Audomari et ad urbem Morinensem [3] frequenter transitum pro negociis domesticis faciendis, et sub
villa de Elceka [4] in strata publica fluvium de Tornehem [5]
sepius inundantem et naturalem alveum frequenteregredien-
tem prospiciens, ac per hoc advenas et peregrinos pauperes
et debiles et omnes precipue pedites moras et pericula
pati compatiens, magistrum Aimonem, qui ecclesiam presentem construxerat, qui de novo domum elemosinariam
consummaverat, cum quibusdam cementariis et aliis operariis ibidem transmisit ; et, Dei fultus auxilio, nullius tamen
fretus adminiculo, de bonis hujus ecclesie eleganti opere
pontem incepit et ad multorum subsidium in brevi tempore consummavit, lapidibus duris et quadratis de remotis
lapi[ci]dinis ad opus sumptuose structure non sine labore
et sumptu inestimabili longe ante adductis et propter solius
Dei amorem et pauperum suorum requiem ad opus illud

1. Philippe d'Alsace, comte de Flandre, d'Amiens et de Vermandois
(1168-1191).
2. Didier occupa le siège épiscopal de Thérouanne de 1169 à 1191.
3. Thérouanne, c. du cant. d'Aire-sur-Lys, arr. Saint-Omer.
4. Ausque, au S.-E. d'Ardres.
5. La rivière de Hem, qui part d'Escœuilles, cant. de Desvres, passe à
Tournehem et tombe dans le canal de Saint-Omer à Calais.

aptatis. Parrochiani autem ipsius ville, unde grates illi referre debuerunt, inde ei ingrati fuerunt; quod per ipsum pontem evidenter apparet, ex utraque parte diruptum et circa cursum aque congelatum : latos enim utriusque frontis [1] lapides mulieres lavatrices de ponte extraxerunt et lavandis vestibus substraverunt et etiam circumquaque asportaverunt. Tempore quoque nimie inundationis ipsius ville, homines pauperum et peregrinorum exhauriendis pecuniis inhiantes, cum pons ibi non esset, nunc vehiculo, nunc navigio, non tamen gratis, viatores asportabant, et occasione pontis hoc se emolumentum perdidisse dolebant. Sed et nobiles ville et potentiores a duobus successoribus domini abbatis Petri solebant exigere et quasi ex debito eis imponere quod fracturam pontis et totum quod spectabat ad ad ejus fabricam facere et reficere, tenere et menutenere tenerentur, pro eo quod tam ipsi quam omnes vicini a domino Petro abbate ipsum pontem primo factum recordarentur. Hoc autem volebant astruere et quasi pro lege nobis imponere, pro eo quod idem dominus abbas duas porciones decime ipsius ville a quibusdam militibus et vavassoribus ibidem manentibus magno pretio comparaverat...

116. [1197]. — [DE EODEM ABBATE ITERIO]. — Eodem anno, dominus abbas Iterius a subditis suis est admonitus et post multas admonitiones ad hoc inductus, ut domum ad opus infirmorum construeret ab orientali parte dormitorii et claustrum interponeret. Videbant enim magnam pecuniam ex provisione domini Petri abbatis huic loco dimissam magna ex parte nunc utiliter, nunc inutiliter defluxisse, et summo affectu hoc opus desiderabant perfici ex illo residuo quod adhuc sciebant superesse. Acquiescente abbate, circumquaque invitati sunt artifices et cimentarii, cesores lapidum et alii operarii. Ut autem aptior inve-

---

1. Étant donné ce terme, il s'agit très vraisemblablement d'une sorte de parapet, formé de chaque côté par un parement de larges pierres appareillées.

niretur construende fabrice locus et a dormitorio aliquantulum remotus, domus columbarum[1] lapidea et quadrata solo tenus deicitur. Domus infirmorum lignea funditus evertitur, diversi generis arbores radicitus evelluntur, et in profundis terre visceribus fundamenta constituuntur. Ceptum opus, brevi tempore elapso, surgit in altum, et famis angustia totam affligens patriam urget et accelerat opus sumptuosum. Nam multos hic operari vidimus non nummis conductos, sed solo pane et tenui cervisia contentos, et pro adjectione alicujus pulmenti satis exhilaratos... Denique, de Tornacensi civitate ad claustri constructionem magna strues marmorum[2] per flumina et per terras huc advehitur; a nemore Sancti Vulmari de Nemore[3] major strues lignorum in curribus et quadrigis adducitur ; plumbi et stagni copia magno pretio comparatur; et sic infra biennium totum opus mirifice consummatur[4].

1. Sur les colombiers, voy. *supra*, n° XXXII, p. 114, 115. Cf. Viollet-le-Duc, *Dict. de l'archit. fr.*, t. III, p. 482. D'ordinaire ils sont bâtis en maçonnerie de moëllons avec la forme de tour cylindrique et avec toit conique. Viollet-le-Duc n'en donne d'exemple de forme carrée que pour le Languedoc (en maçonnerie de briques) et encore à partir du xvi° siècle.
2. Cf. *supra*, pour l'emploi du marbre dans la construction des cloîtres monastiques, p. 59, le texte n° XV, relatif à l'abbaye de Saint-Martial de Limoges, et, p. 128, le texte n° XXXVII, relatif à l'abbaye de Cluny.
3. Il s'agit de Samer-au-Bois, au S.-O. et dans l'arr. de Boulogne-sur-Mer.
4. Quelques extraits de cette chronique ont été insérés par M. G. Fagniez dans ses *Documents relatifs à l'hist. de l'industrie et du commerce en France*, t. I (1898), n°° 123 et 126.

APPENDICE

APPENDICE

1074-1078 à 1139 environ.

Description de l'église cathédrale de Saint-Jacques de Compostelle, en Espagne (Galice), dont l'architecture semble inspirée de celle de Saint-Martial de Limoges [1]. — Les portails et leurs sculptures ; rapprochements avec l'art toulousain. — Les maîtres d'œuvres Bernard et Robert (d'origine française).

Le Codex [2] de Saint-Jacques de Compostelle. — *Liber de miraculis sancti Jacobi*, l. IV, publ. par le P. Fita, avec le concours de J. Vinson, Paris, 1882, p. 46 et suiv.

(Cf. A. Lopez Ferreiro, *Historia de la santa a. m. iglesia de Santiago de Compostela* [3], t. III, 1900, Apend., p. 9 et suiv.)

1. On sait que ce très intéressant édifice se rattachait à l'École d'Auvergne (laquelle offre des affinités avec celle du Poitou). On est arrivé à constater une sorte de filiation entre les églises de Saint-Martial de Limoges, de Saint-Jacques de Compostelle, de Saint-Sernin de Toulouse et de Sainte-Foi de Conques, dont le lien de parenté et les rapports avec l'architecture auvergnate sont d'ailleurs évidents. Voy. les travaux déjà cités de M. Ch. de Lasteyrie sur Saint-Martial et de M. Anthyme Saint-Paul sur Saint-Sernin ; voy. aussi M. Lefèvre-Pontalis (à son cours de l'Ecole des Chartes), et M. Anglès (dans sa thèse de l'Ecole du Louvre). — Nous devons encore mentionner ici l'étude de M. l'abbé A. Bouillet, *Sainte-Foy de Conques, Saint-Sernin de Toulouse, Saint-Jacques de Compostelle* (*Mém. Soc. Antiq. de France*, t. LIII, 1893, p. 117-128). La cathédrale de Compostelle présente la plus grande ressemblance avec Saint-Sernin de Toulouse. Voy. supra, p. 260 et suiv., n° LXXXV, le texte concernant la construction de cette dernière église.

2. L'original est conservé dans les archives de l'église cathédrale de Compostelle. Il est question déjà de ce texte dans une lettre écrite vers 1173 par un moine de Ripoll, en Catalogne. Le IV° livre dont nous donnons des extraits aurait été remanié et augmenté par le poitevin Aimery Picaud de Parthenay-le-Vieux, vers 1140. Voy. M. Léopold Delisle, *Note sur le recueil intitulé « De miraculis sancti Jacobi »*, 1878 (extr. du *Cabinet historique*, t. XXIV, 1° part., p. 1-9). Cf. Fita, *op. cit.*, p. 1. Voy. aussi la notice que Le Clerc a consacrée aux Pèlerinages de Saint-Jacques en Galice (*Hist. littér.*, t. XXI, p. 272).

3. Nous devons à l'obligeance de notre confrère M. E. Lefèvre-Pontalis et de M. L. Barrau-Dihigo, bibliothécaire à la Bibliothèque de la Sor-

Cap. IX. §2. De ecclesiae mensura. — Basilica[1] namque Sancti Jacobi habet in longitudine quinquaginta et tres hominis status[2], videlicet a porta occidentali usque ad Sancti Salvatoris altare ; in latitudine vero habet quadraginta, unum minus, a porta scilicet Francigena[3] usque ad meridianam portam ; altitudo vero ejus quatuordecim status habet intus. Quanta sit extra ejus longitudo et altitudo a nullo valet comprehendi.

Ecclesia vero eadem novem[4] naves habet inferius, et sex superius, et unum caput, majus videlicet, in quo Sancti Sal-

bonne, les indications bibliographiques suivantes : Villa-Amil y Castro, *Descripción histórico-artistico-arqueológica de la catedral de Santiago*, Lugo, 1866. — I. M. Zepedano y Carnero, *Historia y descripción arqueológica de la basílica compostelana*, Lugo, 1870. — *España, sus monumentos y sus artes, su naturaleza é historia, Galicia* (par Man. Murguia), nouv. éd., Barcelone, 1888, p. 483. — A. Lopez Ferreiro, op. cit., t. et loc. cit., et p. 47 et suiv. — Villa-Amil y Castro, *Iglesias gallegas de la edad media*, 1904, passim. — V. Lamperez y Romea, *Historia de la arquitectura cristiana española en la edad media*, según el estudio de los elementos y los monumentos, t. I, p. 551 et suiv., Madrid, 1908.

1. Voy. dans Lopez Ferreiro (op. cit., t. III, p. 60), et dans Lamperez y Romea (op. cit., t. I, p. 552, fig. 429), un plan complet de l'église de Compostelle ; dans ce dernier ouvrage (ibid., p. 553, fig. 430 et 431) une coupe longitudinale et transversale ; — dans Dehio et Bezold, *Die kirchl. Baukunst des Abendl.*, un plan partiel, reproduit dans l'*Hist. de l'art* d'A. Michel (t. I, 2° part., p. 565, fig. 299) ; — cf. dans A. Brutails, *Précis d'archéol. du moy. âge*, 1908 (p. 108), un autre plan partiel rapproché de celui de Saint-Sernin de Toulouse.

2. Nous avons déjà rencontré et expliqué l'emploi de ce terme pour désigner la taille humaine dans un acte languedocien de 1060 environ. (Voy. supra, p. 179, n. 3, n° LIII.) Plus explicite que cet acte, le texte de Compostelle assigne un peu plus loin à la stature humaine huit fois la hauteur de la main, hauteur qui égale celle de la tête (voy. Paul Richer, *Canon des proportions du corps humain*, pl. VII, fig. 1, et pl. VIII). Il s'agirait donc ici du canon de huit têtes. Cf. sur cet étalon de mesure notre étude historique sur le canon des proportions (*Rech. crit. sur Vitruve*, fasc. VI, 1908), et notre *Formulaire du VIII° siècle pour les fondations d'édifices* ..., 1908. D'après Lopez Ferreiro, op. et l. cit., p. 62, les dimensions de l'église sont les suivantes, hormis l'épaisseur des murs : depuis le fond du portail occidental de la Gloire (qui a été refait en 1188), jusqu'au mur où est adossé l'autel du Sauveur, 97 mètres, et depuis le portail du Nord jusqu'à celui du Sud, 65 mètres.

3. Porte à l'extrémité septentrionale du transept, dont le surnom venait de ce qu'elle menait dans la direction de la porte de la ville, *Puerta de Francos*, auj. *Puerta del Camino*, à laquelle aboutissait la grande voie de S¹-Jacques, *Camino francés*.

4. A savoir, la nef centrale, précédée d'un porche, et ses bas-côtés simples ; la nef du transept et ses bas-côtés simples ; la nef du sanctuaire et ses bas-côtés simples aussi. Les voûtes des grandes nefs sont en plein cintre ; celles des bas-côtés sont d'arête ; les tribunes sont généralement voûtées en quart de cercle (voy. dans Lopez Ferreiro, op. et l. cit., p. 71, une fig. représentant un modèle de voûte d'arête, dont les arcs ont leurs clefs exhaussées au même niveau).

vatoris est altare ; et lauream [1] unam et unum corpus et duo membra, et octo alia parva capita [2] habet. In singulis quibusque singula habentur altaria ; e quibus novem navibus sex modicas tresque magnas esse dicimus. Prima navis principalis est a portali occidentali usque ad medios pilares, quatuor scilicet, qui omnem gubernant ecclesiam, habens unam naviculam ad dexteram et aliam ad laevam. Aliae vero duae magnae naves in duobus membris habentur : quarum prima a porta Francigena usque ad quatuor pilares crucis [3] ecclesiae pertinet, et secunda ab ipsis pilaribus usque ad portam meridianam ; quae utraeque naves duas laterales naviculas habent. Hae vero tres naves principales usque ad ecclesiae caelum pertingunt ; et sex paucae naviculae usque ad medias cindrias [4] tantum ascendunt. Utraeque magnae naves undecim et dimidium status hominis habent in latitudine. Statum hominis recte de octo palmis esse dicimus. In majori navi triginta, unus minus, pilares habentur : quatuordecim ad dexteram totidemque ad laevam, et unus est inter duos portallos deintus adversus aqui-

1. « La *laurea* es el presbiterio » (Ferreiro, t. III, p. 59). Nous ne connaissons pas d'autre exemple de ce terme employé métaphoriquement (couronne de lauriers), comme pour rappeler à propos de cet endroit de la basilique, le triomphe de l'Église assuré par le sacrifice du Seigneur. — Pour le symbolisme religieux appliqué aux différentes parties de l'église, voy. *supra*, p. 159, et la n. 3, *ibid*. — Le sanctuaire proprement dit, en partie arrondi et bordé de huit colonnes, affecte un peu la forme d'une couronne (cf. à la p. suiv. le mot *corona*). Il ne faut pas rapprocher la forme *laurea* de celle de *laura* (λαύρα), la laure ayant servi ailleurs à désigner non un sanctuaire, mais un groupement monastique près d'une place, un ensemble de cellules d'anachorètes, ce qui n'a rien à faire ici.

2. A savoir quatre absidioles s'ouvrant deux à deux sur chaque croisillon ou bras du transept, et quatre autres absidioles rangées autour du sanctuaire de chaque côté de la chapelle de l'axe, laquelle forme une saillie plus profonde que celle des absidioles voisines.

3. Carré du transept. Voy. dans Lopez Ferreiro (op. et *l. cit.*, p. 67), la planche représentant une vue de cette partie de l'église. Le type qui règne dans l'ensemble de l'édifice est de forme carrée, avec, sur les quatre faces, une section de colonne cylindrique engagée. Ces piliers rappellent ceux de Sainte-Foi de Conques. A Compostelle comme à Saint-Sernin de Toulouse, les collatéraux et le triforium contournent complètement le transept, tandis qu'à Conques, ils ne font qu'en border les deux côtés.

4. L'expression *mediae cindriae*, qu'on ne trouve que dans ce texte-ci (cf. p. 400), s'applique, à proprement parler, aux colonnes engagées dans les piliers, lesquelles supportent les arcs doubleaux sectionnant la voûte de forme cintrée (cintre se dit en catalan *cindria*, esp. *cimbra*). Voy. dans Ferreiro, t. III, la pl. de la p. 148 (d'après une photographie). Par un abus de langage, *pilaris*, qui devrait signifier exclusivement dans notre texte à la fois le pilier proprement dit et la colonne qui est y engagée, désigne aussi tout particulièrement celle-ci dans son prolongement vers les arcs doubleaux (cf. p. 400, l. 10). Le qualificatif *media* (cf. *ibid.*, l. 11) peut s'expliquer par ce fait qu'une section de colonne (ornée d'anneau) ainsi montante correspond toujours à une autre du côté opposé de la nef.

lonem, qui ciborios [1] separat. In navibus vero crucis ejusdem
ecclesiae, a porta videlicet Francigena usque ad meridianam,
viginti et sex habentur pilares, duodecim ad dexteram, totidemque ad laevam, quorum duo ante valvas intus positi ciborios separant et portallos [2]. In corona [3] namque ecclesiae octo
singulares columnae habentur circa beati Jacobi altare. Sex
naviculae, quae superius in palatio [4] ecclesiae habentur, longitudine et latitudine tali sunt sicut subjugales [5] aliae naviculae
quae sunt deorsum : ex uno quidem latere tenent parietes, et
alio pilares qui desubter de magnis navibus sursum ascendunt ;
et duplices pilares a lapicidibus [6] vocantur mediae cindr[i]ae.
Quot sunt pilares inferius in ecclesia, tot sunt superius in navibus; et quot cingulae [7] inferius, tot sunt in palatio superius ; sed
in navibus palatii inter pilares singulos duae simul columnae
semper sunt, quae vocantur columnae cindriae a lapicidibus. In
eadem vero ecclesia nulla scissura vel corruptio invenitur ; mirabiliter operatur ; magna, spatiosa, clara, magnitudine condecenti,
latitudine, longitudine et altitudine congruenti, miro et ineffa-
bili opere habetur, quae etiam dupliciter velut regale palatium

chacune d'elles ne formant ainsi que la moitié de tout le support nécessaire
à l'arc de la voûte qu'elles contribuent à soutenir. Voy. encore *infra* (p.
400, l. 15), l'expression *columnae cindriae* désignant des colonnes ayant
dans les galeries un rôle essentiel de soutènement, certaines aussi étant
engagées.

1. *Ciborius, cimborias*, autrement dit le *ciborium*. Voy. § 11, DE CIM-
BORIO APOSTOLICI ALTARIS. — Au § 11 du *Codex* (DE ALTARIBUS), on lit ceci :
« *Juxta portam Francigenam quae est in sinistrali parte, est altare S. Nico-
lai...* »

2. On s'attendrait à trouver ici la forme *portale*, ou encore *portallum*,
et non *portallus*, comme déjà au bas de la page précédente.

3. Partie semi-circulaire, qui dans le chœur contourne le sanctuaire, et
par extension le chœur avec ses absidioles et autels. Cf. du Cange
v° *Corona ecclesia*.

4. Les tribunes, esp. *galeria*. Voy. le même auteur, p. 80 et suiv. (avec
fig.) et p. 149 (fig.). On y observe des voûtes en quart de cercle. Comme à
Saint-Sernin et à Sainte-Foi de Conques, ces tribunes offrent la même disposition que dans les églises auvergnates, mais avec plus d'ampleur. Chaque
travée du triforium, vue de l'intérieur de l'église, embrasse, sous un arc en
plein cintre sensiblement surhaussé, deux arcades ayant pour support
commun deux colonnettes à chapiteau unique et reposant aux extrémités
sur le chapiteau d'une colonne engagée.

5. Épithète recherchée, signifiant : placé sous le même joug. L'auteur
aurait pu dire simplement que les nefs des tribunes ont des dispositions
semblables à celles des nefs latérales d'en dessous (*quae sunt deorsum*),
sur lesquelles elles sont portées.

6. La forme ordinaire est *lapicida, lapicidae*, et non *lapicis, lapicidis*.

7. C'est pour la première fois que nous rencontrons ce terme dans le
langage architectonique. Eu égard au contexte, au développement qui
précède et qui suit, il nous paraît s'appliquer aux arcs doubleaux des
voûtes des bas-côtés, comme à ceux des tribunes : on sait que l'arc doubleau fait l'office d'une sorte de ceinture de pierre (*cingula*).

operatur. Qui enim sursum per naves palatii vadit, si tristis ascendit, visa optima pulchritudine ejusdem templi, laetus et gavisus efficitur.

§ 3. DE FENESTRIS. — Fenestrae vero vitreae quae sunt in eadem basilica sexaginta et tres numero habentur. Ad unumquodque altare, quod est in corona, tres habentur; in caelum (sic) vero basilicae, circa beati Jacobi altare, quinque fenestrae habentur, unde apostolicum altare valde perlustratur; in palatio vero sursum quadraginta et tres numero habentur fenestrae [1].

§ 4. DE PORTALLULIS [2]. — Tres portales [3] principales et septem paucos habet eadem ecclesia : unum qui respicit ad occidentem, scilicet principalem, et alium ad meridiem, alterum vero ad septe[n]trionem ; et in unoquoque portali principali duo sunt introitus, et in unoquoque introitu duae portae habentur. Primus vero ex septem portallulis vocatur de Sancta Maria, secundus de Via Sacra, tertius de Sancto Pelagio, quartus de Canonica, quintus de Petraria, sextus similiter de Petraria, septimus de Grammaticorum schola, qui domo etiam archiepiscopi praebet ingressum [4].

§ 7. DE PORTA SEPTENTRIONALI. — Post paradisum namque illum, septe[n]trionalis [5] porta Francigena ejusdem basilicae

---

1. On trouvera dans Lopez Ferreiro (op. cit., t. III, p. 125) des renseignements sur ces fenêtres et sur leur disposition; cf. ibid., p. 92, une vue extérieure des fenêtres du côté Nord de la basilique ainsi que des contreforts de cette partie de l'église. Leur arc et l'arcature simplement décorée qui les surmonte retombent, à droite et à gauche, sur un abaque au-dessous duquel se trouve une colonne. Pour la disposition des contreforts, comparée avec celle qui est usitée en Auvergne et à Saint-Sernin de Toulouse, voy. ibid., p. 93.

2. De même qu'on a rencontré plus haut la forme portallus, on remarquera ce terme-ci, qui ne parait guère avoir été usité ailleurs comme diminutif de portallum.

3. Il va être question un peu plus loin, en détail, des trois grands portails; pour les portes secondaires, voy. Lopez Ferreiro (op. et t. cit., p. 124 et suiv.). — Pour la sculpture romane en France, notamment pour celle de l'école auvergnate et celle du Languedoc, dont l'influence se fit sentir dans le Nord de l'Espagne, voy. A. Michel, Hist. de l'art, t. I, 2ᵉ part. (1905), p. 594, 599 et s., 611 et s. (fig.).

4. Suivent deux §§ intitulés de la façon que voici : § 5. DE FONTE SANCTI JACOBI. — § 6. DE PARADISO URBIS.

5. Lopez Ferreiro (op. cit., t. III, p. 115 et suiv.) parle de ce portail :

Sancti Jacobi invenitur, in qua duo introitus habentur qui
etiam his operibus pulchre sculpuntur. In unoquoque introitu
exterius sex habentur columnae, aliae marmoreae, aliae lapideae, ad dexteram tres et ad laevam tres, sex scilicet in uno
introitu et sex in alio: itaque duodecim habentur columnae.
Super vero columnam quae est inter duos portales deforis, in
pariete residet Dominus in sede majestatis; et manu dextera
benedictionem innuit et in sinistra librum tenet. Et in circuitu
throni ejus sunt quatuor evangelistae, quasi thronum sustinentes;
et ad dexteram ejus paradisus est insculptus, in quo ipse Dominus est, in alia effigie Adam et Hevam corripiens de peccato,
et ad laevam est similiter, in alia persona ejiciens eos a paradiso.
Ibidem vero circumcirca multae imagines sanctorum, bestiarum, hominum, angelorum, feminarum, florum caeterarumque
creaturarum sculpuntur, quarum essentiam et qualitatem prae
magnitudine sua narrare non possumus. Sed tamen super portam quae est ad sinistram, cum basilicam intramus, in ciborio
scilicet, Beatae Mariae Virginis Annuntiatio sculpitur; loquitur etiam ibi angelus Gabriel ad eam. Ad laevam vero, super
portas in laterali introitu, menses, anni et alia multa opera
pulchra sculpuntur. Duo vero leones magni et feroces forinse-
cus in parietibus habentur, qui valvas quasi observantes
semper respiciunt unus ad dexteram et alius ad laevam.
In liminaribus vero sursum quatuor apostoli habentur,
manibus sinistris libros singuli singulos tenentes, et dextris
manibus elevatis introeuntibus basilicam innuunt benedictionem: Petrus est in introitu sinistrali ad dexteram, et beatus Jacobus ad laevam. Sed et super singula apostolorum
capita quorumdam boum ex liminaribus exsilientium capita
sculpuntur.

La portada del Norte o de la Azabacheria. Il donne (p. 118) une vue du
pignon ou fronton qui surmontait l'ancienne façade septentrionale.
Si le portail Sud du transept est encore debout, il n'en est pas de même de
celui du Nord. « Lorsque le portail latéral fut démoli au xviii° siècle,
certains de ses fragments ont servi à boucher les vides que le temps
avait faits dans la décoration de la façade méridionale; d'autres ont
été disposés à droite et à gauche du portail, à la hauteur des colonnes: ce
sont des morceaux remarquables, qui représentent la Création de l'homme,
le Sacrifice d'Abraham, le Roi David jouant de la viole, les jambes croisées et les pieds posés sur un lion. » Voy. dans Lopez Ferreiro, *ibid.*, la
pl. de la p. 120; cf. E. Bertaux, dans l'*Hist. de l'art* d'A. Michel, t. II,
1° part., p. 252 et fig. 201.

§ 8. De porta meridiana. — In meridiana[1] porta apostolicae
basilicae duo introitus, ut diximus, habentur et quatuor val-
vae. In dextrali vero introitu ejus deforis, scilicet in primo
ordine, super portas Dominica Traditio miro opere sculpitur :
ibi Dominus ligatur manibus Judaeorum ad pilarem, ibi verbe-
ratur corrigiis, ibi sedet Pilatus in cathedra, quasi judicans
eum.

Desuper vero in alio ordine Beata Maria, mater Domini,
cum filio suo in Bethlehem sculpitur, et tres reges qui veniunt
ad visitandum puerum cum matre trinum munus ei offerentes,
et stella, et angelus eos admonens ne redeant ad Herodem. In
liminaribus ejusdem introitus sunt duo apostoli, quasi valvarum
custodes, unus ad dexteram, et alius ad sinistram ; similiter in
alio introitu sinistrali, in liminaribus scilicet, alii duo apostoli
habentur. Et in primo ordine ejusdem introitus, super portas
scilicet, Dominica Tentatio sculpitur : sunt enim ante Dominum
tetri angeli, quasi larvae, statuentes eum super pinnaculum
Templi ; et alii offerunt ei lapides, admonentes ut faciat ex illis
panem ; et alii ostendunt ei regna mundi, fingentes se ei daturos
ea, si cadens adoraverit eos, — quod absit. Sed alii angeli candidi,
videlicet boni, post tergum ejus, et alii etiam desuper, thuri-
bulis ei ministrantes, habentur. Quatuor leones in eodem portallo habentur, unus ad dexteram in uno introitu, et alius in
altero ; inter duos vero introitus, in pilario sursum, alii duo
feroces leones habentur, quorum unus posteriora sua ad alterius posteriora tenet. Undecim vero columnae in eodem portallo
habentur : in introitu dextrali, scilicet ad dexteram, quinque,
et in sinistrali introitu, ad laevam videlicet, totidem ; undecima
vero inter duos introitus est, quae alborias separat : quae scilicet columnae, aliae marmoreae, aliae lapideae, mirabiliter imaginibus, floribus, hominibus, avibus, animalibusque sculpuntur ;
hae vero columnae albi marmoris sunt. Nec est oblivioni tra-

1. Voy. dans Lopez Ferreiro (op. et t. cit., p. 98 et suiv.) ce que cet auteur dit de La portada del mediodia ó de las Platerias, avec une pl. donnant
l'état actuel de la façade méridionale, une autre représentant une restauration conjecturale de ce qu'elle était autrefois, et une troisième offrant le
pilier central dudit portail, avec des colonnes soit en torsades, soit histo-
riées. (Cf. A. Michel, Hist. de l'art, t. II, 1ᵉ part., ch. II, La sculpture chrétienne en Espagne, par E. Bertaux, fig. 200). Sur ce portail de las Platerias,
autrement dit des Orfèvres, c'est à la manière des grands apôtres de
Moissac que sont disposées des figurines d'apôtres et de prophètes qui

dendum quod mulier[1] quaedam juxta Dominicam Tentationem stat, tenens inter manus suas caput lecatoris sui foetidum, a marito proprio abscissum, osculans illud bis per diem, coacta a viro suo. O quam ingentem et admirabilem justitiam mulieris adulteratae omnibus narrandam! In superiori vero ordine, super quatuor valvas versus palatium basilicae, quidam ordo mirabiliter ex lapidibus albi marmoris pulchre refulget. Stat enim Dominus ibi rectus, et sanctus Petrus ad sinistram, ejus claves suas manibus tenens, et beatus Jacobus ad dexteram, inter duas arbores cypressinas, et sanctus Joannes juxta eum, frater ejus; sed et ad dexteram et laevam, apostoli caeterique habentur. Est igitur murus desursum et deorsum, ad dexteram scilicet et laevam, optime sculptus, floribus videlicet, hominibus sanctis, bestiis, avibus, piscibus, caeterisque operibus, quae a nobis comprehendi narratione nequeunt. Sed quatuor angeli super ciborios habentur, cornua singuli tenentes, Judicii diem pronuntiantes.

§ 9. De porta occidentali. — Porta occidentalis[2] habens duos introitus pulchritudine, magnitudine et operatione alias trans-

couvrent des colonnes de marbre soutenant les archivoltes de la baie. On retrouve encore l'emploi du marbre dans les portails latéraux de la collégiale de San Isidro de Léon, les tympans étant formés là de plaques de marbre sur lesquels sont juxtaposés des sujets différents.

1. Comme nous l'avons dit précédemment, à propos du portail du Nord, certains morceaux de sculpture des portails ont été déplacés d'un portail à l'autre, ce qui a causé parfois quelque confusion dans l'explication de certains sujets qui y étaient traités. Mais M. Bertaux a expliqué (*Hist. de l'art d'A. Michel*, t. II, 1re part., p. 253) ce qui concerne la mystérieuse figure de femme que l'on voit à côté de la scène de *Tentation du Christ*. Cette femme est décrite dans notre texte à la place même qu'elle a conservée sur le tympan de gauche. En réalité, la tête de mort que tient cette femme est celle d'un animal qu'elle a sur ses genoux. Le sujet a pu être déterminé par comparaison avec une autre figure de femme qui a été encastrée dès l'origine sur l'un des montants de la porte de droite, en face d'une figure d'apôtre. Si l'on se réfère, d'une part, au texte ci dessus, et, d'autre part à des bas-reliefs du musée de Toulouse, provenant de Saint-Sernin, et qui portent l'un un lion, l'autre un bélier, deux des signes du zodiaque (*Signum leonis, signum arietis*), on se rend compte que les deux bas-reliefs de Compostelle, comme ceux de Saint-Sernin, devaient figurer dans un zodiaque, dont les morceaux ont été maladroitement disposés lors de l'assemblage des sculptures du portail (voy. *op. et loc. cit.*, fig. 203; cf. la fig. 203).

2. Voy. ce que Lopez Ferreiro (*op. et l. cit.*, p. 121 et suiv.) dit de la *Fachada occidental* C'est ce portail de la façade, ainsi décrit dans notre manuscrit, qui a été remplacé dans le dernier quart du xiie siècle par l'œuvre admirable du *Portico de la Gloria*, à laquelle se rapporte une curieuse inscription dont nous n'avons pas à nous occuper ici.

cendit portas : ipsa major et pulchrior aliis habetur, et mirabilius operatur ; multisque gradibus deforis, columnisque diversis
marmoreis, speciebusque variis et diversi[s] modis decoratur ;
imaginibusque, hominibus, feminis, animalibus, avibus, sanctis,
angelis, floribus diversisque generum operibus sculpitur. Cujus
opera tanta sunt, quia a nobis narrationibus comprehendi
nequeunt. Sursum tamen Dominica Transfiguratio, qualiter in
monte Thabor fuit facta, mirabiliter sculpitur : est enim Dominus ibi in nube candida, facie splendens ut sol, veste refulgens
ut nix ; et Pater desuper loquens ad ipsum ; et Moyses et Elias,
qui cum illo apparuerunt, loquentes ei excessum quem completurus erat in Jerusalem ; ibi vero beatus Jacobus est et Petrus
et Joannes, quibus Transfigurationem suam prae omnibus Dominus revelavit.

§ 10. DE TURRIBUS BASILICAE. — Novem vero turres [1] in eadem
ecclesia habiturae sunt : duae scilicet super portalem meridianum, et duae super portalem occidentalem, et duae super singulas vites [2] et alia major super crucem in medio basilicae. His
caeterisque operibus pulcherrimis Beati Jacobi basilica optime
gloriosa refulget. Est etiam tota ex fortissimis lapidibus vivis,
brunis scilicet et durissimis, ut marmor facta, et deintus diversis speciebus depicta, et deforis teolis [3] et plumbo optime cooperta. Sed ex his quae diximus alia sunt jam [4] omnino adimpleta, aliaque adimplenda [5].

1. Lopez Ferreiro (op. cit., t. III, p. 94) fait remarquer avec raison le
nombre considérable de ces tours. Mais de ces neuf tours, dit-il, il ne reste
plus aujourd'hui que le premier corps de bâtisse, peut-être le second des
deux qui flanquaient la façade occidentale. Par ce qui en subsiste nous
pouvons nous faire une idée de leur plan, qui était quadrangulaire, de leur
structure et de leurs admirables proportions. Du haut en bas elles se
trouvaient renforcées par des bandes lombardes « por bandas lombardas, ó
sean miembros salientes que en la parte superior se enlazaban por medio
de arcos » (ibid., p. 95, n. 1).
2. Vis, vitis, syn. de cochlea, escalier à vis. — Cf. le texte suivant tiré
de la chronique de Saint-Pierre-le-Vif, à Sens : « Per claustrum ecclesiam
introivit et in vitem, quae ad defendendum in eadem ecclesia est, ascendit. . . » (d'Achery, Spicileg., éd. in-4°, t. II, p. 708).
3. Pour tegulis; c'est une forme à moitié romane, dérivée de ce terme.
4. Le texte imprimé du Codex porte ici eam, qui n'a aucun sens; nous
corrigeons eam en jam.
5. — Les §§ qui suivent ont pour rubrique : § 11. DE ALTARIBUS BASILICAE.
— § 12. DE CORPORE ET ALTARI SANCTI JACOBI. — § 13. DE TABULA ARGENTEA
— § 14. DE CIMBORIO APOSTOLICI / ... RIS. — § 15. DE TRIBUS LAMPADIBUS.
— § 16. DE DIGNITATE ECCLESIAE SANCTI JACOBIS ET CANONICORUM EJUS.

§ 17. De lapicidibus ecclesiae, et de primordio et fine operis ejus. — Didascali [1] lapicidae, qui prius Beati Jacobi basilicam aedificaverunt, nominabantur domnus Bernardus senex, mirabilis magister, et Rotbertus [2], cum caeteris lapicidibus, circiter quinquaginta, qui ibi sedule operabantur, ministrantibus fidelissimis dominis Wicarto et domno canonicae Segeredo, et abbate domno Gundesindo ; regnante Adefonso, rege Hispaniarum, sub episcopo domno Didaco [3], primo et strenuissimo milite et generoso viro. Ecclesia autem fuit inc[e]pta in era MCXVI [4]. Ab anno vero, quo inc[e]pta fuit usque ad let(h)um Adefonsi [5], fortissimi et famosi regis Aragonensis, habentur anni LIX, et ad necem Henrici [6] regis Anglorum, LXII, et ad mortem Ludovici [7] pinguissimi, regis Francorum, LXIII; et ab anno quo primus lapis in fundamento ejus ponitur usque ad illum quo ultimus mittitur XLIV anni habentur. Quae etiam ecclesia a

1. Terme synonyme de *magistri*; nous ne connaissons pas d'autre exemple de l'expression recherchée *didascali lapicidae*.

2. L'appellation de *Robertus*, qui ne paraît pas usitée alors en Espagne dénoterait bien l'origine française de ce maître d'œuvre; les formes *Rotbertus*, *Robertus* étaient fréquemment employées en France. Cette remarque, qui nous est personnelle, n'a point encore été faite, à notre connaissance. — Pour les archéologues d'Espagne, qui contestent l'action architecturale française dans le monument de Compostelle, voy. Lopez Ferreiro (*op. et l. cit.*, p. 537).

3. Diego Gelmirez fut consacré le 21 avril 1101 évêque de Compostelle, dont le siège épiscopal fut transformé en archevêché le 26 février 1120. Il mourut le 17 avril 1139. Ainsi, vers cette date, les travaux de décoration de l'église devaient être à leur fin. « le portail du Sud était dans l'état où il est resté, et les morceaux conservés du portail du Nord étaient achevés à la date de 1110, où ils ont été décrits. Cette constatation faite sur un monument d'Espagne est importante pour l'histoire de l'art français. » (E. Bertaux, *op. et l. cit.*, p. 254.)

4. Cette mention chronologique est dénuée de sens. On sait que l'ère d'Espagne devance de 38 ans l'ère vulgaire.

5. Alphonse I, dit le Batailleur, roi d'Aragon (1104-1134).

6. Henri I, roi d'Angleterre (1068-1135).

7. Louis VI le Gros régna de 1108 à 1137. — Nous possédons encore une autre donnée chronologique relative à la construction de cette église. En effet, « sur l'un des montants du portail latéral qui regarde le Midi est gravée une inscription énigmatique qui mentionne la date de la fondation de l'église: 1078. Les reliefs qui couvrent le portail lui-même et la paroi sont postérieurs à cette date, mais antérieurs au milieu du XIIe siècle. » (E. Bertaux, *op. et l. cit.*, p. 257.) Le rapprochement de ces divers éléments chronologiques ne nous permet pas de rapporter à une date d'année absolument précise le commencement des travaux de construction. Ce qu'on peut affirmer, c'est qu'ils débutèrent entre les années 1075 et 1078 et qu'en 1118 ou peu d'années après, on n'était pas encore arrivé à leur entier achèvement, notamment pour la partie ornementale, pour celle des portails dont l'exécution détaillée peut avoir duré, comme nous l'avons dit, jusque vers la fin de l'archiépiscopat de Diego Gelmirez.

tempore quo fuit inc[e]pta usque in hodiernum diem fulgore miraculorum beati Jacobi vernatur : aegris enim in ea salus praestatur omnesque barbarae gentes omnium mundi climatum catervatim ibi occurrunt, munera laudis Domino deferentes.

TABLE ALPHABÉTIQUE
DES NOMS DE PERSONNES ET DE LIEUX

N. B. — *Les chiffres renvoient aux pages, excepté quand ils sont précédés de la lettre* n ; *dans ce cas, ils se réfèrent aux notes des pages.*

Sabluncellis (ecclesia de). Voy. Sablonceaux.

Sabrina, fluvius Angliae. Voy.
Saverne (La).

Sagiensis episcopus. Voy. Sées.

Saint-Agricol-et-Saint-Vital, vocable ancien joint à celui de
Notre-Dame, cathédrale de Clermont. Voy. Clermont.

Saint-Aignan (église de), à Orléans.
Voy. Orléans.

Saint-Ambroise (église de). Voy.
Milan.

Saint-Ambroix (collégiale de), à
Bourges. Voy. Bourges.

Saint-André (église paroissiale de),
à Grenoble. Voy. Grenoble.

Saint-André (église paroissiale de),
à Morlaas. Voy. Morlaas.

Saint-Aubert (monastère de), à Cambrai. Voy. Cambrai.

Saint-Aubin (abbaye de), à Angers.
Voy. Angers. — (prieuré de l'abbaye de). Voy. Malicorne.

Saint-Augustin (monastère de). à
Cantorbéry. Voy. Cantorbéry.

Saint-Barnard (abbaye de), à Romans. Voy. Romans.

Saint-Barthélemy (abbaye de), à
Noyon. Voy. Noyon.

Saint-Bénigne (église abbatiale de),
Voy. Dijon.

Saint-Benoît-du-Sault (Indre), 6.
Voy Sault (château du).

Saint-Benoît-sur-Loire (abbatiale
de). Voy. Fleury-sur-Loire.

Saint-Bertin (abbaye de), 117 ; —
(église abbatiale, cloître et bâtiments de), reconstruction et décoration, 117-123 ; — (abbés de).
Voy. 118, n. 1, 119-123, 339. Voy.
aussi Bovon, Godescalque, Héribert, Jean d'Ypres, Lambert, Léon
de Furnes, Odland, Simon ; —
(chapelle de Notre-Dame, dans
l'abbaye de), 120 ; — (moulin de),
119, n. 4 ; — (pont de pierre,
construit sous la direction des
abbés de), 118 ; — (porte de), modèle
de celle de l'abbaye d'Andres,
387-389 ; — (travaux d'art en
pierre, en métal, en bois, et d'hydraulique accomplis par les soins
des abbés de), 118-123 ; — (tombeau du patron de), 122, n. 3. Voy.
Sithiense monasterium.

Saint-Bonnet-l'Enfantier (Corrèze),
15, n. 2.

Saint-Cado (Morbihan), prieuré de
l'abbaye de Sainte-Croix de Quimperlé, 53, n. 2 ; — village et île

sur l'Etel, en Belz (même départ.),
53, 54, n. 1. Voy. Sancti Catuodi
(insula, villa).

Saint-Calais (chapelle de), au château de Blois, 237, n. 5. Voy.
Sancti Carilephi (ecclesia), de castelleto Blesensi. Voy. aussi Blois.

Saint-Calais (Sarthe), 162, n. 3, 237,
n. 4 — (abbaye de), 198, n. 3, 237.
Voy. Sancti Carilefi monasterium.
Voy. aussi Adélelme, Geoffroi,
Guillaume de Saint-Calais, Payen
de Saint-Calais.

Saint-Céneri-le-Gerei (Orne). 274,
n. 10 ; — (château de), 274.

Saint-Chaffre-du-Monastier (abbatiale de), 233, 234, n. 1, 235, n. 1. Voy.
Sancti Theofredi monasterium.

Saint-Christaud-de-l'olvestre (Haute-Garonne), 179. Voy Sancti
Christofori ecclesia.

Saint-Christophe (église de), à Paris. Voy Paris.

Saint-Christophe de Daignac (église
de), — Gironde —. Voy. Daignac.

Saint-Cyprien (abbaye de), à Poitiers Voy. Poitiers

Saint-Côme-de-Ver (Sarthe). Voy.
Ver.

Saint-Cyr (cathédrale de), à Nevers.
Voy Nevers.

Saint-Denis (Seine), — (abbatiale
de) : colonnes, 38, n. 1, 66, n 5,
crypte, 9, n. 3, 218, n. 1, confrérie, 341, n. 3, fabrique, 350,
n. 3 ; — (foire du Lendit, à), 350,
n. 3. Voy. Suger.

Saint-Denis (église de), à Reims.
Voy. Reims.

Saint-Denis (monastère de). à Nogent-le-Rotrou. Voy. Nogent-le-
Rotrou.

Saint-Denis, Saint-Rustique et Saint-
Eleuthère (église de), à Fleury-
sur-Loire, 55, n. 3. Voy. Fleury-
sur-Loire.

Saint-des-Saints (chapelle du), dans
l'abbaye de Lérins, 231. Voy.
Lérins.

Saint-Donatien (église de), à Bruges.
Voy. Bruges.

Saint-Étienne (cathédrale), à Auxerre. Voy Auxerre.

Saint-Étienne (abbatiale de), à
Beauvais. Voy. Beauvais

Saint-Étienne (abbatiale de), à
Caen, Voy Caen.

Saint-Étienne (abbatiale de), à Nevers. Voy Nevers.

Saint-Étienne-le-Vieux (église de),
à Paris. Voy. Paris.

Saint-Jean-de-Montierneuf (monastère de), à Poitiers. Voy. Poitiers.

Saint-Jean l'Évangéliste (vocable de), oratoires appliqués aux religieux de l'ordre de Fontevrault, 312. Voy. Fontevrault.

Saint-Jouin-de-Marnes (Deux-Sèvres), 361, n. 3; — (abbaye de), 361-362, 379, n. 1; — (église abbatiale de): abside, porche et sculptures, 361, n. 3, constructeur. Voy. Raoul moine.

Saint-Julien (cathédrale), au Mans. Voy. Mans (Le).

Saint-Julien (monastère de), à Tours. Voy. Tours.

Saint-Julien (paroisse de), à Tulle. Voy. Tulle.

Saint-Just (abbatiale de), à Lyon. Voy. Lyon.

Saint-Laud (collégiale de), à Angers. Voy. Angers.

Saint-Léonard (baptistère de), — Haute-Vienne, — 82, n. 1.

Saint-Léonard (chapelle de), dans le cimetière de l'église de Mende. Voy. Mende.

Saint-Louand (Indre-et-Loire), 93. Voy. Froger, abbé de Saint-Florent de Saumur.

Saint-Nicolas (collégiale de), à Beauvais. Voy. Saint-Lucien (collégiale de).

Saint-Lucien, — auj. Saint-Nicolas, —(collégiale de),à Beauvais. Voy. Beauvais.

Saint-Macaire-en-Mauges (Maine-et-Loire, 18, n. 1.

Saint-Maixent (Deux-Sèvres), 378.

Saint-Malo (église de). Voy. Sablé.

Saint-Martial (abbatiale de), à Limoges. Voy. Limoges.

Saint-Martin (abbatiale de), à Tournai. Voy. Tournai.

Saint-Martin (abbaye de), à Marmoutier. Voy. Marmoutier.

Saint-Martin (abbaye de), à Tulle. Voy. Tulle.

Saint-Martin (château neuf, collégiale, place de), à Tours. Voy. Tours.

Saint-Martin (église de), à Loigail. Voy. Loisail (Orne).

Saint-Martin (église de), à Sancerre. Voy. Sancerre.

Saint-Martin (église de), à Sarcé. Voy. Sarcé.

Saint-Martin église de),à Vendôme. Voy. Vendôme.

Saint-Martin (église de), obédience de Saint-Savin-en-Lavedan (Hautes-Pyrénées), 190.

Saint-Martin (monastère de), à Douvres (Angleterre). Voy. Douvres.

Saint-Martin (prieuré de), à Layrac. Voy. Layrac.

Saint-Martin-du-Canigou (monastère de), 24.

Saint-Martin-la-Bataille (monastère de), — Battle abbey, — près d'Hastings (Angleterre), 194.

Saint-Martin-le-Vinoux (Isère), 289; — (église de), ibid.

Saint-Maurice (cathédrale de), à Angers. Voy. Angers.

Saint-Mayeul, prieuré clunisien, à Pavie. Voy. Pavie.

Saint-Mélaine (abbaye de), à Rennes. Voy. Rennes.

Saint-Mesmin (Loiret), ou monastère de Mici: abbé. Voy. Euspice (Saint).

Saint-Michel-de-Grandmont (prieuré de). Voy. Grandmont.

Saint-Nazaire (chapelle de), dans l'île d'Aix. Voy. Aix (Ile d').

Saint-Nicaise (église de), à Reims. Voy. Reims.

Saint-Nicolas (bourg de), à Morlaas. Voy. Morlaas.

Saint-Nicolas (église de), près de Ceton (Orne). Voy. Ceton.

Saint-Nicolas (église monastique de), à Caen. Voy. Caen.

Saint-Nicolas (église monastique de), à Bari (Italie méridionale). Voy. Bari.

Saint-Nicolas (monastère de), à Angers. Voy. Angers.

Saint-Nicolas (prieuré de), à la Chaize-le-Vicomte. Voy. Chaize-le-Vicomte.

Saint-Omer (château de), 120, 392, n. 5, — (église de), 183; — (marché de), 183.

Saint-Orens (prieur de), à Auch. Voy. Auch.

Saint-Ouen (église de), au Mans. Voy. Mans (Le).

Saint-Paul (église de), à Londres. Voy. Londres.

Saint-Paul-Trois-Châteaux (Drôme), 116, n. 4; — (évêque de), ibid.

Saint-Philibert (abbatiale de), à Tournus. Voy. Tournus.

Saint-Pierre (église abbatiale de), à Moissac. Voy. Moissac.

Saint-Pierre (abbatiale de), à Oudenbourg. Voy. *Oudenbourg.*

Saint-Pierre (abbaye de), à Lézat (Ariège). Voy. *Lézat.*

Saint-Pierre (église de), dans l'abbaye de Saint-Bertin. Voy. *Saint-Bertin.*

Saint-Pierre (cathédrale de), à Poitiers. Voy. *Poitiers.*

Saint-Pierre (église de), à Ceton (Orne). Voy. *Ceton.*

Saint-Pierre (église de), à Fleury-sur-Loire. Voy *Fleury-sur-Loire.*

Saint-Pierre (église de), à Melleray. Voy. *Melleray.*

Saint-Pierre (église de), à Rome. Voy. *Rome.*

Saint-Pierre (église monastique de), à Vienne. Voy. *Vienne.*

Saint-Pierre-sur-Dive (abbatiale de), — Calvados, —157, n. 2 ; — (abbé de). Voy. *Haimon.*

Saint-Pierre et **Saint-Paul** (église de), hors la cité de Cantorbéry. Voy. *Cantorbéry.*

Saint-Privat (cryptes de), à Mende. Voy. *Privat (Saint).*

Saint-Remi (abbatiale de), à Reims. Voy. *Reims.*

Saint-Remi (tour de), dépendance de l'abbaye de Montmajour, 365 ; — (ville de), *ibid.* Voy. *Montmajour.*

Saint-Remi-du-Plain (Sarthe), 278 ; — (château de), *ibid.*

Saint-Riquier (abbaye de), — Somme, — 125 ; — (abbés de). Voy. *Gervin, Héric* ; — (cloître de la Trinité, à), 285, n. 1 ; — (crypte de Notre-Dame et Saint-Riquier à), 125, n. 1, 126 ; — (église abbatiale de), 125, 126, n. 9, 208, n. 1, *279, n. 3, 285. Voy. *Centula.*

Saint-Romain (tour de), à la cathédrale de Rouen. Voy. *Rouen.*

Saint-Romuald (prieuré de), dans l'ile d'Aix. Voy. *Aix.*

Saint-Ruf (abbaye de), à Avignon. Voy. *Avignon.*

Saint-Salvi (collégiale de), à Albi. Voy. *Albi.*

Saint-Saturnin (monastère de), — Puy-de-Dôme, — 129, n. 8.

Saint-Sauveur (abbaye du), à Redon. Voy. *Redon.*

Saint-Sauveur (basilique du), à Saint-Martial de Limoges. Voy. *Limoges.*

Saint-Sauveur (cathédrale du), à Aix. Voy. *Aix.*

Saint-Sauveur (église du), sur l'emplacement de la Psallette, au Mans. Voy. *Mans (Le).*

Saint-Sauveur (monastère du), à Tiron. Voy. *Tiron, Thiron-Gardais.*

Saint-Sauveur-en-Rue (Loire), 187 ; — (prieuré de), dépendance de la Chaise-Dieu, 187.

Saint-Sauveur et **Sainte-Rictrude** (église de), à Andres. Voy. *Andres.*

Saint-Savin-en-Lavedan (abbaye de), —Hautes-Pyrénées, —190, 191, n. 3 ; — (obédience de). Voy. *Saint-Martin (église de).*

Saint-Sépulcre (église du), à Jérusalem. Voy. *Jérusalem.*

Saint-Sépulcre (tour de), à Maguelone. Voy. *Maguelone.*

Saint-Sépulcre-les-Jaligny (Allier), 107, 108, n. 1, 123, n. 1.

Saint-Sernin (église de), à Cieurac (Lot). Voy. *Cieurac.*

Saint-Sernin (église de), à Toulouse. Voy. *Toulouse.*

Saint-Sylvestre (Haute-Vienne), 353, n. 2. Voy. *Grandmont.*

Saint-Symphorien (église de), à Reims. Voy. *Reims.*

Saint-Thibéry (Hérault), 110, n. 2.

Saint-Thomas (église de), à Lyon. Voy. *Lyon.*

Saint-Thomas (église du prieuré de), à Amboise. Voy. *Amboise.*

Saint-Trond (abbaye de), au diocèse de Liége (Belgique), 20, n. 6, 41, n. 4 ; — (abbatiale de), travaux de construction, 157 ; — (abbés de). Voy. *Gontran, Rudolf, Thielfrid* ; — (concours de population pour la construction de l'église de), 157 ; — symbolique architecturale, 157, 159, 160. Voy. *Trudonensis abbatia.*

Saint-Trophime (église de), à Arles. Voy. *Arles.*

Saint-Urain-de-Moncenoux (monastère de), en Bourbonnais, 187, n. 4.

Saint-Vaast (église abbatiale de), 208, n. 1.

Saint-Vanne (abbaye de), à Verdun. Voy. *Verdun.*

Saint-Victor (abbaye de), à Marseille. Voy. *Marseille.*

Saint-Victor (abbaye de), à Paris. Voy. *Paris.*

Saint-Victor (monastère de), à Genève. Voy. *Genève.*

Saint-Vincent (abbaye de), au Mans. Voy. *Mans (Le).*

Samer-au-Bois (Pas-de-Calais), 394. Voy. Sancti Vulmari de Nemore nemus.

Samson, archevêque de Reims, 323, n. 4.

San Isidro (église de), à Léon (Espagne). Voy. *Léon*.

Sancerre (Cher), 34, n. 7; — (église de Saint-Martin de). Voy. *Château-Gordon, ibid.*

Sanctæ Crucis et Sanctorum Cornelii et Cipriani prioratus, pertinens ad abbatiam S. Salvatoris Rothonensem. Voy. *Sainte-Croix (prieuré de), dépendance de Saint-Sauveur de Redon.*

Sanctæ Mariæ atque Sancti Vincentii ecclesia, in Gratianopolitana civitate. Voy. *Notre-Dame (cathédrale), à Grenoble.*

Sanctæ Mariæ et Sancti Audomari basilica, aped Ardeam. Voy. *Notre-Dame (église de), à Ardres.*

Sanctæ Mariæ et Sancti Richarii crypta, apud Centulensem ecclesiam. Voy. *Saint-Riquier.*

Sanctæ Mariæ et Sanctorum Agricolæ et Vitalis monasterium, in Claromonte. Voy. *Notre-Dame (cathédrale), à Clermont.*

Sanctæ Mariæ et Trinitatis ecclesia, apud Villam Sanctæ Opportunæ, in pago Constantiensi. Voy. *Notre-Dame (église de), à Sainte-Opportune (Manche).*

Sanctæ Mariæ Sanctique Johannis Evangelistæ atque Sancti Audreæ Monasterium Novum, Pictavis. Voy. *Montierneuf, Poitiers.*

Sanctæ Mariæ, Sanctique Nicholai sanctorumque Benedicti atque Columbani capella infirmorum, in monasterio S. Florentii Salmurensi. Voy. *Notre-Dame (chapelle de l'infirmerie de), à l'abbaye de Saint-Florent-lez-Saumur.*

Sancti Albini Andegavensis abbatia, 264. Voy. *Saint-Aubin (abbaye de), à Angers.*

Sancti Ambrosii (ecclesia), in civitate Bituricensi, 103, n. 2. Voy. *Saint-Ambroix.*

Sancti Aniani monasterium, in urbe Aureliana. Voy. *Saint-Aignan (église de), à Orléans.*

Sancti Audoeni ecclesia Cenomannis, *Saint-Ouen (église de), au Mans.*

Sancti Audomari basilica, castrum, forum rerum venalium. Voy. *Saint-Omer.*

Sancti Carilefi monasterium. Voy. *Saint-Calais (Sarthe.)*

Sancti Carilephi ecclesia, de castelleto Blesensi. Voy. *Saint-Calais (chapelle de), à Blois.*

Sancti Catuodi [insula, villa]. Voy. *Saint-Cado.*

Sancti Cenerici castellum. Voy. *Saint-Céneri-le-Gerei.*

Sancti Christofori ecclesia. Voy. *Saint-Christand-de-Volvestre.*

Sancti Ebrulfi monasterium. Voy. *Saint-Evroul d'Ouche.*

Sancti Firmini ædes, basilica, ecclesia. Voy. *Amiens (cathédrale d').*

Sancti Florentii (senioris) castellum, monasterium, Voy. *Saint-Florent-le-Vieil.*

Sancti Frontonis monasterium, burgus. Voy. *Saint-Front.*

Sancti Genesii (parrochia), 188. Voy. *Saint-Genest*, Voy. aussi *Saint-Genest, Saint-Genés.*

Sancti Jovini monasterium. Voy. *Saint-Jouin-de-Marnes (abbaye de).*

Sancti Karilephi monasterium. Voy. *Saint-Calais (Sarthe).*

Sancti Loantii locus. Voy. *Saint-Louand (Indre-et-Loire).*

Sancti Martini Alayriaci monasterium. Voy. *Saint-Martin (prieuré de), à Layrac.*

Sancti Martini de Bello (abbatia), apud Hastingas, in Anglia. Voy. *Saint-Martin-la-Bataille (monastère de).*

Sancti Melanii monasterium, in suburbio Redonensi. Voy. *Saint-Mélaine (abbaye de).*

Sancti Petri Montis majoris monasterium. Voy. *Montmajour (abbaye de).*

Sancti Salvatoris et Sanctæ Resurrectionis ecclesia, Aquis. Voy. *Aix (cathédrale du Saint-Sauveur).*

Sancti Salvatoris et Sanctæ Rotrudis ecclesia Andrensis. Voy. *Saint-Sauveur et Sainte-Rictrude (église de), à Andres.*

Sancti Saturnini ecclesia in loco de Siurag, in pago Caturcino. Voy. *Saint-Sernin (église de), à Cienrac.*

Sancti Saturnini monasterium, in diœcesi Clarimontis. Voy. *Saint-Saturnin (Puy-de-Dôme).*

Sancti Savini monasterium Levitanense. Voy. *Saint-Savin-en-Lavedan (abbaye de).*

RÉPERTOIRE ARCHÉOLOGIQUE

DES MATIÈRES

EXPLICATION DES ABRÉVIATIONS

(Arch. mil.)	=	Architecture militaire.
(Arch. urb.)	=	Architecture urbaine.
(Cath.)	=	Cathédrale.
(Cloîtr.)	=	Cloître.
(Chap. cath.)	=	Chapitre de cathédrale.
(Chât.)	=	Château.
(Coll.)	=	Collégiale.
(Dom. coll.)	=	Domaine de collégiale.
(Dom. épisc.)	=	Domaine épiscopal.
(Dom. mon.)	=	Domaine monastique.
(Dom. seign.)	=	Domaine seigneurial.
(Égl. coll.)	=	Église collégiale.
(Égl. mon.)	=	Église monastique.
(Égl. par.)	=	Église paroissiale.
(Égl. prieur.)	=	Église prieurale.
(Égl. rur.)	=	Église rurale.
(Man. épisc.)	=	Manoir épiscopal.
(Obéd. mon.)	=	Obédience monastique.
(Pal. épisc.)	=	Palais épiscopal.

A

26, n. 3, 28, 29, 31, 38, 39, 55,
56, 82, 118, 126, 128, 140,
158, 159, 169, 191, 192, 210,
230, 262, n. 5, 273, n. 4, 304,
331, 354, n. 3, 354, 356 ; —
portatif, (ibid.), 131 ; — triomphal, érigé sur l'emplacement
d'un champ de bataille, 197.
Voy. aussi CIBORIUM, TABLES
(d'autels.)

AVANT-NEF ou vestibule de la nef
des grandes églises monastiques, 136, n. 2. Voy. NARTHEX,
PRONAOS.

AXE de l'église (déviation de l'),
159, n. 3. Voy. SYMBOLISME AR-
CHITECTURAL.

B

BACULS [archit.], anneaux de
pierre faisant saillie. Voy. Co-
LONNES, COLONNETTES.

BAINS (construction de), d'eau minérale, thermale (obéd. mon.),
190, 191 ; — de César (ibid.),
190, n. 4 ; — (disposition des),
— monast., — 138 ; — bai-
gnoires de bois, ibid.

BALCON saillie en pierre, contre
les murs d'une salle capitulaire
(monast.), 133 ; — petite galerie
(chât.), 375, n. 2.

BALDAQUIN. Voy. CIBORIUM, DAIS.

BALISTRE. Voy. MACHINES DE SIÈGE,
TRÉBUCHETS.

BALUSTRADE (cath.), 90, n. 4.

BANCS d'églises, garnis d'étoffes,
de tentures mobiles dites ban-
quiers (égl. mon.), 17, 137,
140 Voy. SIÈGES, TENTURES.

BANDES LOMBARDES, ornement
de tours d'église (cath.), 405,
n. 1.

BAPTISTÈRES ou fonts baptismaux
(cath., égl., mon., par.), 80,
82, 204, 249, 316.

BARDEAUX, 94, 327, n. 3, 351.
Voy. COUVERTURE (de bois).

BARRES de fer, transversales,
servant à la fermeture des portes (pal. épisc.), 383 ; — bar-

reau de fer travaillé à la façon
d'une petite colonne, autrement dit fuseau (pal. épisc.),
384.

BAS-CÔTÉS (cath.), 84, n. 3. 101,
217, 221, 226, 228, 327, n. 3,
378, 398, n. 4 ; — (égl. mon.),
31, n. 1, 42, n. 2, 57, n. 2, 218,
248, n. 2, 353, n. 1, 399.

BASILIQUES (anciennes), lambrissées, 3, n. 1, 56, n. 3 ; — en
forme de tau, 27, n. 5 ; — (martyrium des), 141 ; — (pronaos
des), 136, n. 2.

BASSINS, vases de fer, chaudrons,
casseroles, 382-384 ; — bassin
orné de peintures et supporté
par des colonnes, 269.

BASTILLE de bois, servant à un
siège, 252, n. 7.

BEFFROIS. Voy. CLOCHERS.

BIBLIOTHÈQUE (cath.), 73 ; — (monast.), 59, 71, 266 ; — dépôt
de livres de chant (ibid.), 303.

BIJOUX, joyaux, anneaux, 323,
328. Voy. PIERRES PRÉCIEUSES.

BOIS (apprentis de) servant de
halle, 183, n. 1 ; — (bastille
de), 252, n. 7 ; — (baignoires
de), dans les monastères, 138 ;
— (cabanes de), servant d'habitations monastiques, 296 ; —
(campanile de), 16, n. 3, 168,
174, avec couverture de sapin,
171 ; — (constructions de), en
général, cause d'incendie dans
les villes, 3, n. 4 ; — (construction d'église de), avec
chœur voûté, 8 ; — (cons-
truction d'édifices, cloîtres
conventuels de), 125, n. 2,
152, n. 1, 253, n. 4 ; —
(couverture de cathédrales,
faite en), 94, 162, 327, n.
3, (d'églises collégiales, faite
en), 243, (de bâtiments ou d'a-
teliers monastiques, faite en),
244, 245, 387, 388 ; — (donjons
de), 10, 67, n. 5, 78, 113, n. 2,
184, n. 1, 193, 194, n. 2, 201,
214, n. 1, 337, n. 2.— (Emploi du),
dans les chapelles seigneuriales, 185, 298 ; — dans les égli-

INFLUENCE de Cluny en France,
à l'étranger, dans l'Italie centrale, 132, n 1, dans l'Italie méridionale, 177, n. 4, 178, n. 1 ;
—de l'architecture auvergnate,
en général, 218, n. 3, en Bourgogne, 245 n. 1, en Nivernais,
33, n. 5, 282, n. 2, en Orléanais
et sur les bords de la Loire,
33, n. 5, 35, 56, n. 4, en Bourgogne, 397, n. 1, en Saintonge,
248, n. 2, en Velay, 234, n. 1 ;
— de l'architecture bourguignonne, en Velay, 233, 234,
n. 1, 235, n. 1, sur la cathédrale de Sens, 211, n. 1 ; — de
l'architecture de l'Ile-de-France
sur ladite cathédrale et sur
celle de Cantorbéry, 211, n. 1,
de l'architecture germanique,
dans la région de l'Est, 79,
n. 4, et dans celle du Nord,
313, n. 3 ; — de l'architecture
poitevine en Velay, 235, n. 1 ;
— de l'architecture religieuse
et militaire de la Normandie et
du Maine en Angleterre, 198,
n. 4, 215, n. 1 ; — de celle de
Saint-Martial de Limoges sur
celle de Saint-Jacques de
Compostelle, avec un lien de
parenté avec celle de Saint-
Sernin de Toulouse et celle de
Sainte-Foi de Conques, 397,
n. 1 ; — de l'art antique et
gallo-romain à l'époque barbare, 172, n. 2, et à l'époque
romane, sur les bords de la
Loire, 33, n. 2 ; — de l'art des
mosaïstes d'Italie sur la décoration des églises monastiques,
31, 39, n. 1 ; — de l'art lombard sur les monuments
conventuels de la France,
28, n. 2, et sur l'architecture
du Nord de l'Espagne, 405,
n. 1 ; — de l'art oriental sur
l'architecture romane, 292,
n. 4, sur des mosaïques de la
Provence, 355, n. 4 ; — de la
sculpture auvergnate et languedocienne sur divers monuments, 140, n. 1, notam-
ment dans le Nord de l'Espagne, à Compostelle, 401,
n. 3 ; — des pèlerinages en
Terre Sainte, sur les constructions d'églises. Voy. PÈLERI-
NAGES EN TERRE SAINTE.

INGÉNIEURS militaires. Voy. AR-
CHITECTES.

INSCRIPTIONS commémoratives :
d'une consécration d'église monastique, 254, n. 2, d'une construction de cloître abbatial,
147, 148, d'un pavement en
mosaïque du chœur d'une
cathédrale, 354, 355, d'une
œuvre de sculpture sur le linteau du portail d'une cathédrale,
91, n. 4, de la construction d'un
château, au-dessus du portail, 236, 237, n. 1, de noms
d'évêques sur des bases de
colonnes d'une cathédrale, en
souvenir de sa consécration,
68, n. 7, de noms de sei-
gneurs et de paroissiens, en
haut des arcades d'une cathédrale, 71; — en vers latins, au-
dessus de la porte d'une salle
de palais épiscopal, 166, sur
des reliquaires, 320, sur des
murs d'église monastique, de
cloître, 17, 37, sur un pavement en mosaïque d'église
monastique, 354, 355 ; —
sur un portail de cathédrale,
406, n. 7 ; — funéraire, sur
un tombeau d'archevêque, dans
le baptistère d'une cathédrale,
249 ; — liturgique, sur les
murs d'une église abbatiale,
lors de sa consécration, 81.

INSTRUCTION artistique. Voy.
APPRENTISSAGE, ENSEIGNEMENT
(des arts).

INSTRUMENTS de géométrie servant à repérer les constructions
à élever, 159, n. 4 ; — pour
des tracés d'écriture à faire
sur parchemin, 358, n. 3 ; —
règle graduée de géomètre,
servant à mesurer les pierres
d'appareil, 390. Voy. GÉOMÉ-
TRIE.

MENHIRS, debout et renversés, 54, 55. Voy. MONUMENTS (mégalithiques).

MENUISIERS. Voy. CHARPENTIERS.

MESURES DE CONSTRUCTION : — toise, 56, son rapport au XI° siècle avec le pied usité à l'époque mérovingienne, 56, n. 2 ; — tirées de la taille humaine, à l'époque romaine, puis au moyen âge, 134, n. 3, 157, 159, 330, 331, 347, n. 2, 398, n. 2, 399. Voy. PIED-MAIN, PUITS.

MÉTAUX (précieux). Voy. ARGENT, OR ; — (non précieux). Voy. BRONZE, CUIVRE, ÉTAIN, FER, PLOMB.

MÉTIERS et arts divers Voy. ARMURIERS, CARRIERS, CHARPENTIERS, CIMENTEURS, CISELEURS, ÉMAILLEURS, FERRONNIERS, FONDEURS (en métal), FORGERONS et SERRURIERS, LAVEURS, MAÇONS, MOSAÏSTES, ORFÈVRES, PLOMBIERS, SCULPTEURS, TAILLEURS DE PIERRE, TERRASSIERS, TISSAGE (d'or,) VERRIERS. — Voy. aussi ACCIDENTS DU TRAVAIL, AIDES D'ARTISANS, ARCHITECTES, ARTISANS GROUPÉS, MAÎTRISES D'OFFICES, OUTILS, SALAIRE, SERFS.

MEURTRIÈRES, 275, n. 1. Voy. aussi CRÉNELAGE.

MISSIONS : — d'un moine de la Chaise-Dieu, à la collégiale de Saint-Front de Périgueux, pour y sculpter le tombeau du patron de ladite église, 242, 243 ; - de moines de la même abbaye pour fonder le prieuré de Sainte-Gemme (Saintonge), 248 ; — de moines de l'abbaye de Fontevrault, en Anjou, Bretagne, Limousin, Périgord, Poitou et Touraine, 312, n. 1 : — de moines de l'abbaye de Marmoutier, en Angleterre, pour y fonder le monastère d'Hastings, 195-198 ; — de moines de l'abbaye de Sainte-Foi de Conques, pour fonder

une église dans le Bazadais, 238, 249. — Rapports entre l'abbaye de Cluny et celle de Farfa (Italie centrale), 133, n. 1 ; — entre l'abbaye de Cluny et celle du Monastier (Velay), 234, n. 1 ; — entre celle de Saint-Florent-le-Vieil et celle de Saint-Mélaine, en Bretagne, 154, 155, n. 2 ; — entre la Grande-Chartreuse et le prieuré de Mont-Dieu, au diocèse de Reims, 266, n. 2.

MOBILIER. Voy. AIGUIÈRES, AMPOULE (de verre), ANNEAUX, ARMURES, ASSIETTES, AUTELS (portatifs, tables d'), BANCS, BASSINS, BIJOUX, BRODERIES, CALICES, CANDÉLABRES, CHAÎNETTES, CHAPE, CIBORIUM, CITHARE, CLOCHES, COMPAS, COFFRE, COULE, COURONNES DE LUMIÈRE, CROISSANT, CROIX, CRUCIFIX, DOLOIRE, ÉMAUX, ENCENSEUR, ESCABEAU, ÉTOFFES, HORLOGE (mécanique), LANTERNE (de monastère), MARTEAU (de maçon), ORGUES, PATÈNE, PIC, POINTES (de métal), PROPICIATOIRE, RÈGLE, RELIQUAIRES et CHASSES, SIÈGES, SUSPENSIONS, TABLES, TAPISSERIE, TENTURES, TIGES (de fer), VASES, VIOLE. Voy. OUTILS.

MODÈLES de monuments d'architecture, 85, 123, n. 1 et 4, 387, 389 ; — de sculpture, 147. Voy. aussi COUPE DES PIERRES, DESSINS, PANNEAUX DE BOIS, TRAIT.

MOINES, CLERCS D'ÉGLISES MONASTIQUES : — 1° constructeurs ou réparateurs d'églises, 11, 13, 15, 16, 21, 26, 35, n. 4, 52, n. 5, 119, 243, 249, 254, 255, 304, 305, 361, n. 3, 389-390, de fortifications, 10, 21 ; — moine auxiliaire d'un maître d'œuvre laïque ou architecte en chef, chargé de l'aider dans la surveillance des travaux de maçonnerie d'une église cathédrale, 223 ; — moine

Ouvriers et ouvrières. Voy. Métiers et arts divers.

P

Palais : — 1° épiscopaux, en général, 93, n. 3 ; — en particulier,
72, 74, 75, 95, 133, 164-166,
267-269, 301, 302, 316, 319,
323, 384 ; — de bois, reconstruits en pierre, 165, n. 3 ; —
(chambre, chambre à coucher
de), 166, 269, 384 ; — (chapelle
de), 133, n. 10, 166, 269, 318,
n. 3, 326, 382 ; — (cuisine de),
97, 316, 384 ; — (fenêtres
de), 166, 382 ; — (galerie
de), 95, 97, n. 1 ; — (pavement de mosaïque de), 268 ;
— (peintures murales de),
268, avec représentation de
personnages, 166 ; — (portes
de), 382 ; — (portique de),
268, n. 4 ; — (salle de), 95, n.
4, 166 ; (tours ou tourelles,
défenses, murailles fortifiées
de), 268, 318, n. 3 ; — travaux
de construction d'annexes
(chambre et chapelle réservées
à des hôtes ecclésiastiques),
165. Voy. aussi Manoirs (épiscopaux) ; — 2° orientaux, 279,
avec appartements d'été, d'hiver, 277, n. 8 ; — 3° royaux, 11,
332, 400. — 4° seigneuriaux,
18, 112, n. 4, 113, 161, n. 1,
268, n. 1, 331, 332, 342.

Palissades, clôturant un parc
épiscopal, 70, 73 ; — entourant
une ferme fortifiée, 256, une
motte, et défendant un asile
de monastère, 20, n. 6, un
château, 184, n. 1, 335 ; —
flanquées, à redans, ou d'alignement, 252 ; — surmontant
un mur et entourant un bourg,
89. Voy. Enceintes (de bois).

Panneaux de bois, patrons,
formes, 213, n. 1. Voy. Ponts.

Parapet (de pont), fait de larges
pierres, 393, n. 1. Voy. Ponts.

Parchemin (à dessiner). Voy. Dessins ; — à écrire, 358, n. 3.

Parcs, jardins, vergers, 73, n. 1
166, 253, 345 ; — (dom. épisc.),
avec plantation d'arbres d'essences diverses ou enceinte
de palissades et fossés, 70, 73,
97, n. 3, 98, n. 1.

Parloir (chât.), 185 ; — (monast.),
23, n. 4, 302, 304, avec dimensions, 133 ; — (pal. épisc.), 133,
n. 10.

Parvis (cath.), 401.

Passerelles (de bois). Voy. Ponts
(de donjons).

Patène, 25 ; — d'or, 85.

Pavements et mosaïques d'églises
romanes, en général, 82, n. 2,
101, n. 4 ; — (cath.), 101, 163,
209, 215, 217, 283, n 5, 321 ;
— de crypte, 328, 329, 354,
355 ; — de cellules, en couleur
(monast.), 358, n. 5 ; — (égl.
mon.), 43, n. 3, 82, 101, n. 4,
120, 354, 355, n. 1, 369, historié, en marbre de couleur,
provenant d'Italie, sorte de
mosaïque, 34, en pierres
très dures, 157 ; — (pal.
épisc.), 268 Voy. Mosaïques.

Pavillon (épiscopal), 385 ; —
(charpente de bois de), ibid.

Peintres (cath.), 93 ; — (monast.),
38, 264, 280.

Peinture : — 1° d'autels, dans une
crypte (cath.), 94 ; — d'églises
en général, à l'époque romane,
68, n. 8 ; — d'églises monastiques, à l'extérieur, 37, à l'intérieur, 10, n. 3, 32, 119, n. 1,
358, n 5, 369, au-dessus du
sanctuaire, 208, à la voûte, 36,
n. 3 ; — de cathédrales, à l'extérieur, 269, n. 2, à l'intérieur,
65, 68, 93, 405, en haut du
sanctuaire, 163, 208, 217, 226,
de chapelles épiscopales, 166,
268, seigneuriales, 185 ; — de
monastères, de cloîtres, 17,
59, 60, n. 4, 264, 265, 369, de
chambres des hôtes (ibid.), 358,
n. 5 ; — de palais épiscopal,
dans une galerie, 95, n. 4 ; — de
pavements sur carreaux, dans
les Chartreuses, 358, n. 5 ; —

de statuettes de saints (*égl. mon.*), 368 ; — sur verre, 155, n. 4. — 2° (Enseignement de l'art de la), 305. — 3° (Sujets de) : historiques (évêques, rois, empereurs et personnages divers), 93, 94, 166 ; — religieux (Apocalypse, Nativité et Passion de Jésus-Christ), 32, Saints, en général : observations sur leur représentation par la peinture murale, dans les églises, 47, 49. Voy ENDUIT, VITRAUX.

PÈLERINAGES EN TERRE SAINTE, leur influence sur les constructions d'églises, 2, n. 1, 18, 107, 123, n. 4, 124. n. 5 et n. 6, 292, n. 4, 301.

PÉRISTYLE (de temple païen), 241, n 2. Voy. TEMPLE PAÏEN.

PERSPECTIVE des monuments, de la nature, 95, 98, n. 1, 166. 345 ; — (vue), d'église, de cloître, 125, n. 2 ; — (observation de la), dans les monuments, 29, n. 4.

PHÉNOMÈNES météorologiques ayant inspiré l'idée de construire une église, 112, n. 5.

PIC, instrument de fer, 280, 384.

PIED-MAIN, mesure de longueur, appliquée à des constructions, 317, n. 2. Voy. MESURES DE CONSTRUCTION (tirées de la taille humaine).

PIERRE : — 1° angulaire, 159, n. 3 ; — de justice, 237, n. 6. — 2° (Emploi de la), dans les constructions de chapelles, d'oratoires monastiques, 146, 147, 290, 291, 330, 331, 365, 366, 391 ; — dans les annexes de palais épiscopaux, 165 ; — dans les donjons et leurs enceintes, 347, n. 2, 336, n. 2, 338, n. 4, 342 ; — dans les enceintes de villes, 172-174, 240, 346-348 ; — dans les fortifications de monastères, 168 ; — dans les granges, 96, 166, n. 1, avec enceinte, 167 ; — dans les maisons, 95, 123, 297, 298,

342, 343, 346 ; — dans les ponts, 70, 73, 109-111, 118, 122, 261, 262 ; — dans les ports fluviaux ou maritimes, 69, n. 5, 89. - 3° (Remplacement de la), par du bois, dans une église monastique de l'Anjou, 18 — 4° (Substitution de la) à la brique (*égl. mon.*), 38 ; — au bois dans les reconstructions de collégiales, 141, 142, 165, n. 3, d'églises et oratoires monastiques, 22, 33, 34, 55, n. 4, 168, 169, 175, n. 4, 298-301, 363, d'églises Cisterciennes, 362-363, 374, de cathédrales, 83-85, 94, 313, de chapelles seigneuriales, 298, 299, de donjons, 111, 113, avec interdiction de l'emploi de la pierre dans des reconstructions d'édifices de ce genre, 291, de maisons-Dieu. 165, n. 3, de palais épiscopaux, 165, n. 3. — 5° (Variétés d'espèces de) : — calcaires (d'espèce dure ou tendre), 187, 374, n. 4, 392, à grains serrés et de grande dimension, dites *choins* dans le Lyonnais, 268, 270 ; — de couleur sombre, 172, 405 ; — de couleur claire, pour tombeaux, 249 ; — de meule, pour des moulins, 241 ; — employées dans le Nord et en Flandre, 172, 173. — 6° (Régions pauvres en), 172, n. 3. Voy. APPAREIL, COUPE DES PIERRES, INCENDIE, MARBRE, PORPHYRE.

PIERRES PRÉCIEUSES, 48, 56, 68, n. 4, 72, 86, 119, n. 1, 250, 269, 323, 368. Voy. BIJOUX, TOPAZE.

PIGNONS d'églises (*cath.*), 96, 401, n. 5 ; — (*égl. mon.*), 3, 178, n. 4.

PILIERS (*cath.*), 210, 211, 213. 216, 218, 223, 399, 400 ; — arrondis ou hexagonaux, 218, n. 2 ; — (bases de), 217 ; — servant de support, sur trois côtés, à une voûte, 214, 221, 222, 225,

humaine servant à mesurer un),
134, n. 3. Voy CITERNES, ME-
SURES DE CONSTRUCTION.

PYRAMIDE (forme de), employée
dans les piliers, 162 ; — dans
les poutres, 118 ; — dans un
tombeau, 243, n. 4.

R

REDANS. Voy. PALISSADES.

RÉFECTOIRE (chap. cath.), 90, 316 ;
— (coll.), 375, n. 2, 376 ; —
(égl. mon.), 21, 23, 24, 37, 44,
59, 119, 135, 137, 138, 230, 231,
285, 290, n. 3, 291, 359, n. 2 ;
— (ibid.), des hôtes, 230, avec
dimensions fixées, 135 ; —
(porte de), 304, (tables de), 137.

REFUGE (lieu de). Voy. ASILES.

RÈGLE graduée de géomètre,
pour mesurer les pierres d'appareil, 390 ; — servant à faciliter le tracé de l'écriture sur les
parchemins, 358, n. 3. Voy.
APPAREIL, INSTRUMENTS.

RELIEF (travail en) sur étoffe,
ouvragé avec broderies de différentes couleurs, 17, 140. Voy.
BRODERIES, ÉTOFFES.

RELIQUAIRES et châsses, 9, 140,
183, 209, 230, 319 ; — antropo-
morphes, en métal, 4^ ; — avec
inscriptions, 320 ; — avec pierres
précieuses, 250, 320 ; — de
bronze, 328, 381 ; — de plomb,
327, 329 ; — recouverts d'or,
d'argent, 248, 250, 320, 368.
Voy. RELIQUES, SCULPTURES,
STATUES.

RELIQUES (transport et exhibition
de), dans des tournées de quêteurs, pour des offrandes servant à la reconstruction de
cathédrales, 317, 319, 320.

REMPLAGE. Voy. TRANSEPT.

RENOUVELLEMENT des églises après
l'an mille, 1, 4, 40 ; durée
éphémère des premières églises romanes, 4, n. 7, 40.

RÉSERVOIR, bassin d'eau, dormante
ou courante, pour l'élevage des
poissons. Voy. VIVIER.

RETABLES. Voy. TABLES (d'autel).

ROSEAUX (couverture provisoire
faite avec des), pour une
église abbatiale, 116.

ROTONDE, oratoire de forme circulaire dans une église abbatiale, 28, n. 3, 32, n. 4. Voy.
COUPOLE.

RUE, voie publique (ouverture
de), 356, 389, 392. Voy. CHAUS-
SÉE.

S

SACRISTIE (cath.), 79, n. 4, 105 ;
— (égl. mon.), 23, 136, 285, n.
1, 303 ; — (égl. par.), 233. Voy.
VESTIAIRE.

SALAIRE d'ouvriers divers employés à des constructions, de
charpentiers ou maîtres charpentiers (égl. mon.), de
maîtres maçons (égl. par.), 19,
36, 168, 231, 343. Voy. ACCI-
DENTS DU TRAVAIL, FIXATION A
L'AVANCE DE SOMMES D'ARGENT.

SALLE capitulaire (cath.), 104 ;
— (monast.), 23, 133, 147, 285,
n. 1, 302, 391, avec dimensions fixées, 133, avec nombre
déterminé de fenêtres, ibid. ;
— d'infirmeries. V. INFIRME-
RIES ; — de châteaux. V. CHÂ-
TEAUX ; — de justice dans un
bourg, près d'un château flamand, 375, n. 2 ; — de palais
épiscopaux. V. MANOIRS (épiscopaux), PALAIS (épiscopaux) ;
— des hôtes (monast.). V.
HÔTES (bâtiments des).

SANCTUAIRE (d'églises diverses),
93, 158-160, 162, 163, 169, 210,
235, 335, n. 3, 398, n. 4, 399 ;
— orné de peintures dans sa
partie supérieure, 163 ; — séparé du chœur pendant le Ca-
rême, au moyen de tentures.
Voy. CHŒUR (égl. mon.), 160.

SAPHIR. Voy. VASES.

SAPIN (bois de), servant à la couverture d'une tour d'église monastique, 171. Voy. BOIS.

SAUVETÉ (bourgs de), 239, n. 1.

Voy. Bourgs, Croix (de sauvegarde), Villes (neuves).

Sculpteurs, 74, 212, 279, 305,
306; — prêtés par une abbaye
au Chapitre d'une cathédrale
pour des travaux d'art, 305, 306.

Sculpture: — 1° (cath.), 74, 91, n.
4, 218, 224, n. 1 et 2, 225, 397,
402-405; — (cloître. monast.),
17, 119, 146-148; — (égl. coll.),
242, 243, 248, n. 3, 402, n. 1;
— (égl. mon.), 8, n. 2, 122,
147, 364, n. 3, 369; — (pal.
épisc.), 166; — en forme d'é-
cailles (égl. mon.), 148, n. 3. —
2° (Sujets de), religieux : le
Sacrifice d'Abraham, 401, n. 5;
le Roi David, jouant de la
viole, ibid.; la Création de
l'homme, ibid.; Adam et
Eve, et le Paradis terrestre,
402; l'Annonciation, 402; la
Nativité, 403; la Passion, 122,
403; la Tentation, 404, n. 4; la
Transfiguration, 405; le Christ
de majesté, 402; le Jugement
dernier, 404; la Femme adul-
tère, 404; les Apôtres, 402; les
Évangélistes, ibid., les Saints,
en général, 47-49; les Anges,
402-404; les démons, 403. —
3° (Sujets de), tirés de la nature : le zodiaque, 404, n. 1. —
4° (Sujets de), tirés du règne animal : animaux en général, 402,
404, 405; agneau tenant une inscription, 166; bœufs figurés
dans les entre-colonnements
des tourelles d'une cathédrale,
320, n. 5; têtes de bœufs figurées au-dessus des linteaux de
portails, 402; centaures et
monstres, 369; coq des clochers, 70, 74, 317; dauphin, 121,
n. 6; lions, léopards figurés sur
des portails d'églises, 147, 369,
401, n. 5, 402, 403; oiseaux,
403-405; panthères, 369; poissons, 404, écailles de poissons,
148; singer, 369. — 5° (Sujets
de), tirés du règne végétal :
fleurs, 402-405. — Voy. Ciselure, Colonnes, Colonnettes,

Imbrications, Intaille, Mou-
lures, Statues.

Sépultures. Voy. Tombeaux.

Serfs. Voy. Affranchissement,
Artisans, Artistes, Charpentiers.

Serrurerie, 76, 381. Voy. Ciselure, Fonte (art de la).

Serruriers. Voy. Forgerons.

Sièges (mobilier), 134, 137, 208;
— épiscopal, archiépiscopal,
90, 163, 217, 319. Voy. Bancs.

Soie (étoffes de). vêtements, tentures, 12, 35, 329, 345, n. 4. Voy.
Broderies, Chape, Etoffes.

Sonneurs de cloches (égl. monast.), 171, 359. Voy. Gardiens
(d'églises).

Soupente (chât.), 185, n. 2.

Statuettes. Voy. Statues.

Statues : — 1° des portails de
cathédrales, 269, n. 2, 402-405,
avec traces de peinture, de dorure, ibid.; — des portails
d'églises monastiques, 370, n.
1. — 2° (Sujets de), historiques : abbé, en marbre, 147; roi,
à cheval, la tête couronnée, en
bronze, 121, n. 6; — religieux : Anges, 402-404, Ché-
rubins, 122, dorés, 213;
Christ (le), de majesté, 218,
402, de bois, 8, peint, 122;
Évangélistes, Apôtres et Prophètes, 402; Saints, en général, et observations sur leur
représentation par la statuaire
dans les églises, 47-49, 140, 402-
405, en particulier, 122, 193,
213, 218, 404, de bois, 49, de
bois recouvert de dorure, d'ar-
genture et de pierres précieuses, 119, de plâtre, 49,
peints, 368, servant de reliquaires, 48; la Sainte Vierge,
76, 77, 122, 213, en bois, 8,
dorée, 269, n. 2, avec l'Enfant
Jésus, à Bethléem, 403. Voy.
Peinture, Reliquaires, Sculpture.

Stèles, 369, n. 3.

Style Plantagenêt. Voy. Plantagenêt (style).

GLOSSAIRE

A

Absconsa, lanterne à mettre un cierge, servant pour les tournées de nuit dans les monastères, 303, n. 2, Cf. Sconsa.

Absida, **Absis**, abside, 8, 10, 41, n. 5 ; — absida lignea, édicule de bois, supporté par des arcades de pierre et surmontant le tombeau d'un saint, dans une église, 31.

Acervus petrarum, monument mégalithique, 54.

Acupictura, travail en relief sur étoffe, 140, n. 3.

Acus, pointe de métal, sorte d'aiguille, 384.

Adulterinum, illégal (en parlant d'un castrum), 252, n. 2.

Aedituus, moine chargé de l'entretien et de la surveillance temporelle d'une église monastique, 11.

Agger, motte, 24, 314; — aggeris crepido, rebord de motte, ibid. ; — aggerare molem, élever une motte, 182.

Ala, paroi épaisse, gros mur extérieur d'une église, 30, 162, ; — collatéral d'église, 213, 217, 218, 224.

Alatorium, allée de service, chemin de ronde (dans un château-fort), 252.

Alexandrinum opus. Voy. Opus alexandrinum.

Aliptes, artisan ou artiste s'occupant de recouvrir des murs, des voûtes d'enduit, peut-être de peinture à fresque, 30, n. 3.

Alipticum opus, **schema**. Voy. Opus alipticum, schema.

Aliptina, paroi, voûte recouverte d'enduit, peut-être de peinture à fresque, 36, n. 3.

Allaborare, travailler en avec effort, 83.

Altariolum, petit autel, 140.

Alveus, bassin, 269.

Ambulatorium, échafaudage permettant de circuler le long d'une construction qu'on élève, 37 ; — vimineum, fait de bois pliant, avec des claies, ibid. Voy. Deambulatorium.

Anaglifum opus. Voy. Opus anaglifum.

Angulare, disposer d'une façon angulaire le plan d'une construction, 138.

Antemurale, saillie de muraille, de rempart, proéminence dans les défenses d'un château-fort, 98, 99.

Apotheca, magasin de provisions, cellier, 40, 318.

Apparatus, appareil d'une construction, 5 ; — in ligno et lapide, fait de bois, de pierre, 326.

Appenditia (subst. fém.), **Appenditium**, annexe d'une construction, 8, 161.

Aptitare (syn. d'aptare), disposer (une construction), 138. Voy. Coaptare.

Aquilonarius, du côté du Nord, 136 ; — porta aquilonaria, porte du côté du Nord, ibid.

Arca, coffre, niche, 11 ; — réceptacle des provisions de grains, 73, n. 2. — Voy. Archa.

Archa (ecclesiae), trésor d'église, 147 ; — (pontis), pile de pont, 73, n. 2.

Archietralis, archevêque, 8.

Architector. Voy. Architectus.

Architectoria ars, architectura, art de l'architecture, 40, 69, n. 5.

Architectus, architecte, ingénieur militaire, 7, n. 5, 41, 69, n. 5, 272, 276, 343 ; — praecipuus, dispositor caementarii operis, architecte en chef, 69, n. 5 ; — sapiens, passim ; — charpentier travaillant à un comble, à une couverture de bâtiment, 7. Cf. Architector, 7, n. 5.

Arcuare (ecclesiam, fornicem), arquer une église, une voûte, à simple ou double arcade, 31, n. 1, 226, 344, n. 1 ; — arcuatum opus. Voy. Opus arcuatum.

Arcus ante presbiterium, arc triomphal, 169 ; — major, maximus, même sens, 140, n. 1, 162 ; — principalis, même sens, 140 ; — deambulatorius. Voy. Deambulatorius arcus.

Area, plancher, étage (dans un château bâti en bois), 184 ; — triplex, triple étage, ibid. ; — coquinae area inferior, superior, cuisine à double plancher ou étage, 185.

Aries, bélier, instrument d'attaque dans les sièges de ville, 173.

Armarium, bibliothèque (dans un monastère), 59 ; — dépôt servant à serrer les livres de chant des enfants de chœur (ibid.), 303, 325.

Armarius, chantre dans un monastère, gardien des livres de chant, 303.

Ars architectoria. Voy. Architectoria ars ; — caelatoria. Voy. Caelatoria ars ; — fusoria. Voy. Fusoria ars ; — li-

gnariorum, art de la charpenterie, 122. Voy. aussi Faber lignarius ; — pictoria. Voy. Pictoria ars ; — sculptoria. Voy. Sculptoria ars ; — scriptoria. Voy. Scriptoria ars ; — sculptoria. Voy. Sculptoria ars ; — vitrearum [fenestrarum], art du verrier, 193.

Artifex, artisan en général, 280 ; — architecte, 41, 64, n. 3, 89, 105, 106, n. 1, 104, 166, 210, 211, 303 ; — ouvrier employé dans une construction, 12 ; — maçon, 35, 162. Voy. Socius artifex ; — aeris, ciseleur de cuivre, de bronze, 368 ; — [architector], maître charpentier, couvreur en bois, 174, n. 3 ; — bituminis, cimenteur, pour une construction en maçonnerie ; — caementarius, architecte, 5 ; — in exstruendis aedificiis et machinis, castri turris, architecte militaire, ingénieur, 275-278, 337 ; — lignarius, charpentier, menuisier, 125, in ligno, lignorum, même sens, 211, 306 ; — monachus, moine artiste (dans l'art des enduits, de la peinture), 36, 37 ; — [sculptor], ciseleur d'objets d'or et d'argent, 172 ; — vel carpentarius, architecte-charpentier, 184 ; — vitrearum [fenestrarum], verrier, 193 ; — artificum princeps, architecte en chef, 33.

Artificiare, exécuter avec art, d'une façon technique, 147.

Artificiosum opus, œuvre (de construction) exécutée avec une habileté technique, 27.

Artificium, exercice d'un métier, d'un art, passim. Cf. Artis argumentum, 174.

Ascensorium, escalier (de rempart), 377.

Asciculus, aisseau, bardeau, 94. Voy. Essillus.

Asseres, chevrons de charpente, d'une couverture, 208, 245.

Assistrix, religieuse assistante, prieure (dans un couvent de femmes), 311.

Auditorium, parloir (monast.), 133, 302 ; — salle de palais épiscopal, 133, n. 10. Voy. aussi Camera.

Aula, lieu de réunion en général ; — ecclesiae, nef d'église, 209, 210, 213, intérieur d'église, en général, 345 ; — salle, demeure seigneuriale, 18, 112, 161, n. 1, 237, n. 6 ; — salle de monastère, 305 ; — episcopalis, archiepiscopi, salle de palais épiscopal ou archiépiscopal, 72, 74, 75, 95, n. 4, 302, 318, n. 3.

Aulaea, tenture, tapisserie, voile, 9, 35.

Aurifaber, aurifex, orfèvre, 19, 139, 280.

Autumare (syn. d'existimare), estimer, juger, 171 ; — Autumia (syn. d'existimatio), ibid., n. 2.

Avis, instrument de bois, appelé encore aujourd'hui oiseau, dont les manœuvres se servent pour monter le mortier aux maçons, 45.

B

Balco, balcon, saillie d'une construction de pierre, portée par des colonnes, 133.

Balista, baliste, machine de guerre à lancer des pierres, 100 ; — machine servant à des charpentiers pour remettre en place un édicule de bois déplacé, 174.

Balistarius, combattant chargé de la manœuvre de la baliste, 337.

Balneus (sic), balneorum domus, bain, maison de bain d'eau minérale, thermale (dans une obédience monastique), 190, 191.

Balteus, braier, braie, ouvrage

de défense, élevé en avant d'un front de fortification et laissant entre le pied des murailles et le fossé une circulation plus ou moins large, 335, n. 5.

Bancale, étoffe mobile servant de revêtement, de garniture à des bancs, 17, 137, 140 (v. fr. banquier).

Baptismi domus, baptistère, 82.

Baptisterium, fonts baptismaux, baptistère, 233, 249.

Barra, barreau (de fer), 384.

Basilica, église (en général), 4, 7, 11, 12 ; — cathédrale, 3 ; — église monastique, 5, 35, 105, 106, 118, 119 ; — chapelle de la Vierge (monast.), 28, 29.

Berteiche, Brelesche, bretèche, 275, n. 9, 332, n. 1, 333, n. 6.

Bipennis, hache à double tranchant, 385.

Bitumen, ciment très-agglutiné, destiné à recouvrir la maçonnerie pour prévenir l'effet de l'humidité, 170.

Brachiata, brachium, brassée, 14, 154.

Brunus (lapis), pierre de couleur sombre, brune, de qualité dure, 405.

Butagium, botagium, boutage, prestation que doit au seigneur celui qui vend du vin, 236.

C

Cacabus, chaudron, 383.

Cacuminare, donner une forme allongée, en pointe, à l'extrémité supérieure d'une construction, 376.

Caelatoria ars, art de la ciselure, 38, n. 1.

Caelatorium opus. Voy. Opus caelatorium.

Caelatura (lapidea), sculpture fine, ciselure de pierre, appliquée à une voûte, 158 ; — à une chapelle seigneuriale, 185.

Caelum, partie supérieure du

sanctuaire de l'église, 163, 208, 399, 401, DEPICTUM, PICTURA DECORATUM, ornée de peinture, 208, 217, 226.

CAEMENTARIUM OPUS. Voy. OPUS CAEMENTARIUM.

CAEMENTARIUS, maçon, 3, 12, 34, 68, n. 7, 69, n. 5, 74, 127, 223, 280, 311, 354, 389, 392 ; — architecte, 41, n. 3, 228, 289 ; — (ARTIFEX), même sens, 5 ; — (MAGISTER), maître maçon ou architecte, 73 ; — [MONACHUS] QUI PRAEEST CAEMENTARIIS, OPERI, ou bien encore CAEMENTARIIS PRAEFECTUS, moine chargé pendant une reconstruction de cathédrale de surveiller techniquement les maçons et tailleurs de pierre, conducteur de travaux, 223, moine dirigeant l'œuvre de maçonnerie d'une église monastique, 11, 127, n. 1. — Voy. ARTIFEX, MAGISTER.

CAEMENTUM, blocaille de pierre, moellon, 12, 21, n. 3, 126, 211, 318 ; — mortier, 34, 45 ; — ciment aggluliné, 170.

CAESOR (LAPIDUM), tailleur de pierre, 105, 127, n. 1, 192, 277, 389, 393.

CALAMUS, chalumeau, tuyau dont on se servait dans la communion pour puiser dans le calice l'espèce du vin, 358.

CALCANEUS, calcaire, 54.

CALCEATA, chaussée, 103, n. 2.

CALCINALIS, CALCINARIUS, CALCINEUS. Voy. LAPIS.

CALEFACTORIUM, chauffoir, 134, 135, 303.

CALIBS, fer trempé, acier, 384, 385.

CALLIS, voie, chemin, 30.

CAMBUTA, bâton pastoral, 280.

CAMERA, chambre (chât.), 50 ; — ALTIOR, chambre à coucher, dite chambre haute (pal. épisc.), 106 ; — AUDITORII, chambre de parloir, 133 ; — CUM CAMINO, chambre avec cheminée, superposée à une autre, également-

ment avec cheminée, pour loger les hôtes (monast.), 247 ; — LIGNORUM, couverture en bois d'une église, 16, n. 3, DEPICTA, peinte à l'intérieur; — PRIVATA, appartement particulier (monast.), 60 ; — PUERORUM, chambre d'enfants (chât.), 185.

CAMERARE BASILICAM TES(TI)TUDINE (par opposition à LAPIDUM VOLTURA), couvrir une église d'une charpente de bois, 142.

CAMINATA chambre avec cheminée de château, 236.

CAMPANA, cloche, passim.

CAMPANARIUM, clocher, campanile (de bois), 172, 174, 175, 376.

CANCELLUS, sanctuaire (v. fr. chancel), 93, 158, 160, 162, 163 ; — SUPREMUS, haut du sanctuaire, ibid.

CAPITANEUS, principal, en parlant d'un autel, d'une croix, d'un sanctuaire, 118, 119, n. 1.

Capdueil. Voy. CAPITOLIUM.

CAPELLULA, petite chapelle, 68.

CAPITALIS, CAPITIALIS, de chevet, 8, 319. Voy. FORNIX.

CAPITIUM, chevet, 72, 75.

CAPITOLIUM (en langue d'oc Capdueil), ancien temple de Nîmes, dit la Maison-Carrée, 240 ; — SALA DE CAPITOLIO, espace intérieur dudit monument, 240, n. 2.

CAPITULUM, salle capitulaire (monast.), 133.

CAPSA, châsse, 140. Voy. CAPSULA.

CAPSILE, châssis (de vitrail), 145, Voy. FENESTRALE.

CAPSULA, petite châsse, petit reliquaire, 328 ; — AENEA, de bronze, ibid. Voy. CAPSA.

CAPUT (ECCLESIAE), chevet, abside, passim ; — MAJUS, abside principale, 399 ; — PARVUM, absidiole, ibid.; — SUPERIUS, partie supérieure du chevet, 3, 68, 399.

CARNETUM, tombeau, 20.

Carpentare, construire en charpente, 184.

Carpentarius, charpentier, 52, n. 5, 73, 93, 145 ; — (artifex vel.), architecte-charpentier, 184 ; — magister carpentariorum vel latomorum, architecte en chef, 38, n. 2. Voy. Artifex, Magister.

Casatus, vassal, 354 ; — d'un seigneur évêque, *ibid.*

Castellaria, château-fort, 194, n. 3.

Castelletum, château-fort, 237, n. 3.

Castellum, bastille de bois, dressée pour le siège d'un château, 252, n. 7.

Catenula, catella, chaînette, 329.

Caudex, souche d'arbre, 345.

Cavea, grotte, 329 ; — terrata, tranchée (dans un siège), 335.

Cella, cellule, 266, 314, 358 ; — eleemosynaria, eleemosynarum, chambre de l'aumônerie (*monast.*), 135, 303 ; — monachorum, petit monastère, 52, 131, n. 4 ;—novitiorum (*ibid.*), noviciat, 303, 325 ; — vinaria, cellier à vin, 07, 100.

Cellararia, cellaria, cellier, 303, 324.

Cellerarius, moine cellérier, 245, 290 ; — chargé de coopérer à la construction d'un château-fort, 21 ; — dignitaire chargé des dépenses du matériel, des ornements dans une collégiale, 243.

Cenovectorium, civière, 390, n. 2.

Chalybs. Voy. Calibs.

Chaons, choins, pierres calcaires de très grande dimension et à grains serrés et fins, des environs de Lyon, 270.

Chiveria, civière, espèce de brancard servant à transporter à bras des matériaux de construction, 390.

Choraula. Voy. Coraular (in modum).

Chorus canonicorum, chœur capitulaire (*cath.*), 77 ; — monachorum, chœur des religieux (*égl. mon.*), 247 ; — psallentium, endroit du chœur où les chantres se tiennent (*égl. mon.*), 34, 38, 159 ; — stallatus, partie du chœur qui est pourvue de stalles (*égl. mon.*), 160.

Ciborium, dais ou baldaquin supporté par des colonnes et servant d'ornement au-dessus de l'autel (*égl. mon.*), 31, n. 2 ; — même sens (*cath.*), 128 ; — dais sculpté surmontant un portail, 402 ; — voûte correspondant à l'endroit où est situé le maître-autel (*cath.*), 223, 224.

Ciborius, 400, 403, 404. Voy. Ciborium.

Cimbra (espagn.), cintre, 399, n. 4.

Cimentarius, 393. Voy. Caementarius, 52, n. 5.

Cindria (columna), colonne engagée, ayant un rôle de soutènement dans une galerie d'église, 399, n. 4 ; — (media columna), colonne engagée supportant un arc doubleau et correspondant à une autre du côté opposé de la nef, chacune d'elles ne formant ainsi que la moitié du support nécessaire à l'axe de la voûte qu'elles soutiennent, 399, n. 4, 400. — *Cindria*, en catalan, cintre, 399, n. 4.

Cingula, sorte de ceinture de pierre, support d'architecture qui semble s'appliquer à un arc doubleau, 400.

Ciphus. Voy. Sciphus.

Circa, tournée, ronde, dans un monastère, 303.

Circare, faire une ronde, 303.

Circata. Voy. Circa.

Circinatio, courbure demi-circulaire (en parlant d'un plan exécuté au compas (*ad circinum*), 216, 217, 248, 227.

Circulatim, en rond, 348.

Circumcursus, chemin de ronde (dans un château-fort), 375, n. 2.

Cista, récipient, sorte de coffre, 184.

Cisterna, citerne, 230.

Classicum, cloche, 72.

Claustura (?), clausura, mur de clôture, 136, 143, 384.

Clava, gros bâton noueux, gourdin, 390.

Clavare (fornicem), disposer une clef de voûte, 226.

Clavatura, clouterie, 383.

Clavis, clef de voûte, 221, 222, 226.

Clerestory, terme usité en Angleterre pour désigner la partie ajourée du mur surmontant le triforium proprement dit, partie prise dans l'épaisseur du mur, 216, n. 4.

Clocarium, clocher, 60, n. 2 et n. 5, 149, n. 1, 243, 268.

Clochier, clocher, 364, n. 2.

Coaptare, disposer (dans le langage de l'architecture), 136. Voy. Aptare.

Cochlea, coclea, cochlis, coclis, escalier à vis, en limaçon, 29, 42, n. 4 (anc. fr. vis, viz).

Collocutorium, parloir (dans un monastère), 23, n. 4 ; — orientale, à l'est, *ibid.*

Colum, extrémité arrondie, 317. Voy. Tholus.

Columna cindria. Voy. Cindria.

Columnella, colonnette, 30, n. 1.

Compaginare (fustes), associer, entrelacer des bois taillés (dans une couverture d'édifice), 12.

Compositio, compositura (operis), ordonnance d'une construction, agencement des parties d'un édifice, 142, 160, 344.

Compositor (operis), ordonnateur de l'œuvre d'un édifice, 167.

Concameratio (lapidea), action de voûter, 97.

Concatenare (lateres), assembler des briques en liaison,

pour en faire une couverture d'édifices, 31, n. 1, 344, n. 1.

Conclave, endroit fermé, pièce intérieure dans un château, 50.

Confricare (escas), apprêter des mets, 185.

Conqua, petit bassin contenant de l'eau, 247 ; — cum tecto, avec édicule abritant l'eau du bassin, *ibid.*

Contabulare. Voy. Tabulare.

Convectio, transport, 66.

Coraulae (in modum), en forme de chœur, en manière de courbe, 318. Voy. Choraula.

Corona, couronne de lumière, 213 ; — ecclesiae, partie semi-circulaire qui, dans le chœur, contourne le sanctuaire, puis, par extension, le chœur avec ses absidioles et autels, 400, n. 3, 401 ; — muri claudentis, corniche d'un mur de clôture, 93 ; — turrium, enceinte de tours, 192.

Cortina, courtine, tenture, rideau, 17, 137, 139, 209, 245 ; — lanea, de laine, 139 ; — linea, de lin, *ibid.*

Cortinale, cour, 91.

Crates, claies d'échafaudages, 45, n. 4.

Crucicula, croisette (de fer), 330.

Crupta pour crypta, crypte, 58, n. 2. Voy. *ibid.* Cructa.

Crux, cruces (basilicae, monasterii), transept, 42, 45, n. 5, 162, 163, 390 ; — dextera, sinistra, partie droite, gauche du transept, *ibid.*, superior, premier transept, contre le chœur, inferior, second transept, plus éloigné du chœur, 160 ; cf. crux aquilonalis, australis, septentrionalis, partie Nord, Sud du transept, 214, 218, 224 ; — cruces, croix de sauvegarde délimitant un terrain, dit sauveté, 14, 20, 154, 176, n. 2, 283.

Crypta, petit caveau servant de lieu de bain, où était déposé un cuvier de bois servant de baignoire (*monast.*), 138 ; — rangée de petits caveaux, *ibid.*

CUBICULUM (AULAE, CASTRI), cabinet, chambre à coucher de château seigneurial, 164, 237, n. 6.

CUCULLA, robe monastique à larges manches et capuchon (v. fr. *coule*), 390.

CULINA, cuisine, 35. Voy. COQUINA, *passim.*

CULTELLUS, couteau, 384.

CUNEUS, section régulière de construction, de logis, cellule de monastère, 311.

CUNICULUS (SUBTERRANEUS), canal, ouvrage souterrain, relié à un château-fort, 100.

CURIA, cour claustrale (*monast.*), 60 ; — EPISCOPI (syn. D'ATRIUM), 318, n. 3, 339, 340.

CURSIM, à la course, 321.

CURTIS (LIGNEA), cour entourée de palissades de bois, 21 ; — MUNITA, avec défenses, 340.

CURVATURA LAPIDUM, voûte (dans une conduite d'eau), 21, n. 3.

CUSTODIA, garde d'une Fabrique d'église, 351.

CUSTOS ECCLESIAE, gardien d'église, marguillier, 73, 76, 359. Voy. aussi AEDITUUS ; — OPERIS, FABR CAR (ECCLESIAE), fabricien, ·, 351 ; — PONTIS, gardien d'un pont, 359.

CYTHARA, luth·, 22.

D

Danjon, donjon, 333, n. 6.

DEALBARE (PARIETES), enduire de plâtre On les parois (d'une église), 93, 163.

DEAMBULATIO, pourtour intérieur (d'une église), 161.

DEAMBULATORIUM, galerie de communication disposée sur un mur d'église, 30 ; — allée couverte ou portique dans un monastère, 230 ; — échafaudage permettant aux maçons

de circuler le long de la construction qu'ils élèvent, 130, 131. Voy. AMBULATORIUM.

DEAMBULATORIUS ARCUS, arcade supportant une galerie supérieure dans une église, 30, n. 1 ; — FORNIX, voûte soutenant une galerie, *ibid.*

DEDOLARE (LAPIDES), séparer des quartiers de pierre avec la doloire, pour les appareiller et les égaliser, 172, n. 1.

DEFLORARE (ECCLESIAM), renouveler, rajeunir la construction d'une église, 36. Peut-être pour REFLORARE.

DEGUTORIUM, déversoir, 53.

DESCRIPTIO, dénombrement, 279, n. 3.

DEXTRALIS, qui est à droite, 403.

DEXTRI, terme de mesure pour les distances, nombre donné de pas, 117 ; — par extension, emplacement, lieu d'asile et d'immunité autour d'une église, 117, n. 2.

DIAPASON (indécl.), étendue des notes d'un instrument de musique, comme d'un orgue, depuis le son le plus grave jusqu'au son le plus aigu, 344, n. 4.

DICTARE (OPUS), prescrire l'ordonnance d'une construction, d'une église, 27, 272.

DIDASCALUS (syn. de MAGISTER), maître, 406 ; — LAPICIDA, maître tailleur de pierre, 403.

DISPENSATOR, intendant, trésorier, économe, 74, n. 2, 143, 266, 357, n. 6.

DISPOSITOR CAEMENTARII OPERIS, architecte en chef (v. fr. *disposeur de l'oeuvre*), 69, n. 5. Voy. ARCHITECTUS (PRAECIPUUS).

DIVERSORIUM, logis d'hôtes, de gens de passage, 184, 185 ; — SECRETUM, logis à part, retiré, *ibid.*

DOLABRUM, doloire, 145, 358.

DOLATILIS, facile à travailler avec la doloire, 10.

DOLIUS (pour DOLIUM), cuve de

bois, servant de baignoire (*monast.*), 138.

DOMA, = ATIS, bâtiment (au sens propre, toit), 119.

DOMICILIUM, château seigneurial, 113, n. 5 ; — résidence épiscopale, hors cité, 97, n. 3.

DOMUS AD MANENDUM, manoir, 96 ; — CAPITULI, maison capitulaire, 163 ; — COLLEGIALIS, maison de refuge pour des clercs pauvres, 263. Voy. aussi XENODOCHIUM ; — COLUMBARUM, colombier, 39 ; — DEFENSIBILIS, maison forte, 143, 256 ; — ECCLESIAE, SEDIS PONTIFICALIS, ou encore MAJOR, cathédrale, 3, 4 ; — ELEEMOSYNARIA, aumônerie (*monast.*), 360, 389 ; — EPISCOPI, palais épiscopal, 93, 97, 98, 164, 167, 268, n. 8, 318, n. 3, 323, 385. Voy. aussi EPISCOPIUM ; — FIRMA, LAPIDIBUS FIRMISSIME CONSTRUCTA, maison forte, avec défenses, 7, 278 ; — INFIRMANTIUM, INFIRMORUM, infirmerie, 120, 209, 224, 247, 303, 304, 325, 388, 393, 394 ; LATRINARUM, Voy. LATRINA ; — SCABINATUS, salle de justice, 375, n. 2.

DONARIA, offrandes, dons pieux, 72.

DONGIO. Voy. DUNJO.

DORSALE, étoffe, tenture recouvrant le dossier d'un siège, d'un banc (v. fr. *dosseret*), 17, 22 ; — EX LANA, de laine, 17.

DOSSALE. Voy. DORSALE.

DOTES, terrains inviolables, délimités, sortes d'asiles, 117, n. 4.

DUCTILE, conduite d'eau, canalisation, 299, 300. Voy. AQUAEDUCTUS.

DUNJO, donjon, 78, 181, 182.

E

E REGIONE, en droite ligne, en face, 328, n. 5.

ECCLESIA BAPTISMALIS, église paroissiale, 101 ; — EPISCOPALIS, cathédrale, 4, 84, n. 1 ; — MAJOR, même sens, 176, n. 2, 203, n. 7, ou bien encore abbatiale (par opposition à une chapelle monastique), 231, n. 3 ; — MINOR, église de rang inférieur (par opposition à une cathédrale), 176, 177 ; — MATER, église cathédrale, 84, n. 1, 87, 269, ou bien encore paroissiale, 54 ; — PRINCIPALIS, cathédrale, 92.

ECCLESIOLA, petit oratoire, chapelle, 258, 294, 309.

EDICTUM, 350. Voy. INDICTUM.

EGYPHINATUS, syn. d'ANAGLYPHATUS. Voy. OPUS ANAGLIFUM.

ELEPHANTIOSUS, lépreux, 279, n. 2.

EMBLEMA, pavement historié, 34 ; — MARMOREUM, fait de petites pièces de marbre de couleur, *ibid*.

EPISCOPIUM, évêché, archevêché 250, 318, n. 3.

EPISTYLIUM, chapiteau de colonne. 68, n. 7, 105 ; — de colonnette de métal, autrement dit d'un barreau de fer arrondi, ouvrée en forme de fuseau, 384. Voy. BARRA, FUSELLUS.

ERZA, couronne de lumière, suspendue dans les églises, 368, n. 1.

Escatos de peys (en langue d'oc), écailles de poisson, 148, n. 3. Voy. SCATUS.

ESSILLUS, aisseau, bardeau, 351. Vob. ASCICULUS.

EXAGIUM, EXAV[I]UM, droit de sortie, 241.

EXCLUSA, écluse, 299, 300 ; — (servant de réservoir pour l'élevage des poissons), 281.

EXCURSUS (AQUAE), dérivation, conduite d'eau, 260.

EXEDRA, construction en saillie, en forme d'abside, dans un monument, 161.

F

FABER FERRARIUS, ouvrier en fer-ronnerie, forgeron, serrurier, 69, n. 5, 73, 279, 382, 385 ; — LIGNARIUS, charpentier, 12, 279. Voy. LIGNARIUS, MAGISTER OFFI-CII FABRORUM.

FABRICA, construction, *passim* ; — CLAUSTRALIS, d'un cloître, 17 ; — LIGNORUM, de bois, 16, n. 3.

FASTERDIS (?) — cf. FASTELLA, FAS-TERNA — garniture, ornement, dessus d'autel, 17.

FASTIGIUM, faîte (d'église), faitage, 42, 43, 140, n. 2, 208.

FATARE (MUNITIONEM), faire élever par les fées, comme d'enchan-tement, un château-fort, 337, n. 3.

FENESTRALE VITREARUM châssis de vitrail, 145. Voy. CAPSILE.

FENESTRULA, petite fenêtre, lu-carne, 134.

Fermer (*un chastel*), ériger, for-tifier un château, 275, n. 9, 333, n. 6. Voy. FIRMARE.

FERRAMENTUM, instrument de fer-ronnerie, outil de fer en géné-ral, 258, 279, n. 3, 359, 377, 382 ; — AD SECANDUM, outil tranchant, couteau, 384, — EQUORUM, fer à cheval, 382.

FERRARE, ferrer, 385.

FERRARIUS, ouvrier en fer, for-geron, 52, n. 5.

FERRATURA, ferrure, 383 ; — EQUI, de cheval, 384, 385.

Ferre, ouvrier travaillant le fer, forgeron, serrurier, 384.

FICTILE, FICTITIUM OPUS. Voy. OPUS FICTILE.

FIRMARE (DUNJONEM, TURRIM), éri-ger un donjon, une tour, 182, 275, 326. Voy. *Fermer* (*un chastel*).

FIRMITAS, fortification (donjon, château-fort), 182.

FISTULA AEREA, tuyau d'orgue, fait en bronze, 344 ; — PLUMBEA, conduite d'eau, de plomb, 100.

FOLLIS FABRILIS ORGANORUM, souf-flet d'orgue, ouvré, 344, n. 1.

FORMA, (anc. fr. *fourme*), patron, panneau de bois, donnant la façon propre aux différentes faces des voussoirs, 242 ; — FORMARE LAPIDES, façonner les voussoirs d'après les patrons ou panneaux de bois, 242 ; — cadre de fenêtre, 167.

FORNAX, four, forge, 46 ; — four-naise, 9.

FORNICARE, voûter, 106.

FORNIX (subst. masc., employé aussi au fém. dans le latin mé-diéval), voûte, 8 ; — ARCUATA, arquée, 226 (par opposition à PLANA, de forme un peu aplanie, *ibid.*) ; — CAPITIALIS, d'un che-vet, 8 ;—CLAVATA, avec clef, 226; — DEAMBULATORIUS, soutenant une galerie, 30, n. 1;—LAPIDEUS, 12, 39, EX LAPIDE ET TOFO LEVI COMPOSITA, faite de pierre et d'une matière minérale spongieuse et friable, 226. Voy. MACHINA (AD FORNICEM VOLVENDAM), OPUS FORNICEUM.

FORTALITIUM, forteresse, 90.

Forteza, fortification (à la tête d'un pont), 111.

FORTITUDO, fortification, 252.

FORUM RERUM VENALIUM, halle, marché, 183.

FOSSARIUM, FOSSORIUM, pic de fer, 384.

FOSSATUM, FOSSATUS, FOSSEUM, fossé, 252, n. 4, 256, 384.

FOVEA SUBTERRANEA, fosse creu-sée en terre, sous le pont de bois d'un donjon, pour y faire tomber les adversaires (dans un siège), 336.

FRONS ECCLESIAE, MONASTERII, NA-VIS, façade d'église, 101, 120, 219, 220, 341 ; — CASTELLI, face de fortifications, 252, n. 6 ; — UTERQUE PONTIS, parapet de chaque côté d'un pont, 393.

FRONTISPICIUM, façade d'église, 140.

FUNDIBULARIUS, frondeur, 337.

FUNICULUS. Voy. FUNIS.

Funis geometricalis, funiculus geometricus, cordeau d'alignement servant à délimiter des lots de terre et des emplacements de maisons à bâtir, 121, n. 5, 272.

Fusellus, fuseau d'une colonnette (de métal), 384.

Fusoria ars, art de la fonte (appliqué notamment à la ciselure), 121.

G

Galeria (espagn.), tribune d'église, 400, n. 4.

Galilaea, emplacement de l'ancien narthex des églises, et, d'une façon générale, fond de l'église, 135, 136, 137, 138, 139, 140 ; — portique des cloîtres des couvents de Chartreux, 23, n. 4 ; — major, minor, grand, petit, ibid.

Gallus, coq figuré surmontant le clocher d'une église, 74, n. 3, 75 ; — deauratus, coq doré remplissant le même office, 74, 75 ; — fulgidus, coq étincelant de dorure, 75.

Gazophylacium, trésor de sanctuaire, dépôt renfermant les ornements sacrés d'une église, maison servant à ce dépôt, 12.

Glans, espèce de palissade, 335, n. 4.

Gradale, escalier de communication (dans un château), 185.

Gradus, escalier, 31, 302, 403 ; — lapideus, de pierre, 167 ; — grau, espèce de canal conduisant à la mer, 89.

Granarium, logis de rez-de-chaussée destiné à contenir des approvisionnements (chât.), 184.

Grandiusculus, un petit peu grand, 267.

Gubernare (ecclesiam), régler, entraîner le mode de disposition d'un vaisseau d'église, expression métaphorique, 399.

H

Hachia, hache, 385.

Haia, bois clôturé, entouré de pieux ou de palissades, 391.

Hemisphaerium, coupole, calotte de pierre, 12.

Hericon, cheval de frise, 333, n. 6.

Holosericus, qui est tout de soie, 12, 35.

Hospitium, bâtiment des hôtes (monast.), 358, n. 5 ; — cum picturis, décoré de peintures, ibid.

I

Iconia, statue ; — ligneo opere sculpta, de bois, 8.

Impetigo, lèpre, 148, n. 3. Voy. Scabies sicca.

Incastellare (ecclesiam), fortifier une église, 364.

Incaveare (castrum), creuser dans le roc les fondations (d'un château), 336. Voy. aussi Terrare caveam.

Inclusor, émailleur, 139.

Indicium versuum, inscription en vers (latins), 17.

Indictum, foire de Lendit, à Saint-Denis, 350, n. 3. Voy. Edictum.

Indiculum, index, mention, 136.

Ingruentia, arrivée soudaine, choc, 345.

Introitus aulae, porte de la salle (d'un palais épiscopal), 166 ; — cryptae, d'une crypte, 64, n. 1 ; — ecclesiae, portail d'église, de cathédrale, 23, 38, 269, 403 ; — porte secondaire de cathédrale (par opposition à fores), 76 ; — oratorii episcopalis, porte de chapelle épiscopale, 133, n. 10.

J

Jactare terram, faire un jet de terre, correspondant à une certaine distance, — sorte de mesure moyenne, — en creusant un fossé (Cf. l'expression : CUM FOSSEO UNIUS JACTURAE, 252, n. 4 : cf. aussi LAPIDIS JACTUS). — SINE SCABELLO, sans emploi d'escabeau.

L

LABERINTUS, labyrinthe, 184.

LABRUM FOSSAE EXTERIUS, contrescarpe d'un fossé, dans les défenses d'un donjon, 314.

LAMBRUSCARE, lambrisser, 60.

LAMINA, lame, 329 ; — PLUMBEA, de plomb, ibid.

LAPICIDA, tailleur de pierre, 406 ; — DIDASCALUS, maître tailleur de pierre, ibid., et, par extension, maître d'œuvre.

LAPICIDINA, carrière de pierres, 391.

LAPICIS, = IDIS, tailleur de pierre, 400, 406. Voy. LAPICIDA.

LAPIDICINA. Voy. LAPICIDINA.

LAPILLUS. Voy. OPUS CONSTRUCTUM LAPILLIS.

LAPIS ANGULARIS, pierre angulaire, 159, n. 3 ; — BRUNUS, de couleur sombre, 405 ; — CALCINALIS, CALCINARIUS, CALCINEUS, pierre calcaire, 188 ; — COLUMNARIS, pierre dure servant à faire une colonne, 66 ; — MACERIALIS, gros moellon ou pierre sèche, 158 ; — MEDIUS PORTALIS (ECCLESIAE), trumeau, 148 , — PARIUS, marbre dit de Paros, 159 ; — LAPIDIS JACTUS, mesure de longueur, empirique, évaluée d'après la distance moyenne d'un jet de pierre, 182, 337 ; — LAPIDES POSITI (INGENTES), blocs de pierre, considérables, monuments mégalithiques, 281 ; — QUADRII, QUADRATI, pierres d'appareil, taillées en forme quadrangulaire, 33, 40, 75, 92, 94, 172, 327, 354, 392, fixées l'une à l'autre au moyen de fer et de plomb, 172 ; — VIVI, pierres vives, de qualité très dure, 405, — d'élection (dans le sens métaphorique), 73, 313,

LAQUEARIA, comble lambrissé, charpente intérieure apparente, sorte de plafond de bois, 3, 8, 10, 68, 93, 118, 163, 200, n. 4

LATER PLUMBATUS, brique à revêtement de plomb servant à la couverture d'une église, 96. Cf. LATERCULUS.

LATERCULUS LIGNEUS, aisseau, bardeau servant à recouvrir un édifice, 388.

LATIBULUM, retrait, cabinet, 185.

LATOMUS, tailleur de pierre, 68, n. 7, 280, 311 ; — par extension, architecte, 41, n. 3 ; — LATOMORUM MAGISTER, maître des tailleurs de pierre, architecte en chef, 38, n. 2.

LATRINA, LATRINARUM DOMUS, cabinet d'aisance, 134, 137 : — LATRINAE SEDES, SELLA, SELLULA, siège, petit siège de latrines, 134, 303.

LAURA, laure, groupement monastique, ensemble de cellules d'anachorètes (en Grèce, en Orient), 399, n. 1.

LAUREA (ECCLESIAE), terme employé métaphoriquement pour désigner le sanctuaire d'une église, d'une cathédrale, avec son contour semi-circulaire, 399, n. 1. Voy. CORONA ECCLESIAE.

LAVATORIUM, fontaine-lavoir, 121 : — AENEUM, d'airain, ibid. ; FUSORIA ARTE ELABORATUM, d'un travail de fonte, ibid.

LAVATRIX, laveuse, 303.

LEBES, bassin de métal, casserole, 383, 384.

LECATOR, débauché, 404.

LECTICA, bière où sont exposés aux fidèles les restes d'un saint, 56.

LICIAR, lices, palissades servant à entourer les châteaux-forts, 100, n. 1.

LIGAMEN (FERREUM), attache de

fer autour du chapiteau, du fuseau d'une colonnette de fer, 384.

LIGAMENTUM, lien pour un échafaudage servant à des charpentiers, 174.

LIGATURA (TIGNORUM), lien de poutres, dans une couverture de charpente, 208.

LIGNARIUS. Voy. ARTIFEX, FABER LIGNARIUS, ARS LIGNARIORUM.

LIGO, pic, houe, 280.

LIMINARE, linteau, 402, 403. Voy. SUPERLIMINARE.

LIMULA, petite lime, 383.

LOBIUM, galerie de palais épiscopal, 95, n. 4. Voy. *Logie* ; — balcon (de château seigneurial), 375, n. 2, 377, n. 1. Cf. *loof*, en flamand.

LOCARE FUNDAMENTA, établir les fondations, 41 ; — TRABES, disposer les poutres sur le haut des murs, 12.

LOCULUS, cercueil, 9 ; — châsse, 368.

Logie, galerie de palais épiscopal, 95. Voy. LOBIUM.

LOGIUM, parloir, chambre de conversation (dans un château), 485.

LUNULA (FERREA), croissant (de fer), 329.

M

MACERIA, ouvrage en moellons, en pierres sèches, 21, 22, 54, n. 7, 93, 94.

MACERIALIS LAPIS. Voy. LAPIS MACERIALIS.

MACHINA, échafaudage, 169, n. 3, 174 ; — AD FORNICEM VOLVENDAM, machine à voûter, 222 ; — engin d'attaque dans les sièges, tour mobile à trois étages, 99, 275, 335. Voy. aussi BALISTA, ROTULA, TRISTEGA.

MACHINAMENTUM, échafaudage, 169, 170 ; — machine, engin de siège, 7 ; — MACHINAMENTI EVECTIO, montée d'une machine de siège, 7 ; — SUBTERRANEUM,

opération souterraine (dans un siège), 280. Cf. MACHINA.

MAGISTER [caementarius], maître maçon, 73, architecte, 231, 406 ; — CARPENTARIORUM VEL LATOMORUM, architecte en chef, 38, n. 2; — OFFICII FABRORUM, artisan revêtu de la maîtrise de l'office de la ferronnerie (pour le compte d'un seigneur ecclésiastique), 382 ; — OPERIS, maître d'œuvre, 27, 35, n. 4, 69, n. 5, 106, 110, 221, 223, 354 ; — OPERIS TURRIS, même sens, ingénieur militaire, 276 ; — QUI DOCET ARTIFICIUM, maître enseignant un art, un métier, 307; — VITREUS, maître en l'art de fabriquer des vitraux.

MAGISTERIUM DIVERSORUM OPERUM, maîtrise dans les différents arts et métiers, 26.

MAGISTRA, religieuse maîtresse, prieure d'un couvent de femmes, 311. Voy. ASSISTRIX.

MANERIUM, manoir (épiscopal, abbatial, etc.), *passim.*

MANICAE, manches d'un vêtement, 160.

MANSIUNCULA, petite habitation, petit corps de logis, 17, 138, 196, 311.

MARCASIUS, MARCASSIUS, endroit bas et humide, marécageux, 53, n. 3, 54.

MARCHASIA, MARCHASIOLA. Voy. MARCASIUS.

MARTULUS, marteau de maçon, 280.

MATERIA, bois de charpente, 93, n. 1.

MAUSOLAEUM, tombeau, 35, 187.

MEDIESTINUS, qui est au milieu, 37.

MEDITULLIUM, espace intermédiaire, partie médiane, 77, 172.

MEICULUM, couloir servant d'accès aux logis intérieurs d'un château, 184, n. 6, 485.

MEMBRUM (ECCLESIAE), partie, membre d'une église, employée

aussi symboliquement, *passim*.

Menger. Voy. *Menuyer*.

Menuyer, orfèvre qui fait la petite orfèvrerie, 383, n. 4.

Minterius (?). Voy. Cementarius, 52, n. 5.

Minutio sanguinis, saignée, 185.

Moger (bret.), mur, 54, n. 7.

Mola, pierre de meule, 242.

Molendinarius, ouvrier s'occupant (notamment pour la ferronnerie) de la fabrication des moulins, 382.

Molle (anc. fr.). Voy. Forma, fourme.

Monasterium, cathédrale, 56, 65, 69, n. 5, 79, 283, n. 5. Voy. aussi *Mostier* ; — église conventuelle, 4, 22, 23, 45, n. 5, 55-57, 60, n. 5, 119, 120, 156, 159, 161, n. 2, 238, n. 4, 244, 284, 303, 304, 345.

Monilia, bijoux, joyaux, 323.

Mos antiquorum, gallicanus, manière de bâtir à la romaine, à la façon de la Gaule, 172, n. 1.

Mostier, église, 364, n. 2. Voy. aussi Monasterium.

Mota, motte de donjon, 113, 182, 184, n. 1, 337, n. 2.

Municipium, camp retranché, muni de fortes défenses, 277 ; — château-fort (et dépendances souvent considérables), 50, 99-101, 277, 314, 332, n. 4.

Munio, défenseur d'un château-fort, 278.

Munitio, château-fort, défenses d'un château et de l'ensemble de ses dépendances, 99, 100, 104, n. 6, 277, 337, 387 ; — maison forte, de pierre, avec défenses, 7, 153, 369.

Musivi schema. Voy. schema, schema musivi.

Mutare (castellum, monasterium), changer l'emplacement d'un château, d'un monastère, 51, 234, 352.

Mysticus sensus, signification symbolique, 27.

N

Navicula, petite nef, 399, 400.

Necessaria, latrines, cabinets d'aisance, 303 ; — necessariorum sedes, sièges de latrines, 303.

Nigellum, nielle, 128.

Noda, nodula, terre noyée, noue, 53, n. 3, 54.

Nola, cloche, 171.

Nutabundus, chancelant, menacé de chute, 84.

O

Officinae, ateliers, bâtiments monastiques, dépendances, *passim* ; — infirmorum, bâtiments de l'infirmerie, 21.

Oiseau, instrument de bois dont les manœuvres se servent pour monter le mortier aux maçons. Voy. Avis.

Olla, pot de terre cuite, placé dans l'épaisseur d'une construction, comme moyen d'acoustique et agent de répercussion du son, 376, n. 2.

Olosericus. Voy. Holosericus.

Operarius, ouvrier employé à des travaux de construction, d'hydraulique, 12, 19, 20, 45, n. 2, n. 4, 121, 354, 392, 393 ; — maître d'œuvre, architecte, 41, n. 3, 131, 354 ; — fabricien, gardien de l'œuvre, 4, n. 1 ; — moine chargé de la surveillance et de l'entretien de constructions monastiques, 21, n. 1, 189.

Operatio, mise en œuvre de l'ensemble d'une composition architecturale ou sculpturale, 404.

Operis magister. Voy. Magister operis ; — minister, maître d'œuvre ou surveillant de travaux de maçonnerie, 130.

Opifex, artisan, artiste en général, 39, 69, n. 5 ; — lignorum seu lapidum, charpentier, menuisier, maçon, tailleur de pierres, 378 ; — MUSIVI, mosaïste, 39.

OPUS, œuvre d'une construction, d'un château, d'une église, d'un monastère, etc., *passim*; — AEDIFICIALE, même sens, 122 ; — ALEXANDRINUM, ouvrage de marqueterie, combinaison de petites pièces de marbre ou de porphyre de diverses couleurs, formant des dessins géométriques, 39, n. 1 ; — ALIPTICUM (SCHEMA), ouvrage sous forme d'enduit ayant pour objet de recouvrir les parois intérieures d'un monument, sorte de peinture à fresque, 36, n. 3, 37 ; — ANAGLIFUM, travail en relief, 32, 38, n. 1 ; — ARCUATUM, œuvre d'une voûte, 10, 22, 23 ; — ARTIFICIOSUM, œuvre *exécutée avec art et technique*, 376 ; — CAELATORIUM, travail de ciselure, 38, n. 1 ; — CAEMENTARIUM, ouvrage de maçonnerie, 69, n. 5 ; — CONDUCTUS AQUARUM, travail de canalisation, 121 ; — CONSTRUCTUM LAPILLIS, MINIMIS LAPILLIS, petit, très petit appareil, 182, n. 2 ; — DICTATUM, prescription de l'ordonnance d'une construction à faire, 27 ; — FENESTRARUM, fenestrage peut-être aussi œuvre de vitraux, 166 ; — FICTILE, FICTITIUM, ouvrage de terre cuite, de briquetage, 49, 122 ; — FORNICEUM, œuvre d'une voûte, 164 ; — LAPIDEUM, œuvre de pierre (à propos d'une église, d'un pont), 73, n. 2, 262, 376, 391 ; — LIGNEUM, œuvre de bois, 8 ; — PONTIS, construction de pont, 69, n. 5, 404 ; — (ou MOS) ROMANORUM, œuvre de construction imitée de la manière romaine, 212, 215 ; — SCULPTILE, œuvre de sculpture, 49 ; — TRANSVOLUTUM, œuvre d'une voûte, 28 ;

— VITREARUM, travail de la pose de vitraux, 157.

ORATORIUM, chapelle d'un logis épiscopal, 133, chapelle ronde, monastique, 28, 30 ; — VILLAE, chapelle rurale, 4 ; — DE TERRA, chapelle d'ermitage, 258, n. 1.

ORDINARE (OPUS), régler l'ordonnance de la construction d'un édifice, 223.

ORDINATIO (OPERIS), ordonnance d'une construction, *passim*.

ORDO, rangée de colonnes, 27, 28 ; — de sculptures, 403, inférieure, supérieure, 404.

P

PADOENTIA, droit de pâturage, 283.

PADUIRE, faire paître le bétail, 283, n. 3.

PALATIUM, palais seigneurial, 63, n. 4, 236 ; — EPISCOPALE, épiscopal, 97, 98, 318, n. 3, 319, 382, 384 ; — REGALE, royal, 11, 400 ; — *logement des hôtes de qualité, de passage dans un monastère*, 137; — OU PALLACIUM, palissade, 73, n. 1. Cf. PALICIUM (v. fr. *palit*), *ibid.* ; — ECCLESIAE, tribune d'église cathédrale, 400, 401, 404.

PALEAE, tiges de paille, servant à déguiser des chevaux de frise sous le pont de bois d'un donjon, 336.

PALEARIUM, grange à paille, 115.

PALICIUM, palissade (v. fr. *palit*), 252. Voy. PALATIUM.

PALLACIUM, Voy. PALATIUM.

PACTIO, PA(N)CTIO, accommodement, 164 ; — TOXICATA, accommodement perfide, *ibid.*

PALUM, pieu destiné à marquer le lieu d'emplacement d'un château à élever, 52.

PAPILIO, pavillon, 385 ; — épiscopal, *ibid.*

PARADISUS, parvis, 401.

Parfont, profond, 333, n. 6.

PARIETINAE, murs délabrés, ruinés, 122, 131.

PARLATORIUM, parloir, 304.

PATELLA, sorte de lampe, 303 ; — plat (de métal), 383.

PATULUM (dim. de PATUUM), cour gazonnée, 236.

PAVIMENTARE (ECCLESIAM), paver une église, 101.

PAVIMENTUM, pavement d'église ; — SOLARII, assemblage de pièces de bois d'un plancher, 10.

PECTORALIA, pectoraux, 160.

PEDISSEQUA, suivante, femme de compagnie, 185.

PELVIS, bassin, aiguière, 384.

PENUS, = ORIS, endroit servant à déposer des provisions, des comestibles, 184, 185.

PER GIRUM, en rond, 30, n. 1.

PERIBOLUS, enceinte, 32 ; — SACER, enceinte sacrée, *ibid*.

PERTICA, perche, mesure de longueur et de superficie, de seize à vingt-cinq pieds en Normandie, 251.

PERTRACTUS, transport, 110.

PES MANUALIS, pied-main, mesure de longueur égale à celle d'un pied augmenté de la longueur d'un pouce, 347, n. 2.

PESSULUS, tige de fer servant à fixer l'assemblage de pièces de bois dans une couverture en charpente, 208 ; — verrou, 384, 385. Cf. aussi PESSULUM, 383.

PETRA (ANTE TURREM), pierre de justice placée devant la tour d'un château, 237, n. 6 ; — JACENS, menhir renversé, 54 ; — STANTIVA, pierre debout, 54, n. 2.

PHIALA, coupe évasée, 22.

PICTORIA ARS, art de la peinture, 122, 264, 307.

PIGNA (TEMPLI), pignon d'un côté d'église, 3 ; — OCCIDENTALIS, pignon du côté ouest, *ibid*. Voy. PINNA.

PILA, pilier quadrangulaire, 30; — PILARIS, PILARIUS, même

sens, *passim*, et, par un abus de langage, colonne, 309, n. 4. Voy. CINDRIA (MEDIA COLUMNA).

PINCERNA, échanson, 185.

PINNA, PINNACULUM, faîte, pignon, pinacle, 96, 213, 403 ; — doré, *ibid*.

PIRA, chemin empierré, 181. (Cf. bas-lat. PIRIUS, v. fr. *pire*, *piré*, 181, n. 4).

PIS, piz, piez, pic (de fer), 384.

PISCINA, piège à poissons destiné à un vivier, 352.

PISTRINUM, boulangerie, 139, 150.

PLAGA, côté d'une construction, 50 ; — [ORIENTALIS], OCCIDENTALIS, côté du levant, du couchant, 31, 33.

PLAGARIUS, artiste décorateur de parois d'édifices, 36, n. 3.

PLANARE (FORNICEM), rendre une voûte un peu plane, en adoucir la courbure, 226.

PLANCA, planche, 171.

PLASTRUM, enduit de plâtre, 3, n. 1, 68, 163, n. 4.

PLUMBARIUS, plombier, 75.

PLUVIALE, manteau pluvial, chape d'église, faite de soie, 349, n. 4.

PODIUM, appui d'un édifice, 37, 126 ; — LIGNEUM, support de bois d'un pont de donjon, 335 ; — galerie ou balustrade, 318, n. 3.

PORFIRETICUS, de porphyre, 38.

PORRECTURA (ECCLESIAE), développement en longueur (d'une église), 344.

PORTALIS (ECCLESIAE), portail d'église, 148, 401, 405 ; — PRINCIPALIS, portail principal, *ibid*. ; — (LAPIS MEDIUS), trumeau, 148.

PORTALLULUM (ECCLESIAE), portail d'église, 401.

PORTALLUS (ECCLESIAE), portail d'église, 399, 400, 403.

PORTENDICULUM (dim. de PORTENTUM), petit présage, pronostic heureux, 182.

PORTICUS, vestibule d'un temple païen, 211 ; — CELLULAE INFIRMORUM, galerie extérieure de chambres d'infirmerie monastique, 136 ; — CLAUSTRI, portique de cloître, 285 ; — ECCLESIAE, porche, 16, n. 3, bas-côté d'église monastique, 31, sorte d'absidiole (angl. *round chapel*) dans une cathédrale, 214, 215, 218-220.

POSITIO (CASTRI, ECCLESIAE, OFFICINARUM), emplacement, assiette d'un château, plan d'une église, de bâtiments conventuels, 5, 132-140, 277.

POSTERNA, poterne, petite porte d'un mur d'enceinte, 347.

POSTERULA. Voy. POSTERNA.

PRAEBALTEARE (DELUBRUM TURRIBUS), flanquer de tours une église dans sa partie antérieure, 344, n. 1.

PRAEMIUM STATUTUM, prix fait d'avance, indemnité constituée sous forme de prime d'encouragement, en vue de faire faire une réparation urgente par des constructeurs appelés à cet effet, 174.

PRAEPOSITUS, prévôt, dignitaire chargé de l'office du temporel, de la surveillance, de l'entretien et de la réparation des bâtiments (*cath., coll., monast.*), 14, 80, 203, 376 ; — moine coopérateur de la construction d'un château-fort, 21.

PRAESIDIUM, château-fort, 98, 99 ; — EPISCOPALE, château-fort épiscopal, hors cité, 98, 99 ; — PRINCIPALE, construction essentielle d'un château-fort, 100.

PRESBITERIUM, sanctuaire, 22, 47, 86, 169.

PROCONSUL, vicomte, 52, 104, 109.

PROMPTUARIUM, dépôt, récipient de provisions, coffre, dans un château, 184 ; — cellier à vin, dans un monastère, 34.

PROPICIATORIUM, table d'autel, propitiatoire, et, par extension, chapelle d'un saint ou d'une sainte, 39.

PROPUGNACULUM, défense extérieure de muraille, de rempart, crénelage, 7, 98, 99, 172, 252, n. 6, 233, 335, 337, 377, 387.

PROPUGNATORIUM, 335. Voy. PROPUGNACULUM.

PROTELARI, être retardé, 139.

PROVISOR COQUINAE, maître d'hôtel (dans un château), cuisinier, 185.

PSALMODIA, chant des psaumes, 310.

PULPITUM, ambon, 213.

PULVILLUS, coussin de lit, matelas, 137.

PYRAMIS, pilier en forme de pyramide soutenant une grande arcade, 162 ; — PYRAMIDES TRABES, poutres disposées en forme de pyramide, 118.

Q

QUARRELLUS, carreau de pierre (pour pavement), 358, n. 5 ; — PICTURATUS, peint, *ibid*.

Querneler (un mur), créneler, 332, n. 1.

QUIRITES (REGII), sujets du roi de France, 337.

R

RASTRI, sorte de râteau saillant que semblent former les pièces de bois ou les réglettes qui d'espace en espace retiennent un échafaudage, 37. Voy. SCAPULA.

REDEMPTIO, marché, entreprise de travaux de construction, 110 ; — REDEMPTIONEM DARE AD MAGISTRUM, confier l'entreprise de travaux (pont à construire) à un maître d'œuvre, *ibid*.

REFLORARE (?). Voy. DEFLORARE.

REGIA, résidence royale, palais, 279.

REGIRARE, revenir sur soi-même après un circuit (à propos d'un rang de colonnes faisant retour sur elles), 28.

Regula, alignement (de fortifications), 252.

Relocare, remettre en place (un
édicule), 175.

Repa, couvercle de châsse, 319.

Repagula, barres de clôture
(d'une porte), 76, 100 ; par extension, barrières, palissades
de châteaux-forts, de villes
fortifiées, 100, n. 1.

Restis, corde (pour échafaudage),
174.

Retorta, lien qui retient les
pièces d'un échafaudage, lien
souple et pliant, v. fr. *riorte*,
130 ; — ligare retortis deambulatoria, lier des pièces d'é-
chafaudages, 130. Voy. Virgula, virguncula torta.

Revestiarium, vestiaire (d'église),
42, n. 4.

Riga, raie, 318.

Rigor, ligne droite, 318, n. 1.

Rota, suspension de forme circulaire, garnie de lumières, dans
les églises, 368. Cf. Corona.

Rotula, petite roue destinée à
faire avancer ou reculer une
machine de siège, 275.

Ruda, rue, 356.

Rudus, = eris, gravois, déblais,
plâtras, 45, n. 4.

S

Sacrarium, trésor d'église, sacristie, 116, 230 ; — coffre à
reliques, reliquaire, 183.

Sacrista, gardien de trésor d'é-
glise, de sacristie, dans un monastère, 245.

Sacristania, sacristaria, sacristia, sacristie, trésor d'église,
23, 136, 233.

Sagittarius, archer, 22, 337.

Sala, salle seigneuriale, 237, n.
6, 270 ; — intérieur de l'ancien
temple de Nîmes, dit « Capitolium ». Voy. ce mot.

Salvatio, sauvegarde, 284, n. 6.

Salvitas, terrain inviolable, délimité autour d'une église, 117,
n. 4, 154.

Sarta tecta, réparations, et par
extension, entretien d'un édifice, notamment de sa couverture, 44, 131, 208. Voy. Tectum.

Scabies sicca, lèpre, 148, n. 3.
Voy. Impetigo.

Scala, escalier, 29, 30 ; — scalae
gradus, marche, *ibid*.

Scalprum, outil tranchant, ciseau
de sculpteur, 38.

Scalptoria ars, ciselure, intaille
de pierre, 306, n. 4.

Scapula, saillie en arête, comme
d'un instrument en forme de
rateau, qu'offriraient d'espace
en espace des pièces de bois
ou réglettes retenant un échafaudage, 37, 171. Voy. Rastri.

Scatus, petite écaille, dans une
maladie de peau, 148.

Scema, voy. Schema.

Schema, scema, plan (d'église),
28, 239, 272, 306, n. 4, 344, n.
1 ; — alipticum, forme d'enduit recouvrant les murs intérieurs d'un monument, peut-
être peinture à fresque, 36 ; —
musivi, dessin de mosaïque, 39 ;
— rotundum, plan circulaire,
de rotonde, 28, 29, 31, n. 1.

Scindula, bardeau, 162, 317.

Sciphus (lat. class. scyphus), ciphus, coupe, vase à boire,
verre de table, 172, 267, 326.

Scisellum, ciseau de sculpteur,
226.

Scissura, fente, fissure (des
murs d'un édifice), 400.

Sclusa, écluse, 58.

Sconsa, *esconce* (syn. d'absconsa).
Voy. ce terme.

Scrinium (reliquiarum), reliquaire, 64, n. 1, 209, 250.

Scriptoria ars, art d'écrire, 306,
358.

Sculptibilis, qui est susceptible
d'être sculpté, 366.

Sculptile opus. Voy. Opus sculptile.

Sculptoria ars, art de la sculpture, 119.

Scutella, scutellula, scutra, assiette, petite assiette, 137, 172, 267.

Secretaria, 303. Voy. Secretarium.

Secretarium, sacristie, trésor, dépôt des reliques, 165, 303 ; — cabinet d'abbé (dans un monastère), 131.

Sector petrae, tailleur de pierres, 260.

Sella, sellula, siège, petit siège, 134.

Sellus, séant (le), 75 ; — in sellum suum erigi, être soulevé sur son séant, ibid.

Seminiverbius, discoureur, sorte de prédicateur, 11.

Semipilarius, demi-pilier, 216 ; — rotundus, demi-colonne, ibid.

Senodochium. Voy. Xenodochium.

Sera, serrure, loquet, verrou, 76.

Signum, cloche, 7, 16, n. 3, 18, 60, n. 2 et n. 5, 139, 171, 243, 283, n. 5, 359 ; — (grande), 10, 35, 139 ; — étendard, 197.

Sinaxis, assemblée, réunion de moines pour un office, 26, n. 3.

Sinistralis, qui est à gauche, 402, 403.

Socius artifex, compagnon ouvrier, maçon, 35. Voy. Artifex.

Solarium, plancher, étage, 10, 11, 50, 138, 171, 185, 352, n. 4 ; — soupente en plusieurs hauteurs de pièces ayant des abords différents, 185, n. 2. Voy. Solier, soular.

Solier, plancher, étage, 352.

Solium, siège élevé, suspendu (dans un château), 184.

Sonitizare, sonner les cloches, 139.

Soular, emplacement ancien d'une construction, qui est démuni, ou à peu près, de matériaux de bâtisse, 352, n. 4. Voy. Solarium, Solier.

Speculator, gardien, veilleur de tour fortifiée, 230.

Speculum, lieu couvert, corps de garde, poste d'observation, 275, 277, n. 8. Voy. Zeta.

Spina, signe extérieur, petit monument servant d'indication du lieu d'une défaite, 196.

Sporta, panier, corbeille, 100.

Squilla, sorte de poisson, 148, n. 3.

Stabula (subst. fém.), écurie, 138.

Stabulum equorum, écurie, 167.

Stallatus, pourvu de stalles (en parlant du chœur d'une église monastique), 160.

Stallum, étal (de changeur, de drapier), 297, 298, n. 1.

Stantivus. Voy. Petra stantiva.

Statio, disposition en hauteur (de piliers, de colonnes), 227 ; — lieu couvert, servant de promenoir, dans un palais épiscopal, 95.

Statura, status, taille humaine, étalon de mesure architecturale, 134, 159, 170, n. 3, 330, 331, 398, n. 2, 399.

Steen (en flamand), maison de pierre généralement fortifiée, 377, n. 1 et n. 3. Voy. Domus fortis, lapidea.

Stillicidium (ecclesiae), aître d'église, 75, n. 3.

Strata (publica), voie publique, rue, 389, 392.

Strumentum, outil, 45.

Subtitulare, inscrire au-dessous, après, 37.

Succinctorium, v. fr., surceint, voile sur lequel on déposait les offrandes extraordinaires de l'autel, pendant certaines solennités, 350, n. 3.

Sudis, pieu, 10 ; — acuta, piquet aiguisé de cheval de frise, 336.

Superliminare, linteau, partie supérieure du linteau, 30. Voy. Liminare.

T

Tabula, table d'autel, 52, 239, argentea, deaurata, argentée, dorée, 52 ; — placage dans un

mur (d'église), 217 ; — MARMO-
REA, de marbre, *ibid.* ; — pièce
de revêtement par-dessus une
charpente, 208, PLUMBEA, en
plomb, *ibid.*

TABULARE (LIGNA), associer des
pièces de bois horizontales, de
façon à former une paroi ou
une enceinte, 314 ; — (TECTUM),
faire l'assemblage d'une couverture ou toiture (d'église),
268, n. 3.

TABULATUS, TABULATUM, paroi,
côté d'édifice, d'ordinaire de
pierre, 34 ; — de bois, 10, avec
insertion ou placage, 239 ;
— (MARMOREUS), placage de
marbre, 226 ; — balustrade
de pierre, ou peut-être chéneau, 66 ; —enceinte de pièces
de bois, associées autour d'une
motte, 314, 315.

TAPES, TAPETUM, TAPETIUM, tapisserie, 17, 73, 82, n. 3, 140, 349,
358.

TASCA, imposition, 189.

TEGES, comble, couverture en
bois (d'une église), 3.

TEGULA LIGNEA, bardeau, 327,
n. 3.

TELONEUM, tonlieu, 72.

TEOLA, syn. de TEGULA, tuile,
405.

TERRESTRIS (syn. DE TERRENUS), de
terre, à propos d'une habitation
privée, MANSIO TERRESTRIS, 14.

TERRULA, coin de terre, petit
terrain, 302.

TESSERA, dé à jouer, 40, n. 6 ; —
TESSERIS LUDERE, jouer aux dés,
ibid.

TESTITUDO. Voy. TESTUDO.

TESTUDINARE, couvrir en pierre,
voûter, 158.

TESTUDO, couverture d'église,
passim ; — ARCUATA, de forme
arquée, 158 ; — [LIGNEA] (par
opposition à VOLTURA LAPIDUM),
couverture de bois, 142 ; —
LAPIDEA, voûte, 142, 158, 159,
287 ; — COLLATERALIS, voûte
latérale, 159.

THEORIA, contemplation, médita-
tion religieuse, 310.

TENSA, toise, 56.

TERRARE CAVEAM, creuser une
tranchée, dans un siège, 335.
Voy. aussi INCAVEARE.

TEXTRIX (AURI), tisseuse d'ouvrage d'or, 87.

THALAMUS, chambre à coucher,
dans un château seigneurial,
112, 113, n. 2, 237.

THECA RELIQUIARUM, reliquaire,
230.

THOLUS, objet, petit édicule de
forme ronde (servant de support à une croix), 74, n. 3.
Voy. aussi COLUN.

TIGNUM, TIGNUS, pièce de charpente, entrait, 45, n. 4, 208,
245, 351, 385.

TINTINNABULUM, petite cloche (de
campanile), 359, n. 3, 363.

TOFUS, pierre spongieuse et
friable, 226.

Tor, tour, 364, n. 2.

TORMENTUM JACULATORIUM, machine, engin servant à lancer
des projectiles, 99.

TORNAMENTUM, machine à soulever
des matériaux de pierre, à
charger et à décharger des
navires, 211.

TRABECULA, poutrelle, 10 ; —
DOLATILIS, facile à travailler
avec la doloire, 10.

TRABES, pièce de charpente,
poutre, 3, 8, 12, 317, 351, 385 ;
— poutre triomphale, 213 ; —
MAGNA, SUBLIMIS, même sens,
209, 217. Voy. aussi PYRAMIS.

TRANSVOLUTIO, action de voûter,
44, n. 5. Voy. VOLUTIO, VOLU-
TURA.

TRANSVOLVERE (OPUS), voûter une
construction, 28, 44, n. 5 ; —
(PORTICUM), un bas-côté d'é-
glise monastique, 31. Voy.
VOLVERE.

TRIFORIUM. Voy. VIA AD ALTITU-
DINEM FORNICIS.

TRISTEGA (TURRIS), tour mobile,
à trois étages, 335, 337.

TROCLEA, poulie, 82, n. 3, 319 ; —

TROCLEARUM FUNES, cordes de poulies, *ibid.*

TUGURIOLUM, petite cabane, 310.

U

URCEOLUS, petit vase, 85.

UTENSILE, USTENSILE, USTENSILIUM, ustensile en général, objet de vaisselle, 137, 172, 184 ; — ornement d'église, 35, 73.

V

VALVA, porte à battants, 215, 400, 402.

VARIARE, revêtir de couleurs, nuancer, 37 ; — FACIEM ECCLESIAE, une façade d'église, *ibid.*

VARIETAS COLORUM, coloration variée d'une peinture murale, 16, n. 3 ; — (LAQUEARIUM), de lambris d'église, 163.

VASCULUM, petit vase, 181 ; — VITREUM, de verre, *ibid.*

VECTIS, barre de métal, transversale, servant à la fermeture d'une porte, 383.

VELAMEN, voile, tenture, 140 ; — couverture en pierre d'un édifice ou édicule, 34 ; — LAPIDEUM, de pierre, *ibid.*

VERVELLA, vervelle, pièce de fer en forme d'anneau, qu'on fixe dans une porte pour retenir les verrous, 384.

VESTIBULUM, galerie des bas-côtés d'une église, 28, 31, n. 1, 41 ; — croisillon d'église, 64, n. 3.

VIA AD ALTITUDINEM FORNICIS, galerie à hauteur de voûte, 215, — QUAE EXTRA CHORUM EST, déambulatoire, 227 ; — QUAE TRIFORIUM APPELLATUR, galerie du triforium, pourtournant l'intérieur d'une église, au-dessus des archivoltes des collatéraux, 216 ; — TRIFORIUM INFERIUS,

SUPERIUS, haut, bas triforium, 228.

VIGIL, garde de nuit (dans un château), 185.

VIMEN, bois pliant, servant à des tortis ou entrelas pour des liens utilisés dans les constructions, 170 ; — VIMINEUS, fait de bois pliant, avec des claies, 37. Voy. RETORTA, VIRGULA, VIRGUNCULA TORTA.

VIRGULA, VIRGUNCULA TORTA, baguette de bois pliant, servant de lien pour la liaison du comble d'une église avec les parois latérales, entrelas, tortis, 169. Voy. RETORTA, VIRGULA GEOMETRICA, règle graduée de géomètre, 390.

VIS, = VITIS, escalier à vis, en limaçon, 405, n. 2. Voy. *Viz*, COCHLEA.

Viz, escalier à vis, en limaçon, 42, n. 4.

VITREUS MAGISTER. Voy. MAGISTER VITREUS ; — VITRIARIUS, verrier, 74.

VOLSARE, voûter, 58, n. 1. Voy. VOLVERE, TRANSVOLVERE.

VOLTA, voûte, 159.

VOLTURA, VOLUTURA LAPIDUM, LAPIDEA, voussure, voûte, 41, n. 5, 85, 142.

VOLUTARE, voûter, 158.

VOLUTIO, action de voûter, de clutrer, 41, n. 5. Voy. TRANSVOLUTIO.

VOLVERE (ARCUM, ECCLESIAM), bander un arc, voûter une église, 41, n. 5, 217, 228. Voy. TRANSVOLVERE.

X

XENODOCHIUM, bâtiment destiné à recueillir des étrangers, des pèlerins, 87, des clercs pauvres, 261 ; — ELEPHANTIOSORUM, bâtiment destiné à des lépreux, 279, n. 2.

Z

ZETA, corps de garde, guet, lieu couvert permettant d'observer les mouvements de l'ennemi, 277; — MAJOR, MINOR, grand, petit poste d'observation, 279; — LAPIDUM, fait de pierres, 278;

Voy. aussi *suprà* SPECULUM. — ZETA AESTIVALIS, HYEMALIS, chambre, cabinet d'été, d'hiver dans un palais oriental, 277, n. 8.
ZETARIUS, gardien de palais (d'après des gloses latino-grecques), 277, n. 8.

ADDITIONS

P. 12. — Ajouter à la fin du texte n° II l'extrait relatif à l'église de Perrecy-les-Forges, en Charolais, prieuré de Saint-Benoît-sur-Loire (auj. c. du cant. de Toulon-sur-Arroux, arr. de Charolles, Saône-et-Loire) : « Quippe corruerat pars maxima *testudinis lapideae* ipsius ecclesiae Patriciaci [villae, in Augustodunensi territorio regionis Burgundiae], a parte aquilonali, cujus fundamento, quoniam minus roboris habuerat, penitus eruto, construere firmius fratres, ut eadem *testudo* robustiori superposita fundamini firmior foret, instituerunt... » (*Miracula Sancti Benedicti*, l. VIII, c. xi., éd. de Certain, p. 345). C'est à tort que l'éditeur des *Miracula* dit (p. 161, n. 1) qu'il s'agit, dans ce texte, de Pressy, c. du cant. de Saint-Bonnet, arr. de Charolles.

P. 48, n. 2. — A propos des Observations de Bernard, écolâtre d'Angers, sur la représentation des Saints par la statuaire pendant le premier quart du xi° siècle, cf. l'extrait suivant [ann. 1025] : « De *imaginibus* quoque quae in ecclesiis sunt... in cruce morientem Christum solum, non opus manuum hominum adorant. Non enim truncus ligneus adoratur, sed per illam visibilem imaginem mens interior hominis excitatur... Similiter de *imaginibus sanctorum* ratiocinari licet, quae ideo in sancta ecclesia fiunt, non ut ab hominibus adorari debeant, sed ut per eas interius excitemur ad contemplandam gratiae divinae operationem... » (*Synodi Atrebatensis cap. XIV*, dans Mansi, *Sacrorum conciliorum nova collectio*, t. XIX, col. 454-455.

P. 49. — Ajouter cet extrait sur l'abbatiale de Conques, I^bis [XXXI] : « Est deforis tectorum divisione basilica triformis, que interius propter mutuam transeundi amplitudinem in unum corpus coït ecclesie. Hec itaque trinitas in unitatem rediens summe ac deifice Trinitatis tipum, mea quidem sententia, quoquo modo gerere videtur. Dextrum latus sancti Petri apostoli, levum Sancte Marie, medietas autem Sancti Salvatoris titulo dedicata est. Verum, quia eadem medietas psallendi assiduitate frequentatior habetur, illuc ex proprio loco sancte martiris preciosa translata sunt pign[o]ra. (*Il s'agit du chef de sainte Foi, enfermé dans la statue d'or.*) Raro ullus aditus in tam angulose ecclesie concavitate superest qui de predictis compedibus sive catenis ferreas non habeat januas. Quod tibi, ut vere loquar, toto basilice edificio mirabilius videatur, excepto ornamentorum decore, quod auri argentique vel palliorum copia unaque preciosorum lapidum grata prestat varietas... » (*Miracula Sancte Fidis*, éd. A. Bouillet, p. 77).

P. 57, fin de la n. 4 de la p. précédente. — Ajouter : H. du Ranquet, *Les fouilles du chevet de la cathédrale de Clermont*, dans le *Bulletin monumental*, t. LXXIII (1909), p. 311 et suiv. (pl).

P. 64, n. 3. — Ajouter la récente indication bibliographique qui suit : René Merlet, *La cathédrale de Chartres* (grav. et plans, dont l'un en couleur, donnant le dessin de la crypte avec ses diverses transformations), Paris, s. d.

P. 71, n. 4. — Voy. aussi E. Lefèvre-Pontalis, *Cathédrale de Coutances* (avec pl.), histoire, etc. dans le *Guide archéologique du Congrès de Caen* (*Congr. archéol. de France*, LXXV° session, 1908, t. I, 1909, p. 247 et suiv., avec bibliographie, *ibid.*, p. 270-271).

P. 80, n. 4. — Ajouter les indications bibliographiques suivantes : L. Bégule, *L'église Saint-Maurice, ancienne cathédrale de Vienne*, dans *Congr. archéol. de France*, XLVI° session, tenue à Vienne en 1879, 1880, p. 303 et s. ; — du même, *Les incrustations décoratives des cathédrales de Lyon et de Vienne*, Lyon et Paris, 1905 (pl.).

P. 146, n. 1. — Ajouter la mention de la récente étude d'A. Anglès, *L'abbaye de Moissac* (grav. et plans), Paris, s. d.

P. 161, n. 3. — Ajouter l'indication de la nouvelle étude suivante : G. Fleury, *La cathédrale du Mans* (grav. et plans), Paris, s. d.

P. 104, n. 6. — Voy. Ch. Dawson, *History of Hastings castle* (1909), vol. I (avec une ancienne vue générale du château de Hastings), et vol. II (avec un pl. représentant le donjon du même nom, d'après la Tapisserie de Bayeux).

P. 208, n. 1. — Sur le Mont-Saint-Michel, voy. le très récent ouvrage de M. P. Gout, *Le Mont-Saint-Michel, Hist. de l'abbaye et de la ville, étude archéologique et architecturale des monuments*, Paris, 1910, 2 vol. (à la fin du tom. II, bibliographie des sources manuscrites et imprimées).

P. 113, l. 21. — Au sujet de la description de l'ancienne cathédrale romane de Cantorbéry, reconstruite sous l'archiépiscopat de Lanfranc : « In ala septentrionali... », cf. l'extrait suivant :

> « Devers l'ele del Nort s'en est li ber alez,
> E a un piler s'est tenus e acostez.
> Entre dous alteus est cil pilers maiseres,
> A la Mere Deu est cil de desus sacrez,
> El nun saint Beneit est li altres ordenez... »

(*Vie de Saint Thomas le martyr, par Garnier du Pont-Sainte-Maxence*, v. 360-370, dans le *Recueil d'anciens textes bas-latins, provençaux et français*, de M. Paul Meyer, 2ᵉ part., 1877, p. 316-317).

P. 223, fin de la n. 5 de la p. précédente. — Voy. aussi Ch. Porée, *Cathédrale de Sens* (avec plans comparés de cette cathédrale et de celle de Cantorbéry), dans *Congrès archéol. de France*, LXXIVᵉ session, 1908, p. 209 et suiv.

P. 268, § 1. — Au sujet des travaux de construction accomplis à Lyon, sous l'archiépiscopat de divers prélats, ajouter l'extrait suivant qui concerne l'édification du pont de pierre sur la Saône, en 1076, du vivant de l'archevêque Humbert Iᵉʳ : « Septimo maii obiit Tedinus sacerdos, hujus majoris ecclesiae custos, qui... *in ponte super Ararim arcum constituit* » (*Obituarium ecclesiae Lugdunensis*, p. 43).

P. 280, n. 5. — Cf. l'extrait suivant, relatif à la cathédrale de Bayeux, qui provient de la correspondance de Raoul Tortaire (vers 1110), sous le titre d'*Epistola ad Robertum* :

> « Hinc eo Baiocas, ubi vidi culmina clara,
>   Turres excelsas [aedis] honorificae,
> Intus quae saxo pulchre perfecta polito,
>   Exterius sculptis fulget imaginibus ;
> Multa metallorum locupletat quam variorum
>   Copia, cum bysso, murice, vermiculo.
> Ferrea sustentant argenti vincla coronam,
>   Alte quae durae sunt clave fixa sudis ;
> Tota superficies auro vestita renidet,
>   Cinxit turritis quam faber aediculis ;
> Vix geminus templi paries capit hanc, licet ampli,
>   Non aliam tanti ponderis esse reor... »

(E. de Certain, *Raoul Tortaire*, dans la *Bibl. de l'École des Chartes*, 4° sér., t. I, 1855, p. 316, d'après le ms. du Vatican, fonds de la reine de Suède, pet. in-8°, n° 1357. Cf. L. Serbat, *Guide archéol. du Congrès de Caen* (pl.), dans *Congr. archéol. de France*, LXXV° session (1908), t. I, 1909, p. 145 et suiv., et J. Vallery-Radot, *La cathédrale de Bayeux, étude archéologique*, dans les *Positions des thèses de l'École des Chartes*, 1911, p. 138), lequel a bien voulu nous signaler ce texte de Raoul Tortaire.

P. 306, n. 2 et 3. — Sur la cathédrale Notre-Dame-des-Doms et l'abbaye de Saint-Ruf d'Avignon, voy. aussi L.-H. Labande, *Guide archéologique du Congrès d'Avignon*, p. 7 et s., 29 et s., (pl.), dans *Congr. archéol. de France*, LXXVI° session (1909), t. I, 1910.

P. 314, n. 1. — Au sujet de la Tapisserie de Bayeux, voy. la récente étude de M. E. Travers (qui la date du xi° siècle), dans le *Guide du Congrès archéologique de Caen*, p. 181 et s. (*Congr. archéol. de France*, 1908, LXXV° session t. I, 1909).

P. 316, n. 3. — Ajouter les indications bibliographiques suivantes : Michon (J.-H.), *Statistique monumentale de la Charente*, Paris, 1844 ; — *Bulletin et Mémoires de la Société archéologique et historique de la Charente*. Tables générales (1843-

1900) dressées par J. Baillet et J. de la Martinière, 1904, v°
Angoulême (cathédrale, Chapitre, évêques de), p. 191-193 et 198.

P. 326. — Ajouter au sommaire les indications bibliographiques ci-après : J. Barbot, *Les anciennes cryptes de la
cathédrale de Mende*, dans le *Bulletin monumental*, t. LXX
(1906), p. 526 et s. (pl.) ; cf. *Soc. d'agriculture de la Lozère*,
Archives Gévaudanaises, t. Ier (1903-1908), p. 129. Voy. aussi
Félix Remize, *Saint Privat*, Mende, 1910, et surtout l'édition
des *Miracles de Saint Privat* par Cl. Brunel (sous presse), dans
la présente Collection de Textes.

P. 344, n. 1. — Ajouter l'extrait suivant, au sujet de l'église
abbatiale de Fécamp et des travaux de construction accomplis
par les soins de Guillaume de Ros, abbé de 1079 à 1107 :
« Guillelmus de Ros, Fiscannensis abbas... cancellum veteris
ecclesiae, quam Ricardus dux construxerat, dejecit et eximiae
pulchritudinis opere in melius renovavit atque in longitudine
ac latitudine decenter augmentavit. Navem quoque basilicae,
ubi oratorium Sancti Frodmundi habetur, eleganter auxit ;
opusque tandem consummatum a Guillelmo archiepiscopo
aliisque quatuor praesulibus XVII kal. Julii — 16 juin 1106 —
consecrari fecit. Defunctus autem in novo opere quod ab ipso
constructum est, ante aram gloriosae Virginis Mariae, competenter sepultus est. » (*Orderici Vitalis Histor. ecclesiast.* lib.
XI, éd. Le Prévost, t. IV, p. 270).

CORRECTIONS

P. 7, l. 22 — *Séparer* illecelebris *en deux mots* : ille celebris.

P. 90, n. 1, l. 1. — *Au lieu de* christiania, *lisez* christiana.

P. 127, n. 1, l. 3. — *Au lieu de* Credenae (forme erronée
des *Monumenta Germaniae historica*), *corrigez* Bredenae.

P. 159, l. 11. — *Supprimez le point après* ascensum.

P. 177, à la fin de la note 2 de la p. précédente. — *Au lieu
de* Toulonges, *lisez* Toulouges.

P. 183, n. 4, à la fin de la l. 1. — *Au lieu de* 63, *lisez* 630.

P. 194, n. 4, l. 3. *Au lieu de* qru, *lisez* qui ; *même note*, l. 4.
*Au lieu d'*Oider. Vital, *lisez* Order. Vital.

P. 230, l. 2. — *Au lieu de* aedificis, *lisez* aedificio.

P. 239, l. 16. — *Au lieu de* scemate, *lisez* scemate.

P. 241, à la fin de la l. 15, *au lieu de* De, *lisez* Dei.

P. 254, l. 5 du sommaire. — *Au lieu de* Poitiers, *lisez* Poitou.

P. 267, l. 6. — *Au lieu de* meninisset, *lisez* meminisset.

P. 275, n. 6. — *Au lieu de* Richard, *corrigez* Robert (conformément à la Table alphabétique des noms de personnes, p. 441,
col. 2, l. 4).

P. 280, l. 6. — *Au lieu de* machinomenta, *lisez* machina-
menta ; *même page*, l. 20, *au lieu de* am, *lisez* jam.

P. 282, n. 2, l. 3. — *Au lieu de* Chamaillières, *lisez* Chamalières.

P. 306, l. 11. — *Au lieu de* asserunt tur, *lisez* asseruntur.

P. 325, n. 1, l. 2. — *Au lieu de* Noirmoutier, *lisez* Marmoutier.

P. 361, n. 3, l. 3. — *Au lieu de* 1905, *lisez* 1095.

P. 364, n. 2, l. 8. — *Au lieu de* tour de la cathédrale de
Bayeux (comme Viollet-le-Duc l'a dit à tort), *corrigez* tour de
l'église de Secqueville-en-Bessin (Calvados). Voy. sur ce point
A. de Caumont, *Statistique monumentale du Calvados*, t. I,
p. 200 ; cf. L. Serbat, *Guide archéologique du Congrès de Caen*,
(pl.), dans *Congr. archeol. de France*, LXXV° session (1908),
t. I, 1909, p. 349.

P. 377, l. 2 du sommaire. — *Au lieu de* Poitiers, *lisez* Poitou.

P. 390, l. 28. — *Au lieu de* ECCLESIAE, *lisez* ECCLESIE.

P. 418, col. 1, art. *Chartres* (cathédrale), l. 1. — *Au lieu de* 142, *lisez* 42.

P. 419, col. 2, art. *Compostelle*, l. 5. — *Au lieu de* 401, *lisez* 407.

P. 473, col. 2, art. *Mobilier*, l. 12, — *Au lieu de* Encenseur, *lisez* Encensoir; même article, l. 17, *au lieu de* Propiciatoire, *lisez* Propitiatoire, ainsi qu'à la p. 478, col. 2.

INDEX GÉNÉRAL

MACON, PROTAT FRÈRES, IMPRIMEURS.

MACON, PROTAT FRÈRES, IMPRIMEURS

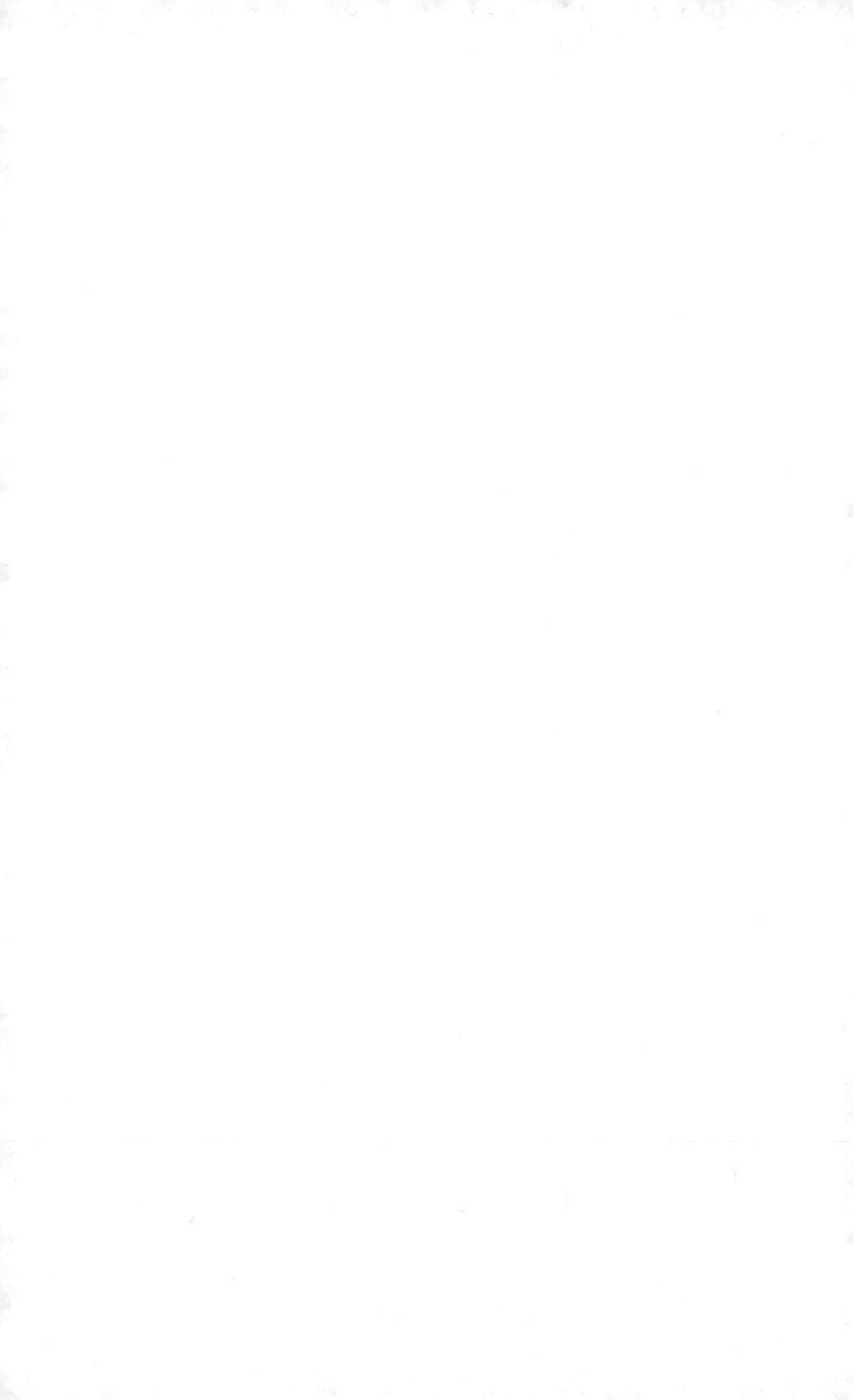

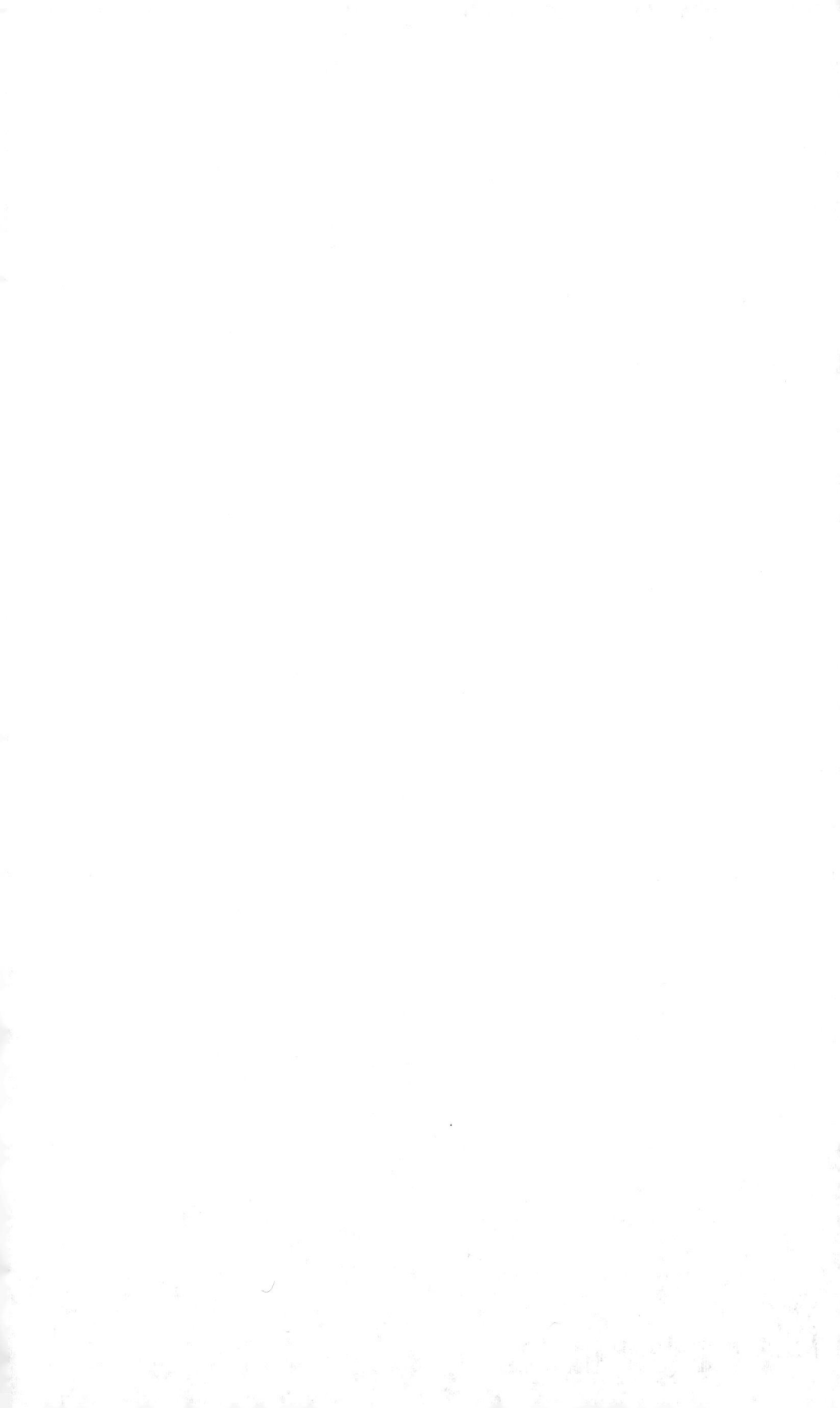

www.ingramcontent.com/pod-product-compliance
Lightning Source LLC
Chambersburg PA
CBHW051338220526
45469CB00001B/18